陕西出版资金资助项目

罗宏才 ◎ 著

陕西考古会史

陕西师范大学出版总社

图书代号：SK16N0622

图书在版编目（CIP）数据

陕西考古会史 / 罗宏才著 . —西安：陕西师范大学出版总社有限公司，2017.4
ISBN 978-7-5613-8544-9

Ⅰ.①陕… Ⅱ.①罗… Ⅲ.①考古工作—概况—陕西省 Ⅳ.① K872.41

中国版本图书馆 CIP 数据核字（2016）第 149282 号

陕西考古会史
SHAANXI KAOGUHUI SHI

罗宏才 著

选题策划 /	侯海英
责任编辑 /	侯海英　王丽敏
责任校对 /	宋媛媛
出版发行	陕西师范大学出版总社

（西安市长安南路 199 号　邮政编码 710062）

网　　址 /	http://www.snupg.com
印　　刷 /	西安创维印务有限公司
开　　本 /	787mm×1092mm　1/16
印　　张 /	32.25
插　　页 /	2
字　　数 /	600 千
版　　次 /	2017 年 4 月第 1 版
印　　次 /	2017 年 4 月第 1 次印刷
书　　号 /	ISBN 978-7-5613-8544-9
定　　价 /	98.00 元

读者购书、书店添货或发现印刷装订问题，请与本公司营销部联系、调换。
电话：（029）85307864　85303629　　传真：（029）85303879

增订本序言

上海大学美术学院教授罗宏才托人送来他的新著《陕西考古会史》，嘱我为其作一新序，以与此著2014年4月由陕西师范大学出版总社出版时石兴邦先生之序联翩并行。不久，他又从上海连续数次打电话给我阐释新序将要涉及的主题与原委。盖此前由石兴邦先生作序之《陕西考古会史》一书业已售罄，需要再版，借此机遇，对其进行修订、补充与润饰，应该是十分必要的。因此，我想我之此序所要涉及的问题，恐怕应与石兴邦先生之序有所区别。这一猜想，幸在后来罗宏才于电话中一再向我阐释修订、补充内容时得到证实。如是，我对他的执着、认真，不免有了新的认知；欣然应命，也就成了顺理成章的事。

其次，我想说明我之所以欣然愿为修订、补充的《陕西考古会史》作序，其中还有另外一种特殊的历史渊源。那就是20世纪70年代末我任西北大学历史系主任时，罗宏才是刚刚考入西大的青年学子，跻身西大特殊历史时期让人敬重的77、78级学生群体，我们是地道的师生关系。我记得，我的课他是必到的，课外，他也向我请教过很多问题。未料三十年后我们再次相遇，竟然通过一本著作接续师生之谊，这由不得让我生就很多感慨，书写此序时，倾注的感情自然不比寻常。所以，我乐意向广大读者朋友郑重推荐这部新作。

众所周知，对一般文物爱好者而言，最迫切希望看到的，是一件件或精美或厚重的历史文物，而对于考古成果背后付出艰辛劳动的发掘单位及个人却往往不太关注。在这种情况下，那些积极克服恶劣自然条件及各种技术难题的发掘组织和个人，大都成为幕后英雄，其卓越功绩也会湮灭不显。1934年2月由北平研究院和陕西省政府联合组就的陕西考古会亦属此类情形。罗宏才新作《陕西考古会史》，即是集中以发掘单位与相关考古人员为主要研究对象，反映了作者对陕西考古会的深厚情谊，对陕西考古会在中国考古史上的地位和意义也进行了有意义的重估。

无论怎样，陕西考古会对于陕西乃至整个中国考古学事业发展所起的作用，不能小视，也不容低估。作为本书的传述对象，年轻的读者朋友对于这一组织机构可能了解不多，鉴于其重要性，我想在此简单介绍一下。

陕西考古会成立于1934年2月，由国立北平研究院与陕西省政府联合组建，是陕西文物考古史上最早运用现代科学手段实施文物调查、保护以及田野发掘的政府机构，在长达十年的时间里，为陕西乃至中国文物考古事业做出了重要贡献。其中，由该会主持始于1934年4月26日的斗鸡台考古发掘被誉为"陕西科学考古发掘的第一铲"。在陕西考古会组织、主持下，考古专家们对陕西省域内的一系列文物成功进行了发掘、整理与保护。在这个意义上说，罗宏才的《陕西考古会史》，实际上就是一部关于陕西考古学的践行历史。

应当特别说明的是，《陕西考古会史》是作者花费二十多年之功精心撰写的考古学力作，具有材料丰富翔实、结构紧凑集中、行文严谨流畅、笔触优美生动和图文并茂等特点，成功再现了始于八十多年前、长达十年、经久湮灭的陕西考古会的历史，具有重要的历史与学术价值。一部著作耗费作者二十多年的心血，这在以快餐文化为时尚的时代是不多见的，"板凳须坐十年冷"，可见作者在治学方面的严谨、执着。我相信，读者朋友读完此著，定会在了解陕西考古会史的同时，也可以获得艺术上的享受，回味无穷。比如初版著作注意阐发鲜为人知的陕西寺观壁画的风格、内蕴以及其在中国美术考古史上的价值与地位，还有首次钩沉、复原的慈恩寺佛教造像群组，包括修订本中刻意补充的诸多新公布的图像元素，均盘曲巍然，形象逼真，分别从不同视角为我们阐释了这一意蕴。

对于这本书，年逾九十的考古学家石兴邦先生在为其作序时，也给予了高度评价。他说："一篇学术论文、一本发掘报告甚至一部学术著作，固然具有独特的学术意义与学术价值，但我认为，在一个被长期忽视领域的学术开拓与探索，则更具挑战性，更具学术价值，更应引起我们的关注。"无疑，石先生的这种评价是合适的。

同时，这本书对当时洪波乍起的陕西考古工作做了系统的记录和详细的评述，其学术内涵极为丰富。另外，此著的出版，对陕西省未来的考古工作更提供了重要的借鉴和珍贵的史料，具有重要的学术意义。从这个意义上说，如果没有这本书的整理、研究，陕西乃至全国的早期考古活动都将失去重要的一页。

罗宏才同志是学考古学专业的，具有田野发掘的丰富经验，现在上海大学美术学院及中国艺术产业研究院工作，目前主要从事美术考古、艺术管理及艺术市场、文化遗产等学科专业的教学与研究。此前他对陕西考古会成立经过，做了周密研究（详见本书第二章）。在《陕西考古会史》一书正式出版发行之时，正值斗鸡台考古发掘八十周年之际。可以说，今天人们看到的这部著作，不仅是对考古学前辈的怀念，更加重要的是要继承他们辛勤研究的精神，以在今天和未来更好地推动国家的考古事业兴旺发达，并由此扩展我们对初创时期中国美术考古历史，特别是中亚、长安之间古丝绸之路区域美术考古历史的认知与感悟。

坦率地说，当这一区段与这一区域文化、历史愈来愈受到历史、现在以及未来的充分尊重之际，我们再一次回眸那段历史，对前贤俊杰的开创之功，不禁有了新的崇敬。由此联系罗宏才历经艰辛、刻苦努力去完成的《陕西考古会史》一书，其中的意义自不待细说。

回想上海、西安之间的娓娓电话中，罗宏才一如青年时期谦逊、朴实，他恳切地说自己在向我递交一份迟到三十年的学业答卷。但我想这一份答卷，不应属于我，而应属于时代与社会，它是我们共同向历史递交的一份答卷。

展望未来，罗宏才信心百倍，他正值学术研究壮年，我期待着他在考古学以及美术考古等学术领域做出更大的贡献。

需要说明的是，较之初版的《陕西考古会史》，增订版在内容上更趋于系统、完整，图版编排与元素嵌入方面，则更臻完善合理。不仅增加了徐炳昶、苏秉琦等前贤后裔热诚提供的诸多新资料、新图版，还大量融入了著者新发掘的诸多史料与睿智感悟和学术新知。此外，原来在初版著作中难免存在的一些谬误与遗漏，经过著者的辛勤努力，也得到了很好的纠正与补充。凡此种种，相信读者在阅读后会得出客观的评断。

谨以上述拉杂话语作为增订本《陕西考古会史》的序言，并向著者以及所有为增订本《陕西考古会史》做出努力的单位与个人表示敬意。

张岂之

2014 年 9 月 1 日于西北大学中国思想文化研究所
（作者为西北大学原校长，现任西北大学名誉校长）

2014年版序言

罗宏才教授历经二十余年撰就的《陕西考古会史》即将出版发行，他约我写几句话。我虽年逾九十，诸事缠身，但仍十分高兴地应允下来。

我之所以十分高兴应允作序，原因有三。其一，罗宏才教授是1978年恢复高考后进入西北大学历史系考古专业的科班生，在陕西进行过数十年的田野考古调查与相关研究，出版发表过很多具有一定水准的学术专著与论文，与我是考古界的忘年同行。其二，本书中涉及的张扶万、寇遐、韩儒林、徐炳昶、何乐夫、苏秉琦、白万玉等专家，或是我所熟知的陕西大老乡贤，或是我在中国科学院考古研究所工作期间的学术前辈与挚友同道。其中韩儒林先生还是我20世纪40年代末期在中央大学边疆政治系求学时期的恩师，徐炳昶先生不仅是我在中国科学院考古研究所工作期间的学术前辈与同事，亦是我敬重的专业老师。记得20世纪50年代初，我因一篇译稿请先生修改，得间有幸多次登门向先生请教。1954年"五一"节前，先生应陕西省文化局副局长赵望云邀请来西安为陕西文物考古干部举办学术讲座，我又因在陕西考古发掘所遇到的诸多问题专此向住在卧龙寺西北文物清理队的先生请教，并与赵望云等人一起陪先生调查西安丰镐遗址，听先生讲述20世纪30年代他在关中一带进行考古调查发掘活动时的许多趣事，睹书思人，勾起我很多旧日回忆。其三，自20世纪90年代开始，我曾经打算组织人力编写《陕西考古史》，首先想到的就是熟悉陕西考古史并率先进行专题性研究的罗宏才教授，我们俩因此有过很长一段时间的密切交往，这本《陕西考古会史》初稿我即仔细拜读过，也提出过一些修改意见。值此公开出版之际，受同道、乡谊以及社会责任的驱使，为之略述其中的曲折、辛劳以及我的一些感慨与期盼，自然是责无旁贷的。

众所周知，陕西是中国历史文化发祥地之一，地上、地下文物资源极为丰富，吸引着一代又一代的海内外好古之士考证发微。历代考古学者渐次发现诸多珍贵文物的同时，也创造了一部深沉厚重的考古历史。遗憾的是，当我们钟情于欣赏一件件珍贵的历史文物时，却很少想起它们的发现者。

正是注重并感慨这种缺失，罗宏才教授敏锐地将曾经在陕西以及中国考古史上占有重要地位、产生过重大学术影响、自1934年2月起运作近十年的"陕西考古会"的历史作为自己的研究课题，并为之奉献了二十余年的宝贵岁月。

翻阅书稿，我们可以清晰看见，依靠历史图像与文献资料的支持，作者以其独特、睿智的思维和凝练流畅的文字，努力还原逝去的历史碎片，准确、完整地连缀集合成一部使人振奋、催人遐思、令人感慨的历史画卷。诸如省院合作、成立经过、奇文搜刻、斗鸡台发掘以及考古论战、古物案例和抗战中文物移藏等场景，以人、事、物三维空间为主体而层层推进，跌宕起伏。在把握史线脉络的同时，也将当时复杂多变的历史背景、社会环境、工作体制以及初创时期中国考古学的艰涩、坎坷与进取、奋进等诸多问题，梳理集结，客观托出。全书施以前后呼应、统计观照、对比分析、勾勒总结等多样手法，逐步深化，最终固化定格，提升到了一个很高的学术向度。

在考古界，一篇学术论文、一本发掘报告甚至一部学术著作，固然具有独特的学术意义与学术价值，但我认为，在一个被长期忽视领域的学术开拓与探索，则更具挑战性，更有学术价值，更应引起我们的关注。基于此，我们没有理由不对作者顽强的毅力与自觉的文化责任由衷地表示敬佩与认同。当然，在赞赏的同时，我更希望作者能在以后的研究中，继续发掘新资料，不断弥补其中的不足与缺陷，以臻完善。

前述我与徐炳昶先生频繁交往诸事，大略散见在1949后徐先生的多篇日记之中，幸得罗宏才教授的不懈努力，使我得于老境垂垂时拜读先生日记，再得与先生神会。屈指数来，其间恰好是整整六十年。

人世沧桑，前路遥遥。未知而后的学子、同道，能否深悉那一代学人所执着传留的人生轨迹，能否咀嚼学问之道的酸辣苦甜……

欣慰的是，不止是我本人，很多学者与相关机构，也对这本著作做出了客观的评价与赞誉。其中陕西师范大学出版总社积极编辑出版这本著作，慧眼卓识，尤堪敬佩。

需要说明的是，从1934年4月陕西考古会发掘斗鸡台，正式揭开陕西科学考古发掘的序幕，到2014年4月这本著作公开出版，其间恰好八十年。其中的意义究竟如何，相信读者会做出准确的评断。

谨以此序真诚祝贺这本著作的出版，并对奉献二十余年光阴努力完成此一著作的罗宏才教授致以诚挚敬意！

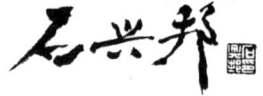

（作者为陕西省考古研究院原院长，著名考古学家）

目录

陕西考古会大事记　/ 001

陕西考古会主要人物传略　/ 005

绪论　/ 033

第一章　省院合作缘起　/ 043

一、迟到的抉择　/ 046
（一）北平研究院背景与历史　/ 046
（二）到陕西去　/ 053

二、事与愿违　/ 056
（一）从北平到西安　/ 056
（二）西安诸事不易　/ 060
（三）勇敢者无畏　/ 065

三、酝酿期间的考古调查　/ 069
（一）开篇说明　/ 069
（二）1933年7月之前的考古调查　/ 072
（三）1933年12月的考古调查　/ 092
（四）回望流年　/ 099

四、新旧隔阂　/ 105
（一）盗墓狂潮使问题复杂化　/ 105
（二）艰苦的疏通　/ 111

第二章　陕西考古会成立经过　/ 117

　一、省院争锋　/ 118
　　（一）进退之间　/ 118
　　（二）八条办法与烦琐的筹备　/ 123
　二、成立始末　/ 127
　　（一）2月1日之前　/ 127
　　（二）成立会议　/ 130
　三、第一次会议　/ 133
　　（一）会议经过　/ 133
　　（二）经验与教训　/ 136

第三章　考古论战与奇文搜刻　/ 141

　一、民政厅发掘　/ 142
　　（一）发掘之前的纷扰　/ 142
　　（二）发掘经过　/ 145
　　（三）发掘效应与三宫图聚首　/ 148
　二、奇文搜刻章妙枝　/ 155
　　（一）金石耆宿与三宫图题跋　/ 155
　　（二）奇文搜刻　/ 166
　三、真电风雨　/ 176
　　（一）来自西安的真电　/ 176
　　（二）论战在全国展开　/ 180
　　（三）余波的回思　/ 185

第四章　斗鸡台发掘始末及意义　/ 193

一、无奈的基础与波折　/ 197
　（一）依旧难如意　/ 197
　（二）西向斗鸡台　/ 208

二、第一次斗鸡台发掘与相关问题　/ 213
　（一）聚焦庙后空堡与戴家沟　/ 213
　（二）第一次斗鸡台考古发掘　/ 218
　（三）文物展览与发掘品之分配　/ 227

三、第二次斗鸡台发掘及成绩、意义　/ 233
　（一）致敬执着　/ 233
　（二）第二次斗鸡台发掘　/ 239
　（三）1935年的考古调查　/ 247
　（四）春华秋实无悔　/ 259

四、第三次斗鸡台发掘与考古类型学的孕育　/ 265
　（一）第三次斗鸡台发掘　/ 265
　（二）考古类型学之胎生　/ 274

第五章　省垣考古发掘及省垣内外的金石研究　/ 281

一、莲湖公园与兴隆巷发掘　/ 282
　（一）莲湖公园发掘始末　/ 282
　（二）兴隆巷发掘　/ 293

二、椎拓风波　/ 296
　（一）纠纷在碑林滋生　/ 296

（二）辞职前后　/ 301

　二、旧学新貌　/ 305

　　（一）挺进金石误区　/ 305

　　（二）别样新枝　/ 309

　　（三）流韵在富平　/ 313

第六章　纷繁的文物调查及保护管理工作　/ 319

　一、聚焦陇海铁路　/ 320

　　（一）殊途同归　/ 320

　　（二）时势迫使考古会介入　/ 323

　　（三）微妙的碰撞　/ 328

　　（四）瑰宝迷离　/ 331

　二、更进一步　/ 341

　　（一）李俨与张扶万　/ 341

　　（二）携手第二总段工程处　/ 345

　　（三）车站工地发现与《唐长安城金石考》　/ 347

　　（四）合作随铁路延伸而推进　/ 368

　三、八方风动　/ 372

　　（一）向愚昧宣战　/ 372

　　（二）省垣内外的碑石保护高潮　/ 374

　　（三）其他文物的调查保护工作　/ 382

　　（四）波及与影响　/ 399

　四、古物要案　/ 403

　　（一）武功张子百、张三用掘获古物案　/ 404

　　（二）凤翔薛松龄控王玉庆等私掘古物案　/ 405

　　（三）西安贾文会控马少甫等私贩古物案　/ 407

　　（四）河南万纯安携运古物案　/ 409

　　（五）长安余鼎新、杨天禄控张银等私藏古物案　/ 412

（六）长安翁某、孙谟贩卖古物案　/ 414

　　（七）西安"伤兵友"滋扰兴隆巷考古发掘案　/ 415

　　（八）西安刘永安私掘古物案　/ 417

　　（九）耀县佛道造像碑捐赠归公案　/ 418

　　（十）斗鸡台考古工地肇事案　/ 424

　　（十一）醴泉瑞云庵、保安寺石佛调查保护案　/ 426

第七章　抗战中文物移藏及艰难维持　/ 429

　一、移藏活动始末　/ 430

　　（一）移藏背景　/ 130

　　（二）移藏始末　/ 434

　二、汉石情结　/ 439

　　（一）君子之诺重千金　/ 439

　　（二）痴心旨在残石　/ 447

　三、艰难的维持　/ 452

　　（一）希望与渺茫　/ 452

　　（二）只有香如故　/ 457

　　（三）在最后的日子里　/ 468

附录：陕西考古会重要文件选录　/ 475

参考文献　/ 487

后记　/ 497

再版后记　/ 501

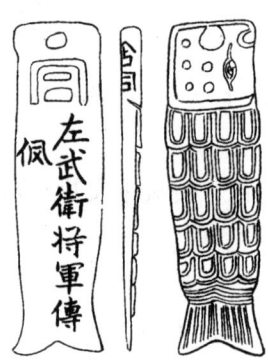

陕西考古会
大事记

- 1927年5月9日，国民党中央政治会议决定设立直属国民政府教育部的最高学术研究机关——中央研究院。1928年6月9日，该院在南京正式宣告成立。

- 1929年9月9日，对应中央研究院的设置，具有"局部或地方研究院"性质的北平研究院随之成立。院址及总办事处设北平中南海怀仁堂西四所，以"实行科学研究，促进学术进步"为目的。

- 1933年2月2日，北平研究院为开发陕西，拓展学术研究空间，决定派研究员徐炳昶（旭生，时任史学研究会编辑）、助理员李至广赴陕筹设北平研究院史学研究会西北分会。

- 1933年2月11日，徐炳昶独自先期离平赴陕，2月24日抵达西安。

- 1933年3月19日，徐炳昶拜会陕西省主席杨虎城，请其支持北平研究院在陕西的分支机构筹设工作，得应允与支持。

- 1933年4月至该年岁末，徐炳昶在筹设北平研究院史学研究会西北分会间隙，连续在西安周围及西安以西关中西部地区相关县区进行文物考古调查。

- 1933年6月以后，徐炳昶鉴于陕西省具体实际，为顺利开展工作，决定援引中央研究院与山东、河南两省合组古迹研究会的成例，成立旨在契合对等条件下省院合作性质的"陕西考古会"或"陕西文物调查会"。

- 1933年11月4日，经徐炳昶与陕西地方人士的共同努力，陕西省政府第38次会议顺利通过"国立北平研究院拟与陕西省政府合组陕西考古会附具办法"一案。

- 1933年11月7日之前，北平研究院与陕西省政府《国立北平研究院与陕西省政府合组陕西考古会办法》（简称"八条办法"）修改厘定。定会址于西安粮道巷，并设委员长、工作主任、秘书各一人，聘委员五人。发掘工作暂以宝鸡为试办区。

- 1934年2月1日下午2时，北平研究院与陕西省政府合组陕西考古会成立会议在陕西省政府会议室隆重举行。王卓亭、寇遐（胜孚）、徐炳昶、张鹏一（扶万）、李书华、翁文灏、梁午峰出席会议，胡毓威、耿寿伯、景莘农列席会议。会议选举张鹏一为委员长、徐炳昶为工作主任、梁午峰为秘书。议决发掘暂以宝鸡县斗鸡台一带为试验区，且在彼处设立办事处，发掘拟在春日解冻后开始。

- 1934年2月5日下午3时，陕西考古会第一次会议在粮道巷本会会议室举行。会议就工作经费来源渠道、使用方式以及工作人员薪水并办事细则等问题，皆有讨论决定。

- 1934年2月21日至3月19日，陕西考古会何士骥、张孝候等在陕西民政厅前院实施考古发掘，出土唐大明兴庆宫图石刻等珍贵文物。

- 1934年，何士骥《唐大明兴庆及太极宫图残石发掘报告》与张扶万《唐大明兴庆两宫图残石跋文》等著述分别刊行。

- 1934年4月，陕西考古会在西安实施碑石椎拓期间与陕西省教育厅发生冲突，张扶万被迫辞职，经邵力子、耿寿伯等执意挽留，张始收回辞职函。

- 1934年4月7日，经反复通融协商，陇海铁路局潼西段工程处将西安车站、米家崖、窑村三地出土文物共202件移交陕西考古会。以西安车站出土大明宫前诸遗址发现最为瞩目。

- 1934年4月11日，考试院院长戴季陶自西安向远在江西的国民政府军事委员会委员长蒋介石以及上海中央研究院院长蔡元培、南京政府行政院院长汪精卫、教育部部长王世杰发送"真电"，公开反对考古发掘，拉开全国性大论战的序幕。接着，蔡元培、李济、徐炳昶、鲁迅、陈独秀、熊梦飞、刘复、张竞生等学界名流均纷纷参与论战。戴季陶在一片声讨声中寂然沉默。

- 受全国考古大论战影响，陕西考古会原本定于4月15日启程赴宝鸡考古发掘计划被迫推迟。

- 1934年4月26日至6月21日，陕西考古会徐炳昶等在宝鸡斗鸡台进行第一次考古发掘。

- 1934年5月5日，国民政府行政院召开第157次院务会议，通过戴季陶所谓禁止发掘坟墓审查结果四项，"有历史意义的坟墓不得发掘"之禁令赫然颁行。

- 1934 年 7 月 9 日至 10 日，陕西考古会在粮道巷本会陈列室公开展览斗鸡台第一次发掘成果，其间观者众多，反响空前。

- 1934 年 9 月 1 日，容庚、徐炳昶、徐中舒、董作宾、顾廷龙、邵子风、商承祚等三十五人假北平大美餐馆集会成立"考古学社"。

- 1934 年 11 月 23 日至翌年 5 月 7 日，陕西考古会徐炳昶等在宝鸡斗鸡台进行第二次考古发掘。

- 1935 年 1 月 23 日至 2 月 7 日，陕西考古会罗懋德主持西安莲湖公园汉墓及相关遗迹的考古发掘。

- 1935 年 2 月 12 日至 4 月 23 日，陕西考古会委员长张扶万应北平研究院邀请，赴北平进行文物考古资料收集。

- 1935 年 3 月 23 日，斗鸡台考古工地发生塌方。事故致两名工人受伤，一名工人因伤重不治而亡。

- 1935 年 5 月至 1936 年 11 月，依据陕西民政厅前院发掘出土唐大明、兴庆宫图石刻等资料，张扶万撰就长达九卷之巨帙力作《吕刻唐长安故城图考证》，陕西省政府主席邵力子慨允资助出版刊行。

- 1935 年 6 月 3 日至 4 日，陕西考古会在粮道巷本会陈列室进行第二次公开展览，展出斗鸡台第二次发掘文物数百件。影响范围较第一次展览更大，西安各报纷纷刊发消息报道，盛赞此次展览盛况。陕西省政府主席邵力子夫妇等莅临参观。

- 1936 年 2 月，陕西考古会在全省各县调查所得的古代碑碣刻石，已达 1300 余面。

- 1936 年 3 月，张扶万撰写完成《唐长安城金石考》一书。全书分八卷，长达数十万字，附图百余幅，为唐长安城金石研究的力作。

- 1936 年 4 月 11 日至 15 日，陕西考古会发掘西安城南兴隆巷汉墓。

- 1937 年 4 月 12 日至"七七事变"发生，陕西考古会徐炳昶等在宝鸡斗鸡台进行第三次考古发掘。

- 1937 年 6 月，斗鸡台考古工地发现西周车马坑遗迹，已掘出两车，其一显现为二马一车，马骨完整，车辆齐全，纹饰、物色均尚完好。此为陕西首次经科学发掘发现的车马坑遗址，对研究中国古代舆服制度具有重要学术意义。

· 1938年2月，张扶万应于右任委托，慨允保护于右任所藏汉熹平石经残石。

· 1938年2月18日，国立西安临时大学陆咏沂、周国亭教授率本系同学三十余人赴陕西考古会参观。该会留守负责人何士骥热情接待，将四座陈列室一一开放，并与陆咏沂教授一起解答学生提问。虽室小物多人满，周旋极感不便，但历二时余，师生均无倦容，收到了良好的效果。

· 1938年3月至4月，为避免日机轰炸，陕西考古会将所藏文物择其最存关系者埋藏于本会地下，其余零星物件则装箱移置暗室。

· 1939年，徐炳昶、苏秉琦、钟德昌等陕西考古会同人辗转到达昆明，暂居远离市区的络索坡，开始了斗鸡台考古发掘资料的整理与相关研究工作。

· 1940年3月，张扶万受陕西省政府指令，迁徙富平乡间躲避日机轰炸，其后，熹平石经亦随之迁徙富平保存。

· 1941年春季，石璋如在中央研究院历史语言研究所临时驻地四川板栗寓舍撰就《古墓发现与发掘》一书中胪列"七七事变"前中国重大考古发现凡12处，其"陕西宝鸡斗鸡台"在排序目次中赫然超越洛阳金村、河南新郑李家花园、安徽寿县朱家集李三孤堆等11处，位居第一。

· 1941年6月，苏秉琦完成《陕西省宝鸡县斗鸡台发掘所得瓦鬲的研究》一文。徐炳昶在该文序言中称其"处理材料的方法大致还够谨严，条理亦够清楚"。

· 1941年年底，经陕西考古会调查审理的陕西古物案件达二十余例。

· 1943年，陕西省政府决定将陕西考古会裁撤，归并于西安碑林管理委员会，长达十年的陕西考古会宣告终结。

· 1946年10月28日，徐炳昶与苏秉琦乘汽车访沈兼士，商寄存北平研究院内本院古物启封事。同年11月初，徐、苏等完成包括陕西考古会期间所获古物接收事宜。

· 1946年11月19日，北平研究院间壁延庆楼失火，火势波及历史研究所，经同人奋力抢救，与陕西考古会历史相关的文献、稿件、拓片及部分贵重书籍幸得保存。

陕西考古会主要人物传略
（以生年为序）

徐冲霄（1856—1938）

字扶九。陕西宝鸡益门镇姜城堡人。光绪辛卯（1891）科陕西乡试举人，光绪甲午（1894）恩科会试中三甲第128名进士。历任广西天保、灌阳、怀远等县知县及奉议州知州护理、镇安府知府等。宣统间辞官归里。1922年《宝鸡县志》录其传。1934年6月受聘任陕西考古会顾问。

能书，善诗。1922年与邑人强振志（振川，1857—1930）、谭善述等合作修撰《宝鸡县志》。著《民国丙子吴氏族谱叙》《知味斋诗集》等。

其《知味斋诗集》赋陈宝诗其一："仙鸡不愿秦皇封，愿作终南第一峰。天外昂头如鹤立，云罗冲破几千重。"其二："祥光五邑常拥护，冠顶巍峨笼不住。飞来陈宝似画图，俯视众山皆烟雾。"诗风磅礴，传诵一时。

徐冲霄与北平研究院及陕西考古会之间的联系，频见1933年至1934年《徐旭生陕西考古日记》[①]。其中1933年6月5日《徐旭生陕西考古日记》："差役来请余饮茶，余往，则在寨外一小药铺中。晤一老人，亦徐姓。名冲霄，号扶九，邑名士也。年已七十余而鹤发童颜。前清进士，曾在广西任知县多年，并曾护理镇安府知府，在清末年，早已衣锦荣归。现在短衣赤足，不问未知其为乡绅。药铺为其公子所经营。少谈出，余即欲归，因恐耽误行程。"

又1934年6月23日《徐旭生陕西考古日记》："出城南门，上船过渭河，到姜城堡，访徐扶九老先生。此老步履虽健而神明已衰，去年虽曾见一面，彼已全忘。略谈，彼终疑余为古董客，挖古董卖钱。告以不卖钱，陈列任人观览研究，彼又觉此等物之无用。乃与言刘原父、欧阳永叔、吕与叔、吴清卿、孙仲容、王静庵之学，彼对于此学虽不了了，而对于人名尚知几个，故亦唯唯否否。后将考古会名誉顾问聘书送上，彼观后，亦未辞。留饭，因刚在县署用毕，辞之。稍谈，即出。"

---

① 手稿，未刊，稿存其后裔处。主要为1933年至1935年徐炳昶于陕西考古工作期间所为，但各年及相关月份中多有阙佚。定名为《徐旭生陕西考古日记》，主要对应作者此段陕西考古工作经历，并期望与已出版之《徐旭生西游日记》相区别。本书此次围绕叙述主题，先将相关时段日记首次公布，以飨读者。因系手稿，中多阙佚及涂抹，颇为凌乱，释读困难，错误在所难免，敬请读者谅解。徐旭生者，即徐炳昶，旭生其字，其简历与相关成就详见本书所附《陕西考古会主要人物传略·徐炳昶》。按徐炳昶日记手稿，除前述两种外，尚有1910年至1917年其京师译学馆与留法时期《蛩邈庐日记》，1945年至1948年、1954年至1966年徐炳昶日记等，现均存北京其后裔处。其中《徐旭生陕西考古日记》得其后裔慨允，特委笔者整理、考释，即将由陕西师范大学出版总社出版；至全部徐氏日记手稿，则将由中华书局一并融入徐炳昶著述全集公开出版。

李慎庵（1862—1949年后）①

名惺，字慎庵。陕西凤翔人。清诸生。1930年任凤翔县孔庙奉祀官。又与邑人窦应昌等共同倡修凤翔县志，任修志馆总纂。熟稔地方文献，藏书颇丰。

徐炳昶等人来凤翔考察之际，曾登门向他请教。1933年6月1日《徐旭生陕西考古日记》："同涤洲、维钧到县公署，晤秘书张葆玄君……（其）又言李慎庵老先生品学兼优，主修县志，家中藏书甚多，或可借到，并可同李先生晤谈。"

1934年2月后受聘任陕西考古会顾问。撰《郑冶亭先生事略》②等。

吴敬之（1864—1946）

名廷锡，字敬之，以字行，号次皋。原籍江苏江宁（今南京），寄籍西安，遂为西安人。

光绪己丑（1889）科陕西乡试举人。历任国史馆誊录，陕西华阴、略阳等县知县及乾州知州，延安、汉中府知府等职。1912年4月任陕西都督府参谋。1914年任榆林道尹。后任陕西学务处提调、陕西高等学堂监督等。及陕西民政厅设立地方政务研究会，被聘为专任襄校。又曾任陕西普通考试典试委员。1932年参与《续修陕西通志稿》编纂。1934年4月受聘任陕西考古会名誉顾问，同年与景梅九等人组织国学社。

工诗，能书，《贾韬园先生六秩晋五寿序》为其力作。纂修编辑《咸阳县志》《周陵志》《太白山志》《史迁谱》，并辑印《关陇丛书》多种。

王健（1864—1944）

字卓亭，号卓翁，晚号似园老人。陕西蒲城西街人。

出身世家。光绪己丑（1889）科举人，翌年赴京会试不第，旋经同年举人宋联奎③引荐，入其父宋之京（心符，同治辛未进士）甘肃任所，充书手。不久以帮办赈务、监修兰州黄河铁桥等功升任徽县知县。入民国，官榆林道尹。参与《续修陕西通志稿》编纂，后任陕西通志馆副馆长并长期担任陕西省政府顾问、

---

① 李慎庵生卒年年月，参见1933年6月2日《徐旭生陕西考古日记》及马长寿主编《同治年间陕西回民起义历史调查记录》（陕西人民出版社1993年版，第356页）。前者文曰："李老先生（慎庵）年七十二，耳颇重听，今日颇惠惠晕。"后者语云："（凤翔县志资料）藏在城内李惺（慎庵）先生家。李氏于数年前已经去世，资料为其子芝若保存。"按马长寿等人于凤翔调查回民起义史料时在1956年8月，故知李慎庵卒年在1956年前数年内，生年则在清同治元年（1862）。

② 参见马长寿主编：《同治年间陕西回民起义历史调查记录》，陕西人民出版社1993年版，第359—360页。

③ 宋联奎（1870—1951），字聚五、菊坞，晚号菊叟。祖籍云南，生于陕西长安宋家花园（今属西安市雁塔区）。光绪己丑（1889）科举人。历官忠州、资州知州及叙州、宁远、楚雄、永昌诸府知府等。入民国，任陕中道观察使、陕西民政长、陕西巡按使、陕西通志馆馆长、陕西省临时参议会议长等。著《苏庵杂著》《苏庵公牍存档》《宣南客话》《城南草堂文稿》《城南草堂诗稿》《南行日记》等。其中后四种未刊行，稿存其子宋寿昌处。

陕西参议会参议等职。1933年与寇胜孚、党晴梵、张寒杉等人发起成立西京金石书画学会，被推为理事。

1934年2月任陕西考古会委员。任间积极配合委员长张扶万的各项工作，多次面陈邵力子、周伯敏等政府官员，为陕西考古会经费等事奔走呼吁。

抗战爆发后，他与冯孝伯等陕西耆老为躲避日机轰炸，由当局护送至兴平，蛰居于一家慈善机构内，仍殷殷挂念陕西考古会移藏古物的安全。1944年7月13日病逝。同年8月2日，避居陕南的宋联奎在其《南行日记》卷五记道："接王义之信，知卓老七月十三日逝世，十七日即葬。战时自以速葬为宜，奠酹之仪，当补致。"宋并拟挽联："汉学重儒林，如论榆塞贤劳，宜与国史循良合成一传；灵光余鲁殿，为计莲洋著述，岂徒新编雍录足永千秋。"

著述多种，均未刊行。

张鹏一（1867—1943）

字扶万，号一叟、树叟、一翁、又一翁、在山草堂主人等。陕西富平人。

精通内典，擅长金石考古与文物收藏。《西北革命史征稿》誉其为关中"淹博士"。著名秦汉史学者陈直称："关陇学者，（冯国瑞）君与富平张扶万（鹏一）丈殆相颉颃。"①

光绪十八年（1892）入味经书院。光绪丁酉（1897）科陕西乡试举人。次年入京会试，与同学醴泉邢瑞生、二原陈涛、蒲城张铣②等谒康有为于上斜街万木草堂，自此师从康有为，参与保国会题名等事。戊戌变法失败后秘回原籍。光绪二十七年（1901）遵新海防例报捐山西知县，翌年受委山西清源局文案。光

---

① 按1927年6月13日梁启超曾致时任甘肃省省长薛子良（1892—1973，名笃弼）长信四纸，推荐其清华国学研究院学生、甘肃天水籍人士冯国瑞（1901—1963，字仲翔）回故乡任事。后冯国瑞将该信装裱成卷，先后有任承允、谢国桢（刚主）、刘盼遂、张鹏一、陈直、沈钥倚、刘国钧、梁实秋、胡适、刘文炳、罗家伦、张舜徽等十二人拜观题跋，1937年1月19日冯国瑞且于卷前题识，叙述颠末。十二人题跋中，陈直之跋书于1941年，凡9行，此处所引即为陈直跋语片段。后流萤征得冯国瑞子冯宁、孙冯念平同意，将此卷交兰州碑林建设委员会按原大影印刊布，流萤因之题签，曰"冯国瑞藏梁启超手札"。参见邓明：《月牙泉：〈冯国瑞藏梁启超手札〉考释》，载《兰州晨报》2003年2月22日。

② 邢瑞生（1871—1901），名廷英，字瑞生。陕西醴泉（1963年改为"礼泉"，本书行文为尊重当时文化背景，除特殊情况外，一概作"醴泉"）人。光绪辛卯（1891）科举人。曾就读泾阳味经书院。与同学高又尼、张鹏一、王璜吉、曹骥观等结骊珠文社，以算学为端。著《借根衍元》《〈春秋公羊〉义》《朱子议政录》《谷口山房佚文》等。光绪二十七年（1901）三月以时疫误用药而故。

陈涛（1866—1923），字伯澜，以字行。陕西三原人。光绪乙丑（1889）科陕西乡试第一。工书，能诗。事迹入汪国垣（笠云，辟疆）《光宣诗坛点将录》。著《审安斋诗集》等。

张铣（1864-1909），字拜云。陕西蒲城人。光绪辛卯（1891）科举人，戊戌变法失败后随姐丈宋伯鲁应长庚将军邀请入幕迪化。后居北京，主办《顺天时报》。曾参与反清，以积劳咯血死。

关于邢瑞生、陈涛、张铣与张扶万等人之间的渊源关系，吴宓《空轩诗话》有较为详细的剖述。语云："咸阳刘古愚太夫子（光蕡）为关中近世大儒。其学在李二曲、颜习斋之间，雄深笃健，能以诚感人。近数十年中，吾陕知名之士，无不出其门下。吾生父芷敬公（建寅），嗣父仲旗公（建常）及陈伯澜姑丈（诗涛，三原），王幼农姨丈（名典章，三原），李孟符世丈（讳岳瑞，咸阳），邢瑞生世丈（讳廷英，醴泉），张扶万世丈（名鹏一，富平）等，皆相从受业。"参见张寅彭主编：《民国诗话丛编》（六），上海书店出版社2002年版，第14页。

绪三十二年（1906）由奉天将军赵尔巽调奉财政局税务，主稿差。旋以直隶州保用。光绪三十四年（1908）始任山西长治知县。宣统元年（1909）任山西大学堂庶务长。

1913年由康有为推荐任中国银行秘书长。1914年任陕西督军署秘书，同年8月改任陕西吏治研究所所长。1931年至1935年任陕西孔教会会长。1932年3月西京筹备委员会成立后任该会顾问。1934年2月至1943年任北平研究院与陕西省政府合组之陕西考古会委员长。1937年6月发起成立西北史地学会，被推为理事长。1938年5月至1940年兼任西安碑林管理委员会主任。1939年任陕西省临时参议会参议员。1943年10月16日病逝于富平董南堡故里宅中。

著述宏富，以相关金石考古一途论，主要有《唐代日本人来往长安考》、《画墁集补佚》、《家藏金石目录》、《富平金石录》、《苻秦建元四年产碑跋》、《蒲城邓太尉祠碑跋》、《北魏松滋公元苌温泉颂碑跋》、《晖福寺碑跋》、《泾州石窟寺碑考》、《汉灵文侯夫人园寝在富平县温泉北岸考》、《散氏盘铭》、《王观堂散氏盘考释》、《唐大明兴庆两宫图残石跋文》、《唐长安城尚宫砖考》、《吕刻唐长安故城图考证》、《唐长安城金石考》①、《西京市西仓内唐承天街古槐碑》、《金富平宝泉禅院牒文跋》、《金纥石烈六十二母郡太夫人墓志跋》、《商周铜器多出于今陕西凤翔岐山宝鸡郿县②扶风各县说》、《游宝鸡县鸡峰山记》、《在山草堂日记》、《在山草堂诗抄》、《在山草堂文集》等。

冯光裕（1867—1948）

字孝伯，以字行。陕西兴平定周村人。

幼家贫，赖其母纺织支撑学业。及长入泾阳味经书院，从刘古愚学。光绪壬寅（1902）科举人。分省补用知县。旋与于右任等同任商州中学堂教习。1912年陕督张凤翙任其为兴平县知事职，他辞而未就。旋任陕西通志馆编纂。1934年2月后被聘为陕西考古会名誉顾问。1941年与姚丹峰、师子和等人筹办兴平县初级中学。

善作文，曾参与《续修陕西通志稿》《续修商县志稿》《重修咸阳县志》之编纂。平生撰写文赋、碑版甚多，著名者如《秦献鸿泥录》《茂陵乡贤百咏》《陕西辛亥革命战事序》《孙蔚如创建灞桥学校记》《赵端甫公墓表》等。

---

① 《唐长安城金石考》与本传涉及张扶万其他著述如《在山草堂日记》《在山草堂诗抄》《在山草堂文集》等，均系手稿，未刊，稿存陕西省政协文史办资料室，本书行文中多有引用，除特殊需要外，一般只列文献名，不列作者姓名。其中《在山草堂日记》自1914年始，至1943年止，卷帙巨大，史料宏富，具有重要历史价值，本书引用极多。依张氏1914年《在山草堂日记序》："念年巳四十有七，而学多淹陋，荀卿观学，迷途未远，重订文字，鞭策后来，即于今年夏正正月起时月，用周历、兼记夏正，以田间力作所贯也。周礼正岁正年，说者谓周正夏正兼用是也。"但其实际记述中不仅"周正夏正兼用"，且往往加附公历。因周正、夏正生涩，为方便读者，本书引用则新历、旧历（即不用周正、夏正、阴历、阳历或公历）并用，一般新历在前，旧历在后，若日记本身新历、旧历对应错误，适当修改。除注明旧历外均为新历，部分时段因张氏只书旧历，故只能抱憾空缺。

② 1964年改为"眉县"，本书行文为尊重当时文化背景，除特殊情况外，一概作"郿县"。

王伯明（1870—1942）

名兆离，初字午桥，后字伯明，以名兆离及字伯明行。陕西扶风法门镇人。

清末入庠后赴三原清麓书院就学，光绪癸卯（1903）科乡试中举，翌年赴京会试，不第，遂任教于凤翔高等小学及凤翔、西安各中学。

1910年入同盟会。1911年参与陕西辛亥革命。1912年当选为陕西省临时参议会议员。旋被陕西都督府任命为宜川县知事，未就职。1913年1月当选为第一届国会众议院候补议员。1916年任众议院议员。1918年应广州政府之邀出席非常国会会议，任护法国会众议院议员，被聘为大元帅府顾问。1923年曹锟贿选总统时，他因拒收五千元贿赂，发声"某平生自有出处，头可断，贿选投票不可得"而知名。1926年失明后，得国民政府特典养老归陕。

先是民国肇始，王伯明与同盟会好友宜君杨铭源（西堂）、蒲城李桐轩（良材）、临潼孙仁玉（育仁）等创设中国首个集戏曲教育、演出于一体之新型文化艺术团体——陕西易俗社。失明后居长安期间，仍笔耕不辍，创作了大量脍炙人口的秦腔剧本。

1934年2月陕西考古会成立后，他以具"峻概清操"气质与"持躬廉介，急人之急，不少踌躇"①之品德，以及熟悉关中西部文献掌故而为张扶万、徐炳昶等人所看重，被聘为名誉顾问，任间曾积极襄助陕西考古会在关中西部的考古调查与发掘工作。

李元鼎（1879—1944）

字子彝，一作子逸、子翼、子毅，号鲁曼、老曼，笔名罍空。曾慕元道州为人，以家在漫川西，故自号漫西。诗文则多署老曼。陕西蒲城荆姚镇中街村人。

幼丧父，赖曾任汉中府学教授的祖父李云萼抚养成人。后入三原宏道书院，与于右任、茹欲立同学，互为莫逆，称"宏道三杰"。光绪三十一年（1905）以蒲城增生资质与谢文卿、茹欲立等人被选派为陕西首批官费赴日留学生，入早稻田大学。不久加入同盟会，参与东京陕西留学生创办的《夏声》杂志社的工作，被选为负责人之一。

1909年回国，任教于西安府实业中学，同时兼任陕西咨议局秘书长，积极投身反清活动，曾创立"通讯横斜格"与"纵横联系法"用于秘密联络。辛亥革命后，任秦陇复汉军政府秘书、教育司司长。1917年追随于右任组织陕西靖国军，任总部秘书长，从事"护法倒陈（树藩）"活动。1928年应于右任邀请赴江南游历，先后被聘为南京中学国文教员、国民党中央党史编纂委员会编纂。继而又受于右任重用，连任审计部副部长、监察委员、审计部部长等职。1934年2月被推为陕西考古会委员。1937年以后被选为第一、二、三届参政员。1940年1

---

① 陕西革命先烈褒恤委员会编纂：《西北革命史征稿》（中卷）"王兆离"条，西安书局印刷，1949年，第76—77页。

月任国民参政会华北慰劳视察团团长。1942年至1943年任陕西省第三届参议会议长。1944年逝世于陕西蒲城荆姚镇故宅。

李元鼎"性强毅，耐繁剧，勇于负责。友朋之间有所谣诼，诺言必践。行文作字，一主谨严"①。陕西考古会酝酿成立之际，他利用自己在南京政府的身份之便，积极促进省院双方的合作。其后亦多次在有关场合为陕西考古会呼吁呐喊，陕西考古会于抗战爆发后尚能得以艰难生存与维持，与其在南京等地所做的宣传与支持不无关系。

喜碑帖书画收藏鉴赏。1935年6月4日《徐旭生陕西考古日记》记其与徐炳昶争论西安万寿禅院壁画年代事。语云："四日，天晴。今日参观（考古会古物）人较多。下午子翼来谈。据其意，唐宋所画人物较胖，明以后较瘦，故彼主张万寿禅院之壁画，系明物。余终不以为然。所取回之一部，果不过明，至照来东壁之一张，非明人之手笔也！"

著述多种，率多散佚，惟主编《蒲城县志》及《老曼斋诗存》传世。

谢文卿（？—1937至1938间）

又名谢增华，知"谢文卿"与"谢增华"两种称谓，一为其名，一为其字。部分文献尚作"谢文清""谢文青"，未知是否系笔误所致。陕西咸宁（西安）人。

依《续修陕西通志稿》卷四、卷三十六、卷四十三"高等学堂详请咨送陕省学生赴东洋肄业文"，知其光绪三十一年（1905）以咸宁廪生资质与蒲城增生李元鼎、三原附生茹欲立等一起作为秦省官费生赴日本留学。又依1938年印行《西北史地》季刊"本会记事"："二十七年（1938）二月一日，开第三次理事会。……议决事项：……四、本会理事谢文青先生去世，公推会员刘守中先生为理事"，知谢之卒年，当在1937年至1938年间。

谢至日本后，入明治大学，获法学学士学位。1911年归国，经学部考试，考取法科举人。②

谢出身世家，且民国初期长期在西安从事金融业，素称豪富，故有资大力搜罗金石文物，藏品颇富，以古籍版本、秦汉瓦当等物为最。

如1938年7月25日（旧历六月二十八日）《在山草堂日记》："西京筹备会③周（某某）来。言张溥泉在重庆来信，致意西安危险，宜出城居安全地。又言谢文卿家有旧版书，宜移出城保存。"又陈直《秦汉瓦当概述》记："近五十年来，西安藏瓦，以谢文清为第一。谢为富商，由宋伯鲁为之鉴别，故绝无赝造。所收如'涌泉混流'、'崇蛹嵯峨'、'加气始降'、'加露沼沫'、'鲜神所食'等，皆绝精之品，共有一百余面，孙壮，非其比也。"④

---

① 陕西革命先烈褒恤委员会：《西北革命史征稿》（中卷）"李元鼎"条，西安书局印刷，1949年，第39—40页。

② 宋联奎等编：《咸宁长安两县续志》卷三《选举志》，1936年排印本。

③ "西京筹备委员会"之误。

④ 陈直：《摹庐丛著七种》，齐鲁书社1981年版，第385页。

1912年任西北大学创设会委员。1933年7月任西京金石书画学会理事。1934年2月后被聘为陕西考古会名誉顾问,于陕西考古会古物征集等事多有协助。1937年6月被推为西北史地学会理事,曾积极表示承担学术赞助,并设立奖金征文,惜不久即病逝。

张寒杉(1879—1969)[①]

名靖,字仲民,号寒杉,以号行,别号金筑村民、木鸡散人、传砚庵主人、万树梅影庵主人等。祖籍陕西咸阳,1879年生于其父张鸿达贵阳任间,因寄籍贵阳。

1905年以童生资质保送日本留学,先后在东京宏文师范、同文书院和早稻田大学攻读法学,得识宋教仁,入同盟会。1911年回国,参加辛亥革命及讨袁斗争。1917年出任广州大元帅府大理院(最高法院)推事兼庭长。1929年后历任上海公学、贵州法政学校、上海大夏大学教授。1932年应杨虎城邀请回陕。1933年与寇胜孚、张絜父等发起成立西京金石书画学会,任设计主任。1934年2月后受聘任陕西考古会名誉顾问。1949年后,历任西北历史文物研究会副主任、西北行政委员会参事室参事、政协陕西省委常委、陕西省文史研究馆馆长和中国美术家协会西安分会副主席等职。

工书画,善诗词。书能行草隶篆。篆书以《石鼓文》为宗,杂以《石门铭》笔意。求书则直接取自《石门铭》。晚年书法以行草为主,倚重黄道周峭厉遒劲神韵,融会贯通,别出新意,以方为本,刚柔兼济。画重写意花卉,以梅为最,擅长泼墨。设色一破传统国画清秀雅淡之窠白,艳丽明快,对比强烈,具有强烈艺术震撼力。党晴梵《题絜父寒杉合作孤松》诗称:"絜父与寒杉,画苑蜚声久。寒杉善泼墨,笔如龙蛇走。当其下笔先,气已吞八九。"[②]宋联奎《城南草堂诗稿·寒杉以画梅多幅展览口占题赠》亦称:"来从云北兴香南,绮腊红英醉态酣。一日长安花开遍,好春还如影梅庵。"[③]

书法论著有《篆隶形影》《张靖墨迹》《张寒杉书千字文》等,绘画图录有《中国画》《寒杉画选》等。

李石曾(1881—1973)

名煜瀛,字石曾,以字行,笔名真民、石僧,晚年自号扩武。河北高阳庞口村人。

出身世家。父李鸿藻(1820—1897),字季云、寄云,号石孙、兰孙、砚

[①] 由陕西省文史研究馆沈柔坚等主编的《中国美术辞典》(上海辞书出版社1987年版)第119页,"张寒杉"条谓其生卒为1880—1967。由陕西省文史研究馆编纂《陕西省文史研究馆四十年》中,"张寒杉"条谓其生卒为1878—1969。皆误。今据其女张华仙撰文予以更正,参见陕西省文史研究馆编:《陕西文史研究丛刊》(创刊号)1986年第1期。
[②] 李克明、邓剑主编:《党晴梵诗文集》(第一卷下),陕西人民教育出版社2007年版,第297页。
[③] 手稿,未刊,稿存宋联奎之子宋寿昌处。

斋等。咸丰壬子（1852）恩科进士。曾为同治帝师，历官内阁大学士及兵、礼、工、吏部尚书，军机大臣，总理衙门大臣。有"高阳相国"之誉。任间凛然守正，力主抗击法、日侵略。《清史稿》列传二百二十三《李鸿藻传》称"务实践，持躬俭约"，"其在枢府，独守正持大体……所荐引多端士"。

幼承庭训，又从北京名儒齐令辰①习汉学，故发科甚早。1902年随清政府驻法公使孙宝琦赴法留学。1906年8月入中国同盟会，并出版《新世纪》周报。1909年，在巴黎西郊创办中国豆腐公司，号"豆腐博士"。1911年回国参加辛亥革命。1912年与吴稚晖等在北京创立留法俭学会。二次革命失败后数度寓居法国。1917年应蔡元培邀请回国就任北京大学生物系教授。1920年在北京创办中法大学。1924年当选中国国民党第一届中央监察委员，后连任中国国民党第二届至第六届中央监察委员。1924年任办理清室善后委员会委员长，并受命筹建故宫博物院。1925年10月后任故宫博物院临时董事兼理事长。1927年后历任北平大学校长、北平师范大学校长、北平研究院院长等职。1948年应聘总统府资政。

于北平研究院院长任间，利用其特殊身份地位，勉力为北平研究院争取经费，协调环境，支持并推进该院的科学研究工作。

擅书画。书法宗颜真卿，又师法张佩纶、黄山谷，皆结体严整，大气磅礴，擘窠大字尤为所长。1933年4月22日徐炳昶自西安致李书华信称："大家想请石曾先生写两块牌子。一为国立北平研究院植物研究所西北分所；二为国立北平研究院史学研究会西北分会。请转请石曾先生写好寄来，以便早日作成悬挂。至感。"

著《石僧笔记》《扩武自述》《石僧随笔》等。

李树荣（1883—1958）

字印唐，一作印堂、荫棠，以字行。陕西咸阳人。

清光绪附生。后入兰州高等学堂。入民国历任三原县知事、长安县政府秘书、戒烟局长等职。

1934年2月经梁午峰推荐任陕西考古会办事员②，1935年6月任陕西考古会主任干事。凡陕西考古会公函文件，多出其手。于繁忙之行政事务之外，尚参与大量古物调查保护工作。侯鸿鉴《西北漫游记》1935年5月11日记："知考古会为廿三年二月与国立北平研究会合组成立者，委员五人。干事李印唐、李西平，书记杨彬如。"③1937年6月加入西北史地学会。1953年4月被聘为陕西

---

① 号禊亭。直隶（河北）省保定府高阳县人。光绪甲午（1894）科进士。
② 1934年2月9日（旧历十二月二十六日）《在山草堂日记》："梁午峰荐李印堂为会中办事员。"
③ 侯鸿鉴：《西北漫游记》，无锡锡成印刷公司，1937年，第14页。侯鸿鉴（1872—1961），字葆三，号梦狮、铁梅、病骥、沧一。江苏无锡人。清末中秀才后屡试不售，转而致力新学。光绪二十九年（1903）得杨范甫等赞助，与顾倬同往日本宏文师范学院学习教育，光绪三十一年（1905）回国，历任无锡俟实学堂校长并创办竞实学堂、三等学堂、竞志女校等。后任江苏、江西、河南、福建教育厅视学。1918年始，先后赴东南亚、西南、西北等地旅游考察。著《南洋旅行记》《环球旅行记》《西南漫游记》《西北漫游记》等。能文，喜诗，亦擅书画，指画尤奇。著有《病骥文存》《沧一堂诗文钞》《锡金乡土地理》《骥鹤唱和集》《藏经阁诗钞》等。

文史馆馆员，1958年病逝。

擅书法，小楷、行书、隶书尤精。喜临摹金石名帖。1938年4月19日《在山草堂日记》记："印堂借石鼓文，以旧拓卷子交周福转交。"

寇遐（1884—1953）

字胜孚，号玄疵。陕西蒲城人。

光绪三十二年（1906）就读于陕西师范学堂附属优级选科理化班，同年经井勿幕、尚镇圭介绍加入同盟会。

光绪三十四年（1908），蒲城知县李体仁镇压同盟会革命，下令逮捕县立高小学堂师生三十余人，滥刑拷打，致一人死亡，多人重伤，酿成震动全陕之"蒲案"。他闻知消息，愤不能遏，积极在西安组织声援运动，被推为师范学堂总代表，曾上书巡抚衙门请援，关中学界目为"勇士"。

宣统元年（1909），任同州丰登中学监学，仍积极致力于反清革命活动。

1912年4月，当选为陕西临时议会副议长，12月被选为第一届陕西省议会议员。1913年复被选为第一届国会议员，曾愤然拒绝曹锟贿选。1924年11月出任段祺瑞执政府农商总长。1930年应杨虎城邀请任陕西省政府委员。1933年被聘为陕西省政府顾问。1933年与张寒杉、党晴梵等人发起成立西京金石书画学会，被推为理事长。1934年2月陕西考古会成立，任委员。后参与西安事变。1937年6月，与张扶万、梁午峰、何士骥、黄仲良（文弼）等人发起成立西北史地学会。1939年至1948年，先后任陕西省参议员、西安绥靖公署顾问等职。

1949年后，历任陕西省暨西安市人民代表、陕西省政府委员、陕西省监察委员等。资历深厚，生性耿直，在担任陕西考古委员期间，极力主张陕西省方面制定切合陕西实际的古物保护法令，并注意培养陕西地方考古专门人才，赢得省院双方的共同理解与尊重。

景莘农（1884—1964）

名志伊，字莘农，以字行，号恧翁、柏叶庵主。陕西富平寺后堡人。

出身世家，晚清秀才。曾先后入三原宏道学堂、京师大学堂进士馆法政学堂就读。1903年应汴梁（河南开封）举子试，不第。1906年乃入协和医学堂，毕业后在北京行医。1913年回陕，执教于陕西陆军测量学校。1930年后，连任杨虎城、邵力子、孙蔚如三任陕西省主席主任秘书。

1934年2月参加陕西考古会成立大会，并受大会委托，与徐炳昶、梁午峰一起负责起草陕西考古会内部组织法（办事细则）。旋受聘任陕西考古会名誉顾问。

1949年后历任西安市政协委员、陕西省文史馆馆长、中国农工民主党陕西省委组织部长、西安市中医医院院长、陕西省中医研究所副所长等职。

精岐黄、书画，擅诗赋。收藏得益家传，以书画为盛。1931年为柯莘农《叶语草堂金石文字存考》书稿题跋称："寒家自明成化以来，世代雅有（收藏）此尚。"并称其家于同治壬戌（1862），"失彝器二十余事，玺印三千七百方"。及捻军入陕，"踞吾楼，尽割法书名画，弃其签轴而纵火焉"。"光绪癸巳（1893），覆舟于湘，旧椠墨迹付之清流"，又称"靖国之役，吉金尽矣。丙寅（1926）围城，至今七被劫掠。志伊集与先世憨遗悉散败于庸竖，四世七人手稿丛著，扫地以尽。惟余文徵仲、唐子畏两幅，是寒家三百年前所售故物耳"。①

徐炳昶（1888—1976）

字旭生，又作虚生，号蜚遯庐、遯庵，笔名老傻、四河人等。河南唐河桐河乡砚河村人。

父徐纲，字振甫，清廪贡生，曾任河阴（今荥阳）教谕、归德府教谕等。兄徐沛泽，清末县学生员，曾任陕西佛坪厅巡检等。幼居父之任所，受良好启蒙教育。1906年入北京河南公立旅京豫学堂，同年又入京师译学馆学习法文。1912年在彰德中学讲授学算学与法文，旋考取法国留学。1913年入巴黎大学学习哲学。1919年夏季回国，于河南开封第一师范学校及河南留学欧美预备学校教学。1920年秋季以河南省教育界代表身份赴京请愿，事毕留居北京。1921年任北京大学哲学系教授。1925年3月与李宗侗等人创办《猛进》杂志。1926年任北京大学教务长。1927年与李石曾、李书华等筹设北平大学，同年与瑞典斯文·赫定（Sven Hedin, 1865—1952）等人联合组就中瑞西北科学考察团，任中方团长。1928年3月任大学院古物保管委员会委员②，1929年12月又任国立北平大学第二师范学院院长③，后因女师附中学潮而遭受冲击。1931年任国立北平师范大学校长，同年11月因赴南京教育部请求增加北师大经费未果，愤而辞职。1932年6月受李石曾、李书华邀请任北平研究院史学研究会编辑，后改任研究员。未几任北平研究院史学研究会考古组主任，同时兼任北京大学哲学系教授兼研究所国文导师。

1933年受北平研究院委派赴陕筹设分院，继而筹设北平研究院暨陕西省政

---

① 1931年景莘农为柯莘农《叶语草堂金石文字存考》书稿题跋原件今藏柯莘农裔孙处。按：柯莘农（1883—1945），原名士衡，字莘农，以字行。祖籍山东胶州，后迁居安徽怀宁，以此为祖籍。清道光间其祖来陕，居西安，又为西安人。早年毕业于陕西客籍中学堂。1928年8月至1937年9月任陕西省政府第四科科长，1937年9月任陕西省政府参议。于第四科科长任间主管文物及名胜古迹，为保护陕西文物出力尤多。幼承家学，嗜甲骨文及金石瓦当之学。收藏文物颇丰，曾建"半园"之寓，储钟鼎彝器、秦汉瓦当、宋明旧拓、名家书画数千余件。陕西经学大师毛昌杰赞云："柯君莘农，博雅好古，继杨（杨实斋）、赵（赵乾生）诸公后，勤求博访十余年，得二千余纸"，继而"追踪刘（刘燕庭）、吴（吴大澂）、陈（陈介祺）、端（端方）之获古长安，籍名不朽，岂独贤于烟云过眼？仅止为助我秦人张目已哉！况乎是正文字，功在学术也"。

② 1928年3月25日《蔡元培日记》："午后三时，（大学院）古物保管委员会成立会"，见王世儒编：《蔡元培日记》（下），北京大学出版社2010年版，第360页。

③ 部分资料作"女子师范学院院长"，此处从《北京市志稿·文教志·国立北平大学》，北京燕山出版社1998年版，第375页。

府合组陕西考古会，任委员及工作主任。1934年参加考古学社①，同年2月任中央古物保管委员会常务委员，8月被任命为河南大学校长，辞而未就。1935年5月应聘为故宫博物院文献馆专门委员。1936年北平研究院史学研究会改为史学研究所，任所长。1936年任《史学集刊》编辑委员会委员。1937年6月加入西北史地学会，被推为理事。1938年5月后应国立西北联合大学历史系考古委员会请求，任该考古委员会清理考察城固博望侯张骞墓指导。②

1933年春季至1937年夏季长期在陕西关中、甘肃等地进行考古调查，主持宝鸡斗鸡台三次考古发掘，备受艰辛。于调查、发掘同时，积极推进陕西古代碑石、建筑的保护，厥功甚伟。其间尚利用回乡之机与关葆谦、胡汝霖等人调查河南荥阳北邙乡秦王寨新石器时代遗址。"成绩斐然，收获甚多，于学术上之贡献殊大。"③

抗战爆发后随史学研究所迁往云南昆明，不久任中法大学、西南联大教授。1940年4月被聘为教育部史地教育委员会委员。1943年与于右任、张继（溥泉）、翁文灏、傅斯年、李济、卫聚贤、顾颉刚、徐中舒、何士骥等人在重庆发起成立说文社。1948年8月被举为北平研究院学术会议会员。1949年1月后任北平研究院代理副院长。

中华人民共和国成立后，先后任中国科学院考古研究所研究员，河南省第一、二、三届人大代表及第三届全国人大代表等。致力于夏代文化调查研究工作。1957年5月加入中国共产党。1976年1月4日在北京病逝。

著述繁多，主要有《斯文赫定先生小传》、《蛰遯庐日记》、《徐旭生西游日记》、《徐旭生陕西考古日记》、《读山海经札记》、《欧洲哲学史》（译著）④、《教育罪言》⑤、《陕西渭河附近考古调查报告》、《陕西调查古迹报告》（与常惠合作完成）、《陕西最近发现之新石器时代遗址》⑥、《校金完颜希尹神道

---

① 由容庚等人发起，为中国考古学发展史上的重要社团组织。1934年9月1日成立于北平，社址设北平燕京大学燕东园24号。依1934年12月出版《考古》第1期第1—2页刊布之《考古学社简章》，知该社"定名为考古学社"。

② 徐炳昶任国立西北联合大学历史系考古委员会清理考察城固博望侯张骞墓指导一事，据《西北联大校刊》1939年第19期载《博望侯墓道古物室内展览记》一文："本校历史系考古委员会（委员有许季茀、李季谷、陆咏沂、黄仲良、何乐夫、周节常六先生，并临时请有国立北平研究院历史研究所所长徐旭生先生为指导）为表彰我历史上之民族英雄汉博望侯张骞起见，于去岁（1938）八月二十四日至九月二日，将其已毁之墓道，加以清理考查……"又据《西北联大校刊》1938年第1期载何士骥、周国亭《发掘张骞墓前石刻报告书》称（张骞墓）"二十七年（1938）五月二十日，本校同人曾作一度调查"；"遂由本会同人商定发掘办法"，"于（1938）六月十八日率赴该地重行视察，估计一切"。诸事筹备就绪，"于七月三日（星期日）开工"。以上两文分别收入西北大学西北联大研究所编：《西北联大史料汇编》，西北大学出版社2012年版，第286页、第298—299页。

③ 摘自1936年5月国民政府外交部第4961号公函与相关资料，原件均藏中国第二历史档案馆，主旨谓瑞典君主因袁复礼、徐炳昶、黄仲良及斯文·赫定在1927年中瑞合组西北科学考察团工作中，"成绩斐然，收获甚多，于学术上之贡献殊大"，故决定赠予徐炳昶等人三等"华沙章"一枚，以示褒奖等事。

④ ［法］威伯尔（Alfred Weber）原著，徐炳昶译，景山书社1935年版。

⑤ 连载《独立评论》第25、27、30、33、34、37、38号，《独立评论》杂志社，1932年11月6日、1932年11月20日、1932年12月11日、1933年1月1日、1933年1月8日、1933年2月12日、1933年2月19日。

⑥ 载《国立北平研究院院务汇报》1936年第7卷第6期。

碑书后》①、《金俗兄弟死其妇当嫁于其弟兄考》②、《试论传说材料的整理与传说时代的研究》（与苏秉琦合作）③、《中国古史的传说时代》《禹治洪水考》《略谈研究夏文化的问题》、《1959年夏豫西调查"夏墟"的初步报告》、《井田新解并论周朝前期士农不分的含意》、《山海经的地理意义》、《对我国封建社会长期迟滞问题的看法》、《字谜同源说》等。

李书华（1889—1979）

字润章。河北昌黎人。

1908年入保定直隶高等农业学堂。1912年赴法国留学，先入蒙达尼男子中学，1914年改读莫兰中学。1915年考入图卢兹大学，1918年获该校农学技士证书及理学硕士学位。1919年转入巴黎大学理学院，同年起担任北京大学驻欧通讯员。1922年6月获法国国家理学博士学位。1925年任北京大学物理系主任。1926年受聘任中法大学服尔德学院院长兼居礼学院物理学教授，3月任中法大学代理校长。1928年9月任中华大学副校长。不久与李石曾等人筹设北平大学，任副校长，事未竟辞职。

1929年8月复与李石曾等人酝酿成立北平研究院，任副院长。1930年12月任国民政府教育部政务次长。1931年3月任中英庚款董事会董事，被推为该会教育委员会主席，由此历任该会考试委员会委员长，同年6月任国民政府教育部部长。1932年1月，回任北平研究院副院长，同月任立法院立法委员，同年并任中法大学校董会董事、中国物理学会第一届理事会理事长，1933年兼任天然博物院代理院长。1933年至1934年2月，具体负责北平研究院史学研究会驻陕分会及该院与陕西省政府合组陕西考古会之筹建工作，参与该会成立大会及第一届、第三届年会并游览考察了关中相关名胜古迹。1934年2月任陕西考古会委员。同年与雷宝华等人合作为天津《大公报》编辑《科学周刊》，该年4月且任故宫博物院理事会理事。1935年9月任中央研究院第一届评议会评议员。1936年春任中法教育基金委员会中国代表团主席。抗战爆发后绕道香港至昆明，筹设北平研究院总办事处。1943年夏兼任中央研究院总干事。1945年5月被选为国民党第六届中央执委，同年10月任中国出席联合国教育科学文化组织代表，同时被国民政府任命为北平研究院副院长。1948年当选为中央研究院院士，8月任北平研究院学术会议会员。1950年至1951年分别在巴黎大学及法兰西学院进行大分子研究工作。1953年3月移居美国。1979年7月4日在纽约病逝。

李书华任陕西考古会委员期间，利用其北平研究院副院长身份，给予斗鸡台发掘工作以极大的支持，尽可能保证了发掘经费的落实。同时支持陕西省政府修复西安东岳庙，并努力协调省院合作关系。北平研究院播迁昆明之际，他在艰苦

---

① 载《史学集刊》1936年第1期，第3—18页。
② 载《史学集刊》1937年第3期，第69—72页。
③ 载《史学集刊》1947年第5期，第1—28页。

的环境下，仍坚持领导该院业务工作，并尽量为徐炳昶、苏秉琦等人的研究工作提供条件。

著《原子论》《原子论浅说》《房山游记》《陕西游记》《造纸的传播及古纸的发现》《指南针与指南车》《普通物理学实验讲义》等。

翁文灏（1889—1971）

字咏霓，别名存章、永年、憨士。浙江鄞县人。

幼读私塾。光绪二十九年（1903）中秀才。后赴比利时留学。1912年获罗汶大学物理及地质学博士学位。1913年同丁文江等人一同创办北洋政府地质调查所，1915年任该所矿产部负责人，1923年升任该所所长。其间并兼任北京大学地质系、清华大学地理系教授，出席太平洋科学会议、国际地质学会议。1928年3月任大学院古物保管委员会委员，7月任国民政府中等教育文化基金董事会董事。1931年任清华大学代理校长，同年12月任实业部地质调查所所长。1932年12月被国民政府任命为教育部部长，因故未就。

1934年任国际设计委员会委员、秘书长，同年2月代表北平研究院出席北平研究院暨陕西省政府合组陕西考古会成立大会，任委员，并做关于发掘之外应重视古物保护管理之提案，受到会议重视。会议间隙与李书华等人考察游历关中名胜古迹。后因车祸，未能参加陕西考古会第二届年会。1935年9月被推举为中国博物馆协会执行委员，12月任行政院秘书长。1937年4月，以中国特使团秘书长身份陪同孔祥熙赴英国参加乔治六世加冕典礼。1938年1月任经济部部长兼资源委员会主任委员等职。1943年与于右任、张继、傅斯年、李济、徐炳昶、卫聚贤、顾颉刚、徐中舒、何士骥等人在重庆发起成立说文社古今文物馆。1945年任战时生产局局长。1944年至1945年连任高等考试典试委员。1945年6月任国民政府稽勋委员会委员、行政院副院长。1948年3月，任行宪国民大会代表，5月升任行政院院长。1949年1月出任总统府秘书长，同年赴香港居住。1950年赴法国讲学，翌年经香港至北京，任全国政协委员，后任民革中央常委。1971年1月27日在北京病逝。

作为中国现代考古学的先驱者，翁文灏在陕西考古会委员任间曾积极协调省院关系，助力徐炳昶等人的学术战略，起到很重要的作用。安特生（Johan Gunnar Andersson，1874—1960）[1]称他是"在战争岁月里为他的祖国鞠躬尽瘁的小个子的硬汉子"[2]。

---

[1] 安特生全名约翰·古纳·安特生，1874年7月3日生于瑞典克尼斯塔（Kinsta），瑞典地质学家与考古学家。1902年毕业于瑞典乌普萨拉大学，获地质学博士学位。曾任瑞典地质调查所所长、瑞典地质专业协会会长并主持第十一届万国地学会大会。1914年始受聘任中国北洋政府农商部矿政顾问。在华期间以发现仰韶遗址出名，被誉为"仰韶之父"。归国后任斯德哥尔摩远东古物博物馆馆长等。成名作《中华远古之文化》（1923年发表于《地质汇报》第5号）。另著有《甘肃考古记》（《地质专报》甲种第五号，农商部地质调查所印行，1925年）、《中国史前史研究》（1934年）等。

[2] 陈星灿：《安特生先生半个世纪以前的一封信——纪念仰韶文化发现八十周年》，见陈星灿：《20世纪中国考古学史研究论丛》，文物出版社2009年版，第191页。

著《中国矿产志略》《甘肃地震考》《椎指集》等。

李麟玉（1889—1975）

字圣章。天津人。李叔同侄。

早年就读于天津。后赴法国留学，入巴黎大学，获理科硕士学位与昂西化学院化学技师称号。其间与蔡元培、李石曾、吴玉章等人发起成立"华法教育会"。回国后历任中法大学居礼学院院长兼教授、北平大学理学院院长、北平研究院总务部代理部长兼化学研究所研究员、中法大学校长、中法教育基金委员会委员等。1934年2月陕西考古会成立，以北平研究院代表身份出任委员一职。1936年10月以兼职过多声明辞职，遗缺由顾颉刚替补。抗战中迁徙陕南城固，任西北联合大学常务委员、国民政府编译馆化学仪器名词审查委员等职。

1949年后任重工业部顾问、北京工业学院副院长、全国政协委员等。

段民达（1889—1964）

字绍岩。陕西岐山凤凰村人。与侯培仓、侯良弼、关中哲齐名，号"关中四才子"。

出身世家。父段维（冈北），光绪癸卯（1903）科进士，官法部制勘司。

早年入北京陕甘中学堂，毕业后继入北京法政专门学堂，肄业后赴日本及江浙直奉等地考察教育。入民国，任秦省临时议会议员、农商部顾问。1923年参与国立西北大学筹建并任该校讲师、文牍主任。1926年至1930年任陕西省长公署秘书科长。1925年任长安县知事。1927年8月任陕西省政府第三科科长。1933年任兴平县县长。1945年1月与1949年1月先后任祝绍周、董钊主陕时省政府参议。

1949年后任西安市监察委员会秘书。1954年受聘为西安文史馆馆员。工书，能诗。书法善行、楷，亦能草书。代表作有《清武生陈武臣墓志铭》①等。

于兴平县县长任间，适徐炳昶、常惠来此地进行文物考察，他以职责所系，不能推辞为念，在公务十分繁忙之际，坚持陪同徐、常考察南佐村槐里、犬邱、废邱遗址，并支持徐、常提出保护县城文庙大观圣作碑石的建议。

相关情事，见1933年6月11日、12日《徐旭生陕西考古日记》。如6月11日《徐旭生陕西考古日记》："少岩乃陪我们同往观。"6月12日《徐旭生陕西考古日记》又谓："少岩派人送来县志一部，自书纸扇一把。""儿童仍在上用砖石乱画，乃建议于少岩，请其将碑移至戟门内东廊下，用木栏围绕以资保护。少岩甚然余说。"

他之如是负责精神，深得徐炳昶赞赏。1934年2月陕西考古会成立后，徐遂力荐其任该会名誉顾问。其于此任期间，积极襄助陕西考古会相关工作，曾提

---

① 《清武生陈武臣墓志铭》，安邑景定成撰文，同里段民达书丹，万泉冯钦斋题盖。

供不少合理化建议与有益信息。

顾颉刚（1893—1980）

字诚吾，号铭坚。江苏吴县人。

1912年毕业于吴县中学。1913年考入北京大学预科。1916年入北京大学文科中国哲学门。1922年任上海商务印书馆编辑。1923年任北京大学研究院国学门助教兼北京大学预科国文讲师。1926年任厦门大学文科教授。1927年任中山大学文史教授，旋兼任该校历史语言研究所主任。1928年3月与傅斯年等任中央研究院历史语言研究所常务筹备员，同时任大学院古物保管委员会委员。1929年任燕京大学教授。

1930年被北平研究院聘为史学研究会会员，兼北平志编辑委员。《顾颉刚年谱》"1930年11月7日"条载："徐炳昶来告：北平研究院聘先生为史学研究会会员，兼北平志编辑委员。"[1]

《国立北平研究院院务汇报》1930年第1卷第4期亦载："本刊汇报增聘顾颉刚为史学研究会会员。"

1934年9月加入考古学社。同年与谭其骧等人创设禹贡学会。1935年初，任北平研究院史学研究会历史组主任，主编《史学集刊》。

陕西考古会成立后，顾颉刚积极支持该会工作。1935年4月24日《徐旭生陕西考古日记》载："今日接到润章信一封，颉刚寄来《古史辨》第五册……"其间一度兼任北平古物保管委员会委员、故宫博物院理事。1936年10月替补李麟玉任陕西考古会委员并参加第三届陕西考古会年会，所提陕西考古会调查发掘应注意寻找西周王陵与都邑遗址的建议，对徐炳昶等人影响颇大。1937年任北平研究院史学研究所研究员。

"七七事变"后辗转天津、青岛，9月赴西北考察，途经西安时，曾在东关外小土坡实施小型发掘。后赴四川，任齐鲁大学史学教授。1943年与于右任、张继、翁文灏、傅斯年、李济、徐炳昶、卫聚贤、徐中舒、何士骥等人在重庆共同发起成立说文社古今文物馆，并与傅斯年等人再度合作组织中国史学会，同年任三民主义青年团第一届中央团部评议员。1948年当选为中央研究院院士，同年被选为北平研究院学术会议史学组会员。

1949年后任中国科学院哲学社会科学部研究员。1975年当选为第四届全国人大代表。1977年任中国社会科学院历史研究所研究员、学术委员。1978年当选第五届全国人大代表。1979年任中国民间文艺研究会副主席。1980年12月25日在北京病逝。

著述繁多，主要有《古史辨》《汉代学术史略》《秦汉的方士与儒生》《尚书通检》《中国疆域沿革史》《史林杂识》《中国上古史研究讲义》等。

---

[1] 顾潮：《顾颉刚年谱》，中国社会科学出版社1993年版，第190页。

何士骥（1893—1984）

号乐夫。浙江诸暨人。1925年7月考入清华大学国学研究院，为该院首届新生，师从梁启超、王国维、陈寅恪、吴宓等，主攻古文字学与考古学，尤接近王国维，王之外事联络，多由其代理。如1925年9月9日王国维致马衡（叔平）函谓："顷何士骥到校，携来所赐汉魏石经残石拓本共近七十种，百朋之锡何以加之，敬谢敬谢。询之何生，知兄上月返京并未再赴洛阳，想发掘事尚未有成议。"又1926年12月1日王国维致马衡函："顷得手书，敬审一切。前日何君士骥来，具悉大驾在沪曾患伤寒，此次还京尚未复原。"①

王国维自沉昆明湖前，梁启超、沈兼士曾托何士骥劝王国维进城调整，遭王拒绝，不意酿成悲剧。

清华大学国学研究院毕业后，何士骥历任北平孔德中学、北平大学、中法大学、北平师范大学等校讲师，北平师范大学研究院编辑，国语大辞典编纂处特约编纂，北平研究院史学研究会助理员等。

1934年2月陕西考古会成立后，受委托主持民政厅发掘。同年4月起任斗鸡台发掘工作组秘书，参加三次斗鸡台发掘及关中渭河流域的古遗址调查工作。1934年加入考古学社。1935年主持西安东岳庙壁画修复。1936年任《史学集刊》编辑委员会委员。

1937年6月与张扶万等人发起成立西北史地学会，任该会秘书。抗战爆发后奉命留守陕西考古会，主持斗鸡台考古发掘报告的整理，后因日机轰炸而被迫终止。1938年3月由西安迁徙陕南城固，任西北联大国文系讲师，参加西北联大主持进行的城固蔡伦墓、张骞墓的调查与发掘工作，最早对南郑龙岗寺遗址进行了调查。1940年任陕西政治学院国文教授并兼任陕西考古会代理工作主任，司留守保管。同年与丁山、吴晗、韩儒林、谭其骧、萧一山、贺昌群、冯汉骥、顾颉刚、陆懋德、商承祚等人发起创办《史学季刊》。1943年参加历史语言研究所与中央博物院筹备处、中国地理研究所以及北京大学文科研究所联合组成的西北科学考察团，在甘肃兰州附近进行考古调查与发掘工作。该年又与于右任、张继、翁文灏、傅斯年、李济、徐炳昶、卫聚贤、徐中舒等人在重庆共同发起成立说文社古今文物馆。1939年起任国立西北师范学院国文系教授、系主任。兰州大学成立后，兼任该校中文系、历史系教授。

1954年主持甘肃兰州上西园明彭泽墓之发掘。1958年任甘肃省博物馆馆长。精金石考古，擅书画鉴赏与文字考释。陈直《关中秦汉陶录提要》"汉棨字陶盘"条称："文一字：'棨'，在内底中央，西北大学文物陈列室所藏。何乐夫氏释为棨字甚是。"②

著述颇多，主要有与刘厚滋合作编著的《南北响堂寺及其附近石刻目录》，

---

① 吴泽主编，刘寅生、袁英光编：《王国维全集·书信》，中华书局1984年版，第420—421页、第448页。

② 陈直：《摹庐丛著七种》，齐鲁书社1981年版，第403页。

独著有《部曲考》、《唐大明兴庆及太极宫图残石发掘报告》[①]、《石刻唐兴庆大明太极三宫图考证》、《石刻唐太极宫暨府寺坊市残图大明宫残图兴庆宫图之研究》(《考古专报》1935年第一号)、《古本道德经校刊》(《考古专报》1936年第二号)、《陕西民政厅前院发掘报告》、《陕西宝鸡县各地古迹调查报告》、《修理张骞墓工作报告》、《长安城外鱼化寨新石器时代之遗址》[②]、《河南商丘县古迹调查报告》、《十里店新发见的墩军碑》、《金文汇编索引》、《西北考古记略》、《中国文化起源于西北》等。

梁午峰（1894—1971）

名俊章，字午峰，以字行。陕西渭南人。

幼年在家乡读私塾，后入渭南县立高等小学。1911年加入同盟会。辛亥革命发生后，先后在华县、合阳、同州一带为秦陇复汉军筹备粮秣，事定入陕西省立第一中学读书，旋入西北大学预科。1914年进入北京高等师范理化专业学习，同时兼修哲学。其间发起组织旅京陕西学生联合会，并积极参加"五四运动"。1921年与陕籍人士王授金、段韶九等人发起成立教育研究社。之后回陕，连任陕西省立女子师范教务主任、校长等职。1927年1月任陕西省教育厅组织科长。1930年任三原县县长，继而改任陕西省民政厅第四科科长。1932年8月受命成立陕西省教育经费管理处，任处长。后一度代理教育厅厅长。曾先后与杜斌丞、吴砚青、李鼐仪等创办力行中学、培华女子职业学校、泾阳西北仪祉农业学园、渭南瑞泉中学等。

1934年2月后任陕西考古会委员、秘书等，曾无偿捐赠新石器时代仰韶文化尖底瓶等物。1935年任陕西省义务教育委员会委员、陕西省教师训练所所长。1937年6月与张扶万、何士骥等人发起成立西北史地学会，被推为理事。

1949年7月被陕甘宁边区政府任命为西安图书馆馆长。1950年加入民盟，任西北总支宣教委员。后被选为陕西省暨西安市人民代表大会特邀代表与政协委员，陕西省第一、二、三届人大代表。

著《陕西乡贤事略》(与王儒卿、刘安国[③]合作)、《女娲古史今释》、《欹器图说》[④]、《陕西天气之揣测》、《道德经贯解》、《论语贯读》等。

[①] 载《国立北平研究院院务汇报》1934年第5卷第4期，第53—61页。

[②] 载《西北史地》1938年第1期，第113—127页。

[③] 刘安国（1895—1989），字依仁。陕西华县人。1916年考入北京高等师范，1920年毕业后回归陕西，历任陕西省立第三中学训育主任、校长以及白水县县长、陕西省教育督学等职。1942年起历任省教育厅主任秘书、设计委员会总干事、民众教育委员会主席、陕西师范专科学校校长等职。1950年入西北人民革命大学学习。1952年起先后在西北军政委员会文教厅、陕西省文化局、陕西省历史博物馆工作，其间加入中国国民党革命委员会。1962年后长期任陕西省文史研究馆馆员，并被选为西安市政协委员，任民革陕西省委员、顾问，省政协文史资料征集委员会委员，省地方志编纂委员会顾问，中华梨园学会顾问等职。一生阅历甚广，熟稔陕西考古会史事，《徐旭生陕西考古日记》中有不少关于他的记载，故成为本书作者重要采访对象。

[④] 一称《欹器之研究》，参见陕西省地方志编纂委员会编：《陕西省志·人物志》(中册)"梁午峰"条，陕西人民出版社2005年版，第600页。

其中融涵梁氏颇多学术热情与精力的《敧器图说》参考西安等地所出仰韶文化尖底瓶，阐幽发微，在当时尚有一定的创新。如1935年4月16日（旧历三月十四日）《在山草堂日记》记张扶万此日在北平曾与梁午峰商议，"约侯二三日同回西安，并定到洛阳住一二日，观周公庙敧器，游龙门伊阙"。1935年5月11日午后，无锡侯鸿鉴考察陕西考古会时，梁午峰亦曾与之研讨敧器，争议热烈。侯氏《西北漫游记》故记："梁君偕余研究敧器，又复入（考古会陈列室）观久之，余决谓敧器无疑，但此为汉之仿制者。"①

1950年至1952年西安各界捐献文物高潮中，他将多年收藏的史前陶器3件捐赠予西北历史博物馆（西安碑林博物馆前身）。

晚年与刘安国等人对蓝田公王岭出土化石进行调查分析，认为该地可能有一处较大的原始人类遗址，从而致函杨钟健，促成蓝田猿人的最后发现。

常惠（1894—1985）

字维钧，笔名常悲、为君。河北宛平（今北京丰台）人。著名民俗学家、歌谣学家。

早年就读北京法文学堂、北京大学预科和法文系。1920年考入北京大学法文系。1924年北京大学毕业后留校任助教并兼任孔德学校教师。1922年至1925年任北京大学《歌谣周刊》编辑。1927年加入古物保管委员会。

1930年进入北平研究院史学研究会工作。1931年率北平内城寺庙调查组同人对北平内城寺庙进行调查，拍摄有大量珍贵照片。1934年加入考古学社。

于北平研究院史学研究会任职期间，参与北平庙宇、河北易县战国燕下都、陕西西周丰镐遗址及渭水流域新石器时代遗址与陕西宝鸡斗鸡台遗址的考古调查、发掘工作。

"七七事变"后，拒任伪职，以小学教员职业谋生，后至四川乐山故宫博物院负责内迁文物的保管工作。1945年抗战胜利后回北平，负责故宫博物院展出事宜。1949年后任北京鲁迅博物馆鲁迅研究室顾问，中国民间文艺研究会、中国民俗学会、中国歌谣学会顾问等。

精通法文与中国古典文学，曾协助鲁迅搜集中国小说史课程材料并应邀为鲁迅翻译法国莫泊桑小说《项链》。

鲁迅《朝花夕拾》后记："因为想寻几张插画，常维钧兄给我在北京搜集了许多材料，有几种是为我所未曾见过的。"又云："关于搜集的事，我首先仍要感谢常维钧兄，他寄给我北京龙光斋本，又鉴光斋本；天津思过斋本，又石印局本；南京李光明庄本。"

著《易县燕下都故址调查报告》②、《易县燕下都考古团发掘报告》③、《陕西调查古迹报告》（与徐炳昶合作完成）。

---

① 侯鸿鉴：《西北漫游记》，无锡锡成印刷公司，1937年，第14页。
② 载《国立北平研究院院务汇报》1930年第1卷第1期，第13—26页。
③ 载《国立北平研究院院务汇报》1930年第1卷第3期，第1—4页。

杨彬如（1895—？）

陕西长安人。1934年2月以前任长安县教育会书记、长安特种税局书记等职。1934年2月后始任陕西考古会书记，大量文稿皆出其手。

侯鸿鉴《西北漫游记》录1935年5月11日考察记录："知考古会为廿三年二月与国立北平研究会合组成立者，委员五人。干事李印唐、李西平，书记杨彬如。共三人。"[1]

1938年8月至9月，曾协助张扶万查处陈某偷拓汉石经及拓本售卖账目事件。1937年后任陕西省临时参议会秘书等职。

孙文青（1896—1986）

名林翰，号素庵。河南社旗大冯营乡人。

1911年至1921年先后就读于社旗县端化小学、河南省立南阳五中、国立北平师范大学。1930年撰写《张衡著述年表》《张衡传》。1932年出任南阳教育局长，其间利用工作之便广泛收集南阳地区散见汉画像石，凡270余块。借此资料与关伯益（百益）等人合作，积极实施汉画像石的保护与研究，成果颇丰。后至河南博物馆工作，任保管主任。

1934年11月应徐炳昶邀请参加陕西考古会第二次斗鸡台考古发掘。1936年春参加殷墟第十三次发掘，并经徐炳昶介绍加入北平考古学社。1937年4月参加第三次斗鸡台考古发掘，同年6月加入西北史地学会。1937年11月后，受陕西考古会委派，赴汉水流域进行考古调查，并对城固汉张骞墓石刻进行照相、绘图及椎拓工作。1950年任河南省文管会副主任兼河南博物馆馆长。1957年当选为河南省政协委员。

著《南阳汉画像访拓记》[2]、《南阳汉画像汇存》、《南阳草店汉墓画像集》、《吴子陶罍跋》[3]、《河南博物馆藏历代墓志图录凡例》[4]等。

夏纬瑛（1896—1987）

即夏修五。河北柏乡人。

1916年考入北京农业专门学校，师从钱崇澍。1929年协助刘慎谔筹建北平研究院植物学研究所，任助理员。抗战中随北平研究院植物学研究所内迁陕西武功，任西北工作站主任。后任河南大学、西北农学院副教授、教授。

1956年回到北京，任中国科学院自然科学史研究所研究员。终生致力于植

---

[1] 侯鸿鉴：《西北漫游记》，无锡锡成印刷公司，1937年，第14页。
[2] 载《金陵学报》1934年第4卷第2期。
[3] 载《河南博物馆馆刊》1936年第2期，第1—18页。
[4] 载《考古》1936年第4期，第326—328页。

物分类学、生物学史、农学史之研究，先秦农学研究尤为突出。①

著有《管子地员篇校释》《〈诗经〉中有关农事章句的解释》《夏小正经文校释》等。

本从事农学研究，但在1933年4月以来暂住西安，适逢同院徐炳昶将在关中进行考古调查，而常惠又因故未到情况下，遂受徐炳昶邀请随徐对西周丰镐故址、汉长安城遗址等进行考察。其间参与调查登记、摄影照相并征集阿拉伯文残碑等文物，积极学习碑帖拓印，刻苦认真。诸事累见《徐旭生陕西考古日记》及相关文献资料。

如1933年4月22日徐炳昶致李书华函："近数日已放晴，决定明日同植物学研究所夏君同考查丰镐故址，三四日后仍回长安，再预备西行。"又1933年4月30日《徐旭生陕西考古日记》："早（午）餐后，同修五往访杨家城。"再1933年5月2日《徐旭生陕西考古日记》："下午天晴，天少转暖。接璋信一封。观修五等试揭阿拉伯文残碑，很成功。"

这些考古调查工作经历与收获，对夏修五后来致力于先秦农学之研究，产生了一定的影响。

刘慎谔（1897—1975）

字士林。山东牟平人。

1913年入烟台模范小学就读，后入济南第一中学。1918年考入保定留法高等工业学校预备班。1920年赴法留学，入郎西大学农学院及蒙彼利埃农业专科学校学习。1926年毕业于克来蒙大学理学院，获理科硕士学位。后转入里昂大学理学院和巴黎大学理学院学习。1929年获法国理学博士学位。同年回国，受聘为北平研究院植物学研究所研究员兼主任，发起编辑《中国植物文献汇编》。1931年参加中法西北学术考察团。1934年起，先后在北洋大学、中法大学、北平大学农学院、北平中国大学等校讲授植物学。其间代表北平研究院赴陕参加陕西考古会成立大会，并任该会委员，游览考察关中名胜古迹，曾计划调查关中地区古树名木，因故未果。1936年随植物学研究所迁陕西武功，与西北农学院联合成立西北植物研究所。1937年6月加入西北史地学会。1945年抗战胜利后回到北平，任辅仁大学、东方大学农学院教授。

1949年后，历任东北农学院东北植物调查所所长，中国科学院林业土壤研究所副所长兼植物研究室主任，中国植物学会副理事长，国家科委森林组副组长，松江人民政府委员，民盟沈阳市主任委员，辽宁省政协常委，沈阳市副市长，第一、二、三届全国人大代表等职。

著《动态地植物学》《历史植物地理学》等。并主编《东北植物检索表》《东北木本植物图志》《东北药用植物志》《东北资源植物手册》《东北草本植物志》《中国北部植物图志》等。

---

① 范楚王：《先秦农学研究专家夏纬瑛教授》，载《农业考古》1982年第2期，第191—192页。

徐逸樵（1898—1989）

原名颂薪。浙江诸暨人。父徐尚书，晚清举人。幼承庭训，国学基础雄厚。1918年赴日本东京高等师范留学。1923年毕业于日本东京高等师范学校文学部，翌年春归国，先后任教于浙江省立法政专门学校、上海法政大学等校，并曾任国民政府教育部社会教育司第二科科长，第二十集团军秘书长、政治部主任，第三十一集团军政治特派员，陕西省立政治学院院长，国民党中央组织部训练处处长，国民政府驻日本军事代表团顾问等职。

1949年后长期侨居日本，致力日本历史的研究。1978年回国定居，连续任第五、六、七届全国政协常委。

精通日本历史，注重文物艺术品的搜集与收藏，因此为张扶万等人所看重，1940年9月被聘为陕西考古会名誉顾问。任此职期间，正值陕西考古会艰难维持之际，利用自己的身份地位，极力为陕西考古会疏通关系，解决困难，建言献策，出力尤多。

1978年回国后，将历年于海外搜集的诸多宫廷珍品捐赠于故宫博物院与中国历史博物馆，受到社会各界的高度赞扬。

1989年9月30日，在北京病逝，10月18日《人民日报》特刊发其逝世消息及10月17日在八宝山革命公墓礼堂举行的遗体告别仪式，称其"具有强烈的民族感情"，"虽多年侨居海外，却一身浩然正气，始终不渝地为维护祖国的尊严、为海外及广大旅日侨胞的权益而斗争"。

著《徐氏公民》《日本原始古代史论考》《日语语源论略》等。

白万玉（1900—1968）

字蕴山。河北龙关（原属察哈尔）汤池口（龙口）村人。

幼家贫，曾入天主教堂做杂役。十五岁应瑞典安特生考试，考取考古学练习生位置。旋随安特生赴西北考察。其间备受辛苦，手指冻坏。1921年与刘长山、陈德广等人参与由中国地质调查所安特生及袁复礼主持的河南渑池仰韶村遗址考古发掘。1927年复随斯文·赫定、徐炳昶等参加西北科学考察团赴内蒙古、甘肃、新疆等地考古，成绩卓越，为斯文·赫定所看重。

1934年起参与斗鸡台全部考古发掘工作，为扛鼎人物。擅长田野调查、发掘及文物修复，在20世纪30年代以至50年代的中国考古界中颇负盛名。

1934年4月23日《徐旭生陕西考古日记》："早餐后，派万玉携带两勤务往蟠龙山，再考查乐夫所发现古迹。"1934年6月5日《徐旭生陕西考古日记》又记宝鸡斗鸡台发掘事，称"今日万玉在家剔墓壁朱画之土"。1934年6月17日《徐旭生陕西考古日记》尚记斗鸡台发掘中"又因沟东丁坑吊土位置太危险，决定请万玉指挥，改变位置。且将甲丙坑熟练工人多拨丁坑工作，以便能早日收工"。

1949年后，进入中国科学院考古研究所。1952年任全国考古人员训练班教员，主讲文物修复。后相继参加河南安阳、河北定陵等地的考古发掘工作。其中1956年至1958年定陵考古发掘时任考古发掘队副队长，贡献尤大。

白涤洲（1900—1934）[①]

名镇瀛，字涤洲，以字行。北京人。蒙古族。

1930年毕业于北京大学国文系。1933年10月任北京大学研究院文史部语音乐律实验室助教。从刘复（半农）[②]、黎锦熙治语言学。与赵元任、罗常培、老舍、胡絜青等交往颇多。又任国语统一筹备委员会常务委员、中国大辞典编纂处主任、《国语周刊》主编等。

1933年4月至6月，与徐炳昶、常惠等在陕西关中考察戏曲、方言、古建筑以及文物古迹。事见1933年《徐旭生陕西考古日记》。1934年6月为纪念斯文·赫定七十寿诞，随刘复、沈仲章、周殿福等离北平赴绥远、山西等地考察方言。

著《广韵声纽韵类之统计》[③]、《集韵声类考》[④]、《关中声调实验录》[⑤]、《关中入声之变化》[⑥]。与钱玄同、黎锦熙、萧家霖合编《国音常用字汇》，1930年由教育部公布施行。遗著《关中方音调查报告》由喻世长整理、罗常培作序，中国科学院语言研究所编辑，中国科学院1954年出版。

李藩（1902—1959）

字西屏，一作西平、希平，号学古斋主人等。陕西西安人。

出身世家，20世纪30年代初曾长期在西安易俗社任事，同时任陕西孤儿教养院院长。擅书画、篆刻以及金石考古与文物鉴定。

1933年加入西京金石书画学会，任干事。1934年3月后经寇胜孚介绍进入陕西考古会，任助理干事。侯鸿鉴《西北漫游记》录1935年5月11日考察记录："知考古会为廿三年二月与国立北平研究会合组成立者，委员五人。干事李印唐、李西平，书记杨彬如。共三人。"

1934年4月斗鸡台首次发掘开始之际，受张扶万委派，作为陕西省方面代表参与发掘。该年4月15日《徐旭生陕西考古日记》："接到扶万先生信一封，言会中将派李君希平，同往协助工作。"

[①] 罗常培：《白涤洲小传及著述提要》，载《国立中央研究院历史语言研究所集刊》1934年第4本第4分，第491—494页。

[②] 刘复（1891—1934），原名刘寿彭，易名刘复，字半农，号阿曲，江苏江阴人。早年参加《新青年》编辑工作。1920年赴英留学，后转入法国巴黎大学学习，获法国国家文学博士学位。1925年归国，任北京大学教授。于文学、语言、教育、考古诸学科均有骄人成绩，著有《中国文法通论》《四声实验录》等，译著有《法国短篇小说集》《茶花女》等。《汉语字声实验录》获"康士坦丁语言学专奖"。

[③] 载《女师大学术季刊》1931年第2卷第1期，第133—163页。

[④] 载《国立中央研究院历史语言研究所集刊》1931年第3本第2分，第159—236页。

[⑤] 载《国立中央研究院历史语言研究所集刊》1934年第4本第4分，第447—488页。

[⑥] 见《庆祝蔡元培先生六十五岁论文集》，1933年，第997—1021页。

后长期担任陕西考古会调查员，参与斗鸡台考古发掘及陇海铁路、渭惠渠等基建工程古物调查保护征集与《陕西碑石》《陕西古钟》等著述的资料收集和编写工作。

于斗鸡台发掘期间，在徐炳昶指导下，从一个毫无田野考古经验之金石书画学者，逐步成长为熟练从事田野考古发掘与研究水准较高的考古工作者，同时并兼司发掘记录与资料、表格誊抄诸事，身患疟疾仍坚持工作。

如1934年5月13日《徐旭生陕西考古日记》："（接）考古会信一封，附有逐日工作表格，令希平照填。"

又如1934年6月15日《徐旭生陕西考古日记》："（堡纵坑）中间列砖已清出，作半圆形，并不与西壁连。余一半大约已经毁坏。昨日希平据咸阳、兴平'唐王马跑泉'①之例推断其为一泉水池之遗址。当时尚未敢深信，以今日观之，大约近是矣。"

再1936年7月12日、27日（旧历五月二十四日、六月十日）《在山草堂日记》分别记："交希平写钟数目、年代"；"（交）希平写唐尚宫残砖考"。

1950年进入西北历史文物陈列馆，历任干事、保管组征集主任等职，其间该馆征集大量金石书画拓本，均经其鉴定。

著《关中考古杂记》②、《学古斋集藏古印》等。

罗念生（1904—1990）

又名懋德，一作茂德。四川威远连界场庙坝人。

早年先后就读于威远县中学、荣县中学、成都华西中学。1922年考入北京清华学校，师从吴宓教授。1927年在北京参与《朝报》文艺副刊的编写。1929年赴美留学，先后在俄亥俄大学、哥伦比亚大学研究院、康奈尔大学研究院学习英美文学及古希腊文学。其后对西方美术并人类学发生兴趣，遂于1933年冬赴希腊就读雅典美国古典学院，主修雅典城志、古希腊建筑、古希腊雕刻、古希腊戏剧等课程。回国，先在北京与梁宗岱合编《大公报》副刊《诗刊》，并在《朝报》编辑文艺副刊。

1934年经李济、沈兼士、徐炳昶等人推荐进入北平研究院与陕西省政府合

---

① 亦称马刨泉，俗所谓"枪扎御井马刨泉"。位于今咸阳市老城区西约25里兴平县属茂陵镇西北。传唐太宗李世民为秦王时狩猎途中经此地，以干渴乏水，即枪扎马刨，掘泉于此，故名。历代列为咸阳八景之一。明弘治六年（1493）咸阳知县赵琏君《马跑泉矶》有诗："马跑尚尔难凭信，况是明皇出猎还。"明万历十九年（1591），咸阳知县李采繁赞词："水平绿绿，岸草青青，鸥鹭无心，天水一色。"

② 手稿，已佚，抄本资料由其子李莲生提供。以下相同注释均作"李希平：《关中考古杂记》"。

组的陕西考古会①。1935年1月主持西安莲湖公园汉墓发掘，颇费艰辛。其间他大胆将在国外学到的一些田野发掘知识应用到莲湖公园及斗鸡台发掘，做过一些探索性的尝试，积累了一定的经验。1935年3月参加斗鸡台第二次发掘，曾主动要求推迟回西安时间。其间发现古陈仓城城墙遗址。同月23日在斗鸡台废堡区考古发掘时遭遇坑穴塌方，幸未及难。

从事陕西考古会调查发掘工作以来，勤奋踏实，工作出色，获邵力子、徐炳昶、张扶万等人好评。

1935年4月26日《徐旭生陕西考古日记》："今日为本会正式开工一周年纪念（日），且已工作八日，故休息。惟堡外甲坑因念生恐工作难完，请求工作半日，允之。……因修理此地东岳庙内有壁画殿，邵主席与念生信令其与余商议办法，乃同子延、念生同进县城，往估工价。"同日《徐旭生陕西考古日记》又谓："东岳庙事决定由受孙县长及念生分函邵主席，报告估价结果，请示办法。"

陕西考古会调查发掘工作结束后，先后任北京大学讲师，山东大学、武汉大学、湖南大学、清华大学等校外语系教授等。1938年与何其芳、朱光潜等创办文艺半月刊《工作》，同年参加中华全国文艺界抗敌协会成都分会，任理事。

1949年中华人民共和国成立后，参加中国作协。1952年调至北京大学文学研究所，任研究员。1964年起，任中国科学院外国文学研究所研究员。1965年加入中国戏剧家协会。

多才多艺，建树颇多，在文学、艺术、诗歌、翻译等方面都取得令人注目的成就。1987年12月，希腊最高文化机关雅典科学院授予其"最高文学艺术奖"。1988年11月，希腊帕恩特奥斯政治和科技大学授予其荣誉博士称号。

逝世后遗骨被希腊友人安葬于古希腊阿波罗神庙所在地——德尔菲市的帕尔纳索斯山中欧洲文化中心花园。

著《莲湖公园发掘记》（未刊）、《龙涎》、《芙蓉城》、《希腊漫话》、《诗的节奏》、《卡塔西斯笺释——亚里士多德论悲剧的作用》、《古希腊戏剧的演出》等，与他人合译有《儿子的抗议》《傀儡师保尔》。

龚元忠（1906—？）

字狮醒。江苏吴县人。

1926年前在北京历史博物馆任摄影工作。1926年参与斯文·赫定、徐炳昶

---

① 罗念生《自撰档案摘录》称其1934年秋回国后，曾答应李济之赴南京担任"内政部考古方面的工作"，但因该部并未委任，遂接受沈兼士、徐炳昶推荐，随时任陕西省政府主席邵力子入秦就职陕西考古会。但据笔者参访罗念生哲嗣罗锦鳞（原中央戏剧学院副院长），知罗念生生前曾亲口告诉罗锦鳞，当李济之知内政部没有委任罗念生，沈兼士、徐炳昶等又推荐罗念生就职陕西考古会时，也曾向徐炳昶、邵力子举荐过罗念生。因此李济亦应成为罗念生入秦任职陕西考古会的举荐人。且罗氏《自撰档案摘录》为后期回忆产物，与当年实际存在出入。请读者将拙著《陕西考古会史》一书242页引1935年1月31日《中央日报》一则报道与罗氏《陈仓城发掘》谓其"1935年4月请调至陕西斗鸡台，参加北平研究院发掘工作"诸段文字做比较，当自有感悟。参见《罗念生全集》第十卷罗氏1990年1月撰《陈仓城发掘》、1978年撰《自撰档案摘录》，上海人民出版社2016年版，第636页、第645页。

等组织的西北科学考察团赴内蒙古、甘肃、新疆等地考察，司摄影；又任考察团三队之一的南队负责人①。1934年11月参加北平研究院与陕西省政府合组的陕西考古会第二次斗鸡台考古发掘及相关考察，仍负责摄影工作。

关于龚元忠参与陕西考古会考古工作，《徐旭生陕西考古日记》有诸多记载。

如1935年4月23日《徐旭生陕西考古日记》记其考察宝鸡某祠庙："如麻田村，今人不知此村名，而宋碑上，屡言'麻田院主'，此祠疑与村名有关系也。狮醒照像毕……"

又如1935年4月24日《徐旭生陕西考古日记》："到玉佛寺，门内闭，无人，狮醒自后踰墙入，开门，乃入。玉佛在后洞中。以白石为之。头大，且系已断粘合者，故狮醒疑头非属本身，但全像比例，均不甚佳，故亦颇难言。"

再1935年4月26日《徐旭生陕西考古日记》："下至东岳庙。在殿内看时，狮醒带王玉林、刘海辰同来。"又记："狮醒留此地，替念生照像。吾等先入城，拜受孙县长。"

苏秉琦（1909—1997）

河北高阳人。

1934年毕业于北平师范大学历史系，同年应徐炳昶邀请进入北平研究院，任该院史学研究会副研究员，11月起参与宝鸡斗鸡台墓地发掘并关中地区渭水流域的考古调查，其间尚从事宝鸡方言以及斗鸡台附近社会生活和礼俗的调查研究。1935年6月返回北平。相关情事，频见苏秉琦《斗鸡台考古见闻录》与《徐旭生陕西考古日记》等文献著述。

如《斗鸡台考古见闻录》记："我自二十三年十一月随同至陕西参加工作，到二十四年六月返回北平，大约在陕西有八个月的工夫。"②另如1935年5月20日《徐旭生陕西考古日记》记徐氏与苏氏在郿县槐芽镇考察概况："秉琦至，自提其所采集之陶片，车夫拟代之负，彼惧其身多虱不敢令其负也！据言此间灰坑面积极大，且厚丈许。下已至地面，尚未知下还有几许。地面石器颇多。据此一切，则此灰坑地方，为从前一切所见地方之所不及。问村人，据言其南为清湫村，清湫庙即在其地。惜余无暇，不及往游。"

"七七事变"后，辗转离北平至昆明，开始整理斗鸡台西周墓地考古资料。旋即出版《瓦鬲之研究》《斗鸡台沟东区墓葬》等重要著述。依据上述著述所披露的大量瓦鬲资料，敏锐提出考古类型学之观点，在中国考古学历史上获取重要学术地位。

1949年后任中国科学院考古研究所（后改属中国社会科学院）研究员、北京大学考古专业教授兼考古教研室主任。1978年起任考古研究所学术委员会委

---

① 参见《徐旭生西游日记·叙言》，见《民国丛书》第二编（87），上海书店出版社1990年版，第3页、第5页。
② 苏秉琦：《斗鸡台考古见闻录》，载《国立北平研究院院务汇报》1936年第7卷第2期，第77页。

员、北京大学考古系学术委员会委员。1979年当选为中国考古学会副理事长。1983年被任命为文化部国家文物委员会委员。曾提出区系文化类型理论及重建中国史前史与古代历史等意见，为建立中国考古学体系奋斗终生，厥功甚伟。

1949年前除《瓦鬲之研究》《斗鸡台沟东区墓葬》等重要著述外，另有杂记类型《斗鸡台考古见闻录》等。1949年后著述更多，代表性论文有《关于仰韶文化的若干问题》《关于考古学文化的区系类型问题》《考古类型学的新课题》《关于重建中国史前史的思考》等，主要论文被编集为《苏秉琦考古学论述选集》。

顾端甫（1912—?）

陕西渭南人。

西安民兴中学毕业。1934年前任西安绥靖公署交通处上尉科员等职。1934年4月后由梁午峰引荐入陕西考古会，任调查员及助理干事，主要负责地上古物的调查保护工作，其间大批古物的调查征集，均由其具体实施进行。

张孝侯（?）

名嘉懿。北平研究院职员。曾随徐炳昶、何士骥、周隆季（崟）等人参与咸阳、鄠县①、长安等境内的部分新石器遗址以及秦咸阳故都、周丰镐故都、唐长安城、唐大明宫等建筑遗址与西安一带古寺庙建筑的考古调查并第一次宝鸡斗鸡台考古发掘。司绘图、摄影，擅书画、古建鉴定与测量、椎拓，具浓烈之艺术审美情趣及热诚之工作责任。富收藏，藏品以《圆明园估单文件》②为著。

1934年5月18日徐炳昶致李书华信赞其："对于艺术实有天才，照相技术大约在北平找不到几个人。其私人镜箱也极好，此次照相一部分成绩一定很好。"

何国祥（?）

河南安阳小屯村人。

曾参加中央研究院殷墟考古发掘，技术熟练。1934年3月经董作宾③推荐、

---

① 1964年改为"户县"，2016年12月改为"鄠邑区"，本书行文为尊重当时文化背景，除特殊情况外，一概作"鄠县"。

② 故宫博物院编《文献丛编》第十八辑载《圆明园史料》文谓圆明园文物"虽片纸零简，或斗栱瓦当，皆珍若环宝。国内收藏最富者，厥惟国立北平图书馆，次为中法大学。私人方面，则有张嘉懿、金勋两君"。故宫博物院出版物发行所，1934年，第1页。

③ 董作宾（1895—1963），原名作仁，号平庐，字彦堂。河南南阳人。早年经徐炳昶介绍入北京大学旁听语言学，暇时研习罗振玉《殷墟书契前编》，渐入门径。1923年入北京大学研究所国学门，习甲骨文。1925年北京大学研究所毕业，获史学硕士学位。1927年赴广州中山大学任教，得与文学院代院长傅斯年相识，遂入傅斯年主持之历史语言研究所，向傅建言请发掘殷墟遗址，先后十五次参与该遗址发掘。1928年任中央研究院历史语言研究所研究员。1947年至1948年任美国芝加哥大学客座教授。1949年后赴台。于甲骨文研究一途成绩斐然。主要著述有《卜辞中所见之殷历》《甲骨文断代研究例》《殷墟文字甲编》《殷历谱》《殷墟文字乙编》《西周年历谱》《中国上古史年代》等。

徐炳昶挑选进入北平研究院，为考古发掘技术工人。同年3月31日《徐旭生陕西考古日记》："返（安阳）旅馆，新选工人何国祥同（殷墟）办事处管事关君来。何拟下午与余同往西安。"同日《徐旭生陕西考古日记》又记："与何国祥同上车，坐三等。到黄河南岸，日已将入西山。宿于一小饭铺中。"

彼时徐、何同往陕西，途中何曾协助徐考察河南广武城遗址等。抵陕后，何国祥始终参与斗鸡台考古发掘，在清理发掘方面出力不少，诸事《徐旭生陕西考古日记》有颇多记载。

如1934年4月1日《徐旭生陕西考古日记》："雇驴往广武。驴仅驮行李，余与国祥皆步行。"又1934年5月29日《徐旭生陕西考古日记》："（沟东甲坑）北壁前日出戈头之下层，铺席铺株，命国祥将它作出。"再1934年6月6日《徐旭生陕西考古日记》："沟东丙坑：正西扩充坑，下午已全作毕，命国祥剔骨架。"而1934年6月17日《徐旭生陕西考古日记》复记："又定明早国祥早上工，命工人先翻丁一（坑）西北隅上层之土，翻毕，即将此西北隅开下。"

依董作宾、胡厚宣合编《甲骨年表》（国立中央研究院历史语言研究所单刊乙种之四）"1923年"条："春，小屯村中，张学献家菜园内，有字骨出现。学献自掘之，何国栋为帮工，得大骨版二，皆有文字。何默记其地，终造成十五年（1926）春间大规模之私掘。"① 推测何国祥、何国栋者，或系昆仲兄弟，地缘、人脉等关系，何国祥得以参与殷墟与斗鸡台发掘。故知中央研究院与陕西考古会在有关考古发掘技术交流碰撞一途，存在着一定的血缘关系。

王忠义（？）

河南安阳小屯村人。

曾参加中央研究院殷墟考古发掘，技术熟练。擅拓印。1933年经徐炳昶挑选进入北平研究院，司勤务并参与斗鸡台考古发掘。相关王忠义之考古工作概况，频见于1933年至1934年之《徐旭生陕西考古日记》。

如1933年6月15日《徐旭生陕西考古日记》："早未起，王忠义来言邵（力子）主席派人来请往谈。"又1934年5月10日《徐旭生陕西考古日记》："下午忠义往揭灵泉寺石刻，未完全成功。少嫌模糊。"再1934年6月16日《徐旭生陕西考古日记》："今日为废历端午节，停工一日。天仍奇热，风甚微。七八点钟时，外边已二十七度！下午最高达四十度！然各人仍继续在寓工作。揭石磨纹。将午同忠义到灵泉寺，命忠义揭其焚帛炉上文字，因其有关于戴家湾村名之文献也。"

徐凤山（？）

河南唐河人。徐炳昶同乡族人裔孙。1934年由徐炳昶推荐参加陕西考古会

---

① 董作宾、胡厚宣合编：《甲骨年表》（国立中央研究院历史语言研究所单刊乙种之四）"1923年"条，商务印书馆1937年版，第16页。

斗鸡台发掘及相关考察活动，为勤务及技术工。《徐旭生陕西考古日记》记其1935年5月与徐炳昶、苏秉琦一起在渭河南郿县、盩厔①、鄠县等地考察情况。

如5月20日《徐旭生陕西考古日记》："日未出时温度十四。仍以老骡车前进。离城十里许，有村曰教坊，附近有灰土陶片。离城廿五里许，大路北有大灰坑，余及秉琦、凤山全下。见古陶片不少。"

又5月25日《徐旭生陕西考古日记》："遣凤山入城雇人力车，然不可得。"

6月25日《徐旭生陕西考古日记》尚记："晚决定三十日回省，明日派凤山入（宝鸡）城拍电。"

钟德昌（1916—？）

陕西富平钟家堡人。富平国民小学毕业。1934年4月因姑父张扶万推荐进入陕西考古会斗鸡台工作组。从练习生直至技工、摄影等。

1934年4月8日（旧历二月二十五日）《在山草堂日记》："荐内侄钟德昌于徐旭生，为在宝鸡发掘考古物之夫役，望其练习此项事业。"

1934年4月9日《徐旭生陕西考古日记》："扶万先生来，介绍其令亲钟德昌君，往作工。钟君年十九，曾上国民小学，在乡下种田，许之同往。"

1934年5月20日《徐旭生陕西考古日记》："早起，检点行李，以二牛车、一骡车运之。余个人则偕钟德昌步行前往。"

1934年7月3日《徐旭生陕西考古日记》："前日闻刘安国言杨家城东北之惠家头人家后院，有汉代水道，乃今日绝早与孝侯坐轿车同往。德昌随从。"

1934年7月15日（旧历六月四日）《在山草堂日记》："旭生回北平，以发掘所得运往研究也。嘱德昌于下季补练习生，得间为讲考古学之理由。"

1935年5月3日《徐旭生陕西考古日记》："天晴。早晨六点半，温度十三度半，下午最高达二十六度。因底店有会，无工人。停工。仅堡外坑找得工人三人。连德昌四人，继续作。"

依据1935年6月14日（旧历五月十四日）《在山草堂日记》所谓"付何乐夫二十圆，为德昌买照相镜补助也"，并称"此乐夫盛（意），以德昌学照像，可望有成也"。知钟德昌学习考古摄影当自此始，老师为此一时期担任斗鸡台考古发掘摄影的龚元忠。至于其胜任考古摄影工作之时间，则至晚在1937年8月。如1937年8月20日（旧历七月十五日）《在山草堂日记》："早五钟起，至（考古）会。……嘱德昌往摄西关唐澄空尼寺白石幢。回云此幢折去半截，倒于蒿草中，不能摄影，摄又一幢归。"

"七七事变"后随徐炳昶至昆明，虽富平家中屡催回乡②，但仍坚持协助徐的调查研究工作。1949年后长期在昆明居住。

---

① 盩厔为关中西部重要县区，1964年改为"周至"，本书行文为尊重当时文化背景，仍用旧名。
② 1942年11月8日（旧历十月一日）《在山草堂日记》："钟家驹内弟来，为德昌在昆明不肯回家，嘱我为寄信也。"

绪论

1934年2月伊始，由北平研究院与陕西省政府联合组就的陕西考古会，是陕西文物考古史上最早运用现代科学手段实施文物调查、保护以及田野发掘的政府机构。

在长达十年的时间内，这个机构在现代考古学初创，社会环境与学术环境均极复杂、艰苦的环境下，靠着平、陕两地相关机构与诸多有识之士的共同努力，靠着全体同人强烈、紧迫的民族责任心，有鉴于"陕西为周秦汉唐故都，所在一砖一瓦，多资考证。况沧桑变迁，重大器物之盖藏于地者，偶有出土，非密藏不宣，即盗运外售。历史失研究之资料，国际贻莫大之耻辱"[1]的惨痛教训，以及"至周秦二民族初期之文化，则古书所载与之有关之史料，数量极少，无参证比较之余地，真伪正讹，无法核定。且意义暗昧，颇多难索解处。实为学术界之最大缺憾"[2]，故而"站在学术立场，科学立场来发掘，来检讨，来整理"[3]，并认定其"实属今日学术界中急切万不容再缓的一件工作"[4]。

值陕西考古会调查、发掘期间，适陕西大灾刚过，关中农村经济凋敝，人民困苦，故整体活动备极艰辛。相关人士常栉风沐雨，寝宿荒庙，饱受交通工具不足的困扰与蚊蚤、鸟粪等恶劣自然环境的袭扰[5]。惟同人充分认识到"如不急为调查，搜集，研究，则吾人本国历史，将有无从补救的巨大损失"[6]。因矢志考古，

---

[1] 摘自1934年2月15日陕西考古会致陕西省政府公函。原件藏陕西省档案馆。全宗号：48，目录号：1，案卷号：39。本书以下注释涉及原件藏陕西省档案馆者，如未注明，出处皆同此。

[2] 《国立北平研究院五周年工作报告》，1934年。

[3] 摘自陕西省民政厅厅长胡毓威1934年2月1日在陕西考古会成立大会上的讲话记录。原件藏陕西省档案馆。

[4] 徐炳昶、常惠《陕西调查古迹报告》称："至于周秦初期的文化，则异常茫昧"；"所以对于周秦两民族初期文化的探讨，实属今日学术界中急切万不容再缓的一件工作"。此段与上述胡毓威讲话非常相似，疑胡之讲话参照徐炳昶之学术主张。参见徐炳昶、常惠：《陕西调查古迹报告》（国立北平研究院调查报告第三种），载《国立北平研究院院务汇报》1933年第4卷第6期，第1页。

[5] 如1934年5月31日《徐旭生陕西考古日记》："昨夜蚊蚤猖獗，睡着颇晚。"1935年5月24日《徐旭生陕西考古日记》："宿于（鄠县）（钟）楼最上层，甚宽敞，惟梁间时坠鸟粪。"

[6] 徐炳昶、常惠：《陕西调查古迹报告》（国立北平研究院调查报告第三种），载《国立北平研究院院务汇报》1933年第4卷第6期，第1页。

甘冒辛苦，每"秉烛夜搨"①，常以"馒头咸菜"②充饥。"天气寒甚"，仍坚持田野调查，以致"脚步少停，即冷如冰块"。③且时遭匪患、野兽之惊扰④，"饱受辛苦与惊骇"⑤，甚至饱受猜忌，被误作"挖宝者""古董客""鸦片贩""县长"等尴尬之事，更累累见及⑥。

尽管如此，该会仍竭力通过多种途径获得陕西省地方政府以及相关人士的支持与帮助，其田野考古工作者艰难穿越关中地区渭河南北纵横数百里狭长地带，先后于陕西境内调查发现各类文物遗迹近千处，清理发掘古遗址、古墓葬数百处，获取各类文物数千件，同时对关中地区大量古遗址、古建筑以及散存各地的千余通重要碑石与铜、铁古钟和戏曲、民俗、方言⑦等，分别通过调查、测量、绘图、记录、椎拓、摄影⑧等手段实施资料收集与不同程度的相关保护及研究。相继整修维护了西安东岳庙、宝鸡东岳庙暨大王村寺庙等多处古代建筑，颁布、下达了一系列有关文物保护的指令、函件。依靠考古会委员长张扶万等人系统、深厚的

---

① 1933年6月8日、11日《徐旭生陕西考古日记》。以下文中或作徐炳昶日记、徐氏日记等。除特殊需要外，其保存地点皆省略不述。

② 以"馒头咸菜"充饥事，至少见于1933年4月30日、5月14日、6月23日等日《徐旭生陕西考古日记》。如4月30日《徐旭生陕西考古日记》："入庙，出吾辈所带之馒头咸菜，请人烧开水，在殿中大嚼。"5月14日《徐旭生陕西考古日记》："时已过午，乃出所带馒头咸菜，嚼之。"6月23日《徐旭生陕西考古日记》："别人很想卖给我们几个有字唐砖，余等因天已晚，未往视。至寓，王厨不在家，乃用白水咸菜加馍三个已（以）果腹矣。"

③ 1933年12月21日《徐旭生陕西考古日记》。

④ 匪患、野兽袭扰事，频见《徐旭生陕西考古日记》。如1933年5月至6月间徐炳昶等于关中西部考察时，曾住凤翔第二中学，校内多狼。是年6月8日《徐旭生陕西考古日记》："归途中，姬（德邻）君言宜走正街，因校旁空地，颇有狼穴。前晚曾伤一娃！城内窟狼，竟无人管，亦自异事！"1934年4月21日、22日《徐旭生陕西考古日记》分别记："近日此地（斗鸡台）闹狼，人有戒心。""今日闹狼愈急。有一村童脸为狼抓破。原上一童被狼食。村人演皮影戏，请神保护。1934年5月26日《徐旭生陕西考古日记》："天初明，即闻人声鼎沸；细聆之，又因见狼奔驰于（渭河）滩上。后闻因水鸟群起逐狼故。……将黄昏时，又复闹狼！狼患如此……"

⑤ 徐炳昶：《陕西省宝鸡县斗鸡台发掘所得瓦鬲的研究》序言，1941年6月，见《苏秉琦考古学论述选集》，文物出版社1984年版，第91页。

⑥ 如1933年6月12日《徐旭生陕西考古日记》："先到县署，少息，即出。署前有一妇人，头被击破，疑余等为县长，磕头呼冤不止，然余等并非县长也！"又云："昨日余问店伙南佐村是否平靖能往，彼因疑余为鸦片贩。后始知余等为'委员'。"又1934年6月23日《徐旭生陕西考古日记》："到姜城堡，访徐扶九老先生。……彼终疑余为古董客，挖古董卖钱。"

⑦ 如1933年5月21日、24日《徐旭生陕西考古日记》分别记载："晚涤洲叫来几个唱迷（糊）者，实在所唱仍与秦腔大同小异也"；"同涤洲至三意社听戏。据说该社为比较纯粹之秦腔"。又如苏秉琦曾对宝鸡方言及斗鸡台附近的生活和礼俗等进行调查研究，参见苏秉琦：《斗鸡台考古见闻录》，载《国立北平研究院院务汇报》1936年第7卷第2期，第79—94页。所谓"迷（糊）"者，又称"眉户""曲子""曲子戏"等。三意社初名"西安长庆剧社""关中三义社"，1915年由苏长泰、耶金山创建，社址初设西安骡马市梨园会馆，1921年后易名西安三意剧社，简称"三意社"。近百年来，该社名家众多，演出剧本繁复，以曲调纯正、坚持演出传统剧目为主要特色，故有"比较纯粹之秦腔"一说。

⑧ 此类资料颇多，如1933年12月20日《徐旭生陕西考古日记》："孝侯为（大明宫）翔凤阁基之版筑，及殿上之柱础摄影，并量其厚薄长短。"

金石考古学基础，积极顺应学术潮流，密切关注新发现之金石文物资料，艰苦爬梳，探幽考论，相继刊行《唐大明兴庆两宫图残石跋文》《唐长安城尚宫砖考》《吕刻唐长安故城图考证》《唐长安城金石考》《陕西碑刻》《陕西古钟》①等一大批具有一定学术价值的金石考古论述，拓开了新时期金石考古学的新领域。

同时，在缤纷灿然的多种类、多频次考察过程中，相关人士又与陕西省著名碑帖商、古玩商、收藏家以及文化绅士频频交往，借此获得了大量文物线索，且相机敦促地方政府官员"速筹画（划）保护此即将破坏净尽之艺术杰作"②。着手处理了诸多纷繁复杂的文物案件，使一大批弥足珍贵的国之瑰宝幸免流散与毁损，为而后中国考古学区系类型学体系和陕西考古与文物研究体系的完善与建立，陕西各类文物考古机构的设立、健全，以及全社会考古与文物意识的滋生、强化，奠定了良好的基础。

其中宝鸡斗鸡台的发掘，被中国考古学界誉为"中国考古学初步发展时期最重要的发掘项目之一"③。它在促成苏秉琦这位中国考古学奠基人脱颖而出的同时，也促成了中国考古学区系类型学的发育与成熟。1948年10月25日，中国考古学界的"总奠基人"④、中央研究院历史语言研究所所长李济在阅罢苏秉琦撰写的《斗鸡台沟东区墓葬》一书后，感慨称"润章先生将大著交到时，即为考古组同仁取去。此报告在本所只有一本，但欲先睹者不只一人"。谓其"今能问世，不但先生之幸，亦中国考古界之幸也"。且云："大著对于原始材料处理既详且尽，又力求准确，已超乎一般之标准。"⑤

半个世纪后，俞伟超氏围绕苏氏类型学理论接续评判，称苏秉琦是中国"考古类型学的奠基人"，他"把北欧学者创立的考古类型学理论，结合中国考古学的实际，成功地实现了中国化，从而奠定了我国考古类型学的基础"。⑥

与苏秉琦的卓越成就相联系，作为陕西考古会重要人物之一的徐炳昶，这个早在1929年11月即被傅斯年称为"渡漠考古于当代，将来必于中国古史之发达有弘伟之贡献"⑦的古史先驱，1933年5月至6月通过对陕西关中西部地区艰苦细致的田野调查工作，"因叹陕西上自石器时代，下迄明清，其古物无不有可搜

---

① 以上金石考古著述均为张扶万编著，惟《陕西碑刻》《陕西古钟》因种种原委，憾未成书。
② 1933年6月5日《徐旭生陕西考古日记》。
③ 苏秉琦先生治丧办公室：《沉痛悼念苏秉琦先生》，见宿白主编：《苏秉琦先生纪念集》，科学出版社2000年版，第34页。
④ 俞伟超：《考古学的中国梦》，载《读书》1998年第8期，第76页。
⑤ 1948年10月25日李济致苏秉琦信函，见《苏秉琦考古学论述选集》，文物出版社1984年版，第58页。
⑥ 俞伟超：《考古学的中国梦》，载《读书》1998年第8期，第75页、第77页。
⑦ 见中央研究院历史语言研究所所长傅斯年1929年11月29日致河南省公函，原载《安阳发掘报告》1930年第2期，题为《本所发掘安阳殷墟之经过——敬告河南人士及他地人士之关心文化学术事业者》，后收录于欧阳哲生主编：《傅斯年全集》（第三卷），湖南教育出版社2003年版，第107页。

集研究之价值，其材料之丰富，实可为全国之冠"①。自信此地"各处均有数百年、上千年的大树，试问哪国的乡下能比"，况复"人民淳良，山川雄胜"，故认定此"周秦二民族发祥之地，余深信其必尚有无限的将来。以后必当再来，必来仔细工作也"。②

经其后更大范围的调查、发掘，徐氏又于1935年4月接受容媛③女史采访时睿智体味陕西一省在全国考古学界的重要地位，再次指出："陕西为周秦汉唐之故地，以科学眼光及事实之证明，断定石器时代以前古迹颇多，将来定有良好之发现。"

事实上，以后更加深入的调查、发掘工作，证实了徐炳昶的推断。通过对诸如关中地区宝鸡姜城堡等古文化遗址的调查，特别是对宝鸡斗鸡台沟东区古文化遗址的实地发掘，徐炳昶在掌握大量考古资料的基础上，对勘古史文献资料，撰写了中国首部系统研究古史传说之力作——《中国古史的传说时代》，拨开了长期笼罩在古史研究领域内的阴霾、迷雾，奠定了新的学术基础。其所聊发"姜城堡附近却有很好的彩陶遗址，在我国历史的黎明时期就有人住居，毫无疑问。姜城堡和清姜河的名字，以及很特别的神农庙"，几"全像是渊源有自，并非后人的臆造"，故其为"姜姓所居旧地，可能性也很大"等感悟，新颖独特，令人耳目一新。进而认定的这些"考古方面的材料"与"民间传说的材料似乎完全相合，足以证明炎帝氏族的发祥地在今陕西境内渭水上游一带"④的论点震耳发聩，拓开了考古资料与文献资料互证研究的新纪元。而所谓"从前在旧石器时代以后，新石器时代末期以前，尚有一页空白；惟经彼等发掘斗鸡台后，才将此一页空白补上。其在历史价值上之收获，于此可以想见矣"⑤之论断更如灯似炬，直至今日，仍使诸多学者受惠无穷。

相较徐炳昶与苏秉琦，曾参与戊戌变法，出身前清举人，携带更多金石考据情愫的张扶万在历史大潮中被推上考古会委员长的岗位。接踵而来的一系列科学考古思潮，对他以往的治学方式、学术研究、理想追求、人格修养产生了激烈的震荡，促使他勇敢冲破旧学羁绊，大步融入新的学术氛围，在金石考古与现代考

---

① 徐炳昶、常惠：《陕西调查古迹报告》（国立北平研究院调查报告第三种），载《国立北平研究院院务汇报》1933年第4卷第6期，第17页。

② 1933年6月9日《徐旭生陕西考古日记》。

③ 容媛（1899—1996），女，号八爱。广东莞城人。1926年入中央妇女部学校。1928年至中山大学旁听。1931年至1941年任燕京大学哈佛燕京学社暨燕京学报学术界消息编辑。1934年参加考古学社。1943年随燕京大学南迁四川，先后任国文系兼历史系助教、图书馆编务及重庆中央文史杂志社总干事等职。1946年至1952年历任哈佛燕京学社、燕京学报社秘书。1952年院系调整后任北京大学讲师、历史系考古资料室工作人员等。任哈佛燕京学社秘书期间编撰《燕京学报》第8—29期"国内学术界消息"。主编有《金石书录目》《中国考古学文献目录(1900—1949)》《秦汉石刻题跋辑录》等。

④ 徐旭生：《中国古史的传说时代》，文物出版社1985年版，第42页。

⑤ 容媛：《陕西发现新石器时代遗址》，载《燕京学报》1936年第20期，第594页。

古学之间，勠力拓出新的学术路径。所谓"欲考周秦宫室葬地确实所在，非据史书测验实地，不能两相符合。拟以后画分凤宝岐郿诸县地，为考周秦先世历史区域；逐细测量，标明史书所列各地名，查验发掘；并访查以前古金器名目，曾出于何地，期与史书所言，有无证据，积力量以为之，必有发明之事实"①的朦胧区系理论与多维研究模式的探讨，切中肯綮，催人深思。

不难想象，在考古学尚不发达的20世纪30年代，在安特生"中国文化西来说"②一度笼罩中国学界的时候，徐炳昶敢于明确提出中国史前考古学阶段尚存在一种早期新石器时代文化的观点，张扶万能够率先萌发朦胧区系文物地理理论，提出"画分凤宝岐郿诸县地，为考周秦先世历史区域"作为专题研究的设想，本身就是一个突破与贡献。其科学的态度与惊人的魄力，值得后来的人们去深思与考量。

直到1954年11月23日，时任政务院副总理、中国科学院院长的郭沫若为考究周秦文化，尚专门致信徐炳昶，"询问石鼓山事"③。同月27日，蒸蒸日上的陕西省文物管理委员会在制定陕西文物事业发展规划之时，仍笃信徐炳昶与张扶万当年的判断与设想，故特致函北京索"伊二十年前曾著陕西考古材料"，"以有助于陕西文物事业之长足发展也"。

而其当年斗鸡台考古发掘首开陕西科学考古发掘记录的嚆矢之功，以及通过考古发掘、调查、征集、保护等多种途径所艰难传留下来的大量实物资料与其后裔珍存的真实记录此段调查发掘历史的《徐旭生陕西考古日记》，尤弥足珍贵，催人遐思。

阅读《徐旭生陕西考古日记》，我们不断发现，它披露了当时诸多真实情形：西安北郊樊家寨关帝庙关帝像"丹青如新，精采奕奕，亦至足异"④。西安"兴善寺堆集佛像颇多"，"慈恩寺塔前地下有蔡君谟书残石"。⑤宝鸡东岳庙"有

---

① 壹翁（张扶万）：《游宝鸡县鸡峰山记》，原载《陕西教育月刊》1937年第3卷第2期，后收录于杨怡鲁编：《张扶万先生专辑》（《富平文史资料》第十七辑），铅印本，1993年，第70—71页。
② 安特生在其《中华远古之文化》文中，通过对仰韶村遗址发现彩陶与美国中亚考古调查团在中亚安诺和特里波列一带发现的彩陶所进行的分析比较，惊异地感悟到东西一线两种不同历史文化和地理背景下诸多文化遗址在器形、陶质以及彩绘图案等元素之间所不期存在的某些共性。他由此大胆发论，率先提出"仰韶文化"概念。并且推论：仰韶彩陶和安诺等近东和欧洲的彩陶相似，可能同出一源。而巴比伦等地的彩陶年代要早于中国仰韶，因此中国彩陶有可能来自西方。此即后来闻名学界之"中国文化西来说"。该学说一度波及亚、欧，影响颇大。
③ 1954年11月23日徐炳昶日记："接郭院长信一封，询问石鼓山事，即时答复。"
④ 1933年4月30日《徐旭生陕西考古日记》。
⑤ 1934年4月6日《徐旭生陕西考古日记》。文内所引日记信息，均系徐炳昶此日与河南大学教授饶孟侃交谈所获。蔡君谟者，即蔡襄（1012—1067），君谟其字。兴化仙游（属福建）人。宋天圣八年（1030）进士。历官馆阁校勘、知谏院、直史馆、知制诰、龙图阁直学士、枢密院直学士、翰林学士、三司使、端明殿学士。善书，与苏轼（东坡）、黄庭坚（涪翁）、米芾（襄阳漫士）合称"苏、黄、米、蔡"四家，成为北宋书风之典型代表。其书风雄浑谨严，风姿醇美。《宋史·蔡襄传》："襄工于书，为当时第一。仁宗尤爱之，制《元舅陇西王碑》文，命书之。"

明代碑颇多","建筑均佳胜","正殿内二山墙上画壁人物端肃静穆,自是名绘"。① 宝鸡城隍庙"戏楼建筑弘伟,雕刻精工",令人"瞻仰徘徊,神魂颠倒"。② 凤翔八角开元寺"惟八角亭为一极特别之建筑,大体尚完好,有保存之价值。亭内有画壁,备极庄严"③。兴平城隍庙"门前牌楼铁旗杆,均极巍奂",庙宇"规模全存,余除颐和园、慈寿宫之戏台外,尚未见有其比"。④ 西安西北郊阁老门村"庙内祀玄武,壁上画颇佳,且上金处,均属立粉"。火烧碑村道旁庙房"神像三尊,尚巍然端坐。其衣褶红绿分明,至堪诧异。过千福寺,入观。始注意到唐太和及大中之经幢"。⑤ 西安东岳庙"大殿建筑伟丽"⑥,"后殿左右壁最佳"⑦,"寝宫脊上之鸱尾,或为宋遗,门前之望柱,亦当在明以前"⑧。西安南郊小寨村路旁普济庵"庵内祀观音娘娘,有壁画。门前有石羊一对,外旁有石虎一对……羊虎雕刻古朴,而玲珑有意趣"⑨。张孝侯于"含元殿村西堡墙外壕内","发现唐遗红土彩画之石灰片"。⑩ 宝鸡马营广济寺"前殿观自在像,塑工精严,神彩生动,即非宋塑,亦当为元明制";正殿两壁存上、下层悬塑佛像,"下层作菩萨罗汉渡海像,像著彩色,雕塑生动,顾盼生姿","正面三世佛像,虽或属旧胎,但修理上色,总属清代。佛像后之壁画,则端严伟丽,颇有敦煌佛洞画风,不能自宋以后"。⑪ 鳌屋仙游寺"四面山林,均属平稳秀美,宜为游人胜地。有塔,七层。塔内有卧佛,旁十六(非十八)阿罗汉,跪者,立者,骇者,思者,泣者,仪态甚佳……疑原型仍属唐旧"⑫。西安八角开元寺"极巍奂。到处画壁,笔墨不恶"⑬等等。其生动的考古调查记录,直将我们带回当年文物生态环境下的一处处真实境地,斑斓五色,犹在目前……

另如通过调查大量古建实例,最后得出诸多敏锐感悟。如凤翔城郊三元宫"画壁极可观览。彩色红者尚极红,蓝者尚极蓝,以故若新!思及颐和园之修,比此村庙,不过早十余年,而颜色已黯淡,益叹陕西画师调色能力之过人"⑭。宝鸡

---

① 1933年6月4日《徐旭生陕西考古日记》。
② 1933年6月5日《徐旭生陕西考古日记》。
③ 1933年6月7日《徐旭生陕西考古日记》。
④ 1933年6月11日《徐旭生陕西考古日记》。
⑤ 1933年12月12日《徐旭生陕西考古日记》。其中所谓壁画上"金处"用"立粉",系指将浓厚粉质色彩堆积点染成浮雕状之立体色粉点、线、面之美术技法。
⑥ 1933年6月14日《徐旭生陕西考古日记》。
⑦ 1933年6月15日《徐旭生陕西考古日记》。
⑧ 1933年12月15日《徐旭生陕西考古日记》。
⑨ 1933年12月16日《徐旭生陕西考古日记》。
⑩ 1933年12月20日《徐旭生陕西考古日记》。
⑪ 1934年6月17日《徐旭生陕西考古日记》。
⑫ 1935年5月22日《徐旭生陕西考古日记》。
⑬ 1933年6月7日《徐旭生陕西考古日记》。
⑭ 1933年6月2日《徐旭生陕西考古日记》。

火神庙"二门上金龙蟠绕,正殿雕槅工细。卷棚两墙丹雘若新!观此等设色,更信颐和园、三海等处之彩画,不值一文"①。"陕西画壁不似他处。墙上多画屏扇,其上或左右,少有空隙,仍以他画补之。檐际斗牙间隙地,亦满绘画,而配置妥协,不嫌堆挤,其艺术胜也",以及"这边乡间的庙,比北平附近乡间的庙整齐得多,并且无庙无画壁!壁画百分之九十在水平线以上"。②"陕西牌楼建筑,实甲全国,北京虽牌楼,实未能有其匹也。"③宝鸡金台观"庙中雕刻甚佳","闻此雕刻工人尚生存,只四十余岁,以此知陕之巧工多也"。④宝鸡东岳庙"当日住军队,在画像上钉了无数钉子!东墙上面孔并有一部分被纸糊!令人观之,不觉气丧!以此等名迹,竟任人随便毁坏,中国国家尚成何等国家耶"⑤。"建筑史及壁画之研究,在我国实尚幼稚,未达精确之区域。"⑥西安木塔寨"观音堂,像设去年新'挂袍'。后墙画壁新绘,山墙仍旧绘。新绘离旧绘,相差颇远,艺术何堕落如是"⑦。宝鸡城隍庙"此等艺术创作,竟能任其日加破坏,毫无留遗耶",致"出庙时不胜感慨悲怆"⑧。凤翔八角开元寺八角亭画壁"备极庄严,然钉刺烟熏,不久将完全损毁","此庙如不早设法保存,恐不久完全无余矣"⑨。西安东岳庙壁画"块块落地,颇有损坏","如不早为修理,不久即可全毁"⑩。及闻西安旧藩库建筑"规模木架,均极弘伟。脊梁铭言致和、至正重修。前二年始倾颓。因取其材建训政楼",今已不可见时,不禁聊发"惜哉!中国之旧建筑"⑪等。其睿智论断与扼腕叹息,每每咀嚼,回味无穷。山阴道上,别有一番感人的滋味。

随着时代更移,物是人非,建筑圮毁,壁画乌有,它们所娓娓传留给后代学人之历史印痕与深刻思考,将愈来愈具有别样的沧桑感受和足堪珍贵的学术价值。

与此同时,刚刚收到新版大作《斗鸡台沟东区墓葬图说》一书的苏秉琦闻讯亦寄函陕西省文物管理委员会,请"制定工作计划,是否可以参照前陕西考古会之工作要点、计划,注重'周秦初期文化的研究',以承前绪,而推进周秦文化

---

① 1933年6月4日《徐旭生陕西考古日记》。
② 1933年5月22日徐炳昶致李书华信函。
③ 1933年5月30日《徐旭生陕西考古日记》。
④ 1933年6月3日《徐旭生陕西考古日记》。
⑤ 1933年6月4日《徐旭生陕西考古日记》。
⑥ 1933年6月26日《徐旭生陕西考古日记》。
⑦ 1933年5月14日《徐旭生陕西考古日记》。
⑧ 1933年6月5日《徐旭生陕西考古日记》。
⑨ 1933年6月7日《徐旭生陕西考古日记》。
⑩ 1933年6月14日《徐旭生陕西考古日记》。
⑪ 1933年12月15日《徐旭生陕西考古日记》。

之研究"①。

在特殊的历史时期，虽然大面积"批判"矛头曾直接冲击苏氏《斗鸡台瓦鬲之研究》《斗鸡台沟东区墓葬》等呕心之作，但依靠20世纪30年代于斗鸡台一地不懈积聚的绵密考古基础与坚韧工作意志，苏氏本人最终仍顽强到达其考古生涯中理想、周秦考古研究目标的终极。

事实证明，1949年后国内各级文物考古部门对凤翔雍城、宝鸡斗鸡台、岐山京当、岐山周公庙、扶风庄白、扶风黄堆、西安丰镐、南郑龙岗寺、郿县白家村②、西安米家崖等遗址、窖藏的多次大规模调查以及发掘，均可在当年陕西考古会的艰难历程中找到影子或答案。而张扶万在七十多年前感慨发论的所谓"故考古一事，亦须专家积重力量以为之，苟得一二地址，证明周秦史事，足为学术之大贡献，未知何时能成事实"③，以及"岐、宝之间，今日其器仍未知藏没于地下者有若干种也"④的期盼，也已经成为或即将成为必然的现实。

遗憾的是，至少像郿县白家村、西安米家崖等遗址的调查与发掘⑤，西安东岳庙壁画的调查与研究等工作和项目，还未能与陕西考古会当年的调查发现完全联系起来。

可以想象，如果不是日本侵华战争的骤然发生，如果不囿于种种历史缘由的限制与影响，当年欣欣向荣的陕西考古会的各项工作绝不会无形中止，而一部恢宏壮阔的陕西文物考古历史，亦绝不能至此酿成一代绝响，或许，它还可以重新叙写出异样动人的辉煌篇章。

完全可以说，20世纪30年代初陕西考古会的巍然出现，是陕西乃至中国考古学界的骄傲，也是中国考古学界奉赠给世界考古学界的一部庄严厚重的工作报告。其在中国考古史上无疑更具有十分重要的历史意义，其对中国考古学以及全民族的巨大贡献亦不能就此悄然泯没。

有意味的是，这样的意义与功绩，此前任陕西考古会委员长的张扶万在西安召开的一次考古会年会上即有所阐释。文云："诸君舍弃高官厚禄与妻子儿女，

---

① 参考前陕西省文物管理委员会秘书贺梓成提供1954年陕西省文物管理委员会工作记录。据贺言，寄往北京徐炳昶处函件由他起草，后苏秉琦回信寄来西安，亦由他拆阅。原件已佚。其中"周秦初期文化的研究"语，参见苏秉琦：《斗鸡台沟东区墓葬》（国立北平研究院史学研究所陕西考古发掘报告第一种第一号），北平研究院史学研究所，1948年。以下注释均作"苏秉琦：《斗鸡台沟东区墓葬》"。
② 如1935年5月19日《徐旭生陕西考古日记》："再北，至白家村，亦有一堡。堡东壕中，灰土及古陶片甚多。……大约此地为一新石器时代末期遗址。地址颇大。……今日为寻汉旧城而竟得一石器时代遗址，喜出望外。"
③ 壹翁（张扶万）：《游宝鸡县鸡峰山记》，原载《陕西教育月刊》1937第3卷第2期，后收录于杨怡鲁：《张扶万先生专辑》（《富平文史资料》第十七辑），铅印本，1993年，第71页。
④ 1937年8月30日（旧历七月二十五日）《在山草堂日记》。
⑤ 陕西省考古研究所：《陕西眉县白家村遗址发掘简报》，载《考古与文物》1996年第6期；陕西省考古研究院：《西安米家崖——新石器时代遗址2004~2006年考古发掘报告》，科学出版社2012年版。

经天南地北集秦中故地，肩披风霜、手执锹铲，莘莘然若农夫耕耘，痴迷于前朝古代文物史迹之追寻，其意盛矣！其功大矣！千百代后，必为有识之士所瞩目敬仰，谓予不信，则赖后世子孙起而作证。"[1] 此段发论，催人奋进，其与今日我们这一代人的真切感受何其相似。

时至现代，当历史演进、沧桑巨变之际，张扶万在七十多年前由衷而发的这段高论，已不为诸多世人所知晓记忆；那个曾经在中国文物考古史上有着举足轻重地位的陕西考古会，也已经湮没在缥缈迷离的云烟之中。大多数相关考古论著，甚至是最具权威的《中国大百科全书·考古学》，似乎都对20世纪这一弥足重要的考古机构感觉生疏、陌生，有的竟只字不提。

正是这样一种历史间壁，撩拨起我们的关注与遐思。面对历经风雨艰难存留下来的诸多考古会文献资料和先贤俊杰之日记手泽、翰墨手札，笔者曾不止一次地喟叹与遗憾；摩挲那些已经泛黄破碎的影像档案与文字墨迹，七十多年前滞重沉厚、如火如荼的考古岁月，仿佛一次次回到我们的面前。

红羊苍狗，往事如烟。随着岁月更迭，我们相信大量文物遗迹已逐渐淡出我们的视线。因此，分处残存的那些陕西考古会资料，遂愈来愈具有弥补空阙、校勘文献、连缀历史碎片的珍贵价值。当新时代文化进程日趋加剧之际，审视那些足以映现昔日历史面貌与人文特质的金石拓本、历史图像、文字记载及煌煌发论，不竭亢进的陕西考古会的精神魂魄与文化基因，依旧是那样坚韧、自信、生动、鲜活。

有感于此，笔者方在不胜感叹与惋惜之余，花大气力去钩沉、探索那些行将被遗忘、湮没的历史遗踪。寒来暑往，数易其稿，其间颇多波折、坎坷。在最困难的时候，胡景通先生、梁白泉先生、石兴邦先生、韩伟先生、张建林先生、张彤先生、陈根远先生以及陕西文物考古部门的很多同事与朋友，均给予了大力的支持与殷切的鼓励。

在调查写作中，南京中国第二历史档案馆民国资料利用处惠允笔者查阅了北平研究院的全部文献档案。陕西省档案馆提供旧藏陕西考古会尚未公开的大量书信函件与有关图表。北京档案馆、上海档案馆、北京图书馆、陕西省图书馆、南京图书馆、西北大学博物馆、陕西省考古研究院、西安碑林博物馆、汉中博物馆等单位也均提供了热情服务。鲁迅博物馆原副馆长王得后先生积极帮助笔者疏通与徐炳昶先生后裔王忱、徐恒、徐桂伦之联系，蒙他们慷慨提供徐炳昶先生在陕西考古期间的诸多珍贵资料，以及有幸保存下来的1910年至1966年期间大部分时段的徐炳昶日记。其中1910年至1917年存留作者京师译学馆与留法时期生活轨迹的《蜚遯庐日记》，20世纪30年代陕西考古期间的《徐旭生陕西考古日记》，

---

[1] 李希平：《关中考古杂记》。

1945年至1948年间北平研究院时期与1954年至1966年间徐炳昶晚年日记并部分徐氏友朋戚友信札等，均系首次刊布，弥足珍贵。另外，陕西省政协文史办邓爱琴女士在获悉笔者研究目的之际，任劳任怨，使笔者得以数次翻阅、抄录张扶万先生生前积聚达三十余册的《在山草堂日记》及大量诗文手稿。

数十年来，本书涉及的诸多先贤后裔在闻知笔者意图之后，均无一例外地伸出双手予以支持。如张扶万先生裔孙张应苏先生及至亲杨怡鲁先生曾积极帮助笔者寻觅许多弥足重要的线索。张扶万先生裔孙女张琪女士及其夫马铁丁教授默默承担繁重的资料复印工作。李莲生、李泉生昆仲及其家族成员竭诚回忆其父李希平先生《长安考古杂记》中重要片段并热诚提供大量珍贵资料。吴敬之先生裔孙女吴景桦女士更在尚未与笔者谋面之前提下，于出差途中闻知拙著写作需求，即嘱家人寄来其先祖玉照并相关资料……

此外，笔者在南京艺术学院攻读博士学位期间的同学、朋友也主动牺牲假日，热诚为拙著润色校对。陕西省财政厅李晓毅先生、陕西省文物局张彤先生、南京农业大学卢夏先生等连续不懈地在数年之间默默帮助整理、拍摄图片文献资料并给予事实上的鼎力支持。笔者所任教的上海大学美术考古博士黄剑波先生、龚晨先生、刘明虎先生，硕士陶元骏先生、于蒙群先生、郑辉先生、李萍女士、严方圆女士等，在拙稿付梓之前，曾不止一遍详细校阅文稿、订正讹误、调整图片。远居美国的一位多年挚友为提供其在域外获得的最新资料，竟不惜抛别正在生病的孩子，万里云间飞来西安。

所有这一切，都使笔者倍感温暖，力量倍增，终于能在短时期内补缀完成这本专题性质的考古史著作。当电脑屏幕蓦然显示最后一个汉字的时候，正是辞别旧岁钟声悠然敲响的时候，而早已届入不惑之年的笔者，也为此付出了二十余年的时间。

"北风其凉，雨雪其雰。"① 迷茫混沌的时空过后，新的一天又悄然来到我们身边。在纷繁如梭的岁月里，我期盼着拙著的最后付梓，也决心在无边的脑海里，永远回思那个已经离我们远去的陕西考古会。算是作为一位考古后学对前辈先贤由衷的深切怀念，也算是对养育了笔者的这块土地及无数个曾经给予笔者无私帮助的好心人的真诚奉献与回报。

该从哪里开始呢？

---

① 《诗经·邶风·北风》。参见程志、杨晓红、吕俭平：《〈诗经·国风〉诗性解读》，齐鲁书社2009年版，第86页。

第一章
省院合作缘起

从世界范围来讲，考古学最早出现在15世纪生产力较为发达的欧洲。而在中国，一直到19世纪，还主要是传统的金石学（图1）以及胎息于金石学范畴之内的古器物学；或者说，是"拿考古学同古器物学合起来的一种学科"①，亦即另一种特定学术语境中的金石学。

虽然梁启超认为"考古学在中国成为一种专门学问，起自北宋时代"②。但事实上那时所谓的考古学，只能是传统金石学的鼻祖与发端，由此以降直到清末民初，有着悠久人文传统的中国金石学仅仅发展到了稍具进步的古器物学，与具有现代科学意义的欧洲考古学相比，尚存在着很大的差异。

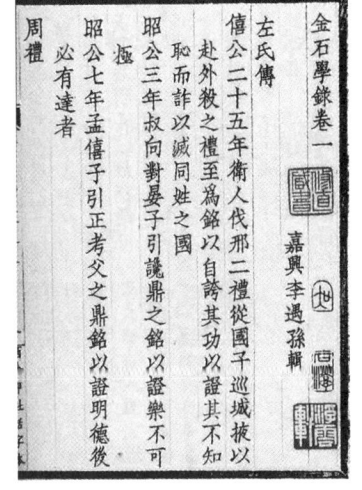

图1 嘉兴李遇孙辑《金石学录》卷一，甲寅（1914）西泠印社活字本

这意味着，至迟到19世纪末期，中国还没有出现具有现代科学意义的考古学。

1919年"五四运动"前后，由于欧洲考古学开始大规模地向中国传入渗透，中国一部分知识阶层开始对传统国粹之学进行反思与检讨，随之也就出现了中国最早的具有现代意义的考古学。

目前显现的相关资料说明，最初成立于1922年的北京大学考古学研究室，1924年的北京大学考古学会（图2），1926年由北京大学与日本东京大学联合组就的东方考古学协会，以及稍后成立的清华研究院考古学陈列室、考古学室委员会，厦门大学国学研究院等相关考古社团，在内容与形式上均显得有些松散、稚嫩，个别组织甚至还保存着一些传统古器物学的痕迹。

中国考古学初创时期的这些缺陷，为"一代宗师"魏建功③所敏锐发现。在

---

① 刘节：《考古学社之使命》，载《考古》1935年第2期，第3页。刘节此处所谓的考古学、金石学，与历史上乾、嘉以来的传统金石学以及今天所谓的考古学均有一定差异。
② 梁启超：《中国考古学之过去及将来——欢迎瑞典皇太子演说辞》，见梁启超：《饮冰室合集·饮冰室专集之一百一》（全四十册），中华书局1936年版，第1页。
③ 魏建功（1901—1980），著名语言文字学家、教育家。江苏如皋人。在语言教育、文字改革等方面厥功甚伟，被誉为"一代宗师"。参见马嘶：《一代宗师魏建功》，文化艺术出版社2007年版。

图2　1924年9月北京大学国学门考古同人黄仲良（一排左五）、董作宾（一排左一）、顾颉刚（二排左二）、马衡（二排左三）、徐炳昶（三排左三）、胡适（三排左二）等于北大三院译学馆前合影。徐炳昶后裔徐桂伦提供

刊布于1923年《北京大学日刊》第1337号的《研究所国学门恳亲会记事》一文中，魏氏睿智发论："中国之考古学向无系统，古物之为用，仅供古董家之抚玩而已。我们现在虽然确已逃出这个传统的恶习范围之外，知道用科学方法去研究，但为财力所限，未能做到自行发掘、实地考证的地步。研究室所用的材料，均由市侩辗转购得，器物之出土地点及其相互联属之关系，均不易知，故进步艰难。"

尽管如是，从总体上来说，上述机构以及相关活动毕竟已是现代意义上中国考古学的嚆矢与先端，其组织框架，也已经明显凸现了初期国际学术规制内的某些范式轮廓。

应该看到，这些"用科学的方法调查，保存，研究中国过去人类之物质遗迹及遗物"，强调"与国内外同志团体之互相联络"①的考古组织以及相应开展的多项考古调查与发掘活动，极大地推进了中国考古学组织机构与学科体系的建立与发展。

如1928年至1933年，中央研究院、北平研究院、中央古物保管委员会以及中央研究院与山东、河南省政府联合组就的山东、河南古迹研究会的相继成立，1927年有中国学者徐炳昶、黄仲良、袁复礼等人参加的中瑞西北科学考察团（图3）在内蒙古、甘肃、新疆一带的考古调查，1928年开始的董作宾、何国栋等人在河南安阳殷墟商代后期都城遗址的迭次发掘（图4），1928年吴金鼎对山东章丘城子崖新石器时代晚期的龙山文化遗址的调查与发掘，1931年梁思永对安阳后冈遗址的发掘，等等，便是一些极好的范例。

图3　中瑞西北科学考察团离包头前中国学者合影。左起丁道衡、黄仲良、詹蕃勋、袁复礼、徐炳昶、白万玉、崔鹤峰、庄永成

它们标示着中国考古学已经步入一个崭新的历史时

---

① 《国立北京大学研究所国学门各会章程及纪事录》，载《晨报副镌》1924年6月17日。

图4　1928年10月13日殷墟第一次发掘开工全体工作人员合影。前排左一董作宾，左三何国栋；后排右起赵芝庭、王湘、张锡晋、郭宝钧；王湘前立者张守魁；余为工人及驻军。采自李永迪、冯忠美编《殷墟发掘照片选辑》一书第6页

期，而世界考古的重心已经大踏步地开始逶迤东移，并且"以中国为中心的东亚成为国际学术界关注的焦点"①。

关乎此，积极致力于这一新兴学科的组织机构与有识之士，不仅注意努力学习欧美以及日本等先进国家的学科精髓、工作方法，而且也充分认识到中国考古学在初创时期的诸多缺陷。以为"中国之考古学向无系统，古物之为用，仅供古董家之抚玩而已"②，亟应"网罗地质学、人类学、金石学、文字学、美术史、宗教史、文明史、土俗学、动物学、化学各项专门人才协力合作"③。于是在全国范围内掀起聘用国内外相关学科学者的热潮，希望从此中国考古学能够奋起直追，"于世界学术界中占一位置"④。

基于这一目标，初创时期的中国考古学朝气蓬勃，在积极吸纳欧洲考古学精髓的同时，也大胆将其与蕴藏深厚的中国文物资源及传统中国金石考古体系相融合，由此展开了一系列饶有情趣的探索实践。

应该说，中国考古学遇到了极好的历史机遇，催生了中国新生代考古学体系。

凡此种种，均应成为而后北平研究院与陕西省政府合组陕西考古会的直接催化剂。

不应讳言，在现代科学技术尚不十分发达的20世纪初期，在封建残余以及传统国粹之学依旧根深蒂固的旧中国，有着极强生命力以及现代意味的中国考古学，从其孕育、萌芽直到生长、奠基，均不可避免地遇到这样或那样的阻力与坎坷，整体学科生长环境不佳⑤，并非一帆风顺。

---

① 桑兵：《晚清民国的国学研究》，上海古籍出版社2001年版，第119页。
② 魏建功：《研究所国学门恳亲会记事》，载《北京大学日刊》1923年11月10日。
③ 《国立北京大学研究所国学门纪事·附古迹古物调查会草章》，载《国学季刊》1923年第1卷第3号。
④ 厦门大学：《厦门大学国学研究院发掘之计划书》，载《厦大周刊》1926年第158期。
⑤ 徐玲曾从"民国时期考古学学科生成环境"视域解释此类现象。参见徐玲：《民国时期考古学学科生成环境论析》，载《历史教学》2010年第4期，第10—16页。

诸如1926年李济在山西考察时所遇到的困难与尴尬①，1928年徐炳昶、斯文·赫定等中瑞专家学者组就的西北科学考察团在新疆地区考察时遭遇地方政府某些执政者的责难与污蔑②，其后中央研究院历史语言研究所在安阳殷墟发掘中与河南省政府所发生的矛盾及争执③，以及地质研究所丁文江等人在发掘过程中所遇到的诸多尴尬与窘迫，便是生动鲜活的几个范例。

正因为如此，也就使得而后北平研究院与陕西省政府联合筹组陕西考古会的诸多酝酿活动，波折反复，步履艰难，蒙上了更多困惑、无奈的色彩。

一、迟到的抉择

（一）北平研究院背景与历史

1927年5月9日，国民党中央政治会议决定采纳蔡元培、张人杰、李石曾等人的建议，设立直属国民政府教育部的最高学术研究机关——中央研究院（图5），以"实行科学研究和指导、联络、奖励学术之研究"④为宗旨，并以蔡元培、李石曾等人为筹备委员，具体负责该研究院的筹备工作。

图5　南京中央研究院总办事处

经充分酝酿筹备，中央研究院遂于1928年6月9日在南京正式宣告成立。底定"每月经费为十万元"⑤，共计"岁入每年一百二十万元"⑥。先后设立总办事处以及天文、物理、化学、数学、历史语言等研究所。

在中央研究院七十余年的发展进程中，其组织机构虽经多次调整变易，但基本构架却始终没有大的改变。其中历史语言研究

---

① 李济：《安阳》："在那时，政治家和一般民众都还不了解科学，更谈不上科学考古了。所以，在第一次旅行中，我不得不用很多时间和一些行政官员及当地居民谈判。"河北教育出版社2000年版，第67页。

② 参见中国新疆维吾尔自治区档案馆、日本佛教大学尼雅遗址学术研究机构编：《中瑞西北科学考察档案史料》，新疆美术摄影出版社2006年版；另见罗桂环：《立言诚不易，编书亦烦难——评〈中瑞西北科学考察档案史料〉》，载《自然科学史研究》2007年第4期，第570—578页。

③ 傅斯年：《本所发掘安阳殷墟之经过——敬告河南人士及他地人士之关心文化学术事业者》，原载《安阳发掘报告》1930年第2期，后收录于欧阳哲生主编：《傅斯年全集》（第三卷），湖南教育出版社2003年版，第99—101页；另见董作宾、胡厚宣合编：《甲骨年表》（国立中央研究院历史语言研究所单刊乙种之四）"1929年"条及"1930年"条，商务印书馆1937年版，第23页、第25页。其中"1929年"条："十月七日，中央研究院历史语言研究所考古组李济、董作宾、董光忠、张蔚然、王湘等再赴安阳开工。二十一日，忽有河南省政府所派何日章至安阳，声言拒绝中央研究院工作，并招工自掘。考古组乃暂时停工。"另"1930年"条又记："三月，河南省政府不顾成约，准许何日章派人再赴安阳小屯挖掘古物，中央研究院安阳考古工作，因复完全停顿。"

④ 《国立中央研究院概况》，载《国立中央研究院总报告》1929年第2期，第41页。

⑤ 《国立北平研究院概况》，北平研究院总办事处编印，1929年9月—1948年8月。

⑥ 《申报年鉴·学术·全国主要学术机关一览表》，1935年。

所①为1949年以前中国从事田野考古工作最早、最多的单位。该所长期由傅斯年领衔主持，于1928年3月开始在广州筹备，同年10月22日正式成立，1929年6月从广州迁至北平，1933年3月复迁至上海，1934年10月方迁回南京。

从抗战开始到1946年11月，该所迫于日本侵华战争的袭扰，辗转湘、滇、川各省，屡屡迁徙，而后于1948年底再迁至台湾。从那时起至今，史语所一直为台湾文物考古界最具权威的学术研究机构。

在动议酝酿设立中央研究院期间，筹备委员李石曾（图6）曾在国民党中央政治会议上提出"设立局部或地方研究院"②之拟议，有意组建旨在北平大学隶属之下的研究院，以期形成中国学术研究体系的良好格局。

庆幸的是，有关设立这一地方研究院机构的拟议，后在1928年9月国民政府会议上集议讨论，竟顺利得到会议首肯。

这里需要说明的是，与中央研究院的筹设工作大体同步，1928年6月至7月，李石曾与张静江、吴稚晖等人还着意照搬模拟欧洲教育体制，策划在国民政府直属序列中设立中华民国大学院，以替代原来的教育部，并公推蔡元培为院长，亦为国民政府会议通过。这一契机，

图6　李石曾小照。采自1933年7月印行《国立北平研究院概况》

使李石曾得以在同年9月21日召开的国民政府会议上，以大学院委员会代表合法身份列席会议，并代表大学院做北平大学组织与预算的报告。

报告中，李石曾详细阐述了北平大学组织机构的缘起、框架、意义与影响，希望中央政府能够给予北平大学每月经费三十万元，而暂以十分之一为研究院经费。③这篇报告一经出台，立即引起有关部门与相关人士的密切关注，事实上已经将李本人此前提出的设立地方研究院的"拟议"，向前推进了实质性的一步。

遵照国民政府有关函件规定，上述两项款额仍由李石曾等人出面分别向国民政府财政、教育两部门提出陈述，皆得国民政府会议通过。

按国民政府决议，北平大学研究院遂于1928年11月开始筹备，初由北平大学正副校长李石曾、李书华（图7）负责。至1929年5月，乃改设北平大学研究院筹备委员会，以李石曾为筹备主任，蔡元培、张静江诸人以及相关学术合作机关的代表为筹备委员。

令李石曾等人意想不到的是，一味模拟欧洲教育体制的大学院区制，由于忽视当时中国教育的具体实际，因而在推行过程中，受到诸多舆论的强烈反对。此时国

图7　李书华小照

---

① 简称"史语所"，以下文中或有所谓。
② 《国立北平研究院概况》，北平研究院总办事处编印，1929年9月—1948年8月。
③ 吴廷燮主编：《北京市志稿·文教志》（下）"国立北平研究院"，燕山出版社1998年版，第152页。

民党二中全会已无意再为这一虚幻缥缈的教育体制遮掩粉饰，遂于1929年6月19日做出决议，限令"由教育部定期停止试行"。它迫使空守北平大学校长虚位的李石曾不得不改弦更张，提出辞职。

北平大学的夭亡，平息了急风暴雨般的学界风潮，但也使得已具雏形的研究院，面临着即将解体的危险。

图8　北平中南海怀仁堂西四所北平研究院总办事处。采自《国立北平研究院院务汇报》1930年第1卷第1期

在此种情况下，教育部部长蒋梦麟乃决然"接纳李石曾的建议"①，酌以北平研究院名义替换原北平大学研究院的名称，设国立之学术研究机构，并拟以李石曾、李书华出任正、副院长。至其一切组织机构，均援例于中央研究院，而成独立的地方性质的学术研究机关（图8）。

有意味的是，这项带有某种调和、折中色彩的微妙动议，由于顺应了当时的历史潮流，故而在1929年8月6日召开的行政院会议上，一路顺风，得以通过。更出人预料的是，一些此前曾竭力抗拒组设北平大学的反对人士，亦对李石曾、李书华出掌北平研究院要职未加微词。

1929年9月9日，命运多舛的北平研究院终在北平正式宣告成立，其院址及总办事处设北平中南海怀仁堂西四所。建院宗旨则一概参照中央研究院，决以"实行科学研究，促进学术进步"为目的；其组织机构与工作方式，也基本照搬中央研究院。而月给经费五万元，岁入六十万元，仅是中央研究院的一半。如此微薄经费，在其后该院运行过程中，"除日常激发外，其余大宗经费靠中美、中法、中比庚款等各项经费文件相应执行"②，实际所得往往低于原定限额。以1935年为例，核定经费仅为三十六万元。

据1948年8月北平研究院所公布的资料，从1929年至1948年，该院先后设立的主要部门，计有一个总办事处以及物理学、镭学、化学、药物学、生理学、动物学、史学等八个研究所。其中院长为李石曾，副院长为李书华，秘书为杨光弼③，干事兼文书课课长为余济康。

八个研究所中，以史学研究所成立最晚，时间在1936年。前身是北平研究

---

① 吴范寰：《李石曾与北平大学区》，见中国人民政治协商会议全国委员会文史资料研究委员会编：《文史资料选辑》（第三十四辑），文史资料出版社1963年版，第26页。
② 《国立北平研究院概况》，北平研究院总办事处编印，1929年9月—1948年8月。
③ 杨光弼（1892—1949），江苏人。1911年赴美留学，获美国伊利诺大学化学硕士学位。1915年回国，任清华大学化学系教授、系主任。1929年至1949年在北平研究院化学研究所工作，任该院秘书、研究员、院务临时维持委员会主席等。1949年3月4日参与北平文管会接受北平研究院工作，未几以忧劳辞世。

院成立之初的史学研究会，组建时间在1929年11月。先后聘定吴敬恒、李宗侗①、张继、白眉初、朱希祖、朱启钤、沈尹默、沈兼士、汪申、金兆梫、俞同奎、徐炳昶、马衡、马廉、陈垣、乐均士、齐宗康、顾颉刚、萧瑜、郑颖孙等为会员（相当于研究员）。吴敬恒、李宗侗为常务会员，李宗侗兼任干事。徐炳昶、鲍汴等为专任编辑。②（图9）

图9　20世纪20年代末或30年代初徐炳昶与史学界名流于北平合影。左起黄仲良、徐炳昶、马衡、李玄伯、沈兼士、陈垣。徐炳昶后裔徐桂伦提供

从1936年易会改所到1949年，该部门一直由徐炳昶（专任研究员）主持负责。先后加盟该所的主要人员还有冯家升、黄仲良、王静如（以上属研究员），苏秉琦、钟凤乡（以上属副研究员），等等。

与其他高等院校和学术单位相同，北平研究院除聘用一些国内著名学者担任该院的专任研究员外，还面向国内外，相继聘用享誉学界的法国学者卜尔克（P.Burgaud）、雁月飞（P.Lejay）和瑞典的斯文·赫定、意大利的龙湘齐（E.Gherzi）、英国的李约瑟（J.Needham）（图10）、印度的巴贝（H.J.Bhabha）及中国学者丁燮林、王守兢、胡刚复、马衡、徐洪宝、梁思成、韩儒林等人为通讯研究员。

图10　李约瑟小照

作为北平研究院的核心研究所（会）之一，史学研究会在成立之初的主要研究方向是考古、历史与北平古文献整理，下设调查编纂组与考古组。其中调查编纂组由李书华兼代主任，目标是历史与北平古文献整理；考古组由徐炳昶兼任主

---

① 李宗侗（1895—1974），字玄伯。河北高阳人。出身仕宦家庭，曾外祖父南皮张之万，祖李鸿藻，父李焜瀛，皆晚清名臣。幼读书聪颖，及长随五叔父李石曾赴法留学，毕业于法国巴黎大学。1924年回国，历任北京大学法文系主任、国民政府财政部全国注册局局长、开滦矿务局督办、故宫博物院秘书长等职。"易培基盗宝案"（参见本书"易培基"注释）发生时，作为故宫博物院长易培基女婿的李宗侗亦不幸卷入。徐炳昶赴陕西进行考古调查发掘时，其任北平研究院史学研究会主任委员。

② 北平研究院成立之初史学研究会概况，参见1933年7月编印《国立北平研究院概况·史学研究会》，第98页。

任,目标是当时考古学界普遍看重的文明史考古。至1935年7月,调查编纂组始改称历史组,由顾颉刚任主任,考古组则仍由徐炳昶任主任。①

图11 1929年春,殷墟第二次发掘,李济(中)观察,张蔚然(左)及王庆昌(右)测量。采自李永迪、冯忠美编《殷墟发掘照片选辑》一书第26页

较之于中央研究院,无论是学术地位、人员结构,还是经费来源、工作范围,北平研究院均稍逊一筹。

就中央研究院来说,其考古门类的主要力量,是以李济为首的原清华研究院考古学陈列室和考古学室委员会的班底(图11)。由于主要人员大多留学英美,因此被研究者称为"英美派"。

就北平研究院来说,则主要是以李石曾、李书华、徐炳昶为代表,留学法国并与日本考古学界有着紧密联系的"法日派"(或称"日法派""中法派""留法派")②。这一派系的精神领袖为李石曾,主要人物如徐炳昶(图12)、李宗侗、常惠等,此前大多参加过北京大学主持的多项考古活动。

因此,如以教育背景及院系源流而论,我们可以将其划分为清华、北大两大派系;如以两院所处的地域区间而论,则又可分为南京、北京两大系统。

图12 留学法国时期的徐炳昶小照。徐炳昶后裔徐桂伦提供

受当时政要结构、教育派系、人事关系以及各种复杂因素的影响,这两大派系在考古经费的分配、工作区域的划分、专家学者的选聘以及与相关学科的交流合作等方面,均出现了许多无法调节的矛盾与多少带有戏剧性色彩的微妙特征。

1928年中央研究院成立后,其考古工作重心主要放在文化积淀比较深厚的山东、河南等地。先是由李济主持,成功发掘了河南安阳殷墟遗址。接着,李济、梁思永等人又扩大战果,于1930年至1931年发掘了山东章丘龙山镇城子崖遗址。前者由于发掘面积过大,工作尚未完结,故发掘报告迟至1932年方才得以面世。后者则由傅斯年、李济、董作宾、吴金鼎、郭宝钧和梁思永等七人合作,很快编辑出版了发掘报告——《城子崖》(图13)。其于"草创中求尽美尽善",荣膺"中国考古学家在中国国家的学术机关中发布其有预计的发掘未经前人手之遗址之第

---

① 顾颉刚主编《〈史学集刊〉发刊词》:"二十年本会聘徐旭生先生(炳昶)先生为考古组主任,同时成立考古和调查编纂两组。"载《史学集刊》1936年第1期。至其沿革,《〈史学集刊〉发刊词》另谓:"二十四年七月本会聘顾颉刚先生为历史组主任,正式成立历史和考古两组。"

② 刘晓:《李石曾与近代学术界留法派的形成》,载《科学文化评论》2007年第3期,第51页。

一次"，①"开中国考古学的新纪元"②，由此引起海内外学者的普遍关注。稍后不久，梁思永再将他在殷墟发掘中所发现的疑问带到安阳后冈遗址，"三叠层"③的显现，使他终于找到了"仰韶文化、龙山文化和商殷文化的年代先后序列"，从而使"黄河流域史前时代文化和历史时代早期文化的基本轮廓得到了初步的究明，为中国考古学的发展开创了良好的端绪"。④

图13 梁思永与《城子崖——山东历城县龙山镇之黑陶文化遗址》

日新月异的考古工作，使得中央研究院史语所既获得了田野发掘与学术研究的双赢，同时又积累了大量旨在保证田野发掘顺利进行的行政管理经验。如1930年11月以及1932年2月先后成立的中央研究院与山东、河南两省政府联合组就的古迹研究会，既是中央与地方在共同目标下携手合作的产物，也是实践过程中行政管理经验集中总结的体现。它不仅为中央以及地方培养了一大批德才兼备的考古专门人才，同时还保证了李济、梁思永等人主持的山东章丘城子崖龙山文化遗址考古发掘的平安完结，更对后来郭宝钧（图14）主持的浚县辛村西周时期卫国贵族墓地的顺

图14 郭宝钧小照

利发掘裨益不少，并使刘耀、吴金鼎等人联袂主持的浚县大赉店新石器时代遗址的发掘获得福祉，处处绿灯。

中央研究院在短时期内所获得的巨大成功，对刚刚成立的北平研究院产生了极大的影响。由于中央研究院在鲁、豫地区的工作格局已经形成，这就迫使北平研究院不得不将工作视点调换至毗邻鲁、豫，接近北平的晋、冀地区。从1930年春季该院史学研究会与北京大学考古学会、古物保管委员会合作进行的河北易县燕下都遗址老姆台的调查以及1935年9月与河北省相关单位密切合作的磁县、武安县南北响堂寺石窟的调查等考古活动来看，当年南北两院在考古区域划分上所形成的微妙布局，间隔清晰，值得深思回味。

---

① 傅斯年：《城子崖序》，见傅斯年、李济、董作宾等：《城子崖——山东历城县龙山镇之黑陶文化遗址》（中国考古报告集之一），中央研究院历史语言研究所印刷，1934年，第7—10页。
② 刘节：《考古学社之使命》，载《考古》1935年第2期，第3页。
③ 梁思永在后冈遗址发现仰韶文化层、龙山文化层、商文化层由下而上呈三层堆积，其从地层上证明了中国历史由史前到历史时期系一脉相承，此在中国考古学发展历史上具有重要学术意义。
④ 参见夏鼐、王仲殊：《考古学》，见夏鼐主编：《中国大百科全书·考古学》，中国大百科全书出版社1986年版，第9页。

揆以实际，因教育派系、机构地位的不同以及对考古学理念理解上的差异而造成的两院之间的矛盾，其实还不仅仅表现在工作区域的划分以及工作重点的确立方面，进窥内奥，它同时还反映在诸多令人敏感、棘手的人事关系上。

1928年3月，中央研究院史语所的组织构架刚刚搭起，北大考古学会会长马衡就主动提出加盟该所考古组。未料此举遭到被戏称为"义和团学者"①的史语所所长傅斯年（图15）之断然拒绝。

图15　傅斯年小照

在傅心目中，中央研究院需要的是曾经从事过现代考古学发掘工作的留洋学者李济，而绝不仅仅是担任过北大古迹古物调查会会长并且与中国传统金石考古学有着太深渊源的马衡。

他并且怀疑，像北大国学门考古学研究室以及北大考古学会这样的人员结构、学识素养以及工作理念与工作方法，在短时期内，能否做出真正卓有成效的实绩。以后的实际情况果然为傅斯年所言中。从1923年起直到1930年，北大国学门考古学研究室以及北大考古学会除收集、接受外界捐赠金石器物，制作拓本图录和照相，选派马衡、徐炳昶、陈万里等人调查新郑和孟津出土周代铜器、洛阳北邙山出土文物、甘肃敦煌古迹以及参观朝鲜汉乐浪郡汉墓发掘外，几乎没有做过多少现代意义上的田野考古工作。②

图16　马衡小照

上述诸多错综复杂的人事矛盾以及专业差距，对寻求发展的北平研究院无疑有一定的影响。1930年北平研究院史学研究会与北京大学考古学会、古物保管委员会合组燕下都考古团队对河北易县燕下都遗址老姆台的调查发掘③，可以说正是这个影响的微妙产物。

无论是对刚刚成立的北平研究院来说，还是对曾经遭遇"拒绝"之事进而投入北平研究院怀抱、决然走向田野发掘的马衡（图16）而论，这次发掘都是开天辟地的第一次。它不仅使北平研究院从此拉开了田野考古工作的序幕，也使马衡本人痛下决心，奋然挣脱传统金石器物学研究模式的羁绊，着意打通"由'古董'进至'科学'的途径"④，彻底走上了现代考古学的道路。

---

① 桑兵：《晚清民国的国学研究》，上海古籍出版社2001年版，第130页。有关马衡学术蜕变诸事的研究，另参见沈颂金：《传统金石学向近代考古学的转变——以马衡为中心的考察》，载《学习与探索》2000年第4期，第120—124页。

② 北京大学研究所国学门：《本学门开办以来进行事业之报告》，载《北京大学研究所国学门周刊》1926年第24期。

③ 常惠：《易县燕下都考古团发掘报告》，载《国立北平研究院院务汇报》1930年第1卷第3期，第1—4页。古物保管委员会：《本会与北平研究院北京大学考古学会合组燕下都考古团赴易县发掘之始末》，见《古物保管委员会工作汇报》，大学出版社1935年版，第41—53页。

④ 郑师许：《通俗考古学丛书编辑计画》，载《考古》1934年第1期，第22页。

马衡在经过学术生涯上的这次巨大裂变后，一跃成为"中国近代考古学的前驱"①而名垂考古学史册。至于中国现代意义上的考古学，也从此宣告成功地改造了传统的金石考据之学，开始跻身于世界考古学系统的行列之中。

（二）到陕西去

初战告捷鼓舞了北平研究院。随着北大、清华、厦大等高等学府日新月异的考古社团活动的逐次呈现，随着中央研究院在鲁、豫地区更大规模考古发掘工作的逐次展开，以及该院"第二步是洛阳一带，将来一步一步的西去，到中央亚细亚各地"与"想在洛阳或西安、敦煌或吐鲁番、疏勒，设几个工作站"②之宏伟工作蓝图的描就，一个严肃而又现实的问题便不可回避地摆在了北平研究院的面前。

是固守北平一隅，嗷嗷待哺，还是越过鲁、豫，先行一步，走向中央研究院势力尚未涉及的陕西、甘肃等地，寻求生存和发展？基于疑古风潮影响下大胆怀疑上古文献，而将信史希望寄托于重点开展文明史考古的初衷，基于陕西在中国文明史上不可替代的独特地位，北平研究院无疑选中了后者。

对于北平研究院酌选陕西作为重点工作地区的初衷，当时的一些文献报刊资料曾有不同程度的披露与评析。比较而言，1934年9月9日刊印的《国立北平研究院五周年工作报告》似乎更为准确、客观。

其文谓："陕西为周秦汉唐故都之所在。史迹遗留，极为丰富。而本会（指史学研究会，即史学研究所的前身——琦洼）研究之目的，却止限于周民族与秦民族之初期文化，及与之有直接关系之各问题。其所以如此限制者，因汉唐史迹，虽亦急待研究，而此二代因距离现在较近，古书存者尚多，吾人对于其文化及社会组织等各重要问题，尚能从古书中得知大略。至周秦二民族初期之文化，则古书所载与之有关之史料，数量极少，无参证比较之余地，真伪正纰，无法核定。且意义暗昧，颇多难索解处。实为学术界之最大缺憾。本会有鉴于此，乃于民国二十二年春，派徐炳昶、常惠到陕西，从事于此二民族史迹之探讨。"③（图17、图18）

北平研究院酌定陕西为其重点工作地区，固然因为"关中为周秦汉唐旧都所在地，遗迹至多，足供考古学家之取材"④，且尚未被中央研究院划定为势力范围，是理想的考古工作区域。同时，平心剖论，该省淳朴、率直的民风以及相对稳定的军政组织机构，对于艰苦繁杂的田野考古工作来说，同样具有强烈的吸引力。

北平研究院这一良好感觉的产生，主要来自1932年5月该院函请陕西省政府，要求"拓印全份"西安碑林所藏碑石，而陕西省政府接函之后，"特别派员搜购"，

---

① 夏鼐主编：《中国大百科全书·考古学》，中国大百科全书出版社1986年版，第300页。
② 傅斯年：《历史语言研究所工作之旨趣》，原载《国立第一中山大学语言历史学研究所周刊》1927年第1集第1期，后收录于欧阳哲生主编：《傅斯年全集》（第三卷），湖南教育出版社2003年版，第10页。
③ 转引自苏秉琦：《斗鸡台沟东区墓葬》，第8页。
④ 李书华：《陕游日记》，载《禹贡》1937年第7卷第1、2、3合期，第297页。另见中国第二历史档案馆藏有1936年油印稿。

图17 北平研究院五周年纪念摄影。1934年9月9日摄

尽快邮寄的那次愉快的合作。① 当然,类似这样的合作,平、陕两方此后还有多次。应该说,联手、互信与同力推进,构成了其最初合作基础。

北平研究院既然决定将考古工作的重心放到陕西去,相关的准备工作于是须立即着手筹划准备,但筹划准备的动议甫一展开,激烈的争论首先就从该院内部次第发端。

多数人士认为,此举盖为本院寻求发展之重要途径,就当时全国考古形势来看,"殷墟史料之搜集研究,已由断片进行有系统之探讨。商代后期文化,亦有申诉之进步,惟周秦民族初期文化,现仅恃古人所传,自属不尽可靠"。"吾人欲研究周秦初期文化,非求之于地上、地下之遗迹以作证明",② 惟陕西为周秦故都所在,其丰富文物内涵恰与国内相关考古研究机构梦寐以求的工作诉求相吻合。但另有一部分人士却以为"西北荒僻,民智未开,恐将触发类同中研院殷墟发掘受挫之事",认为"如欲将考古重心放至陕西,须待全国考古发达之后,今仓促为之,大约不能取得好的结果"。③ 诸多议论,不一而足。究其实质,无一例外是对该院的这

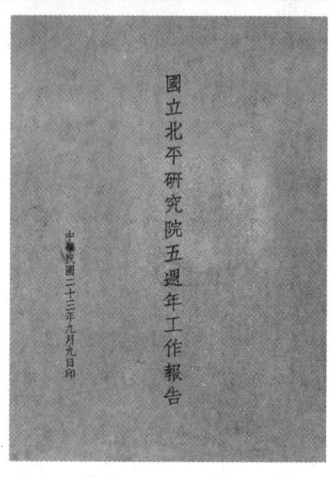

图18 《国立北平研究院五周年工作报告》。1934年9月9日刊印

---

① 1932年5月22日,《新秦日报》在第4版刊发政通社采集的题为《北平研究院函索碑林拓帖全份,省府已搜全寄去》的一则新闻,称:"国立北平研究院前函省府,谓该院为学术机关,发扬固有文化,凡关于碑碣文字有足供研究之价值者,均广为征求,以资参考。闻西安碑林所藏碑碣者,颇多珍品,请为拓印全份,邮寄云云。省府特别派员搜购,闻昨已寄去之。"北平研究院此举,后辑录成国立北平研究院史学研究会署名、该院出版部1933年1月、3月、5月刊布之《陕西省大小碑林碑目》,收入《国立北平研究院院务汇报》第4卷第1期,第1—16页;第4卷第2期,第1—15页;第4卷第3期,第1—14页。

② 参见1934年2月北平研究院、陕西省政府合组陕西考古会《陕西考古会成立经过报告》《本院与陕西省政府合组陕西考古会经过》,1934年9月《国立北平研究院五周年工作报告·史学研究会工作报告》等资料。《陕西考古会成立经过报告》原件藏中国第二历史档案馆(以下北平研究院同人之间函电及该院致送其他相关单位函电藏地均同此,不再注释);《本院与陕西省政府合组陕西考古会经过》(载《国立北平研究院院务汇报》1934年第5卷第4期)与《国立北平研究院五周年工作报告·史学研究会工作报告》均已刊行。

③ 李希平:《关中考古杂记》。

一举措表示不解与怀疑。

北平研究院内部的诸种争论如是热烈，多少对急需做出决策的李石曾、李书华等领导产生了一定的影响。值二李院长虑及众意、举棋未定之际，《时事新报》忽于1933年1月11日披露1月10日行政院第82次会议决定成立中央古物保管委员会之重要消息。内心深处因惋惜北平大学区制黯然夭折，急待要做出一番成绩的北平研究院正、副院长李石曾、李书华，闻讯后大受鼓舞。他们颇不耐院内旷日持久的无谓争论，匆于2月2日确定曾留学法国的研究员徐炳昶（时任史学研究会编辑）、助理员李至广①代表北平研究院先期赴陕。

按二李院长计划，徐炳昶、李至广至陕后，其工作机构，拟设立北平研究院史学研究会西北分会；其工作方式，应为由陕西省政府配合支持，而由史学研究会西北分会与某一文化单位予以合作来进行的考古调查与发掘；"其主要目的，在搜求周秦两民族初期之历史材料"的前提下，研究"周秦初期文化"；其工作步骤，拟"先从调查入手"。一俟各项条件具备之后，再实施有计划之考古发掘，至于发掘对象，则主要是周秦时代的都邑遗址。②

3日至4日，北平研究院在二李院长的授意下，又接连发函教育部以及陕西省政府，称"贵省历史遗迹皆有研究之价值，西安附近材料尤多，本院史学研究会及考古工作有前往贵省实地研究藉资考证之必要"，"兹派史学研究会编辑徐炳昶、助理员李至广前往筹备"，请求他们"赐予接洽，详为指导，并请于西安城内拨借房舍一所以备应用"，俟"将来该研究会前往实地工作时并希予以协助，以利进行"。③

由于仓促之间未能充分做好准备，致公函发出的第二天，因此前蹈身女师附中学潮④而致心情郁闷的徐炳昶即对函件中漏写"调查、发掘"诸字大发牢骚。认为此举"毋宁是给研究院套住了手脚，将来调查、发掘时，又不知该惹多少无

---

① 即李子延，又作李子言。擅绘图、摄影。李书华《房山游记》："本文承顾颉刚先生校阅，张江裁先生整理稿件，李至广先生绘制地图……"参见《禹贡》1936年第5卷第2期，第67页。

② 参见1934年5月17日北平研究院致教育部函。原件藏中国第二历史档案馆。有关北平研究院之工作目的与工作方法，参见《国立北平研究院五周年工作报告》，第117—118页。另见苏秉琦：《斗鸡台沟东区墓葬》，第8—9页。

③ 参见1933年2月3日北平研究院致陕西省政府函。原件藏中国第二历史档案馆。但北平研究院《本院与陕西省政府合组陕西考古会经过》"（一）公函陕西省政府"与此有异。文称："迳启者：查贵省历史遗迹皆具有研究之价值，西安附近材料尤多，本院史学研究会关于史学及考古工作有前往贵省实地研究藉资考证之必要。兹派史学研究会编辑徐炳昶、助理员李至广前往筹备。务希请赐予接洽，详为指导，并请于西安城内拨借房舍一所以备应用。将来该研究会前往实地工作时并希予以协助，以利进行。至深感祷，相应函达，统祈查照办理为荷。"载《国立北平研究院院务汇报》1934年第5卷第4期，第67—68页。

④ 女师附中学潮一事，吴范寰《李石曾与北平大学区》一文回忆："1930年冬间，女子师范学院院长徐炳昶以附属女子中学原隶属于女子师范大学，而且女师院需要有附校作为附教之所，同时北平大学亦无直设附中必要，乃通过北平大学呈请南京教育部，将女附中改隶于女子师范学院。教育部复文照办。女附中主任欧阳晓澜坚决不肯改隶，乃由该校教员和学生并发动一部分学生家长发动了反对改隶运动，以北平大学校务会议作对象，进行大规模的示威请愿，引起很大风波。由于女师院坚持须遵照部令接收女附中，并由北平大学扣发女附中经费，以致引起教员公愤，发生殴打徐炳昶的武剧。结果女附中房屋被接收，大部分教员和学生另外组织一女附中，重演当年女师大分裂为两个大学的旧戏。"参见中国人民政治协商会议全国委员会文史资料研究委员会编：《文史资料选辑》（第三十四辑），文史资料出版社1963年版，第28页。

谓的麻烦"。他坚持让二李院长从速再发一函，以补前阙。而李至广则因多种缘由，表示不能按期赴陕，并请求院方另行委派其他人员。

李至广既然因故不能按期赴陕，北平研究院便不得不重新遴选擅长摄影、测绘，且有易县燕下都田野调查发掘经验的助理员常惠予以替代，并在17日、18日相继发函教育部及陕西省政府、教育厅等相关单位，称"兹派史学研究会会员兼编辑徐炳昶、助理员常惠前往筹备"，务希其"予以协助接洽一切，并盼设法拨借房舍备用，以利进行"，①殷殷表示该院赴陕之决心与进程。

2月19日，该院又为常惠备办赴陕护照，"另作'旭密'密电本二本，一本交常惠带去，一本留院中备用"②。种种迹象说明，进军陕西，寻求生存与发展，已经成为北平研究院不可逆转的既定方针。

虽然与中央研究院紧锣密鼓实施的各项考古工作计划相比，这一抉择似乎是相对渺小且略微迟到了一点，不过对于新生、求进的北平研究院来说，它却已经是走向成功的前奏了。

二、事与愿违

（一）从北平到西安

图19　杨虎城戎装照

1930年至1937年，是民国时期陕西政局相对稳定，经济得以发展，文化开始振兴的黄金岁月。造就这一黄金岁月的主要缘由，首先是握有重兵、倾向进步的杨虎城（图19）登上了陕西政坛。

1930年4月，杨虎城受南京政府委任出掌"讨逆军"第十七路军总指挥权位，旋任陕西省政府（图20）主席。杨在掌握陕西军政大权后，立即着手实施自己的治陕计划，集中抓教育和水利事业，任命南汉宸、李仪祉、王幼农③、韩威西等一批杰出人物出掌省政府各重要部门要职。由于氛围尚佳、同人敬业、措施得力，封闭落后的陕西一地迅速出现新的变化。先是酝酿已久的西安阿房宫大戏院得以建成使

---

① 北平研究院：《本院与陕西省政府合组陕西考古会经过》，载《国立北平研究院院务汇报》1963年第5卷第4期，第68页。

② 参见北平研究院档案。

③ 即王典章（1865—1943），字幼农，以字行。陕西三原人。早年从关中大儒柏景伟、刘古愚学。清末历官四川新宁、兴文知县，打箭炉同知，迁宁远府知府。入民国任高雷道尹、广东粤海道尹、沪宁杭铁路税务总局总办。1933年1月任陕西省政府委员兼民政厅厅长，6月辞民政厅厅长，仍任省政府委员。多才干，热心公益，在关中一代颇负盛名。康有为盛赞其"治绩为循良第一"。张鹏一撰文、于右任篆盖、李元鼎书丹《三原王幼农先生墓志铭》又称："并学术政治于一而以见诸事实者，之为难也；于吾并世得之者，盖无几人。而吾友王君幼农少秉师承，壮登仕版，其生平颇有合于是者。"著《安隐楼诗文集》《巡行日记》《公牍书函》等。

用，接着，造福关中北部十余县的泾惠渠一期工程也很快完工通水。①与陕西省政府的各项建设举措相呼应，国民党中央政府对陕西亦投以极大的关注。1932年6月，负责全面建设西安的西京筹备委员会开始在西安设会办公；而由国民党中央宣传部主办的《西京日报》、由王季陶私人集资筹办的西京医院以及陇海铁路潼西段工程与西兰公路等一系列大型工程建设项目（图21），也均在积极、缜密地筹划建设之中。

图20　陕西省政府。20世纪30年代初摄

上述这一切，均为北平研究院进军陕西等重大举措的确立与实施，营造了良好的氛围。故当1933年2月3日北平研究院公函抵达陕西省政府后，该省政府即于2月7日回复第132号公函，称"贵院函开史学研究会现拟派员来陕实地工作，嘱予接洽并拨借房舍一所，以备应用等由"，"自应照办，除俟徐、李二君到时商酌办理外，

图21　西安邮政局。1932年摄

相应函复，即希查照"。②2月10日前后，陕西省政府还专函邮寄北平研究院，询问该院派人来陕的具体时间。

在陕西方面的热诚欢迎下，颇感欣慰的北平研究院立即通知徐炳昶、常惠、李至广准备整装南下。因常惠以故不能与徐同时出发，李至广又需待西安交涉妥帖后方可离京西进，徐遂决定借此机会先行至豫办理家事，会晤友人，参观新郑出土古物……所以，2月11日离开北平者，实际仅徐炳昶一人。③

徐既决定一人独行，仓促之间，诸多事情交相凑集，颇使他感到紧迫局促。

---

① 西安阿房宫大戏院（今阿房宫电影院）由武少文、周伯勋等人合作创建，1932年6月19日开业，为西安最早一家专业电影院。同月由著名水利专家李仪祉主持修建的泾惠渠一期工程建成，高陵、临潼等县50万亩农田受益。

② 北平研究院：《本院与陕西省政府合组陕西考古会经过》，载《国立北平研究院院务汇报》1934年第5卷第4期，第68页。

③ 1933年2月18日北平研究院致陕西省教育厅公函："迳启者：查陕西历史遗迹皆具有研究之价值，西安附近材料尤多，本院史学研究会关于史学考古及发掘等工作有实地研究藉资考证之必要。兹派史学研究会会员兼编辑徐炳昶、助理员常惠前往筹备。务希贵厅予以协助，接洽一切，并盼设法拨借房舍备用，以利进行。至深感纫，相应函达，即请查照为荷。"

当日《徐旭生陕西考古日记》："早起，收拾行装。周国亭①来。与润章、维钧、子言商议启行一切事项及需用物品。决定我个人今晚动身，先到开封，等待维钧启行电报，即往郑县同他相会。至维钧大约于一星期后启行，子言则俟到西安交涉妥协后，电来再往。散会后已一点余。昨日彦堂约往他家午餐，又少（稍）收拾行李，往时已两点余。至则彦堂等因等不及，已餐后出。回到后门家中，少检什物，将门封起。慕陵②、维钧等知余尚未午餐，预备面食，得饱餐。归（研究）院，再理行装。本意上带行李四件……竟装至七件之多。润章、圣章来送行。以汽车赴车站。海帆③来送至车上，遇中央研究院修补古董工人李……，与之同行。"

依《徐旭生陕西考古日记》，2月12日其抵达郑州，宿大金台旅馆。13日曾至郑州东街寓所看望因病临时寓居于此的二兄徐沛恩④，简短晤谈后，即于是日乘车至开封（图22）。

图22　20世纪30年代开封街衢一瞥

在徐炳昶看来，从当年离开封赴京就读北京河南公立豫京学堂算起，他与这座中州古城有十余年间的分别了。借此公干间隙，他需要回味久违的记忆，尽快会晤许多同乡友朋以及学界同人，并欣赏参观心仪已久、保存于新建河南博物馆内1923年8月新郑李锐园出土的春秋青铜器组。

另外，徐因经年在外奔波，未遑顾家，而此时夫人王季芳独自携带子女，辛苦寓居，值将远行西北考古，过路看家，固亦人之常情。

于是，大相国寺、龙亭、铁塔、书画展览会等一应开封胜景，都迅速留下徐的身影。

与此同时，徐还偕夫人王季芳参观了河南博物馆内尚在陈列的新郑青铜器组，

---

① 周国亭为北平研究院史学研究会职员，后任国立西北联大历史系和国立西北大学历史系教师，1938年7月至9月与何士骥、陆懋德共同主持陕西城固张骞墓考古发掘活动。著《发掘张骞墓前石刻报告书》（与何士骥合作）、《勉县考古记实》、《唐道教考之元始天尊》等。

② 即庄严（1899—1980），字尚严，号慕陵，多以号行。出生于吉林长春，后长期居住北京。1924年北京大学哲学系毕业后，曾任北大研究所国学门助教，旋经沈兼士推荐，任"清室善后委员会"事务员，后任故宫古物馆第一科科长、安顺办事处主任、巴县办事处主任等职。1948年参与故宫押运文物抵台工作，此后定居台湾，任台北"故宫博物院"文物馆馆长、台北"故宫博物院"副院长等。擅书，瘦金书尤为精绝。著有《山堂清话》。

③ 即王尚济（1881—1934），字海帆。河南商丘人，徐炳昶夫人王季芳之兄。清末县学生员。1907年入河南优级师范，同年又入京师译学馆（丁级），习法文。1913年任河南省图书馆馆长，继而任河南教育厅编译科长、河南留学欧美预备学校校长，同年冬赴法，入巴黎大学，随法国数学家古尔萨等攻读数学。1918年毕业，获理学硕士学位。1919年回国，先后在河南留学欧美预备学校、河南大学、北平师范大学等校任教。译著《解析数学讲义》风行一时。

④ 据徐炳昶哲嗣徐桂伦先生言，徐炳昶昆仲共三人，长徐沛泽，次徐沛恩，徐炳昶行三。

"访子衡（郭宝钧）、（关）伯益、（王）可亭"①等一干豫籍考古群体中坚与同道友人②，得间还接受友人邀请，赴某高中学校做题为"都市教育利弊"的学术讲座；又到河南私立北仓女子中学③与学生谈理想、前途及工作、事业。

直至20日下午接常惠自京来电，知其将于此日离京，21日抵郑州。徐遂决定22日下午离汴抵郑，晤常惠后乘火车同行西向长安。

阅2月23日、24日《徐旭生陕西考古日记》，知23日徐、常"天明时已将至阌乡"，"至潼关（图23），将十点"。是夜宿潼关大金台旅馆。24日二人"六点过，即起，赴城西门内汽车站"。及见所乘之车"内实只可容十一二人，然卖票要卖到二十左右"时，不禁生厌。他调侃此状，谓："用填鸭子法往里填，安有填不进去者！"

图23　潼关城一瞥。20世纪30年代摄

在徐炳昶看来，虽然乘车拥挤，道路不平，心境殊恶，但他仍认为时当"冬季无雨，故无泥坑"，则较"（民国）十二年（1923）来时④已强多多"。

车行中，他欲望华岳，又值"风起，黄土飞空，数丈余即不相见"。致"华岳（固）渺不可见"，乃"始知黄土威也"。2时至渭南，"少息，午餐"。全临潼县属之新丰镇时，又因"汽车炸轮袋，耽误多半点钟"。傍晚至西安城门，复遭"军士检查"，"与之护照，持至室中，良久始出，仍要登车检查"。及见徐、常行李颇多，又疑常惠"是否商人"。辗转反复，致人烦躁。及住定东木头市西京筹备委员会，已至掌灯时分。⑤

尽管周折频仍，旅途颠簸，但由于目的地已到，且见到熟识的西京筹备委员

---

① 此段《徐旭生陕西考古日记》残缺。从残存日记后接21日日记现状观察，可能属1933年2月20日所记。王可亭（1858—1937），号圜白。河南南阳人。晚清秀才。1903年至1932年，他与邑人张中孚（1874—1941，号嘉谋）等在南阳创办敬业学堂、劝忠堂、端闻女学堂、国学专修馆等新式学校，致力于地方教育，颇得社会赞誉。

② 民国时期嗜好考古的豫籍人士颇多，除徐炳昶外，尚有张中孚、董作宾、郭宝钧、谢国桢、谢国彦（国让）、关伯益、孙文青、杨章甫等，他们源自乡谊，多以徐炳昶、张中孚等人为基础中心，积极影响，相互依赖，逐步形成一个别具特色的地域考古工作者群体，其中又以宛城（南阳）籍人士最多，或可单独界分为宛城籍群体，其在中国早期考古学历史上占有一席重要地位。这一源自中国地域文化传统，而于特殊时期蓬勃裂变、迅速形成的一种地域型考古文化集体现象，值得学界重视。

③ 河南大学附中前身。1921年秋由张中孚创办。初名北仓女子中学，因建于丰豫仓（北仓），故名。1930年奉教育部令易名河南私立北仓女子中学。徐氏在北仓女子中学的活动，见1933年2月22日《徐旭生陕西考古日记》。

④ 1923年7月，徐炳昶、陈百年、朱希祖、王星拱等曾应陕西省省长刘镇华（雪亚，1883—1956）邀请来陕讲学，故有此说。1923年7月7日（旧历五月二十四日）《在山草堂日记》："雪亚请到北京各大学教授来西安为暑期讲演，有傅佩青铜、徐旭生炳昶、陈百年（大奇）、朱遏先（希祖）、王抚五（星拱）诸人。今日在中学佩青讲进化论，遏先讲文学之势力。"

⑤ 以上引文均见1933年2月23日、24日《徐旭生陕西考古日记》。

图24 周学昌小照

会秘书陈启明以及庶务会计连定一等人①，徐之烦躁心情乃迅速得以平复。他决定先向北平研究院拍发电报，报告其到陕后的行踪，并情绪盎然地与常惠阅市、购物、侃侃谈论、推测明日拜会陕西教育厅厅长周学昌②（图24）时可能遇到的种种情景，憧憬数十日后，省院双方就可以达成合作协议，一两个月后，即可开始正式考古发掘。③

（二）西安诸事不易

2月25日上午，徐、常居东木头市西京筹备委员会，整理行装、书籍。下午2时许，乃兴致勃勃地去拜会陕西教育厅厅长周学昌，坦言此次来陕目的，希望该厅能大力协助，以便尽快开展工作，并且殷殷托其转告陕西省政府主席杨虎城，以确定具体约见的日期。

徐、常以为，执掌陕西教育文化大权的周学昌，自然能慨然表示积极支持的态度，不意周却语词含糊，转言他事，似在传递陕省大不安全以及自己公务十分繁忙等信息。且言凡省外文化教育机关至陕工作，须得"教部有令"，并以事先"通知省府为妥"。今则"贵院仓促来陕"，而教部竟"毫无所知，与体制多有不合"，④希望徐能立即回复北平研究院，以正式公函上报教育部，援例办事。

当日《徐旭生陕西考古日记》："下午同维钧到教育厅，晤周学昌厅长。周言有一教部令知省政府方妥。并言此间中山中学，学生将校长用刀刺伤，甚重。此间学生共党颇多，极为棘手，云云。托他见杨主席，约会见期。出，步行到碑林。归寓，再发电报与润章，请其进行教部命令。"

周学昌的暧昧态度，使满怀希望的徐炳昶遽然之间感到困惑、迷惘。不悦之时，

---

① 陈启明即陈光垚（1906—1972），又作陈光垚，字启明，以字行。陕西汉中城固人。父陈毅，字晓耘，又字五峰，号如是庵主，晚年别署农亚陈晓耘，曾任孙中山秘书、大元帅府参议等。擅书，能诗。陈启明时任西京筹备委员会秘书，后任该会专门委员，为中国简化文字推行先驱。著《三十言志诗》（《简字丛书别集》）等。黄警顽誉其为"提倡简字运动最勇敢的，且成绩又最惊人的一位急先锋"。连定一（1904—1986），名震东，字定一，以字行。台湾台南人。连横之子，连战之父。1929年毕业于日本庆应大学。1932年西京筹备委员会成立后任庶务会计，后任该会专门委员，中华日报社社长、董事长，国民党中央委员会第五组主任，台湾省政府建设厅、民政厅厅长，台湾"内政部"部长、"行政院"政务委员、"总统府"资政，国民党第九届中央常委等。

② 周学昌（1898—1952），名缓章，小名小戍，亦名周彰、孝胥、房栋，号退庵，别字芝侯。河北安新人。北京大学毕业。1925年始，先后任黄埔军校政治教官、国民革命军北伐东路军第二师政治部主任、国民政府劳工部调查科主任、国民党党员志愿军团书记长兼政治部主任、国民党中央党部干事等。1931年任国民党北平市党务指导委员兼北平市教育局长。1932年任陕西省政府委员兼教育厅厅长，国民党陕西省党部执行委员。西安事变后，教育厅厅长一职为李寿亭取代。"七七事变"后任西康建省委员。1941年出任汪伪南京市长。抗战胜利后被军统局京沪别动队以汉奸罪逮捕，1952年病故于上海提篮桥监狱。

③ 徐炳昶、常惠《陕西调查古迹报告》称："炳昶、惠今春受命到陕，原计以二十日工夫与陕西省政府交涉，及议与陕西士绅合作事宜。出外考查，廿余日，则暑假前尚可有一两个月之发掘工夫。"参见徐炳昶、常惠：《陕西调查古迹报告》（国立北平研究院调查报告第三种），载《国立北平研究院院务汇报》1933年第4卷第6期，第1页。

④ 李希平：《关中考古杂记》。

徐除在电文中具告来陕情形，请求李书华等"进行教部命令"之外，又隐隐传递出陕省之行，似乎并不顺利等不快信息。

26日，郁郁之中的徐炳昶、常惠因暂时不能开展工作，乃应连定一之约，乘轿车出城南行考察，"同游杜公祠"，沿途得以阅荐福寺、兴善寺，过韦曲、樊川、牛头寺，直抵杜公祠（图25）。入祠"至一堂中，出所带之烧饼腊肠，大嚼"之际，不意竟于此间见到常惠昔日同窗好友郭增恺①，及诸人"握手道故，同入室"时，又不意见到昨日托周学昌求见的杨虎城主席。盖杨此日轻车简从出城察看樊川新凿之"自流井"，徐、常因有此机遇与杨邂逅。

图25　西安杜公祠。1933年摄

此一戏剧性会晤，当日《徐旭生陕西考古日记》有内疚记述："（诸人）同入室，后有一军人，则杨主席也。介绍相见，握手谈数语。杨君执茶壶，自斟自饮，遂去。吾等至此，尚未往拜谒，遽遇于此，心颇不宁。""闻杨主席言，来此为观下所新浚之自流井，乃亦下坡往观。"②

西安方面徐、常与郭增恺、杨虎城之间的戏剧性会晤，远在北平的李书华自然无法迅速得知。不过此日他接到徐、常自西安发来之两封电报，大感不解中，因于28日向教育部部长朱家骅发出函电，敦请该部能从速电告陕西省政府并指令教育厅予以疏通。

28日李书华向朱家骅发电时，徐即"到绥靖公署，回拜杨主席，因其将赴临潼，迎何成濬③"，故"少谈即出。到郭增恺室中，谈半点钟"。是晚，又"到周（学昌）厅长公馆谈"。④

看得出，徐炳昶之种种举动，皆在陈述此来目的，盖为接洽并疏通关系也。

从28日至3月2日，北平、南京与西安三地之间就北平研究院来陕工作一事信函频发，电文往还，展开了机械烦琐的程式化疏通，但至关重要的教育部第1929号公函，迟至3月7日方才由部长朱家骅签署下发陕西。

此段时期内，徐炳昶闲居无聊，只好绕开教育厅，径直在3月1日进谒陕西

---

① 郭增恺（1902—1989），河北安次人。早年就读北平师范学校。后于北京大学哲学系、中文系旁听。1924年投笔从戎，入冯玉祥部，先后任西北通讯社社长及冯玉祥秘书。1933年经冯玉祥介绍至杨虎城部，任西安绥靖公署参议。徐、常、杨、郭相见时，郭适新任此职。后即得宋子文看重，任全国经济委员会西北委员。西安事变前因《活路》事件被特务逮捕，拘于南京。西安事变发生后，随宋子文来西安参与三方会谈，为西安事变重要知情者之一。晚年从香港到北京定居，任第三、四届全国政协委员，第六届全国政协常委，第四届全国人大代表，第五届全国人大常务委员等。

② 1933年2月26日《徐旭生陕西考古日记》。

③ 何成濬（1882—1961），字雪竹，又作雪舟。湖北随县（今随州）人。早年在武昌经心书院读书，1904年赴日留学，入东京振武学堂，遂入同盟会。1909年归国，先后于湖北督练公所、陆军部军制司供职。民国定鼎后任陆军部副官长、江苏讨袁军总司令部总参议、湖北省政府主席、武汉行营主任、第三军团总指挥、驻鄂绥靖公署主任等职。

④ 1933年2月28日《徐旭生陕西考古日记》。

省政府秘书长耿寿伯①，托其转告杨虎城主席他们一行此来目的，请杨支持，很快即获杨之允诺。受杨指示与疏通，徐炳昶后又连续与省政府秘书长耿寿伯"晤面数次，工作程序，大略已谈到"。在陕各事，依徐炳昶当时感受，似乎"大体尚顺适"，②惟一的等待，便是由省政府积极寻觅的办公地址了。

前述提及，徐炳昶在西安的频繁活动，远在北平、主管史学研究会工作的副院长李书华并不十分清楚。3月3日，当李书华还在向教育部部长朱家骅拍发电报，催问该部致电陕西省政府及教育厅一事③时，未料徐炳昶即在当晚向李书华书写抵陕西后的第一封长信，详细汇报了西安方面的工作情形。

信函中，徐炳昶除详细汇报其数晤杨虎城、耿寿伯等人的琐碎杂务外，还以颇多笔墨阐释其将来拟在陕开展考古工作，欲以探索周秦文化根底的主旨。

他设想"最近拟遍访有名望之士绅及各收藏家，观其搜集，讯其出土地，求得其照相或拓片，为第一步。次即考查丰镐（离省城西南只数十里）、周原、岐山、邠（在邠县④东北）之遗址，始可定工作区域"。

由于关中正处大旱之际，已"五、六月不见雨"。乡民"望雨如望岁"，以致匪患发生，人心浮动，谣言频兴。这对于即将开展的考古工作不无影响。徐炳昶因此担忧"此间哄传杨（虎城）主席将出关抗日，杨亲信人均如此言。省政府或有变动，亦未可知"，"且所调查区均在灾情极重地，非有军队保护，恐难开始"，认为"须有霑足之喜雨，一切问题始克容易处理"。

鉴于陕西省政局初定，各机构办事尚多推诿拖拉之现状，徐炳昶甚或希望李书华能向时任南京监察院院长、德高望重的陕籍人士于右任求助，请氏出面予以协调。在徐看来，北平研究院此行来陕责任重大，而"此间考古工作，或将须右任先生的帮助"。⑤

窥3月3日徐致李书华信函设想，关乎在陕开展工作一事徐早已开始做积极举动，不仅连续翻阅《艺术丛编》⑥及"甲骨文各书"，且"写润章及家信各一封"，又"与连定一、维钧谈"。⑦继而又接连访问西安士绅与著名收藏家景莘农、柯莘农等。

---

① 耿寿伯（1888—1958），河北人，曾任国民二军胡景翼部交际处处长。1932年10月至1936年西安事变前任陕西省政府秘书长，积极推行邵力子、杨虎城施政方略。1948年受傅作义指派，偕杜斌丞、李锡九等一起赴西柏坡与中共中央协商北平和平解放等事。1949年后加入民盟，1950年11月9日政协河北省委员会第一次会议被选为常委。
② 参见1933年3月3日徐炳昶致李书华信函。原件归北平研究院档案，现藏中国第二历史档案馆。
③ 依据教育部以部长朱家骅署名、致国立北平研究院字第1929号公函，知该函发出时间为1933年3月7日。参见北平研究院：《本院与陕西省政府合组陕西考古会经过》，载《国立北平研究院院务汇报》1934年第5卷第4期，第69页。
④ 1964年改为"彬县"，本书行文为尊重当时文化背景，除特殊情况外，一概作"邠县"。
⑤ 1933年3月3日徐炳昶致李书华信函。
⑥ 1916年5月创刊，双月刊，邹安（景叔）主编，上海广仓学窘出版，上海仓圣明智大学珂罗本，1920年6月停刊。计有罗振玉、王国维、邹安等辑的《殷墟书契后编》二卷、《殷墟古器物图录》一卷、《戬寿堂所藏殷墟文字》一卷、《殷文存》二卷、《周金文存》四卷、《古明器图录》四卷等。后均收入《广仓学窘丛书》乙编刊印，又称《艺术丛书》。
⑦ 1933年3月3日《徐旭生陕西考古日记》。

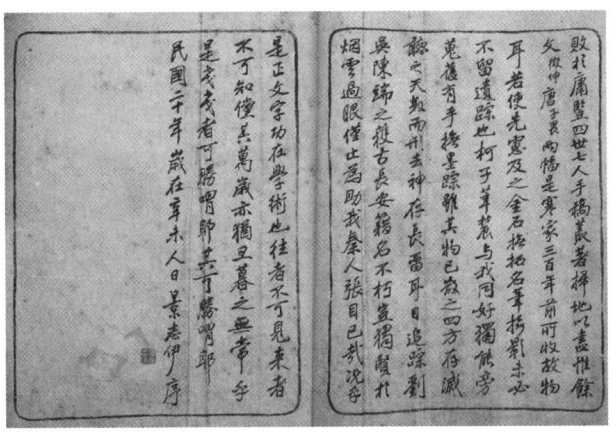

图26 1931年1月景莘农为藏友柯莘农半园庋藏题跋　　图27 柯莘农小照

图28 庋藏大量文物珍品的西安柯莘农半园旧址

图29 柯莘农半园藏汉"益延寿"砖拓本

3月4日《徐旭生陕西考古日记》："晚往访景莘农，未遇。到曹家巷子，访柯莘农。正在街上问他的门，他从后方过来，黑暗中未见面，且短衣，虽相招呼，且声音甚熟，未曾想到即系他本人，故亦未下车。至室中，始知。但他亦终未着长衣。此君收藏拓片甚富，佳品甚多。劝他早日印行流传，他尚谦让未遑。"（图26、图27、图28、图29）

不管徐炳昶如何举动，接获来自西安的第一封长函，李书华对史学研究会抵陕后的接洽工作，基本还是满意的。鉴于北平研究院此前委派徐炳昶等人赴陕工作同时，还曾派该院植物学研究所主任刘慎谔携带图书标本赴陕筹设西北分所，所以李书华决定一面就上述两单位在陕工作一事向南京监察院院长于右任写函求助，一面回函徐炳昶，强调将来在陕考古工作固然须从周秦文明做起，但目下最紧要者恐一是要确定办公地址，二是要寻找切实可行的合作单位。一俟这两方面条件具备之后，立即成立旨在北平研究院领导之下的史学研究会西北分会，并迅速开展实际意义的考古工作。

李书华在函中提示的几个要点，徐炳昶在抵陕之初都曾注意到。由于绕开了机械刻板的教育厅，直接与省政府要人进行联络，办公地址一事进展颇快。虽因西安正值大规模建设之际，往来人口陡增，房屋奇缺，但省政府主席杨虎城及秘书长耿寿伯仍竭力设法，"慨允帮助"。其中耿寿伯以省政府名义指出房子两处，一是五味什字旧教育局住址，二是五味什字旧财政局地址。另外，杨虎城本人又指出城东南隅卧龙寺地址一处。至于合作单位，则依耿寿伯意见，认为民国之初创设的陕西省通志馆似最为合适。

选择办公地址一事，徐炳昶在3月8日有致北平研究院副院长李书华信做详细说明。信中说他来陕数日，"拨房子、接洽结果均佳"，"昨日同省府派员赵君同往三处视察，以便选择"，其中"五味什字旧教育局住址，前办小学，现未开学。但地方太狭，不适用，不能成问题"，"城东南隅的卧龙寺，现为残废军人教养院并新近由戴季陶氏捐款修葺。正院四，偏院二，房屋整齐，院落宽绰"，而"五味什字旧财政局地址，现为警备师驻省办事处。房屋大小四五十间。院落虽不宽敞"，但"少加修葺，即可适用"，惟"与卧龙寺之房相比，则房屋院落自不能及"。

图30　卧龙寺殿堂外的僧人。1921年瑞典斯德哥尔摩大学教授喜龙仁摄

按徐氏本意，卧龙寺房子当在首选。不过该寺为戴季陶捐款重修，如需迁入，须得戴氏首肯。况"寺中尚有僧人二三十人，万勿令其搬走之理"，"且寺中不能禁香客游人，亦与学术研究之目的恐有妨碍"。（图30）

应对如是状况，徐炳昶以杨虎城已赴郑州、北平面见蒋介石为计，建议李书华"在北平打听，如虎城主席到平，请就近接洽，能得财政局旧屋固佳（现警备师驻陕办事处人甚少，可移旧教育局房内），否则卧龙寺也未始不可。但有几个条件：一、病院移走，固不成问题，但僧人必须移居最后院及后东偏院；二、正殿两头厢房，须可随意修理或改造；三、必须先通知戴先生"。①

对徐炳昶的建议，北平研究院极表赞同。为襄助徐炳昶，北平方面由二李院长亲自出面，与当时因公滞留在河南的杨虎城主席取得联络。杨意：从省政府立场出发，卧龙寺为最理想之地。但以该寺系戴季陶新近捐款修整，而戴氏又素重参禅拜佛，因此要解决此事，最好先征得戴的同意，以免引起不必要的麻烦。北平研究院因此转而与戴联络，不料却遭戴之反对。

及此，徐炳昶等人一厢情愿的请求，非但没有达到预期的效果，反而招致戴季陶滋生对北平研究院潜意识的反感，这就为戴氏此后反对考古发掘、发起全国性论战或多或少埋下伏笔与隐忧。遗憾的是，所有这一切，徐炳昶等人当时根本不会想到。

不言而喻，戴季陶的态度，不仅极大地伤害了北平研究院，同时也使鼎力支持北平研究院的陕西省政府十分难堪。在杨虎城主席的建议下，耿寿伯等人改换目标，经四处寻觅，多方努力，才将北院门民政厅后院一部分空屋腾出，这使得绵亘数月的寻房之事，暂时得以告一段落。

---

① 以上引文均见1933年3月8日徐炳昶致李书华信函。

（三）勇敢者无畏

3月30日，急不可耐的徐炳昶等人匆忙搬进民政厅后院，草成北平研究院史学研究会西北分会办公之场所，稍事收拾，便立即以史学研究会西北分会名义与陕西省通志馆协商合作办法。

当此之时，陕西省通志馆多年努力编纂的《续修陕西通志稿》（图31）已杀青付梓，陕西省政府因其主要工作基本完结，已有意撤销该馆之建制。这意味所谓的两地合作一事，目前尚只能是纸上谈兵。

徐炳昶弄清原委后，对陕西省政府的一纸空头许诺十分失望。他满怀不悦，直将实情告诉耿寿伯。二人相对而嘘，各生牢骚。依耿所见，最后一步棋，似乎只能将希望寄托于将要成立的中央古物保管委员会①了。

耿寿伯此语，让情绪低沉的徐炳昶一时仿佛看到了新的希望。

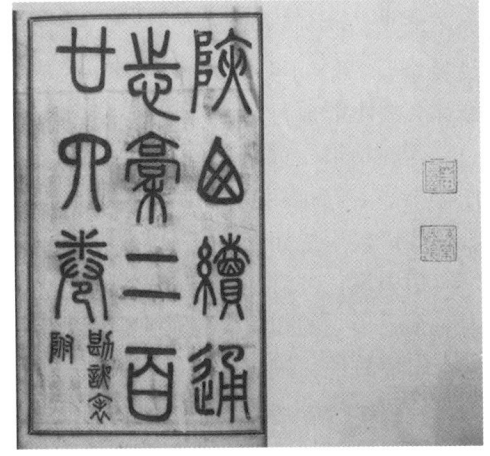

图31　《续修陕西通志稿》扉页。宋伯鲁后裔宋亚平藏（钤"芝田""海棠仙馆"白文、朱文印各一）

在徐、耿看来，北平研究院和中央古物保管委员会的工作性质完全相同，是天造地设的伙伴，携手合作，应该没有什么问题。

然而，令人难以置信的是，早已传播得沸沸扬扬的中央古物保管委员会却迟迟不能成立。心中焦急的徐炳昶无法承受如此漫长的迷茫等待，便打算利用此间隙进行一次田野考察，以求尽快确定工作区域而有利于可能到来的考古发掘工作。

为保证此项工作的顺利开展，徐炳昶在耿寿伯的示意下，再次拜会周学昌，希望教育厅能赞襄其事。可能因为杨虎城、耿寿伯对北平研究院来陕进行考古工作的态度已经明朗，而此前李书华又以私交关系专门写函拜托周学昌为徐炳昶等提供方便，周并同时获得教育部等单位的相关函件，因而此次会见十分惬意。周态度热情，言辞颇多，认为徐炳昶等人"此举关系中国历史文化之发扬光大"，"全国人士咸以竭力帮助，弟更义不容辞"。②

---

① 据《国立编译馆档案》[见中国第二历史档案馆编：《中华民国史档案资料汇编》第五辑第一编文化（二），江苏古籍出版社1994年版]资料显示，1930年6月2日国民政府公布《古物保存法》即有"中央古物保管委员会"称谓，此处未知是否指设在北平的大学院古物保管委员会。另，1932年6月18日，国民政府正式底定"中央古物保管委员会组织条例并委员名单"。1933年1月10日又经行政院第82次会议议决"中央古物保管委员会委员名单"，计有张继、戴传贤、蔡元培、吴敬恒、李煜瀛、张仁杰、陈寅恪、翁文灏、李济、袁复礼、马衡等十四人。但真正行使权利的中央古物保管委员会迟滞1933年7月12日才在行政院正式召开成立大会，而此时由行政院延聘的委员却为李济、叶恭绰、黄仲良、傅斯年、朱希祖、蒋复璁、董作宾、滕固、舒楚石、傅汝霖、卢锡荣、马衡、徐炳昶等十三人。

② 1933年3月11日周学昌致李书华信函。

徐炳昶获得周学昌的理解，十分快意，当即决定西行考察。他电函北平，催促此前因热河事变①于3月上旬回家安置家小的常惠"速来（西安），至即西行考察"。常接电后，因事不能迅即到达，而北平研究院仓促之间又着实无人可派，只好电函徐炳昶"一人先行考察，决定动工时，当令维钧即去"。②

徐炳昶于无奈之间独出西安，"因考察数日后"，知关中乡间匪患正盛，"一人万无法进行"。乃于27日、30日连发电报，先敦请北平研究院，谓"现维钧如不能来，必须物色他人"；后又约请暂住西安的北平研究院植物学研究所助理员夏修五③偕同考察。荏苒之间，久旱的西安天气又突变为连阴雨季，天时阻隔，致徐久久不能成行。

当时情形，远在北平的李书华并不知晓，仍一再函电徐炳昶，催问考察、合作等事。心绪烦闷的徐炳昶为释解误会，于4月22日回复李书华一纸长函，具告在陕诸多不尽如人意之事。

信中说："自上月三十日搬到新屋后，本月多雨，故亦未多出调查。此二月内对于甲骨文的知识大有进步。近数日已放晴，决定明日同植物学研究所夏君同考查丰镐故址，三四日后仍回长安，再预备西行"，考察周秦文化的中心区域武功、岐山、扶风与邻县一带。并言此来陕西，所带款项已经用罄，而西行考察，需费甚多，望"接信后请即再寄来五百元"。况"西方灾情甚重，地方秩序甚不安。必须请军队保护，始可前往。然想亦不全多耽延时日，西行约需二三十日"，"至合作办法，或竣西行归来决定兴工时再谈"。

谈及目下急于办理之事，徐炳昶不无焦虑地说，为今要事，"大家想请石曾先生写两块牌子。一为国立北平研究院植物研究所西北分所；二为国立北平研究院史学研究会西北分会。请转请石曾先生写好寄来，以便早日作成悬挂。至感"。

因徐森玉此时适来西安游历④，发现西安古玩市场秦汉瓦当（图32）价钱低廉，曾力促徐炳昶抓住时机，为研究院大加购买，以充资料。并认为"此物在此间价尚廉，出关外，即索高价。火车再通后，价将突高"，而"在此地购买，如果有三五百元，即成巨观"。徐炳昶大约"觉其言甚有理"，因未过多考虑北平

---

① 1932年冬，日寇进逼热河。时守军汤玉麟为阻止日军进逼，邀退入该地的万福麟、冯占海两部先行阻击日寇。未料万、冯食言，竟至先行逃跑，继而阜新骑兵第十九旅崔星武又叛变投敌，遂致热河全境门户洞开，汤玉麟于仓促之间退至沽源，但军队溃散，已难以收束。此一事变，史称"热河事变"。

② 徐炳昶、常惠《陕西调查古迹报告》称："乃四月中旬，又复多雨，直至二十三日，始得出发。是时惠因热河失陷，北平人心恐惶，已早回北平，止由昶出发考查。"参见徐炳昶、常惠：《陕西调查古迹报告》（国立北平研究院调查报告第三种），载《国立北平研究院院务汇报》1933年第4卷第6期，第2页。

③ 参见本书所附《陕西考古会主要人物传略·夏纬瑛》。

④ 徐炳昶、常惠《陕西调查古迹报告》称："（1933年）四月十八日（徐炳昶）与徐森玉，钱稻孙，刘子植，白涤洲诸先生，及清华到陕西旅行学生，植物学研究所职员王云章、王作宾同往。目的地为未央官。"参见徐炳昶、常惠：《陕西调查古迹报告》（国立北平研究院调查报告第三种），载《国立北平研究院院务汇报》1933年第4卷第6期，第12页。徐森玉（1881—1971），名鸿宝，字森玉，以字行。浙江湖州人。清末举人。1900年入山西大学堂。历任奉天将军署文案、奉天高等工业学堂和江苏工业学堂监督、学部图书局编译员。入民国任北京图书馆委员兼编纂主任、北京大学图书馆馆长等。1949年后，任上海市文物保管委员会主任、上海博物馆馆长、中央文史研究馆副馆长、全国第二中心图书馆委员会主任委员等。精金石、版本、目录、鉴藏等。

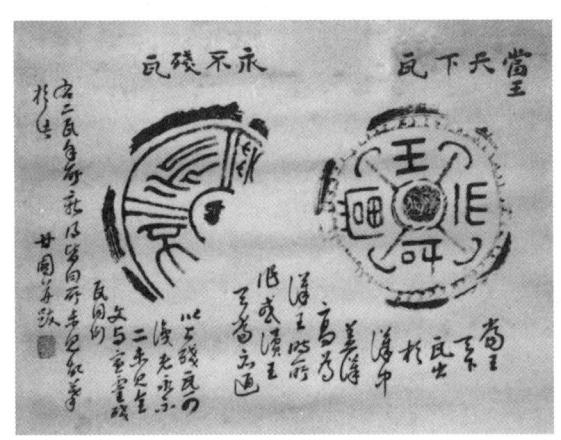

图32 1933年西安著名收藏家阎甘园摹绘汉代瓦当（附跋文）。西安曹仲谦藏

研究院相形见绌的经费情况，只是满怀激情地要求李书华"请即斟酌，如决定购买，请汇款来，即可着手"。①徐炳昶洋溢着真诚的此封信函寄至北平，李书华阅后却颇不以为然。不管徐炳昶实际工作究竟若何，在北平研究院看来，迟迟未能开展行之有效的考古调查毕竟是人所共睹的事实。何况一部分人士对于该院将工作重心放在陕西，本来就持有异议，及见徐炳昶滞留陕西数月，非但没有重大工作实绩，却一再追索经费，这就不能不为他人造就非议与疑惑的口实。

作为留法同道，李书华不敢再做缄默，因于4月28日复函徐炳昶，指出："陕西考古工作，第一先决定'研究什么东西'，然后再谈设法去做。如遇有其他困难，当然想法解决。所以甚盼兄从速考察丰镐故址或再西行考察亦可。"

对于徐炳昶的宏伟计划与购求瓦当的设想，李书华更直言予以否定。他提醒徐炳昶："定计划时务请顾到史学研究会有限制之经费，希勿定过大之计划，院中经费甚感困难。""瓦当决定不购买。因史学研究会经费有限，只能集中做一、二件事，不能事事全做也。"②

以北平研究院当日经费实力、工作环境及工作重点计，李书华的回复并非保守。然而对于热情洋溢、满怀信心欲在陕西全面开展工作，而来陕之后却备遭阻碍、举步维艰的徐炳昶来说，自然一时难以接受。徐对自己满腔热情的工作态度不被人理解而感到困惑，也对北平研究院过分谨慎的保守态度表示出极大的不满。窃以为来陕数月，初似"大体尚顺适"，而实际上则是"步步坎坷，事事难随人愿"，长此以往，则"本会来陕之初衷，不知何日方能实现"。③

与徐炳昶愿望相去甚远的事例，其实还远不止以上所述。肇自"九一八"事变以后，日本侵华战事不断扩大，致承德失守，北平内外人心惶惶，这使得抛家别子、西行长安的徐炳昶夙夜牵挂"时局是否尚能稍定"，不能不为之"无限焦虑"。又数月以来，往返奔波于陕西省各大机关，以至口干舌燥、心力交瘁，而所谓合作一事仍屡屡搁浅，毫无进展。依耿寿伯所言寄往南京与中央古物保管委员会接洽合作的信函，竟然会鬼使神差般地飞到北平，然后再退回西安。经办此事的陕西省政府第三科科长段绍岩为此抱怨，絮絮云南京方面宣称无此机关，退之北平，而北平团城之古物保管委员会又因信封署名有"中央"二字，颇生反感，亦"未便接受"。不胜诧异的徐炳昶闻讯立即赶往邮局细问究竟，好不容易才弄

---

① 1933年4月22日徐炳昶致李书华信函。
② 1933年4月28日李书华致徐炳昶信函。
③ 李希平：《关中考古杂记》。

清舛错盖因新旧古物保管委员会机构交替所致。[1]他将希望再寄于先后负责新旧两会的张继身上，又"因闻张先生将西来，拟见时面谈，遂又中止。近数日张先生来又无消息"。

迭遇一连串不尽如人意之事，心情郁闷的徐炳昶对扑朔迷离的古物保管委员会彻底失去了信心，以为为今之计，"恐须另作计议"了。他不无怨言地函告李书华："自二月二十四日到此，各方意见均颇欢洽，而合作却总未有诚意"，"原因为学昌与此间绅士全不接头"。欲读之书，无从购买；欲做之事，总不能遂人所愿。以至于"精神不好，目力亦不调"，甚望能"休息若干日"。谈及经费使用情况，他剖白自己"用钱极省，毫无浪费"，并说此处"房子颇宽敞，但现在尚聚居，就因为不愿多用听差的缘故"。对于在京同人担心日寇入侵，将"院中重要物品已运到天津"一事，则"颇不以为然"，认为"万无北平失而天津独保存的道理"。他调侃说："如果把这些（物品）运往上海、南京，那真是一种大笑话。"[2]

剖析徐炳昶此次来陕计划受挫、诸事不畅的缘由，除以上披露信函、日记等载体相继缕述更为真实细腻的境况、心绪外，徐在当年10月刊行、由他与常惠署名的《陕西调查古迹报告》中尚有如下集中的文字说明：

"炳昶、惠今春受命到陕，原计以二十日工夫与陕西省政府交涉，及议与陕西士绅合作事宜。出外考查，廿余日，则暑假前尚可有一两个月之发掘工夫。乃不惟暑假以前，毫未发掘，即考查所及，亦尚多有走马观花之憾。至陕西方面，则杨、邵二主席，省政府秘书长及各厅长均招待殷勤，士绅间亦并未见阻力，而工作竟如是迟滞，迟滞原因，实有预先申述之必要。"[3]

阅读后续文字，所述原因大略同于上述披露，但两相对比，公开的刊行本比起真实的信函、日记，毕竟有别。诚恳地说，徐炳昶内心深处的滞重压力，那个短短的公开刊行本实难尽情畅达，亦不便直接表达。

针对部分人士对史学研究会进军陕西，无功可树，以为北平研究院调整考古重心之举乃是一种错误决策的论调，徐炳昶并依据3月至5月间与夏修五、常惠等人对西安附近大量古文化遗址以及文物古迹调查之收获[4]，愤而予以驳斥。指出："至于此间，至少史学研究会应该全部搬来，想研究中国的文化，陕西是一个没有什么地方可比拟的。"

联系自己此次考察所亲见亲闻之事，他据理进言："这边乡间的庙，比北平附近乡间的庙整齐得多，并且无庙无画壁！壁画百分之九十在水平线以上"，而

---

[1] 关于新旧古物保管委员会交接之事，据《国立编译馆档案》资料显示，1934年12月20日中央古物保管委员会第29号函件曾致达马衡，请其会同本会派员接收原设立在北平、成立于1928年的大学院古物保管委员会（又称北平古物保管委员会）。函件规定，在接收之后，原大学院古物保管委员会即改组为中央古物保管委员会北平办事处。

[2] 以上引文均见1933年5月22日徐炳昶致李书华信函。

[3] 徐炳昶、常惠：《陕西调查古迹报告》（国立北平研究院调查报告第三种），载《国立北平研究院院务汇报》1933年第4卷第6期，第1—2页。

[4] 徐炳昶3月至5月间与夏修五、常惠等人对西安周围古文化遗址以及文物古迹的调查，参见此一时期的《徐旭生陕西考古日记》相关记载。

"北平附近的庙，即间有画壁，亦无在水平线之上者"。

联系近年世风日下、国粹颓败的现状，徐更不无担忧地抱怨："这些庙不久就要毁坏，也没有一个人想保存它，研究它。看着真是伤心。"

不难看出，徐炳昶在这封长信中，一反往日的温文、沉静，将数月以来积压在心中的种种郁闷尽情做了消解、排释。其中，或许不排除他对李书华等人的一些批评与抱怨①，但瞻念前景，他仍信心百倍地认定自己的选择，坚信数月以来在西安附近的考古调查与碑石、瓦当、陶器等文物征集②活动绝非率意、盲动，窃以为即使日后须集中精力专做数事，但目下交涉空隙对陕西基本文物储存概况所做的初步了解，当对其后有根据地确定主题、分列计划、寻找突破点更为有利。不致大量文化遗址因时代推进而致毁灭以造成遗憾，更不会因情况不明仓促定调而致主观、偏颇。故最终有理由慷慨发论，指出："此地过去极伟大，前途弘远，徒因现在的小不景气，从视为畏途！今日的士大夫，洵属亡国的士大夫！尚将何言！尚将何言！"③

在艰难的环境下，徐炳昶竭力保持了中国知识分子坚韧顽强的品德人格。他以少有的气度与胆识，勇敢地同落后与愚昧进行了坚决的斗争。他的所谓"研究中国的文化，陕西是一个没有什么地方可比拟的"睿智预见，在以后漫长的陕西考古工作中都逐步得到了证实。直至今天，仍使我们援引有典，受惠无穷。遗憾的是，他的这一科学预见在当时却并未引起足够重视，一些别有用心的人甚至还从阴暗狭隘的利益观出发，对他进行了很多不公正的攻讦、中伤与污蔑。抚今追昔，这对于20世纪30年代着力变革的中国考古学界来说，不能不说是一种不幸与悲哀。

三、酝酿期间的考古调查

（一）开篇说明

值省院双方酝酿合作进程一波三折剧烈碰撞之际，殷切期望合作能有良好结果、寄望早日开展考古工作的徐炳昶等人已颇不愿被动坐等了。

漫长而又迷茫的等待中，他们排除干扰，除尽可能实施一系列斡旋、疏通工作之外，其余大部分时间内，则按照最初的设想，相机进行了一系列的考古调查活动。

这些于酝酿合作期间纷次进行的考察活动，主要集中在1933年4月至该年岁末的一段时间内。受考察环境、考察主题、考察区间及考察人员结构等相关因素的影响，其又基本可以分为四个阶段：

---

① 据1945年11月4日徐炳昶日记披露"参观（刘）士林所经营之某蔬厂。士林对（李）润章有极多牢骚，盖润章虽长者，而作事太拘谨，以至于不识大体，士林之牢骚，固自有理"等信息推测。

② 徐炳昶此段时间在西安附近的考古调查与文物征集诸事，参见此一时期的《徐旭生陕西考古日记》及本书第一章中"酝酿期间的考古调查"之相关叙述。

③ 以上引文均见1933年5月22日徐炳昶致李书华信函。关于徐炳昶反对中国士大夫惰性心理及听天任命与中庸思想等相关思辨印迹，还可参见本书第四章相关讨论与注释。

1. 4月23日—4月29日；
2. 4月30日—5月29日；
3. 5月30日—6月26日；
4. 12月。

四个主体阶段内，第一、二阶段主要调查人为徐炳昶与夏修五等，调查地点主要集中在西安及附近的郊县地区；第三阶段主要调查人为徐炳昶、常惠、白涤洲，①调查地点主要集中在西安以西关中西部地区诸县；第四阶段主要调查人为徐炳昶、何士骥、王忠义等，调查地点主要集中在西安城垣及附近地区②。

图33 雅克·邵可侣肖像。素描，镜心，徐悲鸿，1931年

稍前或以后的相关时间内，徐炳昶等还曾开展过一些间接或即时性的考古调查，诸如法人Reclus（图33）及曾觉之、徐森玉、钱稻孙、刘子植、白涤洲、王云章、王作宾等，均是这一时期徐氏调查工作中的主要合作伙伴③。彼此相较，主体阶段在主题、意义、内涵、质量等方面，虽比较集中，但仍有一定意义的差别；四个阶段以外的即时性调查，则似乎相对琐碎、零乱一些。

限于主题、篇幅，四个阶段的调查活动，在此主要依据《徐旭生陕西考古日记》《陕西调查古迹报告》等材料，仅集中述其要旨；其他相关问题，将大略贯穿于本章节以外诸次剖述中。

需要说明的是，由徐炳昶与常惠联合署名、1933年10月印行的《陕西调查

---

① 依《徐旭生陕西考古日记》，常惠于1933年5月15日抵达西安，故此前属于第二阶段的调查，常未能参加。白涤洲则参加了5月30日后的第三次调查。白涤洲个人概况，参见本书所附《陕西考古会主要人物传略·白涤洲》。

② 徐炳昶、常惠《陕西调查古迹报告》尚附西安东十里铺新石器时代遗址等。参见徐炳昶、常惠：《陕西调查古迹报告》（国立北平研究院调查报告第三种），载《国立北平研究院院务汇报》1933年第4卷第6期，第6—7页。

③ 如徐炳昶、常惠《陕西调查古迹报告》："四月十八日（徐炳昶）与徐森玉，钱稻孙，刘子植，白涤洲诸先生，及清华到陕西旅行学生，植物学研究所职员王云章、王作宾同往。目的地为未央宫。"又记："昶于四月初六日同法人Reclus及曾觉之先生往游。墓有石刻多种。墓西有虎食人像，墓南有马踏匈奴像，墓上有鱼牛之属。此当为我国最古石刻之一种，于古朴壮健中寓生动，神品也。是日因地方不靖，未敢多留，即归。"参见徐炳昶、常惠：《陕西调查古迹报告》（国立北平研究院调查报告第三种），载《国立北平研究院院务汇报》1933年第4卷第6期，第12页、第14页。

Reclus，即雅克·邵可侣（Jacques Reclus, 1894—1984），近代地理学创始人埃里希·邵可侣（Elisee Reclus, 1849—1950）侄孙，法国著名作家、翻译家。1928年来华，先后在昆明中法大学、北平中法大学任教。著有《太平天国运动》，翻译作品有《浮生六记》《九命奇冤》等。邵可侣长期在华生活，能熟练使用华语，热情好客，齐白石、徐悲鸿等很多中国文化艺术界名流均与其有密切交往，邵可侣也因此得以获得他们馈赠的许多艺术佳作。

曾觉之（1901—1982），原名曾展模，字居敬，笔名解人。广东兴宁人。1920年中学毕业后考入北京大学理预科学习，同年考取广东省政府俭学留法，先后在里昂中法大学、里昂大学、巴黎大学学习文学、哲学。1929年回国，先后在南京中央大学、北平中法大学、北京大学等校任教，译著、散文、诗词等无不涉猎，其中所译法国雕塑艺术家罗丹（Auguste Rodin, 1840—1917）之《美术论》、法国作家儒勒·加布里埃尔·凡尔纳（Jules Verne, 1828—1905）之《海底两万里》等最为著名。

古迹报告》（图34）只涉及12月之前的三次考古调查活动。因此，属于12月的第四次调查活动情况，主要依据新发现的《徐旭生陕西考古日记》等相关资料。

论及12月之前三次考古调查的目的、意义与相关问题，《陕西调查古迹报告》曾有如下详细记述：

"此次炳昶、惠受命到陕西考查古迹，为发掘之预备，所考查的范围，预先限定为周民族与秦民族初期的文化。其所以如此限定的缘故有二：一，陕西古物古迹，到处皆是，如不预先限定题目，将有'一部廿四史不知要从何处说起'的感想；二，到陕西考查古迹，乃舍汉唐而事周秦，内并不含

图34 《陕西调查古迹报告》

贵古贱今之意，乃因汉唐年代较近，故籍存留较多，吾人对于当时的文化，尚有相当的认识。至于周秦初期的文化，则异常茫昧。古人所传，虽未尽子虚，而亦未全可靠。何去何从，非求得地上地下之遗物遗迹以作证明，殊属漫无标准。近三十余年，当代学者对于殷虚史料的搜集和研究，已由断片的进于有系统的。对于商代后期文化的认识，已有长足的进步，而周秦初期的文化，尚委之于乡人及古董商人偶然的发现。吾人据经验之所知，乡民及古董商人因不明古物与古迹的性质，对于史料，残毁实多。河南洛阳附近古物古迹，几全被盗掘者毁坏净尽，是其明证。陕西前因交通不便，尚无大损毁。近潼关、西安，不久通车，如不急为调查，搜集，研究，则吾人本国历史，将有无从补救的巨大损失。所以对于周秦两民族初期文化的探讨，实属今日学术界中急切万不容再缓的一件工作。"①

关乎1933年12月之前三次考古调查活动的基本内容，《陕西调查古迹报告》亦有详细剖述。其主体要端为：

甲、关于周之古迹

包括4月23日至24日在西安西南20余里傅村周穆王陵与灵台遗址的调查，4月25日在长安灵沼及冯村遗址的调查，4月26日在长安丰镐村遗址的调查，6月10日至12日在兴平县南佐村犬邱、废邱、槐里遗址的调查，4月9日在西安东十里铺村石器时代遗址的调查，6月9日在岐山县周公庙的调查。

乙、关于秦之遗迹

包括5月30日至6月2日对凤翔秦穆公墓、南古城及西古城遗址的调查，6月3日对斗鸡台遗址的调查，6月5日对宝鸡姜城堡、瓦峪寺村遗址的调查，4月26日对三桥镇附近秦阿房宫遗址的调查。

丙、秦以后之古迹

包括4月18日、4月30日、5月17日、6月23日连续四次对汉长安城遗

---

① 徐炳昶、常惠：《陕西调查古迹报告》（国立北平研究院调查报告第三种），载《国立北平研究院院务汇报》1933年第4卷第6期，第1页。

址的调查，4月6日、4月26日分别对兴平茂陵霍去病墓石刻及长安斗门镇石婆庙汉织女石刻像的调查，5月14日至16日对唐长安城诸遗址的调查。

检索要端，《陕西调查古迹报告》虽分别以周、秦及秦以后三段划分，但三段主题以外其他的调查内容，则依《陕西调查古迹报告》所言："至石器时代遗迹，因与周秦遗迹，颇难分辨，亦于各部中附带报告。"[①] 它折射出当时整体研究现状与学术水准的基本真相。

论及各次考察的时段区间，固受限当日时势，盖非个人意愿所能扭转。每一工作时段的具体时日，迄未逾二十日。我们查阅以上分划之四大阶段，乍望似乎稍觉宽绰，实皆为诸次碎片工作时段之散漫连缀。

以5月30日至6月13日工作时段为例。按徐炳昶等人最初设想，"预定考查期限，为二十日内外。在考查期内的感想，则为期间至少须延长至一个月，始能将原定计划中所要考查的事件，大体考查清楚，而因种种关系，考查刚十五天，即已回省城，故走马观花，极多遗憾。然为时势人力所限，有无可奈何者！" 他因此所无奈叹息"在此境地，除听天任命外，殊难寻出别法也"之语调，正是当日不得已而为之的实际心声。[②]

以上披露，相信以往学界识者或有了解，但详细内涵及该年12月的调查，则恐不谙内蕴者居多。因择新公开的《徐旭生陕西考古日记》所披露之相关材料，试以该年7月为中界，分作两个时段予以缕述、剖析，以便读者阅读、思考。并冀望读者能够得与《陕西调查古迹报告》等资料所述相互对勘，分辨异同，寻找联系，获得新感悟，汲取新收获。

至于其间另外一些重要信息，因掺杂跳跃于其他冗乱琐碎之文献叙述主体中，精细爬梳，则需更大篇幅，遽然不易，故乃舍弃。12月中的考古调查，因月初至10日、24日至28日两段《徐旭生陕西考古日记》阙如，我们抱憾不能得见全豹。此固非笔者本心愿望，求取全璧，尚寄望他日《徐旭生陕西考古日记》之公开刊布与更新资料的不断发现。这大概是本节开篇之前特别需要向读者致歉说明的。

（二）1933年7月之前的考古调查

1933年4月23日，徐炳昶偕夏修五出西安西门，西南行至傅村、秦渡镇一带考察，是夜宿牛东村友人家，鄠县王枫阶[③] 因得随同参与考察。

傅村之考察，为该村西向里许传说中的"仓颉造字台"（图35）。台系版筑，"内有绳纹陶片，红陶片，带光陶片不少"。顺台再西向，即传说中的"周穆王陵"，"亦属版筑，但无仓颉造字台版筑之平坚整齐"。

沿"周穆王陵"再前行，10余里经秦渡镇渡沣河，至平等寺（图36），"即相传之灵台"。寺坐西向东，仅存建筑数间。读庙内万历二十四年（1596）碑，

[①] 徐炳昶、常惠：《陕西调查古迹报告》（国立北平研究院调查报告第三种），载《国立北平研究院院务汇报》1933年第4卷第6期，第3页。

[②] 此段引文均见徐炳昶、常惠：《陕西调查古迹报告》（国立北平研究院调查报告第三种），载《国立北平研究院院务汇报》1933年第4卷第6期，第2—3页。

[③] 王枫阶，陕西鄠县人。曾参与辛亥革命，留学日本。归国后任三秦公学（陕西高等学堂）教员等。

图35 传说中的仓颉造字台。1933年摄

图36 陕西长安平等寺大殿。1933年西京筹备委员会摄

"知前名胜国寺,明始改名平等"。见庙右"台基下数尺,内积灰土甚厚。周围有绳纹陶片,红鱼骨盆陶片甚多。并得一红沙罐沿,三画中缺,俨然坤卦!"并采集"石斧断片一,石斧一,燧石一小块"。①

24日调查圭峰下草堂寺一带,因所见"与周古迹无关",仅拍摄寺内藏什公舍利塔(图37)等文物作为资料。惟25日在牛东村北断崖发现绳纹瓦片颇多,其北郑庄路左小土台亦见"绳纹陶片甚多"。郑庄以外海子村北,为久负盛名的灵沼。"沼大数十亩",已干涸。西北岸有文王庙,已废。存崇祯四年(1631)修文王庙并灵沼记碑。其北更有冯村,村北断崖中"灰土甚多。有大小蚌壳,并掘得一破短足瓦鬲"。②(图38)

图37 鄠县草堂寺内之什公舍利塔(俗名"八宝玉石塔",为大理石所雕成,顶系青石,似为后人所换)。1933年4月24日陕西考古会摄

图38 冯村出土之瓦鬲。1933年4月25日陕西考古会摄

26日之调查,在斗门镇之北,沿途黄土层亦见"灰土及绳纹瓦片等","东北行七八里,至丰镐村"。徐定其为"镐京遗址"。在遗址范围内南村向南转,于转角处发现"上层积绳纹砖片瓦片甚多"。徐"疑为汉昆明池上一建筑物之残余,非必周遗物也"。③

---

① 徐炳昶、常惠:《陕西调查古迹报告》(国立北平研究院调查报告第三种),载《国立北平研究院院务汇报》1933年第4卷第6期,第4页。
② 徐炳昶、常惠:《陕西调查古迹报告》(国立北平研究院调查报告第三种),载《国立北平研究院院务汇报》1933年第4卷第6期,第4—5页。
③ 徐炳昶、常惠:《陕西调查古迹报告》(国立北平研究院调查报告第三种),载《国立北平研究院院务汇报》1933年第4卷第6期,第5页。

4月30日，徐炳昶、夏修五尚"往访杨家城①。出北门，即向西北行。过贺家巷子，见西北有高地，并断岩，乃往视"。因发现此"高地为版筑。上多陶片，然无绳纹者。间有纹路，乃系较深横纹"。徐炳昶因此推测，"此地或系唐代禁苑中一高台遗址"。

在红庙坡村，徐、夏考察了昊天观建筑，获悉"红庙"即"昊天观"俗名，村即以"红庙"为名。从所存明嘉靖三十三年（1554）玄帝殿像记碑、明万历元年（1573）金龙四大天王殿碑等碑文，徐并获知昊天观在唐贞观初为晋王李治宅，显庆元年（656）因为太宗追福，始改宅为观。高宗御世，其额坊属保宁。观内建筑，彼时已大多寥落，惟"正殿、偏殿塑像均佳"。

更意外者，此日徐、夏在该村一农妇引导下，还于王姓宅院发现"回文字碑、残石两块"，因欣喜"以一元半之代价购之"，且命王姓"明日送至城内"。及"出至前院，又寻得两块"，亦命王姓"送寓内"。

图39 万城门遗址。1933年西京筹备委员会摄

为考察汉城版筑状况，徐、夏循杨家城东南角北行，在万城门（图39）一带发现汉"城墙及城壕均尚清楚。约行二里许，有缺口，知为城门。下观，则版筑迹俨然。城他段未见版筑迹。即门旁下层亦非版筑。高丈许以上，痕迹极清楚"。徐以为，此处"靠北面有人住过之窑洞三四，入内研究版筑最便"。他推测"当日大约以径三寸许之圆木筑成，痕迹异常清白。外墙上有圆孔，排列甚整齐，大约当年搭架子之所留遗"。"万城门，即杨家城当年之城门"，故此门当"与嘉庆《长安志》②合，即汉之霸城门也"。

顺霸城门西北行，至樊家寨村。徐、夏在该村见关帝庙残破，仅"余一关帝像，一铁钟，一照壁"。然关帝像上"丹青如新，精采奕奕，亦至足异"。入庙，时已至午，饥肠辘辘，乃出"所带之馒头咸菜，请人烧开水，在殿中大嚼"。食毕略事休息，旋"过破庙照壁前"，偶于壁上发现唐元和十四年（819）知翰林学士院事宣德郎内侍省内寺伯赐绯鱼袋李常晖所书《般若波罗蜜心经》石刻，并于该村村民手中以"三块多钱的铜元票，完全搜得"他们所携来的"许多破瓦，破砖，破铜器，古钱，几不胜收"。"过城角豁口时，见西边城墙中间有瓦筒，两边有两小筒"，知系汉时水道。因天色已晚，遂定"异日有暇，当来发出以供

---

① 即汉长安城遗址。按隋开皇二年（582）六月隋文帝杨坚弃汉城，决于龙首原以南另建新都大兴城，乃下诏："此城从汉，凋残日久，屡为战场，旧经丧乱。今之宫室，事近代宜，又非谋筮从龟，瞻星揆日，不足建皇王之邑，合大众所聚。"而"龙首山川原秀丽，卉物滋阜，卜食相土，宜建都邑，定鼎之基永固，无穷之业在斯。公私府宅，规模远近，营构资费，随事条奏。"因"诏左仆射高颎、将作大匠刘龙、巨鹿郡公贺娄子干、太府少卿高龙叉等创造新都"。大兴城建成后，原汉遗故城成为杨坚一姓私产，遂称"杨家城"。

② 〔清〕张聪贤修，〔清〕董曾臣等纂：《长安县志》，嘉庆十七年（1812）刊，民国二十五年（1936）重印。

研究"。①

5月2日，王姓村民如约送来此前所卖之碑石，徐欣然于3日上午借此"学搨碑，学照像"。因"昨日王姓言他还有同样的碑两块"，徐便在3日"下午带着照像匣子"，"往杨家城角照像。至又搜得阿拉伯文碑一块（在马姓家），在各家搜得有字汉砖一二十块。字大约为工人姓名。瓦当三块，中有一新类。方砖一块。购毕，王姓来言他还有碑数块在井上"，乃随王前往察看，知内中"一块颇大，仍为阿拉伯文者"。徐乃坚信，"此地似阿拉伯文碑很有几通，至少当有三通。因余共见五六块，已有三种不同大之文字也"。故嘱王姓"明日送来"。②

5月4日，王姓如约将"阿拉伯文残碑送来"，徐见该碑"后面刻有汉字，观其字体"，认定其"大约为清代物。然昨日所得之一块，至少也在明代"。③

以上发现，均具重要价值。其中唐元和十四年《般若波罗蜜心经》石刻书者李常晖者，查《全唐文》卷七百二十四《翰林院使壁记》谓："圣明以文明敷于四海，详择文学之士，置于禁署，实掌诏命，且备顾问。又于内廷选端肃敏裕迈乎等伦者为之使。有二员，进则承睿旨而宣于下，退则受嘉谟而达于上。……二使之任，尤所重难。乃以今内给事李常晖、内谒者监王士政继领其职。"

又《全唐文》卷七百十五《翰林院厅壁记》："内给事李常晖、内谒者监王士政并掌院事，延于十年，与直徇公之议，聆于朝端。"且云："李常晖以北阁旧记，室别堵殊，义非贯通，改于前厅，佥以为便。"

后者另见宋洪遵《翰苑群书》卷一。1933年4月30日《徐旭生陕西考古日记》认为，"此石不见于著录，以此知前人著录尚疏略也"。但将诸种文献记载与李常晖书《般若波罗蜜心经》石刻结合，则知李常晖不惟善属文，且崇佛，善书。因此，此石具有可补史载不足的意义是显而易见的。

发现回文碑之红庙坡等地，毗邻清同治年间（1862—1874）西安回民主要聚居地之一，事见清余澍畴《秦陇回务纪略》卷一④及西安广大门⑤村马氏祖茔乾隆二十四年（1759）《世翁马老大人墓碑记》等。其对探索清代同治以前陕西回族聚居历史，聚落分布，当有重要参考价值。至碑石破碎原委，或与同治年间陕西回民起义史事相关。

连日所获，大大坚定了徐炳昶在陕西开展考古工作之信心。徐遂确信，若在陕西发掘，一定可以有收获，可以解决历史上重要的问题。

回溯上节所论，我们知悉，徐的这一举动，彼时却并未得到北平研究院同人

---

① 以上引文均见1933年4月30日《徐旭生陕西考古日记》。
② 1933年5月3日《徐旭生陕西考古日记》。此日日记言阿拉伯文碑与4月30日《徐旭生陕西考古日记》言回文碑类型相同。
③ 1933年5月4日《徐旭生陕西考古日记》。
④ 〔清〕余澍畴：《秦陇回务纪略》卷一，光绪六年（1880）刊本。
⑤ 唐光泰门之讹。村近唐光泰门遗址，故名。光泰门为唐禁苑东垣南段苑门，位于浐、灞河交汇处西岸，为唐长安城东北重要门户。门外有渡，曰"光泰门渡"。《旧唐书》列传第八十三《李晟传》："其月（五月）二十五日夜，晟自东渭桥移军于光泰门外米仓村，以薄京城。"〔宋〕宋敏求《长安志》卷七："李晟自东渭桥移壁光泰门，以薄都城。光泰门在通化门东北，小城之东门也。"〔元〕骆天骧《类编长安志》卷七："（光泰门渡）在咸宁县东三十里，入高陵、耀州路。"

的一致理解与支持，他在诸类调查工作完结后之所以接踵慨然发论，其因或正溯于此。

为扩大成果，继续深入调查，审慎选择最佳发掘区域，冀以了解"周民族与秦民族之初期文化，及与之有直接关系之各问题"①。徐还连续致电北平研究院副院长李书华，催促常惠从速来陕，襄助工作。同时又积极疏通陕西省政府及有关当局，"邀（耿）寿伯与段少（绍）岩同来，看我们在丰镐一带，搜获物品。并决定将训练班旧址后院东房让与保卫委员会"②。

须连缀者，前李书华接徐炳昶来电后，复电请徐"先一人出考查，俟决定开工时，必令维钧前来"。此电徐"看后，甚不乐"。在徐看来，"从考查丰镐得经验，知一人万无法进行，乃发电叫人"。认为"如能进行，余岂愿烦劳别人乎？"故"乃复一电，言明情形，并言如维钧不能来，只好另找别人"。③李见徐态度坚决，乃回电致徐，"言维钧三日内动身"④。未料延至10日，常惠仍未到，徐因而诧异："维钧昨日即当来到，而今日仍不到，（令人）颇为焦急。"⑤迷惘中，徐炳昶只得再以读书消磨时日。"因阅旧志及郑图，言城东有韩信塚（徐注：郑图作韩森塚）。实为秦庄襄王陵（徐注：郑图将庄襄王陵记于韩森塚下）"，乃于11日"早餐后出城往观"。途中于西安以东金花落村西发现"两石狮，后边破砖瓦不少"。徐即疑此处"大约为一破庙"。至韩森冢，登临考察，知此冢"极大"，"足有土人所挖之壕及洞。详察，无版筑痕迹。瓦片亦不多，无特殊者"，乃悻悻而下。归途入万寿寺，观正殿后乾隆二十五年（1760）碑及寺内高六层之"藏经塔"，徘徊一过，始"返过金花落"。又阅村东丹阳万寿宫，庙建"尚整齐"，知其为"药材会馆"驻地，内供伏羲、神农、轩辕三皇像及十大名医牌位，亦颇特殊。⑥

14日，徐以常惠仍未到，乃"雇一轿车，同来庭⑦出城，寻找唐城遗迹"。据乡人提供"皇哀寺"遗址线索，经崇仁寺、马家寨子（丰盛堡）、土门（有东西二村，西村堡门题"永宁堡"）始达。寺已毁，仅余残垣与地面散置"绳纹瓦片"。

此日考察的另一对象，为木塔寨。因南向考察，经桃园村，徐见"村北路西有黄土断崖。内有灰土，上覆黄土，厚约二尺。灰土层，砖瓦片极多。察系唐制"，即取瓦片"一片以备参考"，并据遗址堆积判定"此地当系唐代城内人居。上二尺许之黄土，则为城废后千年所积"。

---

① 《国立北平研究院五周年工作报告》，1934年。
② 1933年5月4日《徐旭生陕西考古日记》。
③ 1933年4月30日《徐旭生陕西考古日记》。
④ 1933年5月3日《徐旭生陕西考古日记》。
⑤ 1933年5月10日《徐旭生陕西考古日记》。
⑥ 参见1933年5月11日《徐旭生陕西考古日记》。
⑦ 依徐炳昶、常惠《陕西调查古迹报告》中"乃于五月十四日同王作宾君出，先出西门，到崇仁寺"，知"来庭"其人当为"王作宾君"，时在北平研究院植物学研究所供职。参见徐炳昶、常惠：《陕西调查古迹报告》（国立北平研究院调查报告第三种），载《国立北平研究院院务汇报》1933年第4卷第6期，第15页。

在桃园村南赵家坡，徐发现"凡遇断崖，下均有砖瓦片层，上覆黄土，均旧日人居也"之规律。

越赵家坡，过蒋家寨、甘家寨，始抵木塔寺（图40）。然"遍寻碑志，无在康熙前者。据碑言木塔毁于元末大乱。寺至明万历中曾加修葺"，而同治年间回汉战事时又毁，"仅余大洞三间，左右房各数间而已。大洞亦曾加修葺，但门窗各雕刻，尚系康熙年旧物。洞中佛像亦系民国后新塑"。徐因此推测，"然则旧物几丝毫无存矣！是否确系唐木塔寺遗址，亦尚有问题也"。

图40　木塔寺外景。1933年西京筹备委员会摄

此日午饭，徐仍"出所带馒头咸菜，嚼之"。食毕赴木塔寨村，"从东门入，西头有一观音堂，像设去年新'挂袍'。后墙画壁新绘，山墙仍旧绘。新绘离旧绘，相差颇远"，徐遂哀叹："艺术何堕落如是！"询问乡人，均不知唐城遗址所在，徐再"向西南少行，极目一望，曾无城垣痕迹"。因黯然以为，今日所寻"毫无所得！"①

须重视者，徐炳昶5月14日同来庭君"寻找唐城遗迹"之行，虽未达到较为理想的境地，但桃园村、赵家坡一带所发现的建筑遗址迹象，却传递出其与唐长安城大唐西市一带遗址具有某种联系的一些信息。联系近年大唐西市遗址的发掘、开发以及利用，徐炳昶当日的考古调查自当另有一种特殊意义。当然，这一意义徐本人在当时无缘产生足够的认识。

延至5月15日，常惠方抵西安。当晚，徐即决定"拟十七、八日即动身西行"，考察关中西部的"犬邱、秦国之雍以及相类之遗址"。②正准备期间，不料"十六日阅本省报纸，知敌军已出现密云。大家心中全很恐慌，因决定暂缓西行"③。

与徐炳昶决定西行考察的日期几乎相同，上海《申报》突然刊登蔡元培、叶恭绰、刘海粟、叶誉虎、李济等人联合创设中国考古会的消息④。这一消息将此前各路俊杰反复酝酿的希望变成了现实。一直积极关注这一学术动态的北平研究院闻讯震撼，立即通知主管业务的李书华副院长电函陕西，催问徐炳昶：绵亘太长的省院合作，何期可以得到实质性的中心突破？

手捧急电的徐炳昶，陷入了彷徨、困惑之中。西去考察既不能如期成行，期盼合作又远非想象之中的那样简单。从5月16日开始，他唯一能够做到的，便

---

① 以上引文均见1933年5月14日《徐旭生陕西考古日记》。
② 参见《陕西发现新石器时代遗址》关于考察"犬邱、秦国之雍以及相类之遗址"之事，载《燕京学报》1936年第20期，第592页。另参见苏秉琦：《斗鸡台沟东区墓葬》。
③ 参见1933年5月22日徐炳昶致李书华信函。又徐炳昶、常惠《陕西调查古迹报告》载："（常惠）至五月十五日始到西安。次日读报，知我军已退唐山，古北口内敌军已出现密云，平津吃紧，西行考查出发时期，又不得不暂缓。"见徐炳昶、常惠：《陕西调查古迹报告》（国立北平研究院调查报告第三种），载《国立北平研究院院务汇报》1933年第4卷第6期，第2页。
④ 1933年5月15日、16日《申报》曾连载叶恭绰、刘海粟等人在上海成立中国考古会及召开第一次会议的消息。

是积极进行西行考察之前的各项准备工作，且与常惠在17日再次考察了西安以北的汉长安城遗址。

循此日《徐旭生陕西考古日记》所录，知徐"本意至覆盎门，将上次所见之瓦水道（？）照下，或并作一个发掘它的计划。以后对于杨家城，再继续上次的探讨"。不意"未出城，雾丝已线线霏落"。

此日天气，徐初"以为虽难晴，大约可无大雨"，故坚持出城。"乃未至红庙坡，雨已较大"。遂"命车夫加上油布及篷子，继续前行。至覆盎门，雨未止，不能照像，止下车冒雨踏泥至前一察视"，发现前次所见水道，"中一大筒，两侧各一小筒。外露一节，已被压破。上离地面尚有八九尺。如欲施工，尚颇费事也"。乃舍而前行。

至万城门，常惠因淋雨，身体自感不适，颇"不愿下"车。徐未知实情，尚以为其偷懒。乃"强之下察视版筑遗迹"。

继而，徐等又继续沿汉城墙考察，凡过玉女门村、贾家村、朱红堡村等，雨益急，徐、常仍坚持考察敦煌寺、青门口，"已近杨家城东北角"。由青门口"入城，时已一点余，雨颇大。乃进一村，至一家大门下喂牲口。并请主人烧开水，将带来之馒头、罐头取食。去时留钱一吊，乃主人坚不肯受，盛意足感。主人蒋姓，颇患重听，年已六十一岁，但精神尚似五十许人。村名卢沟台①。时已三点余，乃命归"。②

归途风急雨猛，徐、常衣服俱湿。及归城，4点已过。徐觉饥寒难耐，匆出觅食，常则因遇雨感冒发烧，至不能出门。

18日，徐炳昶致电李书华，告常惠抵陕及暂缓西行缘故，并通过连定一借观西京筹备委员会藏长安、鄠县县志。19日阅读金文书籍。20日再读《左传》。21日独出城，"东出烧（绕）关外，北行。见田中有碑两通，均系回教中人墓碑。一碑半为阿拉伯文"③。阅唐宫城遗址。是晚又与在此调查关中方言的语言学家白涤洲观看陕西民间艺人"迷胡（糊）"戏清唱。24日复与白涤洲观看西安著名传统秦腔班社三意社"比较纯粹之秦腔"④演出。

延至27日，闻局势稍缓，徐乃同"（白）涤洲到省政府，访耿寿伯，告以三两日内决定西发考查，请其办理护照各事"。又借连定一处"咸阳、兴平、武功各（县）志。归时过书店，购到《宝鸡县志》"。⑤晚上则据徐森玉提供线索，赴景莘农、张扶万处了解武功"唐凌烟功臣画像"情况。

是日《徐旭生陕西考古日记》记景莘农提及"唐凌烟功臣画像"时，"言之凿凿，似非臆说"。景之坚定态度，致徐兴奋。徐遂慨言："去时定亲往勘察。如真能见唐人画像，真可为惊世之国宝也！"

---

① "楼阁台"之误，又讹称"楼圪塔""楼圪垯"。村近汉明光宫及十六国北朝时期宫殿建筑遗址，依殿堂、阙、台基址尚存残状，故名。
② 以上引文均见1933年5月17日《徐旭生陕西考古日记》。
③ 1933年5月21日《徐旭生陕西考古日记》。
④ 1933年5月24日《徐旭生陕西考古日记》。
⑤ 1933年5月27日《徐旭生陕西考古日记》。

28日，为旧历端午节。更定30日出发西行，且与"维钧往访柯莘农，观其所新得之动物残瓦当"，叹其"致为精品"。但他对于柯莘农所谓此瓦"其时在汉以上"的判断却不以为然，认为其论"似属未碻也"。

此外，本日徐、常尚与著名金石书画鉴藏家薛定夫①会面，闻伊言"凌烟功臣画像，恐系宋元人补绘，参以康海《武功志》②所言之明初补绘，已大约可得其近似时期"。"晚同涤洲出买鞋一对，乡人所戴之大草帽一。又同到大同园洗澡。"③皆在为西行田野考察所备矣。

29日，诸人各自做最后准备。《徐旭生陕西考古日记》记其"写给（张）溥泉信一封，长兄信一封，家信一封。收拾行李。晚出买牙粉。回同维钧登记残瓦石各类物"。

择5月30日《徐旭生陕西考古日记》，知此日徐"三点多钟即醒。四点余即起"，"七点余出发"，"与维钧、涤洲赴凤翔"考察。此行"所乘汽车为货车，无棚。真正可乘人数，当为十人，而堆积垛积，终至十八九人"。虽"颇拥挤"，但徐等仍觉"此车固较堆积四五人之骡车较舒服"。并自认为"在享受上，人固不应不知足也"。至独观田禾，葱茏醉人，"路旁罂粟，正在发华"，更为沿途景色所陶醉。且认为专就"色彩言，牡丹、芍药，固未能远踰耳！"

图41　兴平杨贵妃墓。1933年西京筹备委员会摄

过兴平，徐等不辞劳累，饶有兴趣地往观县城牌楼并马嵬驿杨太真墓（图41）。至郿县，诸人还折转往横渠镇拜谒关学始祖张载墓茔，是夜住宿凤翔。

凤翔古称雍州，向为"成周兴王之地，嬴秦创霸之区"，历史上周室发祥、嬴秦创霸、汉推右辅、唐立西京等等，皆与此地密切攸关。《史记·秦本纪》并称："德公元年，初居雍城大郑宫……卜居雍，后子孙饮马于河。"诸种记载，更为凤翔增添自信、厚重的历史沧桑。因此，将凤翔视为历史名城，说其具有人文雄厚、古迹众多之优势，固在情理之中。

---

① 薛定夫，亦作定父，号定叟，名崇勋。陕西三原人。精鉴赏，富收藏。著《金化经》（未刊），于关中古钱币等物品流传鉴藏事多有涉猎。1949年后任西安文史馆副馆长。陈直《西安出土隋唐泥佛像通考》："余旅客西安，历二十余年，友人中如柯莘农、刘军山、薛定夫、沈次量、陈尧廷诸家，皆各有收藏，缤纷璎珞，蔚为大观。"载《现代佛学》1963年第3期，第42页。

② 康海（1475—1504），字德涵，号对山。陕西武功人。明弘治十五年（1502）进士，授翰林院编修。后辞官归里，纂修《武功县志》，于正德十四年（1519）付梓。凡三卷，七篇。号关中名志。王士禛誉其"文简事核，训词尔雅"。惟清代会稽（今绍兴）章学诚认为该志"惟官师志褒贬并施，尚为直道不泯，稍出于流俗耳"，"康氏以二万许言，成书三卷，作一县志，自以谓高简矣。今观其书，芜秽特甚"，进而指斥其"盖缘不知史家法度、文章体裁"。

③ 以上引文均见1933年5月28日《徐旭生陕西考古日记》。

宋元以来，因中国政治文化中心的东移，凤翔地位下降，但其依旧为关辅重镇，雄霸气概仍未稍减。惟自民初以来，凤（凤翔）、宝（宝鸡）一带屡经天灾战乱，经济凋敝，兼土匪王海山盘踞马营一带，四处劫掠，① 又令此地雪上加霜，一夕数惊。《徐旭生陕西考古日记》载其对凤翔的印象是"古建筑多破坏，市面凋残，民生颠沛，四郊似尚不甚靖……每晚闻城外枪声甚近，驻军无论如何，不敢出城"②。是故城防"颇严厉。城门上（且）有迫击炮支好外向"，"令人神悚"。③ "城南每夕鸣枪守之卫。"④ 以至于他们出城考察时，县府曾特别委派地方保卫团武装持枪护卫。

匪祸之虞，徐等在西安时已有心理准备。但凤翔考察，实为此次考察"犬邱、秦国之雍以及相类之遗址"重要目的之一，为达此目的，徐等便不能因"匪祸"之威胁而退缩却步。

事实上，后之所见，大多逾越此前的预想。搜检诸日《徐旭生陕西考古日记》所记考察收获，阅后颇令人欣喜振奋。

如5月31日《徐旭生陕西考古日记》透露，伊等拜访凤翔第二中学校长李实之、教务主任姬德邻、教员栾本朴，⑤ 获其诚邀，弃嘈杂客栈移住第二中学李实之、姬德邻腾出的"校长室，教务主任室"，欣喜滋生"隆情厚谊，至足感荷，然太令余等不安矣"之感慨。继而会晤收藏家田和生君，受其馈赠新石器时代石斧，愈感凤翔文化底蕴丰厚，民性淳朴。

是日野外考察，《徐旭生陕西考古日记》称"午餐后少息"，携"常、白、李、姬、栾、田诸公同出，先往观秦穆公塚"（图42）。又登城瞭望，阅东湖，过三良冢……

图42 凤翔秦穆公墓。1933年5月31日常惠摄

在东湖东，诸人发现"有一经幢卧地，无人留意"，徐"视其字体，讶为唐

---

① 1933年6月3日《徐旭生陕西考古日记》："维钧出，言据庙碑已西距斗鸡台不远。闻车夫言隔岸有大村，名马营。前有土匪王海山率一团之众蟠据于此，前有军队逐之逃走。现军队已去，未知又回来否。"按王海山（1902—1934）为宝鸡县八鱼原姚家沟人。1928年入土匪王六娃伙，1931年被编入宝鸡县民团常备第一团，在宝鸡、太白及甘肃徽县、灵台等地为患六七年之久。1934年在甘肃灵台县唐家山被击毙。
② 1933年6月9日《徐旭生陕西考古日记》。
③ 1933年5月31日《徐旭生陕西考古日记》。
④ 1933年6月2日《徐旭生陕西考古日记》。
⑤ 李实之，陕西乾县人。20世纪30年代以来长期在关中凤翔、乾县、华县等县从事教育工作，曾任凤翔第二中学校长、乾县中学教务主任等职。姬德邻，陕西华县崖坡人。北京师范大学毕业，先后供职于华县咸林中学、凤翔第二中学等校，任华县咸林中学教务长兼师范部主任、凤翔第二中学教务主任等。据相关资料，李、姬均思想进步，倾向革命。此日《徐旭生陕西考古日记》又记"栾君"者，依后之6月9日《徐旭生陕西考古日记》："昨晚定今日绝早往考查西古城，姬德邻、田和生、滦本朴均愿同往。""栾君"应与"滦本朴"为同一人，"滦本朴"或为"栾本朴"之误。栾本朴，字丁生（1906—？）。子洲县马蹄沟区栾家渠人。1924年就读绥德省立第四师范，1928年入北平大学政系，其间秘密参加中共党团组织。北平大学肄业后回陕，于关中地区寻找党组织。1938年始任《陕北日报》编辑、绥德师范教师等。推测栾本朴在关中寻找党组织之事应与其任凤翔第二中学教师事吻合。

物"。(图43)惟"年月不易见,大家协力转动,遂得见经幢立年。时为大中。其下年月空白未刻。李校长言当雇一车,运至学校中保存"。

在东湖园墙壁间,诸人还发现镶嵌一石。依徐判断,"一望知其非明清物。细视,系(刻)二诗,款题'迂翁'。诗具坡老风格。疑为坡老自书,且系当日上石,虽尚未能明,然为宋人书迹,绝无疑问"。

图43 凤翔东湖公园唐大中经幢。1933年5月31日常惠摄

至凤翔城南三良冢之考察,则见"三冢横列,前有毕秋帆①所立碑。墓附近颇有绳纹瓦砖残片。并有云纹瓦当残片"。

三良冢的发现,其后历次考古调查均获印证。但对是日有关石刻文物的连续发现,徐等似乎更感兴趣。

依徐之见,须翌日寻工椎拓,借此详加考订,寄望新收获。此日《徐旭生陕西考古日记》故称:"此石因置地甚僻,无多人注意。余无意中得见此石及唐经幢,心甚快。明日当寻工拓下,详为考订。"

倏忽之间,徐于诗刻一石之部分判断未免失误。其所谓款题"迂翁"者,为"元四家"之一倪瓒(1301—1374)号。与之相关者,又有"迂翁""倪迂""迂倪"诸说,盖以性迂好洁故。

与"迂翁"相关之文献,明董其昌《画禅室随笔》谓:"迂翁画在胜国时可称逸品。昔人以逸品置神品之上。历代唯张志和、卢鸿可无愧色。"又明弘仁(1610—1664)画题:"迂翁笔墨予家宝,岁岁焚香供作师。"清恽格《南田画跋》还记:"迂翁之妙会,在不似处。其不似正是潜移造化而与天游,此神骏灭没处也。"

"倪迂"其名,则见清道人李瑞清"倪迂书冷逸荒率,不失晋人矩矱,有林下风"句。

至曰"迂倪"者,清吴伟业《途中遇雪即事言怀》诗有"诗才追短李,画癖近迂倪"句,清厉鹗《题新修云林寺图为巨涛和尚作一百韵》则云:"小李堆浓绿,迂倪晕淡皴。"

以上所谓,大致皆可以为例证。

6月1日,徐炳昶"同涤洲、维钧到县公署,晤秘书张葆玄君。一言省城寄钱,请他代收交来。二问他是否有县志或府志可借看。三同他们说,如果我们出城考

---

① 即毕沅(1730—1797),字缥蘅,亦字秋帆,号灵岩山人。江苏镇洋(今太仓)人。乾隆二十五年(1760)进士,廷试第一,授翰林院编修。官至河南、陕西、湖北等省巡抚,迁湖广总督等。赏轻车都尉世袭,死后赠太子太保。精鉴赏,富收藏,金石考据,尤为出色。著有《续资治通鉴》《传经表》《经典辨正》《灵岩山人诗集》等。编纂金石著述有《关中金石记》《中州金石记》《山左金石志》《三楚金石志》《两浙金石志》等。

查，请他派武装者跟随保护。四将令人到东湖拓字，请他派人知会他们一声"。

四种请求，除第二条因县府无有县志，须得向"品学兼优，主修县志，家中藏书甚多"的邑人李慎庵求借外，余均获应允。

此日下午，徐等"同田和生君同出，过东关，在故摊上购得勾兵残片、鬼灶数事。再前进，考察所谓秦穆公旧城"。沿途所见"瓦片甚多，详察，只见唐制"。① 复"入城向西北行，出一门，尚有版筑痕迹"，细察亦与秦代遗迹无有关联。

凤翔城北的考察，在6月2日，目的在希望寻找秦穆公城址。结果见一高台，"细查，无灰土，无版筑痕迹，瓦片亦少，无特殊者，殊未能揣想此台之何以成。台西有二小丘。近察北邱，亦无何异点。为之废然。又北察土崖，看二有碑坟，均无发现"。

惆怅中，诸人再至城东北一大村观光绪年重修三元宫庙，见庙貌"尚整齐。画壁极可观览。彩色红者尚极红，蓝者尚极蓝，以故若新"。徐睹物感慨，谓"颐和园之修，比此村庙，不过早十余年，而颜色已黯淡"，故"益叹陕西画师调色能力之过人"。

前在6月1日与凤翔县署秘书张葆玄君晤面时，张极言同邑士绅李慎庵先生通古达今，藏书甚多，引起徐炳昶的注意。6月2日晚餐过后，遂有拜会李慎庵之行。至则晤谈甚洽。徐对李所谓"人言秦穆公城，但亦或为唐旧凤翔城"观点极表赞成，欣然决定翌日再往凤翔城南考察，继续寻找秦穆公城遗址。至李续谈所谓凤翔城"西南陈村镇附近，有秦诸公墓"之信息，徐更觉极有价值，颇思"从宝鸡归，当亲往考查"。②

以时局不宁，一夕数惊。6月3日的凤翔城南考察故有保卫团武装跟随保护。是日《徐旭生陕西考古日记》记："早起，七点余出城。余及维钧共乘一车。有保卫团丁四人保护"，"出城二里，过一村，名豆腐村，有教堂。离城五六（里）许，一村名赖（或拉）古城。闻城名，察其地势，似可为一古城旧址，因比四周围均较高也。察地上，则弃置绳纹瓦片甚多。出村南里许，路旁土崖中，灰土及绳纹瓦片及各种陶片甚多。上覆黄土尺余"，又"路左土崖积骨极多，厚数尺，长数步，层累叠积，均骨也"。此类积骨，徐"初以为人骨，疑系俗所称之万人坑"。惟常惠晓骨质，认为"非人骨"。徐遂"详察之，亦认为"或无人骨"。但他因此滋生新的疑问，疑惑"未知古代何积骨如此多"。

据调查迹象，徐炳昶觉察此地"为古代住人地，毫无疑义"。且"察瓦片及陶片"，觉其"似无唐代及以后者"，认为"秦穆公故城或在此，亦未可知"。但仓促间，他尚不能将丰厚的"非人骨"堆积与这一城址漫长的沿革历史以及彼时居住于斯庞大的"肉食者③"阶层相系统联系起来。

不过为证实最初的判断，徐等终将考察范围扩大至纪家庄、连村、王家庄、

---

① 以上引文均见1933年6月1日《徐旭生陕西考古日记》。
② 以上引文均见1933年6月2日《徐旭生陕西考古日记》。
③ 肉食者，指春秋战国时期按礼制规定可以食肉的诸侯、大夫一类的统治者阶层。《左传·庄公十年》（曹刿论战）："十年春，齐师伐我，公将战。曹刿请见。其乡人曰：'肉食者谋之，又何间焉？'刿曰：'肉食者鄙，未能远谋。'乃入见。"

于家崖一带。

徐炳昶等人的考察，揭开了凤翔秦雍城遗址科学考察发现的序幕。其睿智判定与大胆怀疑，大致均在20世纪50年代以后陕西省文物考古工作者历次考察、发掘中得到证实，所具意义自不待言。

6月3日的考察中，徐炳昶等人的另一重要考察活动，是亲历了轰动陕西的1927年至1928年陕军第一师师长党毓崑①驱众数千人于宝鸡斗鸡台大肆盗掘新石器以至周秦汉古遗址的劫后现场（图44）。

图44　宝鸡东十五里之斗鸡台。1933年6月3日常惠摄

党毓崑其人，徐炳昶并不陌生。初在"在北平时，已闻党玉崑发掘古墓，得器物甚多"。及来西安，徐晤深悉党毓崑盗掘内幕之薛定夫先生，又从彼处见党盗掘斗鸡台所获西周精美的"柉禁之照片（图45）及其他器物上文字之拓片，诧为至宝"。迨"至凤翔则'党跛（子）挖宝'几无人不知，而斗鸡台为尤著"。②更对斗鸡台遗址的神秘、凝重心仪不已。此次来临，算是如愿以偿。

图45　斗鸡台出土之柉禁。1933年陕西考古会翻拍

此日《徐旭生陕西考古日记》絮记：

"进至斗鸡台，即问'党跛挖宝'之处，路旁人言在原半空。倩一人引上。则从原上有一水沟直下。沟东旁有百余步，离崖数步，已较平，即为党跛挖宝地。原崖临沟，挖宝时，将土弃至沟中，故较平。现崖上尚有灰土不少，人居痕迹尚有全被发掘。地下弃置各种古陶片，瓦片，并有红色带黑花之破陶片，若仰韶陶器，惜片颇小。"（图46）

图46　斗鸡台东戴家沟陕军第一师师长党毓崑驱众盗掘处。1933年摄

目睹此一重要的古文化遗址，徐炳昶等人的兴趣更浓，以至别离斗鸡台遗址，"上车前行，路旁见破石堆中有似石器者"，徐复"从

---

① 党毓崑（1871—1928），陕西富平美原镇党里堡人。出身农家，后投奔当地刀客杨生娃部入伙。以侠义敢为、勇猛善战而闻名关陕。旋入郭坚军，屡战升任靖国军第一路支队长，后任国民二军第十二混成旅第一团团长。1926年解泾原之围，任国民联军南路第三军第一师师长。党睛梵《华云杂记》称："君受其同乡赏鉴家武观石之熏陶，能识别铜器，真赝无不立辨。"1927年至1928年在宝鸡斗鸡台等地大肆盗掘古文化遗址，获西周青铜器等珍贵文物颇多。"十七年（1928）宋哲元攻凤翔，毓崑与战月余，城破出走，为乱兵所杀"（《西北革命史征稿·党毓崑传》），其物尽为宋哲元所得。

② 徐炳昶、常惠：《陕西调查古迹报告》（国立北平研究院调查报告第三种），载《国立北平研究院院务汇报》1933年第4卷第6期，第9页。关于薛定夫与党毓崑盗掘所获柉禁之照片及其他器物上文字之拓片关系，参见罗宏才：《党毓昆府盗宝记》，载《文博》1997年第4期、第5期、第6期。薛定夫所得柉禁照片，为当时西安南院门老黄照相馆所拍摄。文中所谓"党玉崑"者，为"党毓崑"之误。

车跳下，审视，果石器"。即"拣得数片"入囊。再前行，又复发现"沿途石器几到处皆是！"

连续的发现，促徐炳昶一再感慨系言，称"如欲真正考古，即当弃车循原畔步行，每日随便走一二十里，二三十里，仔细考查，一定成效卓著。惜余无此暇豫①"，盖"此次仍属走马观花耳"。

不惟如是，此日的考察收获，尚有与宝鸡县县长程云蓬②之相识。蒙程厚谊，诸人得宿县署，且在程陪同下，往观宝鸡名胜东关金台观。"至时已黄昏，然月色极佳。""月下望南山，端默静穆，意态幽绝。"因"（金台）观在原腰"，诸人乃拾阶而上，远望观前红灯，"数十里可见"。又见观前铁旗杆铃铎"微风飘荡，响声四彻"，不觉"神醉"。及"闻庙中雕刻甚佳"，而"此雕刻工人尚生存，只四十余岁"时，又不禁惊异，慨谓"陕之巧工多也"。③

留恋6月3日斗鸡台考察带来的深刻印象。诸人遂于6月4日偕程县长再往，"由村长引导，详细考查，寻出石器多片"。并获知党跛子挖宝处沟壑，名曰"戴家沟"，且在戴家沟发现"近日洛阳私掘人偷掘痕迹"。徐等于沟内"察其二三断崖"，惊异发现"每一断崖均有灰土陶片及石器等物"。益觉此地"古代居民颇为稠密"，而文化积淀更足厚重。

辞别戴家沟，诸人转至宝鸡东关东岳庙，观庙内明代碑石颇多，形态虽"稍颓坏"，然"建筑均佳胜"。及见"正殿内二山墙上画壁人物端肃静穆，自是名绘"。"惜当日住军队，在画像上钉了无数钉子！东墙上面孔并有一部分被纸糊"，"不觉气丧"。哀叹："以此等名迹，竟任人随便毁坏，中国国家尚成何等国家耶！"又观光绪二年（1876）维修火神庙"二门上金龙蟠绕，正殿雕楣工细。卷棚两墙丹雘若新！观此等设色，更信颐和园、三海等处之彩画，不值一文"。乃嘱常惠将东岳庙戏楼、"十殿神像及大门内壁画"等一一摄影。（图47、图48、图49）

前在北平、西安时，徐炳昶每读南宋庐陵罗泌《路史·国名》所谓"炎帝后，姜姓国，今宝鸡有姜氏城，南有姜水"等文献资料，辄对姜姓历史报以浓厚兴趣，今此专来关中西部做考古调查，所谓之姜氏城近在咫尺，自然不能失之交臂。

是故6月4日即有商议姜城堡考察之事。同日《徐旭生陕西考古日记》记："晚与程县长决定，明早请他派人导余至渭河对面之姜城堡考查，至维钧则在城内照像。下午即去此，往东距此五十里之虢镇。姜城堡旧志名姜氏城，言为神农生长之地，其言固绝不足信，然姜姓之历史，实属古史上一极有兴趣的问题。地既名姜，当与姜姓或羌族均有关系，故余必往一考查。"

---

① 亦作"暇誉"。《国语·晋语二》："优施起舞，谓里克妻曰：'主孟啖我，我教兹暇豫事君。'"韦昭注："暇，闲也；豫，乐也。"
② 程云蓬，字海岑。陕西华县人。湖北武昌高等师范学院毕业。曾任宝鸡、陇县等县县长。于陇县县长任间，曾支持《陇县新志》的编撰。
③ 以上引文均见1933年6月3日《徐旭生陕西考古日记》。其后所谓"陕之巧工"者，依新版《宝鸡县志》所载，推测应为宝鸡县木雕匠师茹兰轩（1889—1961）。按茹氏擅长木雕，技艺超群，在西府一带颇有盛名。民国初年曾约同木、油、画工匠师数十人联袂献技，参与宝鸡金台观维修，使庙宇旧貌焕然一新。后又主持维修宝鸡县衙前木牌坊，落架清理，替换糟朽，完好如初。1949年后任宝鸡县建设局副局长、宝鸡市手工业生产联社副主任、宝鸡市木器厂副厂长等职。

图 47　宝鸡东岳庙之戏楼。1933 年 6 月 4 日常惠摄

图 48　宝鸡东岳庙左壁壁画。1933 年 6 月 4 日常惠摄

图 49　宝鸡东岳庙右壁壁画。1933 年 6 月 4 日常惠摄

按徐氏此行目的，原拟只考察姜城堡，后因在虢镇获知新线索而临时聊发变化。6 月 4 日《徐旭生陕西考古日记》因谓："闻人言党跛子曾在斗鸡台东南三十里许发掘古物。如属东南，即当在渭河南岸，然余意渭河南岸，未几即入山，古迹或不如北岸多，其地或在东少偏南，以距离地望准之，当在虢镇附近。故余亦拟一往考查。至大散关，和尚原，……然此次时间迫促，未能往游也。"

基于人言"党跛子曾在斗鸡台东南三十里许发掘古物"而南向大散关、和尚原一带的考察趋向，因"时间迫促"而中辍，但主体目的姜城堡之考察，终在 6 月 5 日付诸实际。导其考察者，为程云篷县长昨日力荐之学问颇好的图书馆职员李紫垣①及县府差役等。试看 5 日《徐旭生陕西考古日记》记载：

"天将明时大雨。气候顿凉，为之一爽。起将九点，催维钧起。早餐后，程县长仍约李紫垣陪余往姜城堡。彼个人初颇踌躇，后亦同往。"

以是，诸人此日得同出凤翔南门，越渭、姜二水，始抵姜城堡。踏勘寻觅，果有重要发现。6 月 5 日《徐旭生陕西考古日记》续记："（姜城堡）村有寨，寨濠甚深。寨外有不少人家。余望濠内似有石器，下视果石器，且甚多，大喜。遂检出，令差役代拿。余循东濠转南濠详视，冀见灰土，然绝无有。内瓦片，各种陶片虽甚多，然绝无古者。"

依考察所见，徐炳昶认为："然则此地所传之神农，虽不足信，而远古时代已有人居，却已证明。又周秦汉唐，或无居民，至近时乃更居住耳。"

缘此思路，此日徐炳昶在寨外一药铺饮茶时，尚意外得晤荣归故里姜城堡颐养天年的前清进士徐冲霄，并从徐冲霄等耆老处获知姜城堡东南不远瓦峪寺村有新修神农庙，至则粗观庙宇，又见瓦峪寺村戏楼"虽未巍奂，而两壁有颇佳之壁画；后面木槅，雕工颇细；上有天花板，图案均佳"。

归途入宝鸡西门，又观城隍庙。此日《徐旭生陕西考古日记》记伊等见庙内

---

① 李紫垣（1874—1939），名景星，字紫垣，以字行。宝鸡阳平镇人。光绪末廪生，后肄业于陕西高等学堂。历任宝鸡县高等学堂堂长、凤邠师范学校教员、宝鸡县议会议长、陕西省议会候补议员等。工诗，有《阳平集》《咏花园菖蒲》等诗集传世。

"神像已几无余"。"神座仍为弘治年制，与东岳庙同时。两廊神像已完，壁画已破坏不少，而余者妙相奇趣，非名手不办！瞻仰徘徊，神魂颠倒！以此等艺术创作，竟能任其日加破坏，毫无留遗耶！戏楼建筑弘伟，雕刻精工，然亦破烂。出庙时不胜感慨悲怆。"故在此晚"见程县长，谢其招待盛意，兼辞行，并请其速筹画（划）保护此即将破坏净尽之艺术杰作"。

宝鸡考察之结束，在6月5日。6月6日，同人于早晨离宝鸡，经底店镇、冯家村、水莲村，至虢镇。阅水莲村庙、北庄子朝阳寺及关帝庙、东阳堡铁牛庙、虢镇圣恩寺及城隍庙，皆无收获，不禁悻悻。惟虢镇常宁宫（玉皇庙）、火神庙等豁然佳胜，一大庙前"戏楼（图50）牌楼均颇巍奂"。常宁宫内存宋天圣碑、至元帖石，"神像壁画，亦比城隍庙高明许多"，火神庙"神像壁画均佳"，徐等遂觉"虢镇之不虚行，顿有此耳"。

图50　虢镇火神庙之戏楼。1933年6月6日常惠摄

图51　凤翔八角开元寺。1933年6月7日常惠摄

6月7日，阅凤翔北街八角开元寺（图51）。寺有道光二十一年（1841）碑，记寺门楼观状，重檐四注，覆以八角，故名"八角开元寺"。

八角开元寺之出名，除却建筑，更与其内原有王维、吴道子绘画，且经苏轼赋诗等历史因缘不无关系。

按宋嘉祐六年（1061）苏轼来凤翔任大理评事凤翔府签判，以别其弟子由（苏辙），故有《凤翔八观》诗，其三《王维吴道子画》诗记："何处访吴画，普门与开元。"又《东坡集》录《记所见开元寺吴道子画佛灭度以答子由》诗："西方真人谁所见，衣被七宝从双狻。当时修道颇辛苦，柏生两肘乌巢肩。""春游古寺拂尘壁，遗像久此霾香烟。画师不复写名姓，皆云道子口所传。"普门、开元并提事，东坡后另见清官修地理总志《清一统志》，其云："普门寺与开元寺二寺，均在陕西凤翔府。"

彼时寺庙状况，当日《徐旭生陕西考古日记》记云："寺内破坏颇甚，即所存留之一部分，工程亦未佳。惟八角亭为一极特别之建筑，大体尚完好，有保存之价值。亭内有画壁，备极庄严……"且云："亭内有隆庆六年（1572）所立琉璃砖铭，字极古朴。此亭即重修于是时。"

观八角亭画壁保存状况，徐炳昶不禁忧虑："然钉刺烟熏，不久将完全损毁"，担心"此庙如不早设法保存，恐不久完全无余矣！"

6月7日考察须择选者，尚有凤翔东关东头南转山西商人所建敬诚会馆及关岳庙（图52、图53）。循此日《徐旭生陕西考古日记》，故有"入观，庙甚新。殿宇戏楼工程，虽未能与宝鸡之城隍、东岳等庙相比而尚极巍奂。到处画壁，笔墨不恶"等记载。

睹此情景，徐炳昶感慨以为："陕西画壁不似他处。墙上多画屏扇，其上或左右，少有空隙，仍以他画补足。檐际斗牙间隙地，亦满绘画，而配置妥协，不嫌堆挤，其艺术胜也！"

6月8日，观凤翔晋圣祠。祠仍为山西商人所建，虽较山西会馆"规模颇逊，然较古"，"神像壁画亦仍整齐"。当日，徐尚督工拓东湖公园唐经幢，颇费力，至"秉烛侭摄"。至晚，徐义与书记巨某谈，巨固岐山县岐阳附近人。① 言岐山齐村附近"沟东断崖内常出古物。曾出一古鼎，无字，为一军人用五百元购去。又曾出一乐器，状如犁铧，周围有小孔，发音各不同"。循此线索，徐因翻阅《凤翔府志》，知岐阳为太王初迁地，故决定"至岐山后必当往游"。

图52　凤翔敬诚会馆之戏楼。1933年6月常惠摄

图53　凤翔关岳庙牌坊。1933年6月7日常惠摄

6月9日，定此日离凤翔赴岐山，将"绝早往考查西古城"，同行姬德邻、田和生、栾本朴。其间虽无所得，然于南古城北，发现什方院寺庙旧址并获见碑石、和尚塔等。且摩挲一康熙年碑，知此处为同心禅师墓。将7时，疾归。与常惠稍稍食后，即赴车站。时凤翔二中职员田和生等坚持送行。8时车发，依依不忍别离。回思凤翔数日考察，徐炳昶不禁聊发感慨：

"在凤翔住数日，虽古建筑多破坏，市面凋残，民生颠沛，四郊似尚不甚靖，每晚闻城外枪声甚近，驻军无论如何，不敢出城，因恐弟兄们带枪械走掉。然人民淳良，山川雄胜，周秦二民族发祥之地，余深信其必尚有无限的将来。以后必当再来，必来仔细工作也！"②

这一感慨，发自徐氏肺腑。其后考古会之所以决定在斗鸡台设立工作地，实施科学考古发掘，与徐氏1933年5月至6月间在凤翔一带考察所获良好印象，

---

① 岐山巨姓一族，聚居于县邑祝家庄镇驸马庄村。岐阳村者，亦属祝家庄镇，两地相距不远，推测"书记巨某"者，或为祝家庄镇驸马庄村人。

② 1933年6月9日《徐旭生陕西考古日记》。

不无关系。在这里，徐氏本人言出令随，决以优异的成绩，勠力兑现自己的诺言。

9日中午，徐氏一行抵达岐山（图54），晤县长田惟均①。因时间仓促，且"地方颇不靖，县长未敢负责"，故岐阳一地，只好无奈割爱，"未得往"。②下午游周公庙（图55、图56）、城隍庙。后者"隔扇虽新设色，未尽叶和，而原来雕镂固极精工。殿中神像伟大"。晚田惟均召谈，谈及"陕西牌楼之巍奂，画壁神像之精工"，各处"均有数百年，上千年的大树"，③语极融洽。徐愈觉陕西历史厚重，人文至纯。

因9日晚田惟均曾至徐氏一行旅舍拜访赠书，故当日《徐旭生陕西考古日记》遂记："田令送乾隆《岐山志》来，余等愿备价，彼坚不受，只好感谢了。"

6月10日，早7时离岐山，乘汽车赴武功，住汽车站旁隔壁。晤县长张道芷④。跃跃欲观唐太宗祠壁画，乃得其所派县署会计薛某（河南南阳人）引导，观城隍庙、报本寺、鸿禧观。见鸿禧观"前为三清殿，后为唐太宗祠。祠左右壁上，即绘人所盛传之凌烟功臣像"。

缘5月27日景莘农在省垣提及"唐凌烟功臣画像"时，"言之凿凿，似非臆说"的场景，以及冀望获取"惊世之国宝"⑤

图54 岐山城内之牌坊。1933年6月9日常惠摄

图55 周公庙之全景。1933年6月9日常惠摄

图56 周公庙旁之润德泉。1933年6月9日常惠摄

---

① 田惟均（1891—1966），字子平。陕西兴平人。民初入北平民国大学，短期学习后赴日本留学，入明治大学法科。归国后初在法界做事，后两任岐山县县长（1933—1937、1941—1943），任间倡导禁烟，发展农桑，设馆纂修《岐山县志》，政声颇好。1933年6月9日《徐旭生陕西考古日记》称："（此日）先到县署。县长闻出放赈，不在署。问秘书或科长可负责者，乃无人在署。令其派人往寻县长，久候不至。余颇焦急……午餐后再来，乃传言县长已回，请见。县长姓田，名惟均，字子平，兴平人，人尚本色。据言民国初年，曾在北平民国大学上一短期学，即到日本，归在法界做事，云云。"
② 徐炳昶、常惠：《陕西调查古迹报告》（国立北平研究院调查报告第三种），载《国立北平研究院院务汇报》1933年第4卷第6期，第3页。另见徐炳昶、常惠《陕西调查古迹报告》第7页以及1933年6月9日《徐旭生陕西考古日记》相关片段。
③ 1933年6月9日《徐旭生陕西考古日记》。
④ 张道芷，字济湘。河南开封人。历任汧阳（1964年改为"千阳"，本书为尊重当时文化背景，除特殊情况外，一概作"汧阳"）、武功、醴泉等县县长。1929年汧阳县县长任间，于县境裴家台立"燕伋望鲁台"碑；1935年于醴泉任间设馆纂修《续修醴泉县志稿》（曹骥观纂）。
⑤ 1933年5月27日《徐旭生陕西考古日记》。

的亢奋，此日考察抱有很大的希望，但结果颇令徐炳昶失望。

此日《徐旭生陕西考古日记》记："余等之到武功必下车，观此画壁为其主因。然细察之后，殊为失望！祠三间东向，中一间无槅扇，光线尚佳。中太宗像胸为泥补，盖有挖宝者。故太宗之'心'，被'推''置人腹'中矣！像塑颇佳。二侍臣较次，时亦似后也。……左壁像颇生动，右壁较次，亦足证其不同时。依此推断，左壁当可至明，右壁必为清绘，毫无疑义。"（图57）

至此，徐炳昶等前在西安所期盼于武功一地或可获见"惊世之国宝"的美好愿望，遂而破灭。

6月11日，至兴平，晤新任县长段绍岩，得其

图57 陕西武功唐太宗祠左壁凌烟功臣画像。1933年6月10日常惠摄

图58 兴平城隍庙之牌坊。1933年6月11日常惠摄

图59 兴平城隍庙三层之戏楼背面。1933年6月11日常惠摄

图60 兴平城隍庙三层之戏楼正面。1933年6月11日常惠摄

与县绅张雨生、符瑞亭①陪同，往观城隍庙（图58、图59、图60）。此庙"门前牌楼铁旗杆，均极巍奂"。庙内戏楼，颇负盛名。《兴平县志》载其"中一台层楼覆阁，极高丽"。但徐等观"台下如普通台式，为过道。上有两层，颇伟丽，然已破坏，增加极不美之新墙"时，却生"令人叹息"之感慨。徐认为，兴平城隍庙"规模全存，余除颐和园、慈寿宫之戏台外，尚未见有其比！如有小款，恢复旧观，尚非甚难"。

是日又观保宁寺、北塔寺。见咸平三年（1000）大钟，"卧地上"，"刻字亦古雅"。又见北周保定五年（565）石像座，"八面有字，现已剩六面余"。徐"颇欲揭出，而石热，非俟日落后不可，维钧遂拟秉烛夜揭"。复至三清殿，"建筑弘伟"。"后殿内有老君像，系一种大理石所刻。"此像与铁城隍、铜圣贤合

---

① 符瑞亭（1893—1969），名新膺、新勇，字瑞亭，以字行。陕西兴平陈良村人。1911年夏于西安实业中学读书时入同盟会，旋参与辛亥革命，以功任西路民团团长。陆建章主陕时，与邑人张子宜等参与"反袁逐陆"之"二次革命"。性直敢言，1929年关中大灾，以饥民代表身份赴省寻求赈济，拦车向省主席宋哲元请愿，获"符大胆"称誉。擅编剧，创办秦腔班社否新社，在兴平、醴泉一带颇具影响。代表作有《湘君泪》《虎口团圆记》《渔民恨》《王灭黑告状》等。1949年后被选为兴平政协委员。

称兴平三宝，民谚有"铁城隍铜圣贤玉石老君"称誉。三宝中"铜圣贤"一种，存兴平南门关帝庙中，以门挂锁钥而未得一观。"到县署，晤少（绍）岩，与之约定明日早同上南佐村，寻槐里及犬邱遗址"，以实现此行另一重要考察目的。①

6月12日早，徐炳昶、常惠、段绍岩如约出城，得南佐村裴姓引导并差役一二人随从，乘人力车赴南佐村。村距兴平县城约10里，"将至，绳纹瓦片，已到处皆是"。又观阜寨古庙，摩挲庙内钟铭，乃知"此地旧为灵宝乡百家宿仲里"；"察庙中樑铭"，知此庙创修于唐大元五年（？），明弘治五年（1492）、明万历十四年（1586）、清康熙二十四年（1685）皆有修葺，为延续有序，历史厚重之古刹。且"到处问土濠"，"出庙西南行，不远，即得一极长之土濠。向前一看，灰土，绳纹瓦片到处皆是"。

因此，徐乃欣喜认定："槐里、犬邱、废邱，必属此地，已有明证。亦有如在丰镐村，阿房宫之回文砖片。"②"大致看起，为古代之一都会。"③

得此收获，徐、常自然兴奋。随即决定以此为线索，扩大调查范围，冀望有更大的发现。惟裴姓引导不谙科学考古，却极力"盛张其地之御井"及所谓的章邯"上马石"，徐"所极注意者"，裴却"觉到'没啥'"。"故二人意颇相左"，致不谐频频。

按徐炳昶最初安排，原拟在"槐里、犬邱、废邱"遗址考察结束，考察茂陵，因报载张继来西安"三两日即去"，徐因"颇欲见溥泉一谈"，商议与陕西省合作考古一事，故立即决定改变计划，"明日即归省"。

行前，"少岩派人送来县志一部，自书纸扇一把"。另外，徐又见兴平文庙大观圣教碑颇佳，惜"儿童仍在上用砖石乱画，乃建议于少岩，请其将碑移至戟门内东廊下，用木栏围绕以资保护。少岩甚然余说"。④

6月13日，徐、常归省。虽其后伊等在西安颇忙于筹设陕西考古会诸事，但仍抽暇在14日、15日考察西安东岳庙。

14日的考察，时在傍晚。因光线过暗，约略见大殿壁画已绽裂，"块块落地，颇有损坏"。其状可怜。问及住持，知其因盖系"前数年城内有火药局爆裂，殿宇震动"，以致如此。徐因是担忧："如不早为修理，不久即可全毁。"另依此日《徐旭生陕西考古日记》，知"大殿建筑伟丽"，后殿"中亦有画壁。内现无神像，为一教室，盖校（庙）内设有一小学也。庙有弘治碑，言创建于宋政和年间。

---

① 以上引文均见1933年6月11日《徐旭生陕西考古日记》。所谓兴平三宝"铁城隍铜圣贤玉石老君"，其一"铁城隍"，即守卫城池之"城隍神"。铁质，高198厘米，坐姿，衣袍服冠带。据造像风格，似为明代中晚期。其二"铜圣贤"，为明万历四十三年（1615）铸铜坐姿关圣帝君造像，高227厘米，宽134厘米。其三"玉石老君"，为汉白玉质老君造像，下有圆形须弥座，通高124厘米，宽80厘米，像背铭文："大明嘉靖元年四月吉旦重勒太上古像一尊。南街信士王泽、刘贵、刘爵；本观主持张崇德、王崇明。石工傅二。"言"大明嘉靖元年四月吉旦重勒太上古像一尊"，推知此像始凿之年，当在"大明嘉靖元年四月吉旦"之前。

② 此处及上段引文均见1933年6月12日《徐旭生陕西考古日记》。

③ 徐炳昶、常惠《陕西调查古迹报告》"南佐村"一节所记无同日《徐旭生陕西考古日记》翔实。惟此一论断为前者所有。参见徐炳昶、常惠：《陕西调查古迹报告》（国立北平研究院调查报告第三种），载《国立北平研究院院务汇报》1933年第4卷第6期，第6页。

④ 以上引文均见1933年6月12日《徐旭生陕西考古日记》。

住持则言创建于隋,重修于宋"。①

15日,早餐后徐复与常惠赴东岳庙考察,"始得详观壁画"。壁画以"后殿左右壁最佳"。壁画、建筑均由常惠拍摄多幅(图61、图62),至"将后殿照毕,时已过午"。问及住持庙宇概况,据云"闻一画师言,所画为东华帝君梦游泰山云云"。惜"此画因军人钉钉,已有损毁,但尚不至如前殿之块块剥落"。谈及修复所费,"住持言有百余元,即可将剥落者粘补,不至再行剥落。但大殿槅扇已坏,如全换新,则须四五百元"。②

此论引起徐炳昶的注意。至该年12月15日,徐待有机会面见西北绥靖公署主任杨虎城,即请其通令保护东岳庙等古建筑并勿使军队驻扎,迨翌年考古会成立,徐又动议筹资修复该庙诸事,种种举动,大致皆缘于此次考察。

16、17两日天雨,18日徐又赴寿天章③宴请,故此三日诸人均未出外考察。

19日,徐"往访薛定甫(夫),谈颇久。托其打听老虎沟"。

图61　西安东岳庙寝宫壁画(左壁)。1933年6月15日常惠摄

图62　西安东岳庙寝宫壁画(右壁)。1933年6月15日常惠摄

图63　西安城北杨家城村昙华庵壁画。1933年常惠摄

23日,徐炳昶"因闻张溥泉先生言杨家城内有大夏石马一,乃特往寻"④。不意折转过昙华庵(图63),见"神像不甚佳,而壁画则颇雅洁,乃请维钧将壁画照一张"。又见昙华庵尚有"顺治十五年(1658)所铸之大钟、焚炉,康熙廿九年(1690)所铸之小钟"。⑤

迨再"过唐家寨,至西查家寨子北,乃见石马矗立田中"⑥。同人大喜。徐观石马形态,蓦然想起"前阅西京筹备委员会之照像,知下有字,乃埋于土中,遂用手扒。未几见字"。常惠见状,埋怨徐事先"不说,致未带搨字器具"。徐

---

① 1933年6月14日《徐旭生陕西考古日记》。
② 1933年6月15日《徐旭生陕西考古日记》。
③ 曾留学德国,任武功农林专校校长等职。
④ 徐炳昶、常惠:《陕西调查古迹报告》(国立北平研究院调查报告第三种),载《国立北平研究院院务汇报》1933年第4卷第6期,第14页。
⑤ 1933年6月23日《徐旭生陕西考古日记》。
⑥ 徐炳昶、常惠:《陕西调查古迹报告》(国立北平研究院调查报告第三种),载《国立北平研究院院务汇报》1933年第4卷第6期,第14页。

图 64　矗立于汉城遗址内的大夏真兴六年造之石马雄姿之一。（侧视）1933 年 6 月 23 日常惠摄

图 65　大夏真兴六年造之石马雄姿之二。（正视）1933 年 6 月 23 日常惠摄

亦悔"出时之匆忙也"。①

彼时，诸人正欲清理石马被土掩埋之其他部分，期见全貌。忽地主晓晓，村民干扰，不使清理。经晓以利害，始得发掘。洗涤后，得见马前腿间下部所镌刻之"大夏真兴六年（424）岁在甲子夏五月辛酉……大将军……造兹"等隶书铭文。然终因"未带搨字器具，致未能将下铭辞搨出"②。幸徐炳昶将其尽力移录，常惠又"将下字分照二张，马前后左右分照四张。（图 64、图 65）照毕，给地主票子两吊，三助力人，每人票子五百，乃各欣然去"③。

24 日，因天雨及杂务干扰，致徐氏不能外出。25 日，遂"登录西路所带回瓦片等物"。

26 日"下午再登录瓦片等事"，借以整理关中西部考察所获资料也。按《徐旭生陕西考古日记》记载，此日徐炳昶等还有考察蓝田水陆庵④之设想。惟因"过蓝田尚有十数里汽车不通，且道路亦不平靖"⑤，故而遗憾放弃。

（三）1933 年 12 月的考古调查

据陕西省档案馆、南京中国第二历史档案馆以及相关文献资料，徐炳昶在 1933 年 6 月底，曾离陕东归省亲并赴平述职。当年再次来陕，在 10 月 28 日。由此开始直至 1934 年陕西考古会成立，徐炳昶等人曾将大部分精力集中在机构筹设、酝酿合作方面，其间抽空进行的考古调查，主要集中在 1933 年 12 月内，考察的区域，也主要集中在西安城垣周围。

察 12 月残存《徐旭生陕西考古日记》，知本月 11 日徐炳昶、何士骥、王忠

---

① 1933 年 6 月 23 日《徐旭生陕西考古日记》。
② 徐炳昶、常惠：《陕西调查古迹报告》（国立北平研究院调查报告第三种），载《国立北平研究院院务汇报》1933 年第 4 卷第 6 期，第 14 页。
③ 1933 年 6 月 23 日《徐旭生陕西考古日记》。
④ 牛兆濂：《续修蓝田县志》卷十二"寺观"条："水陆庵，一名蓝渚庵，在县东南二十里。明秦藩奉为家佛祀，嘉靖四十二年（1563）肇启，隆庆元年（1567）重建，万历三十年（1602）、清道光二年（1822）均重建。"西京克兴印书馆代印，1935 年。
⑤ 1933 年 6 月 23 日《徐旭生陕西考古日记》。所谓"道路亦不平靖"，指 1932 年 11 月以来红四方面军红二十六军在蓝田一带活动。

义等于西安某古建筑内做田野考察,用"大角摄影,并量尺寸"。归寓,西安碑林外西侧府学巷著名碑帖店翰墨堂(图66、图67、图68、图69、图70)经理段仲嘉及薛定夫分别前来晤谈文物线索。

据此线索,徐等曾分别赴府学巷翰墨堂与西安最主要古玩店铺聚集地南院门一转。当日《徐旭生陕西考古日记》故记:"段老来,薛定夫来。午餐后同乐夫到段老铺中,观其所藏各器物及字画。内有明太祖半身像一张,据言为明孝陵旧物,虽未必可靠,而笔墨固属精品。归,到南院门打一转。"

12日,徐"同乐夫、王忠义出北门,过红庙坡、大白杨至杨家城。入阁老门时,为城上瓦水道摄一影"。又观阁老门村西古庙,已易为初等小学,"庙内祀玄武,壁上画颇佳,且上金处,均属立粉,乃为摄一影"。复于村民家中"购云纹破瓦当三,价六百(元)"。出杨家城至火烧碑村,徐见村前"道旁有一庙,房已全毁,但神像三尊,尚巍然端坐。其衣褶红绿分明,至堪诧异"。又观千福寺,"始注意到唐太和及大中之经幢"。归寓,知"孝侯已到,甚喜"。①

13日,"天阴,雪花时飞。柯莘农及薛定夫来谈,段老来谈"。将晚,徐炳昶同张孝侯赴西安西大街城隍庙考察,因殿门已关,张孝侯乃"用手电灯上照",徐对"牌楼及建筑之伟大及特异"惊讶不已。②

图66 民国时期西安碑林外碑帖铺聚集区之府学巷一瞥。巷口右侧为翰墨堂所在

图67 西安翰墨堂藏晋玉版十三行剪裱本首页

图69 西安翰墨堂销售袁筱坞刻《岳武穆前后出师表》拓本广告牌。翰墨堂段氏后裔提供

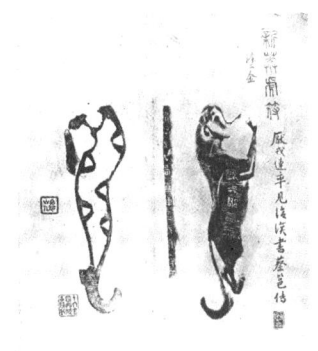

图68 西安翰墨堂藏新莽虎符拓影。采自1936年2月出版《西京金石书画集》第3期

图70 三原薛定夫藏商立戈墨拓本。采自1936年11月出版《西京金石书画集》第5期

---

① 1933年12月12日《徐旭生陕西考古日记》。
② 1933年12月13日《徐旭生陕西考古日记》。

14日，以雪化路泥泞而中辍外出。将晚，徐只"同乐夫、孝侯到南院门一转"①。

15日，柯莘农来谈，徐与张孝侯赴新城绥靖公署见杨虎城，"请其帮忙允许研究钟楼，鼓楼，各门楼，并驻军队之各庙。并请其保护东岳庙画壁，勿驻军队，均蒙允许"。乃不胜欢愉，因再至东岳庙往观，知"寝宫中之造纸者已移出"。彼时"孝侯谓寝宫脊上之鸱尾，或为宋遗，门前之望柱，亦当在明以前"。

归途，徐、张又到开元寺，"孝侯言殿前柱基为唐遗物，又在门外寻得唐故雕花望柱一截，立于土中，外一柱较高，雕花已剥落，或属同柱"。徐炳昶进而认为："然则今开元寺，虽非唐旧寺——在唐，此地为皇城内，无寺院——而系一唐建筑旧址，当属可信。"

是日午餐后，徐、张"又同出访寿伯，谈及唐建筑"。及闻"寿伯言旧藩库，相传为唐之承天库，规模木架，均极弘伟。脊梁铭言致和、至正重修。前二年始倾颓。因取其材建训政楼"，今已不可见时。徐不禁悲哀："惜哉，中国之旧建筑也！"②

16日，9时徐、何（士骥）、张（孝侯）乘轿车往西安城南考察。原拟经大兴善寺至牛头寺，因"大雾迷漫"，乃改过小寨，观路旁普济庵，"庵内祀观音娘娘，有壁画。门前有石羊一对，外旁有石虎一对，北边之虎已毁。羊虎雕刻古朴，而玲珑有意趣，孝侯均为摄影"。再西行，阅慈应祠，"内有康熙二十年（1681）碑，已漫漶"。"前殿有布袋和尚像，上带磁釉。""再西东向，为圣母殿，有嘉庆十七年（1812）铭，亦因时已将午，未读，遂出。"及"出村西望，有一大庙"，窥见其"内树木甚茂"，不禁感叹："甚矣，陕人之好修庙也！"

抵牛头寺，"已将一点。孝侯照万历十九年（1591）铸焚帛炉一，正殿全景一，佛洞中释迦佛一"，又照"十地菩萨之一。因天已晚，不能再照，止好俟诸再来"③。徐则发现牛头寺中且有唐乾符年经幢、隆庆五年（1571）碑、顺治丙戌年（1646）造钟、康熙六十一年（1722）碑等，均堪珍贵。

17日，徐、张考察了西安城内卧龙寺。

18日，徐、张又考察了西安西大街城隍庙，时张为庙内"牌楼照像，观众拥挤"，故"摄影不易"。"归途到苏回回古董铺一坐。"④

19日的考察，主题连接18日与"苏回回古董铺"的缘分，集中在古玩收藏家一途。同日《徐旭生陕西考古日记》遂记"柯莘农同苏子真来谈。苏为陕西古董行中之最老宿，与王文敏（懿荣）、陈簠斋（介祺）、吴清卿（大澂）诸君子，均系素识。南宫鼎及其他很多的古董均曾由彼经手。彼今年七十八岁，而望之如六十许人"⑤。

---

① 1933年12月14日《徐旭生陕西考古日记》。
② 以上引文均见1933年12月15日《徐旭生陕西考古日记》。此日日记："柯莘农来谈。同孝侯出。到新城……请其帮忙……""到新城"后诸字为墨笔涂抹，依文意，应为见杨虎城。
③ 此日考察收获引文均见1933年12月16日《徐旭生陕西考古日记》。
④ 1933年12月18日《徐旭生陕西考古日记》。此日日记所谓"苏回回"者，即下文所提到的"苏子真"，又作"苏子珍"。
⑤ 1933年12月19日《徐旭生陕西考古日记》。

读 18 日、19 日《徐旭生陕西考古日记》，依文意联系，18 日所记的"苏回回"，当为 19 日所记的西安回坊著名古玩耆老苏子真。推测 19 日"柯莘农同苏子真来谈"，或即苏子真因昨日徐炳昶在伊店铺小坐，苏知其身份，以故同柯莘农相约，前来通候联络也。

苏子真者，为清同、光时陕西古董大亨苏六（兆年）、苏七（亿年）昆仲后裔。其家清末民初曾在北院门开设永斋古玩铺。先是咸丰二年（1852）毛公鼎辗转入苏六、苏七昆仲手，旋经他们售予陈介祺，大得陈之信任，伊兄弟二人亦因此名噪海内，海内藏家争与之相识。《簠斋尺牍》《鲍臆园手札》《吴愙斋尺牍》[①] 等晚清收藏大家交往翰墨中，即保留了颇多有关陈介祺、鲍康、潘祖荫、吴大澂等与苏六、苏七昆仲及苏子真（珍）等西安古董商关乎古玩买卖交往的信息。（图71）

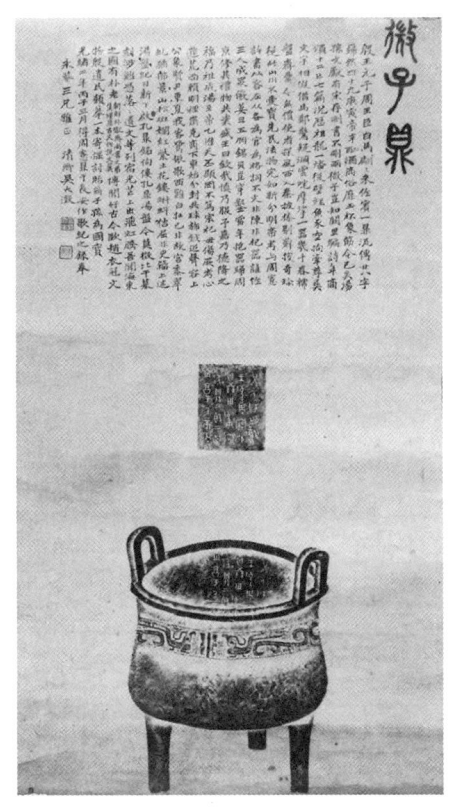

图 71 光绪二年三月吴大澂为永廙三兄所藏微子鼎（愙鼎）全形拓题跋旧照。20 世纪 20 年代摄

20 日，周隆季参与徐、张考察。"出北门，过菜园村"，观"村东头庙"（圣母庙），"孝侯发现其椽端有椽头盘子，庙门盘子系一小儿，正殿盘子下尚有游坠。又有梁上用卢斗，亦系古制"。徐因是感叹："此庙余已入二次，但因对于建筑无研究，乃毫无所得。"

同日诸人又至午门村考察唐城遗址，踏勘含元殿遗址。"孝侯为翔凤阁基之版筑，及殿上之柱础摄影，并量其厚薄长短。"在含元殿村西堡外壕沟内，"孝侯又发现唐遗红土彩画之石灰片"。在孙家凹，徐等观察太液池遗址，发现"池旁多巨石"，认为此为唐太液池遗址，"当属可信"。登药王洞上，至炕底寨村，诸人又发现带字砖瓦颇多，可识者，有"六王"等字样。[②]

21 日，徐炳昶、何士骥、张孝侯、周隆季四人同往杨家城考察。时"大霜铺地，天气甚寒。至午后一两点钟，霜尚未溶。脚步少停，即冷如冰块"，为徐炳昶等来陕后最冷之日。尽管如此，诸人仍连续过郝家村、红庙坡，"登坡北高塚一观。（推测其）大约系唐禁苑中建筑物之遗留，非坟墓也"。至阁老门，"孝侯再量'瓦水道'，发现汉人所用之花秸泥，取出数块，慎重包裹持归。顺城墙向北走。孝侯又在城里面，发现版筑，又照一像"。"至万城门，观汉代版筑遗迹，乐夫、

---

① 〔清〕陈介祺撰，陈敬第辑：《簠斋尺牍》，十册一函，江苏广陵（扬州）古籍刻印社癸酉秋日影印 1919 年刊本。〔清〕鲍康等：《宝铁斋金石文跋尾　鲍臆园手札　陈簠斋笔记（附手札）》，商务印书馆 1936 年版。〔清〕吴大澂：《吴愙斋尺牍》，商务印书馆 1923 年影印本。

② 以上引文均见 1933 年 12 月 20 日《徐旭生陕西考古日记》。

图 72　唐颜勤礼碑拓本局部。原碑藏西安碑林第三室

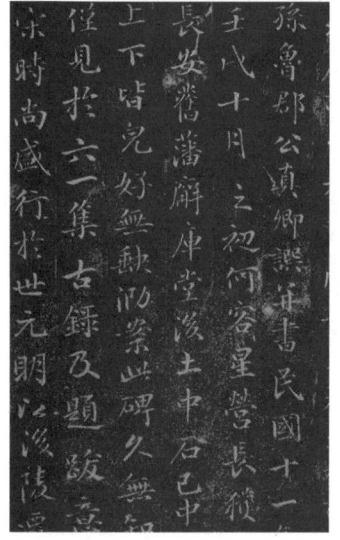

图 73　癸亥（1923）孟春醴泉宋伯鲁颜勤礼碑跋

孝侯均异常高幸（兴），乃摄影两张。又取下一块，量其夯锤大小。并将此块带归。"至范家寨村西小庙时，诸人发现"神台正面，有一带花方砖，颇整齐"。徐认为此砖"不知系汉制，或唐制，然非近时制，则无疑义"。只以何士骥、张孝侯见此花方砖花纹俊逸，造型规制，"爱之甚，颇欲将其取出"，致徐生恼，"乃急呼之出"。①

因徐等前闻西安"粉巷对南门大街处，有一六朝所制之石狮"，又悉 1922 年新任陕西省省长刘镇华于省垣西安开辟省政府操场，曾命卫队营长何孟庚（客星）督工实施，不意工人掘土时于前清旧藩库堂后出土唐书法巨匠颜真卿为其曾祖颜勤礼所书神道碑——颜勤礼碑，一时海内骚然，目为金石佳话。后何孟庚于翌年孟春曾请时任陕西通志局总纂兼省政府顾问的陕西名流宋伯鲁②题写跋语，详述颜碑发现颠末，且将宋跋刻于碑之一侧（图72、图73），故每欲亲至其地探究考察。而后之所谓颜勤礼碑出土地，徐恒疑土中似仍有其他珍贵文物，故有详加探究之必要，以定此地今后可否发掘。

以是，此日考察即以此二事为中心。22 日《徐旭生陕西考古日记》故记："前闻粉巷对南门大街处，有一六朝所制之石狮，乃与孝侯同出寻之。"经徐考察，认为"此狮殊非近数百年物，然言六朝，亦殊无证据"。因欲照相，又因"光线位置，均不便，乃止"。乃至民政厅寻金秘书，"请其领看库堂旧址"。金又介绍该厅秘书范紫东③，盖范氏"为此间旧人，多识往事也"。"谈及颜勤礼碑事，彼言出土地"，当"在（旧藩库）二门外路西"。归寓，适柯莘

---

① 1933 年 12 月 21 日《徐旭生陕西考古日记》。
② 宋伯鲁（1854—1932），字芝栋，一字芝田，亦署芝钝、子钝等，晚年号钝叟。陕西醴泉人。光绪十二年（1886）进士，授翰林院编修，后任顺天府乡试同考官、山东乡试副考官、都察院山东道监察御史、掌印御史等。参与戊戌变法，事败，被革职拿问，远避上海。入民国，任袁世凯总统府高等顾问、国会众议院议员、陕西通志局总纂、陕西省政府顾问等。擅长诗文书画，举世目为"三绝"。著述颇多，已刊印者，有《新疆建置志》《新疆山脉志》《西辕琐记》《海棠仙馆诗集》《焚余草》《己亥谈时》《知唐桑艾录》等。
③ 范紫东（1879—1954），名凝绩，字紫东，以字行。陕西乾州（今乾县）人。幼读书聪颖，光绪二十八年（1902）以七县秀才统考第一成绩入关中著名学校三原宏道学堂。后入同盟会，参加陕西辛亥革命。事定任西安健本学校教员、陕西省议会议员、武功县执事、省政治研究所副所长、陕西民政厅秘书等。1936 年至 1939 年间，连续编纂《永寿县志》《陇县新志》《乾县新志》。1946 年编撰《关西方言钩沉》。平生最著事业在陕西秦腔艺术界，曾任西安易俗社评议员、评议长、编审部部长、编辑部部长等，创作编纂剧本八十余本，《三滴血》一剧尤誉满西北。1949 年后任西安市文史研究馆馆长等，此一时期著有《西安城郊胜迹志略》等。

农、薛定夫相继来，徐告薛适才范紫东言颜勤礼碑出土地状况，薛闻言后颇不以为然。但谈及癸亥（1923）孟春陕西名流宋伯鲁颜勤礼碑跋语所谓"言在库堂后，其言当确云云"，① 薛则无异议。

23日，徐炳昶、何士骥、张孝侯、周隆季四人同出，赴西安城南考察荐福寺（小雁塔）。"孝侯将金明昌钟照出。又发现其天王殿颇古，似可至元。到塔前，赏玩门楣上之唐代花纹，孝侯叹为未曾见之美丽。"出到大兴善寺，"孝侯言正殿两傍站立之二佛像，颇古，似可至唐，乃为摄一影"。"乐夫寻出一残碑，后面为柱础……寻其文义，乃系一道院中碑。后有'□□原民户提领班国才□□魏氏都管……'等字。"徐炳昶认为，"就此数字研究，或可定其时代"。因嘱"孝侯拓出一张"拓本以便考究。因"时已一钟，日光甚佳"，故决定往大慈恩寺考察。乃在院中遍寻古物，摄影数幅。②

24日至28日的考察概况，因此段《徐旭生陕西考古日记》阙佚，故其内涵不甚清晰，欲窥内蕴，需待其他相应资料的后续发现。

因此前所述颜勤礼碑出土地仍未确，29日徐炳昶遂耿耿再依前约，请柯莘农来，"同往观颜勤礼碑出土地，则言在库堂后，与宋子仁③说又不同"④。

种种反复，扑朔迷离，致徐更为疑惑。29日《徐旭生陕西考古日记》因此再记柯莘农所谓颜勤礼碑"当日系打土坯始发现碑，（但）打土坯取土，不能正在门前。且他见碑，在库厅后，如在前出土，必无绕抬库堂后之理"。"似此，则此事仍有疑问，尚须审慎将事也。"

30日，郑士彦请徐在西安南京大酒楼午餐，徐本答应"敬陪"。但他虑及"须陪孝侯出寻王曼坟⑤及唐版筑"，乃"复作函辞之"。故而得同"孝侯、凤山出北门，先看菜园村南之大庙"。又到村东圣母庙，孝侯拍照20日考察发现之"椽头盘子"。后"本意欲到含元殿村壕内找颜料"，因时过11点而罢。遂发十里铺，于该村不远娘娘庙中亦发现"椽头盘子"，"乃摄二张"。该庙尚有壁画，但"颇俗"，只"南壁上绘儿童玩狮子龙灯等戏，意态颇佳，亦摄一张"。⑥

归寓，何士骥又言其曾见宝经堂经理夏子欣⑦，以其为西安碑帖行耆宿（图74、图75），故"熟习各处地理、古藏等，颇健谈，所谈纵横百千里，上下百千年"⑧。"询其知何人曾在坑中拓颜勤礼碑，彼答明日当同工人来。"⑨

---

① 此段引文均见1933年12月22日《徐旭生陕西考古日记》。
② 此段引文均见1933年12月23日《徐旭生陕西考古日记》。
③ "宋芝田"之误。
④ 1933年12月29日《徐旭生陕西考古日记》，疑此处"库堂后"为"库堂前"笔误。
⑤ 疑为西汉王莽（前45—23）之父王曼坟茔。王曼为汉元帝皇后王政君庶弟，阳平侯王禁之子，大司马王凤异母弟。
⑥ 1933年12月30日《徐旭生陕西考古日记》。
⑦ 夏子欣（1893—1956），西安人。早年在三原古玩店做学徒。擅碑帖椎拓、鉴定，汉剧票友。1931年以庋藏汉石经为据在西安碑林外府学巷路东开设宝经堂夏子售金石书画处，于右任题写牌匾。1932年西京筹备委员会成立后任该会调查员。1945年任西安汉剧业余研究会会长。
⑧ 1941年2月10日教育部艺术文物考察团秘书何正璜《西北考察日记》，手稿，未刊，稿存其后裔处。
⑨ 1933年12月30日《徐旭生陕西考古日记》。

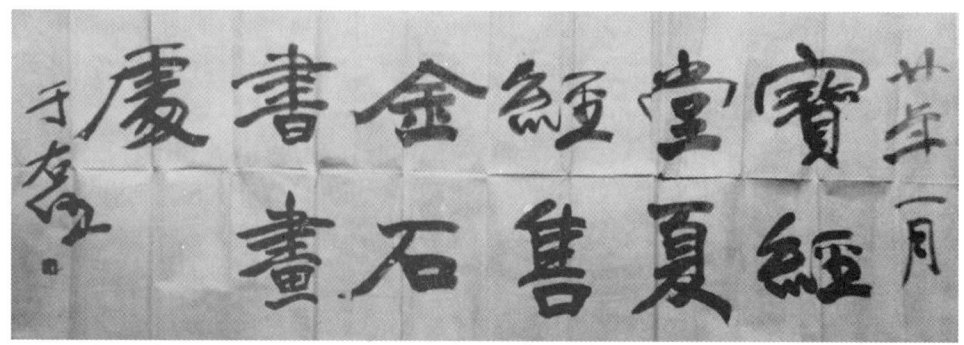

图74　1931年1月于右任题"宝经堂夏经售金石书画处"牌匾书法

图75　宋伯鲁题跋宝经堂缩本昭陵六骏拓本其一

31日，夏子欣如约会同府学巷会古堂碑帖店刘子如师傅前来，盖"刘系当日在坑中拓碑者"。徐等因欣然"与同往观，则言马公碑①出前院鱼池中，略当宋子仁所指；至颜碑出土，则确在库堂后，坑子尚在今日墙外。登一碑头上，隔墙窥知其处"。

复次，夏子欣又言"东关景龙池附近，有一汉墓现出，人皆为疑桥，彼在内

---

① 即唐大历十四年（779）七月刻司徒马璘（721—776）碑，程浩撰，颜真卿正书。因碑为马璘去世两年后新修家庙时所立，故称"赠司徒唐马新庙碑"。此碑立置后曾湮没，清光绪十七年（1891），陕西布政司署整修其库门时，于土中发现，因残断为5块，故又称"马残碑"。彼时，陕西布政使陶模（方之）撰有《陕西藩署增置颜柳碑记》（现藏西安碑林），记其出土概况，文称："碑横裂，佚其中段。上方存二百余字，大半漫灭，下方仅得四十余字。碑额缺四字，撰书姓名及置碑年月均不可见，然其字体端毅严重，灼然鲁公笔也。"此外，欧阳修《集古录目》卷八、赵明诚《金石录》卷八、陈思《宝刻丛编》等皆有著录。此处涉及刘子如言马公碑出清陕西布政司署库堂"前院鱼池中"，恰可与陶模撰《陕西藩署增置颜柳碑记》所谓相对应。

拾得一半五铢钱，决为汉墓"。徐因在午餐后与夏、何、张同往考察，见"墓在一花场中。场在一黄土坑内。场主河南安阳人"。"周围断崖间，唐之破砖瓦甚多。一处一层砖瓦，一层土，明系建筑物基址。"①

（四）回望流年

检索中国文物考古调查史纲资料信息可知，在徐炳昶等人于陕西进行科学考古调查之前，现代科学视域内有关陕西境内的文物考古调查，主要是由欧洲以及日本学者所进行的。

其最早涉足者，推法国学者沙畹（Chavannes）②。依据有关资料，沙畹的调查对象主要是关中地区的汉唐帝陵及相关陪葬墓，其成果后结集于 1909 年出版的《中国北部考古调查记》一书中。沙畹之后，日本的关野贞、桑原骘藏（くわばらじつぞう騭）、足立喜六③、水野清一，④法国的法占（Gilber de Voisins）、拉狄格（Jean Lartigue）、色伽兰（Victor Segalen）⑤、亨采（C. Hentze）⑥、阿登（H. D'Ardenne）⑦，德国的格留克（H. Gluck）⑧，瑞典的奥斯伍尔德·喜仁龙（Osvald Sirén）⑨，美国的毕士博（C. W. Bishop）⑩、福开森（J. C. Ferguson）⑪

---

① 以上引文均见 1933 年 12 月 31 日《徐旭生陕西考古日记》。

② 全名伊曼纽尔－爱德华·沙畹（Emmanuel-èdouard Chavannes, 1865—1918）。法国著名东方学家、汉学家。早年居瑞士洛桑。祖为植物学家，父系工程师。沙畹受家庭影响，1885 年入法国高等师范学院，主修康德哲学。因学习成绩优秀，得高师院长佩柔之启发，转修史学，并接受莫诺建议，始研究东方学、汉学。1889 年受法国外交部派遣，以法国驻大清国公使馆随员名衔来华，进修汉语、汉文并《史记》研究。1893 年当选法兰西学院汉－满－鞑靼语言文学讲习教授，继而出版译本《司马迁史记》，影响深远。弟子颇众，著名者有伯希和（Paul Pelliot, 1878—1945）等。1907 年 3 月至 1908 年 2 月再次来华，在东北、华北等地考察文物古迹，归国后刊布《华北考古纪行》等论文。代表著述有《泰山》《西突厥史料》《中国两汉石刻》等。

③ 足立喜六（1871—1949），日本静冈县人。明治三十一年（1898）毕业于东京高等师范学校。光绪三十二年（1906）应聘任陕西高等学堂教习。其间曾遍涉长安周围文物胜迹，《长安史迹研究》一书是他这一时期考察成果的结晶。

④ 日本学者最早对陕西汉唐陵墓与汉唐文化胜迹等文化遗产的考察，以水野清一（1905—1971）、足立喜六、桑原骘藏（1870—1931）、常盘大定（1870—1945）与关野贞（1868—1935）等人为主体，其主要成果分别如下：

水野清一：《前漢代に於ける墓飾石彫の一群に就いて——霍去病の墳墓》，载《东方学报》1933 年第 3 册，第 324—350 页；《云冈石窟とその时代》，富山房 1939 年。

足立喜六：《長安史蹟の研究》，东洋文库 1933 年版。

桑原骘藏：《考史游记》，弘文堂 1937 年版。

常盘大定、关野贞：《支那文化史迹》，法藏馆 1941 年版。

⑤ G. de voisins, V. Sgalen, J. Lartigue, "Premier Expose des Resultats Archeologiques. obtenus Dans La Chine Occidentale Par la Mssion," *Journal Asiatique*.1915.pp.471-473.

⑥ C. Hentze, "Les Influences Etrangeres Dans le Monument de Houo K'iu-Ping," *Artibus Asiae*. No.1, 1926.pp.31-36.

⑦ H. D'Ardenne, *La Sculpture Chinoise*. Les Éditions G. VanOest. Paris, 1931.pp.31-32.

⑧ H. Gluck, "Die Entwicklungsgeschichtliche Stellung des Grabmales des Hou Kiu-Ping. Zur Frage-nach der Einheit der Asiatischen Kunst," *Artibus Asiae*. No.1, 1927.pp.29-41.

⑨ Osvald Sirén, *L'art chinois classique*. Paris, 1926.

⑩ C. Bishop, "Notes on the Tombs of Ho Ch'u-ping," *Artibus Asiae*. No.1, 1928.pp.34-46.

⑪ J. C. Ferguson, "Tomb of Ho Ch'ü-Ping," *Artibus Asiae*. No.4, 1928-1929.pp.228-229.

等人，均相继将沙氏的调查对象予以延伸、扩大，其成果累见于《有关昭陵六骏石像》《中国西部考古记》《长安史迹研究》《考史游记》等著述。而后的美国学者兰登·华尔纳（Langdon Warner，1881—1955），尚于1925年经中国翻译家蔡受百介绍，陆续在《国闻周报》刊发相关西部地区的一些考古事实。①

相比欧洲以及日本学者，中国学者对陕西文物的研究，直到1915年还漠然停留在金石考据域内文献资料的爬梳钩沉之中。色伽兰目睹此状，感慨系言："欧洲人之寻研所用者，为'中国方法'，纯从事书本之考究耳"，"而于地上或地下之实地调查，今甫开始未久也"。②

在此以后，虽然中国学者陈万里1925年曾随美国哈佛大学福格艺术博物馆敦煌考古旅行团沿途瞻览过一些陕西古迹，并做过一些零星的测量记录，但还不是严格意义上的考古调查。

因此，从某种意义上来说，徐炳昶等人的这次调查，不特是北平研究院抵陕后的第一次系统考古调查，同时也是中国学者在陕西境内开展的最早的一次考古调查，其在陕西文物考古史上应具有重要意义，值得引起今天有志此类课题研究的学者的足够重视。

回望本节开篇划定的四次考察，以及1933年槛限内4月6日、9日对西安东十里铺与茂陵霍去病石刻等其他文物遗迹的考察，笔者认为，徐炳昶等人此一时期的大致收获，应主要集中在以下诸种层面：

1. 初步廓清汉唐长安城遗址区域范围与汉长安城遗址版筑规律和保存状况。

徐炳昶言："此次到陕西，虽考查范围，预先限定为周民族与秦民族初期的文化，然对于汉唐及以后之古迹，亦均随时随地注意"，因"陕西汉唐古迹几到处皆是"。③

按汉长安城遗址区域考察，"共四次"。历诸主要遗迹，稍见城址基本区域轮廓。发现城墙"当日版筑最便。以径三寸许之圆木筑成，痕迹异常明白"。"至万城门，再下，观版筑遗迹。"但"虽到杨家城四次，而对于城之四面，仅见其一面；城内的地方，亦仅走过一小部分。虽觉有很多有兴趣的问题，呈在眼前，而为时间所限，对此类问题，未能兼治；详细的调查和研究，尚有待于将来或他人之努力也"。④

唐长安城遗址的调查，初认为"汉城既如是明了，则依常理推测，唐城当更显著。殊不知实际大谬不然，唐城已几无遗址之可推寻矣！"其重要考察"有二次"。初步获悉唐长安城遗址区域范围，并知丹凤门遗址"土邱板（版）筑迹虽不如万城门之清楚，然亦宛然可见；且通上彻下，不似万城门之从丈许以上起也"。

---

① ［美］Langdon Warner：《西行考古举要》，蔡受百译，载《国闻周报》1925年第2卷第8期，第13—16页；第2卷第12期，第22—25页；第2卷第15期，第13—17页；第2卷第20期，第14—17页。

② ［法］色伽兰：《中国西部考古记》，冯承钧译，商务印书馆1930年版，第83页。

③ 徐炳昶、常惠：《陕西调查古迹报告》（国立北平研究院调查报告第三种），载《国立北平研究院院务汇报》1933年第4卷第6期，第12页。

④ 徐炳昶、常惠：《陕西调查古迹报告》（国立北平研究院调查报告第三种），载《国立北平研究院院务汇报》1933年第4卷第6期，第13—14页。

并悟出"唐城虽遗留极少,然有此数点,已可为研究之出发点"。且认为"此丹凤门及慈仁寺塔,荐福寺塔,在唐城中,均有一定地位可考。即据此三点,精细推求,已可确定唐城之位置矣"。①

这些初步成果,皆以往著述所未见,其在汉唐长安城遗址考古调查史上,应占有重要学术位置。惜以后有关部门的多次类同考察,多未能与此次考察紧密联系起来。

2. 初步明晰了西安附近周秦遗址的大致分布概况,为而后逐渐积聚至丰镐地域历史之主题并继续深入调查创造了端绪。

如在秦渡镇以北的灵台、斗门镇西南的冯村以及冯村之北的大袁村等地附近,陆续发现了堆积丰厚的文化层并采集到一些陶片、瓦鬲以及石器。徐炳昶因是发论,冯村以北断崖上裸露的瓦鬲,应属西周之物,而西周丰京之地望应在冯村一带。又灵台一带的地貌亦颇为瞩目,"觉此地为文王的遗迹,有七八成可信。既非文王故迹,而此地于最古已经住人,且层叠起来,不止一次(处),看陶片与灰土情形,毫无疑问","并且在其间找到石器"。②

换言之,后之1934年1月上旬以来,徐炳昶等对丰镐区域之进一步扩充调查,以及"以为研究周民族文化之基本准备"③做诉求,而于1936年11月第三次考古年会决定翌年春季发掘周丰镐两京遗址的动议,大约均与此次的嚆矢调查不无关系。

3. 初步获悉关中西部地区主要周秦遗址的分布状况与大致内涵,为而后斗鸡台发掘地点的确定奠定了基础。

相较一、二两次考察,第三次考察相对集中,学术含量最高。其主要目的,仍如上揭1934年出版的《国立北平研究院五周年工作报告》所谓,盖为洞悉"周民族与秦民族之初期文化,及与之有直接关系之各问题"。

具言之,即关中西部的"犬邱、秦国之雍以及相类之遗址"。其中宝鸡斗鸡台遗址,凤翔秦雍城遗址、三良冢,宝鸡姜城堡遗址,兴平槐里、犬邱或废邱遗址等,即为例证。

正是这一主要目的的驱使,以后复经多次相关调查的比较、筛选,加之上述良好的社会基础,方才促使徐炳昶等人得以逐步缩小范围,最终聚焦于斗鸡台遗址。

因此可以说,没有此段期盼之际冗长繁复的多次调查,没有难以言状的纷乱坎坷与多重语序,后之主题目的便不能得以凝练集中,而名垂中国考古史册的斗鸡台考古发掘以及陕西区域初具现代意义的文物保护工作秩序,亦不能因此得以逐次出现。

---

① 徐炳昶、常惠:《陕西调查古迹报告》(国立北平研究院调查报告第三种),载《国立北平研究院院务汇报》1933年第4卷第6期,第15—16页。

② 苏秉琦《陕西省宝鸡县斗鸡台发掘所得瓦鬲的研究》一文前,徐炳昶序云:"我第一次认定沣都的位置,就因为看见冯村北断崖间的瓦鬲。"参见《苏秉琦考古学论述选集》,文物出版社1984年版,第92页。

③ 《国立北平研究院第七年工作报告》,载《国立北平研究院院务汇报》1936年第7卷第5期,第82页。

4. 发现了诸多不同时代的碑石、瓦当以及陶器、瓷器、雕刻等其他文物与相关文物标本，分别进行了调查、采集以及征集、拍照等工作。

其中阿房宫遗址瓦当、回文砖、绳纹砖的采集与购买，凤翔唐大中年石经幢、兴平保宁寺及北塔寺北周保定五年石像座、宋咸平三年铜钟等文物的发现和汉长安城遗址内西查寨村北大夏真兴六年石马的调查等，尤堪重要。而12月21日于汉长安城遗址调查中"发现汉人所用之花秸泥，取出数块，慎重包裹持归"①；4月26日阿房宫村调查中又"用不多的钱购得（古代砖瓦残块）一大包，以备将来比较的研究"②等应时处置与举措，亦不失为一种切实可行的田野调查方法，它凸显出中国考古学转型时期一批富有文化责任心的考察者所袒露的一定科学素养与考察水准。

5. 对调查范围的古代寺庙建筑与相关名胜遗迹进行了初步考察，大致了解到一些古建筑及其附属文物的时代、风格、沿革、价值、状况等，对部分文物单位尚实行了初阶保护措施。

对于这一初衷，鄠县草堂寺圭峰碑，宝鸡东关东岳庙及火神庙壁画、雕刻，西安东岳庙建筑、壁画等考察实例，均基本达到预期的设想。它们促成其后在陕西省政府支持下陕西考古会所逐次进行的修葺、保护工作。

就时间节点、目标指向、考察方式等层面而言，很大程度可与第一次相互连接，彼此相关。但因受陕西省政府诸多现实状况与灾后余波、匪盗肆虐等环境因素的影响，难以避免一定局促性、被动性、仓促性和浅显性等负面效应的制约。

6. 与省政府及相关县政府主政者进行了互通联络，有助于而后逐次展开的田野调查发掘、文物征集、文物保护及相关活动。

至少如《徐旭生陕西考古日记》及《陕西调查古迹报告》等资料显示，诸次考察中，徐炳昶等人均十分重视与陕西省政府及各相关县政府、村镇主政者的联络，通过他们疏通考察中可能遇到的诸多阻滞。

这一主旨，由此次考察开始一直漫溢至考古会终结。1935年考察之前，徐炳昶即在1934年12月13日致李书华一信指出："到天水秦安考察者为何士骥等，请预先知念甘省政府。"并嘱李书华雨绸缪，认为即使"秦安、清水二县未必去，然临时或有必要，请多写几县，以免临时张皇"。

7. 与陕西省著名耆老和西安著名收藏家、古玩商及相关文化人士等进行了良好的互动与联络。这对扩充文物线索、扩大考古影响、争取多方支持、进行文物征集及文物展览、开展文物调查发掘等，裨益不少。

其中与西安收藏家、古玩商及相关文化人士的密切接触，促成了1934年2

---

① 1933年12月21日《徐旭生陕西考古日记》。
② 徐炳昶、常惠："（1933年）四月二十六日，昶考查丰镐村后，上车北行，向阿房宫故址出发。……入（阿房宫村）人空院中一观，旧砖瓦异常的多，拾得数片。村人争问，要这些做啥？答言，不做啥，看着好玩，你们有没有？要有就全拿来，我们可以出钱。他们听说破砖乱瓦之可以换钱也，就大家各处的搜。不多时，搜得瓦当，回文砖，各种绳纹砖不少。昶辈乃用不多的钱购得一大包，以备将来比较的研究。"参见徐炳昶、常惠：《陕西调查古迹报告》（国立北平研究院调查报告第三种），载《国立北平研究院院务汇报》1933年第4卷第6期，第11—12页。

月至3月对陕西省民政厅遗址的发掘以及宋刻唐大明兴庆宫图石刻等珍贵文物的发现。1933年5月至6月间在凤翔一带的考察,基于该地丰富文物资源以及凤翔第二中学校长李实之、教务主任姬德邻、教员栾本朴以及收藏家田和生等人的热情协助,促使徐炳昶对凤翔一地产生良好印象。其后考古会之所以坚持底定凤翔以南斗鸡台作为考古发掘工作地,实与5月至6月间徐炳昶、常惠、白涤洲等在凤翔一带的考察有绝大关系。

8. 部分发现具有重要学术意义,由此发端的一些徐炳昶学术论断,对后之学术界具有一定的启迪作用。

如通过对阿房宫遗址瓦当、回文砖、绳纹砖等文物的观察,发现其"与丰镐村及未央宫附近所得,相类之处甚多"。继而认为"考之地望,证之实物,此地为古阿房宫一部分之遗址,当属不虚"。①

通过"四月初六日同法人 Reclus 及曾觉之先生"对茂陵霍去病石刻的考察,认为"此当为我国最古石刻之一种,于古朴壮健中寓生动,神品也"。且认为:"此石刻日人水野清一有《霍去病之坟墓》一篇②,至国人则尚无系统之研究。"③

又如通过对唐长安城遗址的考察,认为:"此丹凤门及慈仁寺塔,荐福寺塔,在唐城中,均有一定地位可考。即据此三点,精细推求,已可确定唐城之位置矣。"④

再如通过对西安周围十里铺等新石器时代遗址的考察,获悉"陕西上自石器时代,下迄明清,其古物无不有可搜集研究之价值,其材料之丰富,实可为全国之冠"⑤。

而徐炳昶、常惠等1933年5月至6月间与何士骥、龚元忠等人1935年1月30日对凤翔城南秦雍城遗址的调查,促成中国科学院考古研究所、陕西省考古研究所等单位1959年以后对该遗址更详细的考古调查、复查与试掘。如1961年至1963年,陕西省考古研究所凤翔发掘队徐锡台、夏振英、马建熙、孙德润、赵学谦、吴梓林等人即在以往调查、试掘的基础上,对该遗址进行了钻探和试掘,基本廓清了南古城的城墙形制和范围,发现了墓葬、铜器、陶器、半瓦当、陶范、骨料堆积等遗迹与遗物,确定该遗址的时代区间为战国秦时。2005年11月至2006年6月,陕西省考古研究院、宝鸡市考古研究所、凤翔县博物馆又联合对雍城内豆腐村遗址进行了考古发掘。

两相联系,1962年第9期《考古》杂志刊布赵学谦、吴梓林的《陕西凤翔南古城村遗址试掘记》,2013年科学出版社出版陕西省考古研究院、宝鸡市考

---

① 徐炳昶、常惠:《陕西调查古迹报告》(国立北平研究院调查报告第三种),载《国立北平研究院院务汇报》1933年第4卷第6期,第12页。

② [日]水野清一:《前漢代に於ける墓飾石彫の一群に就いて——霍去病の墳墓》,载《东方学报》1933年第3册,第324—350页。

③ 徐炳昶、常惠:《陕西调查古迹报告》(国立北平研究院调查报告第三种),载《国立北平研究院院务汇报》1933年第4卷第6期,第14页。

④ 徐炳昶、常惠:《陕西调查古迹报告》(国立北平研究院调查报告第三种),载《国立北平研究院院务汇报》1933年第4卷第6期,第16页。

⑤ 徐炳昶、常惠:《陕西调查古迹报告》(国立北平研究院调查报告第三种),载《国立北平研究院院务汇报》1933年第4卷第6期,第17页。

古研究所、凤翔县博物馆联合编著的《秦雍城豆腐村战国制陶作坊遗址》等论述，都没有忘记对陕西考古会当年调查之功的认同与钦佩。① 后者且谓"他们的举动无疑开启了秦雍城考古工作的先河"，但其所云当时"没有具体的工作目标和相关专业记述"②之说，似乎还需要讨论斟酌。

此外如12月20日徐炳昶同张孝侯、周隆季至大明宫遗址考察时于含元殿村西堡外壕沟内"发现唐遗红土彩画之石灰片"③，亦颇为重要。其对唐大明宫建筑壁画信息的追溯与收集，显然亦具有一定的学术意义。

9. 在集中应对主体文物考古调查任务的同时，尚注意到考察所及与历史、地理、语言、戏曲、教育、吏治、民俗（图76）、民生等相关学科并诸社会层面密切关系的观察与思考。

其中观察陕西寺庙建筑与民居建筑之巨大反差，提出"陕西人民将庙盖得那样好，而自己居屋竟那样简陋，亦属社会病态"。此一发论入木三分，发人深省。又如目击宝鸡东岳庙"当日住军队，在画像上钉了无数钉子！东墙上面孔并有一部分被纸糊"时，"不觉气丧"，认为"以此等名迹，竟任人随便毁坏，中国国家尚成何等国家耶！"④徐炳昶等人已明晰感悟到文物遗迹保存现状背后诸多错综复杂的社会问题以及积弊经久、令人痛恶悲哀的民族劣根性等社会问题。

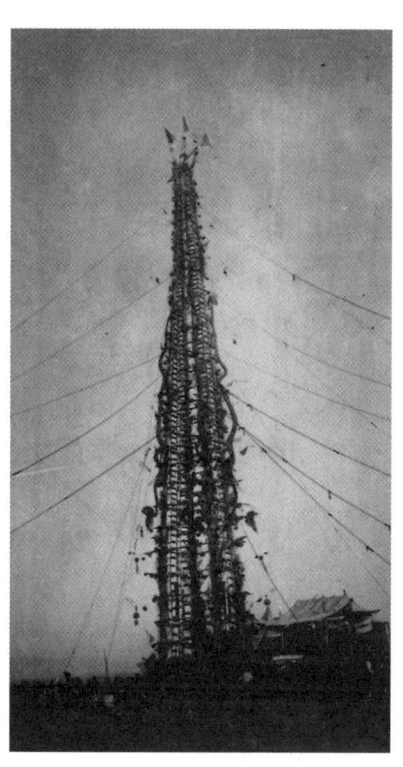

图76 20世纪30年代陕西宝鸡社火表演盛景。苏秉琦哲嗣苏恺之提供

我们观察其后陕西考古会相关文物保护对策的制定以及具体方法的推行，发现其与此次调查所获不无直接逻辑对应关系。时至今日，当年徐炳昶等人在实际田野考察后所立即做出的行之有效的方略对策，似乎仍旧具有弥足重要的现实指导意义与感人魅力。

总括而言，针对1933年12月之前的三次考古调查，徐炳昶在《陕西调查古迹报告》中呼应他本人同时期撰写的考察日记，亦有深刻的评介与急迫的呼吁。

他谦逊称此次"考查所及，亦尚多有走马观花之憾"，致生"极多遗憾"。剖白遗憾的原委，盖"为时势人力所限，有无可奈何者！"感叹"在此境地，除

---

① 以上相关资料出处，除徐炳昶、常惠等人1933年的考古调查外，其他分别为：

何士骥：《陕西考古会工作报告》，载《国立北平研究院院务汇报》1935年第6卷第1期，第79—85页。赵学谦、吴梓林：《陕西凤翔南古城村遗址试掘记》，载《考古》1962年第9期。秦晋：《凤翔南古城遗址的钻探和试掘》，载《考古与文物》1980年第4期。

② 陕西省考古研究院、宝鸡市考古研究所、凤翔县博物馆：《秦雍城豆腐村战国制陶作坊遗址》，科学出版社2013年版，第7页。

③ 1933年12月20日《徐旭生陕西考古日记》。

④ 1933年6月4日《徐旭生陕西考古日记》。

听天任命外,殊难寻出别法也"。

论及成绩,徐则虚心谓其与常惠"此次到陕西,尚有一意外之小小发现,此发现虽颇平庸,无足炫耀,而意义固颇深长,耐人返省者,则昶、惠数月工作之后,感觉到陕西人民,于最近数百年中,对于中国所称之古文化,有特殊之发展,尚为外省人民之所未知"。

提及调查所见陕西文物保存之弊端,徐即直言:"(鄠县)草堂寺中有名之圭峰碑,任其仆断剥蚀于荒烟蔓草间,经昶给和尚五元,命其倩人运至殿内保存。宋村(离草堂寺不远)普护庙中之隋造像残石,经昶与夏纬瑛君据碑文寻获。前则弃置,无人知晓。凤翔东湖内之唐大中经幢,横卧草间,无人理会。此类情形,至堪叹惋。所望邦人君子对于吾民族精神之遗产,珍惜保护,勿使损毁,则中国全体前途,实嘉赖之。"

围绕陕西寺庙考察主题,徐炳昶由衷赞叹它们"百分之八九十,均在水平线以上。此等壁画之普通性,已令昶感叹不止"。"如凤翔八角开元寺,宝鸡东岳庙及城隍庙之壁画,均端丽庄严,非名手不办,而且颜料经久,历时甚长而丹青若新,不似他地经数十年即已黯淡无色。""各处牌楼,斗栱壮丽,不惟省城若是,即如各县亦均若是。北平空有若干牌楼,即最著名北海琼岛东面之牌楼,其斗栱比较陕西,尚当有逊色也。且各村几无不有戏楼,即不及百家之小村,其戏楼亦多精巧可观:两壁有整齐之画,后面木棬,有工细之雕刻,上面有图案整洁之天花板,虽近年残破已多,而完好者仍自不少。庙前旗杆,多用铁,或用石,其构造颇艺术者亦多。余如塑像工艺,亦比他处水平线高;雕石、雕砖、雕木各工艺,不惟普遍而且美好。"

瞻念陕西文物保护现状与保护意义,徐炳昶不无忧虑地呼吁:"近来荒旱连年,饿莩遍野,先民辛勤努力所积之宝藏,亦且日就毁灭!如不急为搜集,保存,研究,则吾国极珍贵之史料,且将巨量的受无从补救的损失。"从而认定:"竭力调查,研究,乃全国学术机关,文化团体所应公同负责,非某一特殊机关或团体之所能单独为力也。"①

四、新旧隔阂

(一)盗墓狂潮使问题复杂化

1933年4月以来,徐炳昶在关中地区考察间隙,曾频繁拜会熟稔区域文化内涵的西安各大绅士,希望通过他们找到解决问题的办法。只是这种一厢情愿的做法,因为未能契合顽强存在的陕西省诸多社会问题之实质,最终以失望告终。按1933年5月20日徐炳昶致李书华信函所言:"此间绅士情形,颇为散漫,昶所认识若干位,相见全很好,其他亦无任何表示。"大约正是一种形象的回复。

---

① 以上引文均见徐炳昶、常惠:《陕西调查古迹报告》(国立北平研究院调查报告第三种),载《国立北平研究院院务汇报》1933年第4卷第6期,第1—3页、第16—17页。

徐炳昶在这里只是简单将绅士们"无任何表示"的原因归结于"散漫",却没有充分意识到,在 20 世纪 30 年代相对封闭保守的西安,对于外来的一切新生事物,人们往往怀有极强的戒备心,更何况是饱受传统文化熏陶影响的绅士群体,在遽然面对一种全新学科之际,往往还需要有一个必要的磨合过程。何况,关乎"盗墓"与"考古"的争议,本来就已经漫溢学界,由来已久了。①

另一方面,在笃守传统孝道规范、习惯传统生活的陕西绅士们看来,科学考古与田野发掘,毕竟只是初闻乍听的名词,它常常容易使人将其与"盗掘坟墓"那样不光彩的行当相联系起来,从而产生一种本能的抵触厌恶情绪。这就难怪徐炳昶费尽口舌,而饱学诗书的绅士们却依旧"相见全很好,其他亦无任何表示"。

与这些绅士的感觉约略相同,对徐炳昶所极力倡言的"考古"产生潜意识反感情绪的,还包括一部分官员及曾经见过一些世面的知识阶层人员。即便是后来担任陕西考古会委员长的张扶万,初始对现代意义的"考古学",也曾抱有怀疑与困惑。以至 1933 年 3 月 19 日徐炳昶拜会杨虎城,杨邀张作陪,张在会谈中默坐半日,终未能做系统见解。当日张之《在山草堂日记》只大略记道:"午后应杨虎城之约,以北平研究院徐旭生来也。"(图 77)

除去以上叙述,陕西绅士对于"考古"一事产生本能反感的另一重要原因,便是溯自 1929 年陕西大旱之后,由泾阳、三原等地率先开始,进而陆续推展至关中地区愈演愈烈的盗墓狂潮。

据陕西省教育厅 1933 年 12 月粗略统计资料,从 1930 年至 1933 年,仅渭水以北十

图 77 徐炳昶寓陕期间与陕西省军政首脑杨虎城及陕西省绅士于陕西省政府大楼前合影。前排左一杨虎城、左二吴敬之、左四徐炳昶、左五周学昌、左六寇胜孚。徐炳昶后裔徐桂伦提供

---

① "盗墓"与"考古"的争议,至迟起于 20 世纪 20 年代初。如 20 世纪 20 年代东方考古协会之议论,1925 年马衡于《晨报副镌》刊发《考古与迷信》之由来,1926 年梁启超围绕"中国考古学之过去及将来"主题之发论,等等。其中梁启超认为:"中国以发坟为不道德,养成风气,难以骤改,将来慢慢改变过来,则有名的坟墓,都可以次第发掘了。"又云:"不过这种事业,很不容易举办,因为经过的地方很广,乡下农民,又多迷信,阻力一定异常之大,一面要等到教育普及,一面要等到政治修明,才能往下做去。"参见梁启超演讲,周传儒记录:《中国考古学之过去及将来》,见梁启超:《饮冰室合集·饮冰室专集之一百一》(全四十册),中华书局 1936 年版,第 13 页、第 14 页。此外,1926 年李济亦感慨议论,称:"关于考古学家在中国掘坟的事,普通人很反对,如果暗地做去,尚且容易,如果公开地掘,一定是被人反对的。但是考古事业,又是不掘坟不成,所以我们现在只希望多有考古家来做这种工作,以所得的材料,去做研究。"参见李济演讲,章熊笔记:《考古学》,载《清华周刊》1926 年第 25 卷第 8 号,第 474 页。

余县数百里间,惨遭盗掘的新老坟茔就达千余座之多。其中有昔日亲手葬坟者、看墓者领头集众开启坟茔之事,更有先祖坟茔迭遭儿孙后辈争相挖掘而致千疮百孔、一片狼藉的咄咄怪事。如富盛一时的富平杨村杨氏"先曾外祖之墓已被族人发掘,墓碑砖楼折卖"①矣。

为此,1930年8月7日张扶万在《在山草堂日记》中遂扼腕惊呼:"赵宋臣来言,泾(阳)、(三)原劫墓之事已至富平!日前樊竹斋之墓被劫,(劫贼)经人惊觉而逃,(樊)家人近派人守墓。"

及1933年6月4日徐炳昶、常惠等人在宝鸡斗鸡台戴家沟党毓崐1927年至1928年盗掘处考察时,尚发现"近日洛阳私掘人偷掘痕迹",时盗掘人已被宝鸡县署捕获,"押在县署"。②

野蛮残酷的盗墓狂潮,不仅使无数弥足珍贵的文化遗产毁于一旦,而且也极大地伤害了富有孝道传统的国人心灵。

1933年春,前陕西民政长宋联奎(图78)目睹西安城外大旱惨象以及惨遭盗掘的新老坟茔,忧愤不已。因致书民政厅厅长王幼农③(图79),慨谓:"闻人言某某之坟又被掘。而正月杪,邹侍郎应龙墓④(图80)亦两次遭厄,此外无名者不知凡几。"指出:"此风不戢,后益无所底止矣。""夫战国乱极之时,死士之垄有樵采者,犹杀无赦。今关中死士之垄岂止柳下惠而被掘之罪,又岂止樵采而已乎?"认为"怨气所

图78 宋联奎小照

图79 王幼农小照

---

① 1938年12月25日(旧历十一月四日)《在山草堂日记》:"杨姓衰极,(民国)十八、九年饥,先曾外祖之墓已被族人发掘,墓碑砖楼折卖。"

② 1933年6月4日《徐旭生陕西考古日记》。

③ 宋联奎:《城南草堂文稿》卷三"致王厅长",抄件,未刊行。另,下文所引宋联奎赋诗为草稿,藏其子宋寿昌处。关于宋联奎"致王厅长"信件与赋诗,本书图示均为宋氏手笔草稿,但草稿"致王厅长"信件题作"致民政厅长王幼农",与《城南草堂文稿》卷三"致王厅长"之题及部分内容有异。文中关乎信件者,用《城南草堂文稿》卷三"致王厅长"所谓;用宋联奎赋诗者,则用宋氏草稿。

④ 邹应龙(?—1588),字云卿,号兰谷。明皋兰(今属兰州)人。嘉靖丙辰(1556)科进士,升至通政司参议,后任副都御史总理江西、江南盐屯,又任兵部侍郎兼右佥御史巡抚江南。擅书画,梅花尤强。性刚直,上疏劾严嵩,直声满天下。后以弹劾宦官冯保,被迫致仕。旋归籍。殁后萧条,《明史》列传第九十八《邹应龙传》引:"(万历)十六年,陕西巡抚王璇言应龙殁后,遗田不及数亩,遗址不过数椽,恤典未被,朝野所恨。帝命复龙官,予祭葬。"墓在西安城南,俗称"石马坟",累遭盗掘。此后再修,周回五十八丈,今已不存。

图80　明邹应龙墓。20世纪30年代初西京筹备委员会摄

钟，上干天①和不雨之因，此或其一"。建议"必欲为烹桑乃雨之计，莫先于泽及枯骨之谋"。复赋诗宣泄，称"冢中骨伤，近日盗发之多也"。他痛陈盗墓狂潮造成"渭河南北天气昏，大小邱垅无完璞"的惨状，针砭"但见得宝市人夸，不闻廷尉悲觳觫②"的不良社会弊病，坚信"君不见汉家广川王，梦白鬓人斮其足③"的因果报应。（图81、图82）

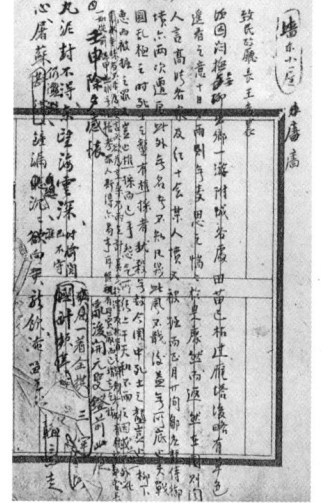

图81　1933年春宋联奎致陕西民政厅厅长王幼农要求制止关中盗墓狂潮信件草稿。西安宋联奎后裔藏

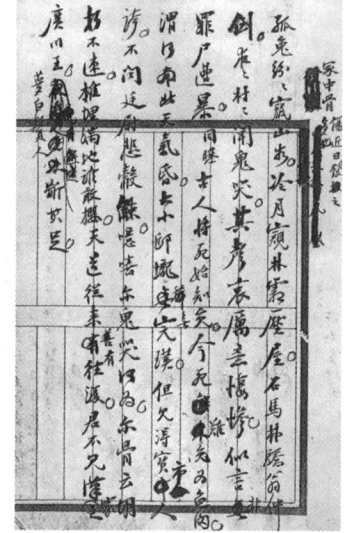

图82　1933年春宋联奎抨击关中盗墓狂潮诗文草稿。西安宋联奎后裔藏

同年4月上旬，陕西省政府秘书景莘农亦专拟严禁掘墓法令致送耿寿伯，称盗掘墓葬，"此为人心世道之患，不能漠视，更不应照掠生人例营救"。又云："劫墓掠骨勒索事，从前所无，于今方始"，应"交公安局侦缉，无论如何结案，在结案后，再行通令，不准赎骨，仍缉劫匪，如有人自愿作说合人代办赎骨者，照通匪谋财论科。本主请人说合者，从一律照劫人勒索得财伤主例从重处办，以杜风气而纠秩序"。

同时，景莘农还指示经办此事的省政府第二科立即拟具体办法，认为只有从严打击盗墓，才可以"重惩刁匪，绝作俑之源，安社会之本"④。

为遏止盗墓狂潮，陕西省政府明令各县调集武装，严惩不贷。以1933年4月为例，仅《新秦日报》《陕西国民日报》刊载诸如"咸阳小陵冢被掘，警方严

---

① 干天，犹谓高出空际。北魏郦道元《水经注·溱水》："崖峻险阻，岩岭干天，交柯云蔚，霾天晦景，谓之泷中。"南朝梁元帝《金楼子·立言》："搜寻仞之陇，求干天之木；望牛迹之水，求吞舟之鱼，未可得也。"

② 觳觫，谓恐惧战栗貌。《孟子·梁惠王上》："王曰：'舍之。吾不忍其觳觫，若无罪而就死地。'"赵岐注："觳觫，牛当到死地处恐貌。"

③ 《西京杂记》卷六载："广川王去疾，好聚亡赖少年，游猎毕弋无度，国内冢藏，一皆发掘。……夕，王梦一丈夫，须眉尽白，来谓王曰：'何故砍吾左脚？'仍以杖叩王左脚。王觉，脚肿痛生疮，至此不差。"

④ 陕西省档案馆藏《关于禁止盗墓等有关函件》，1930年，全宗号：1，目录号：9，案卷号：97。

加稽查""长安保卫团奉谕缉拿要犯""华县格毙盗墓贼犯"等消息就有十余条之多。①

作为直接负责惩治盗墓、耳闻目睹最多的民政厅厅长,王幼农本来就是一位极重传统的旧学绅士,"对于盗掘坟墓事,异常痛恨",及睹老友宋联奎一纸函状,更激发他对盗掘坟墓一事的痛恨。他的《掘墓叹》②一诗因是宣泄:"渭北坟墓悉被掘,狼藉满地不忍视。平津估客竟相趋,金玉珠翠争利市。子孙哭诉长官前,一案未获法令弛。讵料斯风又南来,省垣左右亦如此。"他认为如果听任盗墓之风泛滥成灾,"不究元凶留祸水",将会"养痈贻患古所羞"。只有坚决打击,"惩奸宄",方才能使"恶习"绝止,风俗重开。

不仅如此,王幼农还特意于4月27日陕西省政务会议做严惩盗墓专题报告(图83),指出:"查陕省掘墓之风几遍各属,迭经饬禁拿办,迄未稍戢。"感叹:"朽骨何辜,遭此荼毒。言念及此,不禁心伤。"称:"凡掘墓者,多系惯匪。此辈狡猾异常,侦缉非易。即偶获一二案,各县仅就掘墓一端,论罪狃于法律范围,最高限度不过处以徒刑,殊不足以昭炯戒。"而"各县县长均由绥靖公署加委,军法官俾可便宜办匪"。建议:"嗣后查获掘墓重案,如访系惯匪所为,择其情节较重者,应并究其平日为匪行为,讯供确实,遵照军法官治匪办法,

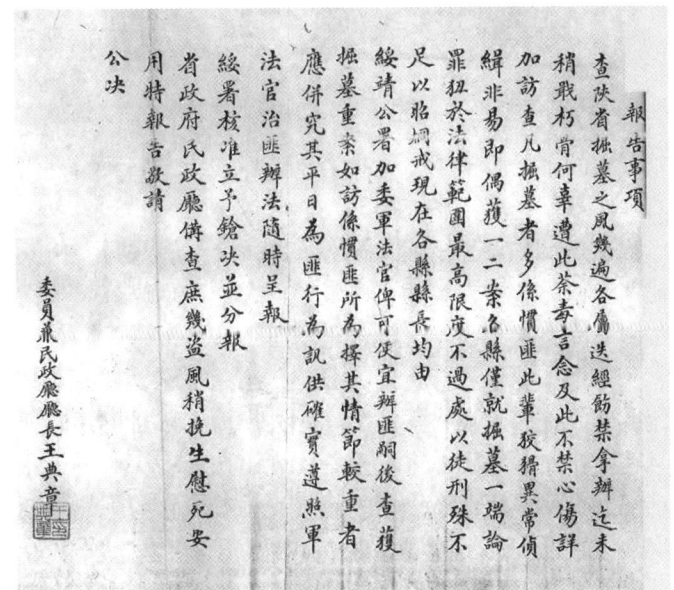

图83 1933年4月27日陕西省政府委员兼民政厅厅长王幼农关于严惩盗墓之专题报告

---

① 陕西省地方政府缉拿盗墓要犯事,当日报载颇多。如《新秦日报》1933年4月3日第4版以《咸阳小陵冢被掘,由两旁掘入。掘深二三丈》为题刊载消息:"咸阳讯。本县第一区法轮乡左村店之南岭,旧有小陵冢一座,既无碑碣可考,复无乡人传闻,官陵民冢,均不可知。其冢僻居荒原旷野,前后距村约四五里,道路不通,人迹罕到。不知于上月某晚被贼掘开,一时并无人知,后经乡人检柴者瞧见,互相传说。有见其状者进内查看情形,并未何等形迹,后由该区团派团丁在该陵巡逻四五夜,并未见人至。此陵想系周代之某人陵,被贼掘至二三丈深,当未发见何种情形,故并不敢深入云。"

② 王幼农:《安隐庐诗存》(余冠英署签),铅印本,第178—179页。原诗:"年来崔苻遍地起,到处良民变棘枳。千百为群劫无时,倏忽恶习竟风靡。生者骨髓早吸干,复念朽尸及已死。渭北坟墓悉被掘,狼藉满地不忍视。平津估客竟相趋,金玉珠翠争利市。子孙哭诉长官前,一案未获法令弛。讵科斯风又南来,省垣左右亦如此。衮衮诸公俱不闻,计去辇毂仅尺咫。可怜泉下有何辜,追溯作俑从谁始。(王幼农自注:先是渭北有伟人坟被掘。竟置不理。此风遂以大振。)侧闻重犯有主名,不究元凶留祸水。养痈贻患古所羞,似此因循无底止。虎狼当道尽贪残,那复有心惩奸宄。吁嗟乎,虎狼当道尽贪残,惟有饮泣吞声,以俟天运之转已。"

图84 古物凑集的西安南院门古董肆。20世纪30年代摄

随时呈报绥署核准，立予枪决并分报省政府、民政厅备查。庶几盗风稍挽，生慰死安。"

王幼农的报告，得与会各委员一致赞同。诸人决议"通过披露并报告"，并"警告各古董铺。不许收买墓中之物"。①（图84）4月29日，陕西省政府咨送第2331号训令于西安绥靖公署，请其"查照"并通令执行。此后不久，陕西省政府又制定公布《禁止劫墓条例》②，训令全省各县政府一体执行，不准懈怠。

在陕西省政府暨西安绥靖公署的严厉打击下，大批盗墓惯犯被缉拿归案，一度横恣猖獗的盗墓狂潮得到有效的遏制，关辅各县赞誉鹊起。

徐炳昶被陕西省遏制盗墓的壮举与气魄所震撼。认为打击盗墓，"陕西似比他省得力"。在致达李书华的信中，徐炳昶甚至不无钦佩地说道："近日捉获洛阳来此盗掘犯，（王）主张严属（肃？）惩办。现尚监禁未释。"③

与关中地区愚昧野蛮的盗墓狂潮相呼应，在甘肃、河南、山东、山西等黄河流域省区，因天灾人祸而引发的大规模盗墓之风，同样给社会造成极大的危害，且殃及初始勃兴的考古发掘。李光谟在《锄头考古学家的足迹——李济治学生涯琐记》一文中所谓"早在中研院发掘殷墟之前，北平的学术界就曾在河南等地多次尝试过发掘，但因遭到地方人士的强烈反对而作罢，其核心问题就在于地方上认为他们跟盗卖文物没有区别。直到中研院的发掘开始后，还是这样一个问题"④的阐述，正是基于此种背景。

不难想象，在当时那样一种同仇敌忾的环境氛围内，仅仅依靠徐炳昶一人之力来竭力推展尚为处女地的陕西考古，倡言毫无基础的两地合作，侃侃释解"考古""盗墓"两种不同概念的根本区别，显然是极其困难的。

故当徐炳昶倡言合作发掘的工作计划和盘托出之际，遂不可避免地遇到来自

---

① 孙易《陕西王典章先生年谱》："陕西自十八、九年（1929—1930）后。掘墓之风大炽。渭北各县严禁之。（公）并警告各古董铺。不许收买墓中之物。"又力主缉捕盗墓案犯，"枪决不贷"。遂使此风少戢。王公尚"公告示省云：须知朽骨虽寒。犹之体。夜台御恨。足伤造物之仁。闻者颇为感动"。见孙易：《陕西王典章先生年谱》，吴宓校订，王德洋、王宗涛整理校印，铅印本，2009年。

② 陕西省档案馆藏《陕西省政府关于公布禁止劫墓条例》（1930年8月—1934年5月），全宗号：1，目录号：9，案卷号：97。

③ 参见1933年5月22日徐炳昶致李书华信函。另参见前揭1933年6月4日《徐旭生陕西考古日记》记其斗鸡台考察时发现"近日洛阳私掘人偷掘痕迹"，而盗掘人已被宝鸡县署捕获，"押在县署"。

④ 李光谟：《锄头考古学家的足迹——李济治学生涯琐记》，中国人民大学出版社1996年版，第88页。

各方的障碍与阻力，而反对最力者，就是掌握实权且最具号召力的民政厅厅长王幼农。

受王的影响，包括张扶万在内的"若干位"绅士，旨在恪守自己内心深处的传统心理防线，初对徐炳昶极力倡言所谓的合作，均表示疑惑或沉默，一时自然不能做出实质性的反应。

遗憾的是，对于陕西绅士这些疑惑或沉默，徐炳昶在最初长达数月居陕行旅中，竟未能有深刻清醒的认识。至于戴季陶其后巧妙利用普通民众传统孝道与善良愿望刻意营构"真电风雨"的用心，徐在起初更漠然难料。①

如果说徐炳昶最初只是因为对陕西绅士缺乏足够认识，从而未能有效把握时机而最终失之被动的话，那么，他彻底廓清事情真实原委后，继而所采取的一系列有效措施却完全可以令人拍案叫绝。

5月22日，徐炳昶就与陕西省合作考古一事再次致函李书华，信中说："即就考古学眼光看起，王（幼农）先生作的也是很对的。因为洛阳已被这一帮盗掘人犯毁坏完。可是，王先生究竟是七十岁的人，对于科学发掘不甚了了，觉得不发掘也好。陕绅具同感的，大约也有人。"

不难看出，徐炳昶在这里既看到了陕西绅士因愤恨盗掘坟墓而抵触反对合作考古的一面，同时也看到了他们由于不了解"考古"真正内涵而产生狐疑、迷茫的另一面。从而敏锐地认定："不过他们也并没有坚决的意志，只要上面的人稍加主顶，似不致有大阻力。"

（二）艰苦的疏通

徐炳昶慨言所谓"上面的人"，指的是将要来陕接替杨虎城担任陕西省政府主席一职的邵力子②（图85）。

对于邵力子的处世为人，徐一向是深悉了解的。早在邵担任甘肃省政府主席之际，徐即对其推重文化、汰旧换新的工作作风欣赏不已。邵之将来陕西主持民政，这对于逆境之中的徐炳昶来说，无疑是自天而降的喜讯。为此，他满怀信心地建议李书华："邵先生不久将来，先生能设法将严禁私掘及保护学术工作二意使他留神，想将来不致有大阻力。"③

正如徐炳昶所梦寐以求的那样，该年6月10

图85　邵力子小照

---

① 参见本书第三章"真电风雨"。
② 邵力子（1882—1967），初名景奎，又名凤寿，字仲辉，笔名力子。浙江绍兴人。近代教育家、政治家。清光绪壬寅（1902）科举人。曾留学日本，入同盟会。后任上海大学代理校长。1928年2月起历任国民党中央政治会议委员、陆海空总司令部秘书长、国民党三届中央监委、甘肃省政府主席、陕西省政府主席等。1949年后历任中央人民政府政务院政务委员、第一至三届全国人大常委、第一至四届全国政协常委、民革常委等。
③ 以上引文均见1933年5月22日徐炳昶致李书华信函。

日，邵力子在正式接替杨虎城握持省篆后，立即大刀阔斧地开始了陕西的经济、文化建设，使酝酿已久的陇海铁路潼西段工程以及连接陕、甘的西兰公路工程，得以迅速进入实质性的施工阶段。与此同时，倡议整修西安董仲舒祠以及训令各县开展调查教育、文化情况的大量繁复工作，也都在积极地实施开展之中。

邵力子的种种治陕策略，使徐炳昶依稀看到了省院合作考古的希望。6月10日之后，徐炳昶兴致勃勃地将陕西省之现状以及省院合作的具体设想方案报告给北平研究院，恳请李书华能尽快以北平研究院名义与邵力子取得联络。

引人注意的是，徐炳昶设想的合作方案，有鉴于数月以来在陕接洽合作时所不意遇到的种种阻力，以及此前中央研究院史语所在河南安阳殷墟发掘过程中所遭遇到的尴尬与教训[①]，已经明显扬弃了此前惟以北平研究院为主体的省院合作模式，而是积极建议援引中央研究院与山东、河南两省合组古迹研究会的成例，成立旨在契合对等条件下省院合作的"陕西考古会"或"陕西文物调查会"。

徐炳昶之所为，大约是想借以避免陷入中央研究院董作宾等人曾经遭遇的"四面楚歌"[②]之境地。

针对徐炳昶慎重提出的全新思路，北平研究院权衡利弊，思索再三，对其设想的合作方案原则上表示赞同。至于具体操作方式，则以此前该院曾函请于右任（图86）出面为之疏通，而于在陕西又深孚众望等种种原因，故而未便冒昧与邵联络。倏忽之间，乃决定派人径直赶赴南京，面谒于右任，以便就近商讨合作办法。

依照北平研究院的本意，似乎认为邵新来乍到，在陕尚未有一定的人缘基础，倡言省院之间的对等合作，获得陕籍绅士的全力支持，仿佛只有于右任一人可以胜任。

按照北平研究院的决定，李书华约在6月下旬赶至南京。未料于氏早在数日之前已先期赴陕，接待李书华者，为于氏在陕西三原宏道学堂的同窗好友、时任监察院审计部副部长的李子毅（图87）。

由于二李之间早年曾有过交情，兼之李与于的特殊关系，因此李书华对李子毅并不回避。他详细叙述了北平研究院目前在陕的尴尬处境以及将来的工作设想，希望援引中央研究院与河南、山东两省合组古迹研究会的办法，尽快成立北平研究院与陕西省政府联合组就的陕西考古会或陕西文物调查会，以开展工作。

李书华一番宏伟设想，大得李子毅赞同。因于赴陕还将有一段时间，故李子毅极力主张李书华可直接向于写信，详细报告北平研究院的成套设想，以便于氏相机与陕西省政府及有关人士接洽协商。

[①] 1928年至1929年中央研究院史语所在河南安阳殷墟发掘时曾因地域隔阂以及资料分配等问题与河南省地方人士发生纠葛。因徐炳昶身系豫籍，故中央研究院史语所所长傅斯年等曾请徐为之疏通，因此省院之中纠葛因缘与处理结果，徐是深悉明了的。参见傅斯年：《本所发掘安阳殷墟之经过——敬告河南人士及他地人士之关心文化学术事业者》，原载《安阳发掘报告》1930年第2期，后收录于欧阳哲生主编：《傅斯年全集》（第三卷），湖南教育出版社2003年版，第111页。

[②] 1934年3月31日《徐旭生陕西考古日记》："同照邻到洹河北一观。河北土人私挖古物，所留痕迹极多。河北夜间工作，甚为积极。官厅士绅均有联络，不愿过问！至可浩叹！（董）彦堂（作宾）在此工作，亦在四面楚歌之中。"

图86 于右任小憩照。英国布里斯托大学图书馆馆藏

图87 李子毅小照

按李子毅所言,于氏本人目前正在陕西,日与杨虎城、邵力子等陕西省要人相往来,倘若能抓住时机促成省院合作一事,无疑应是最佳的结局。

在李子毅鼓励下,李书华于6月28日向于右任发函①。表示:"抵京欲晋谒,知兄已赴陕矣。北平研究院史学研究会派编辑徐旭生兄已至陕从事考古工作,并从实地调查周秦遗迹,数月前信向兄大略陈明。幸此次在京曾数次与李子毅详谈此事,拟仿照中央研究院与河南、山东两省合组河南、山东古迹研究会办法。"

关于拟成立的省院合作组织,李书华认为拟定名为"北平研究院与陕省府合组陕西考古会(或陕西文物调查会)"。其主要工作,可分为"调查、发掘、研究三步",具体分工为"科学的指导之责由北平研究院任之;其保护之责由陕省政府任之,工作费用暂由北平研究院任之"。关于发掘所得古物的处置,原则上应"移置考古会内以便研究。惟因研究之方便得由考古会通过提出一部迁往他处研究,但须于一定期内交还会中"。

至合作双方的人员组成,李书华则认为:"陕省府所聘考古会委员希请荐人。(以)陕西士绅参加,陕省府、陕士绅、研究院三方面合作为目标。"

为增加于对省院合作一事的信心,李书华更殷殷有言:"子毅先生对此办法甚为赞同",希望于右任能"鼎立赞助,无任感盼"。

与李书华往返北平、南京,积极疏通省院合作同步,徐炳昶受北平研究院之命,也频繁拜会陕西省著名绅士,积极推介省院合作的意义,征求他们对于省院合作一事的态度,了解陕西省古物保护的现状以及目前存在的具体问题,为即将开始的省院合作铺垫基础。

以上情事,张扶万在6月24日(旧历闰五月二日)《在山草堂日记》中曾隐隐有记。文云:"北平研究院历史主任徐旭生来陕设研究分院,正在筹备间,约明日饮于玉顺楼。"

如上节所述,在频繁交结拜会陕西绅士的同时,徐炳昶等人还于该年夏、秋间相继考察了关中西部兴平的犬邱,凤翔的雍城,宝鸡的陈宝祠、姜城堡,以及

---

① 参见1933年6月28日徐炳昶致李书华信函。

长安附近的米家崖遗址等。① 这些遗址时代横跨新石器以至汉代，文化层堆积丰厚，地表散见大量陶片、残断石器及其他遗物，具有很高的历史价值，使徐炳昶一行受到极大鼓舞。而陈宝祠、姜城堡遗址积淀厚重的周秦文化蕴含，更使徐炳昶本人留下深刻的印象，这一切皆成为其后他决定将省院合作试办发掘区放在宝鸡的基础与先声。②

当徐炳昶积极疏通省院合作关系，认真寻求发掘地点的时候，于右任正在陕西频繁会见邵力子、杨虎城、王幼农、胡毓威③、雷宝华等政要人物。为沟通昔年关中故旧关系，于还在王幼农、张扶万、徐蓊云④、赵葆珊、赵和庭⑤、梁海峰、谭西轩等一干味经、烟霞书院⑥（图88）同学的簇拥下，瞻孔庙胜迹，话烟霞往事。先是集众祭奠先师刘古愚神位，继而又在西安东大街名菜馆玉顺楼雅集赋诗。其间张扶万送于右任渭北栎阳新出北魏《冯神育造像碑》拓本全套，于则回赠张所梦寐以求的日本出版上虞罗氏宸翰楼《流沙坠简》⑦一书……关学余脉，人气依旧勃勃兴旺。

与烟霞草堂同人把酒赋诗、高谈

图88　刘古愚讲学之烟霞洞（烟霞书院）。1933年摄

---

① 1933年北平研究院在陕西的考察共有两次，一在该年春季，另一在该年秋季。参见苏秉琦：《斗鸡台沟东区墓葬》。另载于《燕京学报》1936年第20期第592页的《陕西发现新石器时代遗址》及现藏中国第二历史档案馆的1933年5月22日徐炳昶致李书华信函也分别记述了这两次考察活动。

② 参见本书第二、三、四章之相关叙述及1934年2月北平研究院、陕西省政府合组陕西考古会《陕西考古成立经过报告》并1934年9月《国立北平研究院五周年工作报告·史学研究会工作报告》等资料。

③ 胡毓威（？—1935），字叔威。陕西榆林人。1927年7月任甘肃省政府委员兼民政厅厅长。1928年4月任国民政府内务部民政司司长，8月任赈款委员会常务委员，10月任卫生部政务次长。1931年2月任内政部禁烟委员会委员兼总务处长。1933年6月任陕西省政府委员、陕西省民政厅厅长。邵力子主陕时，任陕西省政府秘书长。1935年因病卒于北京协和医院。

④ 即徐志鸿（1868—1934），字蓊云，以字行。陕西富平索村人。清廪贡生。早年从三原举人侯贞一学，后又从刘古愚学于泾阳味经书院，与于右任等俊杰同学。清末曾游学日本，受于右任邀请于上海《民呼日报》馆内设甘肃筹赈公所任职。不久回籍，业农。平生服膺孟子学说，集富平八团堡立农民自卫团抗御乱军苛捐摊牌，旋被举为石川河两岸18渠总渠长，德音鹊起，名噪渭北。以误服生附子中毒而亡。与张扶万有咸谊，事迹见张扶万《徐志鸿事略》。

⑤ 陕西蓝田水磨村人。近代地质学家赵次庭（国宾）父。早年从关中大儒刘古愚学，与张扶万、于右任等皆前后同学。清末于天水、兰州等地任州判。辛亥革命后任鄠县知事、陕西省临时议会议员。民初与王含初收集刘古愚文稿，由张扶万编定为《烟霞草堂文集》，1914年刊印。擅书画。

⑥ 味经书院、烟霞书院均为清末关学体系重要教育场所。前者清同治十二年（1873）由陕西学政许振祎倡议，创建于泾阳县城姚家巷，历任山长为城固史梦轩、长安柏子俊、咸阳刘古愚；后者在醴泉城北烟霞洞，光绪二十五年（1899）刘古愚"遣生徒，退兹土，诸弟子筑烟霞草堂，讲学其中"（《关中刘古愚先生墓表》）。两校先后培养大量俊才，在戊戌变法、陕西辛亥革命及民国相关重要事件中，均发挥巨大作用。如三原于右任、富平张扶万、醴泉邢廷荚、合阳李正轨（立斋）、长安谭焕章（西轩）、榆林张季鸾、兴平冯孝伯等，更为瞩目。

⑦ 《流沙坠简》为罗振玉、王国维合撰，上虞罗氏宸翰楼石印本，1914年初版。

宏论的热闹场面形成巨大反差，曾自谓"因灾情关系"，不能在陕"有所开展，故再三恳辞"教育厅厅长而不得已又复回职的周学昌，却独自躲开近在咫尺的喧嚣，静静地在办公室内向李书华、李石曾撰写信函。前函致达李书华，释解自己"居此亦不过尽心而为之，能有一成绩，便算一分耳"。至于二李此前拜托疏通省院合作之事，周则援例抱怨"地方绅老多固执旧见，难以开导，故迄未举办，深以为憾"。后函则致达李石曾，声称："旭生先生日前返平，弟以初回任，事繁未能晤谈，甚憾。对于历史古物发掘事，此间人士多表示反对，盖前清遗老，当有多少封建气味，恐此事举办非教部有明令难以着手。个中情形，当望先生以及诸位先生进（见）谅及也。"许是基于沟通人情关系的缘故，周学昌在此函末尾尚赘言说："弟前月在家卧病十余日，以致我公去京未能见面，失之交臂，殊觉怅闷。请代向李公一陈为感。"并称："此间碑帖出自汉唐者虽多，然佳品难得。兹检得友人处侯小子一帖①，顶格尚存。闻此碑已为日人买去，殊可惜耳。"②

于右任在与烟霞同窗的叙旧拜会中，了解到北平研究院在陕长达数月的接洽协商活动，对北平研究院开发陕西、锐意进取的气度十分欣赏。恰巧在此时又接到李书华的来函，因对省院合作一事颇表同情。他将李函遍示同好，亟盼王幼农、张扶万等人能理解北平研究院致力学术之苦衷。并认为：如省院合作一旦成功，则陕省执此学坛牛耳者，当非张扶万莫属。至于众人纷纷言论之陕省应得之利益，于则以为只能等待合作一事逐次开展后，"视后来发展之情形，相应解决矣"③。

得益于右任等人的言传身教，陕西绅士对省院合作的暧昧态度急骤出现实质性变化，然此时身任教育厅之长，日与陕人朝夕相处的周学昌却毫无所闻。

当他那两封滞后的信函寄至北平之时，李石曾也刚刚从南京李子毅处获得陕西绅士愿意合作的最新消息。怀仁堂西四所内，熟稔陕西省政坛、学界关系网络的李石曾展示周函，哑然失笑。

为保证省院合作一事的健康发展，二李院长很快达成共识：陕西之事，仍赖陕西之人为之，并不能一味依靠政府公文。惟以周学昌现仍主持教育厅工作，亦不能随意开罪为念，二李院长因在8月2日、3日，分别致函周学昌，称："承示关于国立北平研究院考古事项，非有教部函致省府不易生效，所见甚早。但在教部公函来到以前，须请省府极力帮忙，因部中虽有公文，仍恐鞭长莫及，务希随时关照，与省府接洽，请其鼎力赞助为荷。"④

接到北平研究院来函的周学昌细审函文，蓦然觉察出其中的奥妙，他决定赶往省政府面见耿寿伯，详细再谈省院合作之事。

令周诧异的是，于右任有意省院合作的消息，已经通过诸多烟霞、味经同学

---

① 即东汉朝侯小子碑碑帖。按此碑清末之际出土于西安，已残。残高89.5厘米，宽81.6厘米，厚17.3厘米。存文15行，凡198字，隶书。无年月。碑记碑主宦历、政绩等。先为蓝田阎甘园得，后归天津周季木。现存北京故宫博物院。初拓本每钤"爱古山房初拓"六字印，颇珍贵。周学昌此处言"侯小子一帖"，可能为钤"爱古山房初拓"六字印本。
② 周学昌1933年7月2日、7月17日致李书华、李石曾函。
③ 李希平：《关中考古杂记》。
④ 分别参见1933年8月2日、8月3日李石曾、李书华致周学昌函。

之口，婉转传到邵力子耳中。① 邵斟酌后，再欣然告知耿寿伯，言极愿晤面徐炳昶，以协商省院合作之事。

至此，迟滞数月的省院合作议项，终于神秘地浮出水面。北平研究院闻讯快慰，立即催促徐炳昶赶赴西安。但蜗居北平后门西皇城根12号寓所正在凝神整理陕西调查所获古迹资料② 的徐炳昶接到通知，却喜忧参半。喜的是滞重迷茫的省院合作一途，到底还是出现了生机；忧的是此行将往陕西的漫长考古道路，不知还会有多少无名的波折与艰难的坎坷。

---

① 李希平：《关中考古杂记》。
② 徐炳昶居平期间，曾与常惠等人合作撰写《陕西调查古迹报告》，载《国立北平研究院院务汇报》1933年第4卷第6期。

第二章
陕西考古会成立经过

1933年10月至1934年2月，酝酿已久的省院合作一事，终于进入实质性阶段。

这一时期内，省院双方均在合作的前提下，分别从各自的利益出发，就合作名称、机构性质、工作目的、责任分工、经费使用以及发掘资料的登记、保管、移运、陈列与研究等问题，进行了旷日持久的讨论、协商，期望建立双方都理想的工作秩序。

虽然其间不免周折、反复，但在各方人士的共同努力下，最终仍得以摒弃省院合作成立陕西文物调查会等种种不谐设想，促成陕西历史上第一个运用现代科学手段实施文物调查、保护以及田野发掘的政府机构——陕西考古会的成立。

种种迹象表明，新生的陕西考古会无疑应是积极进取、朝气蓬勃的一个学术研究与文物保护管理机构。只是在诸事粗定、百废待兴之际，人们似乎还没有完全领悟到未来的陕西考古会究竟会以怎样的一个形象出现在世人的面前，使用什么样的工作模式更适合这个两地合作、学政汇流的新生机构，全盘照搬中央研究院与山东、河南等地合作成例是否适宜于陕西的具体实际。至于权利义务、工作主次以及政策法令等一系列具象实际问题，更未能来得及予以认真考虑与充分协商，得不到理性的思考与清醒的认识；经费渠道等一些至为关键的问题，甚至还被人为掩盖起来，未能确认并制定相关规则。

故当车马迎送、宴席酬酢与鼓噪宣传之后，原来人为设置的诸多障碍与潜在盘踞的种种矛盾，便不可避免地逐渐暴露出来。

毫不掩饰地说，一切在初创时期所顽强存滞的种种弊病，必然会与新生的考古会组织同在、共生，绝不会在朝夕之间自行淡化，消退开去。它给接踵而来的考古会各项工作带来了一定的困难与阻力，也给今天的考古工作留下了滞重苦涩的历史教训。

站在今人的立场上，我们固然不能过分苛求那些为陕西考古事业做出卓越贡献的先驱者与创业者，然而站在已经消退的历史面前，我们却有责任进行一番客观、认真的思考与总结，于昔于今，均不无裨益。

一、省院争锋

（一）进退之间

徐炳昶动身赴陕之前，北平研究院进行了大量周密细致的准备工作。其最重要者，便是充分参照中央研究院此前与河南、山东两省合组古迹研究会各项文件成例，讨论并审定了由徐炳昶拟就的《国立北平研究院与陕西省政府合组陕西考古会办法》以及其他相关文件。

1933年10月28日，徐炳昶携带在北平期间预拟的合作草案与部分考古资料，满怀希望地到达陕西。果然不出他所料，由此而来的一切接洽、协商，依旧是那样坎坷费力，难尽人意。

10月29日，徐炳昶兴致勃勃地去拜见邵力子，却忘记了此日是星期天，省政府各机关概不办公。待到30日再赴省政府"往谒邵主席"，又因邵外出"开会未遇见"，既而依例拜会省政府秘书长耿寿伯，未料耿却一反往日作风，疑虑重重。忽言古物保管委员会将要成立，合作一事概由教育厅主办；忽言即便是古物保管委员会成立，则省院合作仍"不无阻力"。至于下一步的合作协商工作，耿则言近日诸事繁忙，一概推转至教育厅厅长周学昌。

10月31日，徐炳昶不得已再去拜会周学昌，问以合作主办单位，周云仍以教育厅为主，"谈及发掘事，彼言掘坟总有些老先生不赞成"。并云："王幼农先生（前民政厅厅长，现省政府委员）即最反对发掘之一人。"涉及具体协商方式，周则认为："最好由上面发动，比方说教育部有命令，彼可竭力主持。如于（右任）先生肯说句话，就非常的好。"

陕西省方面的反馈态度，使高兴而来的徐炳昶颇感不快。情急之间，徐于10月31日晚、11月1日两次致函李书华，请李再致教育部一函敦促陕西，达成合作。而他自己则准备"再谒邵先生与谈"，并决定抽调何士骥、张孝侯等一批业务骨干速来陕西，共襄考古大业。①

对于擅长调查发掘、修复的技工白万玉，徐炳昶更思之若渴，先后数次写信与正忙于整理西北科学考察团在额济纳河流域（古居延地区）所获汉简的刘复（图89）商议，请其惠允借调"大将"。并请李书华"再与该团接洽，令白君早来"②。

图89 刘复小照

徐炳昶如此果断执着，是因为他觉察到省院成功合作的日子已为时不远了，而在成功合作的时日来临之前，出现一些难如人意的反复，完全是情理之中的事。

以后的事实证实了徐炳昶的推断。连他自己也觉得不可思议，独掌一省政务

---

① 以上引文均见1933年10月31日徐炳昶致李书华信函。
② 1933年11月1日徐炳昶致李书华信函。

大权的邵力子会是这样通情达理、果断干练。

11月2日早，徐炳昶晋谒邵力子，详细汇报了北平研究院来陕目的以及数月以来的协商合作事宜，希望邵能够给予大力支持。

邵闻徐言，对北平研究院酌将考古工作重点放在陕西的决策十分欣赏，并对数月以来陕西省方面的迟滞态度表示歉意。为讨论方便，邵还嘱徐将该院所拟草案带来参阅。

当日傍晚，徐炳昶再谒邵力子。他将合作草案呈送于邵，邵阅后颇表赞同。经充分酝酿，双方议定省院合作的机构名称拟为"陕西考古会"或"陕西文物调查会"，试办发掘区拟定在宝鸡。其余各款，则基本依照北平研究院所拟草案。

考虑到西京筹备委员会在陕西省的位置及作用，邵力子还提议可否与该会委员长张继取得联系，以求合作。至于合作意向的最后审定，邵则允诺：将以最快速度提请陕西省政府委员会讨论通过。

邵力子雷厉风行的办事方法，令徐炳昶感到十分快意。他按捺不住心中的兴奋，连夜致电李书华，称其"今早谒邵主席，进行可望顺利。但订合作办法时，是否需西京筹委会参加，请决定"。

因张继当时适在北平，而何士骥又系张之得力助手，徐炳昶以尽快得到何士骥为计，又在电报中极力建议李书华"请与溥泉就近接洽"。他权衡利害，称："否则，乐夫薪水将由何方担任？"①

接到徐炳昶11月2日来电，北平研究院自然感到快慰。只是对合作单位突然冒出一个"西京筹委会"来感到诧异。11月3日，李书华电告徐炳昶，称："东电悉。考古区域在陕省合作办法，以吾院与陕省两方合组为宜。合组后仍可由西京筹委会派员参加发掘。乐夫事可与溥泉直接电白。"

未待徐炳昶拆阅北平来电，11月4日即传来令人更加快慰的消息。在邵力子提议下，3日举行的陕西省政府第38次会议（图90）顺利通过"国立北平研究院拟与陕西省政府合组陕西考古会附具办法"②一案。当晚，徐炳昶即接到陕西省政府有关通过省院合组陕西考古会决议的第458号公函（图91）。同时，这一训令公函亦先后发往陕西省教育厅及宝鸡县政府。

11月5日早，邵力子特嘱耿寿伯通知徐炳昶商议双方委员人选。徐炳昶通达北平研究院意见，以为"吾院希望在京陕人有一、二人"参加，或以为李子毅等

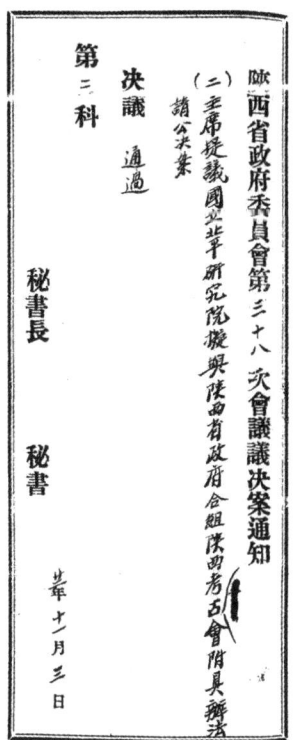

图90　1933年11月3日陕西省政府委员会发布有关北平研究院拟与陕西省政府合组陕西考古会议决案通知

---

① 参见徐炳昶致李书华电函经由"世界社"转达。
② 参见陕西省政府1933年第458号公函。原件藏陕西省档案馆。以下与陕西考古会相关之陕西省政府、陕西省教育厅、陕西考古会、西安碑林管理委员会、西京筹备委员会等单位之间函电均藏陕西省档案馆。除特殊需求外，一般不再注释藏地。

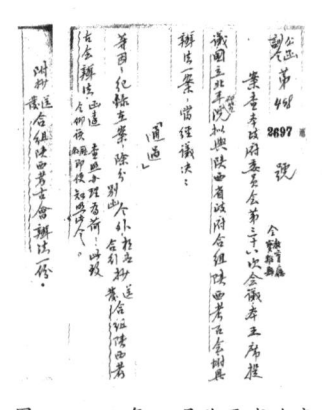

图91 1933年11月陕西省政府关于合组陕西考古会事宜之第458号公函

人较为合适。至于在陕之委员,当以阎甘园(图92)、康少郇①二人为妥。请耿转达邵力子主席。而"耿个人对于康异常不满,言即不谈及,此二人也不致入选"。依耿之意,陕西省方面"大约要聘五人,因为人多可以代表多方面,可以免除困难"。②云云。

受此启示,徐炳昶等人在而后考古会成立后,为便于开展工作,还曾连续加聘关中硕学吴敬之、冯孝伯、景莘农、谢文卿、张寒杉、王伯明、段绍岩、徐冲宵、徐逸樵、李慎庵等人为考古会顾问或名誉顾问。③

至于西京筹备委员会委员长张继委员一职,耿寿伯认为应归由北平研究院推选。徐炳昶对于耿寿伯的建议,亦欣然表示同意,并认为此举可有利于省院双方合组陕西考古会工作之推行。

一路顺风的徐炳昶抑制不住内心的兴奋,急电北平向李书华报喜。他并且告诉李书华,由省院合组的陕西考古会宣告成立的日子已为期不远了,希望李不要轻易离开北平,随时做好来陕参加成立大会的准备。

被兴奋、快慰拥塞头脑的徐炳昶似乎没有想到,一纸合作方案的顺利通过,并不等于一切问题都随之迎刃而解,恰恰相反,正是这个合作方案的顺利通过,方才使原来未能解决的遗留问题,开始呈现出更为复杂的混沌态势。

图92 阎甘园小照

在徐炳昶11月15日致达李书华信函中,显现了合作方案通过后陕西绅士的种种担心与误会。这些担心与误会主要归结为两点:一是"对于古物,恐怕(北平研究院)将来拿走";二是"对于发掘自身有所怀疑。他们大多数因宗教的缘故,对于发掘坟墓,总有是不赞成"。

前者经徐炳昶竭力表示"发掘所得古物均存置本会内,以便研究。惟因研究之方便,得由本会通过,提出一部份在他处研究,但须于一定期内交还本会"④疑虑始得消解。后者则盘根错节,欲罢不能。不仅一般绅士闻之反感,皆持反对态度,即便是见多识广的国民党元老于右任,也心怀疑惑,顾虑重重。以致在11月上旬邵陪于一同视察泾惠渠,二人"谈及此事(发掘)",于不仅"对于

---

① 阎甘园(1865—1942),名培棠,字甘园,号辋口樵者、晚照楼主。陕西蓝田人。清末秀才。入民国致力教育。曾长期寓居上海。恽茹辛《民国书画家汇传》载其:"工书法,善指画,精于山水花鸟,长于鉴赏。"著《说文阶梯》《晚照楼六书讲义》。康少郇,西安人。出身世家,擅文物鉴定,富收藏,藏品以钱币为最。
② 1933年11月5日徐炳昶致李书华信函。
③ 陕西省档案馆藏陕西考古会档案文献显示,吴敬之、冯孝伯、景莘农、谢文卿、张寒杉、王伯明、段绍岩、徐逸樵为张扶万署department"敦聘"为"本会名誉顾问",徐冲宵、李慎庵等人则为此前或以后于关中西部调查发掘工作中陆续聘定,头衔为"考古会顾问",参见《徐旭生陕西考古日记》等文献资料。
④ 参见下文徐炳昶制定之"八条办法"。原件藏陕西省档案馆。

发掘帝王陵墓也不赞成",且提出一种近乎诙谐的观点,认为:"无已,只可让他们发掘秦始皇陵。因为秦皇为人,似乎少差一点。"此事虽经邵极力解释,谓"现定宝鸡为试办区,似乎不是陵墓,但是,既使不发掘坟墓,而如果遇着坟墓,或偶然发现,也禁止发掘,似乎不大好",但于仍将信将疑,犹豫不决。

于之疑惑态度,植根于传统文化的熏陶以及对陕西省荒年中其养母房氏夫人坟茔被饥民盗掘的反感心理,于右任后有《哭墓》诗云:"发冢原情亦可怜,报恩无计慰黄泉。关西赤地人相食,白首孤儿哭墓年。"虽亦情有可原,只是贸然发出"发掘秦始皇陵"的建议,大可使人想象当年上层人士对考古、盗掘一事的整体认识水准与新兴考古事业奠基时期所必然遭遇的尴尬工作环境。

不惟如此,于右任之疑惑态度,还对邵力子加大步伐,促进省院合作的进程产生了一定的影响。11月11日,徐炳昶依约再见邵力子,邵在向徐叙述包括于右任在内陕西省诸多绅士对考古发掘的疑惑后,曾催问徐"实在的计划",并与徐商议"是否可以缓掘坟墓?或过几年,风俗稍开,阻力当能减少"后再实施发掘。①

邵力子的一番话语,使徐炳昶于惊愕之中感到了问题的严重性。他急切向邵表白:"鄙院拟陆续发掘周秦故都,以资比较,最近三年内拟不发掘坟墓。三年后,或须作墓葬,但因知帝王冢均已被前人动过,故不愿作。比方说周陵前,无名代之大冢,累累者达一二百,均属极好材料,很有许多年做不完的工作。至于帝王陵墓。我们只愿扫除三或四处。说扫除不说发掘,因为精细扫除后,一切原物不动,安上铁门,留上陵户,上面种起林木,里面如可能(再)安上电灯。"

涉及扫除(发掘)之具体对象,徐炳昶续称:"我们愿扫除秦始皇(虽然也找着秦皇,但与于先生意大不相同)、汉武帝、唐太宗三陵,因为他们为我们民族的英雄。又愿扫除唐高宗及武则天夫妇的陵,因为据传说这个陵没有动过。可以得到一个千年以前皇帝陵墓的真正模型。至于其他陵墓,毫无意思再作。就是这几个陵墓,也因为需要比较充足的经验,比较丰裕的款项。故近几年内,亦尚不能作。"

徐炳昶态度明朗的"扫除陵墓计划",条理清晰,设想远大,使邵力子大受鼓舞。邵表示"异常赞成,并希望早日能作"。为消除陕西绅士对考古发掘的误会,邵思考再三,建议徐炳昶于17日下午3时,能"在高中里面,作一公开学术讲演,并将讲演稿登于各报上,使大家明白真相"。

邵力子的真诚建议,徐炳昶当然十分赞同。他除了慨允邵的请求之外,还坦然表示,北平研究院将根据最近一段时间陕西省政府所提出的各种意见重新修改合作办法,至于双方均欲彻底消解陕西绅士误会的愿望,徐则建议:一俟于右任自三原故里省亲归来,即"由邵招待,并请有名之各士绅,昶可当宴解释一切问题"。②

从复旦大学图书馆皮藏1933年11月21日徐炳昶亲笔签名敬赠"幼农先生

---

① 以上引文均见1933年11月15日徐炳昶致李书华信函。
② 以上引文均见1933年11月15日徐炳昶致李书华信函。

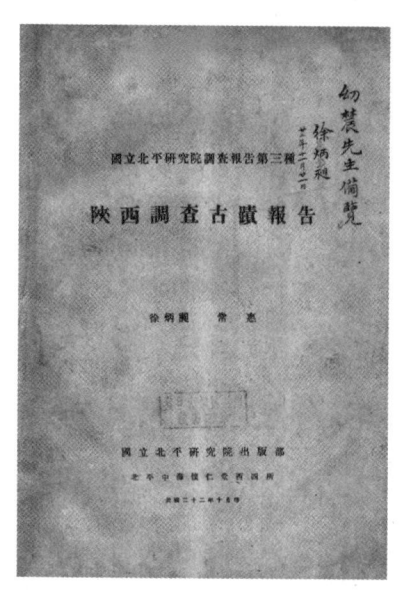

图93 1933年10月刊印徐炳昶、常惠合作撰写之《陕西调查古迹报告》。复旦大学图书馆藏

备览"的一册《陕西调查古迹报告》（图93）中，隐隐望到徐炳昶所谓"由邵招待，并请有名之各士绅，昶可当宴解释一切问题"之后的一隅场景。

揆以情理，相信张扶万、寇胜孚、王卓亭、梁午峰等一干陕西绅士人物，亦均大致在这一时期相继接到徐炳昶的亲笔签名赠书。至此，徐之"解释一切问题"的执着初衷，亦可能随之出现不同程度的效果。

然而事情的发展并非自此即一帆风顺，值省院合作进程不断深入之际，心存疑惑的陕西省一方，随而便滋生了新的问题。

12月15日，寇胜孚通过汪兴齐等人之口，委婉传达出欲与徐炳昶、何士骥会晤面谈，一探究竟的意愿。12月16日《徐旭生陕西考古日记》遂称："早汪兴齐来，言昨日寿伯与寇胜浮（孚）言，寇言欲与余及乐夫见面谈一谈，遂约定于明日正午往访。"

按12月16日之约，翌日上午徐炳昶即前往寇胜孚家中。不出所料，寇、徐等人此日的会晤，似乎仍旧交织在进退不定的试探与碰撞之中。彼日《徐旭生陕西考古日记》所谓"十二钟到寇胜浮（孚）家一谈。彼对考古会一切计画，详细一问。允三两日与诸老先生商议，云云"之些许记载，仍使人隐隐感到难以言状的压抑。

不管如何，经邵力子、徐炳昶等人的竭诚努力，陕西绅士对于"考古"与"盗掘"二者之间的区别认识总算有了一点微弱的进步。仅此一点，徐炳昶仍深深为之欢欣鼓舞。

颇感惬意的徐炳昶没有想到，曾被视为"禁区"的陕西省局面刚刚出现一些转机，北平研究院内部就发掘地点汰选确定等问题却又开始了新的争论。

图94 陕西富平县王翦墓。1928年2月18日摄

先是有人建议发掘陕西富平的王翦墓①（图94），理由是王翦系秦始皇时期著名军事家，其墓前另有六冢，传葬有六国图书，发掘此墓应具有极高之历史价值。

接着，"中法派"干将李宗侗（图95）又认为与其发掘赳赳武夫茔地，倒不如发掘一代枭雄吕不韦墓②。原因是吕

---

① 王翦为频阳人，墓在陕西富平到贤镇东门外3里许纪贤村永和堡北。椭圆形封土，高约9米，周长达136米。封土西侧百余米处自南至北原依次排列小型封土冢6座，今已不存。此6座封土内冢据传随葬六国王侯衣冠、典册等。1956年8月6日陕西省政府公布其为第一批省级重点文物保护单位。

② 葬地不详。传在河南偃师首阳山镇。

图95　李宗侗小照

不韦（？—前235）曾为秦庄襄王与秦王嬴政两朝丞相，拔卫取赵，编纂《吕氏春秋》，几乎左右了秦统一前后的整个历史。故其墓室必阔，藏物必厚，只需发此一墓，便可尽知鼎盛时期的秦国历史。而这一点，亦与北平研究院立意探索"周民族与秦民族之初期文化"[①]的工作宗旨恰相吻合。

纵深探究，令人遗憾的事情其实不仅仅局限于以上的叙述与讨论。对于远在北平的争论，即便是独在陕西、扛鼎一方的主要人物徐炳昶，也曾一度困惑、茫然，缺乏足够的认识。

在致达李麟玉信函中，徐炳昶语词含混地说道："吕不韦坟事，玄伯从前亦曾与旭谈及。但吕坟何在？亦尚有疑问。且陕人对于发掘坟墓，尚未赞成。即昶原计划，亦拟于三年内发掘各故都，故吕坟事，只好暂从缓图。"另"陕西富平有王翦坟，坟前有六冢，相传为六国图书。昶于此说殊不甚信，然其可信程度，亦并不亚于吕冢藏书。将来有机会，也许先开六冢，此意请转告玄伯"。[②]公允地说，徐对发掘王、吕二冢，客观上是持赞同态度的，不过只是限于条件以及环境，一时尚不能开展工作罢了。

（二）八条办法与烦琐的筹备

不管平、陕两地有关发掘地点的争辩多么热闹、激烈，在邵力子的直接关心下，由徐炳昶征求省院双方意见所修改的《国立北平研究院与陕西省政府合组陕西考古会办法》[③]（简称"八条办法"，以下同），终在11月7日之前得以改定。其主旨为：

"一、兹经国立北平研究院之提议，由国立北平研究院与陕西省政府各聘委员二人至五人组织陕西考古会。

"二、国立北平研究院所聘委员由国立北平研究院史学研究会推荐之；陕西省政府所聘委员由陕西省政府教育厅推荐之。

"三、本会设委员长一人，工作主任一人，秘书一人，由委员互选之。

"四、本会工作暂分调查、发掘、研究三步，其科学的指导之责由国立北平研究院任之，其保护之责由陕西省政府任之。

"五、本会会址设于长安，并于发掘处设立办事处。

"六、本会工作费用暂由国立北平研究院独任之。将来得由国立北平研究院、陕西省政府分任之。

"七、发掘所得古物均存置本会内，以便研究。惟因研究之方便，得由本会通过，提出一部份在他处研究，但须于一定期内交还本会。

---

① 国立北平研究院：《国立北平研究院五周年工作报告》，1934年。
② 1933年11月5日徐炳昶致李书华信函。
③ 原件藏陕西省档案馆。

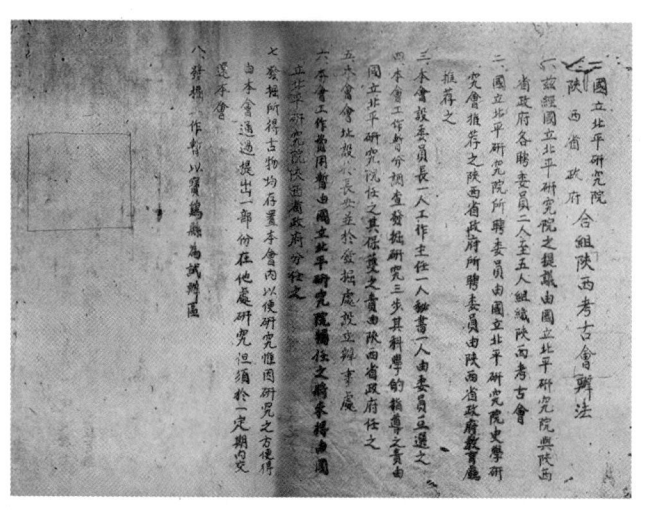

"八、发掘工作暂以宝鸡县为试办区。"（图96）

上述八条办法，基本上是依托中央研究院与山东、河南两省政府合组古迹研究会办法[①]而来的。与徐炳昶来陕之前曾经北平研究院审定的合作草案相比，除将"古物处置"一条稍加更改外，其他各条几乎只字未动。

图96 国立北平研究院与陕西省政府合组陕西考古会办法

这一成例，源自中央研究院与山东、河南两省政府合组古迹研究会办法，亦可从徐炳昶、刘复等1927年4月26日参与签订的《中国学术团体协会为组织西北科学考察团事与瑞典国斯文·赫定博士订定合作办法》（十九条）中找到一点影子，并对1936年10月《国立北平研究院与国立西北农林专科学校合组中国西北植物调查所简约》（十一条）[②]产生一定影响。如果有兴趣排列目前所知至少这四种文件年序，相信细心的读者会从中发现一些内在的微妙联系。

关于省院合作机构之名称，依据双方此前的多次协商，拟称为"陕西考古会"或"陕西文物调查会"。但八条办法首条将"陕西考古会"之名列于第一方案，显示出明显的倾向性，其间陕西省政府相关文件称谓也基本吻合这一倾向性。旋经双方多次审慎集议，至1934年2月1日会议之际，第一方案遂成唯一确定方案，"陕西文物调查会"名称乃被正式扬弃。

八条办法改定后不久，11月17日徐炳昶的讲演以及其于而后陕西省政府公请于右任宴会上的讲话亦获巨大成功。

依照双方原定商议，省院双方各自委员人选，须在近期内尽快加以审定，以应对即将成立的省院合组考古会的正常工作。为此，北平研究院方面委员人选大致于11月底产生。

可能囿于省院合组机制、名称限定等缘故，此前所议的西京筹备委员会委员长张继最终未能进入委员序列。最后出名者，北平研究院一方实为李书华、徐炳昶、翁文灏、李麟玉、刘慎谔五人。

就陕西省方面来说，原议委员人选曾几度更改，最后确定须赖邵力子一言定鼎。惟邵近赴南京公干，刻尚未回，致委员人选迟迟不能产生。急欲推展工作的

[①] 参见中国第二历史档案馆藏《国民政府内政部档案》之中央研究院与山东、河南两省政府合组古迹研究会办法。其中1932年2月8日制定的中央研究院与河南省政府合组河南古迹研究会办法，见中国第二历史档案馆编：《中华民国史档案资料汇编》第五辑第一编文化（三），江苏古籍出版社1994年版，第587—588页。

[②] 原件藏陕西省档案馆，全宗号：84，卷宗号：124。

徐炳昶观瞻此情，不胜"叵耐"①，连连催促耿寿伯，但直到12月上旬，仍无消息。徐炳昶不得已再询耿寿伯原委，耿则请徐再与寇胜孚等人晤谈催促。

12月16日，"早汪兴齐来，言昨日寿伯与寇胜浮（孚）言，寇言欲与"徐炳昶"及乐夫见面谈一谈"。徐觉寇可能要谈省院合作成立考古会事，因即"约定于明日正午往访"。②

12月17日上午12点，徐到寇胜孚家与寇晤谈，但寇未直接答复徐之询问，只"对考古会一切计画，详细一问。允三两日与诸老先生商议，云云"③。

12月19日，周学昌晤徐炳昶，告考古会"委员人选已大体规定，只差一人云云"④。

12月25日，徐见陕西省方面委员一事仍无消息，再谒耿寿伯催促。旋经诸人多方努力，李书华等又在12月27日代表北平研究院发"俭电"催促，至12月27日，陕西省方面才由省政府秘书长耿寿伯签呈、邵力子批示，姗姗举出寇胜孚、王卓亭、梁午峰、张扶万四人，并在29日陕西省政府第53次会议上讨论通过。（图97）

考虑此前北平研究院曾有"希望在京陕人有一、二人"⑤之建议，省院双方还一致推荐担任南京监察院审计部副部长的陕籍人士李子毅为委员。由于此事事先未能征得李本人的同意，耿寿伯便立意委托李之挚友李寿亭⑥代为函达。及全部委员名单底定之后，邵力子大约考虑到省院双方的合作关系，还曾提议一应人选名单须送交北平研究院存案并颁发聘书。27日，徐炳昶因向李书华电函，谓："考古会事大体决定，陕方委员五人聘书即可送出，李子毅处请先生再一函，以利进行。陕方委员亦请正式电告陕省府。"

12月28日，北平研究院回电徐炳昶，谓27日电文已经收悉，关于成立大会开会日期，请其速与陕西省方面协商。

徐接电后，自觉责任重大。在徐看来，目下要事有二。一恐陕西省方面办事粗疏，或将贻误诸委员聘书先行发送。且如此盛事，须事先征得诸委员同意后方

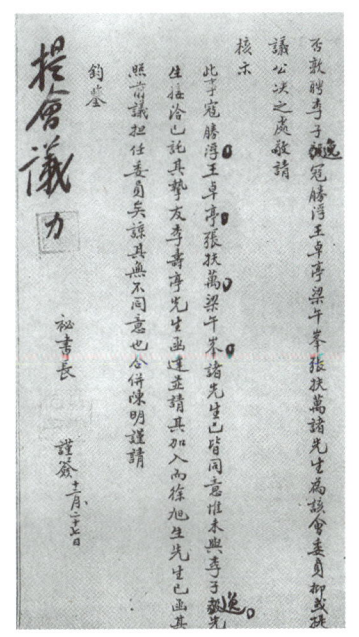

图97 省院合组陕西考古会关于聘请委员之提议

---

① 1933年12月10日徐炳昶致李书华信函。
② 1933年12月16日《徐旭生陕西考古日记》。
③ 1933年12月17日《徐旭生陕西考古日记》。
④ 1933年12月19日《徐旭生陕西考古日记》。
⑤ 1933年11月5日徐炳昶致李书华信函。
⑥ 即李百龄，陕西三原人。1931年1月出任陕西省教育厅厅长，1932年11月因倾向进步被南京政府撤职，由CC系（Central Club 简称）周学昌接任。西安事变后接替周学昌再任陕西省教育厅厅长一职。善书法。文中委托李之挚友李寿亭代为函达事，参见上引陕西省政府秘书长耿寿伯签呈、邵力子批示省院合组陕西考古会陕西省一方委员人选便签。

可最后决定日期。二则前在考古调查中寻出之古物四事，不应再循旧例存储西大街与南院门之间的陕西省图书馆，宜先存储地近鼓楼的民政厅，俟考古会成立后再行转送考古会保存。盖民政厅权力至大，便于节制，且其办公场所又近考古会将来办公地民政厅后院粮道巷一地缘故，而图书馆有司或有所轻视、扬弃也。

应对各节，徐在29日上午"写给寿伯信一封，请其于发出聘书后即，拟定开会日期，先征取委员同意，再行决定"①。信中称：

"寿伯秘书长如握：前日谈至畅。承允采择鄙意，至感。昶意考古会委员聘书发出后，即可以省政府名义提一开会日期，征求在西安委员同意。日期昶意以明正初十日后、十五前任何一日为宜。竢得此间委员全体同意后，再征求在外委员同意。征求以函、以电均可。如以电，则子逸先生处，须计算其接到聘书后，始可发出。去函电时，似宜仍作为拟定日期为宜。竢复电来，再斟酌去电决定日期。私见如此，祈斟酌办理，至深铭感。特此建议，即候公安。"②（图98）

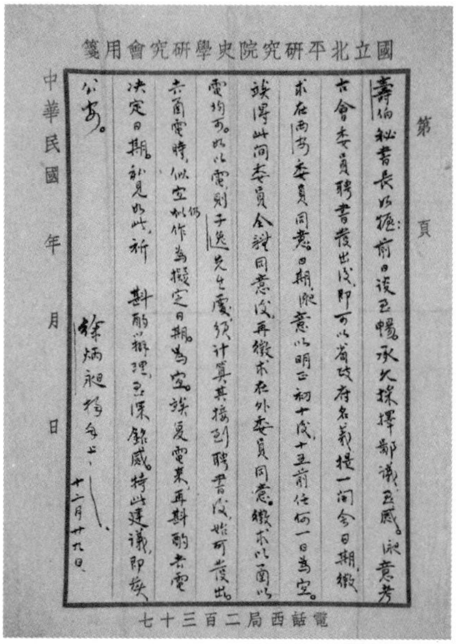

与耿寿伯信件同埒，同日徐又致民政厅厅长胡毓威"书信一封，建议将要寻出之古物四事，不保存于图书馆，先存放民政厅中，竢考古会成立后，即托会保存，因恐图书馆中当局贵古贱今，对于可宝重之史料，且鄙夷视之也"③。

图98　1933年12月29日徐炳昶致耿寿伯信函

同是在29日，邵力子亦代表陕西省政府向北平研究院回复"艳电"（29日电），电文称："俭电（27日电）教悉，本省考古会现已决定延聘李子逸、寇胜浮（孚）、王卓亭、梁午峰、张扶万诸先生为本会委员，除聘书分别致送外，特电奉复。即希查照。"

至开会日期，29日上午徐所致耿寿伯信函，当日下午即有耿之回复。信云："（考古会）开会定于新正十日。"新正十日，即1934年1月10日。

大概是为了求取慎重，12月30日徐炳昶又让何士骥去问耿寿伯："院中委员是否需吾等通知？且考古会址是否定在（民政厅）后院？"旋得何回复："言寿伯说需余等发电，第一次开会在省政府，后即设本会（厅？）后院。"

接耿回复，徐即刻电告李书华，谓："委员会开会，陕省拟定于新正十号，请询各委员，能否赶到，并乞电覆。"④同日《徐旭生陕西考古日记》因记："发致润章电一封，询在平委员是否能于十日前赶来。"

---

① 1933年12月29日《徐旭生陕西考古日记》。
② 原件为西安某收藏家收藏。
③ 1933年12月29日《徐旭生陕西考古日记》。
④ 1933年12月30日徐炳昶致李书华电。

12月31日，期望进入工作程序的徐炳昶另致"润章信一封，请其购买各应用物及书籍"。同日耿寿伯尚电邵力子请做准备，徐炳昶且获陕西"省政府致院方委员函五封"，再次获知"十日开会"①消息，知彼之前议已尽为陕西省一方接受。

不意李书华此日忽电徐炳昶，云北平研究院方面委员公事烦扰，"短期内恐不能来陕"。此时深悉陕西省方面做好一切准备的徐炳昶接电颇觉不快，立即回电李书华，抱怨："考古会首次开会，院方无人来，似不妥。何时可来，请速电示，即与省府商议改期。"

可能李书华已觉察到此前电报已引起徐炳昶的误会，31日故另有一电，解释说："弟甚愿来陕，惟近日脖子肿，已割治，尚须十日方痊愈。考古会（开会）延至一月底或二月初，何如？"

获悉北平研究院新的动向，徐炳昶未敢怠慢，急于31日晚晤面耿寿伯，具告北平研究院一方意见，请将会议延至1934年2月1日。因距离开会时日尚需一段时间，徐炳昶并同时决定，"将于本月（1934年1月）初十日后到咸阳、鄠县、秦咸阳故都、周丰镐故都考察一次。大约在二十五日前即回西安，筹备开会事宜"②。

以上各事，徐炳昶在1934年1月1日左右曾回函李书华报告。1月4日，耿寿伯复再特函徐炳昶，申明"陕西考古会原定一月十日开会，已由本府召集在案。承嘱以李委员书华项疮未愈，届时恐难赶到，拟展期至二月一日开会一节，业由寿伯呈奉主席，批准照办。除分函外，相应函达查照。至在平各委员函件，仍请先生代为收转是荷"云云。

耿氏函到之时，徐炳昶正忙于收拾外出的行李。对于这封盼望了两年之久的重要函件，他却全然没有了最初时节可能出现的那份亢奋。他所殷殷惦念者，则是此前一再函告李书华急需要得到的《秦汉金文录》《居延汉简》《乐浪郡》《国学季刊》一类的参考书籍，与历代尺度等有关的资料，以及发掘所需的皮尺、绘图蜡纸、蜡绢与印相纸、柯达咪纸、溴化钾、衣仑、海波、晒合等照相物品。③

在徐炳昶看来，成立大会的日子既然已为时不远，以后的工作，应该是紧张有序的田野调查与考古发掘了。

二、成立始末

（一）2月1日之前

1934年1月上旬以来，徐炳昶协同何士骥、张孝侯等人尚对咸阳、鄠县、

---

① 1933年12月31日《徐旭生陕西考古日记》。
② 1934年1月1日徐炳昶致李书华信函。
③ 1933年12月31日徐炳昶致李书华信函。

长安三县境内的部分新石器遗址以及秦咸阳故都、周丰镐故都等建筑遗址进行了考察。

此次考察的主要收获有四：一是对1933年4月26日调查的丰镐遗址范围进行了扩大延伸，确定了斗门镇西南冯村以及其北的大袁村一带的新石器时代以至周代遗址，采集了灰色、红色陶片、石器、瓦甗残件等；二是基本搞清了三桥镇一带秦阿房宫遗址的大致范围，对前人所谓阿房宫村南俗名称作"上天台"①（图99）之地即是"阿房宫址"的说法有所修订；三是新发现了西安东北10余里陇海铁路沿线的米家崖遗址，"考察发现该处为三代以前石器时代之地层，灰层褐色，断定为

图99　西安郊外俗谓之"上天台"遗址。1934年摄

当时人造饭之遗迹，且证明与民国八年在豫省所掘之地质为同一时代。当起土时，曾发现六朝及汉唐时代大批古物二百余件，其中不少珍品"②；四是促成"以为研究周民族文化之基本基础"③为主体诉求导向的确立以及1936年11月第三次考古年会决定翌年春季发掘周丰镐两京遗址的动议。

丰镐遗址考察的进一步深入，亦对苏秉琦后在《斗鸡台沟东区墓葬》中阐发新的学术感悟，产生了一定的启迪。

观察苏氏文中所谓"二遗址均在今长安城西南。丰水从东南来，向西北流入渭水，丰京在其左岸，镐京在其右岸。镐京附近，灰土陶片甚少，足证古人汉武穿昆明池，毁镐京遗址之说不误。丰京遗址之已调查者，为秦渡镇以北之灵台，今斗门镇西南之冯村，及其北之大袁村。灵台有灰土，石器，红色粗陶片等。冯村北及大袁村附近有灰土，灰色及红色各种陶片。瓦甗片，瓦甗足尤夥，完整者亦不少"④等诸多议论，多少都可从徐炳昶等人的考察中找到联系。

经过以上的各次调查，徐炳昶对在陕筹设考古会、开展考古调查发掘工作更加坚定了信心。而通过对此前数次拟议发掘的长安丰京、宝鸡姜城堡东门外、斗鸡台三处遗址的重新复核，徐炳昶等人更一致认为，宝鸡"地处汧、渭二水之间，

---

① 俗名又称"秦始皇上天台""秦始皇望想台"。在阿房宫前殿遗址东500米处，为一高大夯土台，周长约310米，高约20米。经中国社科院考古研究所阿房宫考古队调查论证，此台为战国时期秦国于渭河以南所建上林苑中一座以高台宫殿建筑为核心的宫殿建筑群遗迹，从遗址中出土遗物观察，其沿用至汉代。
② 引自天津《大公报》1934年4月20日相关新闻报道。
③《国立北平研究院第七年工作报告》，载《国立北平研究院院务汇报》1936年第7卷第5期，第82页。
④ 苏秉琦：《斗鸡台沟东区墓葬》，第9页。

为秦民族发祥之地"①，恰与最初设定探索"周民族与秦民族之初期文化"②的主旨相吻合，应是较为理想的发掘场所。

这一认识，大致成为1934年2月1日下午陕西考古会议决于宝鸡斗鸡台一带实施考古发掘的理论基础。

当徐炳昶等人忙于新石器以至周秦遗址的考察之际，陕西省政府则相继开始了有关成立大会的筹备工作。考虑到省院合组考古会成立之后的一些实际操作问题，这段时间内，陕西省政府尚就考古会成立后双方的各自权限以及究竟以谁为主体等问题，进行过一番较为认真的讨论。

有关这一讨论，陕西考古会旧档未见相关资料，幸1月5日（旧历十一月二十日）张扶万《在山草堂日记》有简略记载可补阙疑。语谓："见邵主席，民政厅厅长胡叔威在座。言北平研究院徐旭生来西安，提议请省府设考古会，由省府研究院合办，会设委员五人，研究院二人为主体，省府主之者为主席，余二人由士人加入。说毕去。"

为确保成立大会的顺利召开，省院双方又分别召集各自委员，对徐炳昶拟就的八条办法进行了认真的讨论。1月16日下午3时，北平研究院还在该院总办事处特别召开"本院委员五人"谈话会，"当即推定李书华、翁文灏、徐炳昶赴陕出席二月一日合组陕西考古会第一次会议"③，并就即将赴陕的具体细节问题进行了商讨。

就陕西省政府而言，耿寿伯亦与陕西省政府主任秘书景莘农及寇胜孚等人权衡计议，酌举张扶万出任即将成立的陕西考古会委员长。

按照平、陕两方底定的开会日期，李书华偕翁文灏于1月28日乘火车离开北平，30日至潼关，31日改乘汽车抵达西安。

甫一住定，李即偕翁文灏、徐炳昶于当晚拜会省政府秘书长耿寿伯，双方互通问候，认真磋商了2月1日成立大会的具体细节。

因邵力子赴南京之前曾嘱耿寿伯待北平研究院来人到达西安之际，可于适当时机组织一两次公开讲演，以推广科学，开发西北，云云。故而双方还商讨决定，将于2月2日假西安高级中学礼堂举行公开演讲，届时于各报公开登载讲演消息，以扩大影响，广为宣传。

鉴于徐炳昶此前已做过一次公开演讲，所以李书华提议：主讲人拟为李书华、翁文灏以及袁希渊。所讲题目，大致以普及考古、史地知识为限，听讲对象，应是中学文化程度以上的知识阶层以及相关机构的公务人员。

北平研究院的严谨务实态度，使陕西省政府颇感钦佩。为慎重起见，耿寿伯还嘱省政府秘书处连夜赶发函文两件。前函直对本省委员寇胜孚、王卓亭、张扶万、梁午峰，谓："查考古会第一次会议日期，业经分函通知在案。惟委员中有远道来省者，自应准时到会。以昭慎重。相应函请查明，务于是日下午一时前来

---

① 徐炳昶、常惠：《陕西调查古迹报告》（国立北平研究院调查报告第三种），载《国立北平研究院院务汇报》1933年第4卷第6期。另见苏秉琦：《斗鸡台沟东区墓葬》，第10页。

② 国立北平研究院：《国立北平研究院五周年工作报告》，1934年。

③ 1934年1月13日北平研究院致在平各委员函。

(省)府为荷。"后函则面向平、陕各委员，语谓："查陕西考古会第一次委员会议定于本年二月一日举行，业经函达在案。现决定于是日下午一时在本府会议室开会，讨论进行事项。除分函外，相应函达台端，请烦查明，届时出席为荷。"①

（二）成立会议

1934年2月1日下午2时，由北平研究院与陕西省政府联合组就的陕西考古会成立会议②，终在陕西省政府会议室隆重举行。

参加这次大会的主要人员，除李子毅远在南京监察院任内无暇来陕外，依据当日会议记录，实际出席者依次是：王卓亭、寇遐、徐炳昶、张鹏一、李书华、翁文灏、梁午峰。列席者依次是：胡毓威、耿寿伯、景莘农。记录者：景颐三。

按原订计划，陕西省政府主席邵力子将偕陕西省政府主任秘书景莘农一道莅临成立会议，邵并须做重要讲话。不巧的是，因南京政府突招邵赴京开会，致邵不得不委托陕西省民政厅厅长胡毓威代行参加。

遵照平、陕两方拟定的会议程序，与会者首先一致选举胡毓威任会议临时主席。

根据当年陕西考古会成立会会议记录，可知大会的整体议程共分报告、讨论二种事项。

报告一项中，胡主席毓威、徐委员炳昶分别做了"本会成立经过案""本会办法案"报告。

胡毓威的"本会成立经过案"报告，详细释解了省院双方合组陕西考古会的缘起、经过与相关诸事，对远道来陕参加大会的北平研究院同人表示了热烈的欢迎。他恳切指出："我们这个考古会是由北平研究院和陕西省合组的，曾提（交）陕西省政府第三十八次会议通过的"，"这考古会委员十人皆是品学兼优的"。对于陕西考古会未来工作的前景，胡毓威充满希望，认为："陕西是周秦汉唐故都，地下古物遗存必然甚多，若果开发，必然有很好的成绩的。"

谈及中国考古事业之历史与现状，胡毓威慨然说道："中国考古事项在十年前皆是外人在中国考古，中国人没有参加。近十年来，中国人自己开发，并且有很好的发现。如山东邹平、河南安阳等处。这真是很好的一件事。"

涉及以后的合作工作，胡毓威称："各位都是学者，自然都是站在学术立场、科学立场来发掘，来检讨，来整理的，和古玩家的情形自然不同"，认为只有这样"办法才是有价值的"，并殷殷"代表本府同人致欢迎与希望之意"。

胡毓威之后，徐炳昶之"本会办法案"报告对省院合组陕西考古会八条办法的缘起、内涵做了更为详尽的解释。

徐认为："这个考古会是去年春季就商量合作的，直至秋季始行决定办法。

---

① 两函原件均藏陕西省档案馆。
② 如前述1934年1月13日北平研究院致在平各委员函件，陕西考古成立大会当时被称为"陕西考古会第一次委员会议"，简称"第一次会议"，与成立之后的"第一次会议"相混淆。参见陕西省档案馆藏陕西考古会档案（以下相同注释不再注明藏地）、《陕西考古会成立会会议记录》等资料。其中《陕西考古会成立会会议记录》刊于北平研究院：《本院与陕西省政府合组陕西考古会经过》，载《国立北平研究院院务汇报》1934年第5卷第4期，第73—75页。以下涉及《陕西考古会成立会会议记录》者，出处皆同此。

这办法八条是参考中央研究院与河南、山东合组古迹研究会的成例办理（的）。其条文从前在报端披露过了。"

关于考古会成立之后拟定发掘地点"在宝鸡斗鸡台一带的原因"，徐炳昶亦做了详细说明。

鉴于陕西省部分人士长期以来对"考古"一事的误解，徐炳昶曾特别予以"声明"。

徐氏指出："因为我们这次注意研究的是周秦初期文化，而周秦的时代差不多是同时期，若想容易分别周秦古物，要注意从它的旧都城发掘。至于这斗鸡台地方，从前曾经别人发掘过，已经有很多的发现。又因为此地距省较远，古物在地下保存不易，所以我们初步发掘工作即拟从此处着手。"

徐炳昶报告中所提到此前在斗鸡台的"发掘"，指的是1927年至1928年间陕西地方军阀党毓崑驱动数千兵士、民夫对斗鸡台遗址长达数月的大规模野蛮盗掘。

毋庸讳言，这次盗掘虽然发现了数以千件的稀世珍宝，但使大量珍贵的陶、石、玉、铁等文物以及弥足重要的文化现象被毁灭一空，造成了极为恶劣的影响与无法挽回的损失。①

显然，将这次"盗掘"低调处理并饰以"发掘"之名，大约是徐炳昶囿于当时人们对"考古""盗掘"两种不同理念的误解与混淆，刻意维护科学考古理念的一种婉转之词。至于阐述所谓"注意研究""周秦初期文化"，"注意从它的旧都城发掘"等论点，遂成为其后该会在陕西"发掘遗址，又注重于此二民族之各都邑及其附近"工作宗旨的基础。在1934年9月出版的《国立北平研究院五周年工作报告·史学研究会工作报告》中，这一工作宗旨则更加明确地被确定下来。

有关"讨论事项"的全部内容，错综繁细，不能一一具道。兹依陕西省档案馆所藏当年会议记录及相关资料，尚知有以下诸点：

1. 组织机构案。根据八条办法第三条规定，公举并互选张委员鹏一为委员长、徐委员炳昶为工作主任、梁委员午峰为秘书。

2. 本会会址案。议决民政厅后院北平研究院史学研究会西安分会会址为陕西考古会永久会址。

3. 本会内部组织法应如何拟定案。议决推举徐委员炳昶、梁委员午峰、景秘书莘农负责起草陕西考古会内部组织法（办事细则），并提交下次会议讨论通过。

4. 本年度上半年工作计划案。讨论通过本年度上半年工作计划，议决进行初步的发掘工作。

5. 发掘地点案。依据1933年度考察情形，议决发掘暂以宝鸡县斗鸡台一带为试验区，且在彼处设立办事处。

6. 发掘开始时期案。议决宝鸡县斗鸡台一带的发掘时间拟在春日解冻后开始。

7. 发掘以前应办手续案。议决宝鸡县斗鸡台一带发掘之前，由本会先期请求

---

① 参见罗宏才：《党毓崑西府盗宝记》，载《文博》1997年第4期、第5期、第6期。

陕西省政府转知当地民众切实配合。

8. 对于发掘地方之地主损失应如何偿付案。议决发掘地方之地主损失应采取租用或买卖的方法来加以解决，并随时决定其标准，就时价从优支付。

9. 发掘计划审查案。议决于发掘前拟定提交委员会审定后执行。

10. 发掘所获物品如何保管案。议决在研究期间，由本会保管研究明了后请求陕西省政府指定保管机关或设立博物馆以资保存，而供阅览。但遇有特殊物品发现，即在研究期间，亦得请求陕西省政府指定专员保管。

11. 发掘时期拟请陕西省教育机关加派专家协助案。议决请求陕西省政府转知教育厅派员协助。

12. 本会经费案。议决本会经费初期暂由北平研究院史学研究会就本会经费内撙节以供应用，嗣后拟请陕西省政府酌予补助。

13. 下次会议日期及地点案。鉴于一些未尽事宜尚未能在成立大会予以讨论，由张鹏一委员长、徐炳昶工作主任会议提议，与会代表决定另行召开一次专门会议来加以解决，并底定这次考古会成立后的专门会议①，将在本月5日下午3时于本会新址内举行。②

将上述主要议案与前文论及的八条办法相比较，发现其中不乏雷同之点。

譬如说会址的设立、委员与主要人事的产生以及发掘地点的确定等，都明显援例于八条办法。

不过至"经费"一节时，独特的文字则又刻意闪烁，始终未说明其来源，亦未明确地定运作的规制。既与中央研究院与山东、河南两省政府合组古迹研究会成例有别，又明显与八条办法之第六条迥异。

察中央研究院与河南省政府合组古迹研究会合作办法第六条规定："本会工作费用由国立中央研究院与河南省政府分任之，遇必要时由国立中央研究院独任之。"③而八条办法第六条则作："本会工作费用暂由国立北平研究院独任之。将来得由国立北平研究院、陕西省政府分任之。"至主要议案时，突改变为"本会经费初期暂由北平研究院史学研究会就本会经费内撙节以供应用，嗣后拟请陕西省政府酌予补助"。由开始为促成省院合作，违心舍弃山东、河南两省成例而慷慨"独任"，复再由八条办法中现在独任、将来分任"工作费用"，巧妙改作成立会议议决的"初期暂由北平研究院史学研究会就本会经费内撙节以供应用"。将来的设想，则寄希望"拟请陕西省政府酌予补助"。至于这个弥足关键的"本会经费"现在哪里，来源渠道，数量大小，由谁掌控，由谁监督，一切均笼统模糊了。于是，"嗣后拟请陕西省政府酌予补助"的漂亮终结词，便成为兴奋之中参与成立会议所有人员美好之期待。

追溯如是微妙的变化过程，我们尽可管窥酝酿省院合作一事的艰辛曲折，同

---

① 时称"第一次会议"。部分文献将其与成立会议混淆，称之为"第二次会议"。
② 参见北平研究院：《本院与陕西省政府合组陕西考古会经过》，载《国立北平研究院院务汇报》1934年第5卷第4期，第73—75页。根据陕西省档案馆藏陕西考古会相关资料，有增删整理。
③ 参见中国第二历史档案馆藏中央研究院与山东、河南两省政府合组古迹研究会办法。

时也可以清晰地看到北平研究院囊中羞涩之窘态与初创时期陕西考古会不能回避的幼稚和盲目。

应该知道，由组织地位差异而造成的经费差异，一开始就给新生的陕西考古会蒙上了一层淡淡的阴影，而这正是会议议决时经费来源未加明文规定的绝妙注释。可悲的是，在以后艰苦繁杂的工作岁月中，这层阴影非但没有随着陕西考古会各项工作的逐次开展而得以消解，反而魔幻般地变本加厉，一直贯穿了陕西考古会十年历史的始终。

不管如何，辗转酝酿年余时间，命运多舛的省院合组陕西考古会，毕竟已经公开出现在世人的面前。

惯于追逐时下新闻的国内报界，自然不肯放过这个鼓噪呐喊的机会。从1933年12月31日至1934年2月2日，平、陕、沪各报都竞相在显要位置刊登了平、陕两地合组陕西考古会成立的消息。

当时最具影响力的《大公报》尤特别披露："国立北平研究院因拟在陕搜集周秦史料，特与陕西省政府合组陕西考古会，会址设于长安，并在发掘处设办事处，发掘地点暂以宝鸡县为试验区，第一次会议定于二月一日在西安举行。"①

而凡事必录的《在山草堂日记》更多费笔墨，娓娓道来："本日（2月1日）下午一钟省府开北平研究院、陕西省政府合组陕西考古会。开大会，到者北平研究院院长李书华，字润章，翁文灏，字咏霓，徐炳昶，字旭生；本省士人王卓亭、寇胜浮（孚）、梁午峰并余为四人。省府秘书长耿寿伯、秘书景莘农、民政厅厅长胡毓威。推余为会长，辞不从。推徐旭生为发掘主任、梁午峰为会中秘书。议定后，又议组织推旭生、午峰起草，五号开会审查。"

三、第一次会议

（一）会议经过

1934年2月1日，陕西省政府特向民政、财政、建设、教育四厅以及省属各机关发布第577号训令。

文云："兹由本府敦请李润章、翁咏霓、袁希渊先生于本月二日下午七时在高级中学校大礼堂公开讲演，合行令仰该厅遵照，届时至少派职员二三十人前往听演，并转饬所属遵照，派员参加，并酌派警生数名，维持会场秩序，令公安局派警生为要。此令。"

与此同时，陕西省政府秘书处还专向李书华、翁文灏、袁希渊三人发出聘书，称："文旌莅陕，各界人士，极表欢迎。现决定于本月二日下午七时假高级中学大礼堂地址，敬请光临，公开讲演，并希将讲题先示知，以便公布。"

得益于陕西省政府的鼎力支持，讲演获得了极大的成功。为此，2月2日、

---

① 天津《大公报》1933年1月27日新闻报道。所谓"第一次会议"应为成立会议。

3日的西安各报也都配发醒目标题，称其为陕西省多年未遇的文化盛事。于讲演之前，陕西省政府为庆贺陕西考古会的成立并感谢李书华等人的到来，还在2日上午12时假省政府所在北院门旧址举行盛大宴会。

当日参加宴会者，计有西安绥靖公署主任杨虎城，考古会各委员，省政府各委员，民政、财政、建设、教育四厅厅长，省政府顾问吴敬之，省政府参议张寒杉，西京筹备委员会秘书主任龚贤明①，中国儒学会委员汪咏蘷等二十余人。

有关这次宴会的盛况，2月3日《新秦日报》曾以《省委昨宴考古、儒学两会人》为题发布简略消息。语云："省府各委员昨日十二时在省府欢宴考古会各委员及儒学会委员汪咏蘷诸氏，并邀杨虎城、吴敬之诸氏作陪。"2月2日《在山草堂日记》更记："上午十二钟应省府公宴之约。到者省府各委员、教厅周学昌、财厅宁升三、民厅胡（毓威）、建厅赵友琴、西京筹备委员会秘书长龚贤明、绥靖主任杨虎城、吴敬之、线润民、李寿亭、李子刚、张寒杉等二十余人。"②

2月1日成立会议之后，徐炳昶、梁午峰、景莘农三人即遵照考古会成立大会所定议项，开始了紧张的考古会"内部组织法"（又称"办事细则"）之拟定工作。此时李书华、翁文灏等因距离原定于5日的开会时间尚有一段间隙，而"关中为周秦汉唐旧都所在地，遗迹至多，足供考古学家之取材"③。故决定在2月3日至4日外出考察西安附近的名胜古迹。

其考察之地，依据李书华1936年写就的《陕游日记》记载，大体为西安以北之汉长安城遗址，西安以东的华清池与秦始皇陵，兴平以东的汉武帝茂陵，咸阳以北的周陵与唐武则天之母杨氏的顺陵，以及泾阳县城内的惠国寺、味经书院、孔庙与附近的泾惠渠等。

其间李、翁等"同登（秦始皇）陵顶，留连久之"，并"到未央宫旧址凭吊"，采集瓦当残片，还对史书所谓的周代文、武、成、康诸代王陵有所考证。认为"周文武陵寝所在，本有渭南、渭北两说，未知孰为真伪；且周时葬地，有冢无冢，亦尚难考订"。④

不待细说，李书华对于长期以来所谓的周代文、武、成、康诸代王陵真伪性质的怀疑，不仅在当时属超前之举，即使在今日，也仍不失为周秦文化研究者的重要参考依据。

对于李、翁等人的此次考察，西安各报曾迭加刊布。如2月5日《新秦日报》即以《翁文灏、李书华等昨日返省，并往泾惠渠参观》为题刊发报道，称："日前由平来陕考古之翁文灏、李书华，于前日赴咸阳等地游览一节已志前报。兹悉翁、李二氏前日在咸阳附近各地大都游览一过，并往泾惠渠参观，昨四日下午六时许，始由咸阳返省。"

---

① 龚贤明（1893—？），浙江人。时任西京筹备委员会专门委员、秘书主任等职。
② 1934年2月2日（旧历十二月十九日）《在山草堂日记》记"西京筹备委员会秘书长龚贤明"应为"西京筹备委员会秘书主任龚贤明"之误。
③ 李书华：《陕游日记》，载《禹贡》1937年第7卷第1、2、3合期，第297页。另中国第二历史档案馆藏有1936年油印稿。
④ 李书华：《陕游日记》，载《禹贡》1937年第7卷第1、2、3合期，第300页、第305页、第306页。

由于 2 月 3 日陕西省政府已先期举行招待公宴，故西安绥靖公署主任杨虎城亦援例于 2 月 5 日上午假新城大楼举行公宴，招待北平研究院李书华、翁文灏、徐炳昶三委员，杨并亲为各委员敬酒且即席发表热情洋溢的讲话，称赞陕西考古会之成立，乃陕西文化界的盛事，相信将来必能取得极好成绩。与陕西省方面区别，李书华则代表北平研究院，对数月以来杨虎城等陕西省要员给予支持与帮助表示谢意。以上诸事，当日《在山草堂日记》所谓"午十二钟，杨虎城设宴请研究院诸君，邀余往陪"之简短记载，传递出大致的流踪。

接续前端，2 月 5 日下午 3 时，陕西考古会第一次会议在粮道巷本会会议室举行。

此次会议除王卓亭委员因"夜间感受风寒，腰际酸痛，不便出门"①，特托寇胜孚全权代表外，实际出席者，陕西考古会方面计有李书华、张扶万、寇胜孚、翁文灏、梁午峰。（图 100）

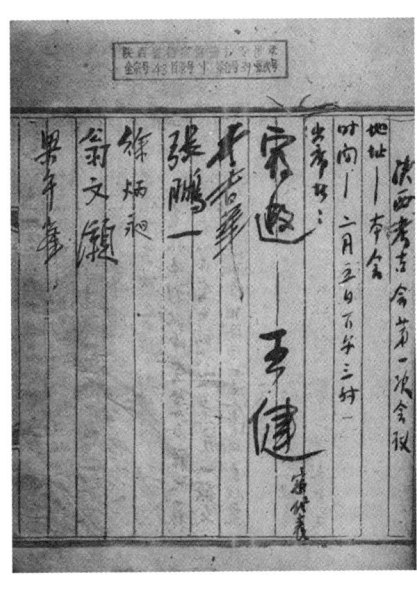

图 100　1934 年 2 月 5 日陕西考古会第一次会议签名

鉴于西京筹备委员会在陕西省经济、文化建设中所占据的重要地位以及陕西考古会许多迫在眉睫的工作亟须获得该会的支持与配合，因此，张继、李书华、张扶万等人还提议邀请西京筹备委员会秘书主任龚贤明列席当日会议。

查陕西省档案馆藏考古会第一次会议记录，知此日会议主席为张扶万，记录为梁午峰。议程分为报告、讨论以及临时动议三项。

报告一项，主要由梁午峰解释刊刻考古会印记原委。呈请通过。梁出示印记式样两枚，均为西安篆刻名家陈尧廷②奏刀刻成。一为"陕西考古会钤记"方章，另一为"国立北平研究院陕西省政府合组陕西考古会"条章，均获通过。

讨论一项，共有四条。

一是通过张扶万委员长报告本会与陕西省政府及北平研究院去文称谓，酌用"函"。

二是寇胜孚委员对八条办法中第六条"本会工作费用暂由国立北平研究院独任之。将来得由国立北平研究院、陕西省政府分任之"提出质疑。认为此条办法

---

① 王卓亭致寇胜孚信函。
② 陈尧廷（1903—1968），一署尧亭。以家藏古琴十二张，故号琴痴、十二古琴人家。陕西西安人。1933 年 7 月加入西京金石书画学会，任干事。1949 年后任西北军政委员会文化部文物处科长。1950 年 5 月参与并发起成立西北历史文物研究会，被推为常务委员。擅书画篆刻。幼从刘春谷、毛俊丞、董黻丞诸名流学习。景梅九撰《董黻丞先生哀文》："予之得识董黻丞先生也，由陈公尧廷介绍。尧廷研究金石学，工绘事，尝邀黻丞先生于其家，为写画稿临摹而师事之。"寇胜孚诗赞其治印："浙宗巧入徽宗拙，铸鼎溶泉扶散关。卅载石舍标绝诣，近观英英亦深寒。"寇注："近代范伯子论诗必造深寒之境，刻印亦然。尧廷先生铁笔石刻转益多师，卓然一军，信可佳也。"代表作《汉麒麟阁十一将》《水浒一百零八将》等。1985 年终南印社合其夫人、长子刻印，编辑出版有《十二古琴人家印谱》。

未廓清经费来源，又"会内经费是否包括在内，应用如何手续确定"，敦请公决。议决"由本会拟定预算，分函国立北平研究院及陕西省政府核发"。

三是议决修正通过徐炳昶、梁午峰、景莘农三人拟就的"本会办事细则三十二条"（分三章，改三十二条为二十四条）。

四是合议"草拟本会经费预算"，议决通过。惟加考古会职员"夫马费应空列，由研究院或省政府酌定"。

临时动议一项，共有三条。一是议决通过徐委员炳昶所提"本会应函民政厅今有古物各县将古物送会保管案"。二是议决通过徐委员炳昶动议"据闻当颜勤礼碑发见时，下面仍有石质"，提请发掘考察案。三是张扶万主席动议"西

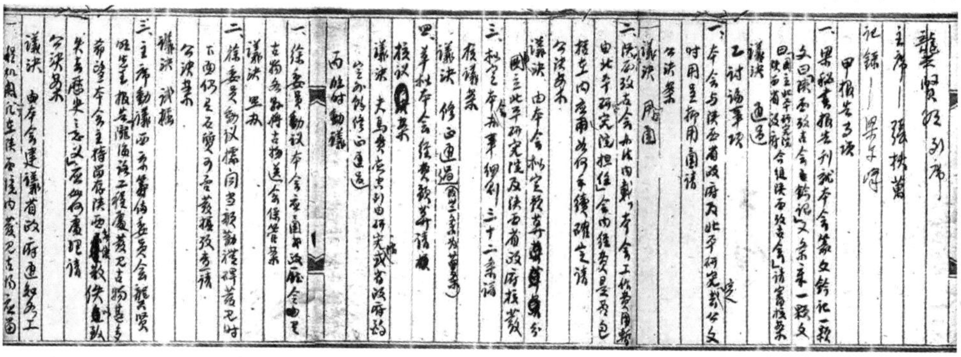

图101　1934年2月5日陕西考古会第一次会议记录

京筹备委员龚贤明先生报告：'陇海路工程处发见古物甚多，希望本会主持留存陕西，无使散佚，以致失去历史意义。'应如何处理，请公决案"，议决通过"由本会建议省政府通知各工程机关，凡在陕西境内发见古物，应留存本省保管"。①（图101）

（二）经验与教训

1934年2月5日陕西考古会第一次会议以及当晚该会的一些活动情况，2月6日《新秦日报》曾以《考古会昨开二次会议，通过修正办事细则等三要案。翁、李、徐昨欢宴军政要人及名流。李书华、翁文灏定今晨离陕返平》为题连篇刊发报道。

报道称："陕西考古会于昨（五日）下午二时，在该会会议室举行第二次会议。出席者梁午峰、寇胜孚、张鹏一、翁文灏、李书华、徐旭生。会议结果：（一）通过修正办事细则；（二）经费问题由平、陕两方决定；（三）民厅内层发现之颜勤礼石碑，因下有类似之石碑，决定继续发掘，以考究是否唐碑。历三小时，始散。"

又讯："由平来陕出席考古会之翁文灏、李书华及在此间之徐旭生三委员，昨日下午六时在该会大厅欢宴西安军政各要人及西安名流共二三十人，籍以联络云。又翁、李二委员，以离平迄今旬日，亟待返平，特定今（六日）晨八时

---

① 以上引文均见陕西考古会档案。另见北平研究院：《本院与陕西省政府合组陕西考古会经过》，载《国立北平研究院院务汇报》1934年第5卷第4期，第75—76页。

许离陕返平。"

2月7日，陕西考古会以委员长张扶万头衔署名，正式向北平研究院发出字第1号公函①，宣称：

"本会业于二月一日奉陕西省政府函招集开会成立，当即推举张扶万为委员长，徐旭生为工作主任，梁午峰为秘书。并启用新刊篆文钤记，文曰：'陕西考古会钤记'。除分函陕西省政府外，相应函报。即希查照为荷。"

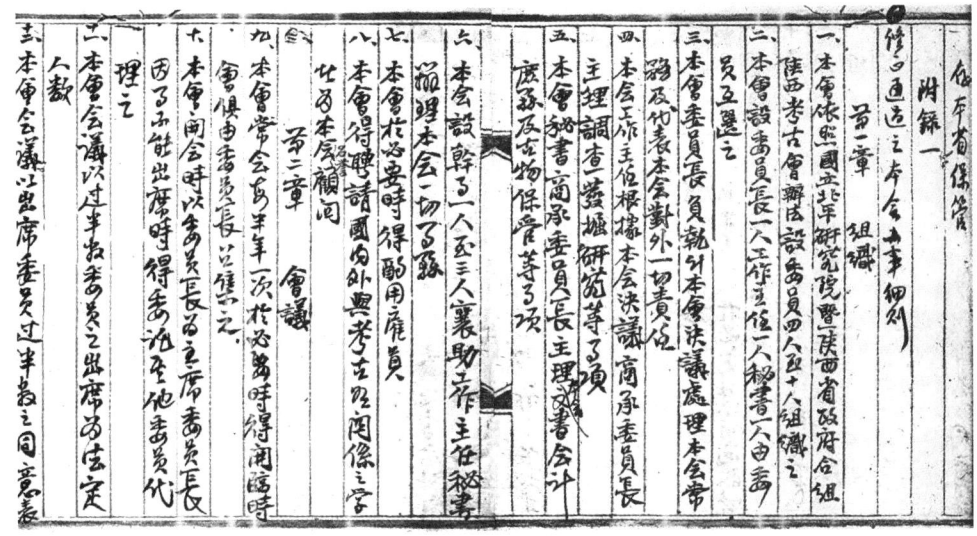

图102　1934年2月5日陕西考古会第一次会议修正通过之办事细则部分章节

综观2月5日第一次会议各条议项，其二十四条办事细则（图102）主要围绕组织结构、工作主旨、权限分工、工作机制、规章制度等问题层层展开，一如前述八条办法，系援例于中央研究院与山东、河南两省政府合作成例。区别在于，其第三章"工作及保管"一节更为细致全面，明确规定工作主任不但有"随时躬亲或派员前赴陕西各处调查古迹古物"的职责，而且规定一旦确定发掘地点后，必须"拟具意见书"，且意见书必须具备"甲、发掘处所。乙、发掘理由。丙、发掘计划。丁、发掘准备。戊、其他"等五种条件。

吻合办事细则二十四条，与会者决定根据实际工作需求，聘请国内外与考古有关的学者为名誉顾问，必要时且可酌用雇员等举措，亦不失明智之举，这对其后考古会工作的顺利推展助益颇多。

此外，根据徐炳昶、张扶万等人的提议，与会者还对发掘所获古物的保管、陈列以及研究等问题，进行了认真的讨论。规定本会所发掘古物，须由"工作主任协同教育厅派员逐件登记三份"，分存于考古会以及北平研究院与陕西省政府三处。而"本会古物在研究期间，由本会保管"，"如需要送往他处研究时，须事先提出本会会议通过"。至"本会古物研究终了时"，应由陕西省政府"指定处所或设立历史博物馆陈列"，并须将"研究成绩，得以刊物发表之"。

---

① 北平研究院：《本院与陕西省政府合组陕西考古会经过》，载《国立北平研究院院务汇报》1934年第5卷第4期，第69页。

近窥要旨，上述的诸多规定显然有些烦冗、琐碎，一些专业技术问题的提出与确定，甚或在当时引起一部分人士的误解。不过这对陕西考古会以后的考古发掘工作来说，却无疑是未雨绸缪，起到了一定的警戒与约束作用，使得此前中央研究院在河南省等地考古发掘时所遭遇到的种种麻烦，得以在陕西一地最大限度地减少与幸免。从这个意义上讲，当年那些烦冗、琐碎的思维理念或许尚不失为一种成功经验的有趣注释。

关于寇胜孚委员对经费使用问题的质疑，会议虽然"议决由本会拟定预算，分函国立北平研究院及陕西省政府核发"，但未能从源头上寻找解决问题的根本办法，因此该预算实际上未能真正落实。①

结果是，数日以后，寇胜孚等陕西省方面人士即对考古会工作在在需款，而同人百计呼吁又不能解决的现状表示不满，力主建议张扶万依据八条办法第六条，发函北平研究院敦请解决。

2月14日，张扶万即以陕西考古会名义，向北平研究院发出第3号公函（附加预算书一份），认为"本会办法第六条规定'本会工作费用暂由国立北平研究院独任之。将来得由国立北平研究院、陕西省政府分任之'，对于经费来源并无明文规定，现在本会成立伊始，在在需款，爰于第一次会议商订拟具预算书，仍将委员长、工作主任及秘书等员夫马费未填列。除分函陕西省政府外，随函送达，即希查明审定，以便支领，而利进行"。

张扶万等人大约没有想到，这份公函以及所附预算书抵达北平后，立即引起北平研究院的反感。

李书华首先表态，对预算书条目过多、款项过大等问题啧啧怨言。认为陕西省人士所谓，"盖非本院所能独立承担"。"欲解决此一问题"②，正应依陕西省人士所云，根据本会八条办法之第六条，由"国立北平研究院、陕西省政府分任之"，而绝不能一概推至北平研究院。

至于所谓北平研究院独负之责，仅仅是发掘所需的经费，而陕西省人士所提"夫马费"等经费各节，则应由陕西省政府予以解决，与北平研究院无涉。

在北平研究院的坚持下，陕西省政府不得不连续召开第65次、第67次两次会议，决定考古会"每月事业费暂定一百元"，而"本府聘委员、委员长等夫马费，亦拟从复议送"。③

经费问题的纠葛，固不能简单依靠一次会议、一张文书来加以解决；与陇海铁路工程局关于施工现场所发现文物的处理，也并非只是如会议决"由本会建议省政府通知各工程机关，凡在陕西境内发见古物，应留存本省保管"那样轻而易举。

肇自1933年6月以来，陇海铁路潼西段工程各施工处就迭相发现文物。为此西京筹备委员会曾派职员王蕴山④等人专住临潼施工现场，负责收集保护。但

---

① 以上引文均见陕西考古会档案。
② 此处引文据笔者采访原陕西省教育厅督学刘安国记录。依原意整理。
③ 陕西省政府第65次、第67次两次会议决议函件，原件藏中国第二历史档案馆。
④ 王蕴山（1871—？），陕西汉中人，擅书画。1933年任西京筹备委员会文书组文牍员、调查员等。

潼西段有关管理者因循旧例，一再将出土文物运往郑州工程局。此事引起西京筹备委员会委员长张继注意，曾指示该会发函陇海铁路工程局，请"将运往郑州之古物交还本会，设法保管"，而陇海铁路工程局则以为西京筹备委员会试图将此项古物"占为己有"，故迟迟不愿移交。①

睹此情形，西京筹备委员会大约是想凭借自己的力量对各施工处发现文物进行抢救性收集，遂在9月28日至12月25日连续派员赴临潼一带进行调查。这些行动，虽先后得以征集到汉魏时期陶仓、陶灶、陶耳杯、陶猪以及五铢钱与商周陶鬲等数百件之多的文物②，但限于人力、物力，诸多重要文物仍在瞬息之间遭到损毁与佚失。

缘此背景，西京筹备委员会秘书主任龚贤明之所以特别接受张继之托，列席参加考古会第一次会议，本意旨在期望解决基建工程与文物保护之间不断聊发的矛盾。奇怪的是，此次会议却并未能围绕这一问题提出切实可行的解决方案。所谓"由本会建议省政府通知各工程机关，凡在陕西境内发见古物，应留存本省保管"的议决，实际上在以后的工作中屡屡搁浅，苍白无力，导致了许多本不应出现的反复与周折。因此，从陕西考古会实际文物保护工作效果来考量，这一教训自然是颇为深刻的。

尽管如此，陕西考古会的成立以及第一次专门会议的召开，仍在陕西乃至全国的文物考古史上留下了闪光的亮点。它使积淀深厚的汉唐故都之地，从此结束了没有专职古物保护管理以及考古发掘机构的局面，也使以往多所隔绝的平、陕学术界，有了一个交流碰撞的平台，不管是现实意义还是历史意义，均不应低估。

2月10日，李书华一行回到北平，其后北平研究院即以李之名义连向邵力子、杨虎城、胡毓威、耿寿伯、张扶万、寇胜孚等多人发函致谢③。

其中致邵力子之函称："弟前与翁咏霓先生赴陕，出席省院两方合组之陕西考古会，适值先生因公赴京，未及晤（面），益惆怅。奚如弟等在陕勾留数日，备受省府招待，雅意殷拳，至深感荷。此后考古工作，仍希鼎力多加赞助。将来发展文化，嘉惠士林，则拜赐良多矣。"

致杨虎城、胡毓威、耿寿伯函则称："前与翁咏霓先生赴陕出席考古会，承雅意至殷，拳荷多情之照拂，招待至隆，至深感纫。回平后安顺如恒。"惟"此后考古工作仍希格外帮忙，俾臻发展，尤深感荷"。而致张扶万之函则称："日前在陕，备领教益，曷胜欣希。幸考古会因公领袖，深庆得人。将来发展文化，端赖倡导之力。"

检点各信，除礼节套语之外，没有多少实际内容。因此以上诸函发至西安之后，几乎没有得到多少积极的回应。

数日之后，只有邵力子发一函回复李书华，但动机大概只是出于翁文灏突在

---

① 参见西京筹备委员会致铁道部《请令饬陇海路工程局将运往郑州古物交还本会》函，见西安市档案局、西安市档案馆编：《筹建西京陪都档案史料选辑》，西北大学出版社1994年版，第167—168页。

② 参见1933年7月至1934年2月《西京筹委会工作报告·调查工作》，见西安市档案局、西安市档案馆编：《筹建西京陪都档案史料选辑》，西北大学出版社1994年版，第170页。

③ 各函原件均藏中国第二历史档案馆。

浙江遭遇车祸，公私情谊不能忘却之故。

函中称道："月初台绥与翁先生莅陕，弟以赴京，未克躬亲招待，畅领教益，迄以为谦。兹奉手书，欣各面晤。翁先生在浙忽遭意外，极深警诧。幸闻医治渐愈，亦我国学术界之大幸。"至于省院合作之事，则谓"关于陕省考古工作，弟自当就力所及，勉为赞襄。仍乞时赐指导为幸"，云云。

相关省院绵亘两年曲折合作的一干情事，可能囿于此后不意发生的"真电风雨"①以及其他因素之影响，延至该年5月17日方由北平研究院院长李石曾署名向南京政府教育部行文呈报。

短短数百余字的一纸呈报，省却了许多烦琐的细节，只是提纲挈领地提及省院合作的大致经过，以及成立以后的工作主旨、任务分担等要端，基本与笔者前述相关各节之阐述，遥相呼应，了无差异。

值得一读的是，李石曾自己清晰认同经费"由北平研究院担任"，并恭敬加附了"检同合组陕西考古会办法，唐兴庆宫太极宫拓片，暨陕西古迹调查报告一并随文呈请鉴核"②的尾词。

可以想象，大波乍过，平、陕两地一时均异常平静。一切表明，终于走进"蜜月期"的北平研究院一途，正肃然摒弃以往，抚摸初获，并满怀信心地瞭望未来，期望新得……

---

① 详细内幕参见本书第三章中"真电风雨"。
② 1934年5月17日北平研究院院长李石曾呈南京政府教育部公函，见北平研究院：《本院与陕西省政府合组陕西考古会经过》"（七）呈教育部"，载《国立北平研究院院务汇报》1934年第5卷第4期，第69—70页。

第三章
考古论战与奇文搜刻

陕西考古会成立后，依据1934年2月5日第一次会议临时动议第二条决定，在2月下旬至3月初对民政厅前院唐、宋、元建筑遗址进行了考古发掘。这次发掘是陕西考古会成立之后的第一次发掘，也是陕西境内有史以来的第一次科学发掘，其在陕西考古史上的重要意义，显然是不言而喻的。

发掘出土了宋刻唐大明兴庆两宫图残石，唐独孤氏墓志盖，佚名唐碑碑头，宋文与可画竹石碑，以及宋代瓷片、钱币等数百件珍贵文物[①]，并由此引发了唐太极宫残石的发现以及陕西考古会的一系列相关考古研究。

依靠这些新资料相继传递的主要信息、著述，大致有容媛女史的《陕西考古会之工作进行与戴院长之反对发掘古墓》引用徐炳昶的"西北考古谈话"[②]、张扶万的《唐大明兴庆两宫图残石跋文》暨《唐太极宫图残石跋文》、何士骥的《陕西民政厅前院发掘报告》以及《唐大明兴庆及太极宫图残石发掘报告》与《石刻唐太极宫暨府寺坊市残图大明宫残图兴庆宫图之研究》等。

上述著述以及相关信息，在立足最新考古发现材料基础上，大多手法新颖，资料翔实，突破了当时学术研究的一些窠臼，显示出"唐宫之研究，当有新进步"[③]之趋向，因此尚能在国内外考古界引起一定的反响。

但同时也应看到，与中央研究院史语所考古组在河南等地最初的发掘境遇[④]大致相同，陕西考古会的这次发掘活动，也遇到了来自各方面的阻力。尽管得益于省院双方的共同努力，发掘工作最终得以顺利进行，但连续滋生的周折与坎坷，却暗示陕西考古会而后长达三年之久的考古发掘工作绝非顺利，艰难曲折，亦自不待说。

[①] 参见容媛：《陕西考古会之工作进行与戴院长之反对发掘古墓》，载《燕京学报》1934年第15期，第259—265页。

[②] 徐炳昶之"西北考古谈话"援引于容媛的《陕西考古会之工作进行与戴院长之反对发掘古墓》，载《燕京学报》1934年第15期，第259—260页。

[③] 容媛：《陕西考古会之工作进行与戴院长之反对发掘古墓》，载《燕京学报》1934年第15期，第260页。

[④] 这里主要涉及中央研究院史语所考古组在河南殷墟发掘与河南省地方之间的矛盾。关于这一问题，遗留史料颇多，比较而言，似以傅斯年《致〈史学杂志〉编辑先生函》、李济《现代考古学与殷墟发掘》与何日章《发掘安阳殷墟甲骨文之经过》等文最具代表性。参见欧阳哲生主编：《傅斯年全集》（第三卷），湖南教育出版社2003年版，第64—83页。

回溯历史，我们知晓至晚从20世纪20年代的东方考古协会开始，由于认识、理念不同而滋生的"发掘"与"盗掘"的争论，就频频出现在文化积淀最为丰富的河南、山西、山东一带。[①]

争论促成了1930年6月2日由国民政府公布、1931年6月15日正式实施的《古物保存法》以及1931年7月3日由行政院公布的《古物保存法实施细则》之相继颁行。[②]

这两种法令、法规的公布实施，虽在中国文物史上占有重要的一席之地，但在当时混沌复杂之社会历史背景限制下，两纸仓促起草的松懈法令之骤然颁行，显然不能迅速消解潜藏在意识形态领域深处的人文理念隔阂与思想认识分歧。及至20世纪30年代初期中央研究院史语所考古组在殷墟发掘中与河南省博物院所发生的激烈冲突，终于将此前阶段纷繁无序的争论、分歧，整合、推展到一个新的高潮。

当然，和中央研究院与河南省博物院的冲突相比，稍后出现的因酝酿成立陕西考古会而不意滋生的省院分歧，似乎只是一段小小的插曲。有意味的是，大约很少有人想到，正是这样一段小小的插曲，却随之在复杂的历史背景中衍传、发酵，引发为一场激烈、复杂的迷茫和弦。

惟此一途，不待民政厅考古发掘的余热散尽，也不待斗鸡台的考古发掘于艰难之中积蓄力量，拉开序幕，酝酿已久的有关"考古"与"盗掘"的一场全国性论战，终于从陕西考古会的大本营所在地——故都西安首先爆发。

多种信息表明，这场由国民党权柄人物戴季陶所引发的全国性论战，似乎仅仅是关乎"考古"学界的学术之争，然而剥离笼罩在论战始终的层层云雾，人们却不难发现隐藏在论战背后的实质与缘由。在历史背景、人文环境、科学水准等种种复杂因素的影响下，一场本来旨在学术界范围内展开的学术论战，最终演绎成一场科学与愚昧、先进与落后、民主与强权的思想之争、正义之争，甚至或多或少地还携带了一些缥缈迷茫的政治色彩。

从更深的社会视域纵横分析，这场论战的出现，可以看作是20世纪20年代以来纠缠反复的"发掘"与"盗掘"之争的蔓延、继续，也可以看作是自"五四"以来新旧文化激烈交锋的余绪或变异。但无论就具象中国考古史的某一阶段来说，还是就整个中国文化史的历史进程而论，它们的本质都应该是异曲同工、基本相同的。

一、民政厅发掘

（一）发掘之前的纷扰

位于陕西省垣西安城区鼓楼附周大约半平方公里的圜阓地域，至晚自唐代以来，即为重要的政治、经济、文化中心枢纽所在。

[①] 参见本书第一章中"新旧隔阂"之"盗墓狂潮使问题复杂化"。
[②] 中国第二历史档案馆编：《中华民国史档案资料汇编》第五辑第一编文化（二），江苏古籍出版社1994年版，第609页。

胪列《长安志》及《续修陕西通志稿》等文献记载，知此地在唐时为中书省衙署，宋时为京兆府公署，至明代易为秦王藩府，清代、民国则迭为藩署、省长公署以及民政厅等机构驻地。其间人文荟萃，更迭繁复，地上、地下文物资源极为丰富。故自明清以降，即屡屡出土重要文物。其最著者，当推 1922 年 10 月陕西省省长刘镇华纵工修建省长公署时发现的唐颜勤礼碑。以刘安国所论为据，此事在当时曾引起社会各界强烈反响，被誉为陕西民国时期文物考古三大发现之一。①

按颜勤礼碑发现诸事，陕籍学者宋伯鲁（图 103）《海棠仙馆文集》卷七《题颜勤礼碑跋》，宋联奎《咸宁长安两县续志》，陕西通志馆《续修陕西通志稿》，王壮弘《增补校碑随笔》，杨震方《碑帖叙录》，张彦生《善本碑帖录》，叶昌炽撰、柯昌泗评《语石 语石异同评》等著述均有不同记载。只以时、地、学养与辑录力量等诸种因素所限，各家对于当日碑石具体发现地点以及相关内幕，终无缘着墨细做缕述。

这一遗憾，幸因北平研究院徐炳昶、常惠之来陕接洽工作而得以逐步弥补。

据陕西考古会旧藏档案及《徐旭生陕西考古日记》等相关资料，1933 年 2 月徐炳昶、常惠离平后，以闲居无聊，为收集资料而频繁与西安著名收藏家

图 103　陕西耆老宋伯鲁小照

柯莘农、薛定夫及宝经堂经理夏子欣等人晤面。闻 1922 年 10 月掘获颜勤礼碑时，工人见碑下尚有数石，以告工头。但该时工头因军人不能照例发给工资，做工愈多，赔本愈甚，故"工头愤不发，且反以土掩"②。

徐、常等人闻此消息，均感振奋。盖因颜勤礼碑出土之地，为宋元长安府廨之地，推想当年蓝田吕氏等倡引金石考古风气弥漫全国之时，吕氏故土所在的长安府廨自必独领风骚，多有储藏。譬如 1922 年 10 月颜勤礼碑之现，即为明证。如施以发掘，或将有新的发现。乃以此为线索，积极追踪知情者调查了解颜勤礼碑原在位置，并多次亲往出土地实施考察。

彼时状况，以各家言及颜碑出土地，多有抵牾，致徐炳昶等颇费周折，未遑定论。及寻得当日经理工程事务工头和经夏子欣帮助寻得参与拓碑事宜的会古堂碑帖店经理刘子如等人时，乃得与其同往颜勤礼碑出土地踏勘考察，请指定坑穴，具体位置方始大致明晰。③ 此 1934 年 2 月 5 日第二次会议临时动议第二条决定之由来。

2 月 5 日会议后，徐炳昶已做好对颜勤礼碑发现地点实施发掘的准备，忽"因事返平，遂嘱（何士）骥于寒假内抽暇办理此事"。何士骥受命后，乃据徐炳昶

---

① 据笔者采访刘安国记录。
② 参见 1941 年 2 月 10 日教育部艺术文物考察团秘书何正璜采访夏子欣日记，手稿，未刊，稿存何正璜后裔处。
③ 有关徐炳昶偕同知情者调查颜勤礼碑原在位置图以在此从事发掘诸事，参见本书第一章中"酝酿期间的考古调查"之相关叙述。

"指定地点（一，今陕西省府马号，二，今陕西民政厅二门内院中）"，"又采询当时留心颜碑出土事件之诸先生（如景莘农，董少洲先生等）及参酌己意，遂决定先发掘民政厅二院，次发掘省政府马号"。①

及此，对民政厅前院（二院）颜勤礼碑发现地点实施发掘，遂正式进入实质性阶段。

依2月5日会议决定及工作主任徐炳昶意见，陕西考古会派何士骥、张孝侯二人主持发掘，并随之将发掘计划函告陕西民政厅（图104）等相关单位，请求配合。不意民政厅知悉考古会将在该厅前院破土动工之事，却否认该厅院内即为当日颜勤礼碑发现之地。

图104　20世纪30年代初的陕西民政厅外景

不独如是，该厅还函告陕西省政府秘书处，"若该会在民政厅院内擅自掘发，恐对办公各事不无障碍"②，以示拒绝。

为昭慎重，考古会特将熟悉当日情事的碑帖工匠请至现场，再三核实，仍认定颜勤礼碑发现之地，确在民政厅前院马号之内，乃于2月8日后连续函告陕西省政府秘书处，指出："颜勤礼碑当日发现地址，经本会职员再三访查，确在省府马号之内。故本会之发掘仍欲在此进行。请省府训令有司切实配合，以便本会发掘工作之顺利施行。"又云"查省府马号所在院落颇宽，拟在院中空地发掘"，"并不妨碍该厅办公"。

陕西考古会的此种执着态度，促陕西省政府秘书处不得不签署模棱两可的折中意见，并将此折中意见呈请秘书长耿寿伯处置。

疑惑的是，耿于2月10日前后接到考古会函件并秘书处意见后，不知出于何种考虑，迟至16日方才批语请邵力子定夺。语云："查所请发掘地点系在本府马号，院落颇宽，据称拟在院中空地发掘，可否照准？请示遵。"

不难发现，批语中的词调暧昧含糊，与耿以往的办事风格截然有别。

耿寿伯这里握函踌躇，举棋不定，张扶万等人却因久等不耐，乃直向邵力子汇报。其目的，无非是期望能尽快实施考古发掘。

得张扶万等人汇报，17日邵力子曾于午间亲自过问此事。这一过问能量颇大，催促陕西省政府秘书处态度突变，同日即有复函至考古会。语谓："顷准大函，聆悉。一是颜勤礼碑原日发现地址，既有在本府马号内之说，即请贵会

---

① 何士骥：《唐大明兴庆及太极宫图残石发掘报告》，载《国立北平研究院院务汇报》1934年第5卷第4期，第53页。该文刊载时印刷中有误，本书引用时有适当调整。关于徐炳昶因事无缘对颜勤礼碑发现地点实施发掘事，徐在后来接受燕京学报采访时又曾补缀说明，称其"因事忙，未能动工"。值考古会刚成立，诸事未就，而"此类工作，需时无多"，乃嘱何士骥为之。参见容媛《陕西考古会之工作进行与戴院长之反对发掘古墓》一文引用徐炳昶之"西北考古谈话"，载《燕京学报》1934年第15期，第259—260页。

② 李希平：《关中考古杂记》。

迳向该处发掘。仍希于确定日期时间后通知本府。"（图105）

2月18日，接获陕西省政府秘书处复函的考古会，颇感快慰，立即雇请民夫，购买发掘所需用品，同时复函省政府秘书处与民政厅，定于2月22日上午正式开工。岂料此间民政厅不知何故，仍再次设词请省政府秘书处拦阻。并在19日径向考古会发函一纸，言辞更为激烈。

辞云"查贵会前次函告'拟在贵政府马号发现颜勤礼碑地址发掘碑下藏石'，并荷请'迳向该处发掘'"，"确定二月二十日上午开工……如试掘无望，即停工。合并声明，相应函达，即希查照为荷"。①

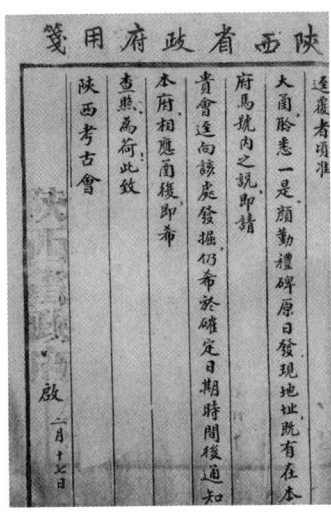

图105 1934年2月17日陕西省政府关于允准在颜勤礼碑出土地实施发掘致陕西考古会之公函

民政厅的阻难，并未使考古会畏缩退却。因有邵力子的支持，该会显然自信心大增，旋经审慎考虑，遂有再次面谒邵力子陈述一事。邵得考古会陈述，大为不悦，直接打电话给省政府秘书处等机构予以强调，这使得省政府秘书处敢以强硬态度拒绝民政厅请求，并责成该厅全力配合，不得阻拦。

当此之时，陕西考古会因连续获得省政府的支持，更改前次一再保守、退让之态度，迭有果断、迅速之举措。先是决然派何、张二人率民工进入民政厅前院，实施发掘。接着，又由张扶万出面与民政厅交涉。指称："本会既已决定于民政厅前院实施发掘，盖已做充分之准备矣。决非一时轻率之举。如若试掘无望，即收束停工，决不无故停滞。"②

（二）发掘经过

2月21日，陕西考古会民政厅前院考古发掘终获开工。何士骥《唐大明兴庆及太极宫图残石发掘报告》如是记录了当日开始发掘的情形：

"二月二十一日。是日为发掘第一天，上午八时半，请同事张孝侯先生、周隆季先生及工人等同至发掘地点，骥先将发掘地域用铁锨画出，遂请张先生为量定周围大小，并量定第一坑4.00M见方以为例，……而张先生遂回十里浦（铺）继续画图工作，骥乃与周先生、工人等开始实行发掘。工人三人，加周先生与余及勤务徐凤山，共为六人。发掘至深0.30M与0.55M时，所见多为瓦砾、砖块、宋元明清瓷片而已。至下午五时收工，深1.00M，亦无特别器物发见。"

依发掘报告，知此次发掘得到陕西绅士景莘农、董少洲诸先生协力，"帮忙至多"。初颇费周折。此次发掘目的是"颜碑下之藏石"，而董少洲又为"当时留意颜碑出土之人"，是故何士骥等听从董之建议，定颜碑出土地在"民厅

---

① 以上引文均见陕西考古会档案。但据何士骥《唐大明兴庆及太极宫图残石发掘报告》，知具体发掘实在2月21日，载《国立北平研究院院务汇报》1934年第5卷第4期，第54页。

② 李希平：《关中考古杂记》。

二院东厢房至民厅正屋间之便道"以北，并拟在此地附近扩大发掘。至3月3日，即获重大发现。同日发掘报告称：

"是日为发掘后之第十一天，晴，工人四名，八时起，继续工作第八坑，九时二十分，遂发现残碑一方，颜色青黑，背上面下，以手探之，知有刻纹，起视之，乃一唐代兴庆宫图，大明宫图同刻一石之残碑也。（大明宫图在上，仅存南边一小部分；兴庆宫图在下，全。）（图106）遂请张孝侯先生为之照相，画图，余亦自摄一相。……碑高0.78M，宽0.655M，厚0.27M。下午五时收工，将碑妥为掩护，惟坑之深度未量。（因可由张先生画图中知之。）"

图106　宋刻唐大明宫与兴庆宫图残石。纵78厘米，横66厘米。西安碑林博物馆藏

接续3月3日发掘成果，3月4日发掘"得一带花纹之残碑块，有'□学赵保和刻'字样。又于距兴庆宫碑①东南0.82M，深2.82M处得一带花纹之残碑边，（案花纹似亦为唐代物？）至下午五时半，又得一残碑座（标点：X＝3.37M，Y＝1.25M，Z＝2.58M），合之二日所得之残碑座，适相合（惟中间尚缺一小部分），知为一物之二体也"。

3月6日，"发现全体平铺砖层，较砖坡为低。砖有纯素者，有带花纹，字纹者。其花纹为直条纹，方格纹，棱形格子纹，手印纹等，字纹为'天下太平'，及篆隶印章纹等。案其制作，皆为唐物。……乃知为一唐代之建筑地层也"。

"是日上午友人陈子翼②先生来，谈话间，复于坑之东边外，发现唐独孤氏墓志盖一方。后梁午峰先生来，复于院北空地（近东厢房阶下）发现石刻宋文与可画竹残石一方。"

因3月12日来参观发掘者，"多谓当时所见颜勤礼碑下之藏石，为一极大之残碑，碑字较颜碑稍小，其旁有碑头、碑座等。与所发见之碑，完全不同。（即董少洲先生与宋先生亦早有此意。）又有年约四十许之刘姓拓字工人者，自谓彼乃为亲拓颜碑之一人，且见有六棱石柱（余疑即经幢？）及大石龟（疑即碑座？）乱石等，并指出颜碑之出土地点在第九坑之西面，言之至为确凿"。因此何士骥"遂商之张委员长扶万先生，梁秘书午峰先生，乃于第九坑之西面再开一南北长

---

① 兴庆宫图刻石之笔误。
② 即陈云路（1880—1945），字子怡、子翼，以字行，号醉梅轩主人。河南荥泽县（今属荥阳市）陈铺头村人。晚清秀才。毕业于河南优级师范学校，历任《河阴县志》分修兼总校、《河南通志》采访主任、北平女子师范大学图书馆馆长、西京筹备委员会专门委员等职。著《西京访古丛稿》（1935年初稿）等。徐炳昶与陈子翼属同乡，徐的父亲徐刚又是陈之恩师，且陈受时任北平女子师范大学校长的徐炳昶邀请任职该校图书馆馆长（参见陈万卿：《荥阳先贤年谱二种》，大象出版社2006年版），何士骥大约因徐炳昶等人介绍而与之熟稔，故称其为"友人"。

5.00M，东西宽4.00M之第十坑以为最后之追掘"，以探究颜碑出土地是否还有更为重要的埋藏，从而冀望达到此次发掘之初衷。但发掘至19日，终无重要发现。①

3月12日发掘日记所谓"年约四十许之刘姓拓字工人者"，笔者认为即本书第一章第三部分所引1933年12月31日《徐旭生陕西考古日记》披露之会古堂碑帖店刘子如。经与西安碑帖行赵敏生核对，赵亦认为系刘子如。并言彼时颜勤礼碑出土，会古堂刘子如因与主管拓碑的某军界人物熟悉，乃有缘成为"坑缘本"之主要椎拓者。

与发掘报告显示出土遗物相埒，《陕西民政厅前院发掘报告》《陕西考古会之工作进行与戴院长之反对发掘古墓》等著述均有不同程度记载。

后者称："陕西考古会自成立后，即根据第一次会议议决案，从事发掘民政厅内发现颜勤礼碑之地层，以探其究竟是否尚有古迹可考。于本年二月间开始，发掘以来，至第八日即发现唐代兴庆宫及大明宫之图碑。""此外并掘得宋代名画家文与可画竹石碑一块，画态挺秀，颇珍贵。此后该会仍继续发掘，经四日之工作（三月七日），在民政厅二门内深可二米尺余，掘获唐砖数十块，一部份上镌有'天下太平'字，余为条纹、绳纹、手印、梭形格子、方格文、篆文等数种。其长约二米寸八，厚四米分五，宽一米寸三分四，在地平下复掘得开元钱数枚，地平上掘得铁钱多枚。"②

跟踪《陕西考古会之工作进行与戴院长之反对发掘古墓》一文所载，知徐炳昶于该年2月间回平后应《燕京学报》所约发布的"西北考古谈话"，还称"又得唐代碑头，碑座及带纹碑边等。又得一唐独孤氏墓志盖，又有宣和钱，大观钱，正隆钱及宋瓷，明成化瓷片等"③。

彼此印证，当日发掘的大致过程，与出土的重要遗物基本上是清晰的。

由于发掘处所以及整体发掘水准的限制，这次发掘自2月21日始，至3月19日结束，"除雨雪停工外，凡二十三日半，共计发掘工九十六工，每工工资洋五角，（饭食在内）合计洋四十八元"。虽然出现了诸多不尽如人意之处，如15日发掘"所得器物为宋烧墨油大小磁碗各一个，惟皆被工人掘出，故未悉位置如何。且大者已被工人掷破，至为遗憾"，但总体来说还算是成功的。尤其是发掘者对发掘迹象所进行的大胆推测与谨慎处置，以及"复请张委员长扶万先生、寇委员胜浮（孚）先生、梁秘书午峰先生等到场参观，并于兴庆宫碑出土地点之旁余为摄一影以留纪念"，"复于发掘地域之四角上各于深0.20M处，埋藏一大方砖，于兴庆宫碑出土地点深0.30M处亦埋藏一长方青石，以便后人之从事追考焉"，等等。对于今日已趋现代化、系统化、规范化、科学化的田野考古工作来说，颇有诸多经验值得借鉴。④

---

① 以上引文均见何士骥：《唐大明兴庆及太极宫图残石发掘报告》，载《国立北平研究院院务汇报》1934年第5卷第4期，第54—59页。

② 载《燕京学报》1934年第15期，第259页。

③ 载《燕京学报》1934年第15期，第260页。

④ 此段引文均见何士骥：《唐大明兴庆及太极宫图残石发掘报告》，载《国立北平研究院院务汇报》1934年第5卷第4期，第60—61页。

另外，针对所发现的大明兴庆宫图残石，徐炳昶还敏锐觉察到，"以与旧志中所绘图比较，颇多异点"。他评介残石"图有比例尺颇精"，"至刻石时期"，则"尚待考证"。批评何士骥、张孝侯二人寄到北平的发掘报告"中言二宫均在今西安城东关外金花落地方，则颇有错误"。①

徐氏文中批评何士骥、张孝侯所撰报告的错误，应属不谬。但以何、张首次主持考古发掘之基础以及所获材料的松散，能在短期内写就如是《陕西民政厅前院发掘报告》，已属不易了。

细读发掘报告并根据笔者采访刘安国以及李希平哲嗣李莲生等人的记录，知何、张在发掘中确曾尽到最大努力。如何士骥坚持每日必记发掘日志，所出器物均测量、记录，分类保管；张孝侯在非常艰苦的条件下，不仅绘制了较为详尽的发掘地貌图，而且还绘制了一部分器物图。

不仅如此，何、张还根据出土钱币、瓷器等物，对遗址性质做出了初步的判定。这一判定，为后之研究者奠定了资料评判的基础。如燕京大学哈佛燕京学社秘书容媛女史《陕西考古会之工作进行与戴院长之反对发掘古墓》一文提及"惟因钱土混合，形色模糊，刻尚不能断定为唐代抑宋代物。又在地平下掘得黑色圆瓷片数十块，系唐代物，为人力所磨成之儿童玩具，由此可证明唐代已有瓷器。且由连日考察所发掘之古物，可证明现在陕西民政厅即为唐时之中书府所在地"②，便是基本承袭何、张二人研究思路而最终得出的结果。

当然，容媛在当时考古发掘资料积累基础以及相关学术研究水准的条件下，所谓"由此可证明唐代已有瓷器"的结论，在今日看来还是值得商榷的。

不管怎样，发掘证实了考古会此前的判断，也绝塞了民政厅等单位的疑惑与反对。其中的大明兴庆两宫残石图比例准确，刻画精细，是研究唐代历史以及中国地图史的极好资料，具有重要的学术价值。

这一收获，对始终投以真诚支持的邵力子无疑是最好的回报。3月6日前后，邵力子嘱耿寿伯亲往考古会表示慰问，同日，考古会即将兴庆宫图石刻拓本送赠邵力子。按张扶万话语，这份拓本，邵力子应是最有资格的获取者之一。

（三）发掘效应与三宫图聚首

也许是为了宣传考古工作的意义，或者是想借机抨击一下民政厅此前的无理拦阻，1934年3月5日，考古会在张扶万的提议下，决定3月7日于粮道巷本会会址举办新出古物展览，恭请西安各界名流以及相关单位前来参观。

本日邀请函写道："本会在民政厅大院发掘颜勤礼碑（碑）下藏石，已于本月四日③得唐兴庆宫石头一块，六日又于侧边发现古腿骨，似为古墓所在，特函

---

① 参见容媛《陕西考古会之工作进行与戴院长之反对发掘古墓》一文引用徐炳昶之"西北考古谈话"，载《燕京学报》1934年第15期，第260页。
② 容媛：《陕西考古会之工作进行与戴院长之反对发掘古墓》，载《燕京学报》1934年第15期，第259页。
③ 依前述何士骥《唐大明兴庆及太极宫图残石发掘报告》，当是3月3日之误。但若在3月3日发现，3月4日运回考古会珍藏，此说或不误。

报告。并请于七日午十二钟来会参观，籍作计划为荷。"①

搜索《西京日报》等新闻媒介消息，3月7日的展览获得了意想不到的效果。

消息传开后，南北两地文化人士与军政首要如于右任、张继、顾祝同、傅斯年、柳诒徵（翼谋）、向觉明（达）、成柏仁等，相关单位如中央研究院历史语言研究所、北平研究院、北平图书馆、北平太庙图书馆、洛阳军官学校、中国营造学社、中大考察团、西京金石书画学会等，均纷纷来电、来函索要两宫图残石资料或径来考古会参观索取拓本，显示出极大的热情。（图107、图108）其中仅北平研究院总办事处一家单位，一次即索要兴庆宫图及而后发现之太极宫图拓本达二十份之多。②

应对各界需求，陕西考古会做出了积极努力。不仅主动寄呈优良拓本，且注意以此为纽带，注意与受赠一方缔结良好的学术合作关系。

譬如张扶万与章梫③、徐炳昶与刘慎谔④等，于学术一途素有密切往来，切磋日甚，关乎唐宫图石刻拓本寄赠等诸事，自然也就遽尔繁多。

如1934年4月16日《徐旭生陕西考古日记》即有"寄与刘士林两宫图拓片一份"之记载。同年7月上旬，张扶万寄赠寓居北京贡院街章梫兴庆宫图残石拓本两份及所撰跋文。章在7月19日收获所赠后，回信感谢，殷殷称其后彼此"不如多通信为便"。且谓自己"大约六月（旧历）杪回津寓"，并将"近日酬应之诗写数首附及"。张收章函，也以长诗回赠，称"初集辛未之凉秋，二集我作天津游"，又说"金门执戟白头郎，收入高寒共辛苦"⑤，并连续寄赠"石经拓本"，

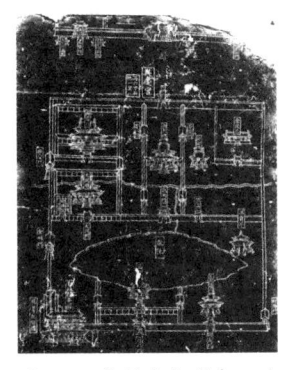

图107 宋刻唐大明宫、兴庆宫图残石拓本。1934年拓

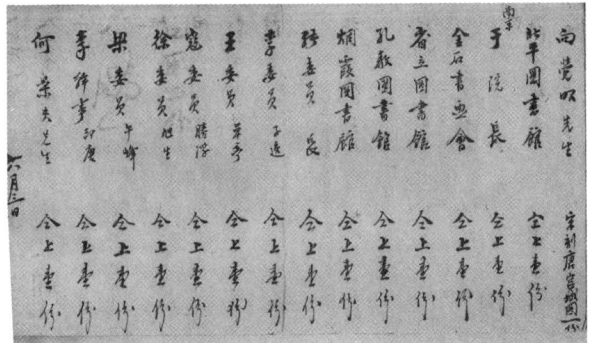

图108 1934年陕西考古会关于宋刻唐大明宫与兴庆宫图石刻拓本赠送记录

---

① 参见陕西考古会档案。
② 1934年4月25日《徐旭生陕西考古日记》："接总办事处信一封，命将兴庆宫图寄去十份。"但据考古会拓本发放流水账显示"五月一日，乐夫由斗鸡台来函照发，北平研究院总办事处取唐兴庆宫图、唐太极宫图各十份"。由此知北平研究院总办事处寄斗鸡台考古工地徐炳昶函件索要唐宫图石刻拓本在1934年4月25日，并知徐曾嘱何士骥经办此事，何士骥由斗鸡台发出之函在5月1日抵达西安陕西考古会。
③ 章梫（1861—1949），名正耀，字立光，号一山。浙江海游（宁海）人。清光绪甲辰（1904）科进士，授翰林院检讨。历任京师大学堂译学馆提调、监督，翰林院国史馆协修、纂修，功臣馆总纂，邮传部传习所监督以及北京女子师范学校校长等职。工书，能诗，著《康熙政要》《旅纶金鉴》《一山文存》《一山息吟诗集》等。
④ 时任北平研究院植物学研究所研究员、所长，详细履历参见本书所附《陕西考古会主要人物传略·刘慎谔》。
⑤ 1934年7月24日（旧历六月十三日）《在山草堂日记》。

请求为新作书序……①

近年施安昌《摩尼七神像石刻拓本考略》一文尚披露1934年7月20日何士骥致清华大学研究院求学期间的恩师陈寅恪信札一纸，涉及何氏彼时奉赠其师新发现的大明兴庆宫图、太极宫图（暨府寺坊市图）、独孤氏墓志盖及新购买的摩尼诸神像石刻拓本"共四份"，敬乞其师"鉴存"，并恳请其师"对于唐宫图有问题处能作书面指教"。②

此类发端于唐宫图石刻拓本一类的文人情怀，大致还可以在张扶万得益章梫绍介之谊与下文所述之溥儒（溥心畬，1896—1963）、邵伯炯③ 等人的交往中，以及不断添加的《和一山太史近作》《寄怀一山》《甲戌夏正元日寄怀一山天津》④ 等张氏诗赋中找到余踪。

1935年春季，身为考古会委员长的张扶万因公赴北平，颇得著名收藏家邵伯炯提供唐宫城残石等金石资料，张即以两宫图拓本回赠。缘此合作，张、邵之间其后类似"又赠（邵伯炯）朱拓太极宫图二份并复信"⑤ 等相关金石资料的交谊活动，尚复有多次。⑥

西京金石书画学会在接受陕西考古会初拓本赠送后，曾将其刊交于该会编辑，1934年5月出版之《西京金石书画集》第2期，产生了不小的影响。

社会人士中，前清恭亲王裔孙溥儒曾经章梫介绍与张扶万相识，得获新出唐宫图拓本二纸，颇为珍惜。因特在该年5月上旬向张回信说："前奉尺书，深仰高风，引领西望"，"昨一山左函寄到唐宫搨片二纸"，不胜欣喜。乃愿将"近为亡友海印上人刻其遗集一册奉寄"。并称："大作尚望拜读，若有新诗，希即寄示为盼。"⑦（图109）

为满足社会各界的需求，陕西考古会显然加大了唐宫图石刻拓本的椎拓数量，椎拓之品类，随着3月5日唐太极宫图残石的发现，还增添了融大明、兴庆、太极三宫图一体两套，且难度较大、具有较强视觉效果的朱拓系

---

① 参见1934年10月末章梫寄张扶万信，录入1934年11月10日（旧历十月四日）《在山草堂日记》。
② 施安昌：《摩尼七神像石刻拓本考略》，载《故宫博物院院刊》2008年第6期，第104—105页。
③ 邵伯炯（1872—1953），原名章，字伯炯，一作伯絅（炯字别体），以字行，号伯庵（一作盦）。浙江仁和（今杭州）人。清光绪癸卯（1903）科进士，授翰林院编修，后留学日本，毕业于日本法政大学速成科。历任杭州府中学堂、湖北法政学堂监督。入民国历任湖北法政学堂及东三省法政学堂监督，法律咨议员，奉天提学使，北京法政专门学校校长，约法会议议员，司法官惩戒委员会委员，北京政府平政院评事兼庭长、院长，国史馆提调等职。清末民国著名书法家，鉴赏家，碑帖、古籍收藏家，词作家。精碑帖、版本鉴别，富收藏，藏品以碑帖、善本为著，擅书法，以行书、行楷、榜题最为著名。陈宗藩《燕都从考》称"今日（北京）各门之额，皆劲君之书也"。著《云淙琴趣》等。1949年后，入中央文史馆。
④ 均收入张扶万《在山草堂诗录》卷六，手稿，未刊。
⑤ 1935年5月25日（旧历四月二十三日）《在山草堂日记》。
⑥ 张扶万与邵伯炯之间相关金石资料交谊活动的详细情况，参见本书第三章中"奇文搜刻章妙枝"，此处恕不赘述。
⑦ 溥儒致张扶万信文抄录于1934年5月21日（旧历四月九日）《在山草堂日记》中。海印上人即海印法师（1860—1924），湖南益阳人，俗姓张，法名释永光，自号憨头陀。曾卓锡沅江景星寺，曾任湖南省佛教会副会长。穷究禅理，精通诗书绘画，兰草尤为一绝。与溥儒交甚深，溥儒昆仲（溥儒、溥德）之文学、书法，受海印法师影响最深。法师圆寂后，溥儒曾出资刻印其诗词遗集《碧湖集》。张扶万受赠之书，当即此《碧湖集》。

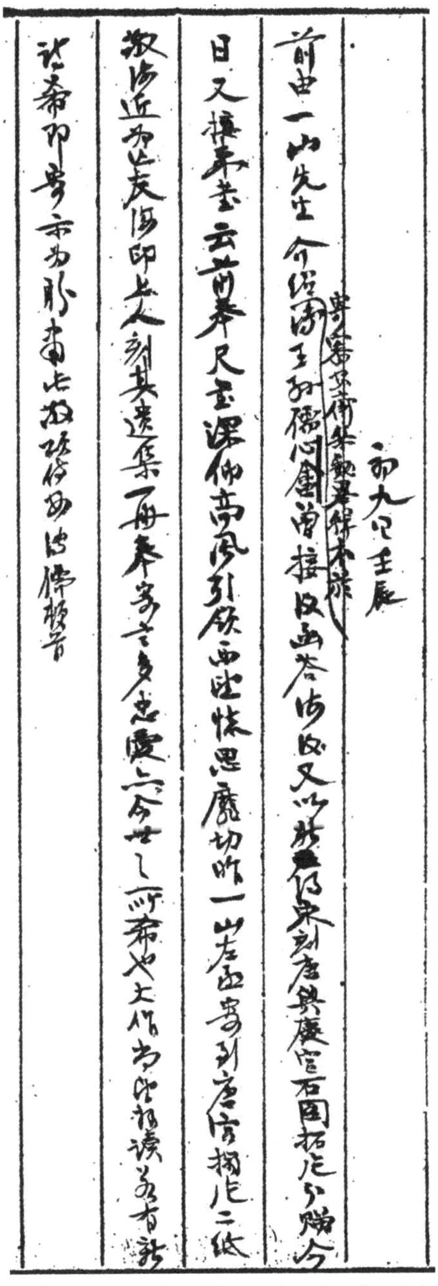

列①，并分别馈赠社会各界重要文化人士以及军政大员②。

类似的热潮，一直持续至1935年岁末。如同年中国营造学社寄函考古会求索唐宫图石刻拓本，张扶万即嘱咐拓工精拓两套奉寄。同年9月24日，日本东方文化学院稻粟员一、越后村上来考古会参观游览，张扶万亦各赠其"兴庆宫石图一纸"。

上述各单位与个人有感考古会的赠送，均有不同程度的表示。如日本东方文化学院稻粟员一、越后村上不仅留名刺以便联络，且表示"彼方有出版唐令拾遗一书，当寄赠"③。中国营造学社在获得两宫图石刻拓本后，回函更称："顷承惠赠兴庆、太极两宫拓片两份，拜领之余，曷胜铭感。除袭藏以供参考外，谨此鸣谢。以后遇有关于建筑古迹发现拓片或照片，均请赐给一份，实拜嘉惠矣。"④

"七七事变"之前，陕西考古会仍继续执行对重要部门及重要人士的唐宫图拓本馈赠政策。一些军政要员及海内外一些研究者或学术团体凡向考古会索取资料、拓本者，均能得到满意结果。

1936年8月7日，日本东京学生前田真兴等人来陕考察，身任考古会委员长的张扶万不仅热情接待，且嘱其"赴考古会参观，赠以吕刻长安图石拓、兴庆宫图"⑤。

1937年3月31日，身任国民政府军事委员会委员长西安行营主任的顾祝同在接受考古会唐宫图等石刻拓本暨"书籍若干种"后，快慰不已，回函称其"开缄展览，

图109　1934年5月21日（旧历四月九日）《在山草堂日记》录溥儒致张扶万信札

---

① 1935年5月20日（旧历四月十八日）《在山草堂日记》："早八钟饭后至考古会，为印堂言以无字石块砌为台，安置残碑成行列，以便观览。又嘱振禄拓朱色兴庆、太极两石各廿张。"
② 如1935年5月25日（旧历四月二十三日）《在山草堂日记》："又赠（邵伯炯）朱拓太极宫图二份并复信"。详情参见下文"奇文搜刻"部分。
③ 此处引文及其上所谓赠"兴庆宫石图一纸"，均见1935年9月24日（旧历八月二十七日）《在山草堂日记》。
④ 参见陕西考古会档案。
⑤ 1936年8月7日（旧历六月二十一日）《在山草堂日记》。

遽与古欢，特此函谢"。（图110）

当年4月，《禹贡》半月刊"三周年纪念号"（第7卷第1、2、3合期）刊行，可能由于徐炳昶出任禹贡学会理事等缘故，大明、兴庆两宫图乃赫然出现在该卷封面上。《本刊启事》并称："（两宫图）实为现存之最早宫苑图，兹先将太极宫图铸版，自七卷七期改用兴庆宫图。"

配合函电索取拓本资料或亲自慕名参观之高潮，一些钟情金石考古者表现得尤为兴奋。不过他们所看重者，除拓本之外，更多的则倾向于学术方面的思考。

柯昌泗认为："甲戌，长安发现地图残石两方：一题唐兴庆宫图，一题唐大明宫图，盖宋吕大防长安志图刻石之遗也。"①

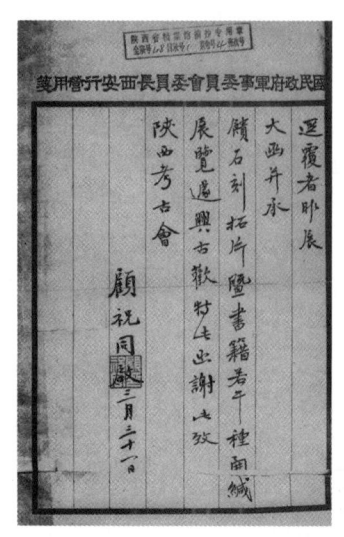

图110 1937年3月31日顾祝同致陕西考古会函

另外，一向关爱桑梓因故寓居北京宣武门外的陕西名士宋联奎亦压抑不住内心的激动与兴奋。在《宣南客话》卷三文稿中，宋氏不无自豪地展笔记道："古谚曰不到长安辜负眼，不到两浙辜负口。今长安凋敝不值一顾，然金石陶器往往出土，足资考古者，时有多闻，近顷（闻）旧省署中又掘出唐兴庆宫图石刻矣。真可谓不到长安辜负眼也。"

令柯昌泗、宋联奎等众多关心国故人士更为振奋的是，当西安报载考古会发现大明兴庆两宫图残石消息刚刚发布，佚亡已久的唐太极宫图残石又由西京筹备委员会调查员夏子欣在西安城内小湘子庙街吕姓宅旁发现，旋经费力交涉，运归陕西考古会保存。

其间内蕴，1934年7月刊行何士骥《唐大明兴庆及太极宫图残石发掘报告》披露其同年3月5日发掘记录曾称：

"惟是时欲得大明宫图全部之心颇切，且思唐有三大内，既得东内（大明宫）南内（兴庆宫）二图，理必有西内太极宫一图也。故于发掘之外，兼留心探访，至下午三时，遂与友人夏子欣先生发现太极宫图暨寺府坊市图（两图同刻一石）于省城南门内之小湘子庙街。（是石原在道旁污泥中，当发见后，有吕姓者，谓系伊家藏之

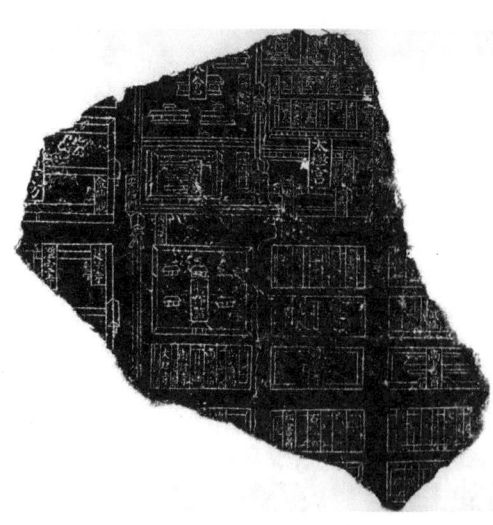

图111 唐太极宫图残石拓本。残石藏西安碑林博物馆

---

① 〔清〕叶昌炽撰，柯昌泗评：《语石 语石异同评》卷五，陈公柔、张明善点校，中华书局1994年版，第341页。"甲戌"之说，或当有误。

物，后经考古会交涉，遂送会内陈列。体积极小，仅一残石。）"①（图111）

至此，曾刻意摹刻盛唐一代长安内苑三宫图基本布局的珍贵石刻，一时俱在湮没九百年后赫然齐现。这一新闻，对于滞重沉默的西安古城来说，不能不产生较大的涟漪。

3月12日，天津《大公报》刊发新闻，称："又据报告，西内太极宫之一部残碑，亦于城内小湘子庙道旁寻得。似此，则唐宫之研究，当有新进步云。"

无独有偶，同年7月刊行何士骥《唐大明兴庆及太极宫图残石发掘报告》披露1934年3月5日发掘记录欣然称："至是吾民族极盛时代之唐代三大内宫制，遂与吾人于今日考究上以极大之便利云。"②

呼应何士骥的论断，远在北平的李书华亦啧啧称道："此种残石，对于研究唐代宫室之建筑与制度，极有帮助（见《北平研究院五周年工作报告》及《考古专报》第一卷）。"③

有意味的是，彼时坊间围绕三宫图出现的传论，虽骚然飞扬，但多集中在大明兴庆两宫之图；涉及太极宫图残石发现情况，至何士骥发论之时，仍扑朔迷离，导致各家记述多有差异。

相较而言，似乎只有熟稔西安金石掌故的西京筹备委员会调查员夏子欣的回忆较为真实可靠。试看教育部艺术文物考察团秘书何正璜的一则采访日记：

"西京筹委会派一夏姓老者来。因此人为会中调查员，熟悉各处地理古藏等，颇为健谈。所谈纵横百千里，上下百千年，但因无纲领，故我不能全录。仅就记忆中所及者援记于此．'陕省前巡抚衙中在刘镇华时代因造屋掘得 古碑，献于刘，刘无赏而弃。后虽工人再云地下尚有碑头等物，而工头愤不发，且反以土掩之。后其语传于人，好事者④乃请于官而复掘之，得兴庆大明宫内苑详图，廊桠亭榭历历可见，遂迁陈于考古会中。后此夏君又于一家人家阶台上发见唐太极宫详图，因又费力交涉，亦运往考古会保存，一时传为佳谈。'"⑤

何正璜日记记述夏氏回忆刘镇华主陕时造屋发现古碑以及复掘"得兴庆大明宫内苑详图"诸事，与本书前载考古会动议调查颜勤礼碑发现地址并民政厅发掘一事基本上是吻合的。述及夏氏发现太极宫图刻石"于一家人家阶台上"之事，亦为各家著述所漏载，应具一定参考价值。

按夏氏家居碑林外府学巷，皮藏善本碑帖颇夥，曾开设宝经堂碑帖铺经营碑帖业，故知新见石刻拓本之珍贵，得见太极宫图刻石，自然十分珍视，乃依例仿

---

① 何士骥：《唐大明兴庆及太极宫图残石发掘报告》，载《国立北平研究院院务汇报》1934年第5卷第4期，第57页。

② 何士骥：《唐大明兴庆及太极宫图残石发掘报告》，载《国立北平研究院院务汇报》1934年第5卷第4期，第58页。

③ 李书华：《陕游日记》，载《禹贡》1937年第7卷第1、2、3合期，第314页。另中国第二历史档案馆藏有1936年油印稿。

④ 旧指收藏家或古玩商等。如唐张彦远《法书要录》："有好事者得余二书，书画之事毕矣。"清吴梅鼎《阳羡名陶录·茗壶赋》："一瓷罂耳，价埒金玉，不几异乎。顾其壶为四方好事者收藏殆尽。"此处或有引申意。

⑤ 参见1941年2月10日教育部艺术文物考察团秘书何正璜日记，手稿，未刊，稿存其后裔处。

刻，置于其宝经堂碑帖铺椎拓销售。此事迭为《续修陕西通志稿》《咸宁长安两县续志》等文献记录，或有夏氏发现唐太极宫图残石之地在吕姓门首一说，则为何正璜日记所漏记。

另查陕西考古会旧藏档案，有3月15日考古会致送吴敬之（图112）、夏子欣感谢函件两纸。前函称："日前由贵寓旁发现唐太极宫图残碑一块，承允交本会陈列，以资参考，至深纫感。除已于三月十四日在西京日报（报）载鸣谢外，兹送上初拓唐兴庆宫、太极宫两图各五份，即希查收，籍表谢忱。"① 令人费解，不知吴敬之其人与前文所谓"吕姓"者之间，究竟有何直接联系。

图112 吴敬之小照

据西安耆老刘安国讲，吴敬之家居小湘子庙街。所谓唐太极宫图残石者，原为吕姓所藏，及大明兴庆两宫图石刻发现后，吴敬之乃将毗邻所藏唐太极宫图残石消息告诉西京筹备委员会调查员夏子欣，夏又告知考古会，因与吕姓有所交涉。得吴敬之帮助，残石最终为考古会收藏。

又西安耆老阎甘园哲嗣阎秉初谓，吴敬之身任陕西考古会顾问，又与张扶万素称莫逆，不管是以职责论，或者是以交情言，他都有可能将太极宫图残石发现的消息告诉考古会。

不管如何，我们将吴敬之视作太极宫图残石发现与重要保护者之一，应该没有多大问题，这也大概是考古会出函致谢吴氏的原委所在。

生气勃勃的陕西考古会，因三宫图残石的依次发现，以及斗鸡台发掘所获与各地相继征集古物的不断参入，迅速具备一定规模，进而获得了社会的认同与青睐。

一年之后，无锡侯鸿鉴慕名来西安游览，于1935年5月11日的考察游记中，详记当时考古会的结构、内涵、人员、经费、工作情况、所藏古物、精神面貌与获赠唐宫图拓本诸事，不啻一页概况说明。文称："午后往陕西考古委员会参观古物。入门即见石麟、石龟二像。"及入陈列室，则琳琅满目，几无隙地。"观毕，晤考古委员会委员长张扶万先生鹏一谈话。秘书梁午峰来谈，赠以唐大明兴庆二宫图残石拓本及太极宫图残石拓本、跋语等。张君赠以旧京杂咏二十五首。坐谈久之。知考古会为廿三年二月与国立北平研究会合组成立者，委员五人。干事李印唐、

图113 1934年5月，无锡侯鸿鉴考察陕西考古会后在茂陵霍去病墓马踏匈奴刻石上留影。采自1937年无锡锡成印刷公司印刷侯鸿鉴《西北漫游记》一书

---

① 参见陕西考古会档案。

李西平，书记杨彬如。共三人。调查员一人。每月经费，二百八十一元。曾开过展览会一次。一年余搜罗古物、保存新出土者，共七百余件矣。"①（图113）

在西安方面围绕民政厅发掘所获碑石诸事闹得热火朝天之际，北平方面考古同人也正在积极酝酿进行"将旧拟金石学会名称改为考古学社"②的活动。

为扩大影响，报道一向被人们视为闭塞之地的西北考古近况，主持《燕京学报》编辑工作的容媛受学报之命，力邀在平的徐炳昶公开向学术界发表"西北考古谈话"，以飨听众。

作为北平考古学界健将之一，徐炳昶向来主张成立科学负责的考古社团组织，以适应飞速变化的时势，其与各考古同人之间的公私交往，也还算平和融洽。关键时期，他决不会轻率冷落容媛的热忱邀请。不过他又因自己目前出掌陕西考古帅印，似乎又不愿对民政厅的发掘及考古会目前取得的一些成果施以过多渲染，所以他的"西北考古谈话"简洁明了，基调审慎。涉及发掘成果，仅仅只有"似此则唐宫之研究，当有新进步云"③等些许语词。

欣慰的是，"西北考古谈话"以及《西京日报》《大公报》等权威报纸的诸多缺陷与遗憾，赖容媛在其《陕西考古会之工作进行与戴院长之反对发掘古墓》一文中有恰如其分的弥补。

容文称："按陕省为历代帝都所在地，故一砖一瓦亦足资历史上之考证，只以多年来无人注意，以致考古材料虽多有发现，每见弃置，自考古会成立后，此弊可矫矣。"④

一年以后，《两年来之考古发掘事业及其贡献》一文又接踵对陕西考古会成立以来的工作进行了补充评价。该文指出："此外则北平研究院史学研究会与陕西考古会，于二十三年二三月间主持发掘陕西民政府厅内之唐代兴庆宫及大明宫遗址，所得两宫图石，附比例尺颇精，所裨益于考古学者，亦匪浅尠。"⑤

公允地讲，此发论言简意赅，评介还算中肯。但比起容媛细致入微的深刻论述来说，则明显孱弱、滞后。

二、奇文搜刻章妙枝

（一）金石耆宿与三宫图题跋

在陕西考古会同人之中，富平张扶万是旧学根底最厚、资历最深的一位关学

---

① 侯鸿鉴：《西北漫游记》，无锡锡成印刷公司，1937年，第13—14页。
② 参见《社务纪要》，载《考古》1934年第1期，第71页。
③ 容媛《陕西考古会之工作进行与戴院长之反对发掘古墓》一文引用徐炳昶之"西北考古谈话"，载《燕京学报》1934年第15期，第260页。
④ 容媛：《陕西考古会之工作进行与戴院长之反对发掘古墓》，载《燕京学报》1934年第15期，第259页。
⑤ 见申报年鉴社编：《申报年鉴 1935》，申报年鉴社1935年版。相同论述另见卫聚贤：《中国考古学史》，团结出版社2005年版，第181页。

学者，被尊崇为"国学大师"。其名鹏一，字扶万，以字行，号一叟、壹翁、一翁、在山草堂主人、在山老人等。祖籍山西曲沃县，后迁陕西富平县董南堡，遂占籍富平。

张扶万通内典，治公羊，尊孔教，善书，能诗，富收藏，"尤长金石考据"①，在关辅一带享有盛名。

是故"精通史汉，有吴斗南之风"②的江宁吴敬之曾誉其为"博物君家有隽才，精庐春色喜先回。仓书文字从头溯，董相祠堂屈指开"，又说他"料理千秋何氏业，三秦邹鲁在当前"。③

1923年11月21日，张陪南海康有为游终南山南五台，康赠张诗称："富平一士张鹏一，一目聪明下十行。""万卷书成峡关陇，千秋奋土□羲皇。"④后来张之关学同门于右任自宁归秦，又面称其为当时关学同人中"境遇极好"者，是唯一"能杜门著"述之优秀学人。⑤

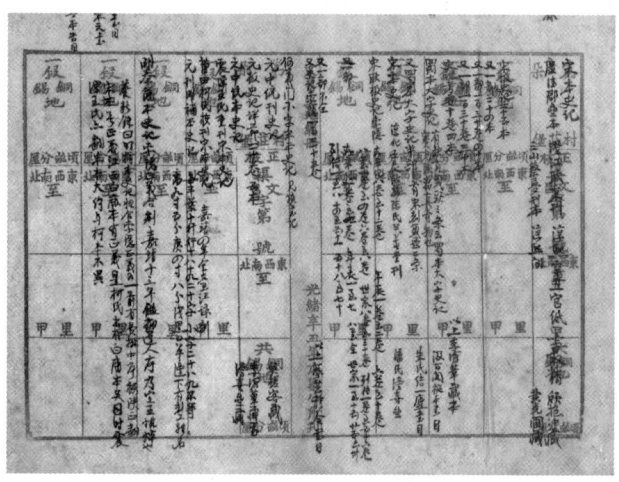

图114 张扶万手录善本书目真迹

1930年后，海游章梫得友人绍介，读张著述，大为张之道德文章所倾倒。因在其后致达友人溥儒信中惊呼："关中乃有此笃学之士！惜已回家，未获居士一见。"并称："务乞赏一收阅之信，其年未及六十，他日必可相见也。"（图114、图115）

1931年5月，张扶万受陕西省政府主席杨虎城委派，以陕西赈务事寓居南京，曾经同门蓝田赵和庭之子赵次庭⑥以张新出著述《儒教今释》为介，与甘肃王立山一起，在5月17日拜见蔡元培于中央研究院。（图116、图117）

此次会见，同样出身旧学传统，但新旧传统思维方法卓然有别的南北两位学

---

① 《北平图书馆馆刊》1936年第10卷第2期刊布张鹏一《唐长安城金石考自叙附目录》一文前配置编者按，参见同期第1页。
② 张扶万：《七月七日贱辰和敬之诗次首言太史公年谱故及之》，见《在山草堂诗录》卷六诗乙（起辛未八月，终甲戌七月，共43首）。
③ 吴敬之：《和张扶万》，见《在山草堂诗录》卷六诗乙（起辛未八月，终甲戌七月，共43首）。
④ 康有为赠张扶万诗在1923年11月21日张氏陪同游西安南五台时。参见1923年11月21日（旧历十月十四日）《在山草堂日记》。原件"千秋奋土""土"后一字似脱，未详何义。
⑤ 1930年12月19日（旧历十月三十日）《在山草堂日记》："于右任昨午来西安，晚六钟访于菊花园。时未出门，侍者持余名刺入，即请入见面，极殷勤。言同人中惟君境遇极好，能杜门著矣。"
⑥ 即赵国宾（1899—1934），字次庭，以字行。笔名宾、虎、兆虎、石虎。陕西蓝田北水磨村人。1918年入北京大学冶金采矿专业学习。1923年北京大学毕业后任延长石油矿总理。1926年任陕西实业厅荐任技正，后又任中央研究院地质研究所研究员。著有《地质与其生物之进化》《凤阳怀远地质概况》《延长石油官厂扩充大纲》《开发韩城龙门煤矿石炭之设计》等。

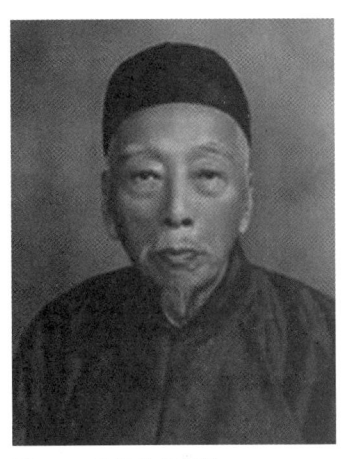

图115　章橒晚年留影　　图116　张扶万肖像　　图117　蔡元培小照

界泰斗，就教育、科学、哲学、孔教等核心问题展开过热烈的争论。

张问蔡："今后中国教育，以科学为中心乎？抑以哲学为中心乎？请先生告我。"又问蔡："孔教在中国以后倾向与否？"亦请其"明言之"。

张之两题，皆致蔡氏惊异。当蔡回答前一问题，谓"当然以科学为重"，且言"科学不可废"时，张即提出质疑。谓："中国以无科学，致积弱为人压迫，科学重要，不待言矣。然无论何种学科，至其极端，皆有弊病。以科学在今日言之，衣食住行利用科学发明极矣，而一面杀人之器亦极发明。"蔡又答"孔子之言在今日亦有不可废者"，并称"孔子个人在当时自系不可少之人，今日时势不合，故其言有可行者，有不可行者"，张则刘曰："过去之人，一也，今世之人提倡佛教，膜拜佛像不遗余力，而对于孔子则显（？）有讳言其人，同一过去之人，何重于佛而轻于孔？"至蔡氏反驳"今日无讳言孔子之事"时，张遂慨言："孔子之言不尽在哲理，孔子以前的中国政治赖孔子以传；孔子以后的中国政治，赖孔子以维持。此过去一千余年之历史也，恐今后之中国政治仍不能出孔子之范围。"

张扶万独辟蹊径的睿智剖论，深得蔡氏赞许。蔡遂言张之《儒教今释》其已阅及，后之理论，希望"早成此书，幸甚"①。

如是道德文章，深得学界敬仰，1945年出版的《陕西文献》因跃然发论，称张氏为"关辅四十年来最博洽者"。

凭借积淀深厚的学业基础，张扶万得以为近代历史学界留下数十种颇具价值的扛鼎论著，并由此荣膺"关中淹博士"的无愧称谓。②

探析张扶万之学业渊源与思想基础，最早可推至清末其于泾阳味经等书院从师关学大师刘古愚之时。及光绪丁酉（1897）陕西乡试，他以第13名举人身份秋闱报捷，即于当年冬季北上参加戊戌会试。翌年"正月半至京，二月初与同学

---

① 以上引文均见1931年5月17日（旧历四月一日）《在山草堂日记》。
② 称张扶万为"国学大师"，见杨怡鲁编：《张扶万先生专辑》（《富平文史资料》第十七辑），铅印本，1993年，第110页。称其为"关辅四十年来最博洽者"，见1945年刊行《陕西文献》中《悼张扶万先生》一文。称其为"关中淹博士者"，则见张瑞玑《曹君印侯墓表》云："光绪三十年，富平张扶万主讲横渠学堂。扶万，关中淹博士也。印侯得其指授，博览群籍，学思大进。"

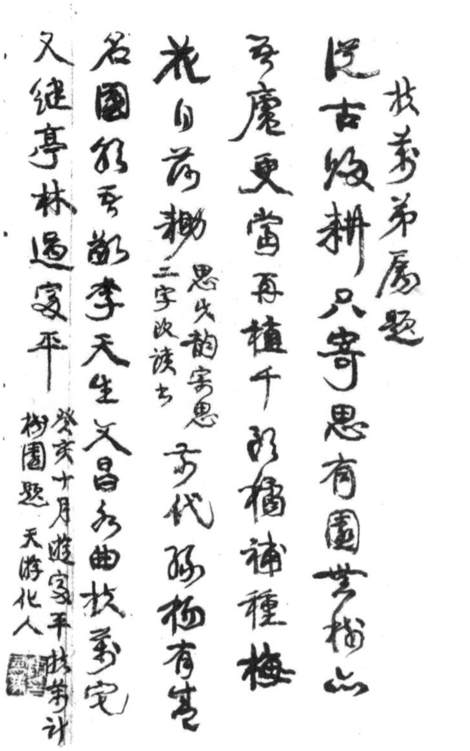

醴泉邢瑞生"①以及三原陈伯澜、蒲城张拜云等人一起，通过支持维新变法的陕籍官吏李岳瑞、宋伯鲁等人的介绍，有幸于京师上斜街拜谒维新领袖康有为，诸人遂"同入保国会，登万木草堂，聆海内闻人之言论风采"②。

依据他后来写就《书戊戌岁拒德人占胶州湾公启及保国会章程后》一文叙述，这一拜谒及蹈身戊戌，从此改变了他的政治、文化追求，使他终身师从于康，成为康门弟子中最为瞩目的隽秀之一。（图118）

由于张扶万在经学、金石学、训诂学以及史学、舆地学等多门学科上的造诣与影响，在省院酝酿成立联合组就的陕西考古会时，他遂成为省院双方共同看重的合适人选。其以花甲高龄出掌陕西考古会委员长一职的现实，为他自己一生富于传奇的学术生涯写上了完满的一笔，同时也为陕西

图118 癸亥（1923）十月南海康有为游富平计树园为张扶万题诗

考古会近十年之久的一段历史，增添了更多耐人寻味的思考。

受太多旧学观念的影响，当"陕西考古会"大牌郑重悬挂在古城中心的时候，作为考古会重要人物的张扶万尚对将要开展的考古工作感到茫然。

更令人费解的是，在民政厅发掘最初遇到干扰和阻力的时候，张一度灰心，设想劝阻徐炳昶放弃已经确定的发掘计划。

关键时刻，是徐炳昶坚毅执着的工作态度感染了张扶万，促使他无可非议地挺身支持徐之工作。从此以降，在陕西考古会有关发掘、保护以及管理等工作中，出身举人的金石耆宿与留学法国的洋派学者这两位至晚在1923年就已经相识③的学界名流，始终能相互提携，共同努力，相处颇称平安和谐。

1934年3月3日大明兴庆两宫图残石发现后，张扶万以其底蕴深厚的金石学素养，敏锐感悟到出土残石的重要历史价值，他嘱拓工朱明俊④等椎拓拓本数

---

① 张扶万：《书戊戌岁拒德人占胶州湾公启及保国会章程后》，见杨怡鲁编：《张扶万先生专辑》（《富平文史资料》第十七辑），铅印本，1933年，第48页。
② 引自1923年张扶万撰《邢瑞生佚文序》，收入《在山草堂文集》。
③ 1923年7月徐炳昶应陕西省省长刘镇华邀请来陕讲学，张扶万适在陕西文献征稽处，这是他们早期交往的证据之一。旧历六月《在山草堂日记》："征稽处同人公请来陕讲学之王抚五、朱遏先、徐旭生、傅佩青……西人柯乐文诸君会餐，赠本处编印书各一部。"
④ 朱明俊为长期追随张扶万之仆从，善椎拓。

十份，以备相关研究以及他日社会各界索取所用。

3月5日，为了宣传现代考古知识，扩大陕西考古会在全社会的影响，他还与徐炳昶依据中央研究院与河南省博物院合组河南古迹研究会古物展览成例，商议提出举办新出宋刻残石展览①的主张，并率先开始了两宫图石刻的研究工作。

令人欣喜的是，不待唐大明兴庆两宫图残石展览筹备工作铺开程序，唐太极宫图残石发现的消息又接踵传来。惊喜之中的张扶万难耐兴奋，立即援笔聊发端绪，称"近闻唐太极宫图，亦有残石，经何君搜得，急待拓出，藉资考证"。在他眼里，"西京筹备，古物悉关至要，尚望宝器日出，发前人所未发，是所盼也"。②

经紧张思考与资料查询、收集，张扶万之有关研究成果很快凸显。3月14日、15日（旧历二月二十九日、二月一日）两日《在山草堂日记》中，张曾连续记："考古会何乐夫近日发掘前布政司二门内地基，得宋时石刻唐兴庆宫图，拓纸观之，为作跋文一首。""前考古会得唐太极宫图残石一块，为作跋文一首。"③

另外，在3月5日之前，张扶万还郑重向耿寿伯汇报民政厅发掘近况，并表示尽快写出书面报告通报省院双方。

依耿之意，陕西考古会刚刚成立，百废待兴，此一口头汇报即可视作书面报告。但张扶万认为初次发掘事关重大，不仅在3月10日动笔撰写了工作报告，而且还在唐太极宫图残石发现之后，另补写了一份专门报告。

张扶万日记中提到的所谓"跋文"，后来扩展修改成《唐大明兴庆两宫图残石跋文》《唐太极宫图残石跋文》，先后刊布于《国立北平研究院院务汇报》、《西京金石书画集》（图119）、《西北刍议》以及《国风》等刊物④，由此洞开了三宫图石刻研究的先河。

为昭慎重，在张扶万提议下，考古会曾将其文送请李石曾、翁文灏、徐炳昶等人求教⑤，皆获好评。受其影响以及北平研究院李书华的重视与催促⑥，何士骥也很快写就《唐大明兴庆及太极宫图残石发掘报告》，并与张氏两种跋文联袂组配，刊布于当年7月出版的《国立北平研究院院务汇报》第5卷第4期。

乍看起来，张扶万这两篇跋文虽篇幅短小，但论点鲜明，论据充分，不啻两篇质量上乘之学术论文。

---

① 兴庆宫图等文物展览事，参见本书第三章中"发掘效应与三宫图聚首"。
② 张扶万：《唐大明兴庆两宫图残石跋文》，载《国立北平研究院院务汇报》1934年第5卷第4期，第63页。
③ 观察刊布于《国立北平研究院院务汇报》1934年第5卷第4期第62—65页之张扶万两种跋文，《唐大明兴庆两宫图残石跋文》署作"三月十二日"，《唐太极宫图残石跋文》署作"三月十九日"。可知日记所记两种跋文一是补记时间，二是初稿时间，故与最后刊布时间有别。
④ 此部分援引张氏两种跋文皆据《国立北平研究院院务汇报》，其中《唐大明兴庆两宫图残石跋文》在前，《唐太极宫图残石跋文》在后。参见《国立北平研究院院务汇报》1934年第5卷第4期，第62—65页。按张氏两种跋文尾接同期《国立北平研究院院务汇报》刊行何士骥《唐大明兴庆及太极宫图残石发掘报告》之后。
⑤ 中美国拍2011年秋季拍卖会于12月23日推出"古籍文献、名人墨迹专场"，拍卖陕西考古会赠徐炳昶《唐大明兴庆两宫图残石跋文》函册并相关图片，编号：3425，起拍价：4000.000（RMB）。
⑥ 1934年4月27日《徐旭生陕西考古日记》："接润章信二封，一报告咏霓病势，一催发掘兴庆宫石报告。"

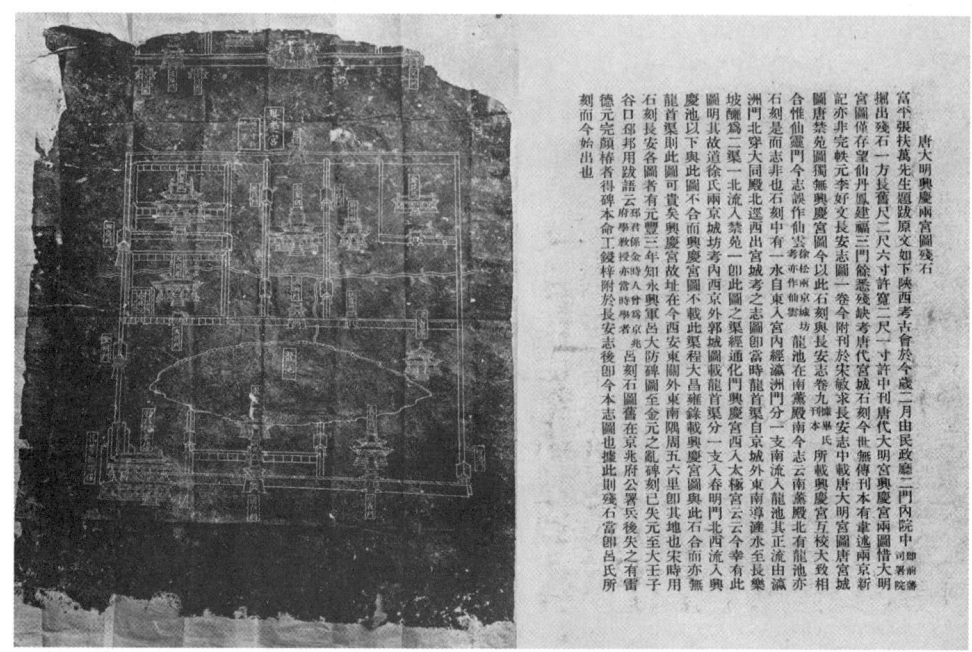

图119　1934年5月出版的《西京金石书画集》第2期刊载张扶万宋刻唐大明兴庆两宫图残石题跋（左旁两宫图初拓本）

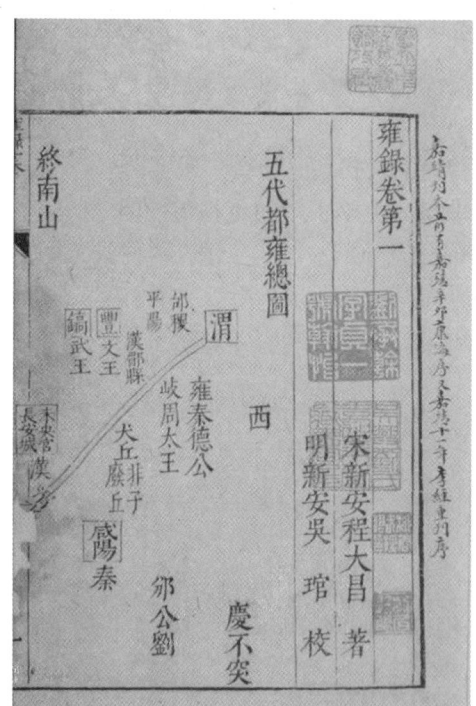

图120　〔宋〕程大昌著、〔明〕吴琯校刊《古今逸·雍录》

其《唐大明兴庆两宫图残石跋文》，审慎援引《长安志》、《长安志图》、《两京新记》、《唐两京城坊考》、《雍录》（图120）等文献记载，对新出两宫图石刻显现的宫殿、宫门、廊庑、亭榭、池、渠、道路等，进行了详细的校勘考证。认为"唐代宫城石刻，今世无传，刊本有韦述两京新记，亦非完帙，元李好文长安志图一卷，今附刊于宋敏求长安志中，载唐大明宫图（图121），唐宫城图，唐禁苑图，独无兴庆宫图，今以此石刻，与长安志卷九（据毕氏刊本）所载兴庆宫互校（图122），大致相合"，从而判定"惟仙灵门，今志误作仙云。（图123）（徐松两京城坊考亦作仙云）龙池在南薰殿南，今志云，南薰殿，北有龙池，亦石刻是而志非也"。

梳理考证宫门、殿堂、廊庑、亭榭等建筑之余，张氏跋文还结合文献记载中龙首渠的位置、分支、走向，对照石刻图考证其舛误，愈感到此图的珍贵。指出："今幸有此图，明其故道，足可宝贵。

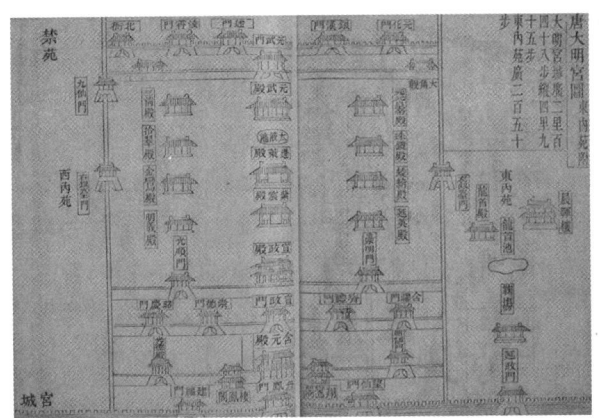

图 121-1 《长安志》卷一《唐大明宫图》

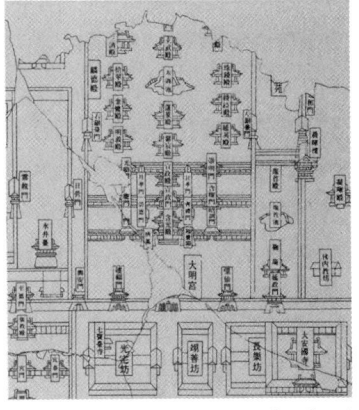

图 121-2 吕大防《大明宫图》（摹绘）

图 121 《长安志》卷一《唐大明宫图》与宋吕大防《大明宫图》（摹绘）对比

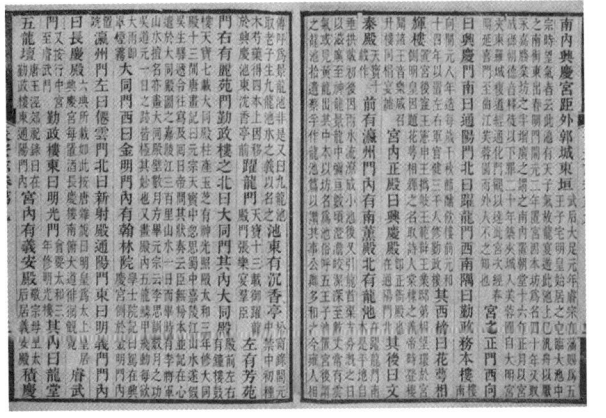

图 122-1 《长安志》卷九对唐兴庆宫之考释

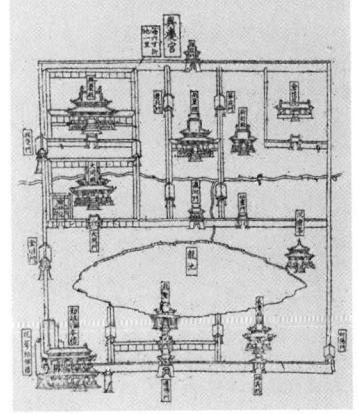

图 122-2 吕大防《兴庆宫图》（摹绘）

图 122 《长安志》卷九对唐兴庆宫之考释与宋吕大防《兴庆宫图》（摹绘）对比

徐氏两京城坊考内，西京外郭城图载龙首渠，分一支入春明门北，西流入兴庆池，以下与此图不合，而兴庆宫图不载此渠，盖据永乐大典阁本图，未尽详悉也。"

不仅如此，张扶万还注意到石图上部正中"兴庆宫"榜题右旁另一重要榜题，亦即"每六寸折地一里"之所谓，因此做出"可证当时图与地，悉得之目验"的判定。并据此肯定，石图的又一珍贵价值，即在于"使后人据图开方，可推知宫殿所在"。

这一判定，与宋赵彦卫《云麓漫钞》卷八所谓"长安图，元丰三年正月五日，龙图阁待制知永兴军府事汲郡吕公大防，命户曹刘景阳按视，邠州观察推官吕大临检定。其法以隋都城大明宫，并以二寸折一里。城外取容不用折法，大率以旧图及韦述《西京记》为本，参以诸书及遗迹，考定太极、大明、兴庆三宫，用折地法，不能尽容诸殿，又为别图"，恰相吻合。点画之间，烘托出 11 世纪初的中国舆图，就已经具有六寸折里，以为比例的惊人成就。（图 124）

跋文之中，又认为石图之上的兴庆池，其地在今西安东关外，固"今西安东关有景龙池，悉住居民，即其地也"。跋文之尾，张氏更娓娓发论，称"宋时用石刻长安各图者，有元丰三年知永兴军吕大防，碑图至金元之乱，碑刻已失。元

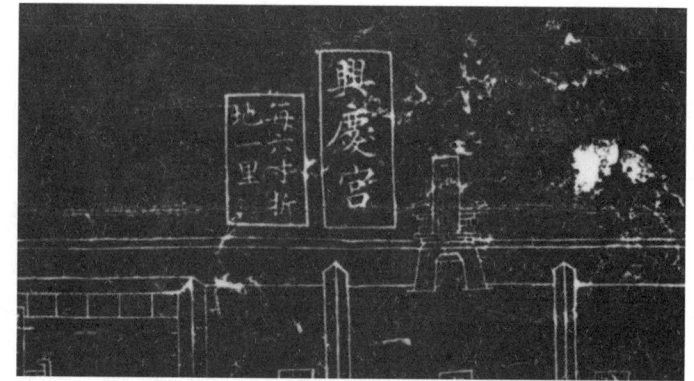

图124 宋刻唐兴庆宫图石刻显示"每六寸折地一里"局部

至大壬子，谷口邠邦用跋语云，（邠君系金时人曾为京兆府学教授亦当时学者）吕刻石图，旧在京兆府公署，兵后失之。有雷德元完颜椿者，得碑本，命工锓梓，附于长安志后，即今本志图也。据此，则此残石当即吕氏所刻，而今始出"。①

不难看出，张扶万跋文中显示的相关观点，与前文谈及《语石 语石异同评》卷五所谓"长安发见地图残石两方：一题唐兴庆宫图，一题唐大明宫图，盖宋吕大防长安志图刻石之遗也"②的论断是基本相符的。但翻阅1934年5月出版的西京金石书画学会编辑的《西京金石书画集》第2期所录《唐大明兴庆两宫图残石》图、文，依其文开首所谓"富平张扶万先生题跋原文如下"，知

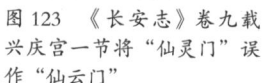

图123 《长安志》卷九载兴庆宫一节将"仙灵门"误作"仙云门"

后之录文，盖亦为张氏撰写《唐大明兴庆两宫图残石跋文》。其中如"程大昌雍录载兴庆宫图与此石合而亦无龙首渠，则此图可贵矣"，又如"兴庆宫故址，在今西安东关外东南隅，周五六里，即其地也"等，却皆与1934年7月刊行于《国立北平研究院院务汇报》第5卷第4期上之张氏《唐大明兴庆两宫图残石跋文》有别。可知《国立北平研究院院务汇报》第5卷第4期刊行张氏跋文时，对《西京金石书画集》第2期所录《唐大明兴庆两宫图残石》张氏跋文有所修改。未知此举属张氏或是《国立北平研究院院务汇报》编辑。

查张扶万《在山草堂文集》，其"唐太极宫图残石跋文"条有记："本会前得唐兴庆宫图残文后，鄙人曾为题识，籍供参考。顷又得唐太极宫图暨府寺坊市图残石。石长方不及旧尺一尺，字多漫灭。今据可识者与徐氏两京城坊考、宋氏长安志、李氏长安志图相校，宫图方位名称，此间略殊甚。"（图125）以之与

---

① 以上引文均见张扶万：《唐大明兴庆两宫图残石跋文》，载《国立北平研究院院务汇报》1934年第5卷第4期，第62—63页。

② 〔清〕叶昌炽撰，柯昌泗评：《语石 语石异同评》卷五，陈公柔、张明善点校，中华书局1994年版，第341页。

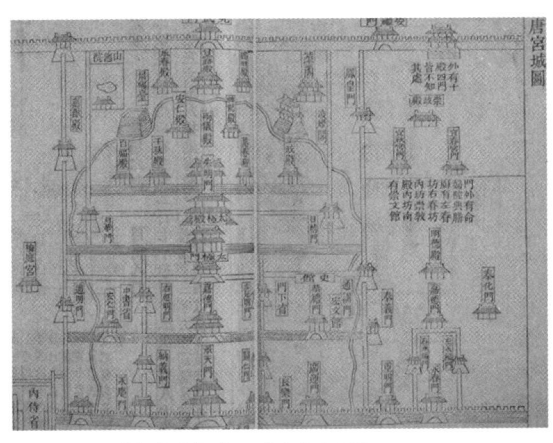
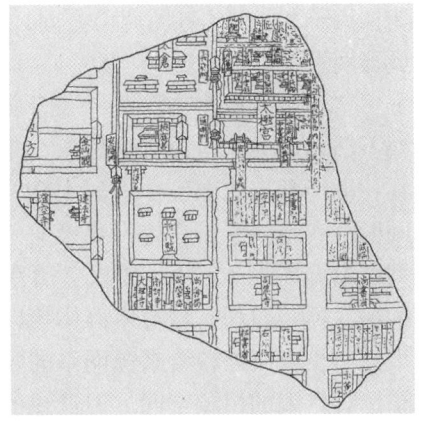

图 125-1 《长安志》卷一《唐宫城图》　　　　图 125-2 吕大防《太极宫图》（摹绘）
图 125 《长安志》卷一《唐宫城图》与宋吕大防《太极宫图》（摹绘）对比

前述 3 月 15 日（旧历二月一日）《在山草堂日记》所谓相较，可窥张氏撰写此跋之大致背景。

复查《国立北平研究院院务汇报》第 5 卷第 4 期刊行之张氏《唐太极宫图残石跋文》，知张氏剖论时，曾据图细剖，重新规划，逐次推进。先是结合文献释读图像，称"共存四排。第一二三排，皆府寺所在图，第二排上层，列太极宫图，第四排为京城各坊图，其中字多漫灭，今据可识者，与宋氏长安志，李氏长安志图，徐氏星伯两京城坊考相较，宫图方位名称，简略殊甚"，接着联系大明兴庆两宫图残石，"疑前兴庆宫图，为吕刻唐三大内宫图之一，此为唐府寺坊市分图"。继而认定"故太极宫图，独简略也"。

这里，张氏的考论文字虽然简短，但仍清晰传递出论者的思维轨迹。其始末轮廓，就是敏锐地将两次发现、镌刻于两块残石之上的三宫图图像紧密连接，细心分离出它们的关系、优缺以及特色。

接下来的讨论中，张氏在准确择选《旧唐书·地理志》等文献记述的基础上，还紧紧把握残石图像结构，以太极宫、太仓为主体中心参照基点，依次划分出"石图太极宫西旁""石图太极宫右""石图太极宫下""石图太仓右"四个物理区间。然后逐层与文献记载对勘剖析。

以笔者愚见，非有缜密之逻辑思维与一定现代地理方位知识的积淀，绝难以做出如是精彩的议论层级。

接续以上设定的逻辑考论层序，张氏勾勒"石图太极宫西旁"水系分布，比对《长安志图》《雍录》所记太极宫水系走向，指出"入宫之渠，即清明渠，入宫后至山池院，又汇

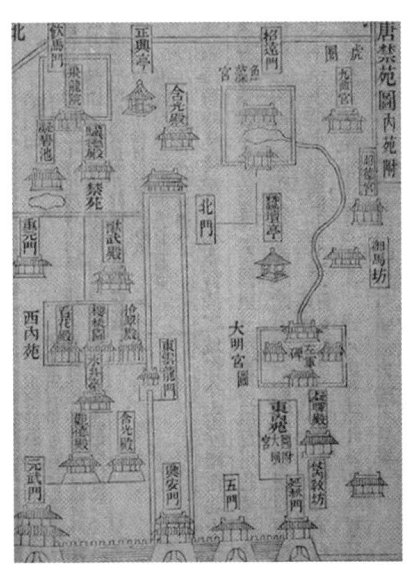

图 126 《长安志》卷一《唐禁苑图·内苑附》

为四海子",而"各图此渠方向,均不合。此最明悉,可依为据也"。

"石图太极宫右"之"太仓图",为残石凸显的另一重要价值信息。张氏跋文在比勘《长安志图》"不列太仓"缺陷的同时,尚转换思路,将目光投向残石图未列的禁苑(图126)、灞水、渭水以及中渭桥,冀望勾画宫城寄生群体赖以为生的太仓与长安以外粮食来源网系的联系,给予读者广阔的想象空间。但遗憾的是,张氏未能将与"太仓"联系更为紧密的唐东渭桥[①]地望所对接。(图127)

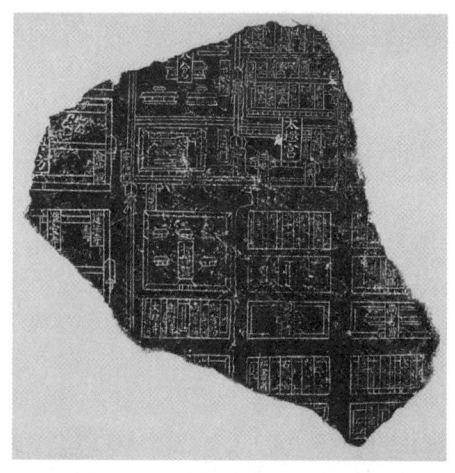

图 127-1 唐太仓位置

对于"石图太极宫下"之诸图像观察,张氏注意到残石图显示左右千牛卫、左右武卫、司农寺、左右威卫、秘书省、尚书省等寺府机构分布位序与《唐两京城坊考》所列各寺府的对照,认为其"与此石刻合也"。

对读"石图太仓右"图形、题名,张氏根据其上"金仙观,建法寺,澄空寺等图",确定"此为唐京城坊市所在图"。

图 127-2 唐东渭桥遗址。1982年10月罗宏才摄
图 127 唐太仓位置与唐东渭桥遗址对照

进而参考《长安志》记载,认为"石图之建法寺,即长安志所云:街东之北,建法尼寺也";"石刻之澄空寺,即志所云街北之东,证空尼寺也"。盖"贞观十七年,立为真空寺,武太后改真空为证空,两京记亦作澄,当以证为是"。

缘此思维,张氏尚联想到"此石坊市全图",因考《长安志》所载诸坊,考证出"皇城南三十六坊。左右七十四坊。市居二坊之地"。并认为"此石图今存辅兴颁政二坊,其残缺者,当有一百零八坊之多,则此石当日面积大小。可以类推"。进而提升思维,认定"以石刻辅兴坊,合营造尺二寸半宽计之。一百一十坊。面积当宽三尺半强。长二尺半强,为约计之数"。

收缩总结,张氏最后整合新发现三宫图残石的相关信息,称三宫图残石均堪为考证唐宫殿图之珍贵实物依据,认定镌刻于有宋一代的三宫图石刻,以"时代与唐接近,可据也"。从而对其珍贵的历史与艺术价值,做了充分、客观的认定。[②]

张氏发论之时,有关唐代宫城研究的基础尚显薄弱;张氏发论之后,唐代宫城的研究才开始日渐兴盛。搜索相关文献目录,我们发现围绕这一论题的很多论

[①] 罗宏才:《东渭桥遗址》,见陕西省文物局编:《陕西文物古迹大观:全国重点文物保护单位巡礼之二》,三秦出版社2003年版,第38—43页。

[②] 参见张扶万:《唐太极宫图残石跋文》,载《国立北平研究院院务汇报》1934年第5卷第4期,第63—65页。

点大致均与张氏跋文有契合之处。从此一点说开去，推想这一契合绝非偶然，而张氏跋文之学术价值，或许恰好就在这一契合之上。

相较张扶万之两种跋文，何士骥1934年底至1935年初相继在《国立北平研究院院务汇报》《考古专报》等刊物发表的《陕西民政厅前院发掘报告》《唐大明兴庆及太极宫图残石发掘报告》《石刻唐太极宫暨府寺坊市残图大明宫残图兴庆宫图之研究》等数篇论文①稍稍迟了一点，不过从内容、体例以及学术价值等方面综合而论，何文似乎占有更明显的优势。

以手法论，张文虽注重文献、实物的结合，但终未蜕去金石证史的窠臼。而何文却将文献、实物与考古地层结合起来进行科学论证，俨然当时考古学界普遍流行的一种先进治学方式。

在求证目的上，张文旨在追求释解文献、实物的异同，而何文却已经涉及某些物质文化方面的东西。此外，有关三宫、府寺、坊市等建筑名称、位置、范围的考订，宫图石刻与文献记载的校正，宫苑建筑与府寺、坊市之间的相互关系等，何文都曾逐一展开，层次分明。虽然部分章节不免有纷杂之嫌，但总体把握仍游刃有余，基本反映了当时金石考古学界的研究水准，尚不失为较有分量的学术论文。

黄永年认为，"对长安历史遗迹作记述和研究"，"进入近代却一度中断了"，日人足立喜六之《长安史迹研究》，"正好填补了这个空白"。②

勘察史线，昭和八年（1933）足立喜六《长安史迹研究》一书由东洋文库出版刊布之时，三宫图石刻尚未发现，其著固不得与新的考古发现所联系。一年以后，当三宫图石刻同时辉耀人间之际，中国学者也很少有人看到东洋文库的这本著述。时段误差，瞬息之间出现两种学术背景下的一种失之交臂。

客观而论，《长安史迹研究》这本曾经被日本学者那波利贞③誉为"论旨稳健，论证扎实"，"从而订正前人的谬误，使研究的结果更加精确"，"可资学者参考"④的重要著作，在熟练运用历史文献与现代测量技术双刃剑刻意对唐宫实施新角度研究的进程中，也无奈留下兴庆宫无图、太极宫匆匆掠过的缺陷。

修复这一缺陷的，是接踵而来的中国学者；嚆矢之功者，则是源自金石考据学术背景的晚清举人张扶万。

享受机遇，张扶万有缘引领了足立喜六以后关乎唐代宫城研究的另一次重要

---

① 何士骥《唐大明兴庆及太极宫图残石发掘报告》刊于1934年7月《国立北平研究院院务汇报》第5卷第4期，第53—61页；完稿时间为1934年5月22日，但较1934年3月14日、15日（旧历一月二十九日、二月一日）两日《在山草堂日记》显示张扶万撰写两种跋文时间为晚。《石刻唐太极宫暨府寺坊市残图大明宫残图兴庆宫图之研究》刊于1935年北平研究院印行《考古专报》，亦较张氏两种跋文最初写作时间晚。

② 黄永年：《〈长安史迹研究〉新译本序》，见[日]足立喜六：《长安史迹研究》，王双怀、淡懿诚、贾云译，三秦出版社2003年版，"《长安史迹研究》新译本序"第1页。

③ [日]那波利贞（1890—1970），考古学家、历史学家。毕业于京都帝国大学，1938年任该校教授，曾参与《敦煌·吐鲁番社会经济史料》《亚洲历史事典》之编纂，著有《唐代社会文化史研究》等。

④ [日]那波利贞：《长安史迹研究·序》，见[日]足立喜六：《长安史迹研究》，王双怀、淡懿诚、贾云译，三秦出版社2003年版，"序"第4—5页。

学术高潮。只是当三宫图残石题跋过后,他继续赴北平搜求资料,于1935年5月开始《吕刻唐长安故城图考证》一书写作之际,才开始接触足立喜六的《长安史迹研究》①。于是,新的学术感悟,开始倾注于张氏的这一重要学术著作。

惋惜的是,后来的人们对这些新的学术信息似乎还缺乏更深刻、更系统的认知与感悟。即便是1938年2月18日与同事陆咏沂教授一起率国立西安临时大学历史系学生三十余人慕名来陕西考古会参观此石的周国亭氏,其仓促之间的大略感受,也仅仅只有"于宫室苑囿之位置绘刻甚详。并刊有比例尺,为我国历来石刻中所少见"②等寥寥数语。

当然,这里我们并不排除周氏等人于仓促之外的其他原委。尽管如此,抛却周氏等人主题暂且不论,"差若毫厘,谬以千里"③,仍恐是我们要在这一章节中特别需要予以重点说明的。

(二)奇文搜刻

1934年春节过后,此前开始的斗鸡台发掘工作因受天寒影响,尚不能正式开展。利用这一间隙,远在北平的李石曾、李书华、徐炳昶等人决定邀请张扶万来平一游,顺作答谢之谊。

图128 张扶万(后排左一)与吴敬之(前排左一)等人合影

此时适张扶万受何士骥《石刻唐太极宫暨府寺坊市残图大明宫残图兴庆宫图之研究》一文启发,正拟撰写系统研究唐长安城及宫城考证文章,方为资料匮乏犯愁,接获北平研究院邀请,自然乐意一举两得,做北上之行。

他将北平方面邀请的消息告诉邵力子,邵便支持张即刻成行。故在旧历新年尚未结束之际,张即决定离陕赴平。行前老友吴敬之(图128)等特在小湘子庙街旧宅置酒设宴,为张送行。诸人把酒赋诗,晤谈颇多。1935年2月6日(旧历一月三日)《在山草堂日记》遂以颇多笔墨记述"敬之饯余北平之行,

---

① 1935年5月15日(旧历四月十三日)、5月18日(旧历四月十六日)《在山草堂日记》:"勘吕图毕。早访黄仲良于董子祠,观日人足立喜六著长安史迹研究说明书一册,图片一册。""草吕图稿,阅足立(喜六)史迹之研究,闻何乐夫考古专号。"

② 参见周国亭《陕西考古学会参观记》一文,原载《西安临大校刊》第11期,后收录入西北大学西北联大研究所编:《西北联大史料汇编》,西北大学出版社2012年版,第280页。文中"陕西考古学会"一说,为"陕西考古会"之误。至周国亭等参观时间,文中仅云"本月十八日下午二时"。查《西北大学学报》(自然科学版)2003年第33卷第5期载姚远《〈西北大学学报〉的赓续和演变》一文考证,知西北大学前身之国立西安临时大学1937年9月10日由北平大学、北平师范大学和北洋工学院三院校组就,1938年3月16日迁往陕南城固后,改名国立西北联合大学,《西安临大校刊》亦于同年8月15日更名《西北联大校刊》,而《西安临大校刊》仅出12期,且西北大学西北联大研究所编《西北联大史料汇编》一书后附《西北联大大事记》明确称1938年"2月18日历史系教授陆咏沂率领学生参观陕西考古学会"(见该书第692页),可知周国亭文中所谓的"本月十八日",当为1938年2月18日。

③ 《礼记·经解》:"《易》曰:'君子慎始,差若毫厘,谬以千里。'"《魏书·乐志》:"但气有盈虚,黍有巨细,差之毫厘,失之千里。"

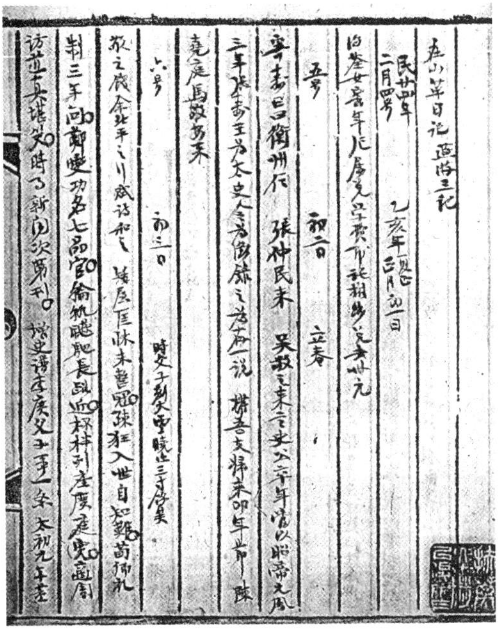

图 129　吴敬之宴张扶万北平之行赋诗咏和

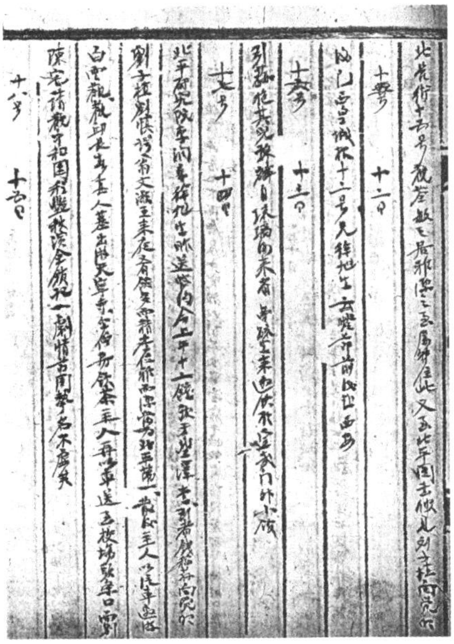

图 130　1935 年 2 月 17 日（旧历一月十四日）《在山草堂日记》载北平研究院款待来京之张扶万情事

赋诗和之"诸事。其后并附诗云："矮屋匡床未整冠，疏狂入世自知难。荀卿礼制三年问，郑燮功名七品官。轮轨飙驰长路近，杯桮列座广庭宽。适周访道真堪笑，时事新闻次第刊。"（图129）

1935 年 2 月 12 日（旧历一月九日），张扶万乘陇海路火车抵达北平，受到北平文化界同人的热烈欢迎。2 月 17 日（旧历一月十四日），北平考古界名流数十人假丰泽堂之地盛宴款待张扶万，宴后且引导张做白云观、天宁寺之游。

当日《在山草堂日记》有记："北平研究院李润章、徐旭生昨送帖，约今上午十二钟饮于丰泽堂。到者钱稻孙、向觉明、刘子植、刘慎谔、翁文灏、王来庭。肴馔多而精，座位雅而洁，当为北平第一。散后，主人以汽车邀游白云观，观邱长春真人墓，出游天宁寺，坐僧房饮茶。主人再以车送至校场头条口而别。"（图130）

从 2 月以至 4 月，张扶万在寓居北平长达数月的时间内，"访旧入燕市，再识文学掾"①。频繁接触北平学界耆宿名流与乡邦友人，并耗费大量时间在北平各大图书馆以及学术研究机构搜索有关唐代宫城的文献资料。

图 131　民国时期北平图书馆前门

---

① 张扶万：《在山草堂诗录》卷六诗乙《赠徐森玉》。

阅读诸事毕记的张氏《在山草堂日记》，知其忽而"至北平图书馆（图131）见刘子植、向觉明"①，就该馆所藏的相关善本多有辑录；忽而又至"后门西皇城根十二号见徐旭生"②，共谈陕西考古会新年度的考古工作计划。且不断购求散氏盘器形文字影印、故宫方志目录、砚形印册、范宽山水③一类碑帖、文献资料。

便中，张还频繁与章梫、徐森玉、黄仲良、沈兼士、罗常培、容庚④、翁文灏、马衡、刘子植、向觉明、寿石工、柯昌泗、胡石卿、吴晴波、周养庵、谢国桢⑤等人在泰丰楼、同和居、玉华台、聚宝成、天宝成⑥等北平名菜馆雅集、小酌。从经史子集到现代科学，从罗振玉、王国维的"二重证据法"到李济、梁思永的考古地层学，从地质研究所丁文江（图132）发掘受挫到河南民族博物院院长何日章在安阳手持河南省政府训令拒绝中央研究院参与殷墟考古发掘⑦，从"小屯工人偷窃古物，中央研究院无法阻止"⑧到1922年10月何孟庚营长于"长安旧藩廨库堂后土中"⑨获颜勤礼碑引起工人愤怒罢工等事，凡当时历史、文学与考古学界比较敏感的热门话题，几乎无不涉猎探讨。

杯盘交觥、谈笑风生之际，由于学术背景的不同以及人文地域上的差异，论者常常会有言辞相撞与论点相左之处。譬如3月19日晚玉华台宴饮中，容庚批评"西安⑩通志中之金石一门，见书（树）甚少，阅之减色"，张扶万闻言即颇

图132　丁文江小照。采自[瑞典]马思中、陈星灿合著《中国之前的中国》一书

---

① 1935年2月14日（旧历一月十一日）《在山草堂日记》。
② 1935年2月15日（旧历一月十二日）《在山草堂日记》。
③ 参见1935年3月25日（旧历二月二十一日）《在山草堂日记》。
④ 容庚（1894—1983），字希白，号颂斋。广东东莞人。1922年入北京大学研究所国学门读研究生。毕业后任燕京大学教授、《燕京学报》主编、北平古物陈列所鉴定委员、岭南大学及中山大学教授、《岭南学报》主编等。擅金文研究。著《金文编》《金文续编》《商周彝器通考》《殷周青铜器通论》《海外吉金图录》等。
⑤ 如1935年4月8日（旧历三月六日）《在山草堂日记》："早观（洛阳）伽蓝记。十二钟赴中山公园来雨轩，约向（觉明？）之约。胡石卿、吴晴波、周养庵、谢伯桢在座，徐伯玉后来。谢君允借观三湘从仕录，并代钞明季史书内关于刘湘客遗事。湘客，吾陕宜川人……"
⑥ 均为20世纪30年代闻名北平的著名菜馆。其中泰丰楼在前门外煤市街，清末山东海阴孙氏创设，以经营传统鲁菜著名；同和居在西四牌楼西南角，创设于1822年，以经营山东福山帮菜系为主；玉华台在北平锡拉胡同，为淮扬馆，以淮城汤包著名；聚宝成在北平西长安街，亦为著名淮扬菜馆，且与另一家著名淮扬菜馆天宝成齐名，号称"两成"。
⑦ 傅斯年：《本所发掘安阳殷墟之经过——敬告河南人士及他人士之关心文化学术事业者》，原载《安阳发掘报告》1930年第2期，后收录于欧阳哲生主编：《傅斯年全集》（第三卷），湖南教育出版社2003年版，第99页。
⑧ 此事当时众说纷纭，颇有误传。兹择1934年3月31日《徐旭生陕西考古日记》："前闻孝侯所说小屯工人偷窃古物，中央研究院无法阻止之为虚传。外人以重价收买殷墟古物，固属事实，卖古董者告外人以从中央研究院坑内漏出，亦并非虚。但小屯后岗附近，为当日人居，不出铜器。间亦偶出……出铜器者，则在都城附近河北地方，为中央院势力之所不及。然外人买古董者亦仅知小屯；不言小屯所得，苦无售主。"
⑨ 癸亥（1923）孟春醴泉宋伯鲁应何孟庚请求题新出颜勤礼碑跋（后何孟庚将此跋刊刻于颜勤礼碑一侧）。
⑩ 应系"陕西"之误。

为不悦；及徐森玉谈及"西北西安古迹风俗，人人色飞眉舞"，却暗合张扶万的潜在恋乡心理。张遂感叹，此次雅集，"盛会也"。①

在评介中央研究院与北平研究院的地位、待遇与学术水准之时，张言辞激越，涉猎较广，以至开罪于向觉明、徐森玉、刘子植等人。双方竟至语言失态，相互攻讦，不欢而散。

但雅集中语言的过激以及学术观点上的差异，并不会影响数十年来融融人情纽带系结下的私交关系。

小怨乍过，向觉明、刘子植就请张扶万来家阅览古籍文献②，切劘学问，张也依旧登门约向觉明同去琉璃厂购书。而徐森玉在获知张扶万正大力搜集唐代城坊资料之时，则自告奋勇，除积极为张办理教育部北京图书馆阅书特许券外，还主动带张去观赏浙江仁和名士邵伯炯所珍藏的宋刻唐宫城图石刻拓本。

"残年射虎看南山，韦杜风光独往还。好古探奇曾远道，刘（子植）王（鸣皋）博雅向（觉明）高问（张扶万注：刘、王诸君曾游西安，此来款待独殷）。掌故胸罗并清珍，历朝史表最标新。柯（愿③舲）张方域成书后，景杜堂开口（数?）替人（张扶万注：向、王、吴④君三十年前识于晋阳，今寓旧京，著景杜堂丛书五十一种，清代史料几二十种）。"

诵读1935年4月1日（旧历二月二十八日）《在山草堂日记》披露张扶万于北平寓所写就的这首激情洋溢的长诗⑤，当日学界名流高韬豁达的胸襟气度以及坦诚质朴的融融关系，仿佛就在眼前映现。

对于徐森玉推荐的浙江仁和名士邵伯炯，张扶万并不陌生。他早先通过邵乡榜同年邵力子之口，已知邵伯炯原名邵章，伯炯为其字，清光绪癸卯科进士，曾任翰林院编修、杭州府中学堂、浙江两级师范学堂、湖北法政学堂、东

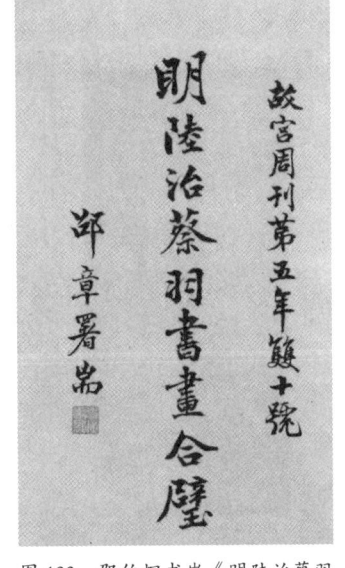

图133 邵伯炯书嵩《明陆治蔡羽书画合璧》

---

① 见1935年3月19日（旧历二月十五日）《在山草堂日记》。
② 张扶万与刘子植相交甚厚，双方彼此互赠文献，酬酢不绝。1935年2月7日（旧历一月四日）《在山草堂日记》即记："阅刘子植寄来楚器图释一条。"此次张赴北平，再应刘邀观其藏书，可谓同道学问友谊之接续也。1935年3月25日（旧历二月二十一日）《在山草堂日记》记："向觉明处见明时咸阳金石志二册……"
③ 为柯燕舲（昌泗）"燕"之误。
④ "向"即向觉明。"王"即王鸣皋。"吴"则指吴廷燮（1865—1947），号向之，室名景牧堂。江苏江宁（今属南京）人。清光绪举人，著名史表专家。民国时任袁世凯政府秘书厅秘书、清史馆总纂等。平生勤于纂辑，成果颇富。主要有《晋方镇年表》《唐方镇年表》《北宋经抚年表》《南宋制抚年表》《辽方镇年表》《明督抚年表》《东三省沿革表》《北京市志稿》等。"老友吴向之廷燮，熟娴官制，博通旧闻。曩者国有大政，多君视草，余心敬其人有年矣。"见王揖唐：《今传是楼诗话》，张金耀校点，辽宁教育出版社2003年版，第350页。
⑤ 查陕西省政协文史办公所藏张扶万《在山草堂诗录》手稿，此诗未附入。而张氏1935年4月1日（旧历二月二十八日）《在山草堂日记》所录，又潦草难辨，移录标点或有舛误。

三省法政学堂监督，奉天提学使，北京法政专门学校校长，约法会议议员等。擅书法，嗜金石碑帖收藏，精版本目录校勘，箱箧颇富，著《云淙琴趣》等。在平津一带颇有盛名，1934年刊行的故宫周刊第五年双十号《明陆治蔡羽书画合璧》，即由邵氏题耑（图133）。惟其所藏宋刻唐宫城图石刻拓本之事，张却并不熟悉。此次来平，得获机遇，自然极愿先睹为快。而邵伯炯则因此前张扶万曾托章梫转送兴庆宫石刻图，亦始知张之声名①，亟盼一见。此次相逢，故已先有基础。

3月20日（旧历二月十六日）《在山草堂日记》，由是详细记述了张在邵伯炯处看到宋刻唐宫城图石刻拓本的经过：

"七时应森玉之约往泰丰楼见邵章，字伯褧（褧）。以所得吕大防刻唐宫城图残石拓纸见示。石凡十五块，约得全石十分之六。分汉都城、咸宜宫、大安宫、西内苑、太极宫、崇教殿、明德殿、大明宫、太清宫、通化门、兴庆宫、崇仁坊。此十二石，集为城坊图。下有杜曲、御宿川、黄渠三石。宫城外有修德、兴辅、光宅、永兴、永昌、崇仁、平康、务本、崇义、翊善、来庭、长乐、大宁、安兴、胜业十六宅，兴宁、永嘉、道政、常乐共一宅十九坊。图之大小以旧裁尺计之，纵横各三尺五寸之谱，外跋文残石三角形。"（图134）

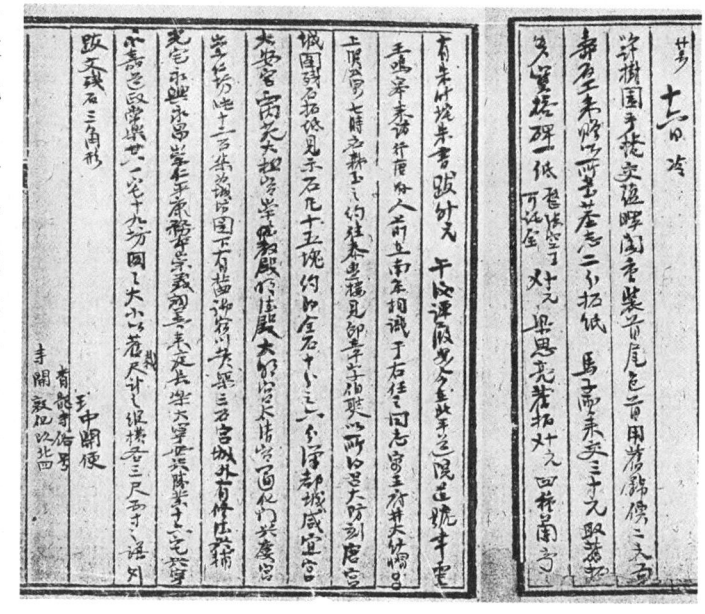

图134　1935年3月20日（旧历二月十六日）《在山草堂日记》载张扶万观邵伯炯处唐宫图石刻拓本情事

很明显，如果说此前发现的三宫图石刻仅仅只是勾勒了唐代长安城的一部分轮廓的话，那么，邵伯炯处所珍藏的唐宫城图石刻拓本，则可能使平面视角上的全部唐长安城概貌得以整合完璧。

追溯此宫城图石刻的流变情况，上文所引何正璜日记在谈到三宫图石刻发现热潮时又云："即在北京人士亦闻风而至各古董肆中搜寻，结果在一家觅得方石十八块，绘唐代各宫之全图，一时艺林更为之沸然。"②

由此推测，唐宫城图石刻原石当在1934年3月以后在北平古董肆中发现。

---

① 1935年3月22日（旧历二月十八日）《在山草堂日记》："午后赴西城温家街一号访邵伯炯，接洽借所藏唐宫城残石拓纸事。并云西安兴庆宫石刻系章一山（章梫）转送，因知余名。"

② 参见1941年2月10日教育部艺术文物考察团秘书何正璜日记，手稿，未刊，稿存其后裔处。

据刻石之内容，当与此前发现的唐三宫图系一时一地之物，后当为古董商人贩卖至北平。

至于其在西安显现于世的时间以及相关之事，叶昌炽撰、柯昌泗评《语石 语石异同评》卷十尚娓娓记有：

"余曾得吕大防长安志图残石，石苍舒书，仅存七片，首尾残缺，潜心钩索，迄未得其原次，乃知古人精诣为不可及。西安藩廨灶下出残石十六片，大者如研，小者如拳，紫凤天吴，颠倒裋褐，皆分书，有熙宁年号，虽知为宋刻，无从属读。余竭十余日心目之力，尺接寸附，亦竟得原碑位置，始知为宋吴中复重建燕佳亭

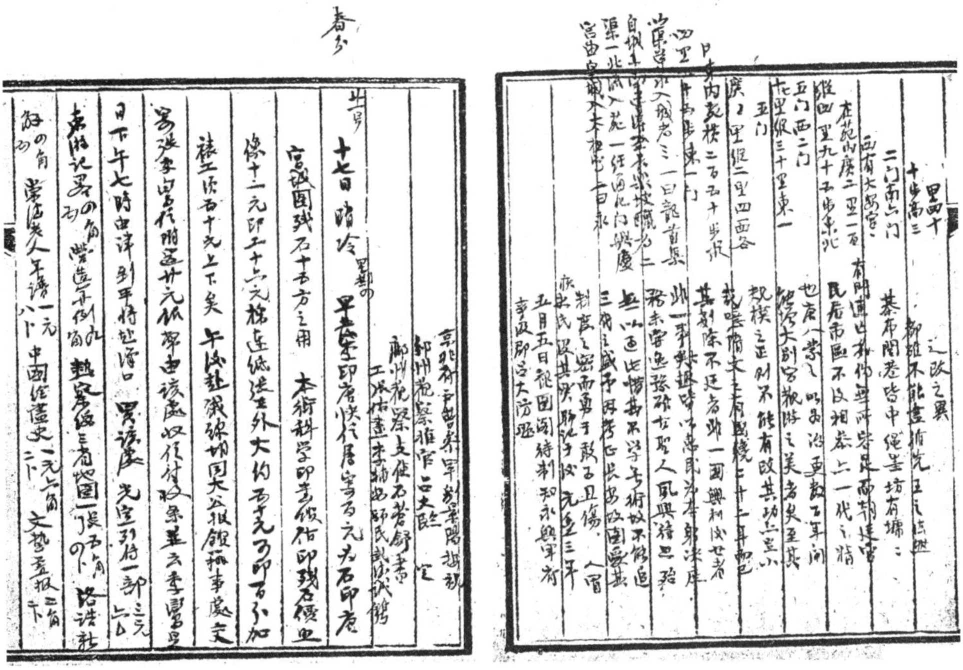

图135　1935年3月21日（旧历二月十七日）《在山草堂日记·燕游三记》

诗。前有熙宁七年字，后有仲夏十五日男立礼字。装为一幅，首尾只缺十余字，此可为补缉残碑之法。"①

校阅三宫图石刻，此图独有主持刻石、书丹的官吏及画、刻工匠姓名，为其特色。文曰："元丰三年五月五日龙图阁待制知永兴军府事汲郡吕大防题，京兆府户曹参军刘景阳、按视邠州观察推官吕大临定，鄜州观察支使石苍舒书，工张佑画，李辅、安师民、武德诚镌。"②（图135）

石工三人中，安师民可能与陕西宋代碑石中屡屡见及的刻工安民、安仁祚、安文际、安文璨、安文晟、安亮③等人属同一家族，为宋代长安著名石工世家。

---

①〔清〕叶昌炽撰，柯昌泗评：《语石　语石异同评》，陈公柔、张明善点评，中华书局1994年版，第562页。

② 参见宋元丰三年（1080）镌刻吕大防《长安图碑》。原碑金、元时毁于战火，只存残石。

③ 参见李惠主编：《陕西石刻文献目录集存》，三秦出版社1990年版。

从雕刻技法以及雕刻内容分析，此图应与三宫图石刻相同，俱出自同一时期同一工匠之手。惟以后者残泐过甚，不能卒读。或当勒题、书丹、刻画之人姓名俱已毁佚，亦未可知。如以上推断准确无误，则从主持刻石之吕大防、吕大临兄弟的金石嗜好、宦历身份以及时代背景来看，各石雕刻的主旨、原委、功用、目的以及性质等事，应该是十分准确清晰的。它从一个侧面反映了北宋时期长安一地浓郁的嗜古之风与金石考据盛况，应该引起研究者的足够重视。

此一视角，张扶万当时可能限于手头所掌握的资料，未能充分予以考释发微，但他对石刻图拓本的珍贵价值，却是十分清楚的。窃以为自民政厅发掘以来，唐代宫城坊寺资料屡出不绝，实为考古史上罕见之事，而此图独精细准确，堪为研究唐代长安城坊的重要参考资料，亟应整理刊行。

3月21日上午，张扶万从北平致发考古会秘书"李印唐快信，属寄百元，为石印唐宫城图残石十五方之用"①。

接着，他又赶赴邵宅，接洽商借邵伯炯所藏唐宫城图残石拓片影印之事。

征得邵氏的同意，张即往北长街附近了解刊行价目。当日《在山草堂日记》透析："本街科学印书馆估印残石价：照像十二元，印工十六元，棉连纸张在外，大约五十元，可印百分（份），加裱工须五十元上下矣。"

对于科学印书馆所提供的价目，张扶万似乎尚存疑惑，因此又有拜托琉璃厂画店伦池斋②介绍印书馆一事。3月22日《在山草堂日记》故而再记："伦池斋人来，介绍杨梅竹斜街中华印刷局③印唐宫残石。云石印须用药水照原拓纸画成再印，并纸印百张，工料六十元，以半月为期。余定明上午见话，如不来即作罢论。"④

囊中羞涩的张扶万经再三比较，似觉科学印书馆所提价目尚可接受。双方底定印刷百张，纸用加连中国纸，合计照相、印工共计二十八元，以预交十二元为前约，且共立定单以为凭据。

因西安方面所寄款项迟迟不到，张只得向长期寓居北京陕西三原会馆西馆的味经同学陈伯澜（涛）夫人吴仪孟⑤女史商借，"赴陈宅取银二十元（科学印书馆印费取十二元）"⑥。

---

① 1935年3月21日（旧历二月十七日）《在山草堂日记》。
② 伦池斋为北平琉璃厂名店，以经营书画、南纸、收藏明戴进《山高水长图》卷等名品著名。民国时期先后任该店经理的有张发岩、靳伯声等。郑振铎《访笺杂记》："但北平地域甚广，搜访所未及者一定还有不少。即在琉璃厂，像伦池斋，因无笺样簿，遂至失之交臂。"此文写于1933年11月15日，刊于1934年1月31日天津《大公报》，后收录于郑振铎：《痴俊集》，生活书店1934年版。
③ 张涵锐《北京琉璃厂书肆逸乘》记："杨梅竹斜街中华印刷局为齐家本所创立，最盛时在民国二十年前后，所出书为京调、大鼓词及各种小唱本，铅字排印，下乡售卖。"见孙殿起：《琉璃厂小志》，上海书店出版社2010年版，第39页。
④ 1935年3月22日（旧历二月十八日）《在山草堂日记》。
⑤ 吴仪孟，陕西泾阳安吴堡人。行五，适三原陈伯澜。吴宓著、吴学昭整理《吴宓自编年谱》（1894—1925）："五姑母仪孟（1870—1951）归三原己丑科解元陈涛，字伯澜。著有《审安斋诗集》。五姑母生一女芝润、一子之颧。"生活·读书·新知三联书店1995年版，第8页。
⑥ 与科学印书馆商洽印刷价格并借陈宅款事，皆参见1935年3月23日（旧历二月十九日）《在山草堂日记》。日记中提到的"陈宅"，即陈伯澜宅，地址在北平校场头条陕西三原会馆西馆。

为答谢邵伯炯的慷慨提供，张决定以所著《魏略辑本》相赠，并"约拓景龙观铜钟铭、集股（古）拓重阳宫石碑、草堂寺题名、乾陵金人题名"等。邵则"以其家刻半岩庐遗文二卷、石印万松山房兰亭拓本图册、缩照吕氏唐宫城残石片见赠"，① 并殷殷寄语希望早日看到唐宫城图石刻拓本的刊印本。

受邵感召，张还诗兴频发，连续写《旧京杂咏》《纪北平之行》等诗抒怀。其《旧京杂咏》诗中写道："唐宫刻石散烟云，补缀成篇坊市分。好修吾乡文新记，万松山馆□（题？）高文。"② 大约是称赞刊印唐宫城图石刻拓本之事是"刻石镂金像法古，奇文搜刻章妙枝"③。遣词构造，格调激越，颇有踌躇满志之势。

由于刊印唐宫城图石刻拓本之事的藕丝系结，张、邵二人此后的往来还有多次。

如3月29日（旧历二月二十五日）《在山草堂日记》：

"早，伯炯先生同其文郎茗生来访。交单开长安唐、宋题名拓纸，托问价值。有草堂寺石（刻）、华塔寺石刻、碑洞石刻。以此间存之全形邠国公碑、阜昌禹贡图、大智禅师全形碑拓纸贻赠。见几上张迁碑褾册有孔褒碑额，云难得之物，手为拆下标题，其上诚意可钦。以新补修之裘陈佩④手卷示之，托为题字。裘为钱塘（人），有乡里之谊也。并言贾家胡同吴江馆徐北汀⑤画像最肖，每件六元，润资加景多者四元，少者二元。以相片寄交即可。相片须脱帽衣长褂怡雅，饬皆内行之言，依其清行之故，今日照相也。"

得邵伯炯绍介，赴徐北汀处求绘画像事在4月4日、5日始得兑现。5日《在山草堂日记》又记："昨赴贾家胡同吴江馆访徐北汀，值出门，留名刺，照像片，交门者转交。今早九时再往入见，年未三十年，而谦下有礼，画像事则伯炯先生已言之矣。"

看得出，张晤徐北汀，初次印象还是不错的，因此二人便有了较长时间的会谈。依此日《在山草堂日记》记载，知徐"自言初画山水，偶为画像，人以为可，遂兼此。出所画花卉、竹石、柳松，笔姿秀润，美人颇有士气，造就未可量也"。涉及为张画像，徐言"约

图136　张扶万画像。徐北汀据张氏1935年3月29日摄影绘于北平

---

① 1935年3月24日（旧历二月二十日）《在山草堂日记》（张扶万误作二月"十九日"）："早八钟邵伯炯同其世子茗生来访，报前日之谒也。以其家刻半岩庐遗文二卷、石印万松山房兰亭拓本图册、缩照吕氏唐宫城残石片见赠。余以魏略辑本答报。"

② 1935年3月29日（旧历二月二十五日）《在山草堂日记》。

③ 1935年3月31日（旧历二月二十七日）《在山草堂日记》。抄录于此日日记中，未书诗名。

④ 裘陈佩者，浙江钱塘人。清贡生。康熙三十七年（1698）官醴泉知县，康熙三十八年（1699）纂修《醴泉县志》，木刻本，北京图书馆藏；康熙四十四年（1705）纂修《武林裘氏家谱》，木刻本。善草书，除邵伯炯藏书法手卷外，另有草书《心经》手卷传世。张扶万日记中以其曾官醴泉知县，故称"有乡里之谊也"。

⑤ 徐北汀（1908—1993），原名徐熹，字北汀，以字行。笔名舒澄、石梅、渺尊、淼翁。江苏吴江人。晚清名士徐金九（著《本事诗》等）后裔。擅画，师吴观岱。曾于上海白马画社鬻画课徒。后任北京工艺美术学校教授。

六日后可成"。（图136）

这些来自4月5日《在山草堂日记》的散漫记载，虽并非完整、系统，但迅速传递出徐北汀的大致绘画艺术背景以及诸多鲜为人知的信息，发散出温馨的人文气息。

3月28日，李印唐自西安"快信兑银一百元"，嘱张"在前门外长巷下二条谦牲银号代天盛德兑"。①4月10日，科学印书馆承印唐宫城图拓本书因得迅速印成。张于是立即先送二份予邵伯炯以示回报。②至于李书华、翁文灏以及北平研究院等相关单位与个人，张在次日亦皆有送赠。③

馈赠期间，邵伯炯遵张扶万嘱托，曾就其所送唐宫城图拓本及相关画像题诗二首。其一云："关中文学方萌朕（？），太华三峰一柱擎。留得希夷纯朴气，坐看炎宋显龙兴。金石论交质等坚，宫城图刻缅唐年。西京方建部都策，娄敬弘规莫让贤。"④

诗中对张扶万痴心金石考古，热心乡邦文献的精神大加褒奖，着意推崇。张受诗拜读，自觉愧疚。以为"奖许愉恒，非敢当也"。然内心深处实愈加敬重邵之为人。倏忽之间，张所能够立即做到的，便是殷殷于4月11日日记中遣词抒怀，寄希望后世"子孙其保之"⑤了。

4月12日，北平研究院院长李书华知张扶万将回陕西，专程来送，特赠北平研究院出版《地名大词典》一册、《北平历史长编》二册、《北平金石志目》二册、《考古专号》一册；14日，寿石工亦如约来送前次托题的计树园图手卷（图137）并匣面题字；18日，徐森玉再约聚于北平图书馆，同游京郊龙泉寺、秘魔崖寺；19日，傅增湘又特意来寓所送行……⑥

北平友人的拳拳之心，使得居平数月将回长安的张扶万感激万分，不胜眷恋。4月23日（旧历三月二十一日），张扶万乘陇海路快车回归陕西，曾分别致函、寄物于北平各友人表示谢意。

其中后来借翁文灏就任行政院秘书长之机致送翁之信函有"春都北平瑕游，幸接芝宇，席间剧谈，欢欣无限，

图137　1935年寿石工为张扶万计树园图题诗

---

① 1935年3月28日（旧历二月二十四日）《在山草堂日记》。
② 1935年4月10日（旧历三月八日）《在山草堂日记》。
③ 1935年4月13日（旧历三月十一日）《在山草堂日记》。
④ 此诗录入1935年6月11日（旧历五月十一日）《在山草堂日记》，文谓："寄邵伯炯信。伯炯于三月初在北平为余题画像诗，今录之。"
⑤ 1935年4月11日（旧历三月九日）《在山草堂日记》。
⑥ 参见1935年4月12日、14日、18日、19日（旧历三月十日、十二日、十六日、十七日）《在山草堂日记》。

容另寒暑","周顷阅报章,敬悉枢府更新。秘书膺长,翊赞宏酋","鹏年华虚度,考古无能,值多难之方殷;望硕尽之频示。专修寸笺,恭贺新禧"①等殷切话语,正是此时张氏发自内心的真挚感受。

不负友人的厚望,张扶万尚根据邵伯炯提供的资料,一面"至考古会,送邵力子主席影印唐宫石刻一份,旧京杂咏一纸"②,于北平新闻多有阐述;一面收集大量资料③,自该年5月以至6月,开始了紧张的《吕刻唐长安故城图考证》一书的撰写。

这期间,他还念念不忘前在旧京对邵伯炯的承诺,刻意接续与邵伯炯之金石因缘,一再回寄邵所企盼的"朱拓兴庆宫、景龙钟铭八份"④,以及"景龙钟拓片、兴庆宫拓片"⑤,与"(西安)文庙宋金元碑拓纸八张"⑥,"又赠朱拓太极宫图二份并复信"⑦。

从1935年5月以至1936年11月,经张扶万不懈笔耕,长达九卷之巨帙力作终于得以杀青。

受邵力子的热情支持,当时计划此书分作文字考释与图本两种出版。文字考释经邵力子介绍开明书局夏丏尊负责承印⑧;图本则准备托交参谋本部陕西陆地测量局校正摹绘。其中由张扶万本人亲自操刀的《吕刻唐长安故城图考证叙》,更在《陕西教育月刊》1935年第1卷第10期先行公开发表。

令邵、张二人均意想不到的是,数日之后,震动全国的西安事变即怦然发生。在邵力子夫人傅学文不幸被流弹击伤,邵于不得已间仓促避居杨虎城止园公馆的处境下,张扶万挂念该书的出版事宜,仍决定偕何士骥同见邵于止园寓所。张问邵"前之唐长安城考证稿","答云已由呼延某寄沪开明书店付印",并言"以后有信可交该店夏丏尊转交"⑨。但不知是何原因,联络出版一事后来又改作与百宋印刷局接洽。

1937年2月22日,已不再担任陕西省政府主席一职的邵力子不负诺言,仍践履前约寄来印刷"唐长安城图考证费一千元,由省(府)秘书杜斌丞(转)交"⑩。

---

① 此处所引张扶万致达考古会委员、行政院秘书长翁文灏信函,见于1936年1月1日(旧历十二月七日)《在山草堂日记》页眉间。

② 1935年4月25日(旧历三月二十三日)《在山草堂日记》。

③ 如1935年8月2日(旧历七月四日)《在山草堂日记》:"向觉明寄到徐松唐京城坊考二本、连筠簃丛书本……"又1935年11月1日(旧历十月六日)《在山草堂日记》:"阅全唐文,为唐长安城金石考寻材料也。"

④ 1935年5月11日(旧历四月九日)《在山草堂日记》。

⑤ 1935年5月14日(旧历四月十二日)《在山草堂日记》。

⑥ 1935年5月16日(旧历四月十四日)《在山草堂日记》。

⑦ 1935年5月25日(旧历四月二十三日)《在山草堂日记》。

⑧ 1936年10月30日(旧历九月十六日)《在山草堂日记》:"邵主席送开明书店夏丏尊印吕图考证印稿样式二纸,以半页十三行,每行廿六字者为宜。中国手工纸千部千一百二十元。请其酌定。"夏丏尊(1886—1946),原名夏铸、夏勉旃。浙江上虞人。光绪秀才。1904年赴日本宏文书院、东京高等工业学堂留学。归国后在杭州浙江两级师范学堂、湖南省立第一师范、宁波浙江省立第四中学等校任职。1926年后任上海开明书店编辑所长。

⑨ 1936年12月27日(旧历十一月十四日)《在山草堂日记》。

⑩ 1937年2月22日(旧历一月十二日)《在山草堂日记》。

延续推进印刷唐长安城考证稿的进程，陕西考古会尚于1938年（？）4月、5月间将墨绘精良的吕刻唐长安城图一份四幅送交参谋本部陕西陆地测量局，参谋本部陕西陆地测量局因在该年5月3日回函致候，且于5月11日致函考古会，称"前准贵会张扶万先生交绘吕刻唐长安城图一份，嗣因事变，图务过多，无暇办理，遂致延搁。兹已仍派阎技士如峒照原图模绘就绪，计四幅，合成一大幅，相应同原图底一大幅备函送请查收，至所需纸墨为数不多，应由本局作为购藏也"①。

当此之际感慨系之的张扶万甚觉欣慰，随之将书稿、印费寄往百宋铸字局求印，并"以就长安城图考证第一页交际昌（张扶万次子）附入百宋印刷局"②。但令人不解的是，直到1940年5月21日，联系百宋铸字局印刷一事还在踌躇进展。当日《在山草堂日记》仍郁郁援笔记道："写寄百宋铸字局信，发吕图考证卷首一册，用双（挂）号寄去。"③

三、真电风雨

（一）来自西安的真电

北平考古谈话之后，徐炳昶因挂念陕西的考古发掘，不待其幼子患病康复，即于4月3日匆忙离平回陕。

1934年4月6日，徐炳昶依据考古会成立会会议所定发掘计划须在"发掘前拟定提交委员会审定后执行"一条，特向尚在西安的考古会委员寇胜孚、梁午峰、王卓亭三人发函敦请讨论所拟具的发掘意见书，并通报即将赴宝鸡斗鸡台实施发掘的具体日期与相关事项，以昭慎重。

函件宣称："本会工作步骤，拟定先研究周民族及秦民族之初期文化。去年五六月间，炳昶曾亲赴宝鸡一带调查，知宝鸡县东十五里斗鸡台及其附近，秦民族所遗留下之遗迹颇多。虽曾经党匪玉琨私行发掘，而未经破坏之遗迹尚多，有重新发掘之价值。"

函件并称："以上各节，早经与诸位先生正式谈及，猥蒙赞同。现筹备大体完毕，拟于本月十日以后，即赴该地工作，请各委员核准，并由本会正式函请省政府，饬该地地方官妥加保护，以利工作进行。"

至于"将来在该地借用民间地亩"，以徐炳昶等人意见，似拟在考古会抵达宝鸡后再"与地方官斟酌当地情形，优与补偿"。如是意愿，并请各委员仔细斟酌，聊发宏论，同时冀望陕西省政府能够迅即下令，促"地方官晓谕该地人民，

---

① 原函藏陕西省档案馆。无具体年代，由同藏一地署作"五月三日"之参谋本部陕西陆地测量局致陕西考古会便函"惠赠吕刻唐长安城图一份（四幅），绘工（？）精"及5月11日该部致达陕西考古会公函所谓"嗣因事变"等语，两函时间可能在1938年。
② 1937年6月17日（旧历五月九日）《在山草堂日记》。
③ 1940年5月21日（旧历四月十五日）《在山草堂日记》。

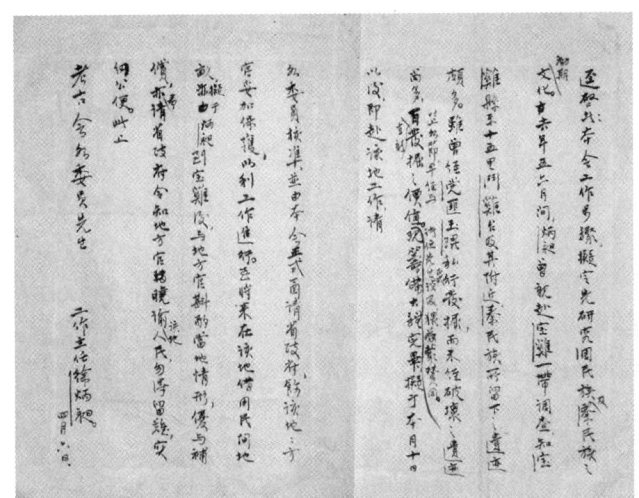

图 138　1934 年 4 月 6 日徐炳昶致考古会各委员函

图 139　戴季陶小照。1941 年 2 月美国《生活》杂志摄影师卡尔·迈当斯（Carl Mydans）摄

勿得留难"。①（图 138）

4 月 11 日上午，考古会各委员依据本会"办事细则第三章第十六条"规定，开会通过徐炳昶拟具的宝鸡斗鸡台发掘意见书，一致决定将该意见书上报省政府，"查照令饬宝鸡县政府届时妥为保护，并晓谕该地人民，毋得留难，以利工作"②。

4 月 12 日下午，陕西省政府接获考古会送来宝鸡斗鸡台发掘意见书，正拟缮发通知"宝鸡县政府届时妥为保护"训令，未料却被一封突如其来的"真日急电"③打乱了计划。

电报由正在陕西视察的考试院院长戴季陶（图 139）于 11 日自西安分别发给上海中央研究院院长蔡元培、南京政府行政院院长汪精卫、教育部部长王世杰（雪艇）以及远在江西南昌的军事委员会委员长蒋介石等政府要员。全文如下：

> 上海中央研究院蔡院长，南京汪院长，王教育部长，江西蒋委员长钧鉴：
> 近年以来，研究国学科学诸家，忽起发掘古墓，寻取学术材料之风，在学术界中或视若当然，而在爱国爱民者，则痛心疾首，呼吁无声，哭泣无泪。中国今日弱极矣，学术教育败坏极矣，应作之事，不知其几千万，何必发墓，然后为学，民德之薄，至今而极，此心不改，灭亡可待，掘墓之事，明明为刑律严禁，古代于自掘禁墓者，处以凌迟，现今各省亦有以死刑处之者，今诸君子何心，而自掘民族全体所应共爱共敬之古人坟墓，以自伤其祖先之德，败其同胞之行，而引后世子孙以不正之趋向耶。我总理首创民族主义，以培植民德为本。蒋总司令于千辛万苦，焦头烂额之中，确知非培植民德，不足救亡，彼专家诸君子之心行，果有合于斯道耶？于人民之私掘小小无名坟墓者，轻则处以五年禁锢，

---

① 1934 年 4 月 6 日徐炳昶致考古会各委员函。
② 1934 年 4 月 11 日陕西考古会致陕西省政府函。
③ 按照《韵目代日表》，"十一日"可用"真、尤、轸、对、陌"来代替，故称"真日"。有关戴季陶"真日急电"曾先后在各大报纸与刊物刊登，参见天津《大公报》1934 年 4 月 13 日第 3 版、《燕京学报》1934 年第 15 期等。

重则处以枪决,而于彼公然掘墓,掘墓之结果,复大倡其破弃民族历史,毁灭民族精神之偏见者,反公然以国家之力而保护之,岂我国民政府所应取之道哉。伏祈一面通令全国,凡一切公然发墓取物者,无论何种理由,一律依刑律专条严办,庶几足以正民心,而平民怨,一面苦劝诸君子,改其无益之行,变其无用之心,致力于救国救民之学,以培国本,而厚国力,不胜至诚祈祷之至。

图140 宋伯鲁晚年留影。摄于西安土地庙十字宋宅瓶园

戴季陶这一看似突然的举动,并非出自偶然,实有其深厚思想基础及社会根源。戴出身四川广汉一个与旧文化传统有着极深渊源的封建家庭,"胆小懦弱",性情落差较大,"很容易受刺激","一时热心,过一下便灰了心"。①、"忠孝家声绵水长"②、"忠孝仁义"以及"参禅悟道"等传统思想在他身上表现得尤为突出,促使他长期鼓吹"仁爱""忠恕",宣扬"忠孝仁爱信义和平"的所谓"八德"。他曾通过国民党政府强令机关团体制"八德"牌匾悬挂礼堂朝夕反省启迪。③还曾在南京汤山建造别墅,题作"孝园",名曰"孝思不匮"。其在南京考试院院长任间对院内建筑布局、牌匾内容的特别设计以及恭拜班禅为师,"长斋伴佛,提倡开设道场救国"等怪异行为④与1932年在陕西视察时发起整修周陵、出资修葺卧龙寺、诚请前清翰林院编修宋伯鲁(图140)为其母遗像题诗和遍谒关中汉唐帝陵等种种活动,也都可以从他的出身、信仰以及著述、主张上得到体现与诠释。

另一方面,作为国民政府五院院长之一,戴季陶所掌管的考试院的重要职责又是推展文化教育。1930年6月2日,他之所以能与国民政府主席蒋介石以及行政院院长谭延闿、主法院院长胡汉民、司法院院长王宠惠、监察院院长赵戴文共同签署训令公布《古物保存法》条例⑤,正基于这一点。

---

① 恽代英讲演稿,秦邦宪记录:《孙中山主义与戴季陶主义》,原载《中山主义》1925年第2期,后收录于《恽代英文集》(下卷),人民出版社1984年版,第752页。
② 戴季陶请宋伯鲁题诗事,参见罗宏才:《宋伯鲁先生诸事钩沉》,见政协礼泉县文史资料委员会编辑:《礼泉文史资料》第七辑《宋伯鲁专辑》,第67页。文后有关戴季陶整修周陵并编修陵志一事,则参见同书第68—69页。又宋伯鲁《题戴季陶之母像》诗云:"莫漫生前说显扬,遗经一卷泪千行。茕灯影里传家范,画荻庭中有义方。万里山川违定省,百年缟墨自芬芳。披图愿下宣文拜,忠孝家声绵水长。"按此题诗手稿藏西安宋伯鲁裔孙宋曾诒处。
③ 《申报》1933年2月14日载南京专电:"中执委会令各级党部及人民团体制'忠孝仁爱信义和平'匾额,悬挂礼堂中央,以资启迪。"
④ 戴季陶对考试院的设计,可参见曹志敏:《戴季陶与民国考试院的建筑》,见《北京档案史料(2002.2)》,新华出版社2002年版,第301—305页;拜班禅为师一事,可参见李光谟:《锄头考古学家的足迹——李济治学生涯琐记》,中国人民大学出版社1996年版,第96—97页;至于戴季陶"长斋伴佛,提倡开设道场救国"等事,可参见上海书店出版社:《民国世说》,上海书店出版社1997年版,第48页。
⑤ 中国第二历史档案馆:《中华民国史档案资料汇编》第五辑第一编文化(二),江苏古籍出版社1994年版,第609页。

还应看到，至晚自20世纪20年代以来，随着现代考古学在中国的蓬勃发展，有关"盗掘"与"发掘"的争辩就已经开始在全国范围内普遍展开，愈演愈烈。彼时因缺乏科学知识，公开诋毁、污蔑考古发掘的诸多言论，曾招致诸多科学家的抨击与反对。

1925年，马衡曾于《晨报副镌》刊发《考古与迷信》一文，呼吁民众摒弃迷信，尊重科学。

1928年，中央研究院历史语言研究所所长傅斯年在撰写《历史语言研究所工作之旨趣》①一文结尾时，亦勃然高呼"把些传统的或自造的'仁义礼智'和其他主观，同历史学和语言学混在一气的人，绝对不是我们的同志"之响亮口号。

1929年，新疆省主席金树仁②命"新疆全省教育会"致电南京政府，称中瑞西北科学考察团在新疆地区"到处挖掘，翻尸倒骨，惨无人道"③。同年6月27日，由金树仁直接署名发往国民政府政府首脑蒋介石的一纸电文中，更指责考察团"任意采掘于历史攸关之重要古物，颇招地方人士之反感，尚有种种逾越范围之举动，皆足危害边省秩序之安宁"④。

金树仁此举，激起中瑞西北科学考察团团长（中方）徐炳昶的愤慨。徐在日记中指出："现在新疆对于异国人之游该处者并无任何取缔，而对于本国科学家乃严加限制，殊属闻所未闻。"并称："新疆各政界要人始终不明科学为何物，他们始终不相信本团无政治上的企图。"⑤至中央研究院、北平研究院分别与河南、山东、陕西三省联合成立文物考古机构以来，这场绵延久长的多层面"争辩"，更迅速达到高潮。

因此，可以这样认为，上述一切现象，都应成为促动戴季陶"真日急电"出笼的内在原因。其直接原因，则是此前不久北平研究院为借住卧龙寺与戴发生的争执，以及戴1934年4月前后来陕视察水利、交通时耳闻目睹有关陕西考古会之种种发掘消息与大规模的饥民盗墓事件。⑥

直击戴季陶的"真日急电"，其已明显将科学"考古发掘"与野蛮"盗墓"

---

① 傅斯年：《历史语言研究所工作之旨趣》，载《国立中央研究院历史语言研究所集刊》1928年第1本第1分，第3—10页。

② 金树仁（1879—1941），字德庵。甘肃河州人。晚清秀才。光绪二十二年（1896）任河州知州。辛亥后当选众议院议员，1926年任新疆省公署政务厅厅长，1928年任新疆省主席兼总司令。

③ "新疆全省教育会"致电，见中国新疆维吾尔自治区档案馆、日本佛教大学尼雅遗址学术研究机构编：《中瑞西北科学考察档案史料》，新疆美术摄影出版社2006年版，第50页。相关内容曾为罗桂环《立言诚不易，编书亦烦难——评〈中瑞西北科学考察档案史料〉》一文转引、评论，载《自然科学史研究》2007年第26卷第4期，第570—578页。

④ 中国第二历史档案馆所藏档案，案卷名：西考团被阻概况·新疆省政府主席金树仁沁电，全宗号：393，案卷号：35重。

⑤ 参见徐旭生：《徐旭生西游日记》（第三卷），见《民国丛书》第二编（87），上海书店出版社1990年版，第160—161页。

⑥ 厉小健《失落灵魂的革命》一文称："在西安杨虎城将军作东的酒宴上，他听到当时正在西安从事考古的徐炳昶（北京大学哲学系教授）的谈论，忽有所感。在这位一向提倡'将中华民族从根救起来'的党国元老看来，考古发掘无疑是挖了祖宗的根，同私掘古墓毫无二致。于是乎，'保墓贤人别有思，痛心考古播邪辞'（陈独秀狱中作《金粉泪》诗句），有了这么个被学术界贻笑大方的通电。"见李继锋主编：《1934：沉寂之年》，山东画报出版社2003年版，第137页。

图141 王世杰小照

活动相混淆。电文之间，一再跳跃责难问罪之词。依戴之意，似乎是想通过自己的地位影响，一举迫使科学考古发掘就此中辍。锋芒所指，气势汹汹。这就不能不引起社会舆论的广泛关注。

（二）论战在全国展开

4月12日，接获戴季陶"真电"的教育部部长王世杰（图141）以"考古""盗墓"均与己职责密切攸关，因此未敢怠慢，立即复电予以调和。电文宣称："发墓取物之事，颇闻各地有古董商或不良分子为之，在考古学术机关实际上尚属罕见。"

为平息争端，王世杰进而委婉表示，站在教育部立场，既要打击盗墓，同时还要提醒考古学术机关在开展工作时，不得发掘具有重要历史价值的古墓。

追逐戴、王的议论，4月13日，《大公报》（图142）、《申报》、《民生报》、《世界日报》等全国各大报纸纷纷参与评论报道。其中《大公报》以《戴通电请禁发掘古墓》为题在显要位置全文刊发戴季陶"真日急电"①最为瞩目。传媒奔涌中，街谈巷议自然骤起，士林学界亦为之骚动。同日《蔡元培日记》故记："金曜晴，有风。报载戴季陶真电，诋考古家发冢之非。"②

当此之时，挑战之书既已公开送达，作为应战主角的中央研究院、北平研究院等相关单位于是也就"逼上梁山"，势不能做隔岸观火的逍遥之士。

4月13日，中央研究院院长蔡元培在接到戴季陶的长电之后，立即通知该院史语所副所长李济商议对策，决定"拟等孟真来上海时覆一电作一申明"。然当李济急与"孟真通长途电话"时，傅则云"雪艇已覆一电，措施颇妙。不过南昌将如何响应，不得而知"，并云其还得"两三天才来上海"。

作为教育部部长的王世杰面对科学与愚昧之争如是委婉应对；作为论战主角的史语所所长傅斯年又在关键时期忙于他务，暂不能归。这就使得处于风口浪尖之上的蔡、李二人不能不感到事态的严重。

蔡元培深悉电文背后"戏中有戏"，李济则"甚觉此事非官样文章所能了事"。仓促之间，两人的一致意见是：须尽快将消息告诉远在北平的中央研究院总干事丁文江，请其约请北平学术界名流组织反击，以免被动。

受蔡元培指示，同日李济自上海致信远在北平的丁文江。声称："今日有一怪事发生：蔡先生收到戴季陶自西安拍来长电，此电兼致汪、蒋及雪艇等，大反对我们的考古工作。照他的意思，似乎我们应该得一凌迟的处罚。此电已遍载上海各报，看后实感觉此事之严重。"

对于戴季陶的猝然发难，李济已深悉此事并不仅仅只是关乎戴季陶一人，而

---

① 参见天津《大公报》1934年4月13日第3版等信息。
② 王世儒编：《蔡元培日记》（下），北京大学出版社2010年版，第378页。下引4月14日《蔡元培日记》出处同此。

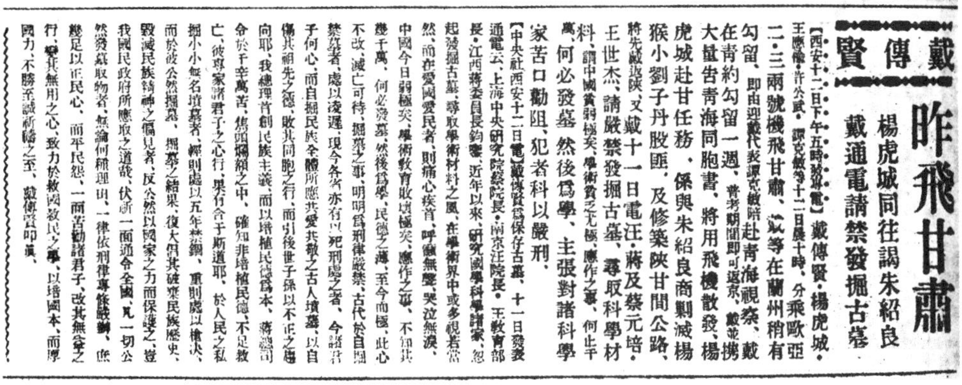

戴傳賢　昨飛甘肅
楊虎城同往謁朱紹良
戴通電請禁發掘古墓

【西安十二日下午五時發專電】戴傳賢・楊虎城・王應榆・許公武・譚克敏等十二日晨十時、分乘歐亞二・三兩號機飛甘肅、戴等在蘭州稍有勾留、即由迎戴代表譚克敏陪赴青海視察、戴在青約勾留一週、會考期間即可返京、戴並攜大量告青海同胞書、將用飛機散發、楊虎城赴甘任務、係與朱紹良商剿滅楊猴小劉子丹股匪、及修築陝甘間公路、將先戴返陝、又戴十一日電汪・蔣及蔡元培・王世杰、請嚴禁發掘古墓、尋取科學材料、謂中國貧弱極矣、學術貧乏尤極、應作之事、何止千萬、何必發墓、然後爲學、主張對諸科學家苦口勸阻、犯者科以嚴刑、

【中央社西安十二日電】戴傳賢爲保存古墓、十一日發表通電云、上海中央研究院蔡院長・南京汪院長・王教育部長・江西蔣委員長鈞鑒、近年以來、研究國學科學諸家、忽起發掘古墓、尋取學術材料之風、在學術界中或多視若當然、而在愛國愛民者、則痛心疾首、呼籲無聲、哭泣無淚、中國今日弱極矣、學術教育敗壞極矣、應作之事、不知其幾千萬、何必發墓、然後爲學、民德之薄、至今而極、此心不改、滅亡可待、掘墓之事、明明爲刑律嚴禁、古代於自掘禁墓者、處以凌遲、現今各省亦有以死刑處之者、今諸君子何心、而自掘民族全體所應共愛共敬之古人墳墓、以自傷其祖先之德、敗其同胞之行、而引後世子孫以不正之趨向耶、我總理首創民族主義、而以培植民德爲本、蔣總司令於千辛萬苦、焦頭爛額之中、確知非培植民德、不足救亡、彼專家諸君子之心行、果有合于斯道耶、於人民之私掘小小無名墳墓者、輕則處以五年禁錮、重則處以槍決、而於彼公然掘墓、掘墓之結果、復大倡其破壞民族歷史、毀滅民族精神之偏見者、反公然以國家之力而保護之、豈我國民政府所應取之道哉、伏祈一面通令全國、凡一切公然發墓取物者、無論何種理由、一律依刑律專條嚴辦、庶幾足以正民心、而平民怨、一面苦勸諸君子、改其無益之行、變其無用之心、致力於救國救民之學、以培國本、而厚國力、不勝至誠祈禱之至、戴傳賢叩真、

图 142　大公报 1934 年 4 月 13 日载戴季陶发自西安的通电

实际上是代表一股强大的政治势力。因此他特别提醒丁文江："戴某个人不足道，但其所居职位实足以号召一部分潜势力，从此考古工作恐将永无太平之日。"认为："戴氏所代表者为旧社会中之乡愿势力，假道德以行其私，且又欲以此欺天下，对近代之文明全为门外汉。"而"此种人社会中并不罕见，不过现在他握权甚大，说不定有些人要抬他作偶像。这种危险时时可以发生"，敦请丁文江"约适之先生把北方的舆论唤起一下，作一公开的讨论"。

依照李济的见地，对胡适来说，"此事关系较之白话文言之争与科学玄学之战似更为具体也"。①

当李济积极联络反戴力量之时，身在南京的傅斯年接获蔡元培的电话，亦深知事态的严重，故未敢怠慢，立即代蔡元培拟定回击文章，并托该院代理总干事丁巽甫②14 日自南京抵沪送交蔡元培。

急切盼望傅斯年消息的蔡元培接获丁巽甫带来之文，匆与李济阅读斟酌，稍稍修改后即以《蔡元培覆戴季陶函》为题于当日 5 时前以最快速度向戴季陶及相关各报发出③，打响了公开论战的第一炮。

此日《蔡元培日记》故记："土曜　晴。巽甫自南京来，携有孟真代我复季陶函，与济之稍增改几句，抄寄季陶，并送各报发表。"

信函中，蔡元培开宗明义，一针见血触及要害。指出："（戴）先生关怀民德培植，民族隆替，慈悲之心，仁人之言，曷胜感佩。惟所斥责学术团体发掘之事，按以弟所听之于考古人士者殊有异乎先生所闻。"他列举了近年以来中外古玩商人勾结地方势力疯狂进行盗掘古墓、遗址的种种丑行，指出盗墓之"恶风固远在近年间所有之学术发掘以前，更不因学术发掘而转炽，且正考古诸君到处呼

① 以上引文均见 1934 年 4 月 13 日李济致丁文江信函。参见李光谟辑：《李济与友人通信选辑》，载《中国文化》1997 年第 15、16 期合刊。

② 即丁西林（1893—1974），原名丁燮林，字巽甫。江苏泰兴人。1913 年毕业于上海南洋公学，1914 年赴英国伯明翰大学留学，获理科硕士学位。回国后先后任北京大学物理系教授、中央研究院物理研究所所长等。1948 年当选为中央研究院院士。1949 年后任文化部副部长、北京图书馆馆长等职。此处言傅斯年托其自宁归沪送交蔡元培反击戴季陶文章，可能与丁时任中央研究院代理总干事之职有关。

③《蔡元培覆函》，载《燕京学报》1934 年第 15 期容媛《陕西考古会之工作进行与戴院长之反对发掘古墓》一文附录及相关报刊，收入高平叔主编：《蔡元培文集》，锦绣出版事业股份有限公司 1995 年版，第 261—263 页。

吁，求有以止之；其奔走之劳，亦稍有效者也”，对戴氏颠倒是非、混淆黑白的错误论调进行了有力的驳斥。

接着，蔡元培又缕述近年来中央研究院史语所、地质调查所等单位的考古发掘，实皆“以原人及远史为主，与墓葬大体不相涉”。而“历史语言研究所之工作，以上古遗址为宗”。“其有涉及埋葬之事，不出二端：（一）后代间有葬于古代遗址中者，发掘时遇之，只得清理。（二）已为人盗掘之墓地，或已自然暴露之墓，惧其历史的价值永湮，不得不加以清理。”他援例说明考古发掘的必要性以及不可预见性，指出：“以中国历史之悠长，不动土则已，一动土则无论何事均难免遇到遗骸遗物耳。”驳斥戴：“先生所谓破坏民族历史，按以弟所闻，似适如其反，恐以告者之过也。”

为阐述考古发掘的意义，揭露戴氏的伪科学面目，蔡元培历数上古史记载的谬误以及地下文物足可以订正历史记载谬误的重要性，认定科学的考古发掘可以“将中国信史向上恢复千年；岂特未破坏民族历史，而以先生之怀古弥深，似当不以为劣，然而转以殷忧者，必是告者颠倒其词耳”。进而据理以为：“近数年来，科学发掘之事，虽有而实稀。然其成绩已闻域外，其工作之细密谨严，有可佩者。”讽刺戴：“先生向所谓‘向世界赶上去’者，今日实不多有，此转是其一端。”规劝戴：“弟以为政府保护古迹，禁止私掘，应取更有效之手段，此外之学术事件，自当出之以慎重，而不宜泛加之以禁止，恢复千年古史，其用大矣。”

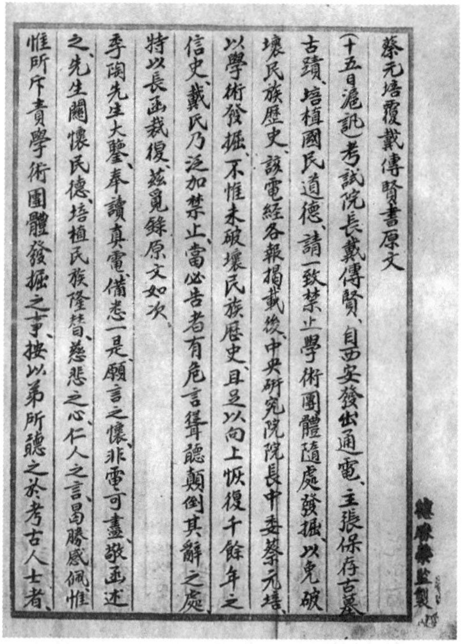
蔡元培覆戴傳賢書原文
(十五日滬訊)考試院長戴傳賢、自西安發出通電、主張保存古墓古蹟、培植國民道德、請一致禁止學術團體隨處發掘、以免破壞民族歷史、該電經各報揭載後、中央研究院院長中委蔡元培、以學術發掘、不惟未破壞民族歷史、且足以向上恢復千餘年之信史、戴氏乃泛加禁止、當必告者有危言聳聽顛倒其辭之處、特以長函裁復、茲覓錄原文如次、
季陶先生大鑒、奉讀真電、備悉一是、願言之懷、非電可盡、敬函述之、先生關懷民德、培植民族隆替、慈悲之心、仁人之言、曷勝感佩、惟惟所斥責學術團體發掘之事、按以弟所聽之於考古人士者、

图 143　1934 年 4 月 15 日沪讯蔡元培复戴传贤书原文

蔡元培复函公开后，迅速在全国学术界引起反响。4 月 15 日，上海各报俱在显要位置刊载新闻，公开披露蔡、戴论战消息。当日陕西考古会遗留一则档案[①]尤称：

“（十五日沪讯）考试院长戴传贤，自西安发出通电，主张保存古墓、古迹，培植国民道德，请一致禁止学术团体随处发掘，以免破坏民族历史。该电经各报揭载后，中央研究院院长、中委蔡元培，以学术发掘，不惟未破坏民族历史，且足以向上恢复千余年之信史。戴氏乃泛加禁止，当必告者有危言耸听、颠倒其辞之处，特以长函裁复，兹觅录原文如次。”（图 143）

呼应沪讯，全国各主要报纸、学术单位以及文化名流也纷纷撰文参与论战。其中《时事新报》一马当先，于 4 月 15 日刊布《谈戴氏来电》一文抨击戴季陶

① 参见陕西考古会档案。

反对考古发掘"动机也许是基于泽及枯骨的憧憧而为民请命,然而在客观方面,不仅使科学的考古因噎废食,甚至对于学术界还有一笔抹煞的恶嫌"。

在据理剖析"不肖的骨董商人""帝国主义者"联手"藉考古幌子发冢盗宝"与近来"科学考古"所做"极大贡献"之根本区别后,《时事新报》更以辛辣的笔调批驳"何身为中央大员的戴氏,竟遽尔忽略"以上事实。进而步步紧逼,慨叹"医学上的人体解剖,既已经成为司空见惯的现象,而科学的考古独不容于中国"。指斥:"社会进化的今天,戴氏居然以狭隘的宗教的偏见,毒螫科学,厚诬考古为无益与无用。这给社会的印象,岂不是历史在开倒车吗!"

不管戴季陶愿不愿意接受蔡元培以及《时事新报》等学术单位毫不留情的犀利批驳,一切都已是过眼烟云了。坦率地说,论战既已开始,风向到底该走向何处,尽可随大势所一意驱动。无边落木之下,已非戴季陶本人个人意志所能强制控遏。

沪宁地区,蔡元培复函尚在紧张酝酿时,北平研究院一方,也已从4月12日上海各报披露之戴氏长电中,感受到论战将至的气味。

作为陕西考古会主持发掘的扛鼎干将,徐炳昶历来主张理性、客观地对待严谨、科学的考古发掘工作,决不容许别有用心者随意曲解并肆意亵渎此类新兴学科的主旨、规范以及科学内核。

前在1928—1929年河南省政府与中央研究院为确立殷墟发掘主权势成水火之际,徐即抛却乡谊干扰,与李敬修、冯友兰、傅铜等人公开出面同情、支持中央研究院的合理举措,且"一再函责河南省政府"①。而当历经坎坷刚刚成立的陕西考古会所独立主持之斗鸡台考古发掘甫将开始之际,蹈身践行考古发掘的徐炳昶更不能容忍戴季陶首先从他的大本营盘桓发难。因此一俟蔡氏复函刚刚刊布,徐之《对考古意义之解释》一文很快就在《燕京学报》显要位置刊载公布。②

在这篇文章里,徐炳昶首先声明:"戴院长在此陕省灾后,农村破产,墓案层见叠出之时,发表真电,主张严禁发掘古墓,寻取科学材料,此虽非对本会直接发言,要与本会职责不无关系。"

针对戴氏在真电中信誓旦旦所宣扬的"复兴民族精神,创造宗教"的意义,徐炳昶以为:"此种意义,不惟我们同情赞许,即全国同胞,亦所希冀者。"惟对戴氏所谓创造人民中心之论调,徐氏则表示了极大的反感。指出:"至戴院长主张创造人民中心信仰之意,我们并不落戴氏之后,我们总希望以科学创造宗教,人民要有与科学符合之中心信仰。"他例举"考古会初到陕省之始","一般人均报怀疑态度",愤然指斥"认所为考古即是劫墓贼,此种见解,实在错误已极"。

针对历年来因中西文物保护观差异所带来的后果,徐炳昶痛心疾首地说:"我国连年所发现之古代名贵遗物,一半为外国金钱所收买,一半为国人所破坏,以致我国学者之欲资参考者,往往尚须借重于外国之博物院,此不特徒唤可惜,亦天下之大笑话也。"欲改变此种局面,徐炳昶坦然以为:"故与其令其遗弃损失,

---

① 傅斯年:《致〈史学杂志〉编辑先生函》,见欧阳哲生主编:《傅斯年全集》(第三卷),湖南教育出版社2003年版,第66页。

② 参见容媛:《陕西考古会之工作进行与戴院长之反对发掘古墓》附录《徐炳昶氏对考古意义之解释》,载《燕京学报》1934年第15期,第263—265页。

谒若发掘之以作参考。"

为进一步阐述考古发掘的历史与现实意义，徐炳昶以历史发展的眼光来认真审视陕西未来考古工作的宏伟前景。指出"陕西为周秦汉唐之故地，以科学眼光及事实之证明，断定石器时代以前古迹颇多，将来定有良好之发现"，"但发现古迹，并不以掘墓为目标，即考古家欲知之古代历史，亦并不需要知民族英雄或帝王国相等之遗迹；所要明了者即古代生活状况及古代历史之真实情形；即吾人站在复兴民族精神之立场上，亦主张扫除古陵，至扫除与发掘究有何种分别，此诚一最大之关键"。

至于发掘之最终目的，徐氏强调："即是要把民族英雄帝王国相等值得后代纪念的陵墓掘开，将所有之遗物及棺柩不稍加以移动，加之以整理建筑，设立以门户，甚至安设电灯，周围或造林，以作公园，供人民公开之浏览，得进一步瞻仰古代前贤之遗风余韵，此与复兴民族精神之意义更为切合。"而现今应扫除者，有秦始皇陵、汉武帝陵、唐太宗陵，"不过值此财政奇绌，刻尚不易办到，然此种意义与戴院长之主张想亦极为符合。深望社会认识考古并非掘墓，我们且愿追随戴院长之后，复兴民族精神，仍须以与科学相符合之中心信仰以创造宗教云"。

行文至此，姑且先抛开徐炳昶着意抨击戴氏言论的精彩发论不提，如将此前1933年11月15日徐氏回复李书华的那封信函①拿来与此处叙述加以对照，便不难发现二者之间的惊人相似。

值得回味的是，徐炳昶在20世纪30年代有关古代陵墓科学发掘与管理的超前理论，以后在新中国的历次文物考古发掘中都逐步得到印证。费解的是，有关徐氏的这些理论与观点，在当时以及后来，竟很少被人着笔评介并予以重视。

配合《时事新报》与徐炳昶的驳论，出身清华大学国学研究院的古文字学家戴家祥②亦挺身而出，在刊布于4月20日《北平晨报》的一则言辞犀利的驳论文章里，据理驳斥了戴季陶反对发墓考古，培植民德之主张，显示了一代青年学者的勃勃勇气。与之颉颃，一向被视为民主斗士的熊梦飞也不甘落后，连续在《文化与教育》杂志发表题为《冢中枯骨作祟——我亦参加戴季陶与蔡子民王世杰徐炳昶诸先生之笔战》一文③，对戴季陶的谬论进行了毫不留情的驳斥。

一月之后，熊并将此文寄往远在陕西宝鸡斗鸡台进行考古发掘的徐炳昶，以通声气。徐接熊文，大为熊梦飞斗士精神所鼓舞。其年5月17日《徐旭生陕西

---

① 参见本书第二章中"省院争锋"。
② 戴家祥（1906—1998），字幼和。浙江瑞安人。1926年考取清华大学国学研究院，师从王国维治经学和古文字学。1929年任中山大学副教授。1934年加入燕京大学考古学社，任南开大学经济研究所研究员。1949年后先后在华东师范大学中文系、历史系任教。1955年任上海历史学会理事会理事。终生献身学术，在古文字学研究方面颇有建树。代表著述以所编纂之《金文大字典》最为瞩目。戴家祥参与论战一事，参见《戴家祥自传》，见《中国当代社会科学家》（第六辑），书目文献出版社1983年版，第381页。
③ 熊梦飞：《冢中枯骨作祟——我亦参加戴季陶与蔡子民王世杰徐炳昶诸先生之笔战》，载《文化与教育》1934年第17期，第2—7页；第18期，第7—13页。

考古日记》固记："今日接到黄自芳①回信一封，熊梦飞信一封，并其所作《冢中枯骨作祟》，是文乃痛驳戴君传贤电，为余等张目者。"

值群情激昂、论战方酣之时，傅斯年于 4 月 19 日致王献唐信中，满怀信心地通报论战局势，指称"戴季陶之狂妄电报，想已见报。此间政府主管人士皆绝不与之同意见"。并称"汪②谓'虽孔子坟何不可挖'（此自然也是笑话。此私人谈，乞勿露布）"，但"王教育部长（王世杰）亦是我辈思想中人"，而戴氏发难所引发的一片反对之声，实咎由自取，不必为惜。依傅氏本意，戴季陶此举，"故彼不是为害，徒自寻无趣耳"。

图 144　鲁迅小照

当论战之初，僦居于上海亭子间阁楼内忙于写作的鲁迅（图 144）尚无暇参与论战。不过他每日必看沪上各报，仍默默注视着论战的趋向。直到 4 月 24 日，他才在回复杨霁云的一封信函中，公开阐明了自己的观点，对包括友人徐炳昶③等人在内所致力开展的科学考古发掘工作，进行了事实上的声援与支持。

图 145　陈独秀小照

鲁迅指出："至于如戴季陶者，还多得很，他的忽而教忠，忽而讲孝，忽而拜忏，忽而上坟，说是因为忏悔旧事，或藉此逃避良心的责备，我以为还是忠厚之谈，他未必责备自己，其毫无特操者，不过用无聊与无耻，以应付环境的变化而已。"④

辛辣抨击的文士名流中，不光只有鲁迅的身影。彼时身在南京老虎桥囹圄之中的陈独秀（图 145），亦在其组诗《金粉泪》中惊呼日寇入侵，"木鞋踏破黄河北"，讥讽当政者于大敌当前，无意御侮，惟信"救国三民有万能"，并一味指斥"革命维新皆反动"，津津乐道者，似乎只赖戴季陶诋毁考古，"祭陵保墓建中兴"了。所谓"保墓贤人别有思，痛心考古播邪辞"的酣畅诗句入木三分，直击问题实质，令人喟叹不已。

---

① 黄自芳（1880—1951），字佩兰。河南叶县人。晚清附生，后入河南师范学堂，毕业后致力教育。曾参与辛亥革命。1913 年当选国会众议院议员。历任安徽涡阳、泾县、颍上等县县长。1926 年任河南省教育厅厅长。1933 年 5 月后任刘镇华主持安徽省政府之秘书长。抗战爆发后任明德中学校长、宝鸡大新面粉厂董事等。工书画，醉心于社会公益。著《涡阳县志》《大学中庸蠡测》《晚香草堂诗话》《沙河查勘记》《荀子学案》等。

② 疑指汪精卫。

③ 徐炳昶任《猛进》周刊主编期间，与鲁迅有多次通信，彼此引为同道。鲁迅称道："《猛进》很勇，而论一时的政象的文字太多。"参见鲁迅：《致许广平》（1925 年 3 月 31 日），见《鲁迅全集》（第十一卷），人民文学出版社 2005 年版，第 471 页。

④ 鲁迅：《致杨霁云》（1934 年 4 月 24 日），见《鲁迅全集》（第十三卷），人民文学出版社 2005 年版，第 84 页。

（三）余波的回思

戴季陶在一片喊杀声中，寂然缄默。但身处高位的一代政要，绝不会如是悄然退出战场。他急迫奔走于国民政府各大要员之间，利用行政院院长汪精卫这张王牌，促使该院所属教育、司法、内政三部，于5月5日召开第157次院务会议，一举通过由"内政、司法两部审查"拟订四条办法之"一、二、四项"，其禁止掘墓之第三项已由秘书处分函通知"内政、教育"两部"开会审查，并电复戴院长"。①

推敲文意，虽然四条办法中并未明确指示不准诸如陕西考古会等政府单位在内的学术研究机关发掘古墓，主旨上似乎"依了蔡（元培）先生，没有依戴（季陶）先生"②，但以堂堂国家权力机构的行政院随意出面召集院务会议审议通过一个有着特殊历史背景并且旨在以"严禁发掘古墓"为主题的微妙提案，这本身就为已经处于颓势的戴氏言论堂而皇之地提供了具有法律性质的承认与允诺。这使得在一场全国性的学界大论战中业已败北的戴季陶，轻松找到一个合理的下场台阶。

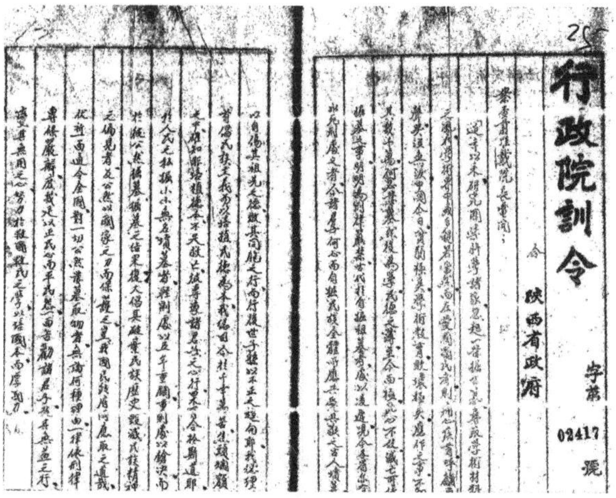

5月4日，行政院正式签发第02417号训令，分别敦促教育部、内政部、司法行政部以及陕西省政府（图146）等有关部门，称："戴院长请禁止发掘坟墓一案据内政部等报告审查结果四项，经提会决议通过"，"令仰遵照"。5月

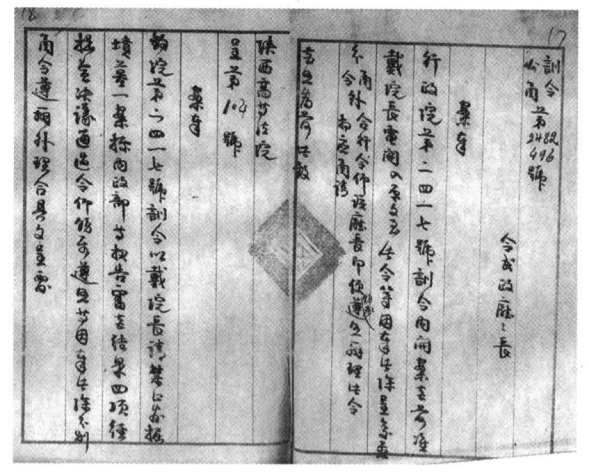

图146　南京政府行政院致陕西省政府第02417号训令

图147　陕西省政府训令第2482号公函第496号文件首页

---

①　关于行政院饬令教育、司法两部审查戴季陶电请禁止掘墓并拟订所谓四条办法之事，除参见朱汉国《南京国民政府纪实》（安徽人民出版社1993年版）一书外，另参见1934年5月10日教育部致达北平研究院教字第5283号训令。四条办法为："一、中央研究院、地质调查研究所、北平研究院等学术团体为科学工作起见，整理先民遗物，偶及已发现之古墓物件，应按照古物保存法第八条办理。二、因自然毁损及因建设工程而发现之古墓，应照古物保存法第七条办理。三、建议政府从速成立中央古物保管委员会。四、各地古董商以及地痞私人假借名义，盗掘坟墓，应通令各省市依法惩办。"

②　刘复：《南无阿弥陀佛戴传贤》，载《民生报》1934年5月13日，后收录于鲍晶编：《刘半农研究资料》，知识产权出版社2011年版，第219—220页。

10日，教育部部长王世杰遵行政院第02417号训令指示，亦正式签署下发教字第5283号训令，命北平研究院"合行令仰遵照"。同时，陕西省政府亦遵照行政院第02417号训令指示，分别向民政厅等单位下发训令第2482号公函第496号，"令仰该厅长即便饬属遵照办理"（图147）。

至5月中旬，教育部又受行政院部分要人指示，半遮半掩地发出一份回复"戴季陶先生"的函电。函电赫然披露"有历史意义的坟墓不得发掘"这行禁令。①

不久，由蒋介石、汪精卫联名签署的关于"申述中央古物保管会工作大纲，望全国协助进行，发扬民族精神"的通电②也相继向全国公布。

众所周知，中央古物保管委员会在后来曾连续通过《采掘古物规则》《采掘古物申请事项表》《采掘古物监察事项表》《外国学术团体或私人参加采掘古物规则》《古物出国申请事项表》等一系列法规文件并由行政院公布施行③，蒋、汪通电向全国"申述中央古物保管会工作大纲，望全国协助进行，发扬民族精神"，而由蒋主持的行政院直属单位教育部却宣布"有历史意义的坟墓不得发掘"。前后联系，两相对照，个中滋味究竟如何，明眼人是一看就会明白的。

有了这个畸形环境下产生出来的畸形结论，围绕这一畸形结论的缘起、发生，便可产生一系列本不正常的"正常"结果。

先是，李济在论战爆发之始即敏锐感到事情的严重性，故在4月16日致电中央研究院安阳侯家庄考古发掘工地负责人董作宾，提醒："戴电决无不良影响，或可因此严禁私掘，请安心工作。"④

李济的担忧果被相继出现的种种迹象验证。原本定于4月15日启程赴宝鸡考古发掘的考古会同人，在举棋观望的陕西省政府的阻止下，延滞17日方始成行。⑤

不仅如此，刚刚于4月16日决意发出"关于通知考古会令饬宝鸡县政府妥为配合斗鸡台发掘"函件的陕西省政府，面对行政院签署下发之第02417号训令威逼，又不得不再行下达关于通知考古会请知戴季陶反对考古发掘四条办法的第496号公函。⑥

5月13日，《民生报》刊发刘复《南无阿弥陀佛戴传贤》⑦一文，开首文字，刀戟并举，直刺戴季陶。语称："赫赫院长，婆卢羯帝！胡说乱道，上天下地！

---

① 傅振伦：《六十年所见所闻录》，载《中国文物报》1995年6月18日第4版。
② 参见《两年来之考古发掘事业及其贡献》，见申报年鉴社编：《申报年鉴　1935》，申报年鉴社1935年版。
③ 参见卫聚贤：《中国考古学史》附录，团结出版社2005年版，第243页。
④ 台北"中央研究院"史语所档案：元188—4，参见岱峻：《李济传》，江苏文艺出版社2009年版，第102页。
⑤ 参见1934年4月15日至17日《徐旭生陕西考古日记》，其中4月15日记："李印唐来，言扶万先生请再留一日，为出发人员饯行。余闻之，觉甚诧异。彼又言实因戴君电，欲得一机会，见面一谈。余因答应再留一日。"
⑥ 依据中国第二历史档案馆及陕西省档案馆旧藏陕西考古会档案，行政院第02417号训令于1934年5月4日下达陕西省政府，5月9日，考古会即收到陕西省政府第496号公函。
⑦ 刘复：《南无阿弥陀佛戴传贤》，载《民生报》《世界日报》等新闻报刊，全文收录于鲍晶编：《刘半农研究资料》，知识产权出版社2011年版，第217—222页。

疯头疯脑，不可一世！那顾旁人，绉眉叹气！"继而列举事实揭露戴季陶窃据院长名位以来，只知烧香拜佛，东跑西颠，无裨益"国计民生"，不关心"东北四省丢失"，"失之东隅，收之桑榆"，却阴怀灰暗，"坐了飞机挤热闹去"西安，其间因嫉恨徐炳昶倡言科学考古"和他大抗而特辩"，所以气急败坏地发真日急电来"挑战"德高望重的"蔡先生"与徐炳昶等人的陕西考古工作。调侃说"戴先生发电的起因既不光明，所取的手段亦未免卑劣"。是则"戴先生之'贤'其尚足'传'乎？"

因戴季陶"反对考古家的发掘，蔡先生及国内各报纸已加纠正"，刘复其文乃直指戴电"只举了'人民之私掘小小无名坟墓'和学术界的'公然掘墓'两种，而对于军阀们的公然发掘大大有名坟墓竟假装不知"，"竟没有敢附带一笔"，嘲讽"戴先生敢向拿笔杆儿的人作难，斯诚勇矣；其不敢得罪有枪同志，殆亦古君子明哲保身之道欤！"

愤于戴季陶电文所谓"现今各省"因"盗墓"而"凌迟"当事者的谬论，刘复"立词峭厉"①，逼"请"戴季陶"说个明白"，"究竟是那几省，那几年，那几件案子"使用了"凌迟"，教训戴季陶"以堂堂考试院院长的地位，决不应信口胡说"。

图148 刘复与文坛友人合影。前排左起沈士远、刘复、马幼渔、徐祖正、钱玄同，后排左起周作人、沈尹默、沈兼士、苏民生

对于戴电一再责难徐炳昶等人在陕西进行的科学考古，却全然无视陕西日趋迷漫的鸦片流毒所带给人民的巨大危害，刘复文末不无愤怒地指斥戴季陶"知道古人的坟墓应当'共敬共爱'，而不知道活人的生命精神应当共敬共爱"，"知道禁止挖坟可以'正民心，平民怒'，而不知道禁种鸦片也可以正民心，平民怒"。盖戴氏野心所向，"将令全国百姓心，不愿为人愿为鬼"。故郑重警告戴季陶，若"要利用他的地位，使他个人的癖好发扬滋长而遍及于全体民众，那是我们有脑筋的人决不能容忍的！"

作为留法博士、文坛健将与赤诚踊身中国文物权益保护事业的干将刘复，在最紧要的关头，以大无畏的气概勇敢与炙手可热的戴季陶谬论做殊死搏斗，雄文大论，给予蔡元培、李济、徐炳昶等考古同人巨力之支持。（图148）

细读刘复檄文，联系同年3月12日《刘半农日记》所谓"徐旭生自陕西归，

---

① 魏建功：《故国立北京大学教授法国国家文学博士刘先生行状》，原载《国学季刊》1934年第4卷第4期，后收录于鲍晶编：《刘半农研究资料》，知识产权出版社2011年版，第9页。

来作长谈"之记载，以及5月5日、6日、7日《刘半农日记》连续传递"写'南无阿弥陀佛戴传贤'文"，"写完戴传贤文"，"上午重阅戴传贤文，即送交吴范袁，备世界、民生两报同日发表"等信息，① 我们对当年跌宕复杂的论战波涛有了更深一层的认知。

刘复文中所谓："徐先生者我们的老朋友徐旭生先生是也，现方在西安作考古工作。亦许戴先生驾到，杨虎城设席洗尘，而请徐先生作陪。酒过三巡，徐先生大谈考古，戴先生触动佛心，不免查照平时惯例，正襟危坐的把他那一肚皮妙论大演而特说，徐先生听得不耐烦，也说出他那一股子傻劲，摇头扭颈的和他大抗而特辩，结果是戴先生恼了。好！上海人说得好：'拨点颜色俫看看！'于是乎'呼吁无声哭泣无泪'的电报就发出了。这种的揣想，我以为决然合于事实，因为，假使真有这样的一件事，戴先生发电的起因既不光明，所取的手段亦未免卑劣，戴先生之'贤'，其尚足'传'乎？"在清晰披露徐旭生与戴季陶之间

图149 张竞生小照

一条鲜为人知的对抗史实外，还教我们依稀洞悉3月12日《刘半农日记》所谓"徐旭生自陕西归，来作长谈"的部分内容。当年那个为争取中国在与瑞典合作实施西北考察中应获正当权益"折冲最多"的"刘复博士"②，于新的历史场域里，大刀义愤，又一次挥写出骄人的绝笔，果不负鲁迅所谓"要商量袭击敌人的时候，他还是好伙伴"③的赞誉。

已成困兽的戴季陶才遭棒击，又遇"冷水一盆"④扑面浇头，心中怒火自然焰焰交集，五味错杂。但他不敢挺身直与刘复交战，于是，动权关闭《民生报》《世界日报》等新闻机构三日，便成为其气急败坏之时的无奈之举了。

《南无阿弥陀佛戴传贤》一文刊发十日之后，原来曾主张有系统地发掘古墓从而建立所谓的"国庙"，并因此写下风靡一时的《美的社会组织法》等书的北大教授张竞生⑤（图149），在论战硝烟已经渐次消退的日子里，又再次刊文予以折中，于5月23日在《时事新报》上撰写《奇论之篇》文章，留下了一段令

---

① 分别参见刘小惠：《父亲刘半农》附录《刘半农日记》（1934年1月至6月），上海人民出版社2000年版，第254页、第268页。

② 徐炳昶：《徐旭生西游日记·叙言》，西北科学考查团1930年版，第3页。

③ 鲁迅：《鲁迅作品集》，北岳文艺出版社2003年版，第445页。

④ 刘复：《南无阿弥陀佛戴传贤》，载《民生报》1934年5月13日，后收录于鲍晶编：《刘半农研究资料》，知识产权出版社2011年版，第222页。

⑤ 张竞生（1888—1970），原名张江流，字公室。广东饶平人。早年先后就学于上海复旦学校、北京法文高等学校、京师大学堂。曾入同盟会，参与辛亥革命，受孙中山委任南方议和团秘书参与南北议和谈判。1912年以参与辛亥革命之功而得以作为民国首批稽勋留学生赴法留学，入巴黎大学哲学系。1920年归国，应蔡元培之邀任北京大学哲学系教授，讲授伦理学、行为论、美学等。1926年离北大赴上海任开明书店总编辑。1933年后任广东省实业督办，以提倡男女同泳遭广东省政府缉捕。1949年后任广东省文史馆研究员等。著述颇丰。林语堂《张竞生开风气之先》一文称其"是一位具有坚强的意志、丰富的想象力的自由主义学者、思想家，毫无忌惮地击破了旧礼教的最后藩篱"。

人忍俊不禁的文字。语谓："在国庙里埋葬着才子、佳人、艺术家、名妓、英雄、豪杰等骨骼可以不掘。"

5月27日,《昌言报》又刊出署名"编者"仍以《南无阿弥陀佛戴传贤》为题的一篇檄文,说刘复其文将戴季陶本人骂得"佛出世""佛涅槃"。因此辑录刘文要旨,接踵传布,以正视听。图以助力论战,再推波澜矣。

激烈的论战,不只囿于中国国内的学界范畴,越过国域,欧美学界亦对这场论战投入热切的关注。翌年5月,号称国际汉学大师的法国博士保罗·伯希和(Paul Pelliot, 1878—1945)(图150)在与胡适的一次谈话中,针对发掘古墓主题,傲然有言。指称:"今日有人反对掘古墓,此非坏事,实于考古学有益无损。今日中国考古人才尚不够分配,与其胡乱发掘,不如留以有待也。"①

图150 1935年5月22日侯家庄西北冈第二次发掘,HPKM1004大墓。左起伯希和、梁思永。采自李永迪、冯忠美编《殷墟发掘照片选辑》一书第181页

受时代环境的限制,为保证陕西省考古工作的顺利开展,北平研究院一方原本应在考古会成立之后即向南京政府教育部所做的呈报,一直延滞至5月17日。

在呈报中,身居帅位的李石曾没有忘却自己的责任。他据理剖白,指出陕西省"发掘工作暂订以宝鸡县为试办区,因该区为秦民族发祥地,有首先整理之必要,并非发掘坟墓"②。

无独有偶,为顺应耆老民众的孝道心绪,在接踵而来的斗鸡台第一次发掘工作结束之际,徐炳昶亦没有忘记"在堡东赁地一块,向东开坑,将发掘中所得骨殖,装匣安葬。共十一具。余一匣中盛各处所得散乱人骨"③。

后来,曾接受考古会命令主持西安莲湖公园汉墓发掘的留美学者罗懋德,更在发掘结束后"购瓦坛将掘出之骸骨置入安埋,盖思有以慰坟墓主人于地下也"④。

为诠释自己的举动,罗懋德还在后来撰写的《莲湖公园发掘记》末尾援笔写道:

"近有人反对掘坟,谓'何必掘坟,然后为学',此诚属情感之言耳。古人因宗教迷信,对于埋葬极为重视。今世之考古学,多赖古坟,如俟(埃)及之金字塔,荷马时期之'蜂窠'坟,希腊之墓碑,伊特拉斯康之坟窟,皆考古学中最有名者,倘不得掘发,则古代史将为一大残缺。古人地面之生活遗迹,多已毁灭,惟坟墓尚能保存。吾人可由坟墓之构造及其遗物,窥见古人之生活状态与技术程

---

① 桑兵:《国学与汉学——近代中外学界交往录》,浙江人民出版社1999年版,第135页。
② 1934年5月17日北平研究院院长李石曾呈南京政府教育部公函,见北平研究院:《本院与陕西省政府合组陕西考古会经过》"(七)呈教育部",载《国立北平研究院院务汇报》1934年第5卷第4期,第70页。
③ 1934年6月28日《徐旭生陕西考古日记》。
④ 罗懋德:《莲湖公园发掘记》,手稿,未刊,稿存陕西省档案馆。全宗号:48,目录号:1,案卷号:19。以下相同注释只录作者姓名及文名。

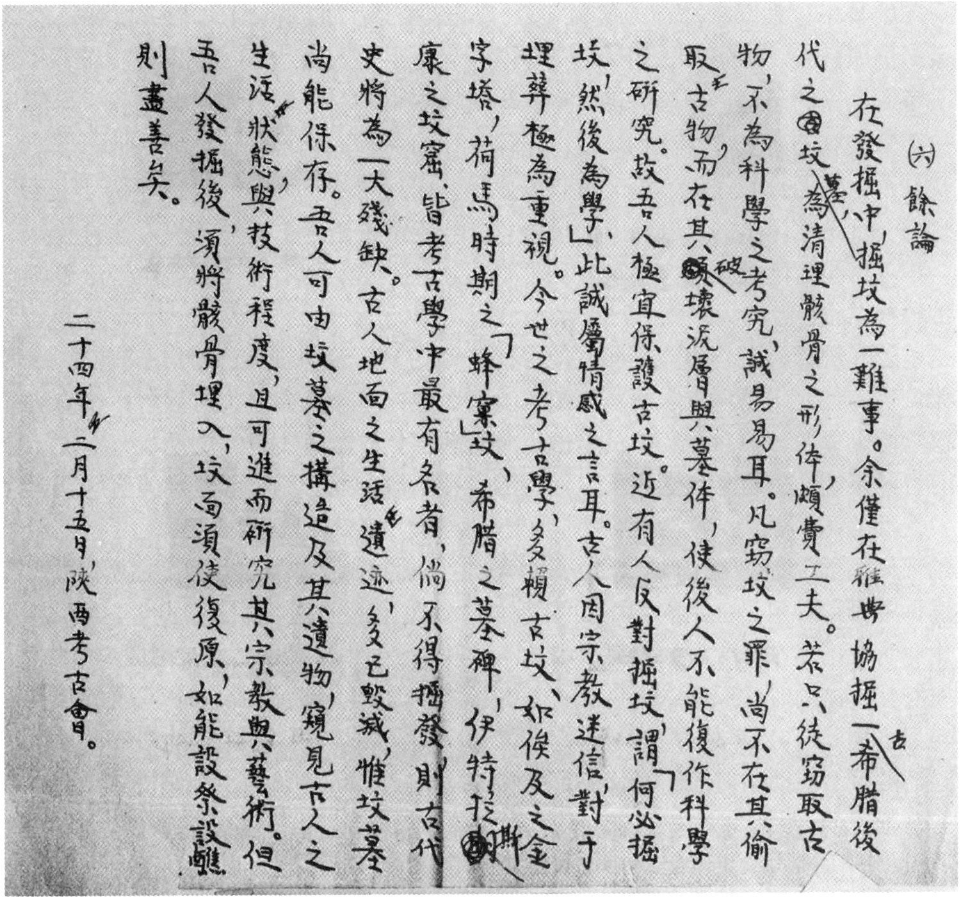

图 151　罗懋德《莲湖公园发掘记》末尾有关祭奠古墓骸骨片段

度，且可进而研究其宗教与艺术。但吾人发掘后，须将骸骨埋入，坟面须使复原，如能设祭设醮，则尽善矣。"（图 151）

与诸君针对戴季陶谬论相继参与论战的主旨、语调相比，罗懋德从自己的学术经历以及主持莲湖公园考古发掘的亲身感受出发，对"发掘"与"盗掘"的区别，尚复有一番促人深思的高论：

"在发掘中，掘坟为一难事。余仅在雅典协掘一古希腊后代之坟墓，为清理骸骨之形体，颇费工夫。若只徒窃取古物，不为科学之考究，诚易易耳。凡窃坟之罪，尚不在其偷取古物，而在其破坏泥层与墓体，使后人不能复作科学之研究。故吾人极宜保护古坟。"

罗氏之论，涉及当时大背景之下"发掘"与"盗掘"之激烈争辩，亦直击根系戴季陶的"近有人反对掘坟，谓'何必掘坟，然后为学'"之另一论战主题。但揣摩他的论点，却似乎越过了一般时限的藩篱，进入考古终极关怀与科学维护考古发掘工地生态环境的境地。这在当时，实属不易之事。①

---

① 罗念生对掘坟见解的思想根源，另请参见罗氏《掘坟》一文，收入《罗念生全集》（第十卷），上海人民出版社 2016 年版，第 75—78 页。

姑且不论孰是孰非，孰轻孰重。实际结果是，直至六十年后，这场论战的余绪仍未散去。1996年9月，当年论战主角之一的李济之子李光谟在其所著《锄头考古学家的足迹——李济治学生涯琐记》一书中，还以"一份通电和一封信"一节来继续披露、评判这场风波。指斥："另一种人则可以称之为一批假道学、伪君子，他们打着保护古墓、古迹的旗号，以反对考古为名、行古物私有为实。这是一批道貌岸然的乡愿势力的代表者，戴传贤（季陶）就是其中为首的。"①

在这里，李光谟之文语词犀利，视角新颖，论及弹着点，不逊当年论战名将的种种发论。

公允地探讨，作为戴季陶，他之反对考古发掘的动机与目的自不消说；作为张竞生，他之未谙考古学真实内蕴以及诗人般的丰富想象也大可理解；作为法国汉学博士保罗·伯希和，他的倨傲以及对新生代中国考古学界的蔑视与指责，更有着深厚的历史背景与诸多发人深省的潜在缘故。而作为留学法国的徐炳昶，以及留学美国、希腊，受过系统考古知识训练且"在希腊、雅典工作过一半年"②的现代科学考古发掘工作者罗懋德而言，在非常之时，非常之岗位，之所以要"将发掘中所得骨殖，装匣安葬"，并将"骸骨埋入"，"坟面"使之"复原"，并由此萌发诸多在今天看来不可思议的丰富联想，也并非只是心血来潮或应时作秀，实有其更深的时代原委，更复杂的历史心结③。它促使我们对当时复杂的"发掘"与"盗掘"、"科学"与"反科学"的理念冲突环境产生更深刻的理解与反思，从而滋生"道路阻且长，会面安可知"④的喟叹。

须说明者，笔者这样的感受与情绪，并非仅仅针对徐炳昶、罗懋德先生而言，盖以指中国考古学发展过程中必然出现之具体实际矣。

---

① 李光谟：《锄头考古学家的足迹——李济治学生涯琐记》，中国人民大学出版社1996年版，第94页。
② 容媛：《陕西考古会近况》，载《燕京学报》1935年第17期，第205页。
③ 如在戴季陶反对考古发掘的环境影响下，1934年5月18日徐炳昶致李书华信函曾称"外面空气及对作墓葬颇不利"，设想"三两年内不作墓葬"，"如无意中遇见（墓葬），必须对于骨骼妥加掩埋"。
④ 源自汉无名氏《古诗十九首》之一，此处吻合拙著文意，与原诗本意有别。

第四章
斗鸡台发掘始末及意义

1934年4月至1937年6月，陕西考古会在"外面空气及对作墓葬颇不利"①的艰难环境下，先后对关中西部的宝鸡斗鸡台遗址进行了三次较大规模的考古发掘。

确定于斗鸡台实施考古发掘之初衷，固然发端于北平研究院最初鉴于"陕西为周秦汉唐故都之所在。史迹遗留，极为丰富。而本会（指史学研究会，即史学研究所的前身——琦注）研究之目的，却止限于周民族与秦民族之初期文化，及与之有直接关系之各问题。其所以如此限制者，因汉唐史迹，虽亦急待研究，而此二代因距离现在较近，古书存者尚多，吾人对于其文化及社会组织等各重要问题，尚能从古书中得知大略。至周秦二民族初期之文化，则古书所载与之有关之史料，数量极少，无参证比较之余地，真伪正纰，无法核定。且意义暗昧，颇多难索解处。实为学术界之最大缺憾"②之原委，但本书第一章第三部分缕述1933年5月至6月徐炳昶对宝鸡斗鸡台陈宝祠遗址及姜城堡东门外遗址的实际调查，也不能不说是基于上述原委而接踵获得的最直接的动力。③

涉及其中的详细内涵，1934年9月《国立北平研究院五周年工作报告·史学研究会工作报告》另有清晰、透彻的长篇剖白：

"本会有鉴于此，乃于民国二十二年春，派徐炳昶、常惠到陕西，从事于此二民族史迹之探讨。进行第一步，当然为地上地下，搜集此二民族遗留的史料。顾地上史迹，因历年久远，除间少之破碎陶片外，几已全无留遗。故搜集此二民族遗留的史料，不得不置重于地下之发掘。地下发掘，略分二支：一民居，二葬地。周秦普通葬地，当日是否有冢封，已成疑问，至于今日，更难寻觅。即周文武，秦穆之煊赫者，已渭南渭北，有冢无冢，疑窦丛生。况其他无名荒坟，更从何处征信？民居自身，虽少存留，而灰土、陶片及各种遗物，可资信证。如能广

---

① 主要指1934年4月11日戴季陶引发"真电风波"所产生的影响。参见1934年5月18日徐炳昶致李书华信函。

② 转引自苏秉琦：《斗鸡台沟东区墓葬》，第8页。

③ 1933年6月9日《徐旭生陕西考古日记》："在凤翔住数日，虽古建筑多破坏，市面凋残，民生颠沛，四郊似尚不甚靖，每晚闻城外枪声甚近，驻军无论如何，不敢出城，因恐弟兄们带枪械走掉！然人民淳良，山川雄胜，周秦二民族发祥之地，余深信其必尚有无限的将来。以后必当再来，必来仔细工作也！"

搜精比，则古代人民生活状态，当易猜测。但欲将此二民族之文化互相比较，尚有难点：因彼等先后生活于几乎同一区域，今日如在渭滨发掘一遗址，何从判别其为周民族或秦民族之所居？因此种种，本会搜集此二民族的史料，侧重于民居遗址的发掘，而发掘遗址，又注重于此二民族之各都邑及其附近。因一民族都邑附近，颇难任他民族之势逼处此，大约可无疑义。"

报告所述"侧重于民居遗址的发掘，而发掘遗址，又注重于此二民族之各都邑及其附近。因一民族都邑附近，颇难任他民族之势逼处此"之初衷，恰于地处周秦都邑及附近的斗鸡台地望相吻合。因此成为陕西考古会的最佳选择。

至于更为详细的原委与背景，尽可参看《徐旭生陕西考古日记》及苏秉琦1948年出版的《斗鸡台沟东区墓葬》（图152）及其他相关资料。

排列、缕述三次斗鸡台考古发掘的时序与基本概况，目前坊间所见各家著述均大略相同，区别只在具体细节的差异与繁简。①

依陕西考古会旧藏档案与苏秉琦《斗鸡台沟东区墓葬》一书，知第一次发掘始于1934年4月26日，毕工于同年6月21日。工作地点分为二区：一在斗鸡台陈宝祠后废堡内外的"废堡区"；另一在废堡东约500米戴家沟之东的"沟东区"。前者计开两个探方，后者则共计开掘四坑。第二次发掘实际上是承接了第一次发掘的余绪，时间起于该年11月23日，毕工于翌年5月7日。但以开工较晚，又适逢年节，故分为两个阶段。第一阶段起始于1934年11月23日，终讫于1935年1月25日；第二阶段起始于1935年3月21日，终讫于该年5月7日。工作地点基本仍在"废堡"以及"沟东"两区之前所确定的范围内进行，一度为搞清陈仓古城的性质有所扩

图152　1948年北平出版之苏秉琦《斗鸡台沟东区墓葬》一书封面

---

① 关于斗鸡台三次考古发掘起讫时间，散见于以下诸种资料：
苏秉琦：《斗鸡台沟东区墓葬》，北平研究院史学研究所，1948年，第11页。
中国第二历史档案馆以及陕西省档案馆藏前北平研究院与陕西省考古会档案。
陈星灿：《中国史前考古学史研究（1895—1949）》，生活·读书·新知三联书店1997年版，第193页。
郭大顺、高炜编：《苏秉琦年谱》，见宿白主编：《苏秉琦先生纪念集》，科学出版社2000年版，第163页。
其中《斗鸡台沟东区墓葬》称：第一次发掘1934年4月26日起至同年6月21日止。第二次发掘自1934年11月23日起至翌年5月7日止。第三次发掘自1937年4月25日起至同年6月23日止。郭大顺、高炜《苏秉琦年谱》从此说。其余各家差异主要集中在第一次发掘毕工之日。如中国第二历史档案馆以及陕西省档案馆藏档案却称第一次发掘结束于6月28日，陈星灿《中国史前考古学史研究（1895—1949）》亦从此说。查前述两家档案所谓毕工在6月28日之说盖指斗鸡台发掘物品撤回西安之时，而6月21日之说则指实际发掘停工之日。本书谨从《斗鸡台沟东区墓葬》一说，详细原委请参看书中叙述。

充。由于西安事变的骤然发生,第三次发掘迟滞至1937年4月方才开始,工作地点扩大至戴家沟沟西的"沟西区",至该年6月先告一段落。原"拟于本年暑期前作一结束,再工作三月,即可完毕。将来再往凤翔、兴平等县"[①]实施发掘,其工作地点"不外周之丰京或秦之雍二遗址也"[②]。不意该年7月7日日本悍然发动"卢沟桥事变",北平沦陷,致使斗鸡台全部发掘工作被迫中断,并由此画上了一个令人遗憾的句号。

全部斗鸡台考古发掘中,以"沟东区"发掘成果最为显著。累计发掘面积1062平方米,发现墓葬104座,其中有随葬品者计82座,年代起自殷商,止于隋代,出土大量弥足珍贵的各类文物。除此以外,另发现"类似新石器时代制陶作坊遗址"一处,"圆形竖穴式人居遗址"五处等相关文化遗存。[③]而全部发掘所获之物,则多达数千件[④]。

图153 斗鸡台沟东区墓葬考古挖掘工作照。采自苏秉琦《斗鸡台沟东区墓葬图说》(中国科学院1954年版),图版62

此次发掘目的,诚如本书以及部分论著所述,主要是"以探索先周和先秦文化为目标"[⑤],实际发掘结果以及后来写就的《陕西省宝鸡县斗鸡台发掘所得瓦鬲的研究》《斗鸡台沟东区墓葬》等著述,不仅达到了原来预期的目的,而且还培养造就了苏秉琦等一批杰出的中国考古学家并最后促成了中国考古类型学的诞生,从而使得这次发掘成为"中国考古学初步发展时期最重要的发掘项目之一"[⑥]而彪炳中国考古学史册。(图153)

契合大量重要文化遗迹的发现,此次发掘还发现了与仰韶以及龙山文化截然不同的大量陶器和其他遗物。

---

① 容媛:《陕西考古会近况》,载《燕京学报》1935年第17期,第204页。
② 容媛:《陕西考古会近况》,载《燕京学报》1935年第17期,第205页。
③ 郭大顺、高炜编:《苏秉琦年谱》,见宿白主编:《苏秉琦先生纪念集》,科学出版社2000年版,第166页。关于发现"类似新石器时代制陶作坊遗址",注同《陕西考古会近况》:"此外,更发见三代或三代以前制陶工厂一处,规模甚大。"
④ 关于数千件文物品一事,根据1937年北平研究院、陕西省政府移交古物清单估计。原件藏陕西省档案馆。
⑤ 此处与郭大顺、高炜《苏秉琦年谱》(见宿白主编:《苏秉琦先生纪念集》,科学出版社2000年版,第166页)所谓有约略相同的理念。此外,还可参见1934年北平研究院、陕西省政府合组陕西考古会《陕西考古会成立经过报告》,1934年出版的《国立北平研究院五周年工作报告·史学研究会工作报告》,1948年出版的《斗鸡台沟东区墓葬》等资料。
⑥ 苏秉琦先生治丧办公室:《沉痛悼念苏秉琦先生》,见宿白主编:《苏秉琦先生纪念集》,科学出版社2000年版,第34页。

观察诸种丰富复杂的文化迹象，徐炳昶对风行一时的"中国文化西来说"①开始产生怀疑，并因此提出"在旧石器时代以后，新石器时代末期以前，尚有一页空白"②的论断。

揆以实际，这一论断最终促使徐炳昶成为中国史前考古学史上提出"早期新石器时代文化"观点③的嚆矢者与实践者。

与三次斗鸡台发掘紧密连接，尚有以陕西考古会斗鸡台发掘工作组驻地陈宝祠为中心，集中在关中平原属内渭河南北两岸狭长地带以及秦岭北麓部分区域的多次考古调查。总体来说，以1935年的考古调查最为集中，所获成绩也最为瞩目。

从区域属性来看，这些调查似乎越出了斗鸡台发掘的范围，但综观其缘起、区划以及经过、收获与目的、意义，事实上却应该与斗鸡台发掘所获诸多感受、心得交相混接，息息相关。

换言之，是斗鸡台发掘不断出现的遗物、迹象，激发了发掘者更大范围、更广视域的思考与想象。在基本契合预定寻觅"周秦二民族初期之文化"④的基础上，发掘者抚摸所获，精心比对，开始将触角调整至更早时限的新石器时代遗物和长安西境的周代丰镐遗址与紧密系结这两个焦点的猃狁、匈奴、突厥、回纥等诸时代民族的文化古迹，以及更远范围的新石器时代文化。

因此，述及三次斗鸡台发掘，似乎不能率尔摒弃发掘本体之外的以上诸种考古调查；收揽前后相接，一线贯穿的诸种焦点问题，亦不能轻易忽视调查过程中所不断遭遇的寺观建筑、石刻、造像，以及铜器、陶器等相关文物。凡此种种，均是关乎本章总体剖述内容所要特别说明的。

贯穿三次斗鸡台发掘始末，历史区间的1934年至1937年，恰好是西方考古学研究论、方法论频繁传入中国（图154）并迅速得以传播、实践的重要时期。不管是"在美研究考古学，在希腊、雅典工作

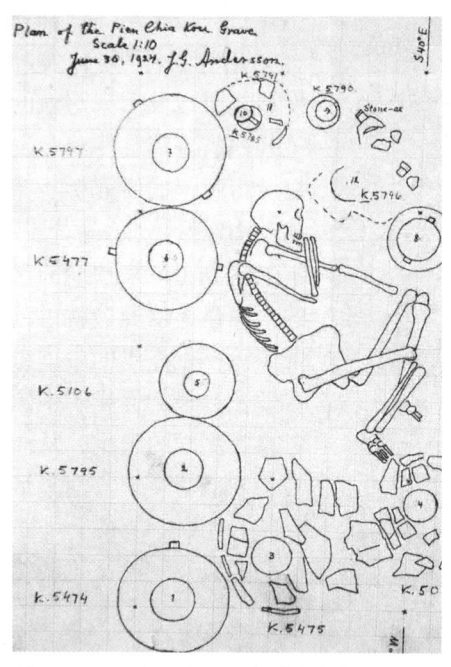

图154　1924年6月30日安特生在广河边家沟发掘时所绘墓穴示意图。采自［瑞典］马思中、陈星灿合著《中国之前的中国》一书

---

① 参见本书绪论部分相关"中国文化西来说"注释。
② 参见容媛：《陕西发现新石器时代遗址》，载《燕京学报》1936年第20期，第594页。徐炳昶《陕西最近发现之新石器时代遗址》（载《国立北平研究院院务汇报》1936年第7卷第6期）一文又称："从前在旧石器时代以后，新石器时代末期以前，有一页的空白；我们这一次斗鸡台的发掘才把这一页空白，补起了一部分。"
③ 陈星灿：《中国史前考古学史研究（1895—1949）》，生活·读书·新知三联书店1997年版，第304页。
④ 苏秉琦：《斗鸡台沟东区墓葬》，第8页。

过一半年"①，踌躇满志欲一展身手的罗懋德，还是英国吴理（C.L. Woolley）的《考古发掘方法论》以及瑞典蒙德留斯（Oscar Montelius，1843—1921）（图155）的《考古学研究法》《先史考古学方法论》等理论、技术著作②，逐次融汇于中国考古学发展历史过程中的这样一个重要时期，促使特定历史背景下东西文化理念、国际文化范式等复杂时代因素得以直接、间接地碰撞与融合，

图155 1905年蒙德留斯与古斯塔夫·阿道夫王子在斯堪内省考古发掘时留影。采自［瑞典］马思中、陈星灿合著《中国之前的中国》一书

孕育出新时期中国考古学小荷初露的一抹新绿，焕发出勃勃的生机。

这样的历史迹象，我们通过三次斗鸡台发掘理念、技术方法、管理制度以及数字图表规制等一系列的变化与提高，依稀感受到现代中国考古学初始时期激烈躁动的脉搏，尽管这种躁动一时尚显滞后、微弱。③

如同现代田野考古学在"中国产生的环境、因素与各种变数"④一样，对于陕西考古会三次斗鸡台发掘工作以及因省院纠葛、真电风波、工作基础等不意混绕的相关问题，迷茫的现象与结果常常令外界感到扑朔迷离，难窥内韵，有时甚至会得出与历史事实相去甚远的结论。

因此，深入了解三次发掘的真实内幕，分析其缘起、经过以及相关问题的滋生原委与演变经过，探究其整体历史影响，总结其经验教训以及得失、裨益，应是本章所要讨论的主要问题。

一、无奈的基础与波折

（一）依旧难如意

酝酿已久的斗鸡台考古发掘，由于戴季陶"真日急电"风波的干扰⑤与交通工具的限制以及连日阴雨等其他相关因素的影响，迟至4月17日方始成行。

---

① 容媛：《陕西考古会近况》，载《燕京学报》1935年第17期，第205页。
② 此类西方著述主要有三种：［英］吴理：《考古发掘方法论》，胡肇椿译，商务印书馆1935年版。［瑞典］蒙德留斯：《考古学研究法》（上海博物馆丛书），郑师许、胡肇椿译，世界书局1936年版。［瑞典］蒙德留斯：《先史考古学方法论》，滕固译，商务印书馆1937年版。蒙德留斯，一译作"孟德鲁斯"。参见郑师许：《通俗考古学丛书编辑计划》，载《考古》1934年第1期，第19页、第24页。
③ 关于初创时期西方考古学对中国考古学的影响效果，目前学术界尚有争议。如陈星灿、马思中在《蒙德留斯与中国考古学》中认为："（蒙德留斯《方法论》）中文译本，对当时中国考古界有多少实际影响，还是一个需要研究的问题。因为，从引用此书的情况看，影响似乎不很显著。不过，从方法论上说，不少学者相信中国考古学的类型学研究，可能受到蒙德留斯的启发。"参见《21世纪中国考古学与世界考古学》，中国社会科学出版社2002年版，第686—695页。
④ 参见张光直为陈星灿《中国史前考古学史研究（1895—1949）》一书所作序言，生活·读书·新知三联书店1997年版，第5页。
⑤ 参见下文相关叙述。

阅读陕西考古会旧藏档案及相关资料，知参加第一次斗鸡台发掘的陕西考古会工作组成员除徐炳昶（任工作主任）外，另有北平研究院人员何士骥（任工作组秘书）、常惠、张孝侯、周隆季、白万玉、何国祥、王忠义、徐凤山，陕西省政府方面人员李希平、钟德昌等。

上述诸人，以北平研究院为主流。成员自徐炳昶以下部分从事过一些田野考古发掘以及调查工作，有一定的工作经验。

其中徐炳昶1927年领衔参加中瑞西北科学考察团活动，因"成绩斐然，收获甚多，于学术上之贡献殊大"[①]，得以获瑞典君主古斯塔夫五世（Gustaf V, 1858—1950）（图156）颁发的三等华沙章。白万玉在20世纪20年代曾长期跟随瑞典著名地质学家、考古学家安特生以及著名考古学家斯文·赫定与徐炳昶等人在黄河流域的青海、甘肃、陕西、河南等省及东北的锦西地区进行考古调查发掘，饱经艰苦，是北平研究院田野调查、发掘以及器物修复经验最为丰富的技工。[②]（图157、图158、图159）

图156 瑞典君主古斯塔夫五世肖像

何国祥者，原系河南安阳小屯村人，原为中央研究院殷墟考古发掘工地技工，田野发掘技术较为熟练。1934年3月其经中央研究院董作宾推荐、徐炳昶挑选而进入北平研究院，用以弥补斗鸡台发掘技术工人不足之虞[③]，成为依靠南阳考古群体中介有幸进入陕西考古发掘技术工人体系的一个特殊符号，传递出南北两院在另一种文化语境中携手合作的微妙信息。而何士骥的金石书画功底，张孝侯的绘图、摄影、拓印技术，也还堪称上乘。但客观评述其整体结构与发掘技术水平，剖析其发掘理念与管理基础，我们仍不难发现他们与中央研究院之间的明显差距。

《徐旭生陕西考古日记》显示，当第一次斗鸡台发掘清理墓葬遗迹时，工人见沟东丁坑"出五铢钱及铜器数件，玉器一件，均随便取出，未知方位"[④]。此状导致

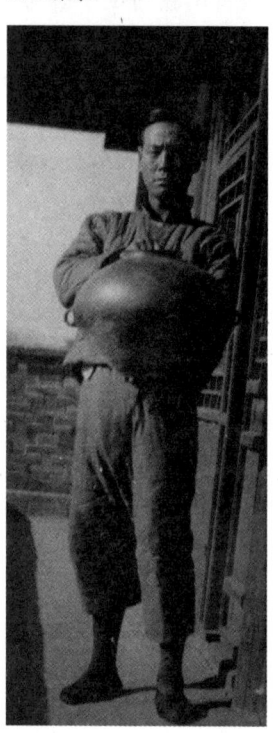

图157 1923年追随安特生于甘肃兰州进行考古工作的白万玉。采自［瑞典］马思中、陈星灿合著《中国之前的中国》一书

---

① 摘自1936年5月国民政府外交部第4961号公函与相关资料，原件均藏中国第二历史档案馆，主旨谓瑞典君主因袁复礼、徐炳昶、黄仲良及斯文·赫定在1927年中瑞合组西北科学考察团工作中"成绩斐然，收获甚多，于学术上之贡献殊大"，故决定赠给徐炳昶等人三等"华沙章"一枚，以示褒奖等事。

② 陈星灿：《中国史前考古学史研究（1895—1949）》，生活·读书·新知三联书店1997年版，第90页、第93页。

③ 1934年3月31日《徐旭生陕西考古日记》："返（安阳）旅馆，新选工人何国祥同（殷墟）办事处管事关君来。何拟下午与余同往西安。午餐时，彦堂来。言与专员交涉，甚为满意。未几许天民亦来送。与何国祥同上车，坐三等。到黄河南岸，日已将入西山。宿于一小饭铺中。"

④ 1934年6月6日《徐旭生陕西考古日记》。

徐炳昶忧虑不悦。其谓："工人又乱取出铜器多件，见之，心甚不怿。"他因是自责"昨日余见其乱取，虽略言之，但并未严厉申斥，则余亦不能不负一部分责任"。① 在废堡纵坑，周隆季等曾连续发现"长宽均及尺"的"顽石"，徐觉"如此大石，绝非偶然"。但究竟共发现几块，各块原在哪个位置，因发掘者未能及时记录，即将石块随意移动，致时过境迁，"全无影响（印象）"，遂使重要迹象就此消失。这一后果，同样使徐炳昶哭笑不得。徐无奈叹息："甚矣，余等工作之草率也！"②

值第一次斗鸡台发掘进至废堡遗址时，徐又对因自己工作疏忽造成无谓损失而懊悔不迭。称"丁二北端之人骨，未量尺寸，而余即命取去！实属荒谬！近日余精力太差，其将即此以终古耶！恨恨！幸痕迹尚在，尚可得其大约尺度，然此已作出工作上不可补救之损失矣"③。

图158 安特生甘肃考古工作期间留影。采自［瑞典］马思中、陈星灿合著《中国之前的中国》一书

沟东丁坑发掘时，"在横梁中间，清理出一窑，与乙坑者全不类，仅有椭圆曾经涂抹及烧过之土，然前掘丁二时，未慎，已去其半"。至乙坑发掘中，徐见"孝侯又将西南隅之窑量绘后，破下，取出其陶片"。颇疑此类陶片"即此窑中所烧，故特命保存之。北端中间所余土梁上西边尚有灰土。此灰土或与西壁之灰土完全相连，（然）现已无可证"，不禁恼怒。继而感慨自责："吾侪工作之'贪多嚼不烂'，亦太甚矣！"④

图159 斯文·赫定小照

进至沟东丁坑，6月14日"探坑续作。丁二北端，照像后，将物取去，继续下作。将午在前日出描花瓦罐之西南，出一漆器。然已为工人毁坏过半"。徐因是再度生怒，感慨："吾等不求嚼烂，只务贪多，结果应如是也！"他虽然一再自责律己，但本日"下午探坑中稍偏北又出一瓦罐及一瓦鬲。罐因工人不慎，破一孔"。⑤（图160）

在徐炳昶眼中，何士骥毕业于清华大学国学研究院，曾受业于国学大师王国维⑥，文献基础素称雄厚，但田野发掘工作记录中仅有民政厅发掘等事，不敢称

---

① 1934年6月7日《徐旭生陕西考古日记》。
② 1934年5月31日《徐旭生陕西考古日记》。
③ 1934年6月9日《徐旭生陕西考古日记》。
④ 1934年6月10日《徐旭生陕西考古日记》。
⑤ 1934年6月14日《徐旭生陕西考古日记》。
⑥ 何士骥，1925年考入清华大学国学研究院，师从王国维，为王看重。事见本书所附《陕西考古会主要人物传略》。

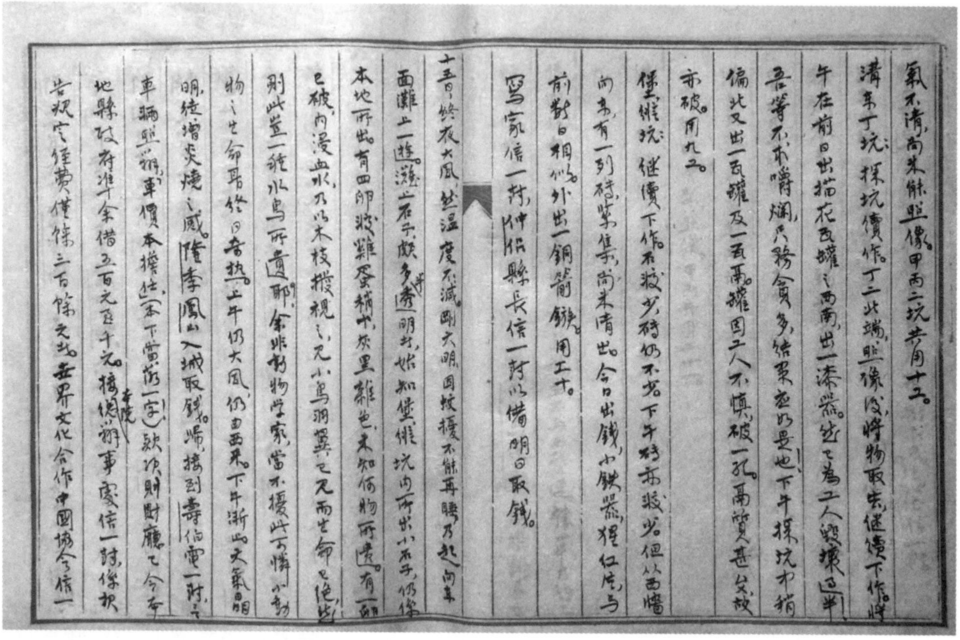

图160 1934年6月14日《徐炳昶陕西考古日记》关于徐炳昶检讨斗鸡台发掘失误之记录

之为经验丰富。

抱期望何士骥尽快成长之目的，徐对何要求颇为严格。第一次斗鸡台发掘之初，他即因何不合考古规则而屡次予以直面批评。

4月27日《徐旭生陕西考古日记》："乐夫对于坑中所出之石、陶各片，不重视，随便丢弃，斥其不合。"

为提高发掘技术水平，寻求规范，4月29日"八点上工。堡工上半天暂停"，徐炳昶即命包括何士骥在内的所有"监工人员参观作墓葬"。①但似乎成效甚微。5月1日巡工发现的现象，仍令他感到忧虑不安。

当日《徐旭生陕西考古日记》："下午巡工时，见堡内二坑，陶片多未捡起，力斥其谬误。乐夫意颇不以余言为然。乐夫思想颇不科学，可虑也。"

图以纠正何士骥等工作人员的散漫工作方式，徐炳昶特在5月10日"规定（考古）会员及勤务察视工程规则"②，但何士骥于此日的工作表现再次引起他的不满。

同日《徐旭生陕西考古日记》记载："堡纵坑：出砖石仍甚多。乐夫又不耐烦，未经考察，即任便弃置！余力斥之。彼对于学术发掘性质，终不明了。"

看得出，徐炳昶此时的情绪已近乎失控，他在同日日记中连续发泄："奈何！奈何！"读之令人唏嘘不已。

何士骥之进步，得益于而后不断累积的发掘工作，其对徐炳昶之指导意见，也始有新的理解，发掘水准遂与日俱增。1934年5月2日《徐旭生陕西考古日记》故记："今日乐夫从一不注意之破瓦片中洗出一小瓦轮，系以带花纹之汉砖作，

---

① 1934年4月29日《徐旭生陕西考古日记》。
② 1934年5月10日《徐旭生陕西考古日记》。

始服余言。"

比之于何士骥毕业于清华大学国学研究院的背景，周隆季文史功底则明显逊色，且因接触田野考古不多，要侈谈能有多少经验，显然也是不合实际。

前述何国祥者原为中央研究院史语所安阳殷墟考古工地熟练技工，发掘技术在当时堪称一流。其入陕西考古会序列之因，盖在徐炳昶欲以此带动、影响陕西考古会之发掘技术水准，而与中央研究院缩小差距。但在斗鸡台第一次考古发掘中，何国祥似乎并未达到徐炳昶的预想期望。因不合发掘规制，随意取物，徐对其有严厉的批评。1934年6月7日《徐旭生陕西考古日记》所谓"国祥徒负熟练工人之名，亦太不胜任矣！命其以后再不可如是"之记载，正是其有感所发。

就陕西省政府参加人员而言，初始仅是一种象征性的参与，实与具体工作多无直接关联。唯一一位重要参与者李希平（图161）此前曾长期服务于西安易俗社，工书画篆刻（图162），素与现代科学考古发掘无缘，只能算是一位金石爱好者而已。在1934年第一次斗鸡台考古工作进程中，他因缺乏田野考古发掘知识随意捡取出土文物而遭徐炳昶批评，便成为自然而然的事情。

该年5月13日《徐旭生陕西考古日记》："下午在（沟东甲坑）靠北墙暗色土中，见有石灰，黑土各层。中间下层有很多的石灰，又有红漆皮不少。在其东南隅，有棺木痕迹。适希平在此坑，见棺木孔中有铜器痕迹，即欲伸手取出，余阻止不及，乃系一铜镜。上有字，未识。此等急于取物的办法，实属非是。如有相关之物件，恐将于无意中闹散乱！会当戒之。因须明日始能完全做出照像，仍还镜于原处。"（图163）

至于钟德昌，原居富平县乡间，时年仅十八九岁，只读过国民小学，非是姑父张扶万的推荐，他是难以进入考古工作组的。依徐炳昶说法：钟之入组，算是碍于人情面子，大约只能先做发掘夫役。

公允地讲，上述这种特定的人员结构以及稍显初阶的技术水平，对于第一次斗鸡台发掘的工作质量无疑具有一定的影响。难怪李希平在后来回忆中常不胜感叹，认为"一切都是从头学起。地层、陶片闻之若天外天书，摄影、

图161　1933年前后李希平（右侧戴眼镜者）与书画同道合影于西安。背景为花鸟四条屏

图162　李希平珍藏的书画印玺

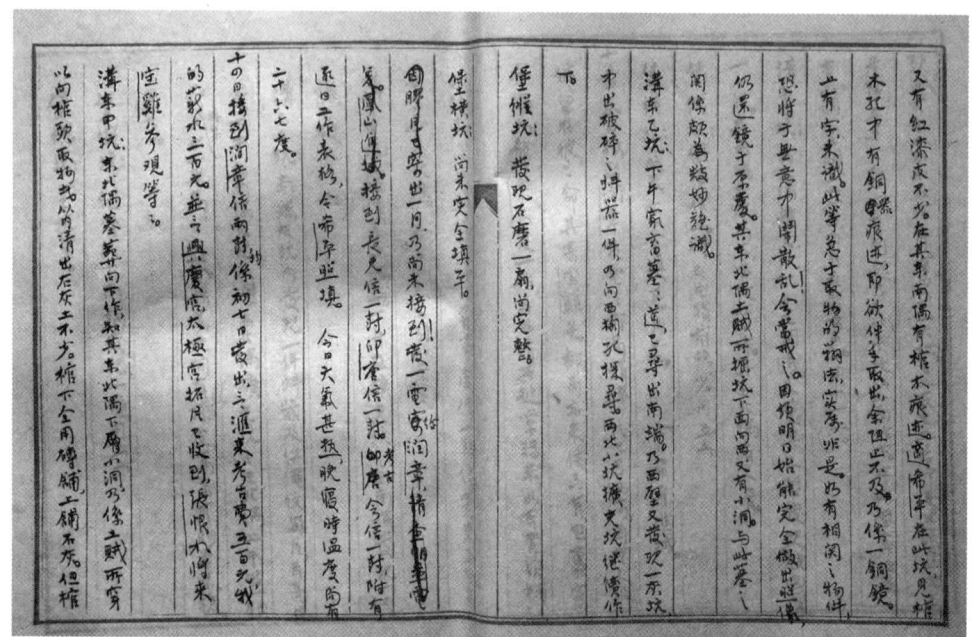

图163　1934年5月13日《徐旭生陕西考古日记》关于李希平发掘中急于取物片段

修复更是一窍不通。一个简单的测量数据，常常需要耗费大半日的精力。第一次的发掘，余每急于取物而忽视考古规程，于是遭徐先生严厉批评，谓不当在未曾照相之前，破坏遗物原在环境。回思当年，总是有很多不尽如人意的地方"①。

除过田野发掘技术的困扰，诸如工地民夫难觅②、偷工减料、技术工人吵嘴斗殴、地主侵占填坑工人工钱等诸多困难与恶习的滋生，以及不良工人暗地拔去画墓券所钉钉子等恶劣行为的干扰，也让徐炳昶等大伤脑筋。

此等事例，曾致主要负责者"孝侯颇急"，徐炳昶亦"怒甚"，"大怒"。徐因是担心"如此下去，工作即无法进行"。因采取严厉措施，对偷工减料者"斥之去，另召人作"；对吵嘴斗殴者"严斥之"；拔钉之事，"责杨排长及国祥必须将拔钉者查出"，"限其本夜查出"。③及至20日"早仍查不出拔钉者"，即"因丁坑工人嫌疑过重，乃全斥退不用。各看夜之勤务，每人罚钱二毛，王德罚一毛，

---

①　采自笔者采访李希平之子李莲生记录，有润色。李希平有悖考古规程事，参见1934年5月13日《徐旭生陕西考古日记》。

②　苏秉琦《斗鸡台考古见闻录》："第二是劳动的不足。现在举几个实例，我们在斗鸡台所用的工人四五十名，是从附近的几十个村选拔出来的。因为凡有烟瘾的一概不用。所以戴家湾虽然有五六十户，壮丁也当不下五六十人。可是淘汰的结果，只有二十多个是没烟瘾的，仅占总数的小半。"载《国立北平研究院院务汇报》1936年第7卷第2期，第93页。

③　工地民夫投机牟利与恶作剧捣乱事例，如1934年5月17日《徐旭生陕西考古日记》记木匠某氏"本应将盛墓壁珠画之箱作好，乃彼原拿来好板，用时却用多节之板！且板亦刨不平！余闻之，甚怒，斥之去，另召人作"。

技术工人吵嘴斗殴事，见1934年5月24日《徐旭生陕西考古日记》："下午因孝侯命忠义炒馒头，王德不服命令，与忠义打斗；孝侯斥之，又哓哓以辩，激起孝侯大怒。余归，严斥之，孝侯亦复哓哓不已。"

不良工人拔去画墓券所钉钉子事，见1934年6月19日《徐旭生陕西考古日记》："发现前些天孝侯为画墓券所钉之钉子，被人拔去。孝侯颇急，余亦怒甚。因如此下去，工作即无法进行也。因责杨排长及国祥必须将拔钉者查出。……限其本夜查出。"

国祥罚五角；看夜工人以后不准再看"。① 侵占填坑工人工钱之事，则"令人找地主来"，"不来即令人送县"。迫其"将所扣钱送来。乃交与杨排长，嘱之催大家平均工作，平均得发款"。②

至于发掘所需物品的乏匮奇缺，更令徐炳昶等人大伤脑筋。因为在尚未开通火车的西安，许多常用生活物品往往依靠人力、马车从数百里外的潼关运来，各大书店照例不售有关金石考古的参考书籍，绘图用具更无从谈起。自北平研究院寄来的摄影胶片常"稽延不至"③，每须"打电报与润章，请其查明并电复"④。即便是一件小小的钢卷尺，也须数次电报、信函致送北平方可买到。

如果说发掘技术的缺陷与遏制不良行为以及发掘所需物品匮乏等问题，尚可通过一定的人为努力来加以解决的话，那么，与地方政府的纠结、层出不穷的经费问题，若欲在朝夕之间获得解决，则更非轻而易举之事。

前文述及，在陕西考古会初组之际，因经费来源渠道以及使用权限含混模糊等问题的干扰，省院双方就曾发生过多次不愉快的冲撞。徐炳昶为此忧心忡忡，曾寄希望通过陕西省政府来协调解决。但仓促之间，收效甚微。及工作组成员名单刚刚公布，陕西省方面即由张扶万等人出面向邵力子主席请求补助款项之事，并请将北平研究院陕西分会部分经费统一管理，遭邵婉拒。但其复通过胡毓威、耿寿伯等人暗示，隐隐透漏款项管理一事，大约须得陕西省方面的介入。

陕西省方面的种种举动，引起徐炳昶警觉。当耿寿伯婉转向徐表达陕西省方面意愿之时，徐即出言明确表示反对意见。为保证发掘款项到位，徐并说服耿寿伯，请将工作款项径直汇寄宝鸡县政府，且请耿命令汽车管理局在运输方面予以照顾。尽管张扶万其后又亲自前来申明前议，徐仍力持己见，不为动摇。

诸种情事，大略集藏于4月11日《徐旭生陕西考古日记》之中。文谓：

"仍未晴。寿伯来言扶万先生见邵主席，请补助款项，并请将本院部分经费统一，邵答以未便说，请自商议。寿伯意谓如实质不变，形式上不妨少让步以示接近云云。答以用款大体可随时报告委员会，但本院经费，止限于工作，不能移作行政用。又本分会独立会计亦未便取消云云。寿伯以为妥，允转告前途。托其将工作款项汇到宝鸡县政府，以便在当地发用。又请其知会汽车局减价。答以来一函，即可容易办到。田和生来。去后请考古会李君⑤以考古会名义去信。整理铁路局所交来古物，撤录重复及破碎者，置于储藏室中。扶万先生来，言信可写，但仍申经费统一议，仍以前议答之。"（图164）

图以抵制陕西省方面的诉求，4月11日徐炳昶有致送陕西省政府秘书处一

---

① 1934年6月20日《徐旭生陕西考古日记》。
② 1934年6月28日《徐旭生陕西考古日记》："工人言昨日所包填坑之二十八元，均为二地主拿去，颇有拒绝窑洞在前崖七家之意。余大怒，令人找地主来。地主杨海来，戴功不来，而戴功系一烟鬼，均彼捣乱，乃令人促之，不来即令人送县。彼终不敢来，仅将所扣钱送来。乃交与杨排长，嘱之催大家平均工作，平均得发款。"
③ 1934年5月4日《徐旭生陕西考古日记》："复印唐信，并请其查（北平研究院）总办事处所寄来之胶片，因何久稽延不至。"
④ 1934年5月13日《徐旭生陕西考古日记》："因胶片终不到，打电报与润章，请其查明并电复。"
⑤ 即考古会干事李印唐。

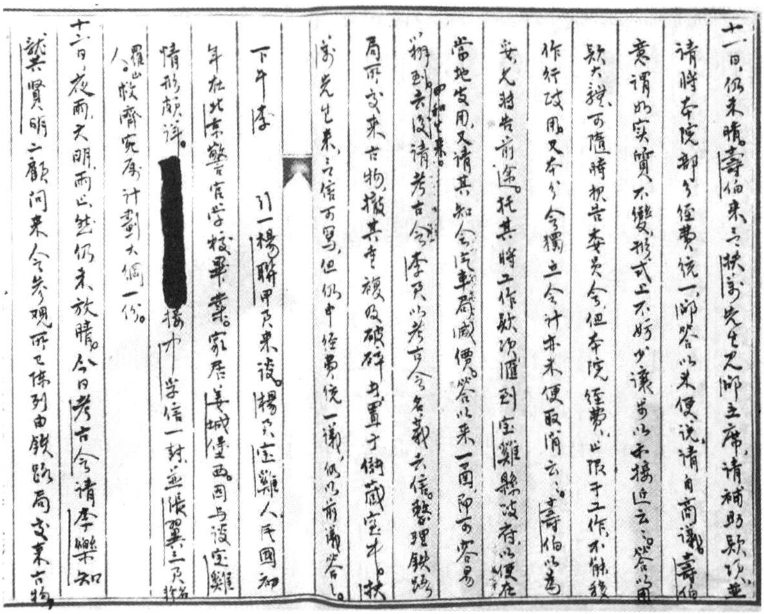

封颇为微妙的信函。信云："此次赴斗鸡台工作应需款项尽数携带，感觉诸多不便。倘临时急需，拟就近向宝鸡县政府借用，将来如数在省于县拨给该县款项者归还"，希望省政府"统希惠助，是为至盼"。

图164 1934年4月11日《徐旭生陕西考古日记》。其中涉及徐炳昶与耿寿伯有关省院经费使用模式争议的讨论

耿寿伯得函，约善于理财的财政厅厅长宁升三①（图165）"相商，承允照办"。12日，陕西省政府尚有函回复徐炳昶，谓："至由县通融款项一节，已面商（财政厅）宁（升三）厅长转饬宝鸡县长遵照办理。此项拨款，贵会如函交财政厅时，即用应饬县垫付，俟款到归还，以清手续。"②在这里，徐送耿接，双方配合默契，似曾预先有一定的相约。

图165 宁升三小照

为保证宝鸡考古调查发掘经费的合理使用，防止考古会陕西省一方的干预介入，徐炳昶继续采取有力措施，一意维护既定初衷。这些措施归结起来，主要有两点：一是果断处置北平研究院于商务印书馆中的四百元余款；二是请耿寿伯转托陕西省财政厅通令宝鸡县政府疏通北平研究院一方宝鸡考古调查发掘经费之使用渠道，定北平研究院一方宝鸡考古调查发掘经费凡在五百元以内者，得由宝鸡县政府一方随时支付，其后盖将诸次借款收据合计，由北平研究院一方与陕西省财政厅统一结算。

---

① 依团结出版社2005年出版刘国铭主编的《中国国民党百年人物全书》第304页"宁升三"条等资料，知宁升三（1882—？）为河北内邱人，早年毕业于保定高等警备学堂，历任国民革命军第十军军需处处长、兵站总部第十七支部部长、兵站分监、陕西省政府委员兼财政厅厅长、陕西禁烟总局局长等职。但依宁升三之子宁建武《宁升三先生办学纪略》一文，知宁升三生于1881年，卒于1936年。原名宁献廷，升三其字，以字行。另曾任陕西省银行董事长及富秦钱局董事长。参见政协西安市新城区委员会文史资料研究文员会编辑：《新城文史资料》（第六辑），1989年，第110—115页。

② 与此段引文内容雷同，另见1934年4月12日耿寿伯致宁升三函。

相关内容，可自 4 月 15 日、16 日《徐旭生陕西考古日记》窥其一斑。

4 月 15 日《徐旭生陕西考古日记》："晴，定明日启行。令乐夫将商务（印）书馆所余之四百元取出，留下百元自带，余三百元，想交到财政厅，拨到宝鸡。问人，始知今日星期，无人办公，止好送与寿伯，请转交，乃雇车往，则寿伯已出。归将至门口，乃遇寿伯坐汽车上，邀之至寓，托其办理，并请其转托财政厅令知宝鸡县政府，如考古会用款在五百元以内者得随时支付，报交收条，即作正开支，将来由院还厅，寿伯慨允照办。"（图166）

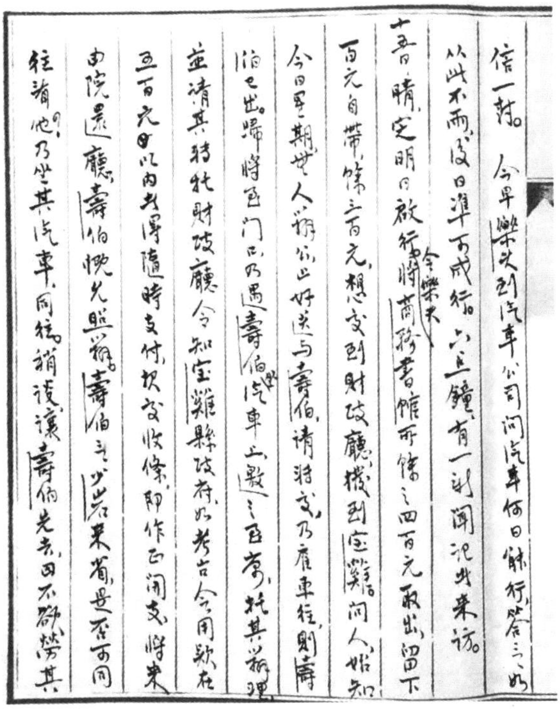

图 166　1934 年 4 月 15 日《徐旭生陕西考古日记》片段。其中涉及徐炳昶果断处置经费问题的记录

4 月 16 日《徐旭生陕西考古日记》："寿伯来一信，言所托事全已办到，并付一三百元收条。"

徐炳昶一方所施行的诸种对应措施，陕西省一方亦通过多种渠道相继获得。于是即有托请耿寿伯、张扶万等转告徐炳昶，请撤前议而统一合作诸事。此论因遭耿寿伯批评，随而终止。

未料将要出发之际，陕西省方面又突然由寇胜孚等人代表，提出新的疑义，大意是"以统一财政为名，提议将工作款项交该会，再由该会发出"①。

骤然之间闻知陕西省方面的疑义，徐炳昶颇感不快。他径直面晤寇胜孚，"告以款项出入，可报告该会，至交过去，则不能办"。其公开理由是："因如时无款，一部挪作行政费，则工作即当全停。"在徐炳昶的对抗下，虽然"寇等（竭）力声明绝无此意，但仍种种设法，经（徐炳）昶坚决拒绝，遂而中止"。②

此时徐炳昶分析陕西省方面连日来的种种变化，相信诸事背后当有更深原委，并非只限表面现象。惟内中实情如何，尚显混沌。诸种迷惘，幸 15 日徐面见胡毓威厅长及获悉李印唐所言时方始大悟。

当日《徐旭生陕西考古日记》即称："往见叔威厅长，谈及会中诸委员，因前日开会，余未将工作及款项报告，不甚满意，故有前日统一议。"又记："李印唐来，言扶万先生请再留一日，为出发人员饯行。余闻之，觉甚诧异。彼又言实因戴君电，欲得一机会，见面一

---

① 1934 年 4 月 29 日徐炳昶致李书华信函。
② 1934 年 4 月 29 日徐炳昶致李书华信函。

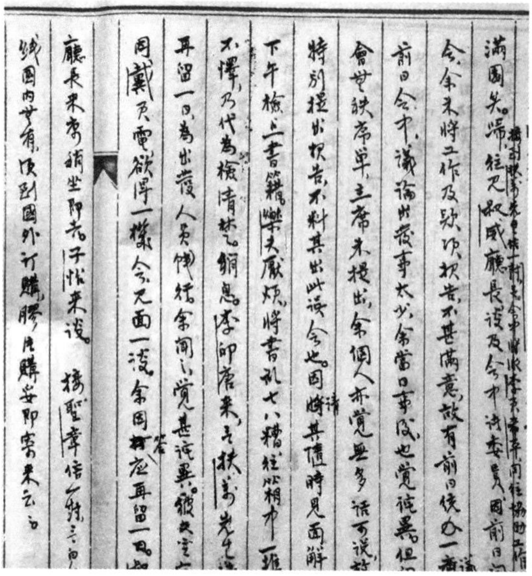

图 167　1934 年 4 月 15 日《徐旭生陕西考古日记》片段。其中涉及"真电风波"对考古会西行计划的影响

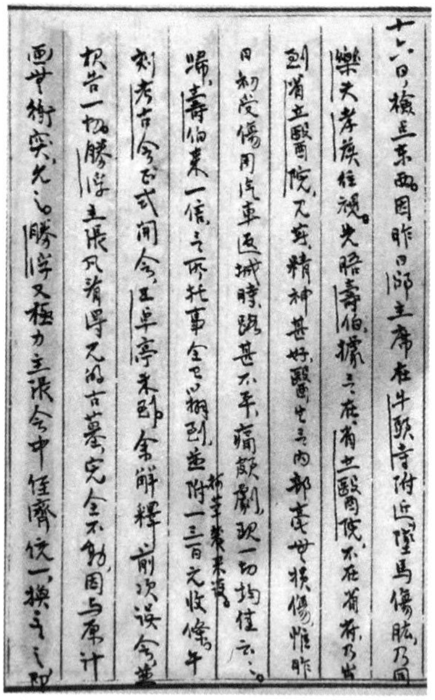

图 168　1934 年 4 月 16 日《徐旭生陕西考古日记》片段。其中涉及徐炳昶关于经费使用问题的解释

谈①。余因答应再留一日。"（图 167）

依徐所见，"前日会中，议论出发事太少，余当日事后，也觉诧异。但开会无秩序单，主席未提出，余个人亦觉无多话可说，故未特别提出报告，不料其出此误会也"。无奈事已至此，徐炳昶只能坦诚以告胡毓威，"请其随时见面解释"。②

待至 16 日考古会开会议事，徐即决计借此机会消除误会。未料戴季陶"真日急电"阴云仍未散去，陕西省方面关乎经费之事心结依旧，徐之阐释、让步未见效果，双方再事交锋，观念又每每相左。

对于陕西省方面的提议，徐炳昶也不得不直面拒绝，仍持前论。在徐炳昶坚持下，会议延至午后 3 时，陕西省方面寄望借此次会议获得经费掌控权的计划终未能达到目的。一应内蕴，俱见当日《徐旭生陕西考古日记》的详细记载。语云：

"午刻考古会正式开会，王卓亭未到。余解释前次误会，并报告一切。胜浮（孚）主张凡看得见的古墓，完全不动，因与原计画无冲突，允之。胜浮（孚）又极力主张会中经济统一，换言之，即取消分会会计，款项来时，交给考古会会计，再行领用。因其不合理，力拒之。归结，仍旧贯，而用款或欠缺有挪借时，由研究院自行负责借还，不使考古会另负责任。"（图168）

显而易见，省院双方所公开坦露的矛盾交锋，以徐炳昶的胜利而告结束，但问题的实质却并未得到彻底解决。为杜绝此类事情再度发生，徐炳昶特在 16 日晚间面谒民政厅厅长胡毓威商谈对策。

有关此次徐、胡谈话内容，当日《徐旭生陕西考古日记》仅有"晚气象颇燥，

---

① 因戴季陶真电风波及考古经费使用等事影响，致陕西省一方此时颇生踌躇。依李希平回忆，其间争议颇大，或有劝张扶万出面阻止徐炳昶宝鸡之行者；或言经费使用权限不归陕西省一方，即阻徐炳昶暂缓西行。诸种建议均遭张扶万婉拒。张意缓留一日，意在观察风向并得间有暇疏通也。
② 1934 年 4 月 15 日《徐旭生陕西考古日记》。

天亦微阴。往与叔威先生一谈,以今日开会详情告之"等简单记录。

其间缺漏,赖陕西省档案馆藏该年4月29日徐炳昶致李书华信函得以补充。文云:"挪用(经费),今日他们各位未必有此意,但如移交,却未必无此事。"①

如是口吻,或是徐炳昶当日面见胡毓威所述之语的翻版。尽管如此,徐仍心怀疑虑,又请邵力子出面担保。依徐之见,似乎只有通过地方垫付,省政府担保的方式,方可确保万无一失。

至4月29日,徐在斗鸡台工地致达李书华一封工作汇报信中,仍耿耿言经费交由宝鸡县政府垫付的好处,认为若"由省政府拨给,否则抵宝鸡日,考古费已将告罄"。并暗自庆幸索要经费之事,目前"可告一段落,以俟其他下文矣"。

徐炳昶的预料并非虚指。及考古会第一次斗鸡台发掘之际,省院双方围绕考古合作诸事,又复再次试探交锋。

5月17日,"李印唐信一封,言财政厅庶务科到会,问北平研究院汇来捌佰元将如何办理"

这一微妙的试探,立被徐炳昶识破。徐调侃说:"从前寿伯言已与宁(升三)厅长讲明白,由财厅迳拨宝鸡县政府转交,然则所讲又不甚明白矣。"

为杜绝陕西省政府的期望,徐毅然决定:"明日当致宁(升三)一电,请其拨来。"②于是,6月6日的《徐旭生陕西考古日记》遂出现新的一幕:"今日隆季、凤山入城取款。与仲侣县长函一封,言废历端午前后,大约仍需款二三百元。晚接答书,言似宜先由本会函达财厅,转令照办为妥。"

虽然,宝鸡县的态度很大一部分来自考古会省政府一方的影响,但徐炳昶似乎没有察觉到其间的奥秘,一应不满,皆在向宝鸡县政府倾泻。当日日记所谓"此一小事,而纠缠不清,辗转往复,令人废时如此"③的埋怨语词,正是徐炳昶当时心态的真实反映。

纵深探微,令徐炳昶颇感不快者,除省院之间有关经费纠葛等合作事宜以外,还有连绵不绝的阴雨天气及西行宝鸡的交通问题。

前在4月13日,徐炳昶等决定西行宝鸡。为节省开支,徐即发一函请陕西民政厅责成汽车管理局拨给汽车及运输器具,但民政厅却以经费问题无人承担为由拒绝拨给。经徐辗转奔走,得邵力子的亲自督促,所谓交通工具之事,幸获落实。但9日以来,天辄降雨,气温随之遽降,使亟待西行的徐炳昶又无端滋生新的烦闷。13日《徐旭生陕西考古日记》,因此絮絮记述了他当时的诸多真实心态。这些烦闷纠结起来,一是担心"启行未知何日,真令人闷损也",二是"阅报,知前晚最低温度,已及零度。今日室中温度,未过九度"。及见"上午雨颇大。下午渐小。幸晚十点半钟,已见星"之际,徐甚至祈愿遐想,称"天其能从此放晴乎?然亦未可知也"。(图169)

忧虑致徐炳昶"终日未能作事"。至14日,久雨之天虽"晴,然仍有云,

---

① 1934年4月29日徐炳昶致李书华信函。
② 1934年5月17日《徐旭生陕西考古日记》。
③ 1934年6月6日《徐旭生陕西考古日记》。

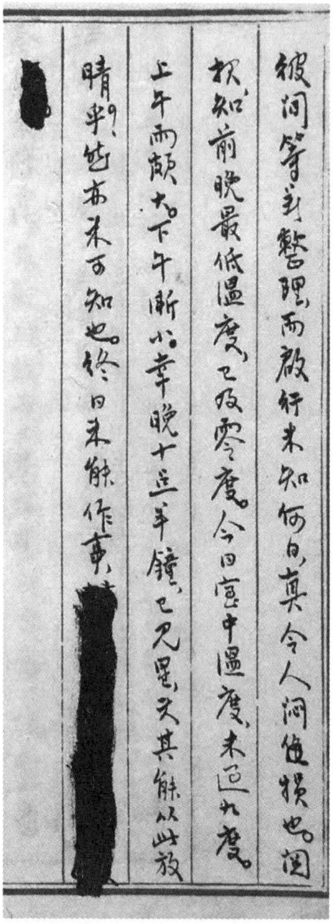

且向西南行"。如是征兆，又令徐"心中不安"。

毋庸细说，焦躁之中的徐炳昶确实已不耐久等了。他急促何士骥亲到汽车公司探问。终于，何士骥传来了汽车公司"如从此不雨，后日准可成行"的喜讯。①

（二）西向斗鸡台

令人失望的是，14日汽车公司所谓16日"准可成行"的许诺并未兑现。延至17日，徐炳昶一行"五点即起。收拾行李，用电话催汽车，七点余始到"，但司机却借故"装车过满"而"不肯开"。按徐炳昶观察，其本意只在"另搭人坐"，"多讨酒钱"。徐炳昶察其用意，"心中甚怒"，然又恐一旦闹翻会导致其途中"掉花头"，权衡再三，他最后只能选择无言以待。

尴尬之中，幸前来送行的张扶万建议仍请耿寿伯出面予以疏通，几经周折，直待汽车管理局最后答应再增加一辆汽车，诸人又决议"派人送点心"给司机，方才得以出现理想的效果。

然待大家急忙登上省政府"减价"拨给的两辆汽车，却不料再生波折，直至"十一点，乃开出城"。沿途车经咸阳、兴平、武功。在武功，又以"所带来之煤油，路上震动筒漏，乃赔钱卖与商家"。（图170）

图169 1934年4月13日《徐旭生陕西考古日记》片段

此时，诸人本拟途中住岐山，稍做调整，岂料岐山县城旅店"均为军队占用"，无一空隙。无奈之间，一行人只好再转住凤翔。②

18日，诸人"五点多钟起。七点余（车）开出"。结果"在沟中，（又）与一重载牛车相遇，非牛车后退，无法开出。大家给牛车帮忙，而退数丈地，真费千辛万苦"，③乃至"上午抵宝鸡"。④

此次西行，周折与坎坷成为主要旋律。旋律带至每一成员，一路遂尔难见笑声。途中停留时，张孝侯即大发牢骚，怨及西北交通之坏，颇有调侃。此论激起徐炳昶共鸣，徐便生发少见怨言。他批评陕西省政府"如是襄助，令人巨烦"。汽车公司方面，"非在遵照省政府命令，实在挟权营私"。⑤

省院之间的种种摩擦，徐炳昶心中的诸种埋怨，西安各报大约并不全悉。受大环境制约，各报刊仍一味鼓噪粉饰，大谈省院如何精诚合作，相互支持，如何浩荡出省，西行宝鸡。此间实情，按照李希平后来的说法："当时考古组尝到的

---

① 1934年4月14日《徐旭生陕西考古日记》。
② 以上引文均见1934年4月17日《徐旭生陕西考古日记》。
③ 1934年4月18日《徐旭生陕西考古日记》。
④ 参见1934年4月徐炳昶致陕西民政厅公函，具体日期不详。原件藏陕西省档案馆。
⑤ 参见李希平：《关中考古杂记》。

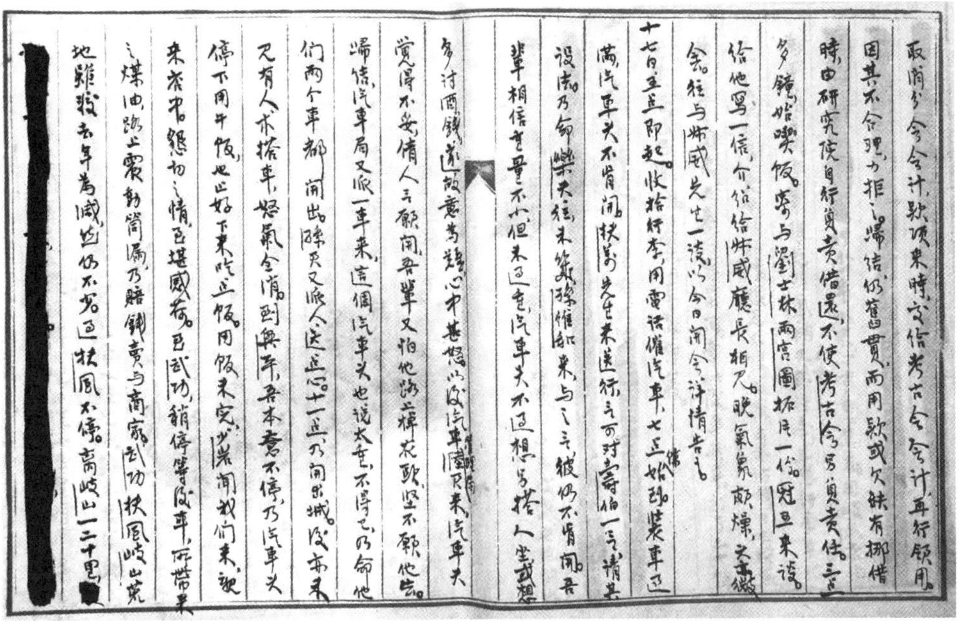

图170　1934年4月17日《徐旭生陕西考古日记》片段

苦涩，只有徐旭生本人最为清楚。"

不管怎样，频接省院双方的训令、函件，拥有地主之谊的宝鸡县政府还是热诚迎接了考古工作组的到来。时任县长全仲侣[①]"对预备房屋各事，已先为筹备"[②]。（图171）并且表示，陕西考古会发掘工作组在宝鸡一地的考古发掘，实具非常重要之历史意义，其以自己身任县长，职责攸关，必不能漠然轻视，应须尽力支持。倘如考古会工作经费刻尚未到，皆可由宝鸡县府暂行垫付，至于赔偿地价、动用民夫、安全保卫等一应杂务，该县亦"责无旁贷"，"甚愿协助"。[③]

对于徐炳昶一行之发掘指向，全仲侣尤表示极大兴趣。依全之意，宝鸡县文庙系秦羽阳宫旧址，其地下必有丰富蕴藏，故力劝工作组就地发掘。但深谙秦羽阳宫旧址真实地点所在的徐炳昶却不以为然。查阅《徐旭生陕西考古日记》等资料，徐曾以1934年2月1日陕西考古会成立大会时据1933年度考察情形，议决于宝鸡县斗鸡台一带实施发掘，故称此系省院双方之公开成议，前既已向外界公开宣布，似不宜随意变更，因对全仲侣的建议巧妙拒绝。

至于徐氏彼时之其他真实心态，4月18日《徐旭生陕西考古日记》另有切实地剖白："仲侣县长闻人言文庙系秦羽阳宫旧址，劝余发掘，然据宋人记载'羽

[①] 全仲侣（1894—约1972），即全祖谋，字春发，仲侣其号，以号行。江西金溪人。出身世家，祖全文炳，光绪时官广西玉林知州，曾修纂《平乐县志》。全仲侣毕业于江西公立法政专门学校法律科。1912年考获高等文官资格，以县知事用。历任江西全省军法处监狱官，广西第二、第三区烟酒公卖局局长，河南、湖北财政厅秘书，湖北皇经堂统税局局长，江西赣南道尹公署第一科科长，九江禁烟处处长，江西烟酒总局秘书，江西督办公署上校秘书，交通部南昌船捐局局长等。1932年任陕西省民政厅秘书。1933年至1935年任宝鸡县县长。于宝鸡县县长任间重视教育文化，督促全县修路植树，仅1934年春，"共植树三十五万株"（参见1934年4月18日《徐旭生陕西考古日记》）。善文，精岐黄，亦喜收藏。

[②] 1934年4月18日《徐旭生陕西考古日记》。

[③] 以上所引未注明出处者均见李希平：《关中考古杂记》。

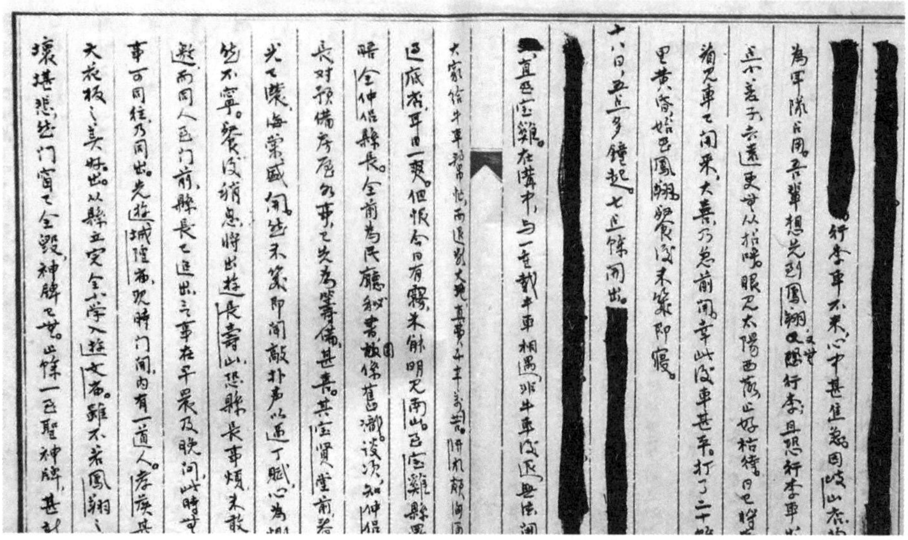

图171　1934年4月18日《徐旭生陕西考古日记》片段

阳千岁'瓦发现于城东门外，宋城与今城非异地，则遗址当不在此。"①

徐氏一行既然否定全仲侣之建议，接着，于斗鸡台发掘地寻找临时办公处及确定居所并勘察具体发掘地点诸事，遂又成为考古组当务之急。

为取得地方的支持，应徐炳昶请求，4月19日在全仲侣县长的积极协调下，地方头脑及保护发掘工地之武装长官等均如约前来，于是便有一干人等偕同前往斗鸡台考察之行。

试看19日《徐旭生陕西考古日记》之记载：

"十九日，与仲侣县长偕往斗鸡台。至村西头，大道北有一庙，内有第二学区区立第二十七小学。据言临时办公处可设于此，乃下车入观。未几，正区长田君，副区长韩君，前任区长（某）君，村长张君，排长杨君均至。（见）校中教员符君。问此何庙，符君言系娘娘庙。庙大门三间，无神像，画塑剥落。正殿三间，有画壁神像。陪殿三，各一间，内有神像画壁，无门窗。教员住室一间，门窗全。后面有洞二。"②

19日《徐旭生陕西考古日记》续记："稍休息，即同往观将来要发掘地。上原太早，至戴家沟西。下沟，细观党跛子盗掘处，始知沟沿西畔，亦多发掘。登东面原上，寻灰土层，知并无去年所觉之多。乐夫在岩间，寻出一颇完整之瓦鬲。村人言此类物极多，党跛子的人不要这些，得辄碎之！下原，人言他处有一部分间房，可设办公处。入观，则房止三间，虽有二洞，然太不敷用，乃返庙中，

---

① 《徐旭生陕西考古日记》所谓宋人记载，当指北宋王辟之《渑水燕谈录》，其卷八文记："秦武公作羽阳宫，在凤翔宝鸡县界，岁久不可究知其处。元祐六年正月直县门之东百步，居民权氏，浚池得古筒瓦五，皆破，独一瓦完。面径四寸四分，瓦面隐起四字，曰'羽阳千岁'，篆字随势为之，不取方正，始知即羽阳旧址也。其地背负高原，南临渭水，前对群峰，形势雄壮，真胜地也。武公之初年，距今千有七百八十八年矣。武功游景叔方总秦凤刑狱，摹刻于右，置之岐阳宪台之瑞丰亭，以贻好事者。"徐氏日记倏忽间忘记王辟之《渑水燕谈录》。其言"宋城与今城非异地"句，或系"宋城与今城非一地"之误。

② 1934年4月19日《徐旭生陕西考古日记》。

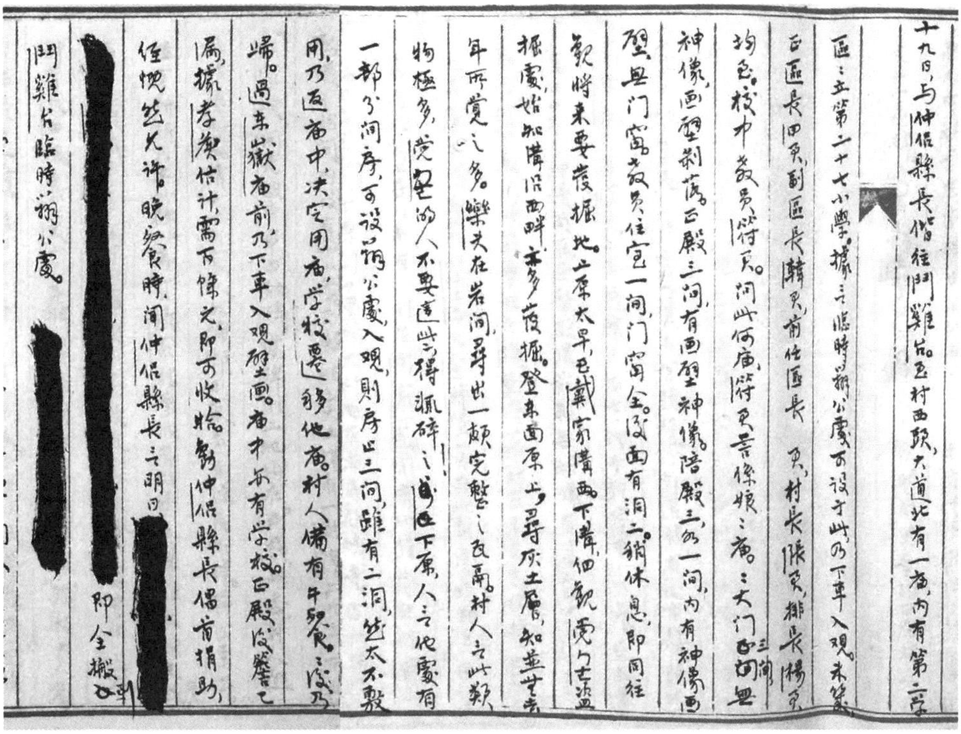

图172 1934年4月19日《徐旭生陕西考古日记》片段

决定用庙，学校迁移他庙。"时"村人备有午餐。餐后乃归。……晚餐时，闻仲侣县长言明日……[1]即全搬到斗鸡台临时办公处"。（图172）

20日《徐旭生陕西考古日记》记载，诸人"早起，检点行李，以二牛车一骡车运之"。徐炳昶"则偕钟德昌步行前往"古陈宝祠考古会斗鸡台临时办公处。至目的地，"学校已移去。庙内缺门窗床桌之属。未几区长、村长皆来。县长派四团丁来任保护"。徐等"匆匆扫除假借，亦遂安置"。具体布局是，徐"一人住前教员室内。乐夫、希平、隆季及二勤务则住大门三间内；将大门关闭，留走旁门。孝侯、万玉住正殿内。余住后间。召泥水匠、木匠修理锅灶，未几已可举火用饭"。（图173）

同日徐炳昶又在王忠义引导下，得观庙后空堡，此后所发生的庙后空堡之发掘，即源于此。

20日《徐旭生陕西考古日记》复记："庙后坡上有堡，内无居民。王忠义由庙后水洞，

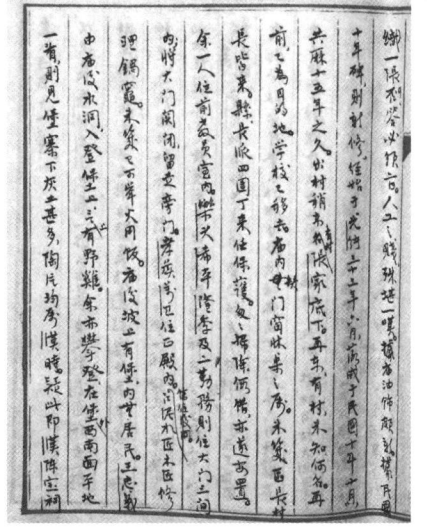

图173 1934年4月20日《徐旭生陕西考古日记》片段

---

[1] 19日日记"明日"后为墨笔涂抹，不详所谓。

入登堡上,言上有野鸡。余亦攀登,在堡外西南面平地一看,则见堡寨下灰土甚多,陶片均属汉时。疑此即汉陈宝祠地。"

期望寻求最佳发掘地点,徐炳昶经过深思熟虑,"决定明早分三拨出发,寻找遗迹。乐夫、希平、德昌一拨向东寻;孝侯、万玉、忠义一拨向西寻;余与隆季、国祥为一拨,直北到原上一观"。①

翌日三组考察,惟徐炳昶一组"上原,从戴家沟西一沟上行。(发现)路旁有一两处灰土,瓦鬲片颇多"②。余则无收获。因此定第二日继续寻找。

22日,"乐夫在蟠龙山斗岩,得花陶片颇多"。下午孝侯且"言上边堡后,有古版筑,疑为汉遗"。③

23日,前往蟠龙山一带考察之"万玉等亦归,检得石斧,石簪,花陶片。据言其灰坑较此间大,地面较此间小"④。

发掘用地赔偿情况按23日《徐旭生陕西考古日记》记载,此日宝鸡县第二科科长夏日守奉县长全仲侣之命,携韩副区长并邀杨排长与徐炳昶在陈宝祠会晤,议决发掘用地赔偿计分两类:"第一类,用后地可恢复者,又分甲乙两种,内又分麦地、烟地⑤,甲种烟地,偿十二元,麦地十元,乙种烟地十一元,麦地九元。此款于动工前发给。如用后不易恢复者,归第二类。此类于完工后,再斟酌补偿甲种十二元,乙种十元。"⑥

24日,诸人"将对于寻得地点,作一总勘查,再行决定地点"。结果在刘家湾发现"灰土窑子颇不小。再上,有墓,人骨已露出。再上,小灰土坑散布各处"。至"堡中一观。再北,复勘前日所见灰土。转东,下坡处,有版筑一段,似颇古,然未敢定"。又"到戴家沟,复勘党跛子所发掘地,再登东原上一观"。时"孝侯吹哨相招"。诸人乃下原,见张孝侯,言"东边拐角缚牛处,崖上仍有版筑迹"。诸人复再登原勘察,果发现"版筑迹颇明显。偏西处有活土内填,当系古代一大墓葬。但现只剩此一坡,当无可工作者"。

经连续四天的重新调查与复核,24日晚考古组乃最后确定具体发掘地点,并对发掘人员做了具体的工作安排,同时决定后日(26日)正式开始发掘。

是日《徐旭生陕西考古日记》显示:"晚餐时,决定后日开工。一在堡子内,寻找汉陈宝祠遗址,乐夫监工,希平帮助。一在戴家沟东原上,可谓继续党跛子之工,万玉监工,隆季助之。孝侯绘图。余暂时来往两地监视。……明早偕同看地方,并招工人。"⑦(图174)

25日,按昨日决定,徐炳昶率考古组同人至斗鸡台发掘地规划发掘位置,其发掘地点故分陈宝祠北废堡与戴家沟东坡两处。

---

① 1934年4月20日《徐旭生陕西考古日记》。
② 1934年4月21日《徐旭生陕西考古日记》。
③ 1934年4月22日《徐旭生陕西考古日记》。
④ 1934年4月23日《徐旭生陕西考古日记》。
⑤ "烟地"指种植鸦片之地。当时宝鸡及关中一带,广种鸦片,成为陕西农业经济一个重要组成部分,相应亦带来诸多的社会问题。
⑥ 1934年4月23日《徐旭生陕西考古日记》。
⑦ 以上引文均见1934年4月24日《徐旭生陕西考古日记》。

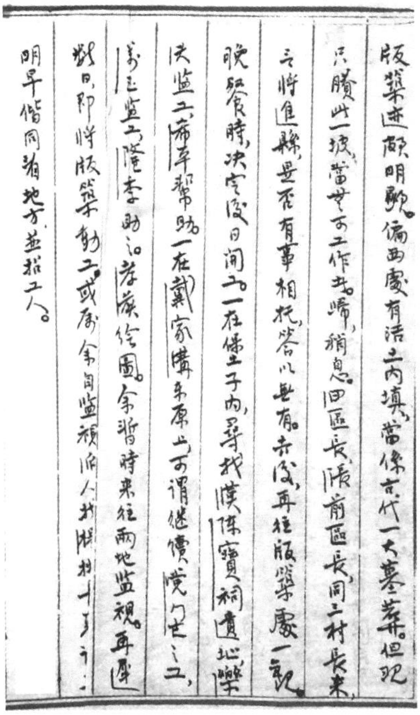
版築遺跡明顯，偏西處有浩土內填，當係古代一大墓葬。但現
只賸此一坡，當無可工作者，歸。稍息。回區長、隴前區長、同三村長來，
云將進縣，無否有事相托，答以無有。去後，再往版築處一記
晚餐時，決定後日開工：一在堡子內，尋找漢陳寶祠遺址，樂
夫監工，希平幫助；一在戴家溝東原上，可謂繼續覺門之工，
萬玉監工，隆季助之，孝侯繪圖。余暫時來往兩地監視。再遲
數日，即將版築動工，或屬余自監視，而人我照料十三……
明早皆同看地方，並招工人。

图 174　1934 年 4 月 24 日《徐旭生陕西考古日记》片段

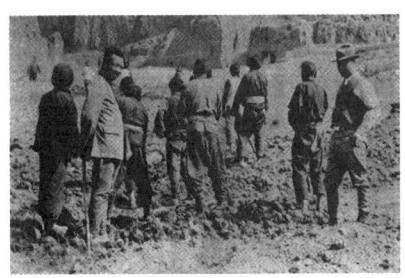

图 175　斗鸡台戴家沟东发掘前摄影。左侧回望者为徐炳昶。张孝侯摄。载《国立北平研究院院务汇报》1934 年第 5 卷第 4 期

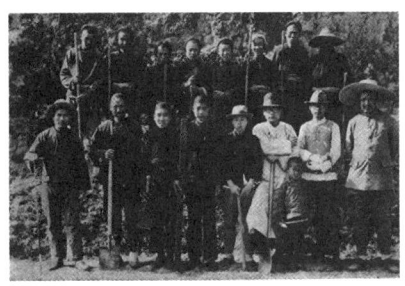

图 176　斗鸡台废堡内开工前摄影。前排右起第一至四人依次为徐炳昶、何士骥、李希平、周隆季。张孝侯摄。载《国立北平研究院院务汇报》1934 年第 5 卷第 4 期

考虑到发掘地点的典型塬坡地貌特征，每一地点又各开探方两个，长宽大小皆相地而定。同时向发掘地占用土地地主发放费用。

以上情形，同日《徐旭生陕西考古日记》均大略提及。文谓：“早同同人出，先到庙北堡中，定两坑：西横东纵，均 4m × 6m。后到代（戴）家沟东坡上，定两纵坑，一南一北，均 4m5 × 12m。下午发价。”[①]（图 175）

二、第一次斗鸡台发掘与相关问题

（一）聚焦庙后空堡与戴家沟

荏苒之间，沟通地方关系、勘察地理环境以及商讨租用土地地价等事，又耗去不少的时间，延至 4 月 26 日方才正式开工。

聚焦 1934 年 4 月 26 日这个在陕西现代科学考古史上具有重要意义的时日，当日《徐旭生陕西考古日记》如实记录了以下的场景：

“二十六日，六点起，八点正式开工。堡中工人八，乐夫、希平、隆季三人监工。排立照一像。东坡工人二十，后加为廿二。万玉监南坑，国祥监北坑。照作工像一张。”（图 176、图 177）

对于宝鸡以东 15 公里的斗鸡台（图 178、图 179）与陈宝祠，徐炳昶等人并不陌生。出于寻求探索先周和先秦文化的目的，徐在 1933 年曾偕常惠等人数次来此地进行调查。其间丰厚的断崖文化层与至晚自清代以来屡屡发现青铜重器以及 1927 年至 1928 年陕军师长党毓崐胁迫兵士、民夫千余人实施大规模盗掘活动的事实[②]，给徐炳昶等人留下了极深的印象，促使他最终决定选择斗鸡台作为考古发掘的场所。

关于斗鸡台、陈宝祠一带的地理概况与历史内涵，徐炳昶在以往寄给北平研究院的汇

① 1934 年 4 月 25 日《徐旭生陕西考古日记》。“下午发价”指考古组对发掘占用土地赔偿费用之事。
② 参见罗宏才：《党毓崐西府盗宝记》，载《文博》1997 年第 4 期、第 5 期、第 6 期。

图178 宝鸡斗鸡台全景。张孝侯摄。载《国立北平研究院院务汇报》1934年第5卷第4期

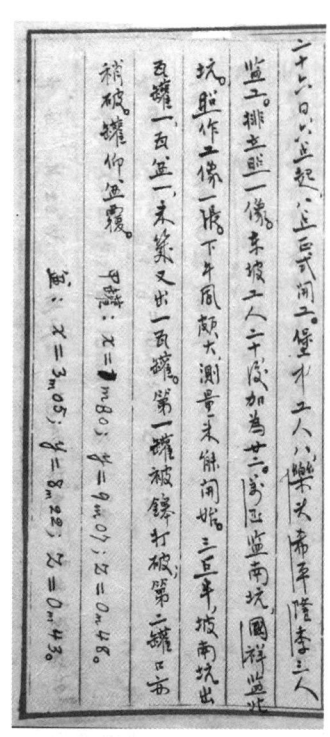

图177 1934年4月26日《徐旭生陕西考古日记》片段

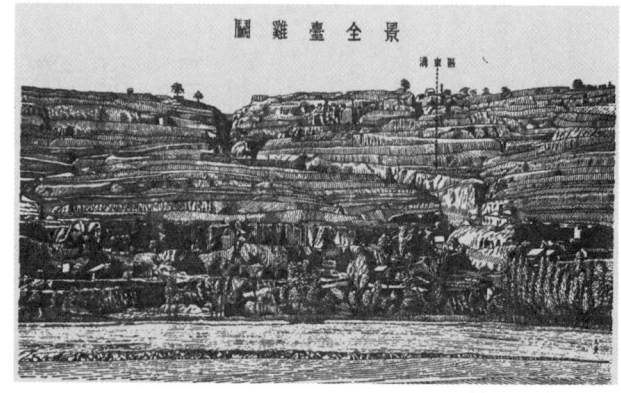

图179 斗鸡台全景（绘图）。采自苏秉琦《斗鸡台沟东区墓葬》一书

报中也涉及颇多。在该年5月18日致达李书华之信函中，徐氏更有详细剖白："所谓斗鸡台者，系一社名，内包七村，面渭负塬，偏处塬下者四村；偏处塬上者三村。""塬下村，最西者曰张家底下，稍东曰刘家湾，再东即同人所居之古陈宝祠。祠后有一空堡，无居民，或即斗鸡台堡，然不名一村。再东南有两大沟，均属戴家湾，亦名戴家沟。最东者名文家庄，塬上村最东者曰苏家塬边下。最西曰陈家山，曰杨家山，二村相连。"（图180）又言："此七村中，庙虽不少，而成社之庙，则指古陈宝庙。此庙名亦吾辈据旧书名之，土人则仅曰'娘娘庙'。"（图181）

趋同徐炳昶所涉及的主题，何士骥在翌年5月3日以"陕西考古会工作组同人"名义写就的题作《陈宝夫人祠》的跋文中，对陈宝夫人神话与陈宝祠更有较为集中的考释。文云：

"陈宝夫人神话，据史记秦本纪起于秦文公十九年，距今已二千八百八十一岁。在我国各神祇中，除天地及灶神以外，当以此为最古。秦汉为之立祠，天子尚遣使致祭。同人据遗迹推测，祠之古址当离今祠不远，或今祠即占古祠址之一部，亦未可知。因记于此，以便世之好古者得所参考云。"

按4月20日《徐旭生陕西考古日记》记载，陈宝祠"庙固无额，而神龛前颜曰'陈仓福神'，当非无故"。其庙门两侧有联，联语："神降陈仓，瑞映岐阳鸣凤；庙临渭水，祥开郦野飞熊。"[①]

---

① 1934年4月20日《徐旭生陕西考古日记》。

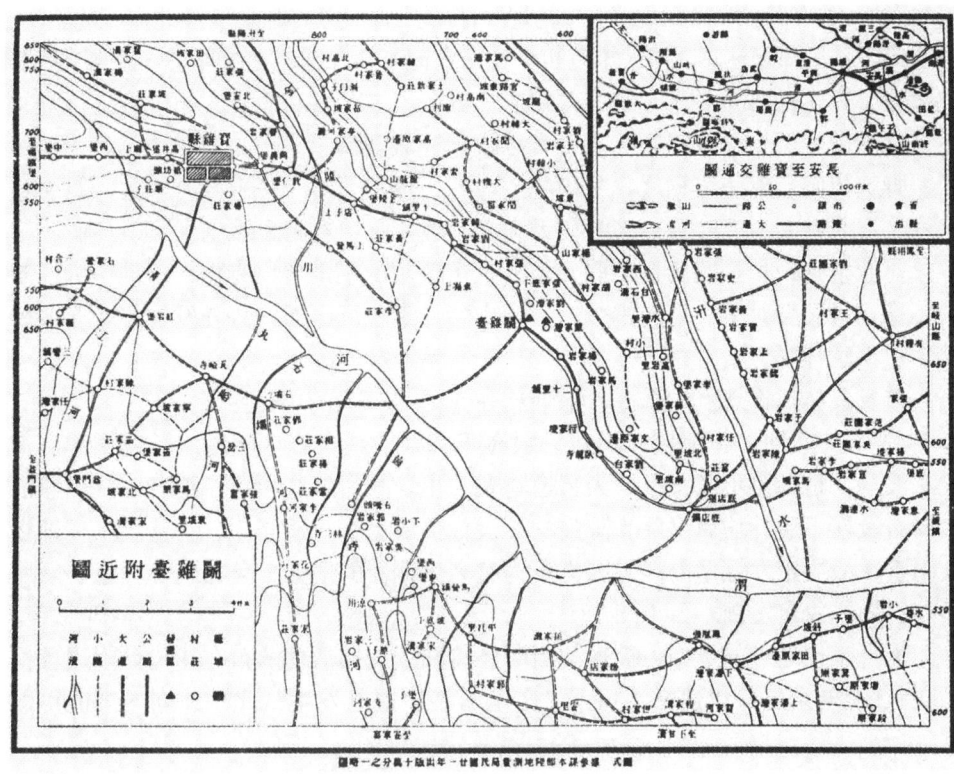

图180 斗鸡台附近图。采自苏秉琦《斗鸡台沟东区墓葬》一书

图181 斗鸡台陈宝祠大殿。1934年春季摄

及考古组以陈宝祠为临时办公处，徐炳昶觉此联俗套，乃有其后4月26日亲撰长联，以抒志气之事。

联作："流星耀光，兆秦族兴王之运，实即启全中国大一统之机；庙建陈仓，像设北坂，水涯于今存古祠；雊雉来格，乃宗教祀物之胤，亦可为数千年群神祇之姊；栋宇无恙，雕绘如昨，村老岁时奉蒸尝。"①

陈宝祥瑞，屡见于《汉书·郊祀志》。"流星耀光"所谓，则典出《史记·封禅书》与《汉书·郊祀志》。

前者有云："文公获若石云，于陈仓北阪城祠之。其神或岁不至，或岁数来，来也常以夜，光辉若流星。从东南来，集于祠城，则若雄鸡，其声殷云。野鸡夜雊。以一牢祠，命曰陈宝。"后者又云："光色赤黄，长四五丈。"

"岐阳鸣凤"及"雊雉来格"，皆以当日此地野雉甚多，"故见流星出而夜

---

① 1934年4月26日《徐旭生陕西考古日记》。

雊也"①。雊雉者，雉鸣叫之义。《礼记·月令》："（季冬之月）雁北乡，鹊始巢，雉雊鸡乳。"郑玄注："雊，雉鸣也。"《史记》卷二十八《封禅书》因谓："野鸡夜雊。"《汉书》卷二十五《郊祀志》云："文公获若石云，于陈仓北阪城祠之。其神或岁不至，或岁数。来也常以夜，光辉若流星……，若雄雉，其声殷殷云，野鸡夜鸣，以一牢祠之，号曰陈宝。"臣瓒注云："陈仓县有宝夫人祠，或一岁二岁与叶君合。叶君神来时，天为之殷殷雷鸣，雉为之雊也。"

对照上述，徐炳昶所撰之联，与其直可颉颃。不惟典出有据，遣词考究，对仗工稳，且契合时事，勾连古今，鼓呼中华，寓意沉厚而气势勃发，辞章音韵串接中，不啻佳联之状。

涉及具体工作地点的选择，徐炳昶在5月18日信中阐述：

"本院此期工作地域，现在只限在于二处，一庙后空堡内，一戴家沟两沟之东坡。二地鸟道不及一里，人行道将及二里。其所以选择此二地者，一因庙前后左右及堡下层，均属汉层。陈宝祠在汉代仍属皇帝祀典之一，吾侪疑汉祠即在此附近，故决定发掘堡内；二因沟东为有名出铜器的地方，且其陶片较老，疑属秦层，故亦决定发掘。"（图182）

配合工作地点的选择，徐炳昶当时还拟陆续发掘清理散布在斗鸡台附周各村断崖上的20余处灰坑遗迹，后因"七七事变"遽然发生，此一计划遂未能得以实施。

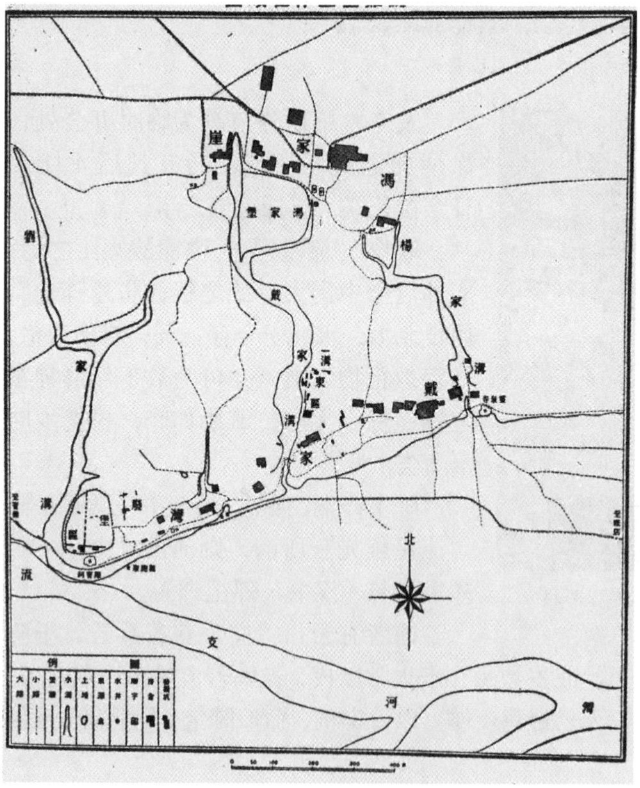

以上决定，大致确定了其后长达三年的斗鸡台发掘格局。对于这种决定，徐自觉十分满意。他调侃说："要之，此次开始发掘之斗鸡台与发掘沟东，均系科学家对于俗人的小小让步，未足为训。"

不能讳言的是，选择戴家沟以东区域，着眼于"沟东为有名出铜器的地方，且其陶片较老，疑属秦层，故亦决定发掘"，与寻求探索先周和先秦文化的初衷吻合，应属正确之决策。然过分耽于"陈宝祠"地名的困扰，从而怀疑"汉祠即在此附近，故决定发掘堡内"的举动，

图182 斗鸡台工作区域图。采自苏秉琦《斗鸡台沟东区墓葬》一书

---

① 1934年4月20日《徐旭生陕西考古日记》。

却似乎有偏离工作主题之嫌。

事实上，以后在庙后空堡（废堡）所开"两坑，仅出铁枪头，汉钱多件"，并未有多少颇具价值的发现，值接近"生土，又发掘数日，无所得"，只好复土"填平"。①

与废堡区相比，真正使发掘者理想圆梦的场所，倒是发掘之前普遍为同人所看重的沟东区。

比对庙后空堡（废堡）所开发掘坑穴（如堡南坑、堡北坑，或堡纵坑、堡横坑，或堡外甲坑、堡外乙坑）②，戴家沟以东的沟东区以面积大、内涵丰富，故所开发掘坑穴亦较多，且以天干顺序排定坑号。计有甲、乙、丙、丁……诸坑，如沟东甲坑、沟东乙坑等。（图183）

直率地说，错误的决策固然与当时整体发掘水平以及错综复杂的历史环境有关，但决策失误所带来人力、财力的损失以及对发掘者发掘心理所产生的不良影响，却颇值得后来的人们检讨、思考。

对于两处发掘地点的人员配备，经徐炳昶与何士骥等人反复协商，决定堡中主要由何乐夫监工，沟东主要由白万玉监工，徐则"暂时来往两地监视"。③

以徐、何、白三人在工作组内的具体分工与实际技术考虑，这样的人员配备，算是排出了最强阵容，

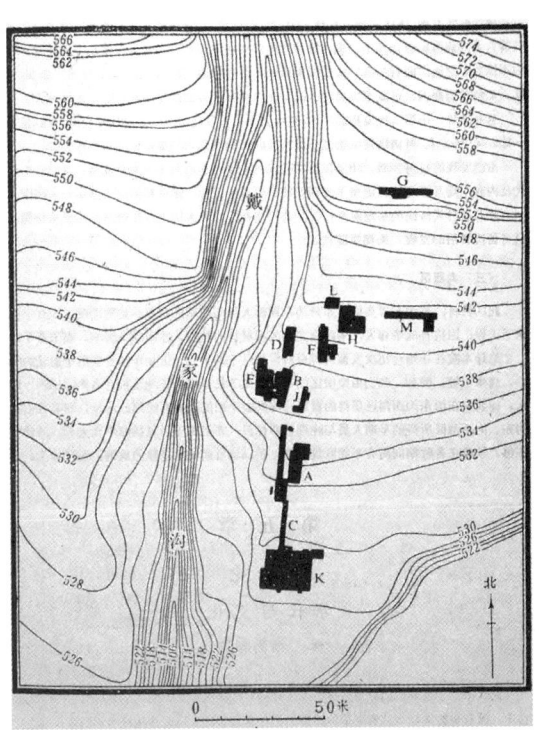

图183　沟东工作区坑位图。采自苏秉琦《斗鸡台沟东区墓葬》一书

特别是将田野发掘技术最好的白万玉分配在文物蕴含最为丰富的沟东区，确不失为明智之举。其后沟东区的发掘之所以成果显著，奠定了全部斗鸡台考古发掘的基础，固然与该处地域丰富的文物蕴含有极大关系，但白氏本人扎实、细腻的发掘技术以及任劳任怨的敬业精神，也不能不认为是一项至关重要的原因。

不管怎样，经久蕴藉的斗鸡台发掘毕竟迈开了历史性的一步。随着陕西考古会工作组的进驻，中国考古史上相关周秦文化主题的首次科学发掘暨陕西考古史

---

① 1934年5月18日徐炳昶致李书华信函，原件藏陕西省档案馆。
② 1935年4月26日《徐旭生陕西考古日记》："今日为本会正式开工一周年纪念（日），且已工作八日，故休息。惟堡外甲坑因念生恐工作难完，请求工作半日，允之。"以此观察，知至晚于此时，庙后空堡（废堡）所开坑穴即有甲、乙之界分。
③ "两坑"之说，指1934年4月26日《徐旭生陕西考古日记》所谓"庙后空堡"（废堡）中所开的"南坑""北坑"，分工监视诸事。参见1934年4月24日《徐旭生陕西考古日记》。

上首次大规模的科学考古发掘，已经正式拉开了历史的帷幕。

聚焦陈宝祠庙后空堡与戴家沟，我们认为，张扶万《斗鸡台陈宝夫人祠》一诗佳句"古庙能生千载重，史材苦被后人搜。台高望远今何世，渭水滔滔绕荻洲"①，应该唱响了斗鸡台考古发掘的永久颂歌。

（二）第一次斗鸡台考古发掘

检视4月以至6月的《西京日报》《陕西国民日报》《中央日报》《大公报》《北平晨报》等报刊，读者不乏见到斗鸡台考古工地"迭有发现"，各种古物"为数甚多"，"工作紧张"，"工作异常紧张"②等类话题的新闻报道。

其间，宋子文、杨虎城、邵力子等还在4月30日亲至斗鸡台工地慰问。邵曾问及发掘成绩，颇为真切。③（图184）

为洞悉第一次斗鸡台发掘的真实情形，在此特撷取4月29日、5月5日、5月18日徐炳昶致李书华三封工作汇报信函以及5月3日、4日、11日、12日《徐

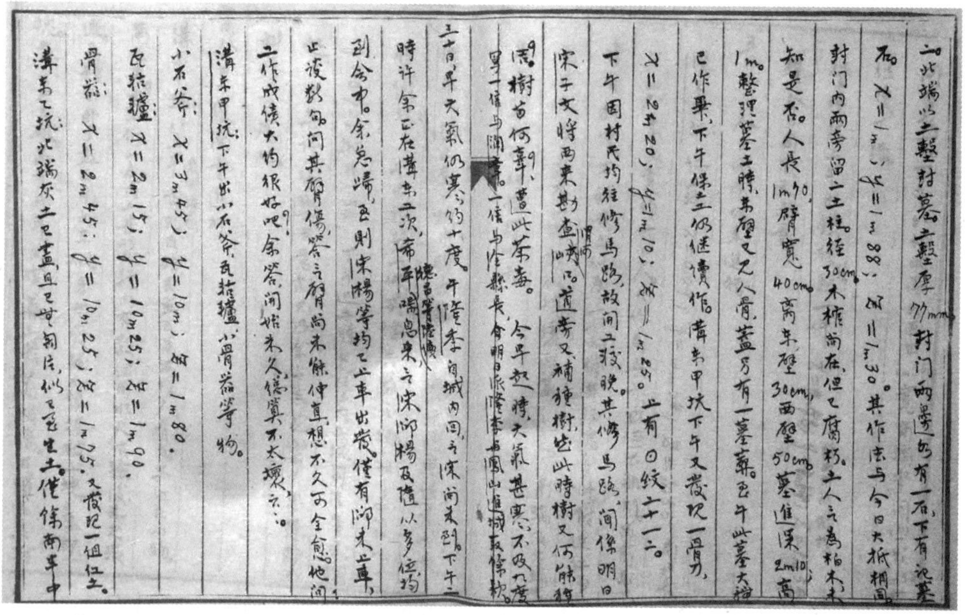

图184　1934年4月29日、30日《徐旭生陕西考古日记》片段

---

① 壹翁（张扶万）：《宝鸡记游诗八首》其一《斗鸡台陈宝夫人祠》截句，载《陕西教育月刊》1937年第3卷第2期。全诗录入1937年5月9日（旧历三月二十九日）《在山草堂日记》。

② 西安报载考古会工事紧张诸消息颇多。如1934年6月1日《陕西国民日报》以《斗鸡台又获大批古物》为题，谓"陕西考古会发掘以来工作紧张"。6月12日《陕西国民日报》又以《斗鸡台古物续有发现，开掘工作月内可毕》为题，谓"陕西考古会前派徐旭生氏，率领工作组人员，前往宝鸡发掘斗鸡台古迹已届两月，工作异常紧张……"。另参考《中央日报》1934年5月3日第1版《陕西考古会掘出三代瓦器》一文。

③ 1934年4月29日《徐旭生陕西考古日记》："下午因村民均往修马路，故开工较晚。其修马路，闻系明日宋子文将西来勘查渭河峡口。道旁又补种树，然此时树又何能种活？树苗何辜？遭此荼毒。"1934年4月30日《徐旭生陕西考古日记》又记："午隆季自城内回，言宋尚未到。下午二时许余正在沟东工次，希平、德昌等陆续喘息跑来，言宋（子文）、邵（力子）、杨（虎城）及随从多位，均到会中。余急归，至则宋、杨等均已上车出发。仅有邵未上车，止谈数句。问其臂伤，答言臂尚未能伸直，想不久可全愈。他问：工作成绩大约很好吧？余答，开始未久，总算不太坏，云云。"

旭生陕西考古日记》披露部分工作信息以飨读者。

4月29日信函："在平时拟买钢尺，但当时因北平无货，遂尔终止。现此间虽有皮尺，可对付用。然两月后，恐将全完，终不成事体。故仍请买钢尺寄来。如能早到，暑假后或可不再买皮尺，否则钢尺、皮尺均需买，亦太不经济矣。"

5月5日信函："上月二十九日信，想已收到。钢尺未知买好寄来否？皮尺有风即使不直，在麦地中又伸不直。此地多风，经纬仪因系旧式，每测得一数，必须计算，孝侯又兼顾照相，如钢尺不早来，地图大有不能完成之危险。如尚未买，务乞速买，直接寄来，至宝鸡全仲侣县长转交，并请注明即日送交，至感。"

一件小小的工作器具尚需如此费力，那么，若要论起经费之拮据、食宿之卑陋以及人言之可畏，则更使考古组煞费心机，百计无出。烦躁之间，徐炳昶所能坚持做到的，便是不断向远在北平的李书华致达长信诉诸辛苦。

他抱怨："所汇款亦尚未接到。昶在西安时，未见宁（升三）厅长，然耿寿伯与之谈明，有款即拨宝鸡，而此须款到后，他又派人到考古会去问，以致拖延时日！昶今日已有电与之，请其电拨宝鸡县政府转交矣。又此次来款五百元，未知何故？不知考古费用，是否已胜此数。现已借宝鸡县政府款四百元，大约可支持至二十五六号。昶拟下月二十五六（日）收工，届时此八百元，必不敷用，大约所差在二三百（元）之间，回西安、回北平路费，尚不在内。款项情形如此，先生将何以教之？"

由于邮件、经费方面屡出差错，徐因此对西安邮局的办事能力颇生反感。他指责其"颠顸如此，可胜一叹"。又忧虑此处的工作环境，郁郁云："此间天气颇热。前日大堡外背阴处已达四十度。然时有雨，即此信写时，昶所处之斗室中，屋漏尚滴滴坠于时间之洗脸盆中也。"①

进窥发掘工作的艰辛以及出土遗迹的错综复杂，5月3日、4日、11日、12日《徐旭生陕西考古日记》披露的部分工作日志更陆续传递出如下信息：

"三日，孝侯因昨日太疲乏，今日测量未能进行。

"沟东甲坑：昨日发现瓦器附近，今日又发现料珠及小物事数件。下午专做东北小坑，其墓道向西南甚远。向东开入。高七八尺，而下仍系松土，未及底。内有尺许地，散布砾砂片。标点未量，但大约如下：x 近 5m；y 近 11m50；z 近 6m30。再向东，已见骨架，但似非此墓正主人。各方面仍系松土。六点，入口地方，下得土墼。坑今日用十四工，最深处达 6m70。

"沟东乙坑：上午南小坑向东开广。未几即发现一瓦罐及瓦鬲。鬲原已破，掘时不慎，更加其破。罐口有布纹遗留。后渐磨灭。罐鬲中间，有贝钱八，小圆贝片□，长圆贝片□，鼠牙等事。

"瓦罐：x=3m05；y=2m30；z=1m80。

"瓦鬲：x=3m10；y=3m；z=2m15。

"贝钱：——；y=2m30 至 3m；z=2m 至 2m10。"（图185）

"四日，早晨风，测量未能进行。后渐住。下午测量，后因天会会欲雨，又

---

① 1934年5月18日徐炳昶致李书华信函。

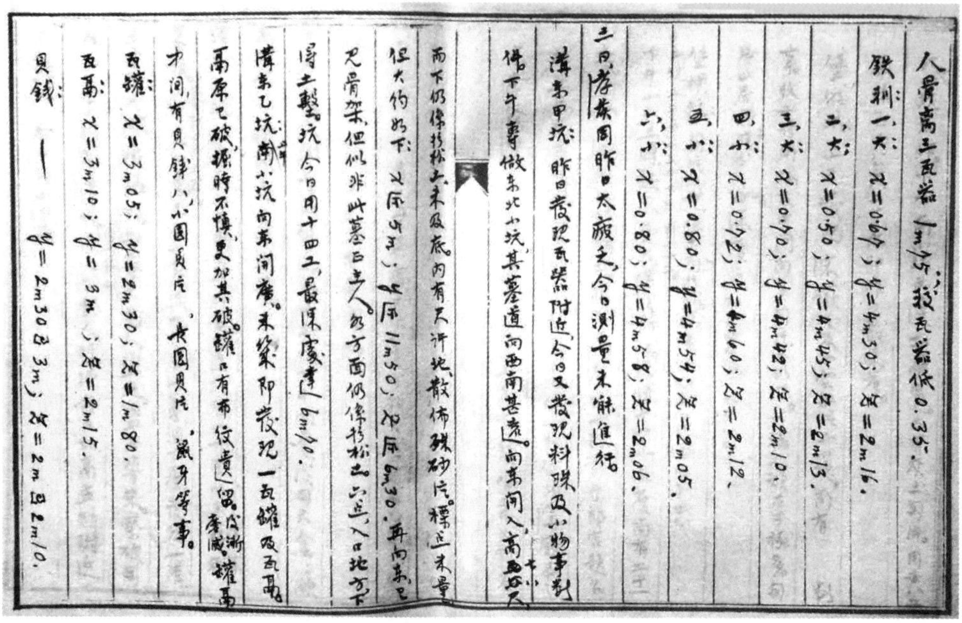

图 185　1934 年 5 月 3 日《徐旭生陕西考古日记》片段

停下。晚风息，天亦渐晴。

"沟东甲坑：一方面向西南寻找墓道所至，一方面向东深探墓坑。墓封口用土墼。上午见向东又有一墓洞，下午在此墓洞下层，发现一沟，且见瓦片破痕极新，知墓已为人盗过。盗自北方来。察破陶片，知墓大约属汉代。得一铜和。后又分数人探掘前日出鬲、盂、瓶附近之熟土。今日用十四工。

"沟东乙坑：南小坑左右工事，上午大致作毕；下午向下作墓葬。四点余见颅骨及手指骨，余无所存，盖亦为盗墓者所毁弃！颅骨剩少半，虚悬在松土中，未知系原来位置否。如系原来，则头当南向，面当西向。其标点如下：x=2m55；y=0.10；z=3m75。又有蚌壳碎片、瓦鬲碎片等。今日用八工。

"堡纵坑：北端石子不久即完。下砖瓦片尚多。并有多砖似平铺已散乱者。且突出坑外。因向北开一部分。中间灰土中出铜铁各件。又有一兵器柄。并有蚌壳，及一瓦鬲足。深度自 2m85 至 2m50。共用六工。

"堡横坑：将坑横切，只作其南半。南半无陶片。深度自 2m84 至 2m60。用六工。"（图186）

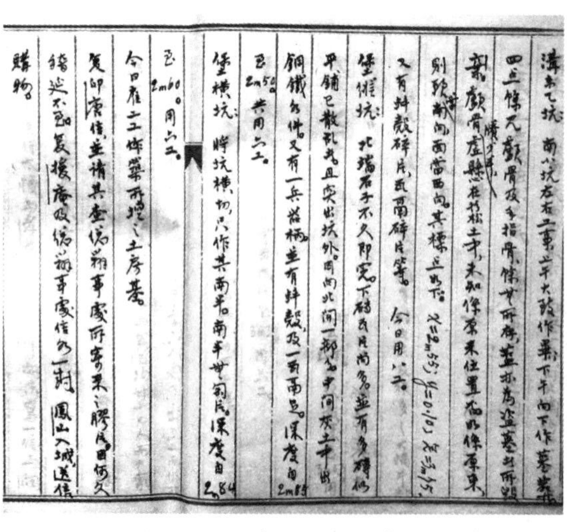

"十一日，昨夜一点后，即醒，直到天将明，始重睡着。早起，温度即在二十度以上。全日大热……

"上午测量进行。下午孝侯

图 186　1934 年 5 月 4 日《徐旭生陕西考古日记》片段

告假进城。还言患脖筋疼。

"沟东甲坑：继续前工。东北隅靠东壁，发现瓦罐一。离瓦罐上二尺许有黑土一道横亘。上下均黄土。不过上层系生土，下层则系熟土，质极松。下午罐北侧少下，又出一鬲。鬲与罐中间有贝钱九枚，中无孔。其西壁有孔，为大块黄土所填，或仍系一墓！甚矣，墓葬之层出不穷，太超出吾等预想之外也！东南隅，瓦盂盖已找出。向北转之三小洞，下午已穷其底。内有砖，砖下有原铺柴草之遗留。后又出缸瓦仓一对。收工时，则离墓后壁已不过三四尺，而骨架仍未见！万玉初疑其在砖之下层，后试下层土甚坚，又疑其后壁或另有小洞。今日用十二工。"

"（十二日）沟东甲坑：东南隅，墓葬，下午收工时土已取完。棺材痕迹，骨架，完全未见！只出一绿缸瓦罐。明日当再察视，是否砖头底下，人藏骨于彼处？但就今日情形看，已无大希望。然则谁布此疑阵耶？因何布此疑阵耶？东北隅继续起土。将出人颅骨处及铜和处，均量尺寸。并将上层亦量过以备试作一平面图。用十二工。"（图187）

对于北平研究院内部某些人士不谙真情，一味怀疑斗鸡台发掘工作成效的论调，徐炳昶频生恼怒，据理反驳。5月18日致李书华信指出："闻研究院人言（这里）考古成绩不佳，款项已完，即将首归途云云。未知同人确否有此言？（吾）个人意见却以为此有工作成绩，意外佳胜！除上次所言之周代墓葬砆画及漆器，均属第一次发现，有重

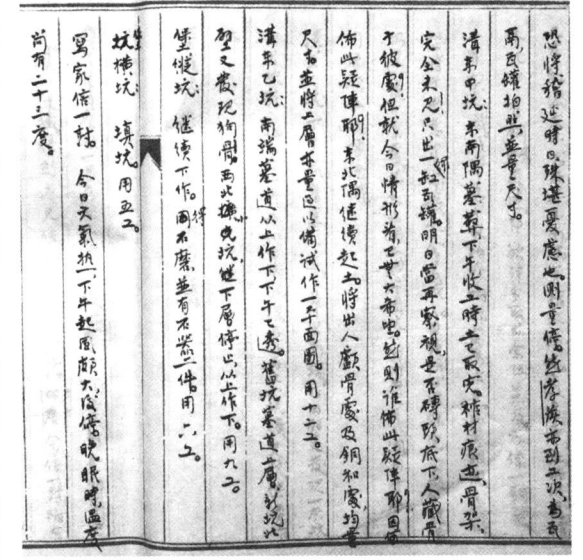

图187　1934年5月12日《徐旭生陕西考古日记》片段

大之科学价值外，尚有一忘述之三代石权，亦属从前未见之物。即带釉之缸瓦器，虽闻日人在牧羊城稍有所得，而成堂发现，可以确定其时代价值，恐亦以此为第一次。一月工作而有颇重要之发现三四，以视貔子窝、牧羊城之成绩，即今日首归途，亦有过之而无不及矣。"

受"考古大论战"影响，徐炳昶最初以"外面空气及对作墓葬颇不利"，设想"三两年内不作墓葬"。而陕西考古会在斗鸡台发掘之前，也曾召集各委员开会商议，"议决不作墓葬"，"如无意中遇见（墓葬），必须对于骨骼妥加掩埋"，以避免不必要的一些麻烦。①

但实际发掘却打破了原来的设想。回望上述5月3日、4日、11日《徐旭生陕西考古日记》披露部分工作日志及5月18日徐炳昶致送李书华工作汇报信函，可知发掘以来丛集在沟东区内大量交互叠压的各代墓葬，就曾让工作组成员伤透

---

① 参见1934年5月18日徐炳昶致李书华信函。

了脑筋。徐氏喟叹:"可是沟东二坑,左来一墓葬,右来一墓葬。墓葬地面毫无痕迹,令人头昏。"

针对这些墓葬的性质与叠压打破关系,徐再三斟酌,仍疑窦万分:"这是否古代的丛葬处呢?却又不然。最古者,可至石器时代,最近者,直至清同治年(间)。且时代参差,古代有在上层,有在下层,近代亦然。有近代筑墓将古人骨殖残毁一部分者,有被盗墓贼偷穿将铜器取出去,陶器打破者。"

尽管交织叠压的各代墓葬让徐炳昶大伤脑筋,但对于复杂多变的文化现象以及丰富的出土遗物,徐却抱以浓厚的兴趣。他兴致勃勃地告诉李书华:"虽然头绪纷乱,而发现却也不少。除很多有趣的破陶片,一部分的骨器,可以同仰韶、殷墟、沙锅屯及其他各处之破陶片、骨器相比较外,瓦鬲、瓦罐也还得到一些。最有趣者,为北坑内之家畜冢及坑内之疑冢。此坑内遇到一个墓葬,有瓦鼎、瓦豆及其他瓦器十数件。墓底布硃,棺椁虽已无存,而确系有棺木,以为必系一中等之汉墓矣。乃其中毫无人骨,仅有狗骨三四架,鸡骨两三架,羊头一个,不知名之小鸟骨数事而已。"

这里徐炳昶虽然对墓葬形制、年代以及出土遗物的描述、判断,不排除有错讹与稍欠规范之处,但他据实相告,决不隐晦,以坦率、质朴的语言,详细缕述发掘现场的真实感受。其务实、求新的学术精神,至今读来,仍让人滋生钦佩之情,受益无穷。

有关南坑的发掘情况,徐炳昶直言不讳地表述了自己当时的欣喜、困惑与遗憾。信中说:"南坑有一大汉墓,掘至八公尺余,始抵墓门。一进门即得十余件上好的缸瓦贡器,形式古雅。釉彩若新。如果不是我们亲自在三丈深(土中)掘出,并得汉钱及由他环境证明此者,恐怕很要觉得为近世的器物!进门如此。以为里面一定有不少的东西,乃作进去,一直到毕,毫无骨殖!毫无棺木痕迹!毫无他物!四面考察,又绝未曾有人盗过!然则谁筑此疑冢耶?"

述及发掘的过程,徐氏之论显然过于琐碎、细腻。不过在总结此次发掘最重要收获之际,徐氏则清晰认定:"至于最重要的发现,则在北坑之一周墓。墓中得一鼎,戈头(图188)、矛头各二。又有铜甲及破瓦鬲。"他坦言"从各方面考察,墓属周代无疑"。而更重要的发现,则是"泥塑上竟保存硃画一小段!泥土中保存回纹破漆器若干片"这一迹象。

根据这一迹象,徐炳昶大胆断言:"周代壁画,秦代漆器,此尚为第一次

图188 斗鸡台沟东区墓葬出土铜戈。采自苏秉琦《斗鸡台沟东区墓葬图说》(中国科学院1954年版),图版7

之发现。"并欣喜万分地寄语李书华:"未知先生感想以为何如?如此,昶等则踊跃欢喜,私庆此行之不虚矣。"①

回顾早期的中国考古历史,可知在中国学者所主持的斗鸡台考古发掘中,"周代壁画,秦代漆器"确属首次发现。其对中国先秦考古、美术史以及工艺史的研究应具有重要的现实意义。尤其难能可贵的是,对于这些重要的考古发现,徐炳昶等人在当时艰苦的条件下,仍尽最大可能采取了必要、切实的保护措施。②

非但如是,沟东乙坑发现的羊头、鸟骨、狗骨等动物骸骨以及该坑第三号墓葬发现的铜鼎(图189),亦引起徐炳昶等人浓厚的兴趣。

5月8日《徐旭生陕西考古日记》记:"沟东乙坑:南端墓骨今日大致作出,始悉并无人骨!仅有羊头,鸟骨(未知何鸟)、狗骨(似有四架之多)而已!"

比勘以往的考古发现,徐炳昶乃自信发论,称:"科学发掘家畜墓,此当尚为第一次也。"③(图190)

客观地检视第一次发掘的大概经过,我们固然为发掘者"踊跃欢喜"的"第一次"发现而感到振奋,但设身处地思考总结这次发掘的经验、得失,我们需要更多关注的,恐怕还应是在极端艰苦的工作环境下,徐炳昶等人坚忍不拔的敬业精神。

谈及款项处置,徐仍一如既往,埋怨不迭。语称:"虽债三五百元,想研究

图189 斗鸡台戴家沟东乙坑第三号墓葬出土铜鼎。张孝侯摄。采自《国立北平研究院院务汇报》1934年第5卷第4期

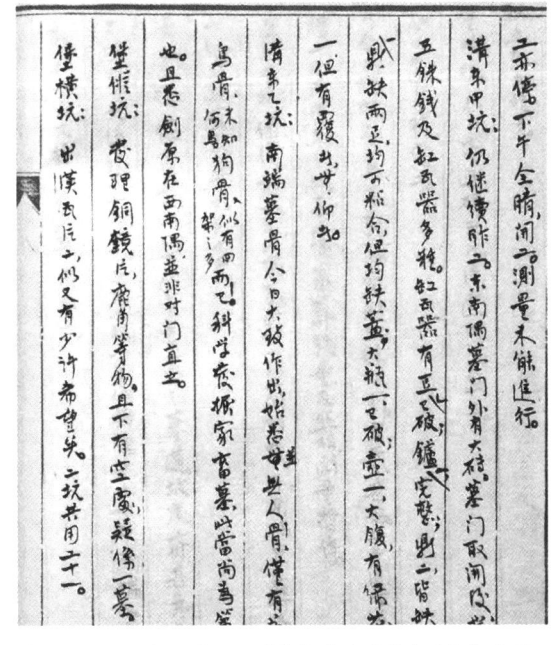

图190 1934年5月8日《徐旭生陕西考古日记》片段

---

① 以上引文均见1934年5月18日徐炳昶致李书华信函。关于周代壁画、秦代漆器之发现,1934年5月16日《徐旭生陕西考古日记》:"沟东乙坑:……后于西北隅稍下层,发现带回纹之漆皮,大约为残破之漆器。后又得一大片。周代之壁画及漆器,大约以吾侪为第一次发现矣。将它切块取回。"

② 关于保护壁画、漆器一事,参见徐炳昶1934年5月18日致李书华信函。文谓"壁画、漆器及破砖烂瓦一二十箱,非运到北平,简直无法整理"。

③ 1934年5月8日《徐旭生陕西考古日记》。

院不当吝归还此些微款项耳。"

阅读回味这些琐碎冗长的工作信函，徐炳昶似乎一直在怨天尤人，牢骚满腹。但牢骚过后，其对工作之赤诚以及对下属的爱护，却始终不因工作的艰苦、环境的恶劣而有所稍减。

直面款项的乏匮拮据，徐氏慷慨声明："至款项将用完，乃嘱实情。不过昶无论如何，也要维持到天气不能工作时。"因白万玉仓促来陕，院中不谙真情，久未发白薪水，致白在平家眷生计艰难，几有断炊之虞。他闻而同情，函促李书华："现白君母将返籍，需款颇急，请接信后即嘱会计课发薪一月，交西北科学考察团之张寅君转交。"①

涉及发掘工作，他赞叹张孝侯"对于艺术实有天才，照相技术大约在北平找不到几个人。其私人镜箱也极好，此次照相一部分成绩一定很好"②。

谈到发掘技术，他除过由衷佩服白万玉外，又说何士骥进步极快，悟性颇强，还评价张孝侯"对于考古技术，也颇不弱"。

论及工作组成员的缺点、错误，徐则毫不隐瞒，坦率以告。

对于李希平的倔强性格，徐炳昶不顾省院双方已趋明晰的冲突、隔阂，直言相告："此个人性格问题，在西安昶不当有半点碎语。然至科学严谨之发掘场所，则须时时调节，勿使懈怠。"③三十年后，李希平每每与人谈起徐炳昶当年的教诲，仍记忆犹新，感慨不已。

较之于李希平，张孝侯因属北平研究院方面成员，徐之要求似乎更为严厉一些。他称赞其"虽气质，尚未全脱公子气，而工作之奋勇，工作之能力，实有常人未易到者"④。但亦由衷喟叹："惜其气尚不甚（深）沉，如再加以沉著，前途实有极大命望。"⑤

至于钟德昌，徐则一反在西安时期的一些顾虑。他告诫钟，"考古就是挖土，想要考古就要吃苦"，就必须老老实实先从夫役做起，"凡事总得自己多作"，"次则从白万玉学发掘、修复，从张孝侯学摄影、测量"。⑥

在徐炳昶严格要求下，钟进步颇快，短时期内已经掌握了看地层以及清理墓葬的一些知识。徐大约觉得钟尚可造就，因此决定其"于下季补练习生，得间为讲考古学"⑦。此外，何士骥还建议钟学习摄影，或许将有喜人的成就。

关于徐炳昶、何士骥厚意以及钟德昌的潜质，张扶万闻知后自然感到十分欣慰。5月22日（旧历四月十日）《在山草堂日记》因：「德昌在斗鸡台学发掘事，今日以报告书来，语能达意，出力耐苦，可望有成，以继外舅子鸿先生之门户，

---

① 以上引文均见1934年5月28日徐炳昶致李书华信函。
② 1934年5月18日徐炳昶致李书华信函。
③ 采自笔者采访李希平之子李莲生记录。
④ 1934年7月7日《徐旭生陕西考古日记》。
⑤ 1934年5月18日徐炳昶致李书华信函。
⑥ 采自笔者采访李希平之子李莲生记录。
⑦ 1934年7月15日（旧历六月四日）《在山草堂日记》："旭生回北平，以发掘所得运往研究也。嘱德昌于下季补练习生，得间为讲考古学之理由。"以下述及钟德昌学习有成之事，参见1935年4月28日（旧历三月二十六日）《在山草堂日记》。

即作后书勉之。"（图191）

翌年旧历五月十四日，张扶万又"付何乐夫二十圆，为德昌买照相镜补助也"，并称"此乐夫盛（意），以德昌学照像，可望其成也"。① 至第三次斗鸡台发掘时，钟德昌已进步颇大，能照相、察地形。张扶万据此认为，若再从用功，可成考古人才。后徐炳昶奔走昆明，钟德昌果不负厚望，随之南行，辗转滇中，备尝辛苦，成为徐氏的得力助手。

按照徐炳昶原来的计划，此期的发掘工作预计应尽量坚持至暑期前后，但实际工作过程中捉襟见肘的经费以及突然来临的农忙季节与炎热天气，还是迫使徐不得不临时调整了计划，决定"拟下月二十五六（日）收工"②。

预定之工作计划既然囿于实际情况的影响而不得不临时变更，那么变更之后，徐炳昶首先想到的，自然也就是一系列的紧急应对措施。5月28日，他因是连续发出致送李书华的两封函件，絮絮建言："回平时拟将成仁（？）东西，照相量尺寸后，即留陕西。至壁画、漆器及破砖烂瓦一二十箱，非运到北平，简直无法整理，而运费亦复可观。原考古会购买品，亦拟运回"，故"请赶早与铁路局交涉免费或减价，始能不至临时慌张"。至于"同人回平，大约在七月中旬"。考虑到"抵西安，必须在六月底，七月初到西安时，当仍有十几日之逗留"，因此徐打算在"下月三、四日开会展览（古物）"，开会后"尚拟到丰京遗址，考察三四日，十日前后即全体北返"。③

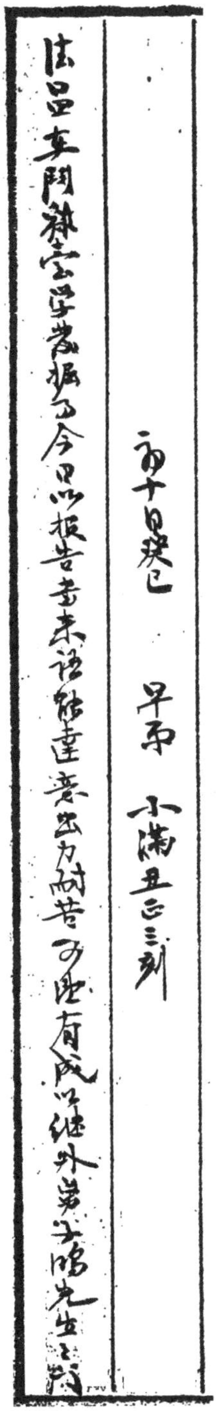

尽管不意毕功使徐炳昶心绪烦闷，颇不愿与外界谈论发掘细节。但《西京日报》《新秦日报》《陕西国民日报》等报记者神通广大，仍千方百计通过梁午峰及陕西省政府秘书处等了解到较为详细的信息。这些消息一经为他们所获，一两日间即随之见报宣传。于是，6月12日《陕西国民日报》即以《斗鸡台古物续有发现，开掘工作月内可毕》为题侃侃张扬。文谓：

"陕西考古会前派徐旭生氏，率领工作组人员，前往宝鸡发掘斗鸡台古迹已届两月，工作异常紧张，故所获之诸朝各代古物甚丰，形制颇多。开掘工事，至今完毕，月内即可竣工。日前徐主任炳昶由工地函告该会，谓于七、八两日，在沟东坑内，掘获小玉器一、瓦瓶一、瓦鬲一、五铢钱十、

图191 1934年5月22日（旧历四月十日）《在山草堂日记》片段

① 1935年6月14日（旧历五月十四日）《在山草堂日记》。
② 1934年5月18日徐炳昶致李书华信函。
③ 1934年5月28日徐炳昶致李书华信函。按5月28日原信后尚有附言，原档案将原信与附言分开装订，实皆为同日所发。特此说明。

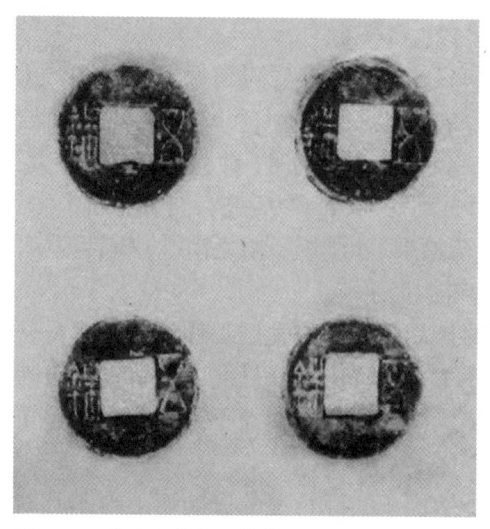

黑红花瓦瓶一、古铜钱三、五铢钱五（图192）、铜泡钉二十。此外尚无收获，因农忙时期工作亦较缓云。"

为将斗鸡台发掘所得器物标本安全运抵西安，徐炳昶在6月14日自斗鸡台工地致电邵力子，称："本会考古组全体工作人员赴宝鸡斗鸡台地方工作，已届两月，因农忙将至，故该处发掘工事现将完竣，刻正收拾一切，准备日内回省，请加派汽车一辆，赴宝鸡运转发掘物品，敬祈惠助，是为至盼。"

图192　斗鸡台沟东区墓葬出土五铢钱四种。采自苏秉琦《斗鸡台沟东区墓葬图说》（中国科学院1954年版），图版54

百忙之中的邵力子接到徐炳昶的电报，对工作组两月以来的发掘收获颇感赞许。同日不仅回电徐炳昶表示嘉奖、慰问，且还采纳徐之建议，决定以省政府秘书处及考古会名义，将斗鸡台"所掘之物，连同初次在民政厅后院掘获藏石及先后接收陇海路局各种古物，分类陈列，俾众参观，籍资增进民众对于古物之常识，以谋古物得以尽量见诸人间"①。

大概展览古物可"籍资增进民众对于古物之常识"的提法在当时还算新颖刺激，因此《陕西国民日报》便抓住时机，急于16日专门配发边闻社一则新闻，指出：陕西省为周、秦、汉、唐建都之所在，古物古器，所在皆有。惟民众对于古物不能认识，致遗弃湮没，不知几多。陕西考古会有鉴于斯，故拟将该会所掘得之古物等件，分类陈列，俾众参观，"籍资增进民众对于古物之常识"，以谋古物得以尽量见诸人间。对于陈列分类，该会刻正分别积极进行。至该会派往宝鸡斗鸡台之工作人员，经历次报告，虽掘得之古物，无珍奇贵重之品，但据该会某君谈，遵邵力子之命，耿寿伯匆嘱汽车管理局拨发汽车，以备徐氏急用。但仓促之间，汽车管理局一时确无车可派，斗鸡台发掘工作只好"仍照常（进行），只因农忙天热，停工一节，约在本月底"。此一间隙里，徐炳昶遂于"十二日起至十七日止，所有发掘古物，计铜钱百零五文、铜箭头三、瓦仓三、瓦瓶二、瓦罐三、货布一、瓦鬲一，已填表赍呈该会备查"。

延至6月26日，徐再致电耿寿伯，"谓斗鸡台发掘古物工作，定本月三十日结束，请由省政府派二吨汽车三辆，赴斗鸡台，以备运输此次所获各项古物"。

耿寿伯接电后，于27日"饬汽车管理局拨发两吨汽车三辆"，定28日"晨前往斗鸡台，以备徐氏押运古物返省之用"。②

---

①　经邵力子签署的陕西省政府致达陕西考古会原函已佚，此处参见1934年6月14日陕西考古会致陕西省政府公函。另在同年7月2日考古会致送在陕各委员请参加7月3日、4日两日展览一函亦有相同内容。

②　以上引文均见《陕西国民日报》1934年6月27日第2版边闻社记者采访新闻。题为《斗鸡台该有获，发掘工作日后结束，由省政府派车往接》。

28日"接寿伯电,言派车于俭日来"斗鸡台。及车甫抵斗鸡台,徐炳昶即命"大队夜中装车,明早起行"。①当夜诸人检点物品,直至翌日(29日)晨"两点许,始毕"。徐本人"虽就寝",但虑及此为第一次考古发掘成果运抵西安,安全固为不可忽视的首要问题,他因此费神辗转思虑,致"未能睡着","□点钟许,即醒"②。而具体负责装车者,竟至有几人"全夜未能眠"。至"四点许,即起检点行李。天大明时,即启行"。临行之际,徐炳昶尚顾念工地杂务以及28日发生工人回填发掘坑穴工资二十八元为地主侵占之事③。为避免类似事情再度发生,徐乃谆谆嘱负责工地安全的"杨排长速催垫坑,且与地主言明,此系九家之事,非两家之事"。④(图193)

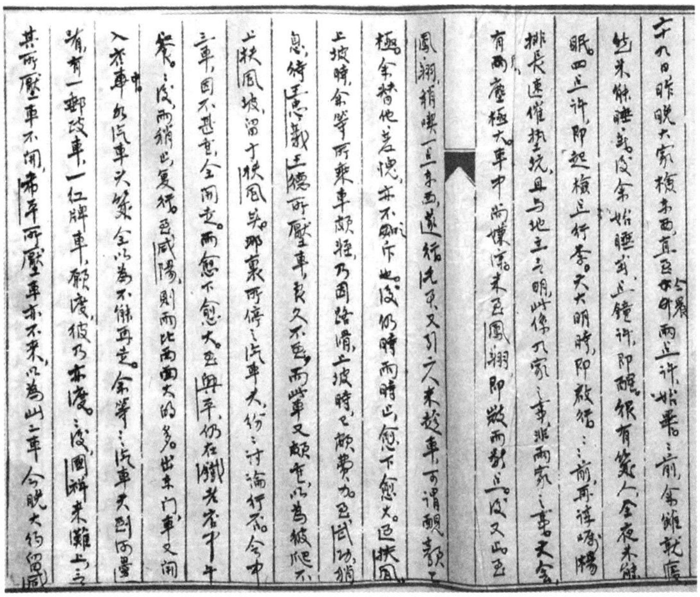

阅徐炳昶6月28日日记,知西安汽车站站长胡德亭(锡明)等跟车同来,睹及物品过多,曾"再加派来载货车一辆"⑤。故29日实际载运发掘所获物品至西安之车辆,

图193 1934年6月29日《徐旭生陕西考古日记》片段

共计有四。徐因将其分作二队,每队二辆。一队由李希平、周隆季、何国祥等押运,先行出发;另一队则由徐炳昶及何士骥、张孝侯等押运,随后出发。不意"未至凤翔,即微雨数点","后仍时雨时止,愈下愈大。""过扶风",徐"等所乘车颇轻,乃因路滑,上坡时,已颇费力"。兼之"雨愈下愈大","至咸阳,则雨比西面大的(得)多"。过沣河时,坡又陡峭难行,以至于"时须人推"汽车。⑥

(三)文物展览与发掘品之分配

经雨淋、路滑、辛劳、颠簸等种种困苦,斗鸡台遗址第一次发掘所获古物一部终在6月29日5时许率先运归西安。

---

① 1934年6月28日《徐旭生陕西考古日记》。
② 从此日《徐旭生陕西考古日记》显示上下文意观察,时间可能为"3时左右"。
③ 地主侵占工人回填工钱一事,因徐炳昶采取严厉措施,促其退还,复将此款交予杨排长,请其"催大家平均工作,平均得发款"。因有29日徐炳昶殷殷嘱托杨排长一事。参见1934年6月28日、29日《徐旭生陕西考古日记》。
④ 1934年6月29日《徐旭生陕西考古日记》。
⑤ 1934年6月28日《徐旭生陕西考古日记》。
⑥ 1934年6月29日《徐旭生陕西考古日记》。

此时诸人因连日辛劳，多有不适。张孝侯、何士骥病尤甚。29 日《徐旭生陕西考古日记》因记张孝侯途中"即觉身体不佳，服痧药，及吸打嚏药，稍愈，但全日不佳胜。乐夫则晕车，时时呕吐。忠义、凤山等均晕车"。又兼王忠义所押载物最重之车辆姗姗抵西安西门时，天已傍晚，"因城门已闭，未能进城"，经反复交涉，至晚上 11 时，城门仍不能开，徐"因天太晚，未便与各方打电话，只好俟诸明日。寝时过十一点"。

6 月 30 日晨，先期入城的徐炳昶即与张扶万、梁午峰诸君晤面，互致问候，会商下一步工作计划，同时连续接受董玉仁、张师民、陈维岗、曹洁夫、苏西铭等西安诸报记者的专题采访。①

7 月 1 日上午，熟稔陕西情况的陕西省教育厅督学刘安国来徐炳昶寓所拜会，谈西安附近新发现古物线索颇多。下午 5 时，张扶万、寇胜孚、梁午峰等考古会委员以及省政府相关单位代表二十余人遂假省政府礼堂"公宴徐旭生"等人，以示"接风"。②（图194）

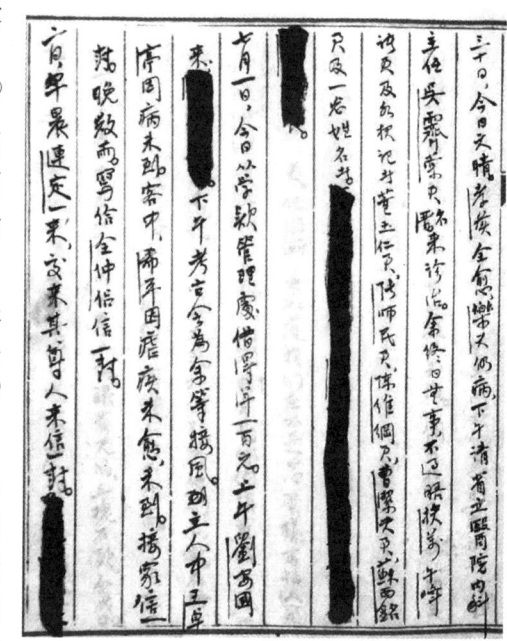

图 194　1934 年 6 月 30 日至 7 月 1 日《徐旭生陕西考古日记》

隔绝数月，往事淡漠。同侪相见之时，彼此间均显得十分亲热。杯盘交觥间，寇胜孚大约是想弥合此前发生的隔阂，于是便数次为徐炳昶把盏敬酒。寇之举动，张扶万察觉后心窃欢喜。他亦举杯致敬寇、徐，言徐炳昶等人数月以来斗鸡台发掘之辛劳功绩，论而后考古会纵深发展的设想……其语滔滔，其情诚挚，催人感慨系之。

和睦融洽的氛围完全感动了徐炳昶。他情绪激动，频频贪杯，不仅当众感谢陕西省方面近两年以来的"鼎力支持"，而且还絮絮多言，殷殷表示："回平以后，昶当详细向润章等人，言陕西之事，论西安、宝鸡的发掘，以增进平、陕之间的兄弟情谊。"③至于昔日与寇胜孚等人之间的些许不快，刚刚发函对李书华胡乱发泄的牢骚，一时俱已悄然忘记。

因距离交接、展览及回归北平尚有一段空隙，7 月 3 日晨，根据前日刘安国

---

① 1934 年 6 月 30 日《徐旭生陕西考古日记》："今日天晴。孝侯全愈，乐夫仍病，下午请省立医院内科主任吴霁棠君（名晋）来诊治。余终日无事，不过晤扶万、午峰诸君及各报记者董玉仁君，张师民君，陈维纲君，曹洁夫君，苏西铭君及一忘姓名者。"

② 1934 年 7 月 1 日（旧历五月二十日）《在山草堂日记》："午后五时公宴徐旭生。"1934 年 7 月 1 日《徐旭生陕西考古日记》："上午刘安国来，……下午考古会为余等接风。主人中王卓亭因病未到。客中，希平因疟疾未愈，未到。"

③ 笔者采访刘安国记录。

提供西安西北汉长安城遗址“杨家城东北之惠家头人家后院，有汉代水道”等线索，徐炳昶乃偕张孝侯、钟德昌乘轿车前往调查。几经波折，始于惠家头某村民宅院南墙（系利用汉长安城墙者）底发现水道遗迹，系“三块石头，合成上方”。据村民言，此处“下面不深，也有一大石，合成正方。高广约四尺许，深一丈余，但并未掏完。两条道并列，中间有石头隔着”。[①] 即由张孝侯摄一影，钟德昌测量尺寸。

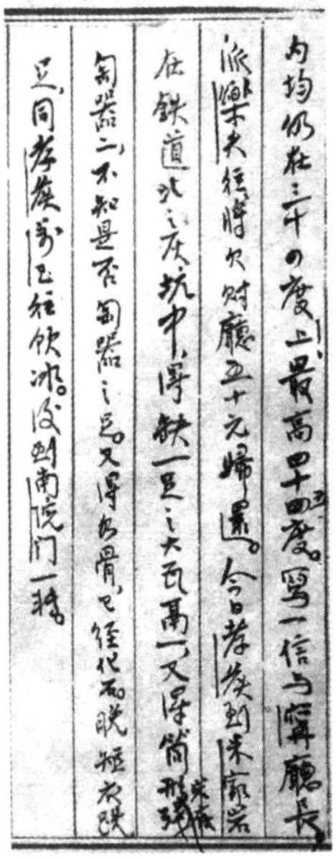
内均仍在二十四度上，最高四十四度。写一信与宁厅长
在铁道北之灰坑中，得缺一足之大瓦鬲一，又得筒形
足同孝侯、万玉往饮冰，后到南院门一转

图 195　1934 年 7 月 14 日《徐旭生陕西考古日记》片段

7 月 14 日，徐炳昶还派张孝侯“到米家岩[②]，在铁道北之灰坑中，得缺一足之大瓦鬲一，又得筒形尖底残陶器二……又得各骨，已经化石”。所谓“筒形尖底残陶器二”者，据当日徐炳昶推测，未知其“是否陶器之足”。[③]（图195）

按此前计划，当第一次斗鸡台考古发掘结束之际，摆在省院双方面前的首要工作计有两项：一是发掘所获文物的分配问题；二是回应社会各界的文物展览问题。

这里所说的第一问题，前订《国立北平研究院与陕西省政府合组陕西考古会办法》第七条规定：“发掘所得古物均存置本会内，以便研究。惟因研究之方便，得由本会通过，提出一部份在他处研究，但须于一定期内交还本会。”

依照这一规定，徐炳昶在该年 6 月上旬受北平研究院委托曾向陕西考古会发函声明，称按照《国立北平研究院与陕西省政府合组陕西考古会办法》第七条成例，本院拟将斗鸡台发掘所得一部运归北平，以便研究。一俟该项研究结束，即按第七条成例“于一定期内交还本会”。徐之这一建议，旋经考古会在陕委员集会商议讨论，获一致通过。

遵循前议，值第一次斗鸡台考古发掘所获运至省会西安之际，徐炳昶即决定兑现诺言，寄望消除此前陕西人士“对于古物，恐怕（北平研究院）将来拿走”[④] 等种种疑虑。

以上情事，7 月 5 日、6 日、15 日等诸日《徐旭生陕西考古日记》有颇多笔墨连续记述。

7 月 5 日《徐旭生陕西考古日记》：“今日与扶万先生谈，请他对于本会带回箱支，抽查三两箱，以便对于陕人可作负责的说话。并请于明日开会以便报告一切。并将复写登录簿子交给他。扶万允与午峰商议。下午开两箱，每箱不过开一两包而已。晚子怡来谈。去后与乐夫、孝侯、万玉商定应行带回北平研究之号数以便明日提出会议。睡颇晚。”（图 196）

7 月 6 日《徐旭生陕西考古日记》：“下午会议，卓亭、胜浮（孚）均未到。

① 1934 年 7 月 3 日《徐旭生陕西考古日记》。
② “米家崖”之误。
③ 1934 年 7 月 14 日《徐旭生陕西考古日记》。
④ 参见本书第二章第一部分披露 1933 年 11 月 15 日徐炳昶致李书华信函。

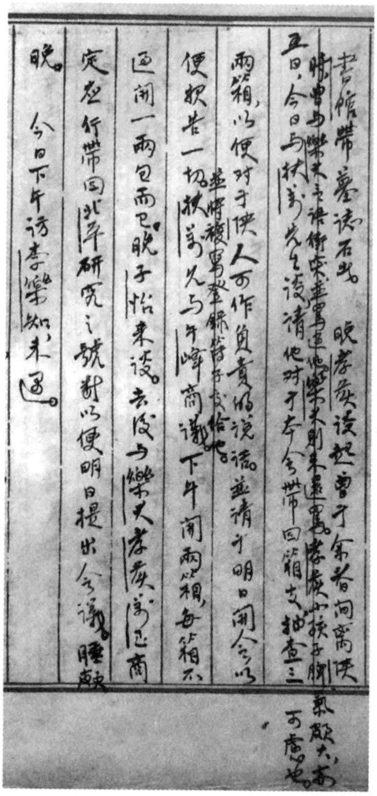

与扶万、午峰将提研究物品问题略谈。即作为决议，可不致成问题。"

15日《徐旭生陕西考古日记》："将登记簿之第三份，与留此未提之古物号单交给抚（扶）万、午峰。"

对于文物展览问题，徐炳昶谨遵此前承诺，在时间紧迫、条件艰苦等诸多不利因素下，率领同人紧张准备，尽量求取极致。其展览地点定于粮道巷考古会陈列室内，系在此前原有展览基础上相应增删更易，重点突出斗鸡台发掘所得与最新考古调查采集品及铁路局新移交物品等。

至于展览筹划实施、展览物品、陈列设计、区间分割、展线串接以及工作人员情绪等事，7月6日、7日《徐旭生陕西考古日记》还有更为清晰的记载。

7月6日《徐旭生陕西考古日记》："因昨日万玉言八日展览，还来得及，故今日全日本分会同人忙于陈列物品。所展览者，为斗鸡台所发掘，铁路局所移交来，民政厅所发掘三部分。决定大厅内铁路局前所移交已陈列之一部分，不大更动。将分会的一部分完全撤去，陈列沟东所得品，老虎沟、姜城堡各处采集品。至堡中所得，铁路局所新移交来，及民厅所得，则在第二陈列室中陈列。至兴庆宫石则因搬运不便，仍在原处陈列展览。"（图197）

又7月7日《徐旭生陕西考古日记》："全日忙于陈列物品。天气甚热。下午写品名卡片，大致就绪。孝侯忙的午饭全未吃。孝侯虽气质，尚未全脱公子气，而工作之奋勇，工作之能力，实有常人未易到者。"

图196　1934年7月5日《徐旭生陕西考古日记》片段

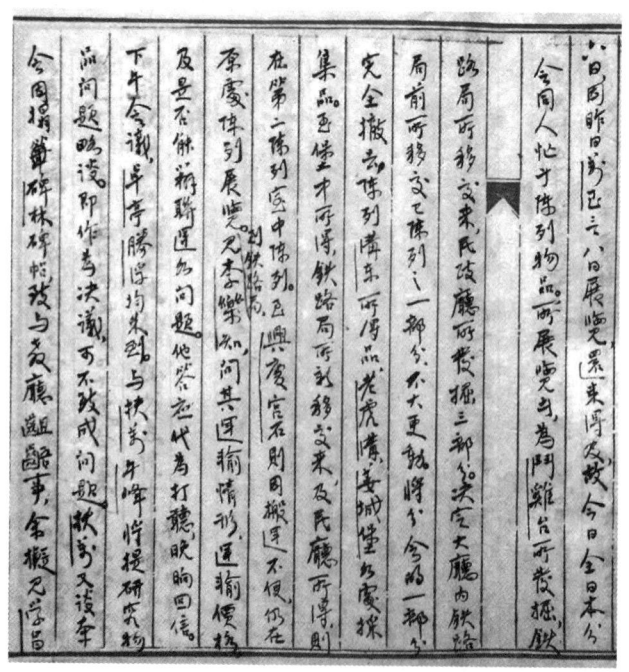

图197　1934年7月6日《徐旭生陕西考古日记》片段

经徐炳昶诸人合力推进，陈展始得在 7 月 7 日晚间完成。为答谢陕西省政府要员及各机关首领对考古会工作之配合支持并冀望获得批评而求取更改，此展览于 7 月 8 日曾在小范围内进行。当日《徐旭生陕西考古日记》记道：

“今日系请各机关首领来参观，至正式展览，则待明后二日。力子主席来甚早。后邵夫人及雷陆女士亦来。余熟人来者，有杨叔吉、段（绍岩？）、李乐知及路局中三位，郑士彦诸人。今日天气极热。下午两三点钟，院中温度及四十度。”

7 月 9 日以至 10 日，斗鸡台与民政厅发掘所得以及先后数次接收陇海铁路局等单位之各种古物在粮道巷本会陈列室公开展览，虽天气炎热，但观者岔集，气氛热烈。前来参观者，不仅有西安各机关要员与各界名流，更有诸多古玩商及郊县热心国故之士。

7 月 9 日《徐旭生陕西考古日记》称：“今日更热。院中最高达四十一度半。上午（西京筹委会张）溥泉来，（龚）贤明随来。参观后谈多时。”

7 月 10 日《徐旭生陕西考古日记》：“昨晚因太热，睡不佳。今日热少差。院中早起时尚有三十一度半。最高温度四十度。今日来参观人尚不少。各界均有，然古董界似已全体出发来参观。”（图 198）

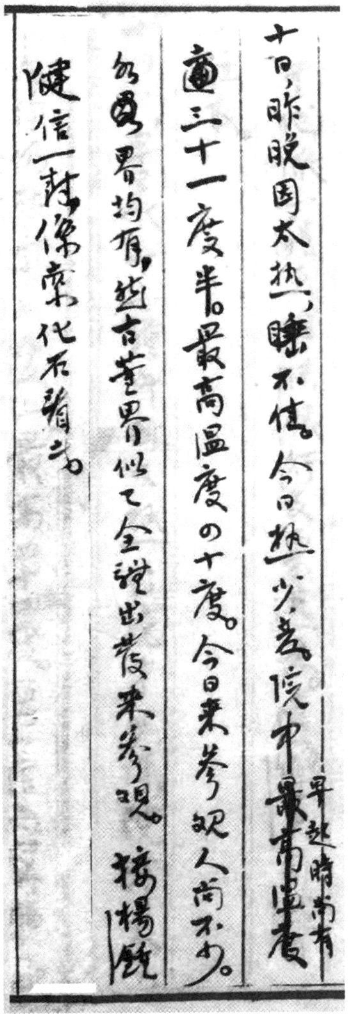
十日，昨晚因太热，睡不佳。今日热少差。院中早起时尚有三十一度半，最高温度四十度。今日来参观人尚不少。各界均有，然古董界似已全体出发来参观。接杨钟健信一封，催索化石稍之。

图 198　1934 年 7 月 10 日《徐旭生陕西考古日记》片段

鉴于此前北平研究院迭与铁道部函商“由陕西发掘及购置古物，计壁画、漆器及破砖烂瓦约二十余箱左右，现将由西安运至北平，敬请贵部特饬陇海、平汉两路局按照‘教育用品半价记账办法办理’以便起运”[①]的要求已获批准，徐炳昶遂率何士骥、常惠等人于 7 月 16 日离开西安，“回北平，以发掘所得运往研究”[②]，而以“此次采集及发掘所获各古物品名数目造具登记簿三册”[③]，一份留存考古会。

有关斗鸡台第一次发掘以及展览、运输、研究等相关诸事，《大公报》《北平晨报》《西京日报》等新闻媒介均有较为详细的报道。《大公报》的一则报道更称：

“北平研究院与陕西省政府合组之陕西考古会，发掘斗鸡台古迹，两月有余，已暂告一段落，计此次在斗鸡台堡内及戴家港（湾）先后发掘农

① 1934 年 6 月 8 日北平研究院致铁道部公函。

② 1934 年 7 月 15 日（旧历六月四日）《在山草堂日记》。

③ 1934 年陕西考古会致达陕西省政府第 36 号公函主文：“案查本会前派工作组主任徐旭生开掘斗鸡台地方，曾经函达贵府在案。嗣以天气酷热，暂告停工，所有掘获古物已经运回。兹经徐工作主任将此次采集及发掘所获各古物物名数目造具登记簿三册，除本会留存一份外，相应函送贵府查明各案为荷。”

具颇多，次在沟东发现古墓亦多，以周秦汉诸代居多，此外百分之九十以上均为陶片，俱三代前物，最后发现汉'泉水池'遗址，掘出铁标枪、铁矛头、铁箭等兵器，并在墓中掘出三代朱壁画、唐宋画、周漆器、朱红漆器。于七月九日起，在西安展览三日，十八日①将所有在陕发掘之古物三十二箱，运北平研究院研究，并将在平展览。"②

不同《大公报》《北平晨报》等外埠报纸的报道视角，稍后迟来的《西京日报》在同年8月13日第5版借陕西省立第一图书馆第一届展览会之机，特刊"长工"其人《这次展览会的意义与使命》一文，称"最近斗鸡台发掘之所获，亦颇有可观，足见陕西之蕴藏之富，与陆续出土之丰，对于古史之贡献，均为他处有所不及者"。

窥《徐旭生陕西考古日记》披露徐氏等人在此期间频频与陕西省诸多媒体多所接触的记载，如非该会关于斗鸡台发掘具有专业水准信息的连续发布，猜想《西京日报》等新闻媒体一时恐难以流泻如此具有相当品质的学术评介。

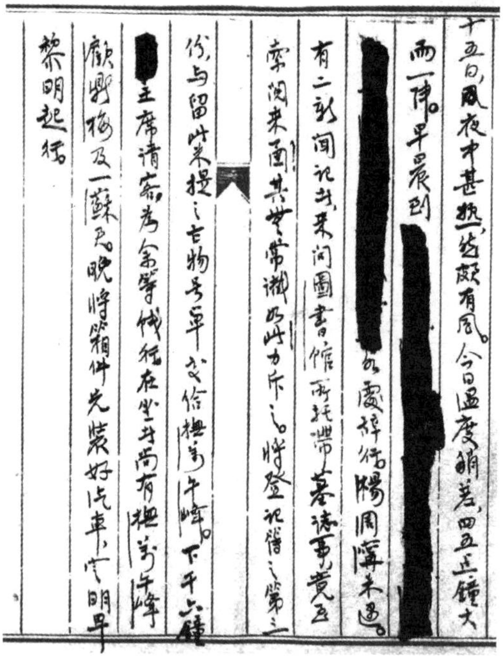

7月15日，徐炳昶等积极进行离陕赴平的各项准备，陕西省政府主席邵力子亦代表陕西省一方设宴为徐等饯行。此日《徐旭生陕西考古日记》略记徐"早晨到……各处辞行。杨（虎城）、周（学昌）、宁（升三）未遇。……将登记簿之第三份，与留此未提之古物号单交给抚（扶）万、午峰。下午六钟，（力子）③主席请客，为余等饯行。在坐者尚有抚（扶）万、午峰、顾鼎梅④及一苏君。晚将箱件先装好汽车，定明早黎明起行"。（图199）

7月16日黎明，装载32箱古物的两辆2吨载重汽车徐徐驶出西安城垣。前往送行者，计有张扶万以下各委员各有关单位人士二十余人。

当宾主把手，殷殷话别之时，所

图199　1934年7月15日《徐旭生陕西考古日记》片段

---

① 徐炳昶等实际离陕赴平时间在1934年7月16日。参见下文叙述。
② 参见1934年7月20日《大公报》《北平晨报》有关斗鸡台发掘之物将运北平之新闻报道。
③ "力子"二字为墨笔涂抹。
④ 顾鼎梅（1875—1949）者，即顾燮光。字鼎梅，别号非儒非侠，斋号金佳石好楼。浙江会稽人。民国时期藏书家、目录学家、金石学家。光绪间廪贡生。曾官度支部主事。入民国主持上海科学仪器馆。工书画，富收藏。金石著述繁富。主要有《金佳石好楼碑帖书籍目录》《河朔明碑存目》《河朔新碑目》《梦碧簃石言》《刘熊碑考》《两浙金石志》《两浙金石别录》《袁州石刻记》《比干庙碑录》《伊阙造像目》《含经堂碑目》《非儒非侠斋金石丛著》《顾氏金石舆地丛书》等。尤以《石刻萃珍》《梦碧簃石言》《两浙金石志》等最负盛名。刘节称《两浙金石志》："每足供采辑乡邦文献者之助兴也。"《梦碧簃石言》者，或谓："《语石》之外，又树一帜。"

有的人都不会想到,这批古物今日离开陕西,其后将迫于日寇侵华战事的发生以及诸多原委,永远无缘在"一定期内交还本会"了。

三、第二次斗鸡台发掘及成绩、意义

(一)致敬执着

徐炳昶回归北平后,以大量的精力投入周秦史料的辑录工作,其间就周秦文化起源问题,徐致信张扶万切磋商讨,有所征辑。循徐炳昶当时设想,借此农忙暑热之际,省院双方正好可以开展一些发掘前的准备工作,调配器具,物色新手。至于下一阶段的发掘工作,拟在暑热过后的初秋时节。

徐炳昶没有想到,他的惬意有序的研究生活突被一纸委任状彻底搅乱。

1934年8月上旬,南京教育部(图200)在未征得徐炳昶本人同意的前提下,单方面委任徐炳昶就任河南大学(图201)校长职务,并训令徐接函之后,从速南下至开封就职。

图200 南京国民政府教育部大门　　图201 河南大学前身中州大学一隅

几乎所有亲朋好友都为这封突然来临的委任状感到欣慰。

在很多人看来,1929年骤然发生的女师附中学潮对于徐炳昶太不公平,受命担任河南大学校长,应是对徐精神上的起码安慰与基本补偿。

与诸位亲友的热诚祝贺相背道,一向直率诚恳的翁文灏独坦言:谋求做官,固为常人所求之不得,然则一旦陷身官场,难保不会再出现第二次女师附中学潮。

翁文灏的善意劝告打动了徐炳昶。对于"发生殴打""武剧"的女师附中学潮①,徐是不会轻易忘记的。自女师附中学潮以来,他已经厌倦了机械呆板的教育行政工作,深恶中国士大夫阶层某些人士之惰性心理及过度中庸行为,颇愿跻

---

① 参见吴范寰:《李石曾与北平大学区》,见中国人民政治协商会议全国委员会文史资料委员会研究编:《文史资料选辑》(第三十四辑),文史资料出版社1963年版,第28页。

身田野考古，认为"将学问从象牙塔里移到了民间，说不定也是摆脱绅士阶层的鬼气，或是向内心的惰性的挑战"①，故对刚刚开始的斗鸡台发掘一往情深，兴趣正浓。在志趣追求上，为谋一校长职位而轻易舍弃钟爱事业，重蹈昔日人事纠葛的泥潭，也就固非他之本意了。

因此，经过深思熟虑，徐炳昶于8月上旬电报王世杰，以"陕西发掘，尚未告竣"，且"自辞退国立师范大学校长职务后，对办理学校行政颇感厌倦"为由，恳请辞去河南大学校长的职位。在常人惯见的做官还是做学问的道路选择上，徐炳昶最终选择寂寞、清贫、拥抱考古。辞授取舍间，折射出他清俊高蹈的人格魅力。

徐炳昶甘愿吃苦，不就官位的消息传开后，北平士林为之震动，各大报纸都在显要位置刊登消息，以示崇敬。远在西安的张扶万闻讯也回函徐炳昶，对其做法大加赞赏。

8月12日，《新秦日报》又以徐氏事迹关联陕西、责无旁贷为念，复以《徐炳昶不就河大校长，秋凉后仍返陕》为题转发边闻社记者采访的一则新闻，快慰透漏："国立北平研究院考古组主任徐炳昶，此次由陕归来收获颇丰，对于学术上之供（贡）献，亦极为重要。最近由教育部调徐氏为开封河南大学校长，徐以陕西发掘，尚未告竣，且其本人自辞退国立师范大学校长职务后，对办理学校行政颇感厌倦，平居辄对人表示，今后将专心研究学术，以尽学校之本分。故此次奉命为河南大学校长一职，徐氏确不愿就，除已电教部恳请辞职外，并向教育当局申诉个人志愿后，现在正积极从事古物整理，以便早日竣事，俾供学界研究。"至斗鸡台发掘一事，徐氏则决定"俟秋凉后，仍赴陕西，继续考古工作云"。

前在徐炳昶风尘仆仆置身斗鸡台考古发掘之际，容庚、徐中舒、董作宾、顾廷龙、邵子风、商承祚、王辰周、容肇祖（元胎）、周一良等人为扩大交流，曾于1934年6月在北平发起成立"金石学会"。只以该会木然时世，过分眷恋传统金石学办会宗旨，以至引起绝大部分会员的质疑与反对。因此，容庚等人即决定调整宗旨，酌定社名为"考古学社"，社址设北平燕京大学燕东园24号，"以我国古器物学之研究，纂辑，及其重要材料之流通为主旨"②，以期吻合新的学术潮流。

为确立考古学社之学术地位，容庚等人甚望得到来自考古第一线的徐炳昶等人的帮助。徐炳昶在了解到容庚等人的想法后，亦对即将成立的考古学社报以浓厚兴趣，表示极愿偕同斗鸡台发掘同人忝入该社，共襄盛举。

1934年9月1日，容庚、徐炳昶、徐中舒、董作宾、顾廷龙、邵子风、商承祚等三十五人假北平大美餐馆集会成立考古学社。此日参与斗鸡台发掘的北平研究院同人有徐炳昶、何士骥、常惠等。会议"票选容庚、徐中舒、刘节、唐

---

① 孙郁：《故道西风》，载《十月》2005年第6期。孙郁所谓，源自1925年徐炳昶《我国知识阶级真太不负责任了》一文。徐炳昶此类思想踪迹，在其致送友人、同事的其他诸多信笺中均可以透视。如1925年3月16日致鲁迅信笺，即称："人类思想里面，本来有一种惰性的东西，我们中国人的惰性更深。惰性表现的形式不一，而最普通的，第一就是听天由命，第二就是中庸。听天由命和中庸的空气打不破，我国人的思想，永远没有进步的希望。"载《猛进》1925年第3期、第5期。

② 《考古学社简章》，载《考古》1934年第1期，第1—2页。

兰、魏建功为执行委员，负责修订社章、编辑社刊"①。拟定12月出刊，同人均表赞成。徐炳昶、何士骥等考古会成员还欣然应允提供稿件……（图202）

9月9日，中南海怀仁堂西厅隆重举行北平研究院成立五周年纪念大会，各研究所一体等同向社会开放②，历史研究所作为该院重要机构，展览文物书画拓本等物为其主要工作任务，身任要职的徐炳昶自不能率尔缺席，荏苒之间，又须数日……（图203）

徐炳昶等人在北平耽于考古学社一再雅集与其他杂务，一时确无西归之意。消息传至考古会，急切盼望徐氏归来的张扶万颇感焦虑，急于9月17日函告徐炳昶，追问："此间诸凡照常，惟日前天降甘霖，气候凉爽，野外工作，正其时也。台端返平后时经数月，想公私要务，均可部署就绪，发掘进行诸事，希早临手教，渴念殊殷。究竟何日首途，望先示知，俾便扫径以待……"

徐炳昶接函后，虽即刻回函表示歉意，但以调集人员、收集资料、筹备发掘用品等诸事烦扰，仍一再延期，直到11月上旬方才回至陕西。此时张扶万等人已多等不耐，先在15日函告

图202　1934年12月刊行《考古》第1期扉页

图203　1934年9月拍摄的北平研究院总办事处大门。刊于《国立北平研究院五周年工作报告》

在陕各委员，通报："徐旭生先生由北平返会，拟在最短期间出发斗鸡台继续工作。特定本月十七日（星期六）午十二钟开会讨论一切并钱务，希准时出席为荷。"

11月17日，考古会会议决定"本月19日，由工作主任徐炳昶率同工作人员，前赴宝鸡县斗鸡台继续发掘"。

考虑到此次发掘"携带器具甚多"，"需用两吨汽车二辆"，③因此会议还决定依照前例，呈请省政府转"令饬汽车管理局届时如数拨用，以备承载，而遄进行"（图204）。经邵力子批示陕西省汽车管理局局长雷宝华，皆获解决。

---

① 《社务纪要》，载《考古》1934年第1期，第71页。
② 贾晓惠：《〈大公报〉视角下的科学化运动》，载《自然辩证法通讯》2003年第25卷第3期，第25页。
③ 1934年11月17日陕西省政府致陕西汽车管理局第313号训令。

但11月21日《北平晨报》却称："陕西省考古会二期继续发掘斗鸡台工作,所有工作人员,决定于十二月十九日起程。"查苏秉琦《斗鸡台考古见闻录》,称:"二十三年十一月十九日早晨八点钟,我们全体工作人员随同主任徐先生,一行共十一个人,乘了省政府代备的两部载重汽车,从西京分会出发。"① 又11月21日(旧历十月十五日)《在山草堂日记》尚记:"考古会请徐旭生、何乐夫君以赴宝鸡发掘。"两条资料前后时间逻辑关系清晰,故知考古会第二次斗鸡台发掘始于11月19日不谬,谬误恐只在《北平晨报》。

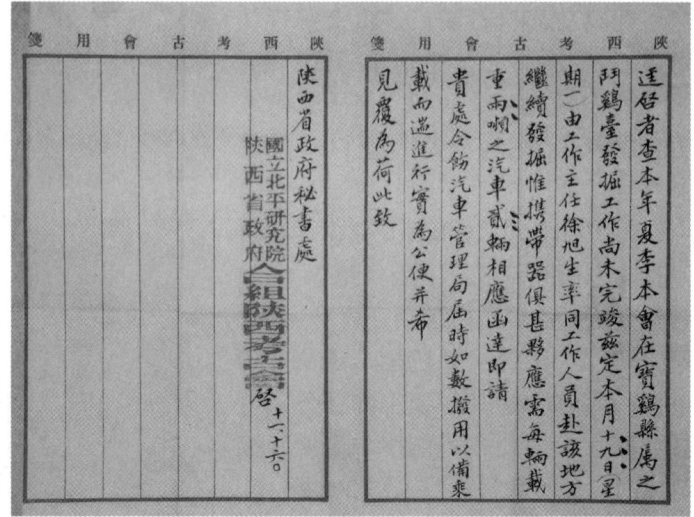

图 204　1934年11月16日陕西考古会致陕西省政府秘书处公函

参加此次斗鸡台发掘人员,计有徐炳昶、何士骥、苏秉琦、白万玉、龚元忠、陆式薰②、李至广、顾端甫、孙文青、何国祥、王忠义十一人③。

阅苏秉琦《斗鸡台考古见闻录》记载,十一人离西安赴宝鸡斗鸡台所乘坐的两部载重汽车,"车厢装满了行李,箱子,和一切日常及工作器具,人就坐在上边"。

"这种客货并载的办法",虽说是当时西北交通司空见惯的现象,但在刚刚走出大学校门的苏秉琦看来,却仍是一种奇异的景象。且依苏氏《斗鸡台考古见闻录》又载:"夜间下了一阵雨雪,早晨还阴沉沉的。穿起全套的冬装,还有点瑟缩。"这无疑更难为了将要于飞驰汽车之上凌空高坐的同人们。

可以想见,瑟瑟寒风里,蜷缩在极高车顶的考古同人们与贫瘠裸露的原野以及灰色凝滞的村舍一起在飞驰之中颠簸跳跃,展现开来的将是怎样一幅幅凄美的画面。这画面令苏秉琦心生感慨,他聊发议论,称他们所乘之"车离开西京,向西北开行"。人们"高高的坐在车上,迎着峭厉的西风,引起一种悲壮的情绪"。

此次西向斗鸡台,路线与第一次斗鸡台发掘出发行程类同。沿途坎坷,虽无第一次那样曲折重复,但19日全天"路上没有休息,也没吃饭。暮色苍茫中,到了凤翔,就在栈房住下"。寂寥落寞间,却依然有淡淡的酸楚。

---

① 苏秉琦:《斗鸡台考古见闻录》,载《国立北平研究院院务汇报》1936年第7卷第2期,第77页。此处所说"西京分会",指北平研究院史学研究所(会)驻陕西分支机构。

② 陆式薰擅长绘图,1949年后长期在中国科学院考古研究所技术室工作,曾为1960年中华书局出版的王明编《太平经合校》一书绘制乘云驾龙图等。

③ 罗懋德稍后自西安前来协力。参见下文"第二次斗鸡台发掘"部分叙述。

至 20 日,"早晨比昨日更冷。约一二小时便到汧水岸"。时值"秋汛之后",水流仍旧汹涌湍急,"汽车过不去",一行人只好"把行李箱子用具等都卸下来,改装骡车和驴驮"。经"雇车和装卸"的长久折腾,等到他们"步行到斗鸡台陈宝祠的时候,已经太阳平西了"。

在苏秉琦眼中,曾经"光景动人的陈宝,也式微的不堪了"。彼时的场景,"只有不大的三间正殿,三间门洞,和四小间东西厢房。陕西考古会的临时办公处,就设在此地"。由于"各屋都门窗洞开",寒夜中是难以住人的,大家只好"立刻找来些高粱杆作窗棂,用蔴纸糊起来,然后把行李铺在旅行床上就睡了"。

这样的境遇,当然会让苏秉琦再发感慨。在《斗鸡台考古见闻录》中,苏氏附加了所谓"夜间凉风阵阵,真有说不出来的凄清滋味"的尾语,至今读起来,仍让人顿生一种莫名的压抑。①

相较第一次发掘,此次新参加的人员如苏秉琦、孙文青、龚元忠、李至广、顾端甫以及后续到达的罗懋德等人,均颇为瞩目,这使省院人员组成比例、学科结构以及教育背景等方面,都发生了显著变化。依苏秉琦、孙文青的专业基础及龚元忠、李至广、陆式薰的绘图、摄影而论,整体发掘技术结构较前更趋合理。

以苏秉琦为例,其虽系刚刚走出北平师范大学校门的历史系毕业学生(图205),但以"英年笃学"②,学习成绩优秀而得到校长李蒸③(图206)的赏识。故在李书华、徐炳昶急切为北平研究院以及斗鸡台考古工地寻觅人才之际,苏即得由李蒸等人推荐进入该院④并于该年 11 月参加斗鸡台发掘。这一偶然的选择,使苏秉琦从此步入考古学大门,并由此改变他的人生命运,成为他人生道路与学术生涯的重要转折。

苏秉琦之外,来自河南属于民国时期南阳考古群体重要成员的孙文青此前就读于北平师范大学,与徐炳昶系同乡、挚友,与苏秉琦系校友。毕业后曾任南阳县教育局长,在南阳地区广泛调查东汉画像石(图207),田野考察经验丰富,已有多篇专业论文刊布⑤,前景未可限量。龚元忠 1927 年曾跟随徐炳昶参加西北科学考察团工作,专司摄影,堪与张孝侯媲美。李至广原是北平研究院水利研究会(所)助理员,长于测绘,是徐炳昶早已瞄准的最佳人选。惟以李工作繁忙,

---

① 以上引文均见苏秉琦:《斗鸡台考古见闻录》,载《国立北平研究院院务汇报》1936 年第 7 卷第 2 期,第 77 页、第 79 页。

② 徐炳昶:《陕西省宝鸡县斗鸡台发掘所得瓦鬲的研究》序言,1941 年 6 月,见《苏秉琦考古学论述选集》,文物出版社 1984 年版,第 92 页。

③ 李蒸(1895—1975),字云亭。河北唐山人。1923 年赴美留学,入哥伦比亚大学师范学院,主修乡村教育。1924 年获硕士学位。1927 年获哲学博士学位。归国后先后在北京大学、北平大学、北平师范大学、南京中央大学等校任教。1930 年任国民政府教育部社会教育司长。1932 年任北平师范大学校长。1939 年 8 月任西北联大师范学院院长。1949 年后任全国政协委员兼文教组副组长等职。

④ 郭大顺、高炜编:《苏秉琦年谱》,见宿白主编:《苏秉琦先生纪念集》,科学出版社 2000 年版,第 165 页。郭、高文云苏秉琦 1934 年 9 月经李蒸推荐进入北平研究院工作,由副院长李书华决定,分配到史学研究会考古组,任助理员。月薪五十元。

⑤ 孙文青之以上学术成果,分别刊布于《科学画报》1933 年第 1 卷、《国闻周报》1933 年第 10 卷第 41 期、《金陵学报》1934 年第 4 卷第 2 期。关于孙文青详细履历,可参见本书所附《陕西考古会主要人物传略·孙文青》。

图205　1934年苏秉琦（三排左起第一靠柱长袍者）北平师范大学毕业时与老师同学合影。苏秉琦哲嗣苏恺之提供

图206　李蒸留学美国纽约时于郊外留影。20世纪20年代摄

图207　1932张中孚（左一）、董作宾（左二）、孙文青（左三）、徐炳昶（左五）等在南阳考察汉画像石

几次无缘与徐合作。此次经一再努力，李方得以西来宝鸡，了却了徐的心愿，也解决了第一次发掘过程中苦于没有地形测量专业人才的问题。

步北平研究院后尘，陕西省政府对此次代表省政府参加发掘的人选，颇有一番斟酌。一是遴选长于金石考古的顾端甫参加发掘；二是应"在美研究考古学，在希腊、雅典工作过一半年"[①]，刚刚结束省垣莲湖公园发掘工作的罗懋德君之要求，亦邀其参加第二阶段废堡区的发掘工作。加上兼顾渭惠渠兴工处古物征集的李希平以及补作练习生的钟德昌等人，总计陕西省方面参加者已达四人，占整个工作组人数的三分之一以上。

由于张孝侯以故不能参加第二次斗鸡台发掘，徐炳昶挂念孝侯手头绘图资料，曾急忙致函李书华，请其督促张及时办理移交手续。徐窃认为："彼虽不谙绘图，而各坑位置，当已记载清楚，使子言问他要出才好。因为地形全图，固不能再作，而各坑大都已行

---

① 容媛：《陕西考古会近况》，载《燕京学报》1935年第17期，第205页。

填平，寻找匪易。"

对于督促张孝侯移交资料的意义，徐解释说："如无原来底子，将来颇费手续矣。"可能因为张孝侯在移交资料时曾与北平研究院初衷有所抵牾，徐炳昶于是劝慰李书华："至坑内详细（资料），彼能交出固佳，即不交出，其重要尚较逊也。"①

在徐炳昶看来，斗鸡台地形全图较"坑内详细（资料）"，显得更为重要，直接关系到第二次斗鸡台发掘工作的启动，因此无论如何都须动员张孝侯移交出来才对。

（二）第二次斗鸡台发掘

1934年11月23日，第二次斗鸡台发掘开始。雇工三十余人，较第一次发掘有所增加。其工作地域，仍与第一次发掘相同，分别在沟东、废堡两区进行。各坑人员的调配，除废堡区仍由何士骥负责外，重点加强了沟东区内的技术力量，酌将苏秉琦分配至沟东区，在白万玉的配合下实施发掘。这一安排，使苏秉琦有机会开始接触到蕴含丰富的周秦文化遗物，为其尔后不断思考的考古区系理论的逐步生成，奠定了基础。

第二次斗鸡台发掘开始之际，已届初冬。"夜间凉风阵阵，真有说不出来的凄清滋味！"② 逐渐变冷的天气，对艰苦细致的田野发掘工作来说，无疑是很大的障碍。（图208）但徐炳昶对此却怡然自得，毫无怨言。在12月13日致达李书华工作汇报信函中，徐坦言说：

"除天较短外，一切全好。虽有小冻，而一镐下去，即已全毕，故毫无妨碍。此地温度，前数日在零下三四度，至零上三四度之间。近数日较暖，今日早八点零下一度，一点零上七度。"

图208 冬季戴家沟一瞥。自北向南摄，远处隐约可见南山。1949年前后摄

基于陕西考古会"地上地下，搜集（周秦）此二民族遗留的史料"③之初衷，徐炳昶在不断延展、深入的斗鸡台发掘中，愈觉探索周秦民族发祥之地的重要性。为此他在阅读大量先秦史料的基础上，对渭水上游的天水秦安，汧河流域的汧阳、陇县等地产生了浓厚兴趣。但部分文献记载的空缺与混乱，又使他产生了一定的困惑。这些困惑的萦绕，显然影响到徐炳昶下期工作计划的确定。他因是想到熟

---

① 1934年12月4日徐炳昶致李书华信函。
② 苏秉琦：《斗鸡台考古见闻录》，载《国立北平研究院院务汇报》1936年第7卷第2期，第79页。
③ 《国立北平研究院五周年工作报告·史学研究会工作报告》，1934年9月。关于陕西考古的目的与初衷，1934年2月《陕西考古会成立经过报告》中亦有相同记载。

稔典籍文献的张扶万。1935 年 1 月 10 日，徐氏即写信向张询问“秦亭秦谷地在天水抑在清水……又问秦阳平地”[①]之事。张接徐信，很快即有信息反馈。

张氏认为：“唐清水县与今县同。秦亭、秦谷即在其地。十三州志同，亭、谷本为一地，秦亭之下即为秦谷。”

又引《水经志》卷十七“渭水”条及乾隆《秦州志》等相关文献，张氏乃称：“秦亭，秦仲所封也。秦之为号，始自此矣。”而“秦州、秦安、清水、礼县，皆秦亭地”。[②]（图 209）

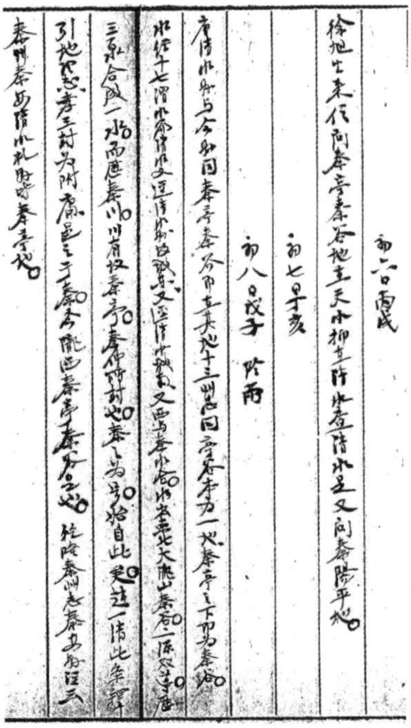
初六日 丙戌
徐旭生来信问秦亭秦谷地在天水抑在清水查清水县又问秦阳平地。
初七日 丁亥
初八日 戊子 阴雨
唐清水县与今县同。秦亭秦谷即在其地。十三州志同，亭谷本为一地，秦亭之下即为秦谷。
水经十七渭水……又迳清水县故城东，又迳清水城南，又西与秦水合。水出东北大陇山秦谷，二源双导，历
三泉合成一水，而历秦川。川有故秦亭，秦仲所封也。秦之为号，始自此矣。
秦州秦安清水礼县皆秦亭地。

图 209　1935 年 1 月 10 日、11 日、12 日（旧历十二月六日、七日、八日）《在山草堂日记·燕游三记》

得张氏文献资料的支持，徐炳昶最终决定：斗鸡台工次“大约在明年一月十五前后停工，让乡人过年”。届时须将全团“分作三组。一组到汧阳、陇县，考察秦襄公旧都各事；一组到甘肃之天水县，考察秦亭、秦谷之遗迹；一组留在宝鸡，间到凤翔，考察石鼓之出土地及秦先工之陵墓所在。过了阴历灯节，即重开工”。

大概徐炳昶对自己的决定一时尚感疑惑，12 月 13 日的信函中又特意提醒李书华，言“到天水秦安考察者为何士骥等，请预先知念甘省政府”，并嘱李未雨绸缪，认为：即使“秦安、清水二县未必去，然临时或有必要，请多写几县，以免临时张皇”。

与第一次斗鸡台发掘区别，随着第二次斗鸡台发掘工作的推进，徐炳昶耽念愈来愈冷的天气，考虑最多者，是令人头痛的经费问题。

他致信李书华，忧虑“考古费未知寄出否？甚念”。希望北平研究院“以后请每月经费接到后，寄来五百元”。徐认为之所以如此要求，是担心“大约工事正进行时，稍有不敷”。[③]

至 12 月 26 日，徐炳昶再致函予李书华，催问“款项未知寄到否”。絮谓：“现工事正积极进行，气候甚好。今早百度表零下三度，为近十余日中最冷之晨。工人赤膊，殊非罕事。似此气候，工作到阳历一月底，等工人过旧历年时始停工，亦未可知？”谈及经费的安排使用，徐炳昶云其在斗鸡台“工作时，大约每十日二百元。除汇到之五百元已用完外，余一千元已还教厅。已借考古会三百元，财

① 原函已佚。但 1935 年 1 月 10 日（旧历十二月六日）《在山草堂日记》却记：“徐旭生来信问秦亭秦谷地在天水抑在清水……又问秦阳平地。”张接徐信，查阅相关文献，因有积极回应。1935 年 1 月 12 日（旧历十二月八日）《在山草堂日记》所记：“唐清水县与今县同。秦亭、秦谷即在其地。十三州志同，亭、谷本为一地，秦亭之下即为秦谷。水经十七渭水……又迳清水县故城东，又迳清水城南，又西与秦水合。”推测此应为张扶万回复徐炳昶信件的主要内容。以例推之，张之复信，应对徐炳昶考察秦亭、秦谷遗迹的计划产生了积极的影响。

② 1935 年 1 月 12 日（旧历十二月八日）《在山草堂日记》。

③ 1934 年 12 月 13 日徐炳昶致李书华信函。

厅百元。考古会催还颇急,已函财厅照拨,如此则必须借财政厅千三四百元,始可至明年灯节后再开工时"。

迭相接到徐炳昶自宝鸡工地发来的急函,捉襟见肘的北平研究院的确无力满足徐的请求,只得回函请徐挪借。但徐认为一味依靠挪借,并不是彻底解决问题的办法。因此他回函李书华,声言:"此间挪借,并不困难,但昶初来而款即不至,使陕西人有起(气),觉得本院信用太差,似属不便。"图维护北平研究院信誉起见,徐坚持请"即将款项汇到陕财厅至感"。至于需款数目,依徐炳昶的计算,"工作至明年小满节左右,大约尚差两千元上下"。

汇兑现款既无可能,建议挪借又遭徐炳昶拒绝,北平研究院于不得已之间,复再援例省院原订协议,寄希望陕西省方面能在一定时期内支付发掘津贴,以解燃眉之急。不料此函寄至宝鸡,又遭徐炳昶的坚决反对。依徐之见:"此款大约可由陕西津贴本会,不成问题,惟津贴需竣工毕时,此时则殊不便。"

徐炳昶的反对意见并非危言耸听。以后的事实,连他自己也觉得不可思议。当斗鸡台发掘款项拮据无着之际,徐乃频频向陕西省方面告急,耿寿伯开始尚表示:"陕西省从前情形,好时,帮点款项不无问题,现有匪患,然仍可有八事可以办到。"此后则以种种理由,予以拒绝。并称:"兴、汉两区款项分文未解入省,而军费又极浩繁,故一切临时费,全体停止,此项补助,殊难办到。"①

不管北平研究院内部如何惨淡经营,举步维艰,由于此前内政部部长黄绍竑②(图210)在10月5日咨文陕西省政府③,查问"六、七两月西京日报迭载陕西考古委员会掘获宝鸡县斗鸡台及接受陇海路古物多种","究竟详情如何?所掘古物共有若干?系何时代古物?拟请贵省政府转饬开列清单,报部备查"等事的影响,外界对于第二次斗鸡台发掘的关注更趋高涨。

1935年1月20日,《新秦日报》在一则报道中宣称:

"陕西考古会昨据宝鸡县工作组报告,近于中坑北扩充内发掘获得铁箭头三个,漆器三块,其色泽呈红色并带黑边一片、红色二片。沟东辛坑内,

图210 黄绍竑小照

获得瓦镜一个,琉璃鼎一个,残琉璃鼎一个,贝饰七个(圆形带孔),宝剑一口,长一味十生的铜钟一个。镜上约有十余个字,因锈不甚清晰。径大十一生的瓦盒一个,铁环一个。又琉璃罐一个,琉璃碗一个,瓦罐一个,其余刻正在发掘中云。"

---

① 以上引文均见1934年12月26日徐炳昶致李书华信函。
② 黄绍竑(1895—1966),字季宽。广西容县人。新桂系重要领袖人物。历任第七军党代表、广西省主席、第十五军军长、湖北省及浙江省主席、内政部部长等职。1949年后,历任国家政务院政务委员、全国人大常委会委员、全国政协委员、民革中央常务委员等职。
③ 参见陕西省档案馆藏内政部礼字第217号咨文。相同内容另见1934年10月26日邵力子致陕西考古会函件。

类同《新秦日报》，《大公报》1 月 26 日一则报道亦称：

“陕西省考古会工作组，自去岁 11 月间由主任徐炳昶率领工作人员赴斗鸡台发掘古物以来，所获三代及汉唐遗物为数颇多。最近考古会据该组报告，除所发掘之陶片瓦器外，并有瓦当一个，虽已残缺，但古字尚存。此外并有破玻璃鼎一个，最有价值者则为宝剑一口，长约一米十一生的，铜镜一个，镜上头有十余字，因生锈不甚清晰，无法辨识，径大十一生的，其余尚有铁环、瓦片、玻璃罐、碗、鼎类甚多，现正在继续发掘中云。”

区别于《新秦日报》及《大公报》，《中央日报》1 月 31 日的报道则重在省院关系的进展以及发掘同人的有效合作。

报道宣称：“陕西省考古会工作组主任徐旭生氏，日前偕该会罗懋德君，往宝鸡斗鸡台发掘古物。闻徐氏到宝鸡后，即与罗君共同着手发掘，连日以来，发现古代彩色陶器甚多，且此次得罗君之帮助，进行甚速，预料该处发掘工作，至远于本年五月间，即可全部竣事云。”

不管是《新秦日报》《大公报》，还是《中央日报》，报道行文均杂乱无序，器物名称以及学术用语亦极不规范。“陶盒”被率意呼为“瓦盒”，“铜剑”之物甚至被庸俗呼之为“宝剑”。窥其行踪，应明显受到斗鸡台考古工地发掘者所提供资料的影响。此外，以“天干”“地支”概念编排坑位顺序与以“咪”、“生的”[1]等舶来名词作为长度单位，也都显示出第二次发掘之初的几分原始性。（图 211）

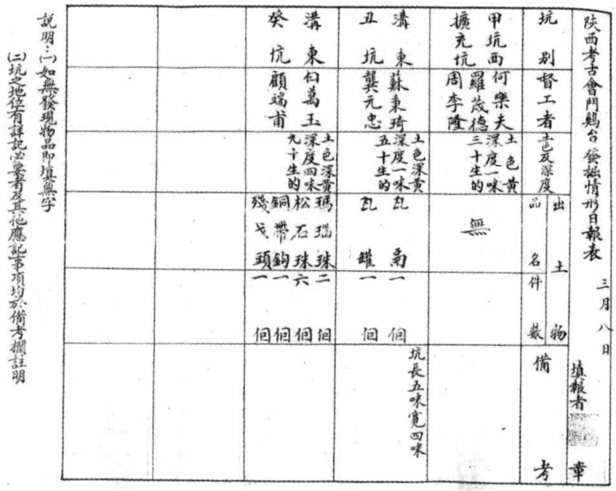
陝西考古會鬥鷄台發掘情形日報表　三月八日

坑别	甲坑西擴充坑	溝東丑坑	溝東癸坑		
督工者	何樂夫 羅茂德 周李隆	蘇秉琦 龔元忠	白萬玉 顧端甫		
土色及深度	土色黃 深度一味三十生的	土色深黃 深度一味五十生的	土色深黃 深度四味九十生的		
出土物 品名	無	瓦鬲 瓦罐	瑪瑙珠 松石珠 銅帶鉤 殘戈頭		
出土物 件數		一個 一個	二個 六個 一個 一個		
備考		坑長五味寬四味			

填報者　章

說明：(一)如無發現物品即填無字
(二)坑之地位有詳記必要者及其他應記事項均於備考欄註明

图 211　第二次陕西考古会斗鸡台发掘情形目录表之一。深度采用单位“咪”“生的”。1935 年 3 月 8 日填写

庆幸的是，上述诸种现象在其后不久的工作中都得到了纠正。管窥蠡测，只需撷取以上几个微小的事例，相信读者不难感受到蜕变时期中国考古学飞速跳动的脉搏。

聚焦考古会一年来主要工作概况，1 月 18 日《西京日报》披露：“本可早期工竣，嗣因有部分古物登记表格未能整出，故中途耽延，刻已完竣，全部草稿，正由委员长（张扶万）核阅中。”

涉及第二次斗鸡台发掘第二阶段工作的开始时间，徐炳昶在 1935 年 3 月 19 日致达李书华的工作汇报信函中曾说：“昶自上月偕同人离平，次日晚到郑换车，

[1] Centimeter 之音译，即“厘米”，又作“生特”“生脱”，缩写为“cm”。

又次日即抵西安。本月5日，来斗鸡台，本晚即至。工已于上月二十一日开始。"

围绕发掘地域，徐炳昶在3月27日回复邵力子信中称："考古会此间工作，分为两组：一在戴家沟东，一在陈宝祠及故堡内。东西相距不过里余。"

至发掘目的，3月19日信函又称："（发掘工作）现均顺利进行。陈仓古城，现作探坑，探其全体。戴家沟东古墓，现仍继续作，预定再作一新坑，即换地作。"关于易地原因，徐炳昶解释说："因继续作，虽仍可有收获，而所出者，总不外同类的东西，故当中止，换附近他地也。"①

为尽快了解陈仓古城性质，洞悉沟东区墓葬的分布以及愈来愈丰富的新石器时代文化内涵，徐炳昶等人决定加快发掘力度，雇工人数多至五十余人，居三次斗鸡台发掘用工之最。不幸的是，增加雇工固然加快了发掘的进度，但由于时届初春，天暖土消，竟不意发生废堡区发掘时因探沟转角处掏挖灰坑导致的塌方事故②，导致一人死亡，二人受伤的悲剧。

涉及此次事故原因及其经过，徐炳昶在3月27日回复邵力子信中述及："堡内坑四面虽均系熟土，而土内搀杂砖瓦极为坚硬。不意二十三日上午十点半，土竟塌陷，下压三工人。罗君懋德急跑，然腿上亦曾伤皮，幸无其他危险。"（图212）

而在3月28日致达李书华的信函中，徐氏则又称："不幸于二十三日堡中坑又复出险！其详细情形，为堡中坑四周虽均系熟土（发掘时名土，然沉淀之土，为生土，坚度颇大，不易塌陷，人动过之土为熟土，则极需小心），而土杂砖石，坚度颇大，不意外坚内松，竟于二十三日上午十点半，塌下一批，当压工人

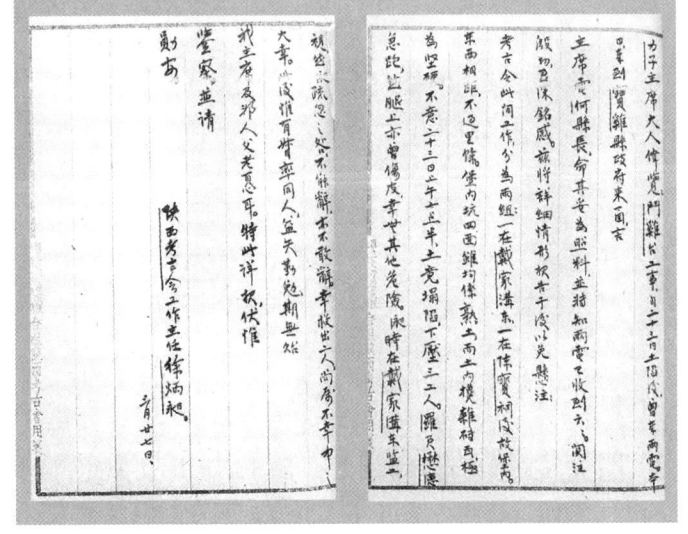

图212　1935年3月27日徐炳昶就斗鸡台发掘工地坍塌事故致邵力子函件首、尾页

三名，经急救后，二人受轻伤，一人因右鬓碰砖棱，立时毙命。前为省政府所聘之罗懋德（现在此工作）君快跑一步，腿上仅伤皮。"

两相对照，前后信函虽详略不一，措辞有别，但基本的事实是相同的。不管怎样，对于不幸发生的事故，徐当然是深表惋惜的，认为死者："身上压土不厚，如非碰砖棱，不难自掀土出，乃竟触砖身亡！"

事故发生之时，徐炳昶尚在沟东监工，"闻讯一切工事全停"，立即采取"急

---

① 1935年3月19日徐炳昶致李书华信函。
② 参见1950年10月30日《夏鼐日记》记白万玉回忆，华东师范大学出版社2011年版，第332页。

行抢救"。一面急电西安、宝鸡,报告事故真相;一面速请临近工地的凤翔县防疫处主任前来救急。

此日中午,获悉事故发生的省主席邵力子从西安急电宝鸡县长,嘱其全力组织营救。因塌压三人有二人已先行挖出,脱离危险,徐因请私立凤翔县医院院长张贤哲先行诊治,至再"将余一工人刨出",惜"因(其)右鬓碰砖棱,颅骨破裂,已经身死"。遂于24日会同"宝鸡县政府来人检验,并共商抚恤事宜"。该日下午,宝鸡县政府"派承审员、第一科科长及检验吏同来,会同区长、保长、甲长及死者亲属,阅视后商定抚恤金为三百元,其家属亦均满意,即时成殓,二十五日葬毕"。至"二十六日仍行开工"。①

应该说,对于突如其来的这场事故,斗鸡台考古工作组在艰苦的条件下,应对处理还算及时,损失也尽可能降低到了最低限度。何乐夫甚至力劝罗念生中止"惧家人误闻消息惊恐,欲拍电报告家人以平安"②的举动。即便如此,处事稳健的徐炳昶仍深感内疚,痛心不已。

在3月27日致达邵力子的信函中,徐氏情绪低沉地报称:"此次所遇土,外坚内松,颇难察视,然昶疏忽之咎,不能辞,亦不敢辞。幸救出二人,尚属不幸中之大幸。此后惟有督率同人,益矢勤勉,无贻我主席及邦人父老忧耳。特此详报,伏惟鉴察。"

令徐炳昶感动的是,邵力子在回函中非但没有丝毫指责,反而对徐一再劝慰,语:"此次斗鸡台工事土陷伤人致毙一命,诚属不幸,然亦由其地土质密度内外不同,差别悬殊,为人意计所不及,并非全属疏忽之故。"他赞扬徐炳昶:"悯死恤伤,竭尽力犹复深自刻责,引咎不遑,禹汤罪己之怀。恻怛慈祥,溢于简札,实堪敬佩。"认为:"所有处理经过昨据何县长有代电报告,业经指令,准予备查,便已告一段落。""至其全部工作,仍乞"徐"领导员工,按照原定计划积极推进,竟此全工,是所企祷"。③

邵力子真诚宽厚的处事风范,对于低谷之中的斗鸡台考古发掘产生了积极的影响,使发掘工作得以免除中辍而继续进行。在此后的工作中,徐炳昶更严定规程,敦促大家务必谨慎操作,以防不虞。即便如此,4月29日再次发生的事故,又令同人惊骇心悸。不过此次事故,实令徐炳昶等人难以料及。其真实内蕴,当日《徐旭生陕西考古日记》有较为详细的记载:

---

① 以上引文均见关于斗鸡台工地事故档案,除3月28日徐炳昶致达李书华函件存中国第二历史档案馆外,余均存陕西省档案馆。此处所引为3月27日徐炳昶致送邵力子函件。3月27日与3月28日两函内容稍有出入。另宿白主编的《苏秉琦先生纪念集》所录赵其昌《往事襟怀》一文称:据白万玉回忆,20世纪30年代苏秉琦在斗鸡台发掘时,一座墓葬清理工作结束,在回填墓土时出了事故,有个民工不幸被砸身亡。此外杨仕、岳南《风雪定陵》一书亦据白万玉回忆,称苏秉琦等在斗鸡台考古时,因开挖一个王侯墓时,墓太深,二层间距太宽,每间有极陡之坡度,致将一名工人塌死。参见杨仕、岳南:《风雪定陵》,新世界出版社1997年版,第109页。两说均认为事故发生在墓葬发掘之时。

② 1950年10月30日晚白万玉曾向夏鼐谈及斗鸡台发掘,谓(彼时)"于1公尺宽之探沟转角处掏灰坑,塌崩压毙1人、伤3人,当时主持者为何乐夫君。其时罗念生君亦参加,惧家人误闻消息惊恐,欲拍电报告家人以平安,何君阻之,几生争执"。参见1950年10月30日《夏鼐日记》,华东师范大学出版社2011年版,第332页。

③ 1935年4月4日邵力子致徐炳昶函。

"二十九日，起六点余，温度十五。九点许，微雨，然工仍继续作。余在沟东，先看填子坑八号墓上坑，已将满，乃到辛坑、寅坑一看，正与秉琦谈话，将十点，而子坑工人奔报，言有工人陷入土中，已陷顶不可出，大惊。细问，始知工人杨豆满始从坑边滑入松土中，不过没膝，他与大家均尚嬉笑，不料八号墓身内土尚空，乃变成一旋涡，彼遂慢慢陷入！填坑将满，人均在坑上，而竟旋入土中，真属意外事！"（图213）

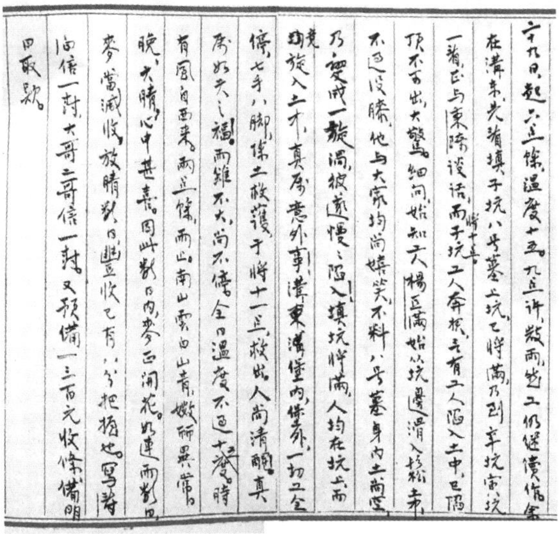

图213　1935年4月29日《徐旭生陕西考古日记》

事故既发，徐遂紧急部署营救。时"沟东沟堡内，堡外，一切工全停"。众人"七手八脚，除土救护，于将十一点，救出。人尚清醒！"徐乃长出一口气，庆幸"真属如天之福"。①

迭经事故袭扰，徐炳昶身心已极疲惫。他权衡再三，认为"原定工作计划，总须一部分收缩"②。至于工作方式，当亟须加以改进。至适当之时，更须停工休整，以待来日。

在1935年5月2日考古会常务会议以及1936年11月16日考古会第三届年会上，徐炳昶"报告（此次）经过发掘事"，披露"明春或秋间来陕发掘斗鸡台，否则在丰京，否则在清湫庙"等信息，并决定将工作方式加以改进。不仅重新制订了工作计划，调整了技术力量，而且还尽可能地强化了发掘工作的规范要求，设定了必要的安全措施。

如1935年5月拟订的"陕西考古会斗鸡台发掘情形日报表"显示，此时陕西考古会已比照中央研究院殷墟发掘模式，将原来按照天干、地支顺序排列发掘坑位的模式，一概改作按英文字母排列。各表开首，均明署发掘日期及填报者姓名（盖章）。表中栏目，计分坑别、督工者、土色及深度、出土物（分品名、件数）、备考五项。表外附有两点说明："（一）如无发现物品即填无字"；"（二）坑之地位有详记必要者及其他应记事项均于备考栏说明"。不管是栏目内容，还是测量单位，较前均更趋规范完备。

以5月29日填写日报表为例，其T.C.A.7坑督工者为白万玉、顾端甫，土色浅褐，深度1.5米，出土绳纹红陶壶一、红陶破盘二，备考栏填写文字称："以

---

① 1935年4月29日《徐旭生陕西考古日记》。
② 1935年3月28日徐炳昶致李书华信函。下文所谓来年春、秋间易地发掘事，参见1935年5月2日（旧历三月三十日）《在山草堂日记》。

陕西考古會鬥雞台發掘情形日報表　五月廿九日

坑别	T.C.A.7	T.C.A.10	T.C.A.11	T.C.C.4	
督工者	白萬玉 顧瑞甫	仝前	仝前	孫文青	
土色及深度	土色淺褐 深一米五十	土色褐 深一米二十	土色褐 深一米三十	土色褐 深一米九十	
出土物品名	繩紋紅匋壺 紅匋破盤	匋錐	無	雕花小玉器 大瓦罐	
出土物件數	一 二	一		一 一	
備考	以上三物在仰韶遺址所獲，匋壺高三十五生的，腹圍七十八生的，口徑八生的，腹部作繩紋，口四週有凸棱，花頸，鑿一小孔，頗為古雅，本會發掘以來所出匋器，當推此物為最佳也		A 12 今日未作		

填報者 章

說明：(一)如無發現物品即填無字

(二)坑之地位有詳記必要者及其他應記事項均於備考欄註明

图 214　第二次陕西考古会斗鸡台发掘情形目录表之一。1935 年 5 月 29 日填写

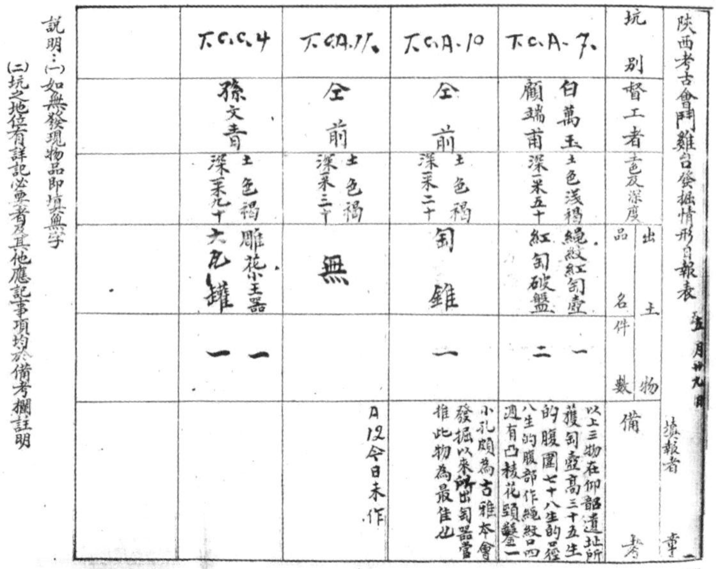

上三物在仰韶遗址所获，陶壶高三十五生的，腹围七十八生的，口径八生的，腹部作绳纹，口四周有凸棱，花颈，凿一小孔，颇为古雅，本会发掘以来所出陶器，当推此物为最佳也。”（图214）

毫无疑问，斗鸡台的发掘已经蜕去了初始阶段的落后模式，其与此一时期其他田野发掘活动相同，“就组织及训练上说，均渐臻完备”，“并有了不少的新收获”。[①] 它表明，中国田野考古开始进入一个新的阶段。

就初出茅庐不久的苏秉琦来说，客观现实已不可回避地将他推上扛挑大梁的位置，使其与何士骥并列成为徐炳昶麾下两员大将。他在尽力做好沟东区发掘主持工作的同时，还利用发掘间隙频繁在斗鸡台附近进行多种考古调查，并与毗邻陈宝祠陕西考古会工作组驻地、热心赞助考古工作的陇海铁路宝鸡段职员结下了良好的友谊。由苏秉琦哲嗣苏恺之热忱提供有关苏秉琦在这一时期的几页考古调查笔记以及其在陈宝祠内外的几帧摄影（图 215、图 216、图 217），足以使我

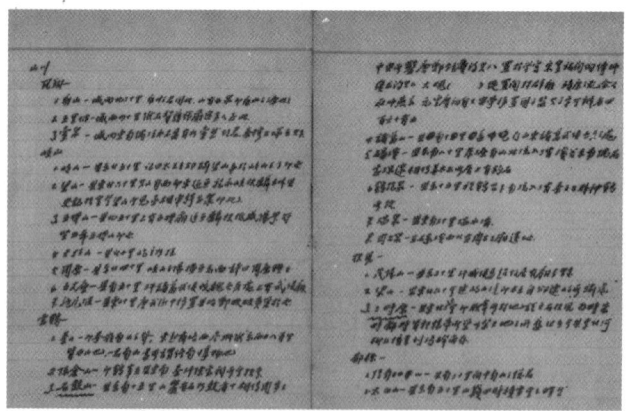

图 215　苏秉琦斗鸡台考古工地所做史料笔记。苏秉琦哲嗣苏恺之提供

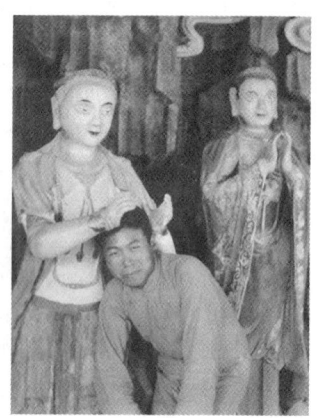

图 216　1935 年陈宝祠神像前幽默留影的苏秉琦。陇海铁路某工程师摄。苏秉琦哲嗣苏恺之提供

① 李济：《中国考古学报》前言，载《中国考古学报（即田野考古报告）》1947 年第 2 册，第 1 页。

图217 第三次斗鸡台考古发掘期间苏秉琦（左一）与热心考古的陇海铁路职员在陈宝祠前合影。苏秉琦哲嗣苏恺之提供

图218 1935年春季罗懋德（右前扶铲半蹲者）于斗鸡台考古发掘工地留影

们清晰窥见初入考古之门的苏氏之英气与抱负。

及斗鸡台考古工地事故发生，苏秉琦又对工作组因抚恤死者，经费告罄的现状倾力相助，慷慨表示先从其兄苏秉璋设在西安的纺织厂中取来五百元现洋以解燃眉之急。①

受斗鸡台工地发掘氛围的感染，罗懋德原本"请假来宝参加考古"，议定一月之后即回西安。但他一入斗鸡，耳闻目睹，对这里的一切"兴趣颇浓"。因主动要求"再留一月，于本月底，或下月初回省"。②（图218）

（三）1935年的考古调查

1935年1月25日，第二次斗鸡台发掘第一阶段工作因天寒地冻，且参加发掘的工人需回家过年而不得已宣布停工。

循1934年年底计划，陕西考古会斗鸡台工地全体人员将在1935年"一月十五前后停工，让乡人过年"。届时全体"分作三组。一组到汧阳、陇县，考察秦襄公旧都各事；一组到甘肃之天水县，考察秦亭、秦谷之遗迹；一组留在宝鸡，间到凤翔，考察石鼓之出土地及秦先王之陵墓所在。过了阴历灯节，即重开工"。③

因此，1月27日，斗鸡台工地全体人员即依照徐炳昶此前计划，分作三组奔赴宝鸡、凤翔、汧阳、陇县以及甘肃陇东地区的天水、秦安等地实施考古调查。

按原定计划，赴甘肃之天水县，考察秦亭、秦谷之遗迹，由何士骥主持调查。④

---

① 赵其昌：《往事襟怀》，见宿白主编：《苏秉琦先生纪念集》，科学出版社2000年版，第89页。赵文称：20世纪30年代苏秉琦在斗鸡台发掘时，一座墓葬清理工作结束，在回填墓土时出了事故，有个民工不幸被砸身亡。善后工作完毕，发掘经费几乎用光，全体人员情绪低落，发掘工作无法继续下去。故苏秉琦特请白万玉持自己亲笔信去西安找其兄苏秉璋，雇两个驴驮子带回五百现洋。

② 罗懋德要求延长斗鸡台考古发掘时间事，参见1935年4月13日耿寿伯送呈邵力子签署徐炳昶致达函。相同内容另见同日耿寿伯致送徐炳昶函件。

③ 1934年12月13日徐炳昶致李书华信函。

④ 1934年12月13日徐炳昶致李书华信函："到天水秦安考察者为何士骥等，请预先知念甘省政府"，并谓"秦安、清水二县未必去，然临时或有必要，请多写几县，以免临时张皇"。

但查何士骥1935年2月18日写就的《陕西考古会工作报告》，似乎其与龚元忠等人一组的调查，却主要集中在凤翔南古城、陈村、宝鸡虢镇、秦家沟、阳平镇等地。

此次调查情况，1月18日《西京日报》另有较详细的披露。文云："陕西省考古会工作组主任徐炳昶，兹为扩大二期发掘工作计划，故决定三组出发先行调查，现悉关于三组工作人员，业经由徐主任分配妥当，所需材料，亦经筹措完竣，定日内即由宝鸡县斗鸡台，分途出发。至该会分组研究工作，自前举行第一次分组研究会议后，作充分之参考。记者昨晤该会负责者，据谈，现在人化石、陶瓷、货泉三组，所征集之研究材料，均甚丰富，刻各组正分别整理，俾利研究工作之进行。"①

由报道悉，似乎尚有以古物门类命名的三组界分，但限于手头资料，一时尚无法知晓其与上述三组是否具有某种必然的联系。

至于调查工作的期限，则依1月26日《新秦日报》报道，略知"陕西省考古会前为扩大二期发掘工作起见，由该会工作组主任徐炳昶将在斗鸡台工作之人员，共分为三组，籍停工作之际，分三路出发调查。日来积极组织，准备出发。昨据报告考古会，现已组织就绪。决定于本月二十七日三组调查人员，由斗鸡台同时出发，限一月内即调查完竣，仍返斗鸡台继续工作云"。

除却上述，本章第四部分引用1935年5月4日致李书华信函②，尚称该年5月10日斗鸡台考古发掘结束后，全体成员再次分作三组，以徐炳昶、苏秉琦为一组，主要考察渭河以南区域，路线安排是，自斗鸡台出发，渡渭水沿秦岭北麓一直向东，经郿县、盩厔、鄠县、长安等县最后至省城西安。何士骥、龚元忠一组，将往考察凤翔、岐山、扶风、武功四县古迹。其余成员一组，则在斗鸡台附周一带实施考古调查。期限10日。

此次调查地点的选择与确定，主要是弥补1933年因西路灾荒严重，"地方颇不靖，县长未敢负责"，以及行旅仓促等原因致渭河以南郿县、盩厔与相关地区并渭河以北之岐山、扶风等县未能调查的缺陷。③

以此，可知1935年度较为集中的考古调查主要有两次。亦即：

第一次：1935年1月27日开始，大致在一月内调查完竣④。

第二次：1935年5月10日开始，限10日内竣事。

但查1935年5月6日《徐旭生陕西考古日记》，知此日"（龚）狮醒进城，见县长，接洽到天王村取壁画事。并同县长决定八日同游大散关。会中往者，余

---

① 《陕西省考古会决扩大二期发掘工作》，载《西京日报》1935年1月18日第7版。
② 查1935年5月4日《徐旭生陕西考古日记》，仅记："晴。南山远山仍不见。早七点，温度将十五度。下午最高达二十六度。开工（发掘）。写润章信一封，请其买Laufen及Holson二氏关于中国陶器之著作。复吉如信一封，泽普信一封。下午有微风自东来。"
③ 关于渭河南北诸县未得调查原因，参见徐炳昶、常惠：《陕西调查古迹报告》（国立北平研究院调查报告第三种），载《国立北平研究院院务汇报》1933年第4卷第6期，第3页。文云："不惟郿县、盩厔未往考查，即扶风亦因灾重，难离城考查，未停；咸阳因急于返西安，亦未停。最令人不快者，岐山虽停，而古公亶父所居之岐阳（在今岐山县东北四五十里），亦因地方颇不靖，县长未敢负责，未得往！"
④ 《陕西省考古会调查队已在渭北调查竣事》，载《西京日报》1935年2月26日第7版。

及乐夫、秉琦三人。在县署取齐"。同时"决定明日，除堡外坑，一切全停"。5月8日《徐旭生陕西考古日记》又记："早六点十五度。同乐夫、秉琦出外考查。目的地为大散关、和尚原、鸡峰诸地。马一，驴三。外有三工人随往。"（图219）至5月11日《徐旭生陕西考古日记》，更记"抵寓，尚不晚"。故知原计划5月10日开始考察之前，徐炳昶等人尚有5月8日至11日在郿县及宝鸡以南"大散关、和尚原、鸡峰诸地"的一次考察。

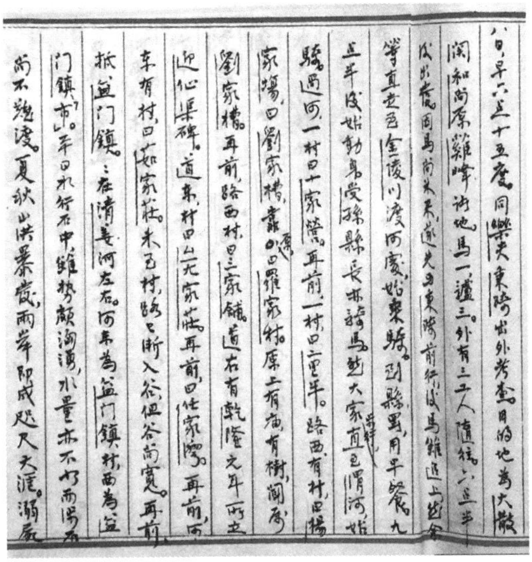

复据5月13日残余《徐旭生陕西考古日记》，知至迟在13日，徐炳昶等仍在宝鸡工地，"同子延到灵泉寺，商议移金大定碣事"。又据5月20日《徐旭生陕西考古日记》，知此日徐与苏秉琦、徐凤山等人已在郿县教坊村一带考察。（图220）5月25日《徐旭生陕西考古日记》显示徐炳昶等"遂定迳返西安"。则知事实上第二次考察开始时间，当在13日后，20日前；其结束时间，当在5月25日。

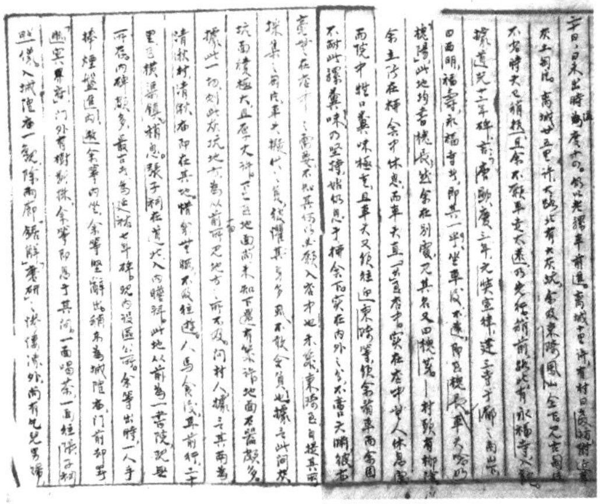

图219　1935年5月8日《徐旭生陕西考古日记》片段

图220　1935年5月20日《徐旭生陕西考古日记》片段

综上可知，所谓1935年5月的考察，原则上应从5月8日开始，5月25日结束。如欲细分，还可分作5月8日至11日、5月13日后至5月25日两个阶段。

收揽上述记载，并查阅5月11日《徐旭生陕西考古日记》，有所谓"本拟计画，后因身体困乏，亦无法实行，殊觉耿耿"之记载，推知这或许即是徐炳昶一行不能按照5月10日原定计划推行考察的主要原因。

笔者整理目前所掌握的资料，惟1935年1月27日开始何士骥、龚元忠等人在凤翔南古城、陈村，宝鸡虢镇、磻溪宫、秦家沟、阳平镇等地的调查与1935年2月13日开始苏秉琦、白万玉等人在三交城、佛岩崖、姜城堡、石嘴头及石鼓山诸地的调查相对完整。

现依1935年2月18日何士骥写就《陕西考古会工作报告》为基础，先对该组所涉及的考古调查活动进行撮要叙述。

按1935年1月28日，何士骥、龚元忠自斗鸡台出发至凤翔考察。随同其考察者，尚有斗鸡台工地技工王忠义以及从事监工的戴家湾村民戴八劳等。

阅《陕西考古会工作报告》记述①，是日诸人"由宝鸡去八里洞一带，尚距凤翔八里许。所过两旁见汉墓三代墓颇多。汉墓道形式有△、□、▢等不同。三代墓与斗鸡台相似。途中见汉代陶，瓦片等颇多。过三良冢，冢上亦有绳纹瓦片，及方瓦水道，残片等"。

29日，何士骥、龚元忠等曾访问凤翔县长及县邑绅士李慎庵，并借阅该县所藏《凤翔府志》及《凤翔县志》。"又至东湖访苏东坡'梅菊老竹'石刻、张子横渠祠。"且于"县城内街上见有明天启牌楼，明嘉靖四棱石柱等"。

30日、31日，何、龚等连续至凤翔城南约6里的南古城遗址考察，对遗址概貌进行了绘图、摄影，发现城址、陶水道、铺地砖等遗迹，采集花边砖及陶器残件，并从乡民手中购得陶鬲、陶瓷等物。

2月1日，小雪。何、龚等接续30日、31日考察工作，冒雪至凤翔西门外西古城遗址进行考察。先后在大郑宫（东城）、河北屯、姚家小村等地，发现汉墓遗迹及陶鬲、云母、石环、小琉璃球、硃红、木炭等残片，采集了一些绳纹瓦片及小铜器等物。

2月6日、7日，风雪交加，何、龚等仍继续工作。2月7日工作日记称："六日天大风雪，七日仍大风雪，因在前与狮醒约定，无论如何，必走。骥意雪后一定能放晴也，遂雇牲口四个，骥骑老马，狮醒骑小驴，王忠义骑一驴，又一驴背行李。因小路难行，遂由底店镇大道而行。至陈村，时已下午五时。虽一路风雪不停，满身雪花，但看山玩景，趣味至佳！"

2月8日的调查，仍冒雪而就。主要成绩是在陈村村西3里处发现不明时代的古墓，曾进行试掘与绘图。另外，何士骥与戴八劳另在古墓以西罗钵古寺发现乾隆三十二年（1767）碑石，并于宋家南村北端瓦砾坑中发现并采集绳纹残筒瓦，在陈村北边土穴旁采得绳纹瓦片及回纹残砖等。

2月9日，"由陈村至虢镇。在雪地中行，极游观之乐。至后，略事安顿，即访全县长②所介绍之保卫团王队长及董辑五团长等"③。

2月10日，风雪如恒，天色更暗。诸人等"仍骑牲口出门，访董辑五团长所介绍之该地绅士刘翰卿④老先生。下午二时，访城隍庙，或谓其址即虢宫故址。又谓有刻字柱础石及古碑，骥细访不得，只见有康熙四十二年碑一方而已"。

2月11日，风雪虽止，然道路凝滑，天冷有风。诸人晨起，仍踏泥而行，访常宁宫。观正殿梁间墨书题记，知常宁宫曾于康熙年间重修。于庙内盘桓时，

---

① 以下所引何士骥、龚元忠等在凤翔南古城、陈村、宝鸡虢镇、秦家沟、阳平镇等地的调查日记，均参考何士骥：《陕西考古工作报告》，载《国立北平研究院院务汇报》1935年第6卷第1期，第79—85页。特殊引文单独注释。

② 即宝鸡县长全仲侣。

③ 查1933年董辑五任宝鸡县民团指挥所指挥官，1934年宝鸡县民团指挥所撤销，董改任宝鸡县保卫总团团长。故有"董辑五团长"一说。王队长其人则不详所指。

④ 刘翰卿（1879—1967），又名登甲。宝鸡虢镇北堡村人。清末廪生，曾任甘肃巡检。入民国，任本县小学校长、虢镇区区长及县参议员等职。1949年后，任宝鸡县副县长、宝鸡县政协副主席等职。擅书法，书宗赵孟頫。

尚见及北宋天圣五年（1027）重修至德常宁宋碑一通，虽碑首已佚，碑身已泐，惟觉此碑在宗教史研究方面颇具价值，因冒风椎拓一纸。

复此，又见元至元六年（1340）帖石、中统五年（1264）长春真人题虚亭词（水龙吟①）刻石及明万历六年（1578）、万历九年（1581）等碑石。

更重要之发现，为常宁宫东500米左右一带的大量古墓遗迹，因雨水冲刷，墓圹显现，骨架累累，红陶器残片满布墓址附周。时何士骥获见一灰色瓦罐，因价昂未购。询之于乡人，知此地曾出土红、灰陶器甚多。何等据此信息，推测其地当为一规模较大，年代久远，延续时间较长的墓葬群。

2月12日至2月17日的考古调查，主要在虢镇、阳平镇一带进行。所见诸物，缤纷各异。以虢镇磻溪宫元大德年间（1297—1307）老子《道德经》经幢、明正统十二年（1447）铁钟与元碑（两方），虢镇太子沟的关帝庙建筑，阳平镇石佛寺的白玉佛造像及明弘治八年（1495）铸造铁钟，秦家沟及阳平镇东25里的古城遗址，蔡家坡一带的窟龛造像与惠王坟，阳平镇内的宋太平兴国五年（980）碑石及明万历十九年（1591）铸铁钟等最为瞩目。

其中2月16日调查日记记蔡家坡一带窟龛造像发现情景，称其："约未出岐山境（不知）见一原，坡上皆大石，有石洞，有大小石像六七处，（一洞一处）惜未见有碑碣记载，不知何时物。"

比较1933年5月至6月间徐炳昶、常惠等人在凤翔、宝鸡一带的考古调查，此次调查涉及区域，或与之重合，或范围扩大，具有补充、延伸意义。其阳平镇石佛寺的白玉佛造像雕造精美，诚佛教艺术之奇葩。南古城遗址的考察，与徐炳昶、常惠等人的调查同埒，成为秦雍城遗址考古的先声，他们共同促成1959年之后中国科学院考古研究所、陕西省考古研究所等单位对这一地区多次大规模的调查、钻探与发掘，具有重要基础性引导意义。而常宁宫墓葬群及蔡家坡一带的石窟造像等遗迹、遗物的调查发现，亦可为而后系统深入的考古调查，提供重要的线索与依据。所遗憾者，只是此次调查之前同人所殷殷"希望发现石鼓残片，然亦未得"。尽管何士骥等在考察过程中"尤注意于黑石头"。②

2月16日何士骥等人于蔡家坡一带调查窟龛造像，1933年前西京筹备委员会就曾进行过专门的调查与拍照③，当时拍摄记录称其为"黑同（洞）山造像"。但2008年2月，报载却谓"陕西岐山发现罕见北魏时期石造窟龛雕像"④。同时，陕西省考古研究院、宝鸡市考古队、岐山县博物馆等单位更联合组建考古队，又对这一石窟群进行了更为系统的专题考古调查，称其"为历次考古调查及文物普查所遗漏"，并将5座石窟"从东向西依次编号为1～5号"，"分为三类：大

---

① 词牌名。又名"龙吟曲""庄椿岁""小楼连苑"。源出李白《宫中行乐词·其三》，中有"笛奏龙吟水，萧鸣凤下空"句。

② 何士骥：《陕西考古会工作报告》，载《国立北平研究院院务汇报》1935年第6卷第1期，第85页。

③ 按《西京筹备委员会成立周年报告》（1932年7月至1933年6月）记："本会一年来之调查工作，有关于社会文化者，有关（于）名胜古迹者，或以照像摄取其真迹；……"参见西安市档案局、西安市档案馆编：《筹建西京陪都档案史料选辑》，西北大学出版社1994年版，第162页。

④ 参见2008年2月14日《西安晚报》记者郭欣《陕西岐山发现罕见北魏时期石造窟龛雕像》新闻报道。

像窟、洞室佛殿窟、龛式供佛窟"，且认为"前两类与后一类分属不同时期"，其中1号窟、3号窟雕凿时期为北魏及北朝早期，2号窟、4号窟、5号窟为初唐至盛唐时期作品。① 当然，此次调查所云"黑同（洞）山造像"当"为历次考古调查及文物普查所遗漏"一说虽尚需斟酌（图221），但系统、科学的集中调查，却毕竟将何士骥、龚元忠等人七十年前的考古调查向前大大推进了一步。

图221 1933年、2008年岐山蔡家坡造像两次发现图像比较（左1933年前西京筹备委员会拍摄，右2008年报载图像）

前述1935年2月13日开始由苏秉琦、白万玉负责的考古调查概况，集结在该项工作完毕后由苏秉琦、白万玉署名，苏秉琦执笔写就的调查报告②里。（图222）

报告首称："此次承主任徐先生命，以春节停工之暇，调查相传魏司马宣王与诸葛亮相拒所筑之三交城（注一③）遗址之现状，因得便道以调查渭河沿岸之佛岩崖（注二），姜城堡（注三），石嘴头（注四）及石鼓山（注五）诸地焉。"略知此次调查工作谨按前述1934年12月13日徐炳昶致李书华信函所谓翌年工作计划进行。

其大略概况，调查报告有如下剖述："二月十三日晨八时半自陈宝祠出发，带勤务一名，雇脚夫二，驴四头。十时半抵县城，访谒全县长，承说明路线，并致函驻县西四十里渭河南岸晁峪镇之保卫团照料保护。当日即驻晁峪镇，谋食宿便利也。

图222 1935年苏秉琦执笔三交城、佛岩崖、姜城堡、石嘴头及石鼓山诸地的调查报告（首页）。苏秉琦哲嗣苏恺之提供

十四日、十五日往佛岩崖及三交城，晚仍回晁峪镇。十六日回县城。十七日过姜城堡，经石嘴头及石鼓山返回工次。"

依调查报告，总计在2月13日至17日共计五天的调查工作区间内，除去领略山川形势以及体味民俗生活等内容，涉及苏、白一组的工作主旨，大体集中在

---

① 陕西省考古研究院、宝鸡市考古队、岐山县博物馆：《陕西岐山蔡家坡石窟考古调查报告》，载《考古与文物》2009年第5期，第18—26页、第51页。

② 该报告系手稿，原存徐炳昶先生处，1967年秋季徐先生将此稿交苏秉琦先生哲嗣苏恺之先生，2014年苏恺之先生将此稿捐赠于陕西省考古研究院。

③ 此处注释编号与下文"照片"所谓，皆依报告原式迻录，注释略，以下同。

古建筑及古遗址与相关之器物标本等方面。

1.古建筑方面。

主要有晁峪镇的普济寺、佛岩崖的睡佛庙、三交城的新城庙及五圣庙、石嘴头的石鼓寺等。

其中普济寺之"正殿三层，中供火帝真君，左孔子，右岳飞，旁则为张某塑像。文武人神，聚于一堂"[①]。

睡佛庙者，有"石级百余，庙凡三楹，睡佛长约八公尺。其北曰千佛顶（照片），有康熙三年（1664）碑，为'国史院大学士户部尚书意先山人党崇雅[②]'所撰，言该庙为僧淡虚重修云。又一碑卧地，文已漫灭。此外有雍正八年（1730）铸铁钟，及嘉庆二十四年（1819）铸铁磬，泥塑佛数十尊，极粗陋。再北曰祖师楼（照片），有明嘉靖四十三年（1564）铸香炉及民国五年（1916）重修祖师楼碑二"。

新城庙建筑位置，大致"与佛岩崖相对"。其地理形势，据庙内碑文，知其"今当佛岩之西，则有附秦寨，望渭滨，左如蟠龙，右如虎踞"。盖"旧有观音洞，洞前大殿一楹，关帝庙一楹，龙王庙一楹"。后遭兵燹，颇有损毁。但当苏、白二人调查之际，所见规模，尚"大体仍旧"。

又五圣庙在峻岭山上，"前有泉水，滴沥不绝"，惜甚仄陋，调查者故弃而未记。惟石鼓寺"仅蔽屋三楹，内供佛像"，虽不足瞻，却因有丁卯（1807）科副榜邑人高奋矗撰文、嘉庆十三年（1808）镌刻重修石鼓寺记碑语涉石鼓寺重修故事等，故得为调查者所录。所谓庙"去邑东南十余里，蜿蜒南来如蛇然。自鸡峰而下，偪临渭水，其山之阳，有寺颓废有年，荒烟蔓草，荆榛满目，遥望之不啻寒郊一荒冢耳！父老尝曰：'此古之大刹也。昔之石鼓，实出于此，丁卯冬居人谋重修焉'"。因"为构佛殿三楹云。有匾额曰'鹫岭胜瞻'"诸文，使人得悉石鼓寺悠久之历史渊源，亦可知久享盛名之秦石鼓取材之地，即在此处，故颇具价值。

2.古遗址与相关之器物标本。

2月14日佛岩崖之调查，早晨苏、白等人"在保卫团部早饭后，十时出发，自晁峪镇往东，越土山后，过一小桥（照片）再登山，折而北行，约五六里抵渭河，河流纡曲湍急，渡河后（图223），抵坊塘铺，借保长宅休息"；询保长"有无出土古器物"，其"出长柄三足有流之铜鐎斗一件，高约十余公分，

图223 苏秉琦等考察时拍摄的渭河摆渡。苏秉琦哲嗣苏恺之提供

---

① 参见苏秉琦、白万玉署名之调查报告。以下引文出处均同此。"张某"者，依调查报告，系发愿建造普济寺的晁峪镇张姓某氏。

② 党崇雅（1584—1666），字于姜。宝鸡县蟠龙人。明天启五年（1625）进士。自明至清，皆为师相。官至刑部尚书、户部尚书、国史院大学士、太子太保。著有《鹃失啼》《图南草》《意先草》《焚焚草》等。

口径亦如之，柄长约二十余公分，口缘及足均向外卷，足柄扁平，腹形如桶。至于陶类，据云亦有发现，但无完正（整）保存者"。按此线索，苏、白即"出保长宅，沿小溪北行"，果发现"地面尚不少绳纹陶片之属"。显然，长柄三足有流之铜鐎斗者，或系汉魏之物。小溪旁侧地面"不少绳纹陶片之属"，则系古代居人生活之遗留。两相对照，知此地至少系汉魏或汉魏之前的古遗址矣。

姜城堡遗址之调查，在17日。先是16日苏、白"自晁峪镇返县城，驻西汉旅馆"。翌日晨8时余，其"自旅馆出发，经县城南，西南行，渡渭河"，至于姜城堡，"访问该地住户有无出土古物，土人遂取出陶器数件：一、灰绳纹陶壶，高约三十公分。二、黑陶瓶，高约四十公分，有龙首衔环双耳。三、绿釉陶鼎，体圆，足短向外，两耳高出，口缘与腹之间状如蜂腰"。

缘此线索，苏、白等人即往姜城堡东调查。发现该遗址"为低地一块，面积约二十亩，沿边灰土层内，陶片极多"。推测"此或因土人掘地用土而成，则暴露于外者，仅遗址之一部，其整个面积，或甚广大也"。

调查中采集标本，计有：

"粗制红陶片——含砂砾，绳纹，刻画纹等类。

"精制红陶片——着色及不着色。

"印纹灰陶片及陶环。

"陶鬲片。

"石器——残磨制青石锛。

"蚌片。

"陶片口缘部分，多厚而小，当为瓶、罍式尖底袋状陶器之属也。"

此外，苏、白等尚从遗址出发，"沿渭河南岸东行，沿土坡见墓道数处"。

察此日调查之发现，虽村民所藏绿釉陶鼎等物，可将时代序列导引至汉代或汉代以前，但遗址所见诸物，却昭示出新石器时代母系氏族公社向父系氏族公社过渡时期的征兆。其详细内涵，在其后各家文物考古调查中得到了逐步的发掘与深化。

石嘴头与石鼓山二遗址的调查，亦在17日进行。

前者区位在茵香河西岸，"突入渭河，形似半岛，上有土堡"。"堡北沿西坡有废窑洞多处，高可逾丈，灰土自洞顶塌下，积层甚厚，陶片随地多有。"种类有粗制红陶片、精制红陶片、灰陶片三类，可辨器型有"盂、盘、壶、罍之属"。调查中尚在该遗址东南发现较多"粗绳纹瓦片及残花纹砖，更得灰石镰刀一个"。

后者位置亦在茵香河流域，"自石鼓寺渡茵香河即石鼓山，山之东西两坡均有灰土层"。采集器物标本大致亦分粗制红陶片、精制红陶片、灰陶片三类。并有长"十五公分半"之"完整磨制青石器（刀或錾）一件"。

二者相较，具有类同的共性，凸现了茵香河流域新石器时代文化类型的大致轮廓。

总括此次调查，按何士骥在《陕西考古会工作报告》中引用苏秉琦、白万玉二人当时感受，大致"以石鼓山为最好，姜城堡次之，三交城不过风景而

图224 调查沿途所见古树摄影。苏秉琦哲嗣苏恺之提供

已"①。但从今日之视角观察，我们认为，他们的调查，不仅使得部分渭水流域文化遗址的发现历史，赫然延伸，根基加厚，也使得普济寺、睡佛庙、石鼓寺等古建筑概貌得以较为完整地保留下来。而"路横岩腹，霞锦烂空，危楼陡竖"，"远则层峦叠嶂，近则绿柏成荫"（图224）等绝妙文辞的三交城风景挥写，还为我们洞悉昔年宝鸡附近秦岭北麓寺庙建筑生态环境提供了难得的资料依据。随着时代更替，庙建圮毁，气候变化，相信当年调查所蕴藉的价值将与日俱增，跃上新阶。更重要的是，因嘉庆十三年镌刻重修石鼓寺记碑石的发现，那个流衍千年的秦石鼓谜团，亦得以遽然清晰，斑斓生华。

推后两年，当徐炳昶、张扶万、黄仲良诸人欣喜抚摸石鼓山下一方类同石鼓之材的黝黑大石之际，我们便似乎如期掂量到这次调查非同一般的分量与价值。

依前述，隶属1935年第二次考古调查范畴，对"大散关、和尚原、鸡峰诸地"的考察，始于5月8日，结束于5月11日，时间不满一周。主要人员有徐炳昶、何士骥、苏秉琦、白万玉等人。其主要初衷，诚如《徐旭生陕西考古日记》记述，盖在弥补1933年考察期间于仓促之际，未能一饱眼福②的遗憾。

不过《徐旭生陕西考古日记》记："余等此四日之旅行，赏玩风景，异常高兴，而调查古迹，可云毫无所得。"但我们翻阅5月8日至11日《徐旭生陕西考古日记》所载此四日调查活动记录，仍觉其应有以下主要收获。

1. 5月8日于二里关村附近对古大散关、和尚原地理形势与残存关隘城墙的调查，以及清陕西巡抚叶伯英③题匾"陕南天险"、嘉庆丁丑（1817）中州周赓所书"古大散关"题字等文物之发现，为近代以来围绕陕西古关隘、古战场调查主题的一次重要考古调查活动。④（图225、图226）

2. 5月9日在寻找南宋绍兴元年（金天会九年，1131）南宋抗金将领吴玠、

---

① 何士骥：《陕西考古会工作报告》，载《国立北平研究院院务汇报》1935年第6卷第1期，第85页。
② 如1933年6月4日《徐旭生陕西考古日记》："姜城堡旧志名姜氏城，言为神农生长之地，其言固绝不足信。然姜姓之历史，实属古史上一极有兴趣的问题。地望名姜，当与姜姓或羌族均有关系，故余必往一考查。……至大散关、和尚原，……然此次时间迫促，未能往游也。"又1933年6月5日《徐旭生陕西考古日记》："今日新晴，南山苍翠欲滴，鸡峰插云霄，令人迷恋不忍去！过渭河，有山口南行，即为散关道，由汉中通秦之大路。五十里为益门镇。再前不远即大散关。悬想如能游此，一定步步有奇景，可引人入胜，惜乎余此行仓卒，未能饱我眼福也！"
③ 叶伯英（1825—1888），字冠卿，安徽怀宁人。清附贡生。光绪七年（1881）任陕西按察使，后迁布政使。光绪十二年（1886）擢陕西巡抚。于陕西巡抚任间，曾倡导募资重修城隍庙等。
④ 大散关一地调查，参见1935年5月8日《徐旭生陕西考古日记》。

图225　1935年5月8日徐炳昶等在大散关考察时于"古大散关"碑前留影。右起第二人徐炳昶、第三人苏秉琦、第四人白万玉、第五人何士骥

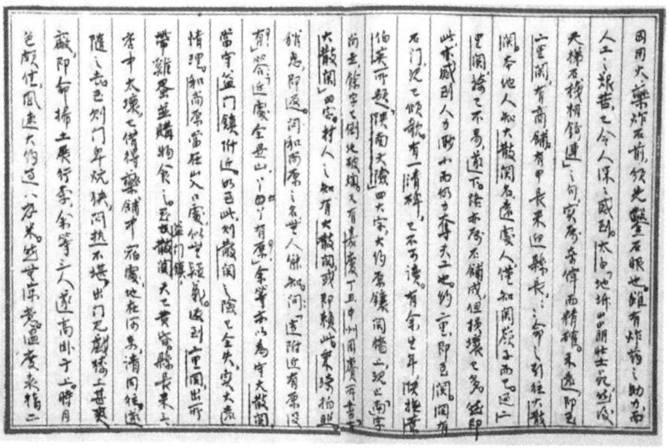

吴璘昆仲重创金军和尚原之战古遗址调查中,"闻有诸葛槽、诸葛山,亦或有历史上之价值,故往观"。因南行至冯家原村,发现菩萨庙内有"道光廿八年(1848)焚帛炉,咸丰七年(1857)碑"。据该碑助缘施主题名,推测"冯家(人)甚多,明朝有冯尚书。然则此果冯家原矣"。又于党家村北菩萨庙发现"康熙乙巳(1665)焚帛石盆"。① 对清代康熙以至道、咸时期此地寺庙建筑分布、助缘施主主体结构以及邑社信仰、社会生活等具有一定研究价值。

3. 5月10日的鸡峰山胜迹考察,初步廓清鸡峰山形势与胜迹分布线路及相关附属文物。山峰壮景,与明李贤、彭时等奉敕修撰《明一统志》所谓"山有三峰并峙,为一邑之冠",以及清乾隆时宝鸡知县

图226　1935年5月8日《徐旭生陕西考古日记》片段

邓梦琴修《宝鸡县志》所谓"鸡峰插云,县境峰岳之奇,唯鸡山为最。天柱矗立,玉笋排空;西连吴岳,东接太华;云绕峰腰,触石时呈五色,鸡栖山顶,惊人只在一鸣"等文献记载吻合。

其中苟家滩三清观道光二十年(1840)铁磬、雍正年匾额,以及羊石板石壁镌刻"东止黑沟,西止红崖梁,高止高马头,北止义板石"文字之"散岔山地界"与鸡峰顶石庙北东侧石缝插置长105厘米、为"凉泉一会弟子"于嘉庆四年(1799)"同铸"之"黑虎元帅"铁鞭等文物最为重要。另自嘉庆四年铁鞭上铸"匠人符守"等字样分析,略可知金火匠符守家族并徒弟系列的大致活动时期与活动范围。(图227)

另据残缺不全的1935年5月至6月《徐旭生陕西考古日记》,知徐炳昶、苏秉琦等5月20日在距离鄠县城10里教坊村附近发现"灰土陶片",且发现"离城廿五里许,大路北有大灰坑","见古陶片不少";又曾观永福寺、张子祠(张载祠)。

21日至盩厔,徐、苏等还在菜园堡西北发现"灰坑及旧陶片"。再前至"城

---

① 1935年5月9日《徐旭生陕西考古日记》。

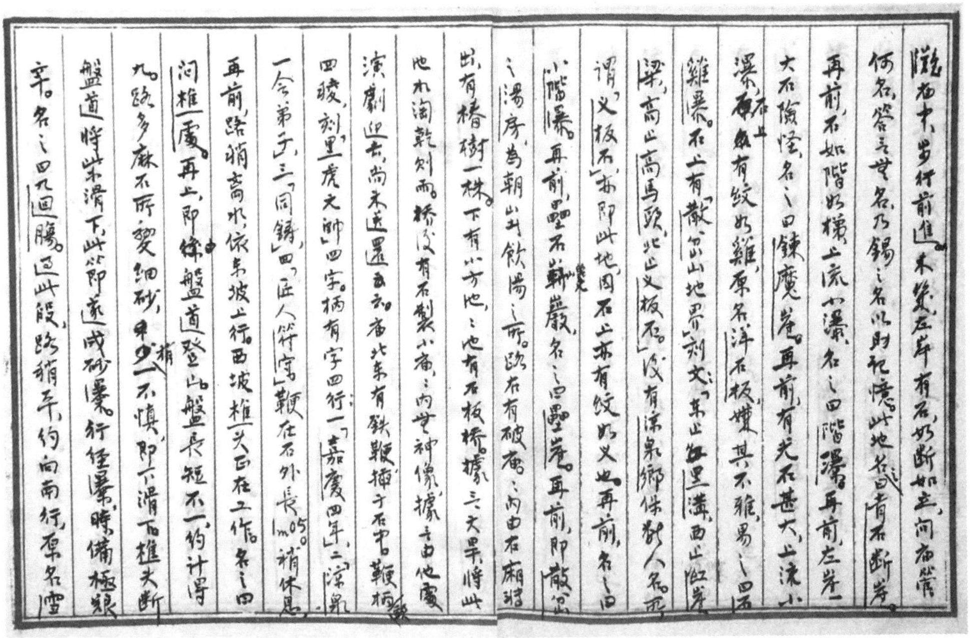

图 227　1935 年 5 月 10 日《徐旭生陕西考古日记》片段

西南，路南有塔，十一层。遍寻，无佛像，无字迹，内无楼板。顶已坏，从内可见天。其旁有崇祯十一年（1638）演武场碑，内言'据县志，塔建于唐。……'拍照后，到东关，店中仍不能住"。入城访瑞光寺，则"中墙绘佛像，有同治年扁（匾）额。两旁金刚尚系泥塑"。

22 日，徐、苏等赴盩厔以南仙游寺。寺在小河曲折转弯处，风景颇佳，以白乐天于此草出《长恨歌》而闻名天下。"有塔，七层。塔内有卧佛，旁十六（非十八）阿罗汉，……仪态甚佳"。徐炳昶因此疑"其为表示佛当灭度时之像"，（图 228）并以其被"烟熏黑，不易照像"为憾。

22 日晚，徐、苏等至道教圣地盩厔楼观台，受道士"威仪整肃"的迎接礼遇。是夜即宿于此。

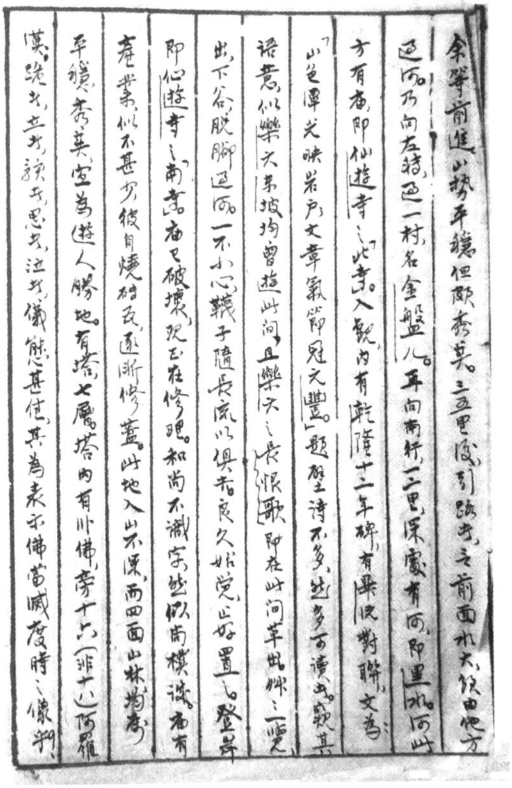

图 228　1935 年 5 月 22 日《徐旭生陕西考古日记》片段

23 日，徐、苏等遍观楼观台建筑名胜，于观内发现元至元二十七年（1290）古文《道德经》碑与无年月之正书《道德经》碑。且于塔峪寺神台发现墓砖、明正统甲子年（1444）钟。前者文为：“大禅师修行于终南盩厔县大峪里地坊　五峰丘木山大秦寺供奉住持僧刘儒清之墓　大清乾隆五十七年吉日书于大秦寺。”

24日，徐、苏等又至鄠县祖庵镇，观重阳宫，其“为金元间建，丰碑矗立者四十余”。宫内玉皇殿遗址，有“金大安元年（1209）所铸之巨钟，及焚帛炉”。徐炳昶觉“此二物均有保存之价值。钟文字甚秀丽”。本日且至鄠县县城，访县长赵葆真，询圭峰碑保护状况，以接续1933年调查时欲保护该碑之愿望。

前文述及，徐炳昶、苏秉琦等人一组在渭河以南郿县、盩厔、鄠县等地的调查，始于5月8日，至5月25日以回归西安而告结束；何士骥、龚元忠一组在凤翔、岐山、扶风、武功的考察，则在5月28日结束后，旋回归西安。

其5月28日《徐旭生陕西考古日记》：“……写润章、希渊、大哥信各一封。下午，寿伯来谈。乐夫、狮醒等从北路到。言北路过军队甚多，找住宿甚感困难。”1935年5月30日（旧历四月二十八日）张扶万《在山草堂日记》尚记：“何乐夫回，言扶风法门寺规模宏大，设数重门，中多白石雕刻，系唐代故迹无疑，宜请政府保护。”（图229）

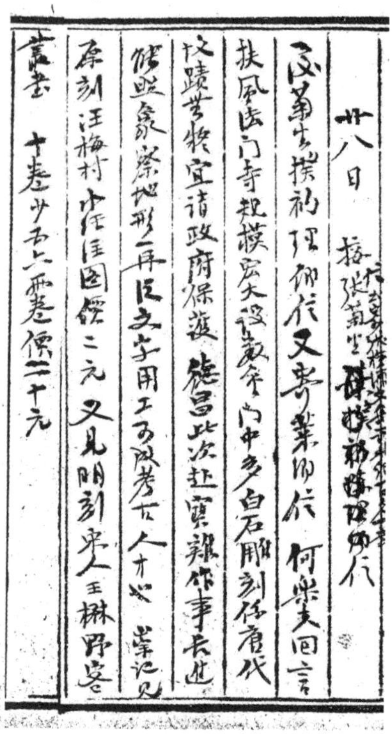
廿八日
何乐夫回言
扶风法门寺规模宏大设数重门中多白石雕刻係唐代
故蹟无疑宜请政府保護

图229　1935年5月30日（旧历四月二十八日）《在山草堂日记·燕游三记》

总计该年两次考察收获，除寺庙、碑石、壁画、造像、铁磬等相关文物之外，以数十处文化遗址的逐次发现最为重要。

同时，考察活动的逐步推进与落实，也使元《道德经》经幢及碑石、鄠县圭峰碑、扶风法门寺等诸多文物古迹，开始不同程度地进入考古会施行保护、研究①的计划序列。

天水、秦安等地的考察收获，笔者限于所及资料，目前尚无法做详细论述。只依前面所谓徐炳昶写函询问张扶万“秦亭秦谷地在天水抑在清水……又问秦阳平地”以及《在山草堂日记》随后的相关信息反馈②，相信此类考察，应对徐炳昶等确定“地上地下，搜集（周秦）此二民族遗留的史料”的主体目的产生一定的裨益，亟应附入先秦历史文物考察历史的序列。

连接该年关乎文化遗址的考察主题，并联缀此前及以后陆续推进的多次小型调查活动，只说新石器时代一途，具有重要学术意义者，依徐炳昶《陕西最近发现之新石器时代遗址》一文所谓，有斗鸡台北20里左右汧水岸上的老虎沟及宝

① 如发轫于元《道德经》经幢及碑石等金石文物的古本《道德经》专题研究，在徐炳昶回归北平后始得成立。其成果收入1936年出版由何士骥校刊之《古本道德经校刊》（《考古专报》第二号）。详细叙述参见本书第四章中“春华秋实无悔”。

② 1935年1月10日（旧历十二月六日）、1月12日（旧历十二月八日）《在山草堂日记》并附属此两条资料的相关阐释。

鸡城东 5 里的金陵堡等新石器时代遗址和大量实物标本①。它们为廓清汧渭流域新石器时代文化遗址的区域分布、文化内涵、时代特征等，显然开启了良好的端绪。

（四）春华秋实无悔

由于考古会第二届年会自1934年12月直拖至翌年6月2日方可望召开（图230），徐炳昶遂在1935年5月之初决定将尽快收束发掘工事。

1935年5月4日，徐炳昶致信李书华，谓："此间工事定于初十前后收束回省城，但回者仅一部分团员。何乐夫、龚狮醒将往考察凤翔、岐山、扶风、武功四县古迹。至昶则与苏秉琦过郿县、盩厔、鄠县沿途调查还省，期限十日。"

对于本次发掘所得70余箱"残陶片、残陶器、残铜器"以及"残铁器、石器"文物标本的处置，按徐炳昶计划，仍将依照第一次发掘成例，"函请铁道部办半价护照"运回北平。

5月14日，徐炳昶再从斗鸡台致函李书华，称此间"工事已全部结束，明日即由白万玉、李学廷诸人送采集品回西安（预延三五日即回北平）。至昶与苏秉琦则由渭水南郿县、盩厔、鄠县沿路考察回省，何士骥与龚元忠则由凤翔、岐山、扶风、武功考察回省，期以十日"。

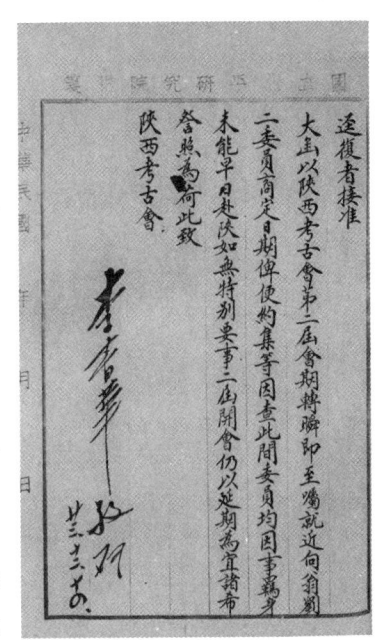

图230　1934年12月14日李书华关于陕西考古会第二届会期延期致考古会信函

徐炳昶周密筹划斗鸡台发掘结束后分组考察渭水南北文化遗址之际，张扶万等人则在西安积极与西京筹备委员会、陇海铁路潼西段工程局等相关单位紧密合作，加紧进行第二次古物展览的筹备事宜。同时决定6月3日至4日在粮道巷本会陈列室公开展览"二十三年下半年及本年春、夏两季继续由斗鸡台发掘各物"②。

稳妥起见，在6月3日至4日展览之前，考古会曾于5月31日"全日招呼陈列"③，并在6月1日"请各顾问来会指导陈列事宜"④。同时敞开门户，恭请西安各报新闻记者前来采访。

依原定计划，6月2日考古会还特假粮道巷考古会办公地址召开考古会第二届年会。

是日《徐旭生陕西考古日记》："天晴。上午寿伯来。正午开会。到会者，仅扶万、卓亭、午峰及余四人。余代表润章，卓亭代表胜浮（孚），仅能开会。余报告会务以外，仅谈与作考古事业机关联络，与外省博物馆交换古物及赠送北

---

① 徐炳昶：《陕西最近发现之新石器时代遗址》，载《国立北平研究院院务汇报》1936年第7卷第6期。
② 1935年6月3日陕西省政府致陕西考古会887号公函。
③ 1935年5月31日《徐旭生陕西考古日记》。
④ 1935年6月1日《徐旭生陕西考古日记》。

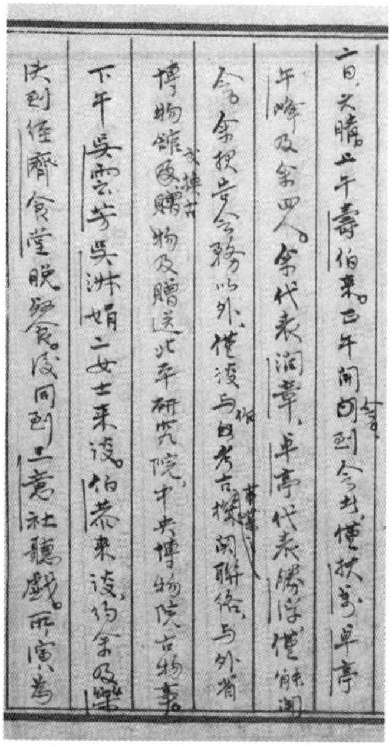

平研究院，中央博物院古物事。"（图231）

与《徐旭生陕西考古日记》所载稍有不同，1935年6月2日（旧历五月二日）《在山草堂日记》所记，则如实保留了徐炳昶报告第二次斗鸡台发掘经过以及明春或秋间发掘计划的信息。文云："徐旭生于开会时报告经过发掘事，明春或秋间来陕发掘斗鸡台，否则在丰京，否则在清湫庙。"

由于6月1日考古会曾事先优待西安各报提前光临，因此有关这次展览的盛况，各报报道自然不遗余力。

除却报纸报道，《徐旭生陕西考古日记》尚记6月3日考古会"请各机关各学校来参观"。重要嘉宾，《徐旭生陕西考古日记》记有"邵主席夫妇同一王君来参观"。且记连定一陪同其尊人连雅堂① 先生亦欣然光临。

许是琳琅满目的古物展览刺激了连雅堂的民族主义情绪，彼谈兴颇浓，与徐炳昶连连涉及许多中国文化问题。"言近研究台湾语，觉其古音甚多。又言台湾在孙吴赤鸟（乌）年，已通中国。近日人得赤鸟（乌）瓦当十数，藏于台湾博物馆……"（图232）

图231 1935年6月2日《徐旭生陕西考古日记》片段

当然，对于陕西考古会发掘古物之关注，并不只限于以上的叙述。

作为考古会的首席负责人，张扶万在1935年5月31日（旧历四月二十九日）

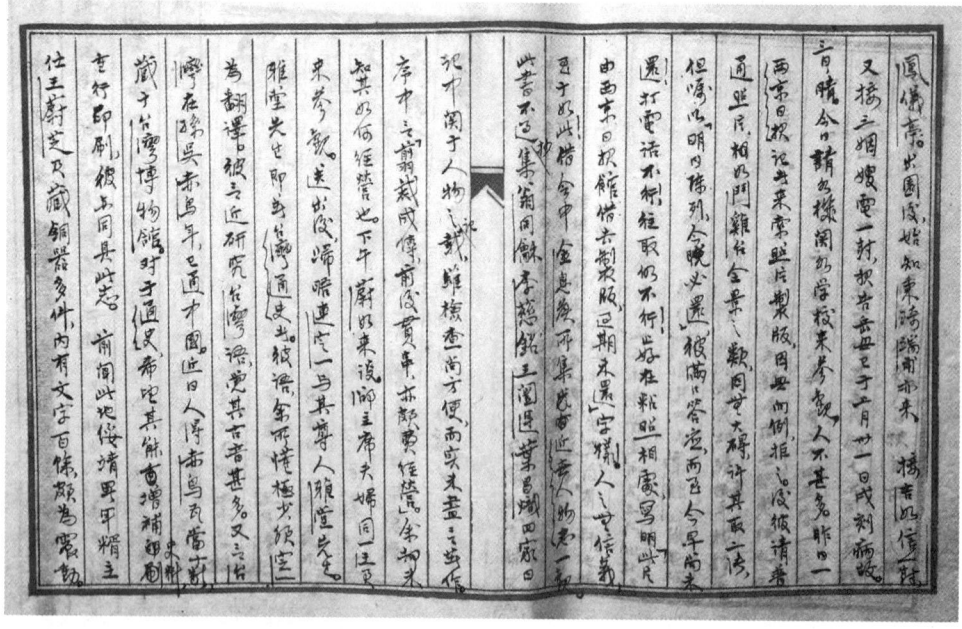

图232 1935年6月3日《徐旭生陕西考古日记》片段

---

① 即连定一之父连横（1878—1936），字武公，号雅堂，又号剑花，著名历史学家。

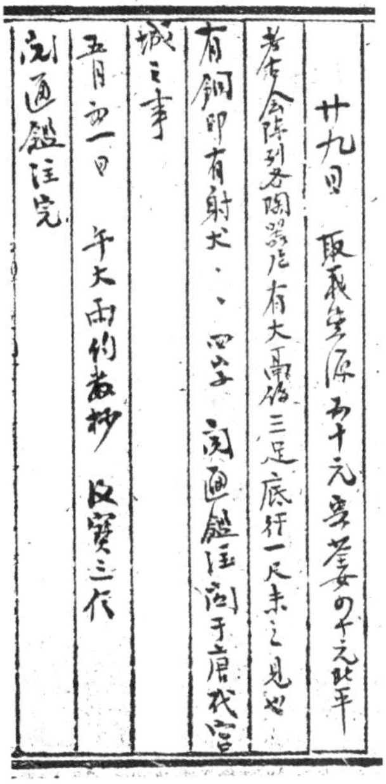

的《在山草堂日记》中，曾饶有兴趣地援笔记道："考古会陈列各陶器片，有大鬲余三足，底径一尺，未之见也。有铜印有'射犬□□'四字……"（图233）

张氏日记中所谓的"射犬□□"铜印，鼻钮，方形，印台稍厚。篆书印文，凿刻。印蜕后收入《在山草堂金石书画目录》。"射犬"二字，或系地名。查古野王县（今河南沁阳）有聚邑，曰"射犬"。其地在今沁阳市东北。《三国志》卷一《魏书一·武帝纪》曾记："（建安）四年（199）春二月，公还至昌邑。张杨将杨丑杀杨，睢固又杀丑，以其众属袁绍，屯射犬。"

如此一推测不误，"射犬□□"铜印则或系官印。其出斗鸡台，很可能与三国魏陈仓县故城遗址有关。因此，这枚铜印所具有的历史与文物价值，自然是不言而喻的。

张氏之后，在1948年刊印的《陕西省历史博物馆概况说明书》中，时任陕西省历史博物馆馆长的曹仲谦[①]亦独具慧眼。其将瘗裆陶鬲一件列入该书目录，

图233　1935年5月31日（旧历四月二十九日）《在山草堂日记·燕游三记》

并称此物"身长而足短，上段有纵横斜绳纹，下腹有不规正之凹印三足，高不及寸。身高三公寸一分，围一公尺二寸七分，口径三公寸。微缺。口外有棱，无颈。二十三年发现于宝鸡斗鸡台畔，亦陶器中之一特制也"。

言及精美之品，检点陕西考古会旧藏档案，尚有5月29日白万玉、顾端甫监督T.C.A.7坑所出绳纹红陶壶等物可记。有关此物之详细内蕴，当日"发掘情形日报表"备考栏曾如是记道："腹部作绳纹，口四周有凸棱，花颈，凿一小孔，颇为古雅，本会发掘以来所出陶器，当推此物为最佳也。"

由于北平研究院各委员如期未能前来西安参加考古会第二届年会，北平研究院一方遂由徐炳昶代表，按规定与陕西省各委员在6月2日集会协商，决定该年6月12日首途运转斗鸡台发掘各物回归北平。

6月11日，陕西考古会就查验斗鸡台发掘各物及相关古物运归北平一事分别致函北平研究院与陕西省政府。函件宣称："案查本会民国二十三年上半年由宝鸡斗鸡台地方发掘所获古物登记簿三册，业经函报在案。所有是年下半年及本年春夏两季继续由该处掘获古物完全运回本会，除已于本年六月三、四日择要陈列公开展览外，兹据工作主任徐旭生将此次各古物品数目分别造具登记簿，计发掘登记簿三册，采集购买各一册登记簿各一册，共五册两份。"又云："查此次发掘、采集购买各古物应由工作主任（徐旭生）悉数运往北平整理，已于本月十二日首途，合并声明。"

[①] 曹仲谦（1880—1959），字符谦。陕西长安人。清末秀才，曾入陕西两级师范学堂优级选科博物科，毕业后东渡日本，入东京同文书院习地质博物馆学，回国后考取中书科举人。1940年始，历任西安碑林管理委员会主任干事、陕西省历史博物馆馆长、陕西省参议会秘书等职。1949年后任陕西省博物馆馆长、西安市文史馆副馆长、政协西安市委员会委员等职。

至此，横跨两个年头的第二次斗鸡台考古发掘，虽以种种原因提前结束，但它在整个斗鸡台发掘过程中所占的重要地位，却是显而易见的。

检点收获，《国立北平研究院第七年工作报告》（图234）有简要记述："本院自二十二年冬与陕西省政府合组陕西考古会以后，至二十三年二月，即由徐炳昶率领工作人员何士骥、苏秉琦、白万玉、张嘉懿、周罕等赴宝鸡县先秦遗址之斗鸡台发掘。至二十四年五月，暂行结束。所得有铜鼎，铜戈，铜镜，铜铁箭头，铁剑，石器，骨角器，金花残漆器（图235），陶片，陶器等。而尤以新石器时代末期，三代，及汉唐时代之陶片陶器为最多。"

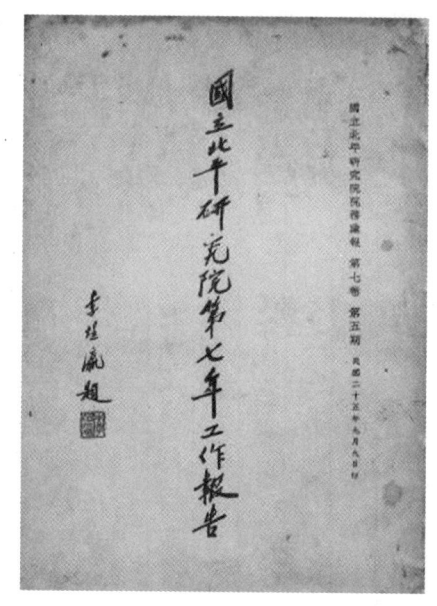

图234　1936年出版《国立北平研究院第七年工作报告》

论及工作内容及信息发布，《国立北平研究院第七年工作报告》尚称："在发掘期中，兼作调查工作，其详情已见本院第五，第六两周年工作报告，及已在印刷中之陕西调查古迹报告第二号中。"①

至于1935年考古调查中何士骥在虢镇磻溪宫发现的元大德年间老子《道德经》经幢、徐炳昶于楼观台发现的元至元二十七年古文《道德经》碑与无年月之正书《道德经》碑三种拓本资料，及徐炳昶等回归北平后，有关人士曾将其与新"搜得北平白云观（石系元书清刻），河北易县，邢台，甘肃庆阳，江苏镇江，浙江杭州之同样石刻（唐宋两代所刻）拓本，并北平图书馆所藏之木本，写本"集合，总计"凡十九种，由何君为之校刊一过"，②谋以出版。此北平研究院《古本道德经校刊》③（图236）校刊出版之大致原委。

分辨细节，要以沟东区发掘成果最为显著。截至1935年5月7日，沟东区的发掘面积已达1062平方米。在此一区域内，先后发现墓葬104座，时代上起殷商，下至隋代。在已经清理发掘的82座墓葬中，出土了大量弥足珍贵的各类文物，西周的大鬲，秦汉的陶器、铁器、铜器以及北朝至隋代的瓷器等，更是这批出土文物之中的佼佼者，具有重要学术价值。

与沟东区重要发现相联系，废堡区的发掘亦有重大收获。计在前次发掘过程中"发现大废井一座"，出土大量兵器的前提下，又复在废井附周发现交错密集的居住遗址。其分布规律，当以废井为中心，"渐远渐稀"。

此外，在废堡东门外还"发现城垣版筑"遗迹，出土有汉魏时期的布纹板瓦

---

① 《国立北平研究院第七年工作报告》，载《国立北平研究院院务汇报》1936年第7卷第5期，第78—79页。

② 《国立北平研究院第七年工作报告》，载《国立北平研究院院务汇报》1936年第7卷第5期，第81—82页。

③ 何士骥：《古本道德经校刊》（《考古专报》第二号），1936年。

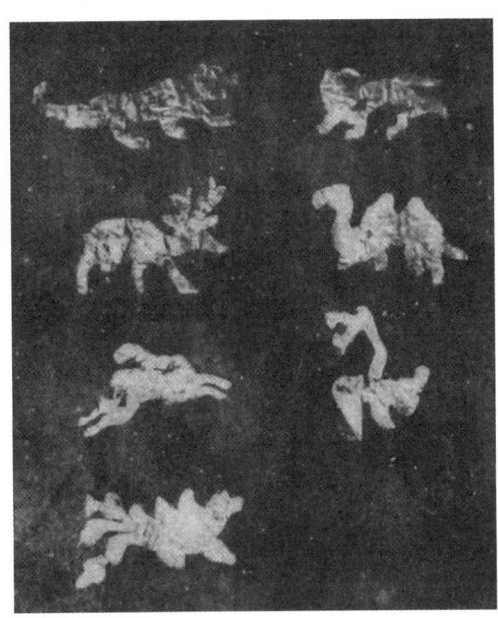

图235 斗鸡台沟东区墓葬出土漆器镶嵌金花。采自苏秉琦《斗鸡台沟东区墓葬图说》（中国科学院1954年版），图版39

图236 何士骥《古本道德经校刊》。1936年刊行

及"射犬□□"铜印等物。① 对照《三国志》《元和郡县图志》《太平寰宇记》等文献所载魏郝昭建筑、坚守陈仓古城的史实，徐炳昶等人当时所谓"判定废堡区主要是汉魏时期的居住遗址"之论断，似乎并非率意之举。

殷商以至隋代墓葬与汉魏居住遗址之发现以外，目睹斗鸡台沟东区叠压丰富的文化层以及仰韶层中不断出现的大量绳纹、篮纹陶片与骨器、石器，发掘者从第一次发掘之初即开始关注新石器时代的文化类型与相关遗迹，先后发现的一处"类似新石器时代制陶作坊遗址"以及五处"圆形竖穴式人居遗址"等相关文化遗存，成绩显著，应该没有辜负发掘者的最初期望。

分析遗址中出土的大量绳纹、篮纹陶片，研究者初步认为："就颜色言"，主要有"黑彩花纹，其次是黑灰色"。"就形色言"，"可分为四式"：一是"身浅，底宽平，口阔，无缘，上磨光无纹，若古代盘洗之属"；二是"身较深，圜底或狭平底，口阔，磨光无纹，若古代之盂"；三是"身甚深，底平，口与身称，窄平或窄狭缘（斜平依上面定之），粗绳纹，若今人所用之缸"；四是"腹深，口小，底尖，颈狭，缘宽平，腹被细绳纹或无纹"。"就饰纹言，有一部分绳纹者，与仰韶期及瓦鬲期之纹相同；篮纹则为仰韶期所无。另一种细刻纹及点状纹，亦为此期所独有。"就形状言，则有"细颈鼓腹，平底之罍形器，直坐，平底，双唇之角形器及有鋬，薄肉饼等均为仰韶期中所未见"，且"质地比较粗糙，无仰韶期之精制红陶"。②

---

① 以上所引斗鸡台废堡区发现，参见容媛：《陕西考古会近况》，载《燕京学报》1935年第17期，第204—206页。

② 参见载于《燕京学报》1936年第20期的《陕西发现新石器时代遗址》一文。另《国立北平研究院院务汇报》1936年第7卷第6期收录的徐炳昶《陕西最近发现之新石器时代遗址》一文也有类似论述。

直面这些发现，尤其是 H 坑北坡被后代墓葬打破的新石器时代窖穴所出的红陶片，其"质料和颜色同仰韶相差无几，纹饰却比普通纹饰宽"，式样奇特，盖为以往所未见。它促使徐炳昶有理由认为，此当为比仰韶文化早的一种"真正新石器时代文化"。进而审慎发论："从前在旧石器时代以后，新石器时代末期之前，有一页空白；我们这次斗鸡台的发掘才算把这一空白补起来了一部分。"①

类似的评判，另见《国立北平研究院第七年工作报告》（此部分以下简称"报告"）。文称："数年来所工作之斗鸡台，自新石器时代以来，即有居民，直至隋朝陈仓县治移去以后，始渐稀少。曾在土中发现多量三代墓葬，所得殉葬陶器甚富。此等陶器不仅可为研究三代陶器本身之有力证据，即对于研究古代民族文化亦裨益匪浅。"

依"报告"之分析，在三代以前，斗鸡台一带"即为古人之居住遗址，仰韶期之陶片，尤为普遍。仰韶陶器层以下，又有一层花纹质地较粗，绝无彩色，形式较异之陶器及石器骨器之文化层，大约系真正之新石器时代，离新石器时代之末期已远"。

据此分析，"报告"最后认定："此时期尚为我国第一次发现，殊堪宝重。"为求慎重，"报告"最终将"此问题之明确判定"，寄托于"斗鸡台之重事发掘"。②

在中国考古学历史发展进程中，徐炳昶首次明确提出早期新石器时代文化的概念，给予曾经风靡一时的"中国文化西来说"以巨大冲击。其初步感悟的"四式"陶器类型概念，也对而后苏秉琦中国考古学区系类型学理论的酝酿、提出，奠定了一定的学术基础。嚆矢之功，昭然存焉。尽管尹达、吴金鼎等人后来对徐氏的部分论点提出疑义与否定，但学术研究方面的正常争议，并不能因此冲淡斗鸡台发掘在整个考古学历史上的重要意义。当时的权威学刊——《燕京学报》在评论陕西考古会的这次发掘时，真实客观地说道："所获器物，以陶器为最多。按近世考古学者，对于陶器，最为重视，盖以其遗留丰富，形制与花纹繁复，便于比较及鉴定时代为考古学上之基本材料，故学者每称近世考古学为陶片考古学也。"

图237 刘节小照

涉及斗鸡台发掘意义的评价，《燕京学报》亦丝毫未加以回避，其高度评价认为："中国考古学，经近年中外学者之努力，可谓自无而有，然于陶器之研究，尚少进步。"而"该会此次发掘所获陶器之丰富，在国内可称首屈一指；且已证明三代之殉葬器物亦即其日常所用，与汉以后之明器专为殉葬而特制者不同，于研究上价值尤高也"。③

接续前说，著名考古学者刘节（图237）还在其《考古学社之使命》一文中，将"北平研究院徐炳

---

① 陈星灿：《中国史前考古学史研究（1895—1949）》，生活·读书·新知三联书店1997年版，第194页、第304页。
② 以上"报告"所引，参见《国立北平研究院院务汇报》1936年第7卷第5期，第80页。
③ 容媛：《陕西考古会近况》，载《燕京学报》1935年第17期，第205页。

昶，何士骥，两位先生发掘宝鸡县斗鸡台"的活动与中央研究院史语所李济、梁思永、董作宾之殷墟以及浚县等处的考古发掘相提并论。称这些发掘"都是依照科学律令，作有系统的发掘，成绩已斐然可观"，拓"开中国考古学的新纪元"。①

四、第三次斗鸡台发掘与考古类型学的孕育

（一）第三次斗鸡台发掘

截至1935年6月，陕西考古会经民政厅、莲湖公园以及两次斗鸡台考古发掘所得和"由各处采集购买（的）古物品"②已有近千件之多③。对于这些"古物品"的整理研究，依据1934年2月修正通过的《陕西考古会办事细则》第二十三条"本会研究成绩，得以刊物发表之"的决定，此前民政厅的发掘成果已屡屡见诸报刊，莲湖公园的发掘报告亦于1935年2月15日编写完成，而张扶万的《唐长安城尚宫砖考》④以及《吕刻唐长安故城图考证》《唐长安城金石考》等著述，也均在积极编著过程之中。

着眼以上成例，延续两年的斗鸡台考古发掘，似乎也应该墨守成规，暂时中辍，进行"初步整理"⑤。基于此种心结，从1935年6月下旬以至1936年7月，苏秉琦、白万玉、龚元忠、陆式薰等人谨遵北平研究院史学研究所工作计划，先后在北平、西安两地对斗鸡台发掘所得全部遗物进行了分类、编号、登记以及照相、绘图等初步的整理研究工作。

据1936年9月出版《国立北平研究院第七年工作报告》之记载，至1936年夏、秋之间，整理工作已初见成效。"总计一年以来关于陶器，陶片，墓葬各部分已成之记录表为五百余份，照片七百余张，图片四百二十余种，由碎片黏成之陶器，骨器等一百余件。"⑥

整理工作之余，同时发表与撰写完成的学术著述还有徐炳昶的《陕西最近发现之新石器时代遗址》《唐王岭及宝山调查报告》，苏秉琦的《斗鸡台考古见闻录》《石鼓文"廊"字之商榷》，以及马丰的《赴磁县武安县南北响堂寺及其附

---

① 刘节：《考古学社之使命》，载《考古》1935年第2期，第3页。刘节（1901—1977），字子植。浙江永嘉人。1926年入清华大学国学研究院，师从梁启超、王国维、陈寅恪诸大师。在中国古代史、古文字学、古器物学等方面建树颇多。著有《洪范疏正》《古史考存》《历史论》《中国古代宗族移殖史论》等。

② 参见1935年6月11日陕西考古会呈陕西省政府第47号公函以及7月3日陕西省政府回复考古会第887号公函。

③ 依据考古会旧藏省院移交档案粗略统计。另1936年11月通过的《陕西考古会第三届年会会务报告》称"该会二年来由发掘调查购买捐赠所得古物，总计九百八十余号"。但据李希平回忆，实际数量已超越此数。

④ 张鹏一：《唐长安城尚宫砖考》，载《国风》1936年第12期，第30页；《秦风周报》1936年第27期，第19页。

⑤ 参见郭大顺、高炜编：《苏秉琦年谱》，见宿白主编：《苏秉琦先生纪念集》，科学出版社2000年版，第166页。另《陕西考古会近况》一文又谓：废堡性质"由各方面推测，疑即魏郝昭所筑及坚守之陈仓"。

⑥ 《国立北平研究院第七年工作报告》，载《国立北平研究院院务汇报》1936年第7卷第5期，第79—80页。

近工作报告》，何士骥、刘厚滋合编的《南北响堂寺及其附近石刻目录》（图238）等。①

1935年下半年于北平研究院的资料整理过程中，苏秉琦、白万玉、龚元忠、陆式薰等人通过对沟东区以及废堡区所出陶片的系统分类整理，获得了两项基本认识。

这两项基本认识，一是对发掘过程中初步"判定废堡区主要是汉魏时期的居住遗址"的概念进行了较为系统的确认，同时根据沟东区"有新石器时代居住遗迹和商周秦汉至隋代各期古墓，年代不同，遗存的性质也不同"的现象，认为"废堡、沟东二区的居住遗迹及沟东历史时期墓葬三部分应分开整理"。其工作次序应"先作沟东区墓葬的整理，后作人居部分"。具体分工是按照发掘过程中各自主持发掘区位的不同，由何士骥负责整理废堡区所出遗物，由苏秉琦负责整理沟东区所出遗物；二是搞

图238 1936年出版何士骥、刘厚滋合编的《南北响堂寺及其附近石刻目录》

清了"沟东区表土层中包含的陶片和被后代墓葬扰乱的陶片，已被多次搬动，失去原来层位，只有出于灰土坑和各种形式竖穴中的陶片，保持了原来的堆积状态，最具科学价值"。

今天看来，上述这两项基本认识，也许是微不足道的，然在当时，它却凝结了发掘、整理者的诸多心血，得之非易。

应该说，两项认识增强了苏秉琦等人对斗鸡台遗址的理性认识，并由此使他们获得了"考古地层学方面的知识和经验"，对于下一步存放在考古会内的沟东区资料的整理工作，奠定了良好的基础。

连接1935年，1936年的资料整理工作显得更为繁复、重要。其大致分为两个阶段，仍由苏秉琦、白万玉、龚元忠、陆式薰四人具体负责。第一阶段从1936年4月开始至6月结束，主要整理存放在西安粮道巷考古会本部内的沟东区出土器物；第二阶段的工作集中在下半年，主要整理此前两次运归北平的90余箱出土器物以及田野发掘记录。

两个阶段中，第一阶段的整理工作尤可称道。此段工作整理者通过对大量陶鬲的"逐一仔细摩挲、观察，对其质地、颜色、制法、形制、花纹作详细比较与记录"②，促使研究者发现陶鬲的制作工艺与形态特点间的必然联系，摸索出西周典型器物——鬲的发展演变规律，进而萌生出"谱系分析器物的方法"③。这

---

① 徐炳昶《唐王峻及宝山调查报告》及马丰《赴磁县武安县南北响堂寺及其附近工作报告》分别载《国立北平研究院院务汇报》1936年第7卷第4期，第97—110页、第111—119页。

② 以上引文均见郭大顺、高炜编：《苏秉琦年谱》，见宿白主编：《苏秉琦先生纪念集》，科学出版社2000年版，第166—167页。

③ 张忠培：《中国考古学的重要奠基人与中国考古学新时代的开拓者——沉痛悼念恩师苏秉琦教授》，见宿白主编：《苏秉琦先生纪念集》，科学出版社2000年版，第109页。

成为其后苏秉琦撰写《瓦鬲的研究》一书的主要动机以及逐步成熟的中国考古类型学的先声之一,具有十分重要的学术意义。

依据《陕西考古会办事细则》第九条"本会常会每半年一次,于必要时得开临时会议,俱由委员长召集之"的规定,从 1934 年 2 月开始至 1935 年 6 月,陕西考古会先后召开过两次年会。鉴于第二次年会北平方面委员因故未能参加,诸多会务实际上并未得到彻底解决的现实,在张扶万的提议下,陕西考古会遂于 1936 年 11 月 16 日在西安召开第三届年会。出席会议的代表陕西省方面有张扶万、寇胜孚、王卓亭、梁午峰;北平方面参加者,除翁文灏"因职务羁身,弗克赴平参加",冀望"所有各议案尚希见示"①(图 239、图 240)外,余为李书华、徐炳昶、顾颉刚、刘慎谔。此外,陕西省主席邵力子也应邀参加了会议。

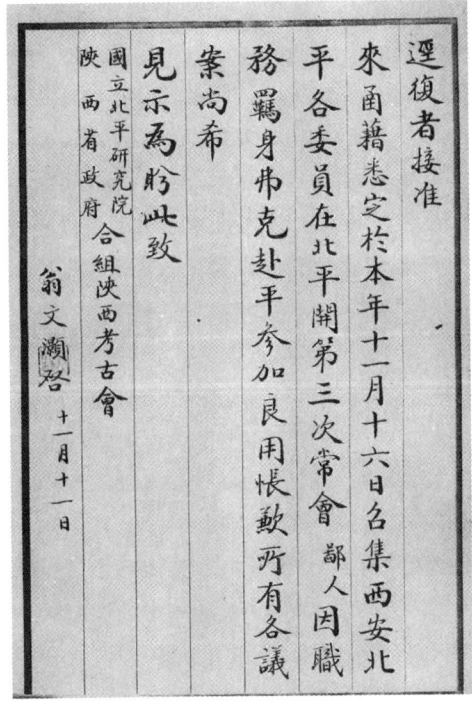
图 239　1936 年 11 月 11 日翁文灏致陕西考古会关于因事不能参加第三次常会的信函

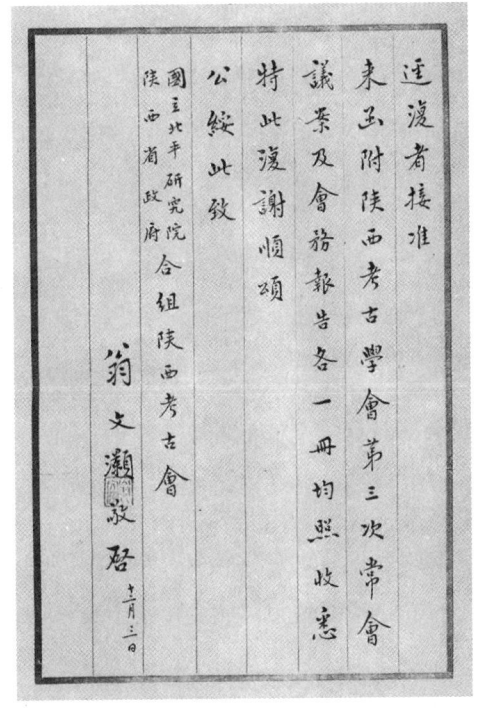
图 240　1936 年 12 月 3 日翁文灏致陕西考古会信函

会议在充分肯定三年以来陇海铁路、渭惠渠等处兴工工事出土古物的调查征集,斗鸡台、莲湖公园、兴隆巷三地的考古发掘以及古物整理,东岳庙壁画的修理,碑刻、古钟的拓印等项工作的前提下,通过了关于顾颉刚替代李麟玉任考古会委员等项议案在内的《陕西考古会第三届年会会务报告》,并决定编纂出版《陕西金石一览》《唐长安城金石考》等著述。同时"决议明春继续发掘斗鸡台"遗址及"周丰镐两京遗址"。②

其中扩充斗鸡台发掘范围,目的在于"早日寻出真正新石器时代清晰之轮廓"。

---

① 参见陕西省档案馆藏 1936 年 11 月 11 日翁文灏致陕西考古会信函,全宗号:48,档号:1,案卷号:8。
② 《陕西考古会第三届年会会务报告》,载《燕京学报》1936 年第 20 期,第 595 页。

其工作期限"拟于一年或一年半之期间内完成"。"此后一方面抽调人员作整理，研究，出版"，而周丰镐两京遗址的发掘，亦有"大规模"进行之定义，其目的，则旨在"以为研究周民族文化之基本准备"。①

相关内幕，燕京大学历史学系编辑《史学消息》之"本系消息·系主任赴陕"一条披露：

"北平研究院与陕西省政府合组之考古委员会（会议），定本月十六日在西安举行。本系主任顾颉刚先生代表北平研究院之历史组与该院副院长李书华先生，考古组主任徐炳昶先生，同于十三日晚乘平车南下，翌日转陇海路西上，赶往参加，约于本月二十六日返抵北平。并闻本届该会内容除报告已往工作成绩外，并讨论明年工作计划云。"②

较之于《史学消息》之报道，李书华在他的《陕游日记》中尚有更为详细的叙述。语云：

"考古会发掘斗鸡台工作自二十三年二月至廿四年五月，由旭生率领工作人员何士骥，苏秉琦，白万玉等至宝鸡县先秦遗址之斗鸡台，实行发掘。其后为整理掘得各器，颇需时日，故暂停发掘。曾发现古人居住遗址，及三代古墓，并获得屈身葬骸八具（图241），所得则有铜鼎，铜戈，铜镜，铜铁箭头，铁剑，石器，骨角器，金花残瓷器，陶片，陶器等甚多，而尤以新石器时代末期，三代及唐汉时代之陶器为最多。就中瓦鬲墓，及仰韶前陶片为最重要。此次开会讨论结果，决定廿六年春间仍继续发掘斗鸡台，俟工作告一段落时，再往发掘周丰镐两京遗址。"③

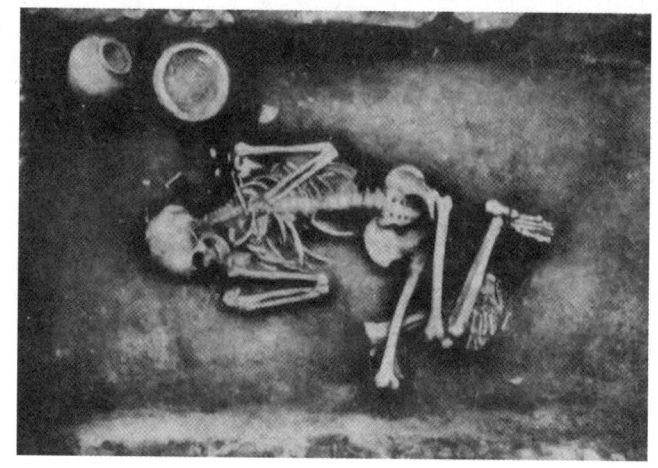

图241 斗鸡台沟东区墓葬出土屈肢葬骸。采自苏秉琦《斗鸡台沟东区墓葬图说》（中国科学院出版1954年版），图版32

相较斗鸡台发掘，周丰镐两京遗址发掘明显源自1934年1月上旬以来徐炳昶、何士骥、张孝侯等对周丰镐故都建筑遗址之调查，前在本书第一章中"回望流年"部分曾有叙述。为此《中国博物馆协会会报》还专门刊发题为《陕西考古会将在丰镐附近发掘》④的一则消息以示报道。称1934年1月上旬以来，徐炳昶曾率何士骥、张孝侯等人对咸阳、鄠县、长安三县境内的部分新石器遗址以及秦咸阳故都、周丰镐故都等建筑遗址进行了考察。

---

① 《国立北平研究院第七年工作报告》，载《国立北平研究院院务汇报》1936年第7卷第5期，第82页。
② 燕京大学历史学系史学消息编辑委员会编辑：《史学消息》1936年第1卷第2期，第34页。
③ 李书华：《陕游日记》，载《禹贡》1937年第7卷第1、2、3合期，第301页。
④ 中国博物馆协会：《陕西考古会将在丰镐附近发掘》，载《中国博物馆协会会报》1937年第1卷第4期，第50页。

难以料及的是，第三届年会后不到一月，西安事变即骤然发生。事变对于中国历史进程的改变固然具有极为重要的意义，然而对陕西考古会的各项工作却产生了一定障碍。先是考古会粮道巷本部被事变兵士持枪骚扰，幸"官长禁阻，始免抢劫"①，接着，鼎力支持考古会工作的邵力子夫人傅学文又被流弹击伤，邵本人亦随之失去权力，离开陕西……这一切，使得陕西考古会第三次斗鸡台发掘工作无形迟滞到1937年4月12日方才正式开始，原拟进行的"周丰镐两京遗址"发掘则因"七七事变"等因素的影响而终未开展。

查阅陕西考古会旧藏档案，知陆续与间接参加此次发掘的工作人员计有徐炳昶、何士骥、苏秉琦、龚元忠、周隆季、陆式薰、白万玉、徐我艇、孙文青、李印唐、杨彬如、赵纯、钟德昌、朱明俊等人，共分两批于4月12日、16日到达斗鸡台。

与前两次斗鸡台考古发掘有所不同，此次发掘主要是在"戴家沟以西地方开工发掘"，目标是针对"本组只有仰韶期最前之物"的缺陷，希望"解决本组对新石器时代所发生之数种问题"。②最终契合前述第三届年会所定诉求——"早日寻出真正新石器时代清晰之轮廓"。

关注此次发掘的酝酿、准备以及工作计划与工作目的。因顾颉刚担任北平研究院史学研究会历史组主任及燕京大学历史学系主任并新任陕西考古会委员缘故，燕京大学历史学系史学消息社③得以在第一时间获得最新消息。1937年第1卷第5期之《史学消息》遂以《国立北平研究院考古工作情形》为题，宣称："该院史学研究会考古组，前在陕西斗鸡台从事考古工作，嗣亦因陕事发生，工作宣告停顿。自陕西事变解决后，于日前已派研究员何世（士）骥等，专赴西安继续斗鸡台考古工作。徐炳昶主任，日内亦即赴西安领导在陕全体工作人员工作，并拟扩大工作范围，以期早日寻出其真正新石器时代清晰之轮廓。此后一方面抽调人员作整理，研究各项工作。另一方面，同时在长安西境之周丰，镐京两地作大规模之发掘，以为研究周时民族文化之基本准备云。"④

呼应《史学消息》的报道，《考文学会杂报》据4月1日大公报北平航信，在《史学界消息·考古发掘消息》一栏则以《北平研究院史学会扩大考古范围》为题，详加剖述：

"北平研究院史学研究会，近因计划扩大历史考古工作，特请准中英庚款董事会发给补助费万元，刻正办理领款手续，不久当可发给。关于工作计划，现分古物发掘与古迹调查两部分进行。发掘古物工作，决继续于陕西宝鸡县发掘斗鸡台，暂以一年为期。期于此一年中，将该地古物所具之特色与所引起之各项问题，究悉其轮廓大致。因该地出土古物，已确证其为新石器时代。距今万年前人类生

---

① 事见1936年12月13日（旧历十月三十日）《在山草堂日记》。语谓："早七钟，至考古会，晤何乐夫，得悉昨早军人至会，问民政厅人员，答以此系考古会，无民政厅人，以兵持枪将乐夫住所，其官长禁阻，始免抢劫……"

② 《斗鸡台掘获仰韶期前古物》，载《燕京学报》1937年第21期，第285页。

③ 编辑《史学消息》之"燕京大学历史学系史学消息编辑委员会"自1936年第1卷第3期易为"燕京大学历史学系史学消息社"。

④ 燕京大学历史学系史学消息社编辑：《史学消息》1937年第1卷第5期，第36页。

活中之遗物，欲行全部发掘，殊非短期内所能竣事。故拟俟其真相明瞭后，即暂告一段落，另行发掘周代丰京遗址。"

不同于《史学消息》之报道，《考文学会杂报》在披露斗鸡台发掘最新消息之外，尚纵深揭示，传递出徐炳昶等人更新颖、更远大的工作计划。称"该会考古组主任徐炳昶已定于下月十日前偕工作人员，赴宝鸡开始从事。关于古迹调查，该会初拟分两路从事：一路由陕西到甘肃，一路由河北经察哈尔、绥远到宁夏。近因日本之东方考古会，有于暑期中赴察绥调查两省古迹之说"。并郑重宣告："该会以我国自有历史古迹，殊无容外人越俎代劳必要，亦未便允许外人随意在国境内进行某种调查。决变更原来调查路线，先行组织察绥古迹考察团，迳赴察绥两省，从事古迹考察。预定考察期间四月，专门考察察绥两省史前石器时代古物，及周秦以来历代据居该两省境内之猃狁、匈奴、突厥、回纥等各时代民族之文化古迹，作将来发掘古物之张本。"

至于组织结构与出发日期，《考文学会杂报》续称："（该）考察团团员，预拟约七八人，在邀约物色中。团长将由徐炳昶或顾颉刚担任，出发日期，因中英庚款万元补助费尚未发下，暂时尚难确定。"①

这些令人欣喜、振奋的信息，在集中围聚斗鸡台发掘主题的同时，尚明晰透析徐炳昶等人立足斗鸡台发掘所艰苦聊发的更为深邃、广远的学术思考与无不催人钦佩、自豪的强烈民族意识。

一切说明，发端于斗鸡台发掘的种种变化，虽受限于时代背景的约束、限制，但得益徐炳昶等人坚韧、顽强的拳拳心力，终于促使斗鸡台发掘进入一个新的历史阶段。

欲窥此次发掘之基本概况，可追张扶万与中央古物保管委员会西安办事处主任黄仲良等在1937年5月应徐炳昶邀请前往宝鸡所做考古游览之流踪。

许是受到中英庚款补助即将到来，新的发掘收获又连连出现等喜讯的鼓舞，其间同人曾满怀兴致考察金台观、东岳庙、蟠溪宫、石鼓山等古建名胜，欣喜发现先秦石鼓取材之地。了却了徐炳昶、何士骥、龚元忠等人此前的期望②，并联袂攀登鸡峰山高峰且顺而参观了斗鸡台考古发掘工地。

所谓"此石偶然见遗弃，零落山前在路歧。高逾三尺齐腰腹，下宽上削色黑黳。徐君访古忽相告，使我抚摩手足蹈。黄君搜奇走天涯，为我摄影寄兀傲"③等热情洋溢的诗句，定格了当时石鼓材料遽然发现的喜人场景（图242），也把徐、张、黄等考古大家此次游览考察活动推向了高潮。

相关斗鸡台考古发掘工地参观诸事，张氏除在《在山草堂日记》中连续记载外，

---

① 以上引文均见贝仲琪：《史学界消息》，载《考文学会杂报》1937年第1期，第39—40页。
② 1935年1月27日至2月17日何士骥、龚元忠等在凤翔、宝鸡、岐山等地的考古调查中，曾将寻找石鼓残片作为重要调查目标，"然亦未得"，此次发现如愿以偿。参见本书第四章中"1935年的考古调查"，另见何士骥：《陕西考古会工作报告》，载《国立北平研究院院务汇报》1935年第6卷第1期，第85页。
③ 壹翁（张扶万）：《宝鸡记游诗八首》其二《石鼓山前道旁石鼓歌》，载《陕西教育月刊》1937年第3卷第2期。同诗录入1937年5月9日（旧历三月二十九日）《在山草堂日记》。

其后并有《游宝鸡县鸡峰山记》①一文详做记述，称5月5日，"早七钟食早餐，以考古工作，早餐后即出发也。食毕，同往台东里许，参观所开各坑，凡六处，白君万玉，引绳测量，龚君元忠，摄影留真，余人记录各坑方向浅深，各器物品名目，种类件数，今不备录"。

经实地参观考察，张扶万对斗鸡台一地的科学考古发掘有了更具象的了解与感悟。他感触颇深，欣然赋诗抒怀："周秦往事记雄风，古简微茫想象中。为访旧祠陈仓坂，重寻遗址羽阳宫。山川共赏登临美，墙壁欣看写画工。领略开新今日事，策鞭莫厌路西东。"②平仄跳跃间，幽深的文意与浪漫的情怀真挚宣泄，对徐炳昶等人的考古工作充满了期望与信任。

以后的发掘成果未负张扶万等人期望。1937年第2期《考文学会杂报》在《史学界消息·发掘调查消息》一栏以《斗鸡台发掘》为题披露同年5月23日中央社西安电消息，称："陕西考古会最近在宝鸡斗鸡台附近发现仰韶期（在新石器时代末期）灰坑数处，并在坑内掘出陶器陶片，其质色至为简素，带有白色彩纹，当为仰韶前期之物。足证斗鸡台自新石器时期以来，以至仰韶以后，直至魏汉，历有人住，至为明确。"

图242　1937年5月徐炳昶、张扶万宝鸡寻访秦石鼓材石合影。左徐炳昶，右张扶万。黄仲良摄

针对此次斗鸡台发掘发现的"灰坑数处"，《考文学会杂报》还援引1921年10月以来安特生、袁复礼、刘长山、陈德广、白万玉等人在河南渑池仰韶村遗址考古发掘所取得的成绩（图243），欣喜评价："按仰韶期灰坑数年前在豫曾有发现，现今斗鸡台续有发现，今斗鸡台续有发现，于考古学上为极有研究价值之材料。"③

图243　1921年河南渑池仰韶村遗址发现的新石器时代灰坑。采自［瑞典］马思中、陈星灿合著《中国之前的中国》一书

不仅如此，1937年第21期《燕京学报》尚欣然刊登《斗鸡台掘获仰韶期前古物》一文，指称："此次发掘成果甚佳，发现仰韶期较前之人居数处，为本组之新发现。"且认为这一发现与此前所发现的"仰韶期最前

---

① 壹翁（张扶万）：《游宝鸡县鸡峰山记》，载《陕西教育月刊》1937年第3卷第2期。
② 壹翁（张扶万）：《宝鸡记游诗八首》其八《送徐旭生东还》，载《陕西教育月刊》1937年第3卷第2期。
③ 贝仲琪：《史学界消息》，载《考文学会杂报》1937年第2期，第49页。

之物"珠联璧合，恰可"互相印证"。

至此，对长期困扰徐炳昶的戴家沟东西两侧新石器时代遗址的分布状况与文化属性，基本上有了一个清晰的认识。可惜由于后来日本侵华战争的影响，沟西区的发掘工作被迫终止，"发掘材料的整理，亦因战事影响，尚未着手"①。且因徐炳昶忙于写作《中国古史的传说时代》，无暇顾及资料的整理，而苏秉琦后来又面对其他新石器时代资料，以"沟东区新石器时代居住址，于抗战前不久才开始整理"，"不具备编写报告的条件"，② 故未能将其系统整理并编辑出版，致使这些资料至今尚鲜为世人所知。

除去沟西区发现的新石器时代居住遗址，此次发掘最重要的发现，还有周秦时期的车马坑一区。

注重车马坑的发现，6月17日陕西考古会在致送已回北平的徐炳昶函中称："最近发现一坑，全份车辆马匹，为二马一车，马骨完整，车辆齐全，纹饰、物色均尚完好"；另"在此坑中发现第二辆之马首"。③

之后，根据对徐炳昶的采访，《燕京学报》发论："此次所得车马仅知完整其他详情则未言明，究为何时物，尚不敢断定，恐系六朝北周时代之物。"并称："由殉墓中发现者，于考古学上颇有价值，因历来发掘终未有完整者，此尚为初次云。"④

不一而足，6月17日陕西考古会还将这一重大发现汇报于陕西省民政厅，函中宣称："本会本年春季在宝鸡斗鸡台继续发掘工作，迄今已两月，收获颇为丰富。如新石器时代之灰坑及秦陈仓城遗址等均一一清理完毕。惟最近发现车马坑一区，似为古代帝陵中墓道之一部。车之轮廓、马之骨骼完好存在，视其制作花纹，当为周秦之物。而前后络绎，在考古学上亦为极重要之发现……"并称："现已发现者，已有一车两马及一车四马。就现状推测，最后或有巨大墓道（即墓圹），陈列多量遗物及铜器等发现之可能。"且认为此类迹象，"不仅为国内第一发现，实于研究我国古代舆服制度，及一般考古学上，定有极大之贡献"。"刻因天气炎热，工作近拟结束"，故"恳达贵厅查明转饬宝鸡县政府设法妥为保护，以重文化"。

两相对照，可以推测6月17日的两封信函在作者、内容上应是基本相同的。奇怪的是，不知《燕京学报》如何会背道而驰，径直得出"恐系六朝北周时代之物"的结论。

不管《燕京学报》怎样曲解车马坑之时代与性质，都不会影响陕西考古会对这一发现的刻意重视。在6月17日致达民政厅的信函中，何士骥、苏秉琦等人均一致认为此车马坑"两（辆）前后络绎，在考古学上实为相当重要之发现，为数甚多，现已发现者已有一车两马及一车四马。就现状推测最后或有巨大墓堂（即

---

① 苏秉琦：《斗鸡台沟东区墓葬》，第13页。
② 郭大顺、高炜编：《苏秉琦年谱》，见宿白主编：《苏秉琦先生纪念集》，科学出版社2000年版，第169页。
③ 参见1936年6月17日陕西考古会致达徐炳昶函。
④ 《斗鸡台掘获仰韶期前古物》，载《燕京学报》1937年第21期，第285页。

墓圹），陈列多量遗物及铜器等发现之可能"。

他们坚信："如果此事（指重要随葬之物的发现）能望证实，不仅为国内第一发现，实于研究我国古代舆服制度及一般考古学上定有极大之贡献也。"

这里何、苏两人一味沉浸在重大发现的喜悦中，似乎漠然忘却了毒龙一般的关中酷暑。惟徐炳昶尚称沉着，他在接到斗鸡台寄来的汇报信函后，顾及"天气炎热"，而发掘"工作正拟结束"，决意中止第三次斗鸡台发掘。至于车马坑后将有重要随藏遗物之"证实"，将留待于"本年秋季继续工作（之）时"加以解决。①

延续成例，第三次斗鸡台发掘暂时中止后，考古会尚于6月26日连续发出两种邀请函。前函絮谓："本会今春赴宝鸡斗鸡台继续发掘，迄今仅两月，以故收获不多，且所有遗物与前数期大致相同，兹择其中较为罕见者，并新发现车马坑中已出遗物之一部分，连同照片共计三十余品，定于本月二十七日在粮道巷本会陈列展览，敬请台端届时莅临指导为荷！"后函则称："日前定于本月二十八日在粮道巷本会陈列展览，敬请各界关心古代文化者届时莅临知道为盼！"

分析两函，前者似乎主要针对省垣内上层文化人士，后者则主要针对社会广大热心国故人士。较之于此前两次大型展览，此次展览基调明显降低，重点推介者，旨在"新发现车马坑中已出遗物之一部分，连同照片共计三十余品"。

不管是中止发掘，还是出函邀请各界人士莅临参观，徐氏在做此决定时根本不会想到，十余天后，"七七事变"即骤然发生。随着全国战略形势的急剧变化，连绵近四年之久的斗鸡台发掘遂被迫中止，原来预定的车马坑发掘工作不能实施完成，而第三届年会所决定的周丰镐遗址发掘计划亦随之胎死腹中。

及该年6月斗鸡台发掘暂行结束之际，考古会同人顾及车马坑遗迹的安全，曾函促陕西民政厅行文宝鸡县长钱范宇加以保护。后钱范宇在陕西民政厅督促下，专令斗鸡台联保主任符运声"转饬各保甲长等一体遵照保护并加派保安队兵五名驻扎维护"，冀"以免发生窃盗或损坏情事"②。虽一度采取过较为严密的保护措施。但不久即失之于懈怠，而6月28日晚贾村塬大韩村胡有有等因抢婚一事纠合五六十人突入戴家湾，砸毁考古会寄存箱物，打伤看护车马坑遗址之戴锡、戴八劳、张振东等人，并抢去看护人所携的枪械子弹，酿成一场不小的风波等种种情事，似乎并未引起人们的足够重视。

我们认为，不意到来的斗鸡台考古工地肇事案固然令人压抑、不快，但比之于突然发生的"七七事变"来说，仍有小巫、大巫之天壤区别。

面对日本军国主义强加给中华民族的灭顶灾难，曾经凝重灿烂的斗鸡台发掘，以及有可能即将进入另一个辉煌时期的陕西考古会历史，无奈画上了一个苦涩、

---

① 徐炳昶决定中止第三次斗鸡台发掘诸事，参见1937年6月17日陕西考古会致陕西省民政厅公函，收入陕西省档案馆藏档案《陕西省考古会宝鸡斗鸡台发掘情况呈报与公函卷》，全宗号：48，目录号：1，案卷号：15—1。

② 参见1937年7（疑为"6"月之误）月30日陕西省民政厅致陕西考古会第423号公函，收入陕西省档案馆藏档案《陕西省考古会宝鸡斗鸡台发掘情况呈报与公函卷》，全宗号：48，目录号：1，案卷号：15—1。按陕西省民政厅致陕西考古会第423号公函谓"转饬各保甲长等一体遵照保护并加派保安队兵五名驻扎维护"，"以免发生窃盗或损坏情事"，系据"宝鸡县县长钱范宇廿六年（1937）七月十八日呈称"。

沉默的句号。

昆明道上，不仅只是徐炳旭与苏秉琦……，猜想当他们最后向北回望的一瞬，内心一定充满愤懑、遗憾与落寞、惆怅。

不管是徐炳昶、苏秉琦，还是何士骥与白万玉，抑或还有张扶万等一干陕籍考古会同人，于艰难时事中，对于不意中辍的第三次斗鸡台发掘，都始终抱存着绵久的遗憾与期盼。

待及1938年2月18日国立西安临时大学历史系教授陆咏沂、周国亭率该校历史系学生三十余人参观陕西考古会时，负责接待的何士骥投以极大热情，"将该会四座陈列室，一一开放"，并与陆咏沂教授一起，对"陈列各古物，加以详细之说明"。同时对抱有浓厚学术兴趣"咸指物质疑问难"的师生"往复解答"，场面热烈，融融和谐。虽"历二时余，师生均无倦容"。

谈及考古会目下工作时，何士骥更殷殷相告，谓："该会目今发掘工作中，尚发见多辆完整之周末（？）战车，已经有图样及照片。仅因大功未成实物仍埋存土中，而大体轮廓均为明悉，将来发掘出土时，吾人当再往参观为快。"①

使人压抑的是，当我们再次阅读、回味何士骥这一番饱含情感的期待与畅想之际，心中的感慨是难以平息的。我们很难想象，岁月更替中，何士骥是怎样将自己的真诚期待与善良畅想一直带到了遥远的后来；未来的日子里，逝去的三次斗鸡台发掘历史，究竟还将产生多少凝重的旋律与幽眇的涟漪……

（二）考古类型学之胎生

斗鸡台发掘被迫中止后，北平研究院除何士骥、周隆季等人暂留西安外，李书华、徐炳昶等主要负责人均相继出走，一度经费隔绝，位于中南海怀仁堂西四所的办公地点亦受到日伪特务的监视。

为保护存藏在史学研究所内的重要考古资料，苏秉琦与白万玉等人冒险将其秘密装箱，转移到中法大学大楼地下室暂存，使其幸免于战争所带来的一场灾难（未转移的斗鸡台发掘古物后被午门历史博物馆运走，致310件文物被盗，至今下落不明）②。

这批资料，除北平庙宇以及南北响堂寺的调查资料外，主要是斗鸡台三次发掘运归北平的全部田野记录、图纸、照片与在整理过程中形成的图稿、登记表、卡片以及一些小件器物。它的妥善移存，为苏秉琦其后编写《斗鸡台沟东区墓葬》与《瓦鬲的研究》等重要考古学著述创造了前提。（图244）

从1937年开始，受命留守西安的何士骥依据保

图244 斗鸡台汉墓发掘的汉朱砂绘彩陶壶。采自苏秉琦《斗鸡台沟东区墓葬》一书

---

① 周国亭：《陕西考古学会参观记》，原载《西安临大校刊》第11期，后收录于西北大学西北联大研究所编：《西北联大史料汇编》，西北大学出版社2012年版，第280—281页。

② 斗鸡台发掘古物310件在午门历史博物馆被盗事，参见苏秉琦：《斗鸡台沟东区墓葬编后记》，载《史学集刊》1947年第5期，第269页。

存在考古会内的斗鸡台发掘资料，先自开始了斗鸡台发掘报告的编写。1938年2月出版的西北史地学会会刊《西北史地》季刊第1期第136—137页《何士骥著述书目》称"《斗鸡台发掘报告》"，由何士骥"与北平研究院史学研究所考古组同人编印中"。但不久因日机轰炸，何士骥实际上已无法正常开展工作。其后何被迫远避陕南，执教西北联大，虽心怀耿耿，时时准备重新开始工作，然其意屡起屡仆，终于后来忍痛放弃。以后，整理斗鸡台发掘报告的重任便不可回避地交付给苏秉琦，它促使苏秉琦最终成为一个时代考古学界的骄子。

图245　苏秉琦自北平初抵昆明留影。1939年摄

1939年1月，苏秉琦逃脱北平午门历史博物馆的纠缠①，经长途跋涉，辗转抵达云南昆明。（图245）

在春城郊区黑龙潭公园内"上观"西侧北平研究院史学研究所的一座小楼内，苏秉琦顾不上洗去身上的征尘，立即投入紧张的发掘报告编写工作。

当时情形，徐炳昶在1941年6月27日为《陕西省宝鸡县斗鸡台发掘所得瓦鬲的研究》撰写的序言中写道："苏君英年笃学。北平沦陷后，在那边留滞年余，仍每日到本所（至1938年4月始由伪当局接收）及北平图书馆搜集资料，继续工作。来滇以后，工作益力。古物虽陷于敌伪手中，但一切图片记录，因苏君的努力，大部转运来滇，故整理工作尚能继续。"（图246、图247）

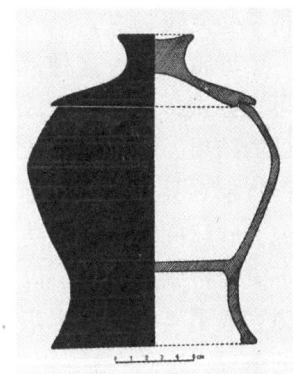

图246　斗鸡台汉墓发掘的汉彩绘陶豆。采自苏秉琦《斗鸡台沟东区墓葬》一书

就苏秉琦来说，三次斗鸡台发掘的图片记录资料虽说已粗略具备，但涉及发掘报告的编写，却并非想象之中的那样简单。面对"亲手发掘所得百十多座墓葬的'哑巴'材料，就像学读'天书'一样"，苏秉琦"如醉如痴地、全身心地摸挲、苦思这批从未有人认识的陶器、陶片及其他随葬品"，②进入艰苦的攻关阶段。在1983年6月为《陕西省宝鸡县斗鸡台发掘所得瓦鬲的研究》补写的序言中，苏秉琦不无感慨地回忆："对于我这样一个初学者来说，使我感到困惑难解的是：这批墓葬材料如何分期断代？它们每个不同发展阶段的文化特征如何？在这些遗迹遗物现象背后的史实如何？查阅有关考古资料、历史文献进行对照，也得不

图247　斗鸡台汉墓发掘的汉彩绘陶器剖视图与局部展开图。采自苏秉琦《斗鸡台沟东区墓葬》一书

---

① 郭大顺、高炜编《苏秉琦年谱》称：1938年苏秉琦滞留北平期间，设在午门的历史博物馆曾许以"顾问"职位相拉拢，苏在危难时刻，能保持中国知识分子的良知，"乃虚与委蛇，不肯俯就"。
② 邵望平：《生命在事业中延续——先师苏秉琦教授逝世周年祭》，见宿白主编：《苏秉琦先生纪念集》，科学出版社2000年版，第146页。

到多少有用的线索或启发。"①

在学术生涯发生巨大裂变的前夜，苏秉琦陷入了极度困惑之中。

受强烈使命感的驱使，苏秉琦决不愿向历史交纳一纸无意义的"白卷"。在经过长时期痛苦的思索后，他从瑞典著名类型学大师蒙特留斯《先史考古学方法论》②一书所谓依照器形、纹饰等变化显著的形式特征，建立几个"联类"（series），并将各"体制"（type）按早晚时间的不同命名为A、B、C，进而从整理各"联类"及各"体制"之间的纵向演化轨迹等基本概念③中得到启发。进而终于"从这批墓葬的三个类型——直肢仰身竖穴、屈肢竖穴、洞室和随葬品中的三种——鬲、鬴（图248）、灶"两个方面获得灵感与启发，设想如果能将"这样两个方面进行比较分析研究，或许能够取得某些突破"。

毋庸讳言，这种借鉴与思考，是可贵尝试，也是一次成功的冲刺。尝试的结果，促成苏氏成名作——《陕西省宝鸡县斗鸡台发掘所得瓦鬲的研究》欣然问世。在成功的冲刺之后，苏秉琦再乘胜进军，以坚韧的毅力接踵完成了《斗鸡台沟东区墓葬》一书的编写。

图248　斗鸡台沟东区墓葬出土瓦鬴。采自苏秉琦《斗鸡台沟东区墓葬图说》（中国科学院1954年版），图版35

在这里，不论是先期完成的《陕西省宝鸡县斗鸡台所得瓦鬲的研究》，还是稍后写就的《斗鸡台沟东区墓葬》，都离不开一种神秘的炊煮器——陶鬲。这是"中国独有的、分布地区广、时间延续又特别长（约距今5000—2400年前）的一种古器物"。面对关隘，苏秉琦正是通过这样一种顽强延续着人类物质文明的文化载体，一种在中国古文化中具代表性的"化石"，"找到了破译'天书'的'密码'"，④从而将无数个纷杂迷离的历史链条集约串接，分类排队，整合它们之间的相互关系与演变轨迹，寻找它们的规律与特点，进而"将先周及西周墓划分为有早晚关系的锥足鬲时期，折足鬲早、中、晚期和矮足鬲时期"，搞清"铲脚袋足鬲的年

---

① 苏秉琦：《陕西省宝鸡县斗鸡台发掘所得瓦鬲的研究》补序，1983年，见《苏秉琦考古学论述选集》，文物出版社1984年版，第95页。该书第93页注又云：原于1941年脱稿后，作者即与香港商务书馆订立出版合同。6月间将原稿及图版、插图稿寄出。是年终，太平洋战争爆发，香港沦陷后，该稿遂下落不明。1984年发表的是作者保存的底稿。

② ［瑞典］蒙特留斯：《先史考古学方法论》，滕固译，商务印书馆1937年版。

③ 蒙特留斯的"联类"（series）、"体制"（type）概念，实际上即今日考古学所习惯称谓的"类""型"概念。蒙特留斯由于率先洞开考古类型学的神秘大门，从而作为世界考古学的类型学大师而受到人们的尊重。格林·丹尼尔称赞他"用数字表示时期"和"以交叉断代这一对照编年技术"提出初步的技术类型学方案是对史前考古学的两大贡献。参见［英］格林·丹尼尔：《考古学一百五十年》，黄其煦译，文物出版社1987年版，第138—144页。

④ 邵望平：《生命在事业中延续——先师苏秉琦教授逝世周年祭》，见宿白主编：《苏秉琦先生纪念集》，科学出版社2000年版，第147页。

代要早于陶鬲出现的年代"，①最终勾绘出中国考古学器物类型学方法论的原始轮廓。

众所周知，在中国考古学的发展史上，中央研究院的梁思永、李济与北平研究院的徐炳昶和苏秉琦，都曾为探索器物类型学方法的真谛做出过不懈的努力。

如果说梁思永"首先对山西夏县西阴村的仰韶陶片，进行形态分类，把口缘、底部、柄或把手等部位，依其形态差别，给以不同符号，用一种多层符号来标记陶器形态之别"，李济在20世纪30年代对殷墟青铜器的研究首先使用了"类型"的方法，那么，徐炳昶在第二次斗鸡台发掘过程中的关于陶器"四式"类型的感悟以及苏秉琦在40年代对宝鸡斗鸡台瓦鬲的"类型学"研究，则使中国式的考古"类型学"方法论，由"多层符号记录法"转换至"两层符号（即型、式）来表示器物的演化顺序"②，并接踵达到了一个新的高度。尽管这一高度当时尚存在着这样那样的不足与缺陷③。（图249）

对于苏秉琦的卓越贡献，当时包括李济、徐炳昶、石璋如（图250）在内的很多考古界同人都给予了很高的评价。如石璋如于中央研究院史语所临时驻地四川板栗寓舍1941年春季竣事的《古墓发现与发掘》一书中，胪列"七七事变"前中国重大考古发现凡12处，其中"陕西宝鸡斗鸡台"，在排序目次中赫然超越洛阳金村、河南新郑李家花园、安徽寿县朱家集李三孤堆等11处，位居第一。

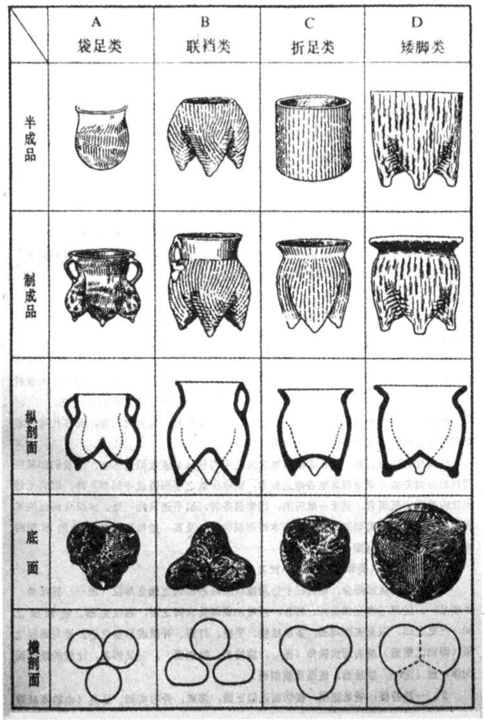

参照曹菁菁披露考证，知石璋如书稿中介绍此12处重大发现，大致均包含"史地的背景""神话的传说""墓地的范围""关于盗掘""科学的发掘""墓葬的种类""遗物的种类""参考书"等八种关键要素④。推测若无徐炳昶、苏秉琦等陕西考古会同人的热诚支持与石氏本人的勤勉辑录，要

图249　陶鬲分类图。采自苏秉琦《斗鸡台沟东区墓葬》一书

---

① 苏秉琦：《斗鸡台墓地》，见《中国大百科全书》，中国大百科全书出版社1986年版，第111页。
② 俞伟超：《考古学的中国梦》，载《读书》1998年第8期，第76页。
③ 平心而论，苏秉琦《斗鸡台沟东区墓葬》在一种器物命名中或以材质或以形制，存在称谓含混、标准不一等缺陷，在分类中所使用的"类""种"概念，也同样具有含混与琐碎之嫌。吴辉《〈斗鸡台沟东区墓葬〉学习笔记》一文中与笔者有大致相同的见解。参见北京大学考古文博学院、北京大学文物爱好者协会会刊《青年考古学家》第15期，第44—48页。
④ 石璋如：《古墓发现与发掘·陕西宝鸡斗鸡台》，1941年8月，手稿，未刊，稿存国家图书馆古籍馆，参见曹菁菁：《新发现石璋如未刊书稿》，收录于国家图书馆善本特藏部编：《文津学志》（第三辑），国家图书馆出版社，2010年5月。

图 250　1936年殷墟第十四次发掘，殷墟发掘 I 区，石璋如测量地形。采自李永迪、冯忠美编《殷墟发掘照片选集》第 225 页

将"陕西宝鸡斗鸡台"遗址基本内涵与调查发掘经过诸事逐一廓清，并尽力与上述设定的八种关键要素契合对位，恐怕是难以企及的。

因是，《古墓发现与发掘》书中"陕西宝鸡斗鸡台"一条得益陕西考古会同人的支持与石氏本人的勤勉辑录而最终成立；而成立后的"陕西宝鸡斗鸡台"考古发现在通过《古墓发现与发掘》一书载体固化定位同时，也昭示其具有最重要学术价值的评介，得到了当时考古界学人的认同与肯定。这样的学术背景与环境氛围，对于苏秉琦关乎斗鸡台考古发现研究的深入与推进，应该具有重要的影响与促动。

1941年6月27日，徐炳昶在《陕西省宝鸡县斗鸡台发掘所得瓦鬲的研究》序言中称赞苏氏"处理材料的方法大致还够谨严，条理亦够清楚"①。1945年10月，应苏秉琦的请求，徐炳昶认真阅读苏氏写就的斗鸡台墓葬研究报告②，感慨认同其资料的翔实与条理之清晰，且提出了不少有价值的修改意见。1948年10月25日，李济在应邀阅罢苏秉琦的《斗鸡台沟东区墓葬》后又感慨系言，回函称："'此稿历尽艰辛'，弟所得知，今能问世，不但先生之幸，亦中国考古界之幸也。"又云："大著对于原始材料处理既详且尽，又力求准确，已超乎一般之标准。"③类同的评介，以后的诸代考古闻人均相继接续。至1997年，熟悉中国史前考古学历史的陈星灿博士，更集思在他的博士论文中阐幽发微，感叹："苏秉琦对陶鬲及斗鸡台沟东区墓葬的研究，为型式演变的分析树立了榜样，尤其是苏秉琦关于陶鬲的研究，虽然研究的主体并非史前遗物，但在方法论上具有重要意义，对后来的类型学研究有相当的影响。"④及苏秉琦逝世两周年之际，邹衡还在其纪念文章中这样写道："苏先生……对瓦鬲的研究，曾作出突出的贡献，他的《斗鸡台沟东区墓葬》发掘报告，在考古类型学上建立了一整套极为细致的科学分析方法，在考古学界颇具影响。"⑤步邹氏发论后尘，俞伟超则围绕苏氏躬身实践类型学理论的卓越成就纵深评判，称苏秉琦"把北欧学者创立的考古类型学理论，结合中国考古学的实际，成功地实现了中国化，从而奠定了我国考古类型学的基

---

① 参见《苏秉琦考古学论述选集》，文物出版社1984年版，第93页。
② 如1945年10月18日《徐旭生日记》："下午阅读（苏）秉琦所作之斗鸡台墓葬报告而已。"
③ 李济：《致苏秉琦书》，1948年10月25日，见《苏秉琦考古学论述选集》，文物出版社1984年版，第58页。
④ 陈星灿：《中国史前考古学史研究（1895—1949）》，生活·读书·新知三联书店1997年版，第314—315页。
⑤ 邹衡：《苏秉琦先生与北京大学考古专业》，见宿白主编：《苏秉琦先生纪念集》，科学出版社2000年版，第159页。

础"①。（图251）

无数人对苏秉琦在中国考古学历史上所做出的巨大贡献，给予了真挚的敬意与极高的评价，却很少有人想到20世纪30年代艰难困苦的三次斗鸡台发掘，想到勠力促成这三次发掘的邵力子、耿寿伯、张扶万、李书华以及始终参与领导并鼎力主持斗鸡台发掘的徐炳昶和在三次斗鸡台发掘中做出卓越贡献、清苦卓立的何士骥……

在喧嚣的岁月里，只有苏秉琦本人最清楚站在他后面并将他推上学术巅峰的那些默默无闻的奉献者……

面对历史，苏秉琦珍视来之不易的成功，而他在成功之后的理性回顾中，也始终没有忘记对历史的尊重与回报。当他的皇皇巨著《斗鸡台沟东区墓葬》一书终于杀青即将付梓的时候，苏秉琦没有忘记留下这样的话语：

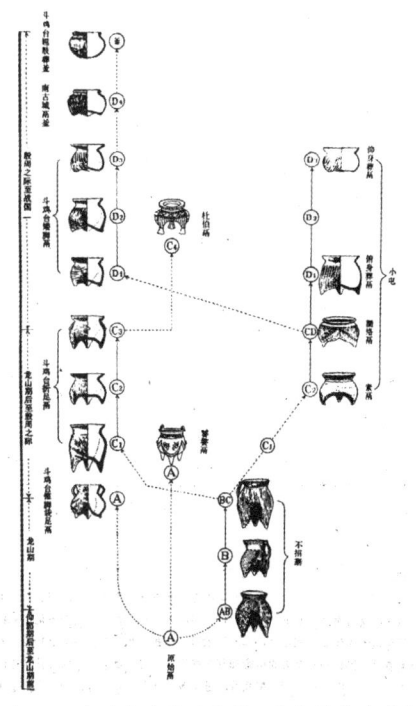

图251　斗鸡台陶鬲谱系图。采自苏秉琦《斗鸡台沟东区墓葬》一书

"谨向对于是项发掘协助最多之前陕西省政府主席邵力子先生、秘书长耿寿伯先生，与已故陕西考古会委员长张扶万（鹏一）先生等，及对于是项工作，始终其事，站在主持与领导地位之本院副院长李润章（书华）先生，与本院史学研究所所长徐旭生（炳昶）师，表示最高的敬意。"②

无疑，这是苏秉琦由衷心声的自然流露，也是20世纪30年代所有参加过三次斗鸡台发掘的当事人以及知情者所共同承认、无须争辩的客观事实。

尊重这一事实，勃兴的中国历史与考古学术园地才会有不绝如缕的芬芳与悠然温馨的史话……

譬如在关乎由"鬲"发端的中国考古类型学的持续思考中，苏秉琦即从友人吴良才1943年撰就《石斋补缀集》手

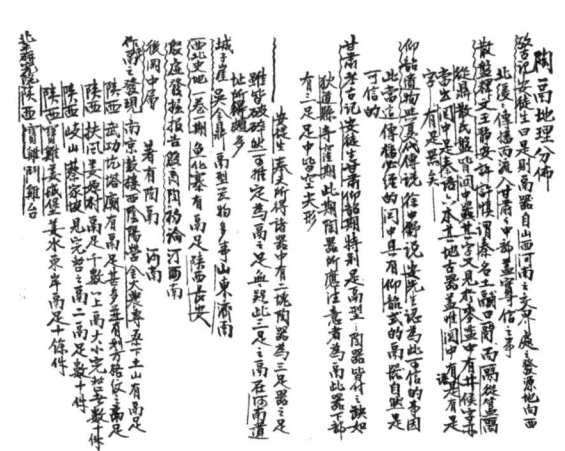

图252　吴良才《石斋补缀集》"陶鬲地理分布"一节原稿

---

① 俞伟超：《考古学的中国梦》，载《读书》1998年第8期，第77页。
② 苏秉琦：《斗鸡台沟东区墓葬编后记》，载《史学集刊》1947年第5期，第276页。

279

稿[1]“鬲考”一节所谓“鬲（说）”和“鬲足”，以及“陶鬲地理分布”（图 252）等诸论中获得过新的启示。

无独有偶，1947 年 11 月 25 日，徐炳昶在为其与苏秉琦共同出名发表的《试论传说材料的整理与传说时代的研究》一文所撰序言（图 253）中，尚留下了“文成以后，友人苏秉琦先生就本诸我的意思另外写成一篇，其条理尚有愈于余文之处”，以及“劝苏君将他所草成的稿子发表，我又为之校改一遍，所以这篇文字可以说是我们两个公同拏出来同大家商讨的”等诸多发人深省的话语……

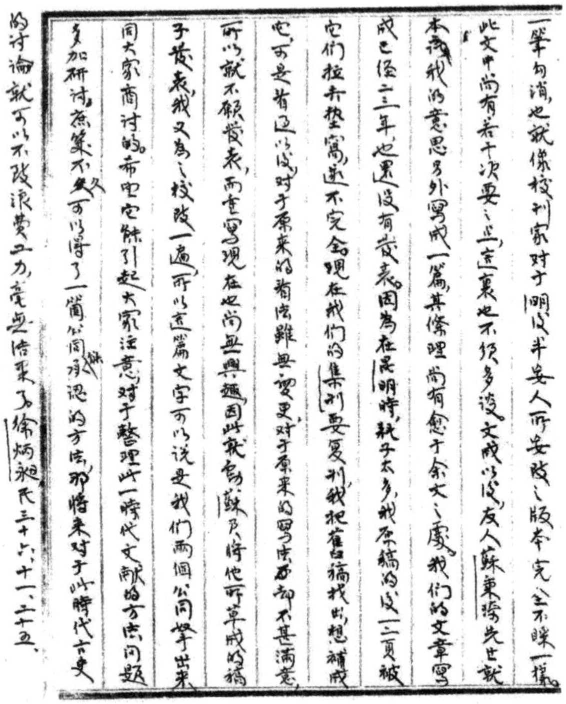
一举句消，也就像校刊家对于明说并妥人所妥改之版本完全不睬一样。
此文中尚有若干次要之点，衷心不欲多谈。文成以后，友人苏秉琦先生就
本诸我的意思另外写成一篇，其条理尚有愈于余文之处。我们的文章写
成已经二三年，也是没有发表。因为在昆明时，耗子太多，我原稿的后一二页被
它们拉去垫窝，迄不完全。现在我们的集刊要复刊，我把旧稿找出，想补成
它。可是背运以后，对于原来的看法虽无变更，对于原来的写法却不甚满意，
所以就不愿发表，而重写现在也尚无兴趣。因此我就劝苏君将他所草成的稿
子发表，我又为之校改一遍，所以这篇文字可以说是我们两个公同拏出来
同大家商讨的。希望它能引起大家注意，对于整理此一时代文献的方法问题
多加研讨，庶几不久可以得了一个公同承认的方法，那将来对于此时代古史
的讨论就可以不致浪费工力，竟无结果了。徐炳昶 卅六、十一、二十五。

图 253 徐炳昶在《试论传说材料的整理与传说时代的研究》中所撰序言原稿片段

看得出，中国考古类型学的开创与奠基，无可辩驳地由苏秉琦来领衔主持，然而一种新学术论断或者一个新学术体系的横空出世，却实在难以抛却广袤、复杂的多种社会基因的慷慨滋润与真诚扶持。

苍茫学海内，我们回望中国考古类型学的艰难胎生，可以笃信每一个人的思绪中都将会腾起无尽的感慨，获得无穷的力量。

① 依稿后所附 1943 年 2 月 28 日制作《陶鬲分布区域图》（本部），推测应系吴良才（号石斋。山东安丘人。著名考古学家吴金鼎堂弟，20 世纪 40 年代初曾供职于兰州中国银行，热爱考古，颇有建树）于其后送赠苏秉琦先生求取意见所为。今蒙先生哲嗣苏恺之先生真诚提供予以披露，特致感谢并做说明。

第五章
省垣考古发掘及省垣内外的金石研究

《国立北平研究院与陕西省政府合组陕西考古会办法》第四条规定:"本会工作暂分调查、发掘、研究三步,其科学的指导之责由国立北平研究院任之,其保护之责由陕西省政府任之。"

这意味着,具有科学意义、专业技术要求极强的考古发掘以及专业程度化要求较高的考古调查由北平研究院来负责进行;与此界分,独占地缘、人脉的陕西省政府方面,则主要是头绪繁复、涉及面广、责任重大且含有某种被动性行政职能的保护管理工作。

诚然,预拟确定的第四条规定,只是一种近乎理想化的主观设计。难以预测的是,客观实际常常会不期逾越主观理想所事先圈定的畛域与樊篱。当省垣区域莲湖公园与兴隆巷两地发现古迹、古墓的消息先后传至陕西考古会之际,职业责任的本能促动以及客观形势的急促逼迫,已经无可非议地促使考古会省政府一方率先打破人为预拟的既定格局,接踵走向一条被动、繁复的工作道路。1935年岁初至1936年春季陕西考古会省政府一方对莲湖公园、兴隆巷两地发现的古墓实施的抢救性考古发掘,正是这一特殊背景下的微妙产物。

无论是技术力量还是实践经验,陕西省政府一方都明显逊于北平研究院一方,应对具有科学意义、专业技术要求极强的考古发掘工作,显然具有一定的挑战性。所以,仓促进行的莲湖公园、兴隆巷两地的考古发掘,便不可避免地出现了一些波折与失误,留下了诸多发人深省的思考。惟莲湖公园发掘主持者罗懋德在当时艰难学术环境下所顽强表现出来的关于学术品质的诉求,能够拓开一面,令人钦佩。

除过专业技术的困惑外,纷乱无序的外部环境,同样使发掘者平添了一些无奈与苦涩。具言之,则是刚刚平息的"真电风雨"的微妙影响与莲湖公园发掘现场被骚扰破坏[①]以及"伤兵友事件"[②]的干扰。

无独有偶,如果说莲湖公园与兴隆巷发掘带给省政府一方的仅仅是技术层面上困惑的话,那么,久蓄而发的椎拓风波,则使刚刚成立的考古会运转一度陷入进退两难的困境。

---

① 参见罗懋德:《莲湖公园发掘记》。另参见下文叙述。
② 参见罗宏才:《陕西民国时期文物大案(六)——"伤兵友"滋扰兴隆巷考古发掘肇事案》,载《文博》2002年第2期,第73—78页。

应对省垣区域抢救性考古发掘与金石椎拓风波所带来的困难，陕西考古会省政府一方坚持推进新考古环境视野下应采用的调查、绘图、照相、翻译等科学方法。

此类研究工作，导源于传统金石研究体系，根基却在已经开始运用现代科学手段实施文物调查、保护以及田野发掘的政府机构——陕西考古会。

不应忽视的是，传统金石研究和现代考古发掘与科学研究之参合、并行，反映出新旧学术文化交融背景下，不同学术本体在矛盾运动过程中的微妙斗争与相对和谐，客观透析出合组性质限定下陕西考古会的机构特质以及营养、支撑它们的地域历史文化特色，揭示出中国考古初创时期于特定工作地域内必须存在的曲折与艰辛。

就陕西考古会金石考据工作而言，其领衔主持者为号称"关中淹博士"的金石耆宿、前清举人张扶万。他的生活背景、学术经历、研究领域、专业特色与志趣追求和特定身份，使得陕西考古会在中国考古学初创时期的波流中，激荡出更具地域特色、更富传统意味的涟漪。

观察陕西考古会在特定时期迭相出现的诸多矛盾与人事干扰，我们有责任探讨分析其成因、结果以及影响与教训，寄希望能为今天的文物考古工作提供一些有意义的借鉴与启示。对于在艰难环境下直面矛盾与干扰，坚持不懈为陕西考古事业艰难起步阶段奠定基础的人们，我们更有必要投以真诚的敬意。

"有无相生，难易相成"①，客观评介陕西省政府方面的两次发掘以及金石椎拓、研究工作，应是本章叙述需要考量的基本原则。

一、莲湖公园与兴隆巷发掘

（一）莲湖公园发掘始末

莲湖公园位于省垣西安西北隅，隋以前尚为田园、农舍及葬墓之所在。开皇二年（582），因隋文帝创建大兴城的契机，该地始入都邑范围。武德元年（618），李唐代隋，又因其地势改作大内太极宫嘉德门。至明秦王府扩充园囿，更以龙首渠疏引浐水与通济渠等附周水系于此开凿南、北两池，用作"放生"，称"放生池"。以广植莲花，又名"莲花池"②。明崇祯八年（1635）、清康熙七年（1668）及雍正元年（1723），"莲花池"先后经过三次大的疏浚，规模更盛，逐渐成为长安名胜之一。入民国，此地先被改作体育场，冯玉祥主陕时，又被易作莲湖公园。虽当时"池中无水，亦无莲花，只作雨后城北一带地方泄水之用，惟园中地基尚宽，空气亦好"，仍为民国时期"西安人士惟一休息所焉"。③（图254）惜时涝时涸，

---

① 《老子》语，引自王力《古代汉语》（上册第二分册），中华书局1962年版，第344页。
② 宋伯鲁等编《续修陕西通志稿·古迹》引清康熙初年陕西巡抚贾汉复《浚修莲花池碑》，陕西通志馆铅印本，1935年。
③ 陈光尧：《西京之现况·西安之名胜古迹》，启明学社丛书，西京筹委会印行，1933年，第44页。

图254 西安莲湖公园一隅。1936年摄

辄被淤泥拥塞，导致"气象枯燥，风景减色"①。1936年8月上海美专教授王济远来西安游览，他眼中的莲湖公园"只剩底下的塘泥与败草，一些清水都没有"②。因此，整浚疏通，便成为莲湖公园的惯例。

1935年岁初，莲湖公园再次整浚池苑，开挖路基，忽于"北湖之东北角，距东岸约二十八米，得见古墙一段"。事为家居莲湖公园附近的金石名家薛定夫得知，薛遂函告张扶万。1月11日，张即派梁午峰、李印唐、罗懋德三人前往现场调查，又复发现唐代砖瓦残块及其他建筑遗迹。同人据此参照《新唐书》《旧唐书》与有关历史记载，初步认定莲湖公园一带为唐太极宫承天门主体地望所在，而疑"古墙"即"唐代宫墙"③，有重大的学术价值，亟应发掘。

当此之时，北平研究院所领衔主持的第一次斗鸡台发掘已初见成效，第二次斗鸡台发掘第一阶段的工作也即将告罄。作为曾经"在美研究考古学，在希腊、雅典工作过一半年"④，刚刚回国即被陕西考古会聘定的考古专家，罗懋德（图255）耳闻目睹斗鸡台发掘相继获得之丰硕成果，颇思欲在田野考古发掘中一试身手，逢此机遇，自然不肯轻易放过。

图255 欧美留学时期的罗懋德

在罗懋德、梁午峰等人的积极要求下，加之年前民政厅发掘重大发现的刺激，作为考古会省院双方主要协调负责人之一的张扶万终于为之心动。1月16日，张嘱罗懋德撰写发掘计划。1月17日，张又通知考古会在陕各委员召开会议，"商决试掘"。至具体工作，则一概委托罗懋德"负责进行"。

对于陕西省政府方面来说，比照北平研究院实施考古发掘，原非当日省院合组考古会之初衷，亦与八条办法之第四条规定相左。不过由于莲湖公园近在咫尺，且事关古物保护，又复有罗懋德、梁午峰、薛定夫等人的热情支持，因此有关在

---

① 引自《西京筹备委员会成立周年报告》（1932年7月至1933年6月），见西安市档案局、西安市档案馆编：《筹建西京陪都档案史料选辑》，西北大学出版社1994年版，第155页。

② 王济远：《西安一日游·莲湖公园》，载《东方杂志》1937年第34卷第9号，第60页。按王济远（1893—1975），原籍安徽，生于江苏武进。近代著名画家。1912年毕业于江苏第二高等师范学校。1920年在上海参加西洋画社团"天马会"，后任上海美术专科学校教授、教务长。1926年赴欧考察西洋美术。1927年创办"艺苑绘画研究所"，后数次赴日考察。1941年赴美举办华美画学院。1975年1月病逝于纽约。1936年8月，王济远于上海美专教授任间来陕游历，在邵力子支持下于西安西京招待所举办个人画展，盛况空前。其间王抽暇参观西安下马陵等各处名胜古迹，《西安一日游·莲湖公园》一文即为此次参观游览所记。同时尚有游碑林、谒孔庙、游卧龙寺、过下马陵、参观省立图书馆等活动。参见下文相关叙述。

③ 罗懋德：《莲湖公园发掘记》。又〔宋〕宋敏求《长安志》卷六："太极门外承天门之内曰嘉德门。"故有"古墙"即"唐代宫墙"之说。

④ 容媛：《陕西考古会近况》，载《燕京学报》1935年第17期，第205页。

该处工事实施抢救性发掘的议案一经提出，即群情踊跃，势在必行。惟仓促之间，毫无准备，至一应发掘所需，全无着落。

急迫之际，赖罗懋德费力张罗，多方设法，"直至二十三日，方购备用具，前往动工"。为此，1月23日的《西京日报》曾有耐人寻味的一则报道。语称："陕西省考古委员会，前于长安市莲湖公园西北角，发现古代遗物，据考察所得，此次所发现之古物，谓系唐代太极宫院之南正门之一部，俟发掘后，即可决定系何代遗物，闻该会现正筹备发掘工具，待齐全时，即行试掘云。"

关于此次发掘经过，罗懋德在其后不久写就的《莲湖公园发掘记》中曾有详细记载。文中称前后"共发掘八日，填土五日"（图256）。溯自"一月二十三日"，每日"用四工。上午九时起，下午五时收工"。其具体做法是"先由露面之墙角向北试掘"，目的在于追寻唐代"宫墙"之走向、结构。但第一日的北向试掘却与发掘者愿望相左，结果"仅见乱砖"，毫无宫墙迹象。罗遂决定"由南角折向东掘"，及"掘至墙基，基下为黄土，墙高约九十七公分"，但"往东九十四公分忽中断"。

由于发掘区域历经多个时代延续、侵扰，地理复杂，叠压、打破关系错综交织，加之发掘目的已提前锁定，因此不断变幻的种种迹象，便使缺乏国内考古发掘工作经验的罗懋德颇感困惑。其于迷茫中失去追踪目标，只好决定沿遗迹中断处继续再向东发掘，希望能有新的发现。但令罗懋德感到诧异的是，在"距此一百八十公分复发现墙基"。其走向为"往东一米六公分折向北，往北一米一四公分半，再折向东"。（图257）

对于罗懋德最初的发掘感受，1月25日《西京日报》的一则报道，为我们提供了大致的推测依据。文谓："陕西省考古会于昨（24日）仍由罗懋德君领导工力前往莲湖公园西北边继续试掘，掘获古砖甚多，陶器瓦片，绘有五色彩图，究系何代所遗，仍待研究。惟掘出之古墙脚于东西两侧，已有间断，北端尚有痕迹。据罗君语记者，该处以年代颇久，不无有沧海之变，仍当向东西端及北端继续试掘，最后或可再有发现云。"

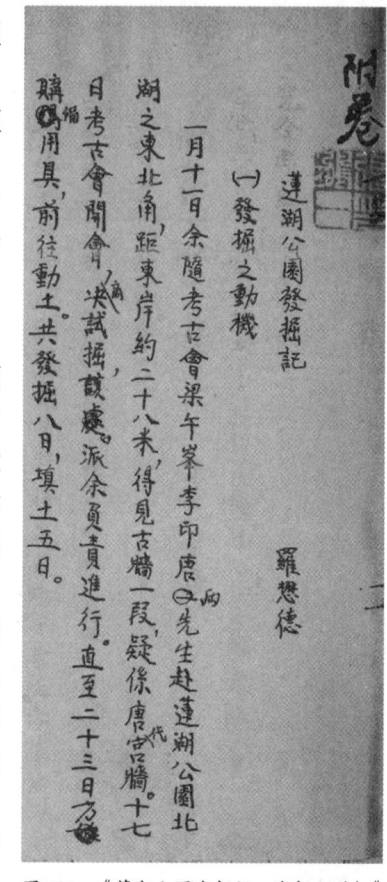

图256 《莲湖公园发掘记·发掘之动机》

图257 莲湖公园发掘现场正坟之北部。罗懋德摄

依考古学视角观察，若断若续的所谓“墙基”遗迹，应系历经沧桑，迭为后来各代建筑破坏所导致的形象说明。惟罗懋德此时受发掘唐代宫墙遗迹主导思想的影响，对已明显显现的叠压、打破关系与“土墙”无砖、不类唐代夯土特征等重要现象尚缺乏足够认识，以至将再度出现的所谓“墙基”迹象视为新的发现，从而沿着继续寻找宫墙遗迹的思路不断深入，对预先框定的发掘目标充满信心。

呼应罗懋德热情洋溢的发掘态度，对于科学发掘抱有浓厚兴趣的薛定夫也在当日午后“前来参观”。他兴致勃勃地指出，“此墙基乃渠首先发见者”，并坚信“此处为唐代承天门内之嘉德门及宫墙所在地”，墙基当为宫墙遗迹无疑。为证实自己的观点，薛热情导引罗懋德“观察附近各处之殿瓦”。（图 258）

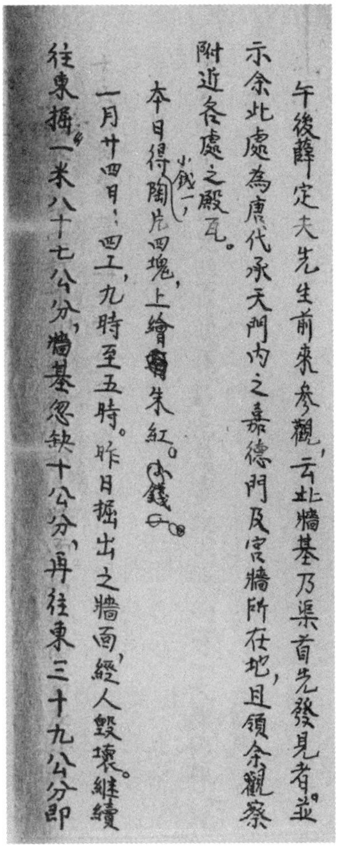
午後薛定夫先生前來參觀，云此牆基乃渠首先發見者，並
示余此處為唐代承天門内之嘉德門及宮牆所在地，且領余觀察
附近各處之殿瓦。
本日得小錢一，陶片四塊，上繪朱紅。
一月廿四日，四工，九時至五時。昨日掘出之牆面，經人毀壞。繼續
往東掘一米八十七公分，牆基忽缺十公分，再往東三十九公分即

图 258 《莲湖公园发掘记》片段

薛之观点，坚定了罗之信心。他当即决定，翌日将顺延已经发现的迹象，继续寻找唐宫位置之所在。有趣的是，至本日收工之际，忽“得小钱一，陶片四块，上绘朱红”，又得汉代砖瓦若干。

按照田野考古发掘规律，绘彩陶器与汉代砖瓦不期同现，应是一种值得相互联系的重要参考依据。它首先传递给人们的信息，即此地可能曾有过汉代或相近时代墓葬之所在。遗憾的是，这一迹象当时并未引起罗懋德的注意。在陕西考古会聚焦寻觅“唐宫建筑”的一片呼声里，独立主持莲湖公园考古发掘的罗懋德很难在繁忙之中始终保持清醒的认识。

上文说过，早在徐炳昶等人积极酝酿成立省院合组陕西考古会组织之际，陕西省一些士绅就因对科学发掘与人为盗掘两种不同概念缺乏正确甄别意识，对将要成立的考古会设置障碍、猜测误解，从而影响了省院合组陕西考古会的工作进程。此类情况，虽经徐炳昶等人多方释解，不懈努力，但潜在问题仍非一朝一夕可以解决。及罗懋德发掘莲湖公园“宫墙”遗迹工作甫一开始，刻意破坏发掘现场等不愉快事件随即发生。不过此时的罗懋德尚称沉着，一面通融莲湖公园管理者协助看管，一面排除干扰，仍能继续坚持发掘工作。

《莲湖公园发掘记》因此记道：“一月廿四日，四工，九时至五时。昨日掘出之墙面，经人毁坏。继续往东掘一米八十七公分，墙基忽缺十公分，再往东三十九公分即完全断绝。本日因向北挖，进行甚缓。由地面至墙基约二米六十五公分，土质颇类生土。地面之近代层仅三十公分。得古钱一，陶瓷片数块。”

如果说 1 月 24 日的发掘已见“生土”，土墙无砖，“唐宫”发现之可能已经渺茫的话，那么，1 月 25 日的发掘就应该总结经验，另辟蹊径。然尚存一线侥幸心理的罗懋德在寻找“唐宫”基址的呼声鼓动下，仍未能改变已经框定的发掘目标，反而继续前因扩大发掘，结果"由墙基中断处再往东掘，得褐色之土墙一道，与砖墙平行。往东五六米，墙面即不分明"。①

此时，扑朔迷离的"宫墙"遗址仍迟迟不露端倪，而莲湖公园当局又哓哓声称将不能对发掘现场安全负责。心急如焚的罗懋德睹此状况，遂不免在向张扶万汇报进度时流露牢骚。言莲湖公园当局既然不能为发掘现场提供良好工作环境，则其后发掘工作便恐难以顺利完成。又言考古会发掘者，实无力阻止破坏者的干扰。如莲湖公园之哓哓发怨，设置障碍，其因盖在事先未能商洽妥当，致使发掘者身陷困境……②

罗懋德的牢骚，虽不免过激，但其良好的愿望以及敏锐的洞察力却获得张扶万的理解。1月25日晚，张拟文致函省会公安局，指出："查莲湖公园内北池之北岸中部发现古建筑遗迹，当经面请本会明了究竟，籍便保护计。已于本月之二十三日派员率领工人实行发掘，开始兴工，刻正在进行中。讵料昨日（二十四）下午五钟停工后，不识被何人将掘出砖基拆乱，殊属非是！相应函请贵局查明，转饬该处岗警随时加意保护，实纫公谊。"③

得力于省会公安局第四分局的协助，肆意骚扰发掘现场的恶作剧算是得到了暂时的遏止。此时罗懋德连经三日发掘，愈觉"宫墙"之说颇多疑点，乃断然决定易地重作。惟梁午峰与薛定夫二先生仍坚持此前看法，主张再作一两日后确定。在薛、梁二先生的坚持下，26日发掘现场终于出现戏剧性变化。

《莲湖公园发掘记》记道："一月二十六日，余昨渐怀疑宫墙之推断。惟梁、薛二先生均仍坚持，谓土墙原有之砖层，恐已被移去。故于土墙不明处向北挖，以便探视墙心，见全系生土，掘至道旁即停止。"

毫无疑问，发掘结果否定了此前梁、薛等人的判断。此间罗懋德徘徊工地，再三勘察，不禁愕然。④

《莲湖公园发掘记》因是记道："乃于砖墙与土墙相接处向北探视二者之墙基。砖墙往北一米二十一公分折向西，其构造与南部相同；往西二米三十六公分更折向北方，相当于南部之折向南方。于是宫墙之说显然打破矣。同时于土墙下发现砖地板，此更非城垣下所宜有之物。"

如梦初醒的罗懋德对照26日发掘所获"陶片多块"以及"由湖之北岸掘得彩色壁画数小块"和"尚有一大块，仍埋入泥中"⑤的壁画等迹象，恍然大悟。他蓦然觉察到"此当是墓葬迹象，而决非宫墙遗迹"⑥。

---

① 罗懋德：《莲湖公园发掘记》。
② 李希平：《关中考古杂记》。
③ 1935年1月25日陕西考古会致陕西省会公安局公函。
④ 莲湖公园考古发掘宫墙之说否定后，原来热闹围观者纷纷退去，考古工地顿时一片寂然。罗懋德在后来写就的《掘坟》一文中曾如是记道："有一次我在长安城莲湖公园内发掘一段砖墙，大家都说那是唐代的宫墙，每天有许多遗老，要人，新闻记者和大大小小的公民前来看热闹。后来发现了一层'四出'五铢钱，钱下有骨头，那些看热闹的人便完全退走了，连我的工人也不肯帮忙了，问他们都说是不敢得罪死人，害怕晚上回家作怪梦。"参见《罗念生全集》（第十卷），上海人民出版社2016年，第75页。
⑤ 罗懋德：《莲湖公园发掘记》。
⑥ 李希平：《关中考古杂记》。

倏忽之间，罗懋德虽贸然将其断为“唐墓”，但他在27日的发掘中却注意到“先将砖地板掘出”，清理出“长凡二米四十六公分，宽一米二十六公分”的一块位置，以便继续向下发掘，探求究竟。并按考古发掘规程做好“他日备置石膏往掘”[①]之准备，以便模印可能出现的艺术佳品。（图259）

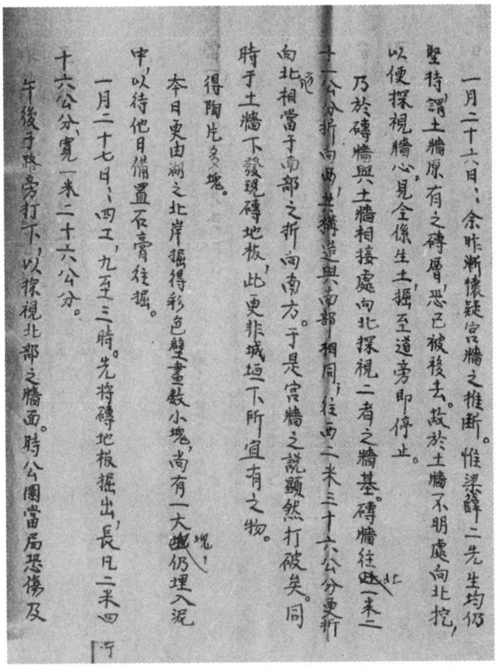
一月二十六日：余昨漸懷疑宮牆之推斷。惟梁薛二先生均仍堅持，謂土牆原有之磚層，恐已被移去。故於土牆不明處向北挖，以便探視牆心，見全係生土，掘至道旁即停止。
乃於磚牆與土牆相接處向北探視二者之牆基。磚牆往北一米二十一公分折向西，其構造與南部相同；往西二米三十六公分更折向北，相當于南部之折向南方。于是宮牆之說顯然打破矣。同時于土牆下發現磚地板，此更非城垣下所宜有之物。
得陶片多塊。
本日更由湖之北岸掘得彩色壁畫數小塊，尚有一大塊仍埋入泥中，以待他日備置石膏往掘。
一月二十七日：四工，九至三時。先將磚地板掘出，長凡二米四十六公分，寬一米二十六公分。
午後于路旁打下，以探視北部之牆面。時公園當局恐傷及

图259 《莲湖公园发掘记》片段

考虑到此前因一时兴致，在接受《新秦日报》记者采访时曾讲过一些不恰当的话语，他颇担心可能出现负面影响，因此就匆忙通过考古会干事李印唐与该报联系，请其缓发稿件，以免误导。

罗懋德的敏锐反应迟了一步。就在他匆忙查勘发掘现场的同时，《新秦日报》已抢先在26日该报第5版醒目位置大字刊登新闻消息，宣称：

“（考古会）在本市莲湖公园发掘之古迹，昨为第三日。据发掘专员罗懋德语记者，总计划发掘三日以来，所得虽系碎陶、瓦片，然皆为参考上必须之材料。现拟由北面发掘，俟南北两端发掘相通后，再向下面发掘，以现发掘之墙基，及所得之材料考究，若向下面发掘，必能更有价值之古物再现。发掘之东端墙面泥质，现黑褐色，证系人工制造。以墙之突出外面，原有人工制造之墙壁上，必绘有精细之花彩，惜皆毁没，致无痕迹。故不克考其原有之形景，殊为可惜之。”

这则报道中，《新秦日报》虽然未敢公开认定已经发掘的迹象就是“唐宫宫墙”，但它凭借主持发掘的罗懋德之口，使用“若向下面发掘，必能更有价值之古物再现”的新闻套语，却大大刺激了市井百姓的好奇心理，导致往访者络绎不绝（图260），从而再度引起公园当局的反感。值27日午后罗懋德督工“于路旁打下，以探视北部之墙面”，公园负责人终以“恐伤及道路”为借口，“劝令（罗）于三时停工”。

图260 莲湖公园发掘现场正坟之北部及西部，坑口可见参观者身影。罗懋德摄

当市井百姓纷纷前往莲湖公园参观发掘现场的同时，《新秦日报》这则颇具煽惑效用的新闻报道也引起了陕西省政府主席邵力子的注意。27日早，邵嘱张扶万通知罗懋德来省政府详谈。当晚，罗懋德即“奉考古会遣派，进谒邵主席，报告数日以来发掘经过”。

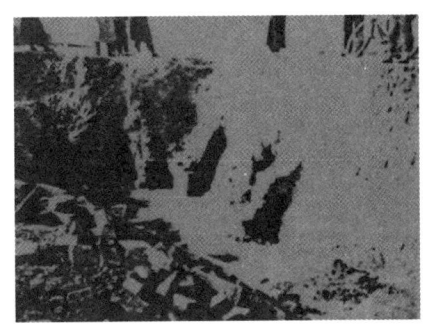

① 罗懋德：《莲湖公园发掘记》。

未料罗才开口言及唐墓，邵即对罗准备发掘唐代墓葬的想法提出异议。认为：“原为试掘宫墙，如系唐墓，即不必掘；苟欲掘墓，可掘汉墓。”

邵力子这番“面谕”，固然导源于此前戴季陶引发“真电风波”的影响，非仅仅针对罗懋德之莲湖公园发掘。但心绪不宁的罗懋德一时难以洞悉邵的真实想法，以致误解邵意，心境不佳。

回顾数日以来接连发生的种种事端，罗懋德对莲湖公园考古发掘彻底失去信心。他对张扶万讲，以自己一介职员，实难应对各种莫名其妙的矛盾与阻碍。为今之计，只有停止工作一途。

无论是梁午峰还是张扶万，都不能说服罗懋德。关键时刻，27日“宝鸡发掘团主任徐旭生先生于是夕归来”，罗“当即向渠详细报告”。[①] 依徐所谓，有关莲湖公园之发掘，本为陕西省政府方面一手主持，“系另一部分”，他不当过多加以干涉。惟以徐闻知罗懋德“因阻力甚多，拟停止工作”时，乃极力“劝勉”。[②] 又谓“自地址观之，恐系唐以前之坟墓”。原因是“唐时，此地点适在宫中，绝不准许埋葬也”。为新兴之考古事业计，徐殷切希望罗懋德丢弃包袱，“继续试掘”，并提醒他“须注意为俯身葬或屈身葬。且谓欲求学术上之贡献，须照原有计划，于道旁挖下，以便观察全墓形式”。（图261）

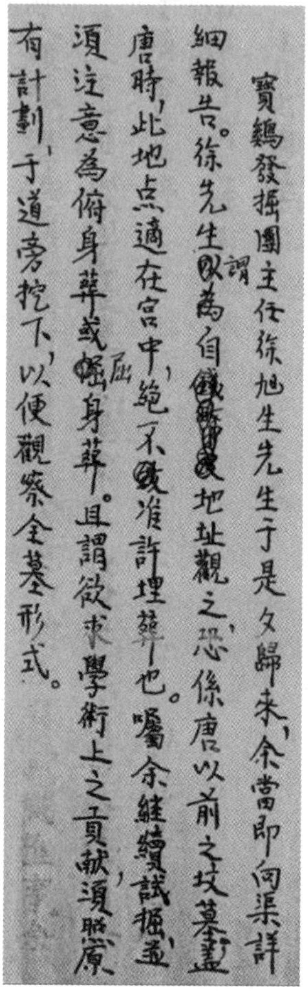
寶鷄發掘團主任徐旭生先生于是夕歸來，余當即向渠詳細報告。徐先生謂以為自此地址觀之，恐係唐以前之坟墓，蓋唐時，此地点適在宮中，絕不准許埋葬也。囑余繼續試掘，並須注意為俯身葬或屈身葬。且謂欲求學術上之貢献，須照原有計劃，于道旁挖下，以便觀察全墓形式。

图261　《莲湖公园发掘记》片段

徐炳昶坦诚负责的学术态度，对困惑之中的罗懋德影响颇大。28日，罗决计重新开始发掘，“先掘东部坟内，得五铢钱甚多，并有云母石及一琉璃狗腿”。“继掘正坟之东南角”，定其“为脑骨所在地”，获得“陶器甚多，铜灯一，瓦当一，上有‘长乐未央’四字”。[③]

关注新的考古发现，29日《新秦日报》不胜欣喜，报道披露：“陕西考古会自在本市莲湖公园开工发掘，工作颇为积极，连日来迭有发现。兹悉该会昨日在莲湖公园掘获汉代破瓦片若干，又有汉代五铢钱、古钱数十枚，刻正继续发掘云。”

受28日发掘收获的鼓舞，29日的发掘显然加快了步伐。结果“续掘正坟之东南部，见腿骨”。获知“此部古物甚丰富”。至于葬式，依据《莲湖公园发掘记》记载，“观其位置，疑系一屈身葬”。

惋惜的是，30日的发掘由于工作进度加快，罗一时又忙于他务，而工人又不善发掘工作，以致大部出土文物全行损坏，造成了不应有的损失。

① 以上引文均见罗懋德：《莲湖公园发掘记》。

② 容媛：《陕西考古会近况》，载《燕京学报》1935年第17期，第205页。

③ 以上引文均见罗懋德：《莲湖公园发掘记》。

对于发掘工地工人出现的事故，张扶万初尚愠怒。但当罗懋德风尘仆仆押送发掘所得"运到该会"，详细向他汇报工作之时，他洞悉数日以来罗懋德等人所付出的艰辛与承受的压力，遽尔释然。窃以为"发掘一事固难，排除干扰诸事则更难"。因对罗懋德频加安慰，同时与罗商议"拟派员随地调查，俾遗弃古物毋得流失"。

较之于张扶万的委婉含蓄，徐炳昶乍闻莲湖公园发掘出现事故，颇为震惊。他批评考古会省政府一方，轻视管理，致有令人遗憾之事。认为"须规整田野开掘之法并制定出土古物保护之例"。①

考虑到可能出现的负面影响，张、徐等人还计议采取补救措施，通知属下不得将莲湖公园损坏古物的消息传扬出去，以免产生误会。遗憾的是，张、徐等人的积极应对均为时已晚。

1月30日，《新秦日报》在未征得考古会同意的前提下，遽在显要位置以《莲湖公园古迹，确为汉代坟墓，昨日掘获铜烛台等殉葬品》为题发布长篇新闻报道。指出："陕西考古会以长安为历代古都，名胜古迹，随处可寻。惟时代久远，沧海桑田，几经变易，古物遗弃埋没者，当不能免。为获得而资保存考古计，除彻底发掘莲湖古迹外，并拟派员随地调查，俾遗弃之古物，得为社会人士研究考古关系材料云。"

又讯："该会发掘莲湖公园古迹，昨为第五日，虽所得之材料多系破碎残片，然用诸考究，则可证明现在古迹，确系汉墓，尤以日昨所掘得之古物，多属殉葬品，其中有铜烛台一座，颇有研究之价值，以久不注意之荒地片，既已成为古物之宝藏矣。"

至于工人不慎损坏古物一事，该报更毫不避讳，声称："考古会近来在本市莲湖公园西北角开始发掘后，连日来迭有收获，并获得古钱数百文。兹悉该会于昨日复获陶器、琉璃器、朱砂器多种，惟工人不善发掘工作，以致大部全行损坏，现运到该会中，俾使研究云。"

追随《新秦日报》之报道，《中央日报》亦在1月31日发布新闻，指出："陕西考古会在西安墟内莲湖公园，发现汉代古墓一座，发掘一周以来，二十九日获殉葬物甚多，陶器尤多，有汉碑（瓦当）一块上镌'长乐未央'等字清晰可辨，现正继续发掘中。"

位居粮道巷的陕西考古会，因此接连受到诸多好古人士的咨询与质疑。罗懋德为此颇感不安，30日的发掘工作明显放慢了脚步。为探求墓葬形式以及陪葬物的位置，他几乎小心翼翼地认真观察了一切暴露的迹象。发现"正坟之东北，古物较稀。中部及西部全无所获，土层亦甚混乱，且于西北靠墙处得一腿骨，与昨日所发现者相距甚远。又于中部得牙床骨，立于砖地之下。又西部偏北之墙基几全受毁坏，墙外黄土有裂痕"。种种迹象表明，"此坟大部已被人毁坏，且毁坏时代距今甚远也"。

按罗懋德当时计划，本应进一步扩大发掘范围，搞清墓葬的全部形制。只因

---

① 以上引文均见李希平：《关中考古杂记》。

北向发掘将“损坏道路”，或因此招致公园当局的干涉，故“未能将墙基之外部挖出，仅打二孔”，期望“探视往北之墙面”而已。

至此，曲折坎坷的莲湖公园发掘，遂不得不违心宣布“告停”。1 月 31 日，为绘图、照相、填土之事，罗懋德再赴公园视察，“见东首之门道，及北面之砖墙全被人破坏”，不禁“甚为烦闷”。于《莲湖公园发掘记》中，罗懋德不无怨言地记道：“考古会曾函公安局，请为保护。闻公安局已转知公园当局，而公园当局又不能负责。此诚难事。”无奈之中，罗懋德只好草草“照相绘图”，“（田）野工作即告完竣”。（图 262）自 2 月 1 日至 7 日，又耗费五日时间回填墓葬，方法是“每日用六工，填成一斜坡”[①]。其工作时间与经费开支，2 月 25 日考古会致送陕西省政府第 45 号公函曾有简略说明。文谓：“自一月二十三日起，至二月七日止，除支工资及购置发掘器具共需洋四十九元有奇，拟列入本会一、二两月分支出计算书内报销，不另支领外，所有发掘经过暨发掘所得古物名称、数目，盖由罗懋德先生负责整理。”

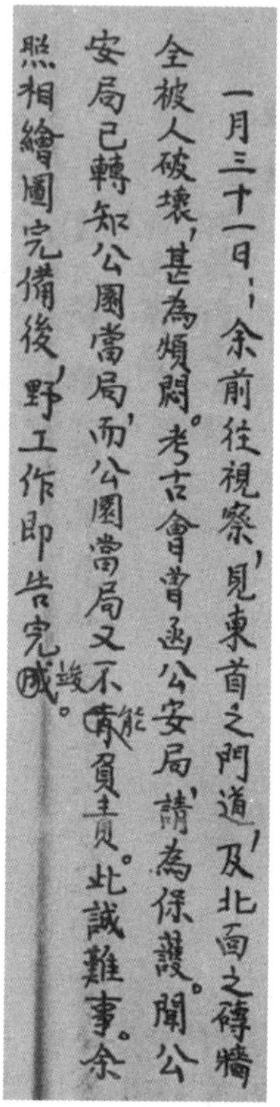
一月三十一日：余前往視察，見東首之門道，及北面之磚牆全被人破壞，甚為煩悶。考古會曾函公安局，請為保護。聞公安局已轉知公園當局，而公園當局又不能負責。此誠難事。余照相繪圖完備後，野工作即告完竣。

图 262 《莲湖公园发掘记》片段

针对莲湖公园的考古发掘，徐炳昶在该年 1 月下旬接受《燕京学报》记者容媛女士采访时曾有如下议论：

“至于西安市内莲湖公园古物之发掘，系另一部分，由在美研究考古学，在希腊、雅典工作过一半年之罗茂德君主持。该处原为唐时之承天门旧址，犹北平之天安门，中华门。然比经发掘后，乃系一古墓，发现有陶器片，及古钱多件。其中有汉灵帝时钱，想此墓必在汉以后，隋唐以前。余过西安时，曾往视察一次。罗君因阻力甚多，拟停止工作，经余劝勉后，刻仍继续发掘中云。”[②]

一年之后，《陕西考古会第三届年会会务报告》又称：“陕西省政府于二十三年与国立北平研究院合组陕西考古会，历年来先后发掘西安及宝鸡斗鸡台各处所获古物颇多”，而“二十四年一月莲湖公园北湖北岸发现古砖壁一段，该地在唐代为承天门之嘉德门，因疑系宫墙遗址，有关唐代宫城考证，经议决派罗懋德负责发掘，九日结束，查系古墓，且已被盗，在学术上无大关系，根据葬物中五铢钱，鉴定其时代为汉灵帝以后墓，计检得古物二十五号”。[③]

细读两者论述，其间虽稍有差距，但基本的观点是一致的。依行文口吻，似乎系徐炳昶一人所为；溯其本源，大致均可在罗懋德《莲湖公园发掘记》中找到答案。

---

① 以上引文均见罗懋德:《莲湖公园发掘记》。依工作日志，2月4日停滞未作，故回填工作实为五日。
② 容媛：《陕西考古会近况》，载《燕京学报》1935 年第 17 期，第 205 页。
③ 容媛：《陕西考古会第三届年会会务报告》，载《燕京学报》1936 年第 20 期，第 595—597 页。

就《莲湖公园发掘记》而言，其当为陕西省有史以来于城市区域进行的第一次具有科学意味的墓葬发掘报告。报告共分为“发掘之动机”“发掘之经过”“坟墓之形式”“掘得之古物”“坟墓之时代及其价值”“余论”六部分。究基本构架，大致吻合当时流行的学术范式，亦明显携带中央研究院殷墟发掘报告的程式影子。

于“发掘之经过”一节中，罗懋德详细叙述发掘细节，全文体例实际是发掘日志的简单摹写，其方法已为今日考古界编写报告所简化。对于墓葬发掘报告中至为重要的“坟墓之形式”一节中，罗氏亦披露了诸多数据信息，称“坟基略作十字形，各端之长短不等，且每端左右之正墙与北端左右所伸出之砖墙复不相称”，“全坟东西长九米四十公分，东首之砖地为二米四十六公分，合计十一米八十六公分。南北现存仅五米，因南端已遭损坏。正坟东西三米八十一公分，南北三米六十五公分，略作正方形。东坟东西一米九十七公分，南北一米五十三公分。东首之门道宽三十九公分。砖墙现存最高者为一米二十五公分，最低者仅三十公分”。“东首有一类似祭台之砖地，及连接入地之孔道。”不过这些叙述虽称翔实，但尚未介入墓室、墓道、耳室等系统规范的墓葬形制概念，以至出现人为割裂墓葬平面，分别称为“正坟”“东坟”的现象。（图263）

(三)坟墓之形式
坟基畧作十字形，各端之長短不等，且每端左右之正牆與北端左右所伸出之磚牆復不相稱。
全坟東西長九米四十公分，東首之磚地為二米四十六公分，合計十一米八十六公分。南北現存僅五米，因南端已遭損壞。正坟東西三米八十一公分，南北三米六十五公分，畧作正方形。東坟東西一米九十七公分，南北一米五十三公分。東首之門道寬三十九公分。磚牆現存最高者為一米二十五公分，最低者僅三十公分。
東首有一類似祭台之磚地，及連接入地之孔道(即月二十五日所掘出之土牆)，疑該處為正門，且門限亦尚明顯。墓頂已全毀。坟底均有磚地，惟正坟西部之磚地已經破壞。

图 263　《莲湖公园发掘记·坟墓之形式》

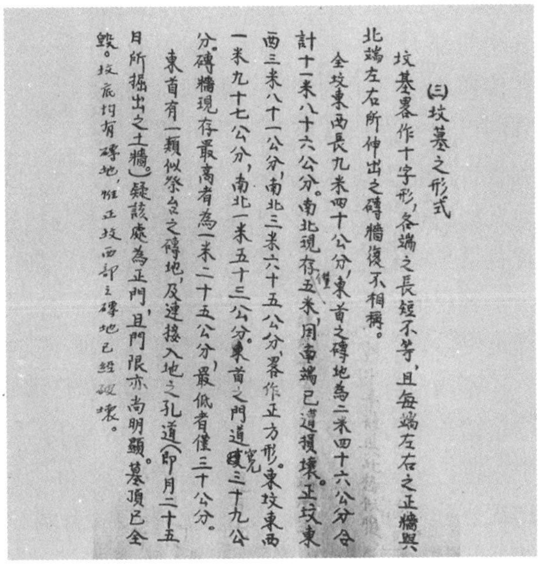

因此墓被盗严重，发掘所获无多，涉及资料整理，罗文曾将其分作建筑、陶泥塑、钱币、装饰器具四类，这种分法在今日看来颇显含混笼统。至具体器物之描述，又率多未能加附测量数据，仅以“全”“残”“缺”“稍缺”“古状花纹”“瓦台”“瓦枕”“铜盏”等模糊词语替代。（图264）

(9)瓦盤，直徑八公分半。
(10)瓦罐，缺口。
(11)瓦盤，直徑十七公分半，高七公分，稍缺。
(12)瓦蓋，殘。
(13)小瓦盞，殘。
(14)瓦枕，殘。
(15)瓦盒二，殘。
(16)瓦台，底尚完全。
(17)其他殘缺之陶片十一種。
(18)亂陶片，[illegible]。
(19)磁片八塊，出自上層，為近代物。
凡陶器均塗有朱紅圈紋，關于此類物器，因無接合之原料，尚未細加研究。
(丙)錢幣類
(1)五銖甚多。
(2)八銖半兩數枚，為漢呂后時物。
(3)貨泉數枚，為王莽時物，甚可靠。
(4)四出五銖多枚，為漢靈帝時物，甚可靠。

图 264　《莲湖公园发掘记·掘得之古物》片段

对于墓葬年代的确定以及发掘所得相关器物之评判与初步的研究，由于当时经科学发掘的墓葬资料极少，难以找到可以对比的参照物，因而此类工作的确存在一定的难度。幸发掘者抓住随葬钱币资料，且注意将所得斜行网纹砖与薛定夫所藏六朝永平砖相比较，并提出“所得之各种材料，将来可作比较之研究”，颇具科学分析思维。但在初步甄别判断

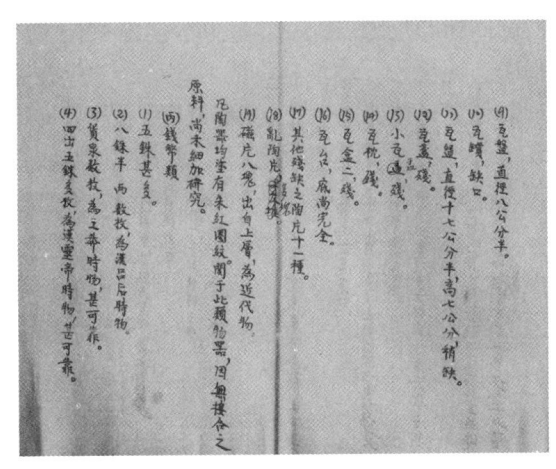

之时，发掘者却缺乏足够的信心，先据四出五铢钱币"可判定此墓为汉灵帝以后之物"；又以"剪边五铢被剪之时代可靠，则更可定为北魏时墓"。最终犹豫彷徨，将时代问题"留待日后评定"，且含混认定："隋建都于此，非但不得埋葬；且宫城中之坟墓多被其损坏。故此墓之时代当在隋以前。"从而得出结论，确认该墓"在艺术上无甚价值"。①（图265）

另外，所谓"取得彩色壁画数块，疑系唐代物"之推测，亦颇为含糊。联系26日之发掘经过以及发掘者27日晚向邵力子的汇报，发掘报告似乎在传递唐墓壁画的信息，但据徐炳昶判断以及发掘所获相关器物分析，发

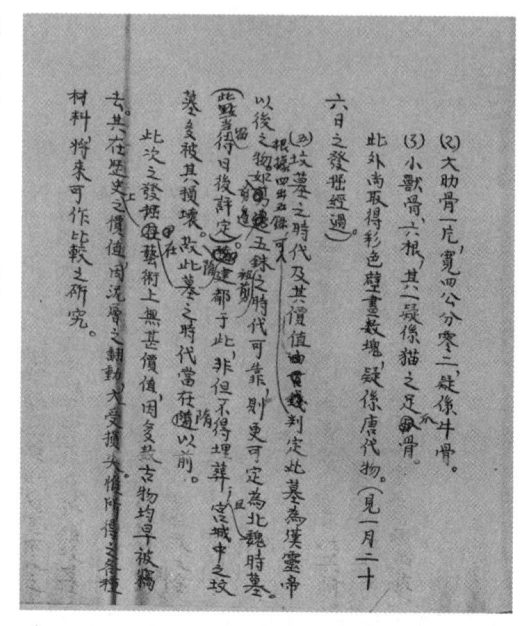

图265 《莲湖公园发掘记·坟墓之时代及其价值》

掘报告似乎又对唐墓壁画的信息有所否定。至于壁画残块究系何时代之物，与其他发掘所得器物之间存在着怎样的联系与区别，它们是否集中指向一个共同的文化背景与时代主题，发掘报告终未做出详细的说明。

客观地说，以治学方向与认识水准而论，徐、罗二人虽然措辞有别，但主要观点却是相同的，亦即在根本上对该墓发掘所得文物的艺术价值评定提出了否定意见。

不同于徐、罗二人的议论，曾留学日本东京同文书院后来担任陕西省历史博物馆馆长的曹仲谦独有新解。于1948年刊印的《陕西省历史博物馆概况说明书》中，曹氏将莲湖公园墓葬发掘所得的一件陶鸭视为佳品，称其"长一公寸七分，高八公分五厘，体态肥钝，步行蹒跚，合盘脱出，颇类汉器"②。这与罗懋德《莲湖公园发掘记》"掘得之古物"一项描述比较，具有明显的差异。（图266）

论及发掘感受，罗懋德似乎已无发掘之初的那份锐气，更多的语词，则是理性的回味与反思。他在《莲湖公园发掘记》"余论"一节不无感慨地说："在发掘中，掘坟为一难事。"他承认自己"仅在雅典协掘一古希腊后代之坟墓，为清理骸骨之形体，颇费工夫"。认为"若只徒窃取古物，不为科学之考究，诚易易耳"。指出："凡窃坟之罪，尚不在其偷取古物，而在其破坏泥层与墓体，使后人不能复作科学之研究。故吾人极宜保护古坟。"

在当时条件下，当戴季陶反对"掘墓"，颠倒"盗掘"与"发掘"关系的谬误甚嚣尘上之际，罗懋德能有如此睿智认识与较高的学术自律，不失为一位曾受过严格科学训练的考古学者。故在发掘结束墓葬回填过程中，罗即"于第一日曾购瓦坛将掘出之骸骨置入安埋，盖思有以慰坟墓主人于地下也"（图267）。且

---

① 以上引文均见罗懋德：《莲湖公园发掘记》。
② 曹仲谦：《陕西省历史博物馆概况说明书》，1948年，手稿本，稿存曹仲谦哲嗣曹乃峄处。

分分零三，此像秦磚之拱磚。
(6)花紋磚，約十七公分見方，中有古狀花紋，邊有点紋，出自上層，為唐代物。
(7)「長樂未央」瓦當四，僅一塊，直徑十五公分較普通之長樂未央瓦當為小，字体亦較為，疑專為建墓所用，不能斷言為漢代物。
(8)双螭旋紋瓦當二，其一直徑一為十五公分半，一為十四公分。
(9)双螭旋紋瓦當四塊，殘。

三波紋弄
發現時地同絕紋高十公寸四分腹徑五公寸五分口徑二公寸二分底徑一公寸四分滿腹斜波紋與高同亦屬周器
以匋夭
三十六年（公元一九四七）西安北郭掘出高一公寸七分蹲居形勢雄健宛如怒獅察其形質古樸亦非秦漢以下物品
竹匋鴞
二十四年（公元一九三五）修理西安市蓮湖公園掘出長一公寸七分高八公分五厘體態肥鈍步行蹣跚合盤脫出頗類漢器

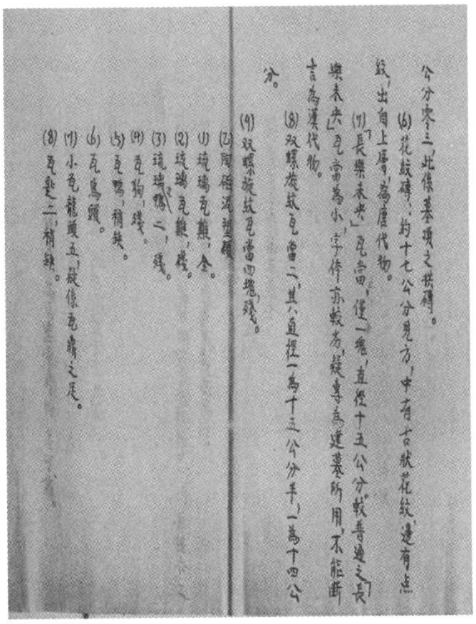

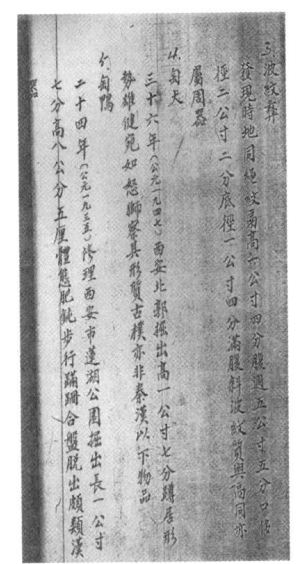

图 266 《莲湖公园发掘记》（左）与《陕西省历史博物馆概况说明书》（右）相关器物描述之比较

二月一日，二日，三日，五日，七日，共填土五日，每日用六工填成一斜坡。于第一日曾購瓦罈将掘出之骸骨置入安埋，盖思有以慰坟墓主人于地下也。

图 267 《莲湖公园发掘记》片段

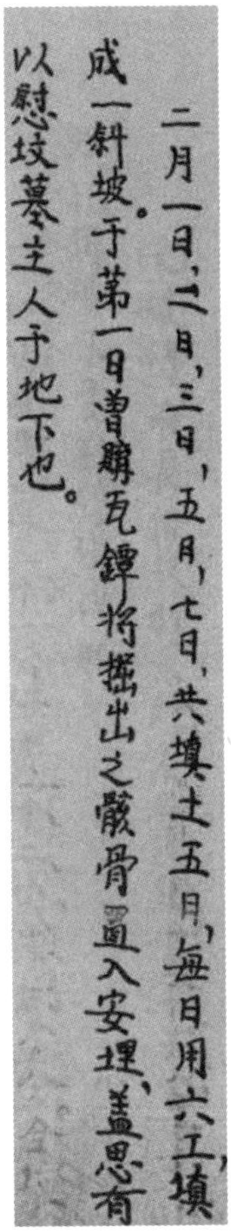

称："吾人发掘后，须将骸骨埋入，坟面须使复原，如能设祭设醮，则尽善矣。"①

我们分析罗懋德这一举措，认为其既有当时特殊时代与人文环境的影响，也融进了浓郁的人情滋味与科学境界。当然，此一发人深省的考古终极关怀，虽系初阶感悟，但对于现今逐渐趋向系统、规范的考古发掘程序而言，或当有深刻的启迪与借鉴。欲窥详细剖析，可参看本书第三章相关叙述。

（二）兴隆巷发掘

比拟莲湖公园的考古发掘，兴隆巷发掘规模明显偏小。

兴隆巷地望，当西安城垣南部东西向高阜北侧，南临南城墙，西接端履门大街，东南数百米近和平门一带，即为名闻遐迩的下马陵（俗称"虾蟆陵"）。

下马陵一带，至晚在汉代以降就是长安城南一处重要的墓葬区，葬骨累累，明清以来居民建房取土时有见之②，传说中的名儒董仲舒墓即在其东侧不远处③。（图 268）1936 年 8 月上海美专教授王济远游览西安时写就的《西安一日游》"过下马陵"一节，曾这样描述下马陵与董仲舒墓两者关系以及营养它们的文化地理环境：

"车向僻静处前进，沿着很高的城墙下去谒汉大儒董仲舒墓。我们读过白乐

① 以上引文均见罗懋德：《莲湖公园发掘记》。

② 采访翁维谦记录。翁 20 世纪 40 年代任西安碑林管理委员会书记、西安兴国中学教师等。

③ 按董仲舒墓所在，《太平寰宇记》卷二十七谓"在县（兴平）东北二十里"。但明天顺五年（1461）《大明一统志》却称："董仲舒墓在城南六里。"正德元年（1506）陕西巡抚王诩又于此建"董子祠"。明嘉靖二十一年（1542）兵部侍郎兼陕西巡按都御史赵廷锡则迁"董子祠"入西安城（和平门一带）今址，并在祠后建墓，传说中董仲舒墓及"董子祠"由是再生易位之变。

图268 董仲舒墓园。1928年摄

天《琵琶行》诗中'家在虾蟆陵下住',这时骤然见一门额,邵力子题——'汉下马陵'——正疑惑着,停车细视墙上一大块青底白字的解释,始悉白乐天诗中的虾蟆陵,就是下马陵的谐音,因董仲舒大儒墓在长安城东南隅胭脂坡下……"① 关于下马陵与董仲舒墓的来历与沿革,宋敏求《长安志》卷十一有谓:"虾蟆陵在县南六里。韦述《西京记》:'本董仲舒墓';李肇《国史补》曰:'昔汉武帝幸芙蓉园,即秦之宜春苑也,每至此墓下马,时人谓之下马陵。'"或云董之门人与儒士过其墓皆下马,亦名"下马陵"。

《长安志》卷十一所谓"虾蟆陵在县南六里",以宋本所谓地理概念,当即今日下马陵一带地域。"下马""虾蟆"之别,应与上古、中古以来人为讹变以及语音衍变相关。以古为轻唇音计,汉时"下马陵"当读"下(音 hā)马陵",唐时语音衍变,即讹作"虾蟆陵"。白乐天《琵琶行》诗作:"自言本是京城女,家在虾蟆陵下住",即本于此。故《长安志》卷十一又记:下马陵,以"岁月深远,误传虾蟆尔"。

有了上述这一段流传有序的历史因缘,大致在明代以后,横亘城垣北侧的东西向高阜遂笼统被称作"下马陵"(虾蟆陵)。

下马陵与董仲舒墓之传说固然流传甚广,但关于董仲舒墓之真实所在,历来却有不同的看法。如《太平寰宇记》卷二十七即谓董仲舒墓"在县(兴平)东北二十里"。

为解决这一问题,1933年7月以后,西京筹委会决定派员对"西京名胜古迹作有系统的调查与研究"。但当时以西京城内"现传古迹时有非原地者,如董仲舒墓、迎祥观等,是将来考证解决,非整个查过方能致力也"。②故自1936年春季开始,此项工作遂接踵进行。这一契机,使得西京筹委会调查员夏子欣等人有缘成为兴隆巷墓葬考古发掘的先行者。

陕西考古会档案显示,1936年4月,陕西考古会谨遵西京筹委会委员长张继函告③,对兴隆巷东侧市民建房所发现的一座汉墓进行了清理发掘。其具体工作由顾端甫、李希平负责,时间起自4月11日,至15日结束,历时五日,计得各类古物18件。

5月28日,陕西考古会呈报陕西省政府第8号公函披露了这次发掘的大致情况。文谓:"发掘兴隆巷古墓,自本年四月十一日起至十七日止,中间因事延

---

① 王济远:《西安一日游·过下马陵》,载《东方杂志》1937年第34卷第9号,第59页。
② 1933年7月至1934年2月《西京筹备委员会工作报告·调查工作》,见西安市档案局、西安市档案馆编:《筹建西京陪都档案史料选辑》,西北大学出版社1994年版,第170—171页。
③ 罗宏才:《陕西民国时期文物大案(六)——"伤兵友"滋扰兴隆巷考古发掘肇事案》,载《文博》2002年第2期,第73—78页。

滞，实在工作只有三日，所有工作经过及掘获古物，已经整理就绪，理合缮造报告一册，附需费清单一纸，呈请检阅。"

又6月9日考古会回复陕西省政府第10号公函亦称："查发掘所得各物，现均妥存会内，备资研究。至该墓身周围，均系砖砌。因此物无甚关系，仅取回墓砖一块存在，藉供考求。其余之砖由本会派员商同西京筹委会监工人夏子欣同面尽数嘱由该原地主任阁臣管有。兹准函复，即希查照为荷。"

至于其他出土文物，1936年4月13日（旧历三月二十二日）张扶万《在山草堂日记》尚记："考古会新得玉蝉一枚，土斑如灰，玉质明洁，如玻璃，长寸余。又有小五铢、小泉值一钱数枚。"依时限分析，这些文物或许与兴隆巷古墓有一定的关系。

第10号公函及张扶万《在山草堂日记》透析兴隆巷古墓出土文物信息，在而后刊发的《陕西考古会第三届年会会务报告》和《陕西考古会会务报告》①中，大致都得到证实与互补。前者记：

"本年四月西京筹备委员会函告该会，城内兴隆巷发现古砖，当经派员查勘后，从事发掘，计工作五日，考得该处有殉葬物，形状凌乱，间有人骨，已经盗发。墓室形态及殉葬器物，大致与普通汉墓无异，但所获泉货有小五铢钱，乃东晋时铸，则其时代当在晋后，然全部葬物未能尽睹，殊不能为详确之判定。出土古物有含玉蝉破陶器古泉等十八号。"

疑惑的是，报告既称"墓室形态及殉葬器物，大致与普通汉墓无异"，但依据所出小五铢钱，又判定其年代为东晋以后，继而更以"全部葬物未能尽睹"为据，声言不敢"为详确之判定"。一言以蔽之，实际上最后并未得出结论。

造成上述结果的原委，在于此次发掘实际工作基础的纤弱。基础供给不良，混沌结论的出现，也就在所难免了。

上文说过，历史上下马陵一带所发现的墓葬，向以汉代为多，而李希平在后来的回忆中，也称此墓为"汉墓"②，此处报告称其"与普通汉墓无异"，似乎已经对接历史根据，有了疑似"结论"的倾向。但事实上，发掘者终未能做出最后的定案。

如是语调与措辞，留给我们的自然是很多的疑惑。具言之，既然不能仅仅依据所出小五铢钱一例来轻易做出该墓为东晋以后的判定，那么，究竟又有何种证据，能够排除其不是"汉墓"的可能呢？

在这里，发掘者所无奈抛给后人的似乎不是一纸条理清晰、思维严谨的工作报告，反倒像一道生涩费解的试题。

有关兴隆巷发掘的评价报道，当时的新闻媒体以及官方函件主体称谓基本都是低调态度。个中原因，除发掘规模较小、出土古物不多等缘故外，恐应与不意发生的"伤兵友"滋扰发掘现场事件有绝大关系。

按"伤兵友"滋扰发掘现场事件发生在省垣西安通衢，而承担秩序维持的省

---

① 《陕西考古会会务报告》，载《新北辰》1936年第2卷第12期，第1297页。两文大同小异。
② 李希平：《关中考古杂记》。

会警察竟不能负责挟制,导致发掘者一人重伤,多人轻伤,造成恶劣影响。它使人依稀窥视到两年之前轰动全国的"真电风雨"阴影,也迫使此次发掘来去匆匆,不得不草草宣布收场。以至于后来发掘资料的保管整理,也不得不搬迁到下马陵东侧的董仲舒祠悄然进行。

关乎"伤兵友"滋扰破坏发掘现场事件的内幕,可参阅本书第六章的"古物要案"部分,限于结构,这里也就不再重复了。

受种种原因影响,兴隆巷墓葬发掘报告一直未能公布问世,即使有关此次发掘的些许零散资料,迄今为止亦难觅行踪。欲窥此次发掘之迷茫内幕,目前只能从《陕西考古会第三届年会会务报告》《陕西考古会会务报告》以及上海美专教授王济远(图269)而后写就的《西安一日游》一文去咀嚼文意、揣测感悟。

图269 穿白衬衣的自画像。油彩。木板。纵47厘米,横32厘米。王济远绘。美国Belfield基金会收藏

其中王济远文云:

"(董仲舒)祠堂不大,堂上有办事员,正在检理古物,破瓦残器,都用皮纸分别包裹,云从城外出土。可见长安古都,地下尽有发掘不尽的宝藏。"①

二、椎拓风波

(一)纠纷在碑林滋生

椎拓又名传拓、摸拓、摹拓、拓印、拓石、毡拓等。盖以时地等关系限定,名称因有区别而已。

椎拓之技,为中国国粹。其法系用宣纸或高丽纸等特定材料获取碑石、青铜器、砖瓦、甲骨文等拓印对象载体上的文字、图像、纹饰等。其后,受此影响的印版之术又将这一文化特质张扬扩充,衍生为与之依恋且同属一种血缘母体的雕版文化。

椎拓起源甚早,或认为始于东汉灵帝熹平年间。但目前一般认为现存最早的拓印品,为敦煌石室保存下来属于公元6世纪、今存法国巴黎图书馆的珍贵遗物《温泉铭》(图270)。

依《隋书·经籍志》"其相承传拓之本,犹在秘府"等文献记载,推测椎拓出现的时间,至晚应在此时或更早。如卫聚贤氏《中国考古学史》即依据南京

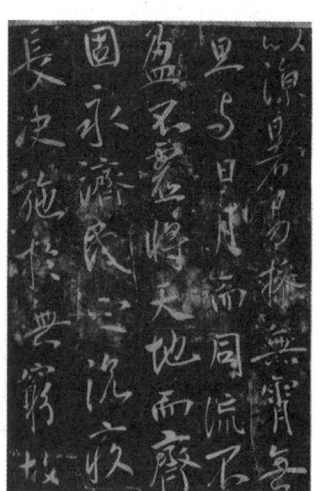
图270 唐《温泉铭》拓本局部。1900年敦煌石窟发现。现藏法国巴黎图书馆

---

① 王济远:《西安一日游·过下马陵》,载《东方杂志》1937年第34卷第9号,第59页。

栖霞镇十月村六朝梁吴平忠侯萧景（477—523）神道石柱反书"梁故侍中中抚将军开府仪同三司吴平忠侯萧公之神道"诸例，认为"梁时已会拓碑"①。

萧梁承传西晋以来华夏文化主脉品质之典雅风韵，传之于陈。杨隋灭陈，南朝风华精髓当入长安。李唐踵继，长安以帝王所在、国都地位而影响海内，传拓之术固能得领风气之先，兼之陕西地处周秦汉唐故地，素以存留各代金石古物而闻名于世，因此为满足皇亲国戚、达官贵人、文士学者对金石古物以及书法艺术的审美、收藏需求，自传拓衍生的碑帖业很快自上而下，氤氲形成。②

《唐六典》卷八《门下省》："贞观二十三年，弘文馆置拓书手三人。"《大慈恩寺三藏法师传》卷九又记御制大慈恩寺碑铭立就后，"观者日数千人。文武三品以上表乞摸打"。唐天宝四年（745）石台孝经碑末镌刻李齐古表文："陛下兴其五孝，忝守国庠，率胄子歌其六德，敢扬文教，不胜抃跃之至，谨打石台孝经本，分为上下两卷……"唐元和八年（813）尊胜陀罗尼经幢尾行文字："元和八年八月五日女弟子那罗延建尊胜碑，打本散施，同愿受持。"王建《古原新居》诗又谓："古碑凭人拓，闲诗任客吟。"杜甫《李潮八分小篆歌》或曰："峄山之碑野火焚，枣木传刻肥失真。"

至明代，"秦藩朱敬镕③以怀仁集王右军圣教序并心经旧拓之佳者重模上石"，嗜古之风更充斥长安，带动了以储存大量碑石之西安碑林为中心的碑帖业的繁荣。及清乾隆四十九年（1784）山东莱阳人赵钧游碑林时，长安碑帖业之勃勃昌盛，已足以使他叹为观止。其《游碑林日记》曰："碑洞藏古今碑，在城东南隅，学宫之东。秦人射利贩字遍天下，凡穷乡村塾，皆知碑洞，固奇观也。历长巷到学宫，多列帖肆，充积为堵墙。"（图271、图272）1924年6月，陕西省图书馆援例制订《陕西图书馆章程》并附《管理碑林规则》十条，首次对字帖行进入碑林拓碑的时间、"领券登记"的要求、收费的标准、拓碑的次序与服务陕西省署拓碑诸事做出规定。④1931年7月6日，原陕西省图书馆更名为"陕西省立第一图书馆"，由张俊青代姬在沣任馆长。张上任后，复制订《保护碑林法》十五条。1933年1月张俊青去职，继任馆长张知道针对字帖行及碑林碑石保护诸事出现的新问题，又在1924年公布的十条《管理碑林规则》的基础上，重新制订《西

---

① 卫聚贤：《中国考古学史》，商务印书馆1937年版，第62页。
② 关于西安之碑帖业概况以及本书此一章节所述之相关内容，可参见罗宏才：《西安碑林碑帖业史略》，见西安碑林博物馆编：《碑林集刊》（五），陕西人民美术出版社1999年版；《碑林集刊》（六），陕西人民美术出版社2000年版。
③〔清〕杨宾《大瓢偶笔》："朱进父，名敬镕，故秦王之后也，书学右军。今西安有其圣教序、兰亭草、诀歌、心经诸石，盛行于世。与晋唐碑同价，是真右军之之孙也。"
④ 关于碑林归属陕西省图书馆管理的具体时间，迄今为止尚无定论。按陕西省图书馆《馆史》组编辑《陕西省图书馆馆史》（陕西人民教育出版社1989年版）载，1909年8月陕西省图书馆在西安梁府街成立，1912年贺伯箴馆长去职，以毛昌杰（俊臣）任馆长。"执事未久，又以朱先照先生继任之。"路远《西安碑林史》（西安出版社1998年版）第311页载："朱先照任职期间，曾主持编辑了迄今所知最早的一份正规的碑林藏石目录——《图书馆所管碑林碑目表》。""1914年，馆长一职又由省署教育科科长王文芹兼任。"由此看来，碑林至晚当在朱先照任职期间，即1912年至1914年间归属图书馆管理。按照当时图书馆之职能以及朱先照编纂《图书馆所管碑林碑目表》来看，碑林归属图书馆管理之时间区段，似乎还可上溯至贺伯箴在任期间或更早一点。

图271 陕西省城碑林图。1928年陕西省政府摄

图272 西安碑帖商于西安碑林椎拓大秦景教流行中国碑情景。20世纪30年代摄

安碑林拓印法帖规则》十三条，并报请陕西省教育厅在该年6月20日核准公布实行，且在6月22日至23日的《新秦日报》上连续发表边闻社以《碑林拓印法帖，图书馆订定领照法则》为题的新闻报道。

此十三条拓印法帖规则，对于领照人资格的认定、执照费用的交纳、拓碑时间的限制、碑石石面的清洗以及私自椎拓碑石与拓碑纠纷等诸多问题，有了更详细的规定，堪称民国以来诸种碑林管理制度中使用时间最长、最为完备的一种。

如第一条"将碑林书画法帖，准经售商人，领取执照，拓印售卖"，第二条"凡拓印碑林法帖者，均应先到本馆领拓印法帖执照，携向碑林管理员验明登记方得动工。无证者绝对不准拓印"，以及第四条"请领拓印执照，每张须纳执照费三十元"之规定，表明拓印碑林法帖管理制度已蜕去原来范式窠臼，趋于成熟稳定。但因条款严谨，收费较高，字帖商迟迟不愿办理，故而在实际推行上遇到了一定阻力。

从目前笔者掌握的资料信息分析，这种严格的拓印规制以及与之伴生的碑帖商抵制领照缴费现象，大致一直延续至1949年新中国成立之前。（图273、图274）

据西安碑帖行耆宿回忆，约略自同光以降，仅碑林一地，声名显著之碑帖店铺就有数十家之多。

有了独具特色、繁荣昌盛的碑帖业，同时也就滋生了相关碑林管理的一系列规章制度。

文献资料显示，至迟在清末，碑林归属碑林一旁的"三学"学官代为管理。民国定鼎，碑林始归陕西图书馆代为管理。

陕西考古会成立后，根据考古会办法第四条"本会工作暂分调查、发掘、研究三步，其科学的指导之责由国立北平研究院任之，其保护之责由陕西省政府任之"的规定，又鉴于"本省金石之多，为他省所不及，而时代变迁，散佚甚夥，著录文书，多不完备"。且"陕西历代碑刻文字，从无专书"的现状，故拟"搜集周秦汉唐以逮石刻文字，印成巨帙"，"期成陕西较完备精确之金石目录，

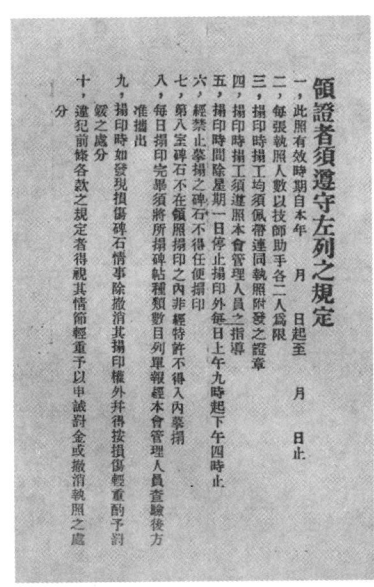

图273 1946年陕西省教育厅暨陕西省历史博物馆制订的帖商拓印领照规定

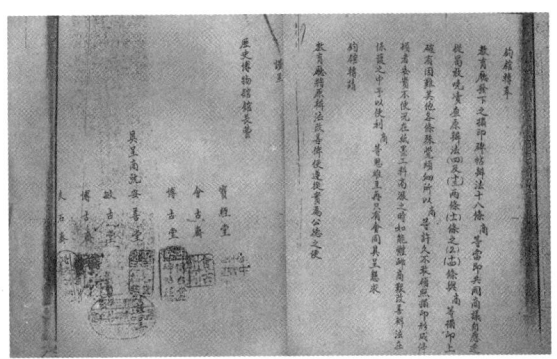

图274 1946年4月西安宝经堂等七家碑帖铺呈请陕西省历史博物馆馆长曹仲谦转请陕西省教育厅要求修改碑帖管理办法的呈报

以供历史家之参考"。该项工作步骤,"拟先就有关金石之载籍及省府州县各志所记载之金石器物,编录名称,然后分途派员,或委托当地绅士,驰赴所在实地考证,记录其实在情形"。[①]1934年2月下旬,陕西考古会因召开专门会议,具体部署此项工作。考虑到此项工作经费全系陕西省政府筹措,数额较小,来之匪易,故最初工作只在省城"庙宇、学校、公署"中进行。

以是,作为收藏碑石最多、内容最丰富且最具历史价值的西安碑林自然成为此次工作首先瞩目的焦点。

1934年3月13日,陕西考古会致函主管碑林的陕西省立第一图书馆(图275),称:"刻因研究,须用禹迹、华夷两图,敬请贵馆各赐拾份以资研究。否则,本会当雇工往拓。如何之处?请即赐复为荷。"

图275 陕西省立第一图书馆藏书楼。1953年摄

陕西省立第一图书馆突然接到考古会这份多少带有命令口吻的函件,颇为不悦。之所以考古会公函发出后许久未能得到反应,缘故或许就在这些具有命令口吻的词语身上。

欲拓禹迹、华夷两图的函件,不意遭到陕西省立第一图书馆的冷落,疑惑之中的考古会未能检讨其中的由来蹊跷,却在4月2日再次致函西安第一师范,宣称:"本会梁午峰委员查贵校操场内有造像碑、天圣年碑,兹派匠工前来墨拓各三份,以资参考。"

未待西安第一师范做出反应,不耐久等的考古会随即在4月5日派工人朱明俊、王兆禄登门往拓。当日上午,朱、王工作刚刚开始,忽被自称奉教育厅厅长

---

① 《陕西考古会第三届年会会务报告》,载《燕京学报》1936年第20期,第598页。

命令之来人阻止干涉，伊且言教育厅有十三条拓印管理办法公布，凡拓印者，均须向省立图书馆缴费领照。否则，将以十三条管理办法规定严肃处理。

尽管朱、王一再说明原委，来人一概不理，指称须缴费领照后方可拓碑，并言既未缴费，则须从速离开，倘若再执意盘桓，将以干扰教育厅工作为名报请省会警察局派员驱逐。

朱、王二人力争无效，乃愤然离开第一师范。当日中午，朱、王即向张扶万报告椎拓被阻情事，张听后不悦，但亦不以为然，尚"以为管理诸人不明事理，因即置之度外"①。

4月20日，张赴碑林"观唐石经罗列"，发现"石经上有顶以护石，下有座以承之。顶石用篆文表各经名，字大二寸余。今惟'周易'二字在易经石碑之上，余有'周礼春秋'四字字样二字"。此一发现使钟爱金石考古的张扶万心情亢奋，他敏锐觉察到这些迹象的重要性，认为"近年拓工不知拓此"，孰为可惜。因即决定"此次嘱拓工照拓二分（份）"。②

在张扶万劝导下，朱明俊、王兆禄再至碑林第三区椎拓唐开成石经（图276）。岂料工作甫半，又被教育厅来人阻止驱逐。双方旧怨积蓄，终于在工作现场大起冲突，各不相让。言辞、肢体冲突中，致引多人围观，造成恶劣影响。

事件发生后，寇胜孚、王卓亭、梁午峰等均气愤难忍，要求张扶万向省政府秘书处汇报此事，敦请省政府严肃纲纪，疏通瓶颈，以免再生类似之事。

闻知诸委员意见，张扶万顾及考古会声望以及与教育厅、图书馆之合作关系，一时尚能忍耐克制，无意将事态扩大，只是在23日致送教育厅的质疑函件中，言辞委婉地希望该厅消解误会，求得和解。

图276　西安碑林开成石经一隅。1907年8月31日西安碑林　[法]沙畹摄

函件云："本会前拓碑林唐石经三份，以资参考。现在拓工过半，顷据工人来会报称图书馆碑林管理员以奉厅长命令，着即停工等语。本会觉半途中止，实属可惜。"故请"贵厅查明，即希转饬图书馆碑林管理员毋阻止，俾使令拓工限日完竣，免致中辍，实纫公谊"云云。

事实上，近来考古会于省垣西安之椎拓活动，陕西省教育厅是深悉了解的。按厅长周学昌意思，碑林拓印石刻，已有拓印碑帖规则颁行，各私人、团体、机关故当一体遵行。今考古会雇工拓印，既未上报省政府，便与原规则体例不合，教育厅理应派员阻止。但考古会不明事理，挟省院合作机关之势，一意破例，则不能听之任之。况拓印碑帖规则颁行后，各帖商辄以规则繁复、收费过巨为由，率多拒绝领照，若一意姑息考古会，将势必引起帖商的共鸣，产生不良的后果……

积聚以上诸多缘由，此时的教育厅自然不予理会考古会的委婉质疑，25日

---

① 1934年4月27日张扶万致邵力子辞职函。
② 1934年4月20日（旧历三月七日）《在山草堂日记》。

回复考古会的一纸公函，措辞便更为强烈。

函云："顷奉大函，嘱转饬碑林管理委员会毋阻止贵会派工拓印石经等因。查省立图书馆订有碑林拓印碑帖规则，经本厅核准施行，凡拓印者均须由西安字帖商向省立图书馆请领执照为限，意在保存古物，限制拓工。各机关或私人自行雇工拓印者，均经谢绝。现已届开工日期，贵会拓印石经希照该馆规定，由字帖商承办可也。相应函复，并希鉴原为荷。"

（二）辞职前后

函至考古会，张扶万被教育厅一味延宕、再三阻止的强硬态度彻底激怒。他愤懑难忍，一时间又不能及时排解，竟于27日出函一纸，向寇胜孚、王卓亭、梁午峰各委员声明辞职。

函件称："本会近日以拓师范学校附属小学内之石刻，又拓碑林石经事均被教厅阻止。前又专函商之教厅，以本会调查名义应行拓碑，请勿阻止。顷覆函到，仍以拓碑应由字帖商承办为词，一味延宕，不许派工拓印。"认为，似此"本会应办诸事无从进行，只得函陈辞职"。

尽管寇胜孚竭力劝阻，梁午峰亦一再提醒张扶万冷静、慎重，均无济于事。张于盛怒之中，又决然在同日向邵力子主席发出公启，公开表明辞职原委，语词更为激烈。函云：

"案查本会荷（蒙）省府暨北平研究院组合成立以来，方据考古会办法第四条进行调查发掘诸事。发掘工作已由徐主任炳昶前往宝鸡办理；省垣工作，随时调查各处古迹，以经费关系，仅在省垣附近庙宇、学校、公署，查询有无古代石器石刻，或没埋于隐蔽之地，或视为无足轻重者，恐其日久失佚，以故设法谋一保存计划。至重大碑刻石器，其文字图像有关于文化者，亦须拓印。一资考证，一备稽查。无非爱惜古器，为异日编成系统刊物，供学术界研究起见，非有其他作用也。不意近日以来，在师范学校附属小学内拓印碑刻事，一再被教育厅阻止，不许派工拓印。初以为管理诸人不明事理，因即置之度外。昨因拓碑林石经事，工作甫半，又被教厅阻止。以一再发生事端，即备公函，向教厅说明前情，顷接覆函，乃以字帖商向省立图书馆领执照应由字帖商承办为词。查字帖商以教厅增拓碑执照费，各尚不顾，至今搁置。该厅籍此推托，不顾事理，是文化学术之事，亦以官场故套微微应付之。具如字帖商从此不领拓碑执照，是城内一切碑刻，本会永无拓印之日也。且该厅限制碑林拓印可也，而师范学校附属小学内之各石刻，亦及限制本会不得拓印，何也？再四（思）思维，本会应办诸事，无从进行，只得函陈辞退委员名义，以免贻误会务。至会中经费暨保管收存各项古物，有梁秘书午峰、李干事印唐担任，鹏一并无经手之责。合并声明。"①

张辞职后，全然不顾种种后果。当日即将会务交托梁午峰，负气出会。此时梁午峰觉得自己承担责任不妥，请张先将当日公函处理完再走。张大怒，声言其

---

① 1934年4月27日张扶万致邵力子辞职函。同日《在山草堂日记》仅记："以事辞考古会委员，写公函送省府。"从24日至26日（旧历三月十一日至十三日）连续三日《在山草堂日记》缺而未记现象观察，此三日当为会、厅风波高潮之际。

既然已经宣布辞职，便决与考古会无涉，何曾有局外之人再管局内之事的道理。

在一脉盛怒的支撑下，张放浪形骸，28日乘兴出游东关郭外唐兴庆宫旧地（图277），29日又赴青龙寺观瞻古迹，"午后三时宋菊坞邀饮"。30日复应"吴敬之邀饮，为（王）幼农七十生辰作陪也"。①

图277　兴庆宫遗址。1934年摄

"金华落上独来往，想像当年祓禊辰"；"游人遍说前朝事，学德归扬海国波"。②畅游古迹，连番宴饮，诗赋当歌的张扶万，沉浸于辞职后的超然轻松之中，颇有一些归田隐士的感触。（图278）

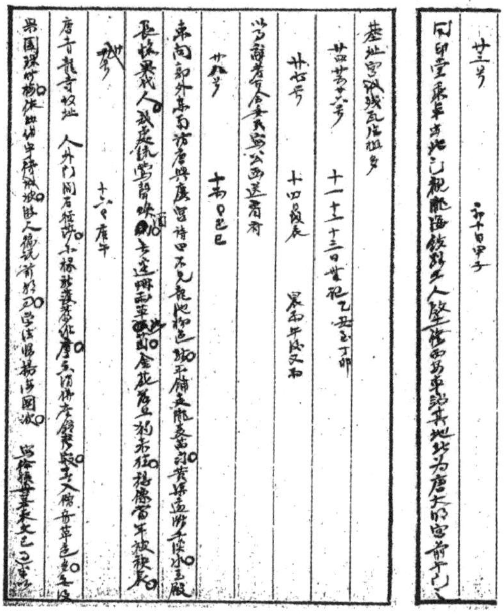

张扶万没有料到，他的一纸辞职信函，竟然牵动了几乎所有考古会委员以及掌握省篆的邵力子。

27日，邵力子在阅罢张扶万辞职函后，不胜忧虑。立即批文："决意挽留，万勿辞职。"同时签署下发第4792号训令，令省政府秘书处"以准考古会公函，拟在碑林选择有关文化碑版，依次墨拓。请转饬教育厅予以通知凭证，自行拓印，以期便利"。

图278　1934年4月27日（旧历三月十四日）《在山草堂日记》关于张扶万辞去考古会委员长一职的相关记载

28日，耿寿伯得邵力子指示，先请寇胜孚、梁午峰等人出面说服张扶万，后又赴教育厅，指令该厅主事者亲向考古会解释致歉，并允准考古会在碑林内自由拓帖。

30日至5月1日，耿本人又四处设法寻找张扶万，恳请其捐弃前嫌，重回考古会。

5月3日，身在宝鸡斗鸡台陈宝祠发掘工地现场的徐炳昶，亦接到遵照西安考古会诸委员意愿之考古会干事"李印唐信一封，言扶万先生与教育厅呕（怄）气，已对省府提辞呈，但尚无下文"③。

陕西省政府以及考古会诸委员的真诚态度，使负气辞职的张扶万深受感动。横窗月影下，张与耿对坐半日，默默无言。耿请张三思而行，收回成命。

---

① 1934年4月27日—30日（旧历三月十四日至十七日）《在山草堂日记》。
② 1934年4月28日、29日（旧历三月十五、十六日）《在山草堂日记》。
③ 1934年5月3日《徐旭生陕西考古日记》。

张初尚怒，然终为耿之真挚打动，结果便不得不勉强收下公函。

当时情景，5月1日（旧历三月十八日）《在山草堂日记》中有较为含蓄的记载。语谓："耿秘书长昨日赴东关、西仓，均不见面。今日来大新巷，以辞考古会委员公函退还。云以后拓唐石经也，教厅或秘书处代为之拓，均可以。其周旋甚切，勉收公函。"（图279）

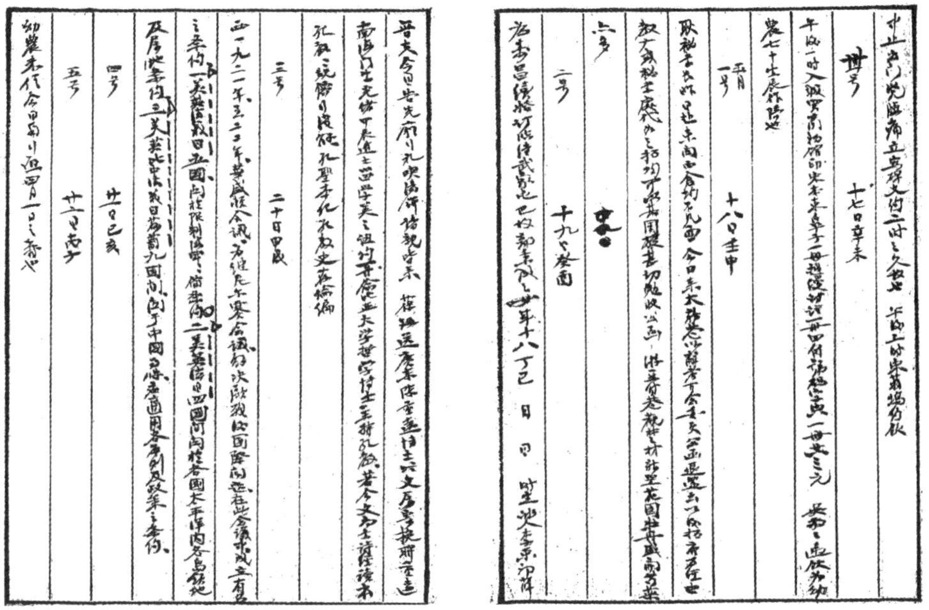

图279 1934年5月1日（旧历三月十八日）《在山草堂日记》关于张扶万收回辞职函之记载

耿、张会晤后，耿即催促教育厅表态。在耿的督促下，该厅不得不于28日发出第6714号公函，声言允准考古会进入碑林椎拓碑石，但细勘语词，却多半出于敷衍应付，文末所谓"应请贵会将现在急需拓印碑版种类、名称及需要张数，迅即函覆，以便令饬图书馆转饬碑林管理员"诸语，依旧是往日的基调。

函称："案奉省政府第四七九二号训令，以准贵会函，拟在碑林选择有关文化碑版，依次墨拓。请转饬教育厅予以通知凭据，自行拓印，以期便利等因。除函覆外，令饬查核办理，迳函知照，并复备查等因；奉此，查本厅前为保存古代艺术起见，曾修订省立图书馆碑林拓印碑帖规则，凡拓印碑帖者，均须向图书馆缴纳执照费，有执照叫碑林管理员查验后，始得拓印。惟查贵会拓印碑帖，系属研究性质，与私人拓印者不同，自应通融办理。兹为管理拓印工人便利起见，应请贵会将现在急需拓印碑版种类、名称及需要张数，迅即函覆，以便令饬图书馆转饬碑林管理员，如遇贵会派工拓印时，妥为照料。嗣后贵会如仍需要拓印某种碑版时，仍希随时函知，当可照办。奉令前因，相应函达，即希查照见覆为荷。"

面对教育厅咄咄逼人的气势，王卓亭提议晋见邵力子，请邵再出面向教育厅施加压力，但未被张扶万采纳。

5月2日，就拟拓迎祥观钟图暨六骏图一事，张扶万特致函教育厅，小心试探：

"本会拟拓迎祥观钟图暨六骏图各拾份"，"请贵厅饬省立第一图书馆知照，以便饬工往拓，并希见覆"。

许是邵力子有特别指示或相关批评，此时的教育厅接到考古会公函，心领神会，其回函语词有明显缓和："顷嘱大函，以拟拓迎祥观钟图暨六骏图各拾份，嘱饬省立第一图书馆知照，以便饬工往拓，并希见覆等因。事关研究文化，自应照办。除令饬图书馆遵照外，相应函复，即希查照为荷。"

一场风波，就这样含混不清地过去了，但考古会与教育厅等单位之间的误会、隔阂却从此滋生。

数月之间，碑林等文化单位虽已允准考古会从事椎拓，但具体管理者之傲慢态度却并无多大改观，刁难讥讽之举，仍有发生。目睹此状，张扶万瞻念其后将长期开展的椎拓工作，颇为忧虑。及6月29日徐炳昶一行自斗鸡台工地回归西安，张即希望通过徐炳昶之力转致周学昌信息，请其约束属下，以顺渠道。惟因古物检查、展览、集会、往来应酬等事烦扰，延至7月6日张才向徐言明心愿。当日《徐旭生陕西考古日记》故有"扶万又谈本会因拓碑林碑帖，致与教厅龃龉事，余拟见学昌厅长时，与之一谈"（图280）之记载。

疑惑的是，11日上午徐炳昶往见财政厅厅长宁升三、教育厅厅长周学昌，却似乎未能涉及此事，该日《徐旭生陕西考古日记》仅有

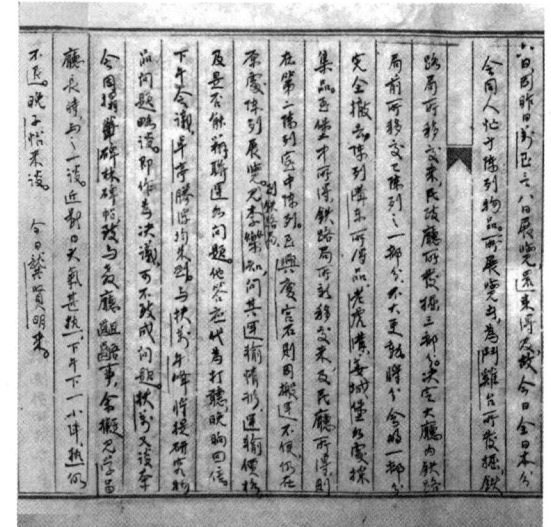

图280　1934年7月6日《徐旭生陕西考古日记》有关椎拓风波的记载

"早晨往访升三、学昌两厅长，均见到"等简略记载。

不独如此，其后考古会欲撰写《碑林金石一览》，但教育厅却同时通知省立第一图书馆实际进行，此时负责此事的张知道萃集资料，殚精竭虑，于1935年3月完成《陕西碑林目录》及《西京碑林》①等书的编写，深受社会各界欢迎。同年10月，宋联奎在自己的城南草堂别墅与西安绅士雅集赏菊，当众推崇《西京碑林》"极重条理"，为关中文献"增色不少"。座中张扶万可能因为前次椎拓之事而误会于图书馆，闻听此言，终席竟不发一言。1938年日机轰炸西安，张继以省立第一图书馆长期作为碑林管理负责主体，曾请其与兼任西安碑林管理委员会主任的张扶万商议合作移藏保护碑林碑石，张知道闻讯后表示极愿参与此事，但认为须直接接受教育厅领导，至于与他方合作之事，却终未有明确答复。刘安国推测，其中或许并不排除图书馆对考古会的误会②。

---

① 张知道：《西京碑林》，陕西省第一图书馆，1935年。
② 二张误会隔阂一事，引自笔者采访刘安国记录。

"霜被群物秋，风飘大荒寒。"① 尽管椎拓风波曾给考古会与教育厅等相关单位带来不快，但较大规模的椎拓工作毕竟从此得以推展进行。1934年8月5日《新秦日报》一则新闻报道如是有记：

"陕西考古会以本省碑林所藏之名碑颇多，刻书俱佳，足资考古之材料，刻为研究及拓印起见，特备文呈请省府希即转令教厅以便该会选择拓印，而资考古。至该会现在工作之进行，前因天气炎热，工作之进行稍呈迟缓。现该会以时届秋凉，对于各项工作，均极图推进。"

三、旧学新貌

（一）挺进金石误区

1934年10月以来，陕西考古会搜集金石拓本的工作由省垣附周推展至关中一线的主要县区。

重视金石拓本的收集，并以此为基础通过独特学术视角进行深入的学术研究，是长期生活于陕西地区、深受周秦汉唐与关学文化浸润、独膺"关中淹博士"称谓的张扶万之终生嗜好与学术强项。

至晚从清光绪壬辰（1892）于泾阳味经书院（图281）读书时起，张氏即醉心金石文物之搜索考证。当年"由里居②以北义门村西至孙家湾，诸废寺多唐代创建，秋日跨卫，携小童遍观寺碑"，顾念"石幢风日蚀，遗碣卧榛莽。赵（崡）郭（宗昌）称好古③，宝刻漏珊网"，充满"日余樗散材，乡居少心赏。常恐文物坠，考证乏

图281 《味经书院志》。1936年陕西通志馆印

---

① 〔唐〕李白：《古风》（其三十九），见〔清〕彭定求等编：《全唐诗》卷一百六十一，中州古籍出版社2008年版，第769页。

② 这里指张扶万于故里富平董南堡居住时。

③ 赵崡（1564—1618），字子函，一字屏国。明时陕西盩厔人。酷嗜金石考古，清王士禛《陇蜀馀闻》称其以"所居近周秦汉唐故都，古金石名件多在"，故"时跨一驴，挂偏提，拓工挟楮墨以从。每遇片石阙文，必坐卧其下，手剔苔藓，椎拓装潢，援据考证。略仿欧阳公、赵明诚、洪丞相三家，名曰石墨镌华。自谓穷三十年之力，多都玄敬、杨用修所未见也"。郭宗昌（？—1652），字胤伯。陕西华州（今渭南市华州区）人。明末贡生。崇祯时有司征召未有仕士人为官，他赴京等候数年，仅得到品级极低的小京官，不屑就任，毅然归里。在白崖湖一侧建"泚园"，每日以读书、著书自娱。嗜考古，精鉴赏，富收藏，善书法，隶书尤为奇崛。著有《金石史》《涉园杂著》《松谈阁诗稿》《印史》等。

吾党"之自信、责任，以至"藓苔遍摩挲，孤怀独来往"，"古碑色如黝，毡椎响琼瑶"①，"重访前朝碑，祋祤因乔阜"②之寂寞、清高，其后几乎贯穿了张氏横亘半个世纪的学术历程。

前在1922年陕西名宿宋伯鲁领衔承担《续修陕西通志稿》编纂工作将要进入重要阶段时，顺应急剧裂变的学术趋势，以分纂身份跻身编纂行列的张扶万即应宋之嘱托撰写《续修陕西通志稿采访条例》。条例中，张特别就陕西金石资源丰厚而历来学者多重书法一途与一味偏重唐以前金石文物的学术误区提出批评。并认为，陕西省同官（今易为铜川市辖地）、耀县等地为金元碑石群组重要聚集区，因此"金元之碑，同、耀各县尤宜留心"。且提出详细"别编关中金石丛编"之整套计划。③

文谓：

"金石流传，多关要政。旧志不列此门，应采访以成一书。吾陕富有此物。前人已成之书可者如雍州金石记、关中金石记、关中金石存佚考，皆有专刻。惟各书宗旨以时代关系，注重书法，意在临摹，故唐以后多未收录。此次采访应注意于金元明清。金元文献残缺，一代事实，史书既略，私家著述，传者亦少，专赖金石之存传千百之十一……"

又云："（陕西）各县多有碑石记其原委，宜择一二人留心此事者分往中道各县采录锤拓。金元之碑，同（官）、耀（县）（图282）各县尤宜留心。中道既毕，以此遍考南北二山各县。如成绩可观。别编关中金石丛编，传之永久，亦一代之大观也。"

图282 耀县药王山是陕西省庋藏金元碑石较多之地。1941年4月20日教育部艺术文物考察团曾来此考察，此为当时所摄工作照

以种种缘故，其后成型的《续修陕西通志稿》在相关章节的阐述组合上未能完全实现张扶万的愿望。故当陕西考古会成立后，张即决意将此前未竟之志付诸新机构来继续实施。1935年5月，值陕西考古会进入正常运行阶段之时，张便提议迅即搜集整理陕西省碑石与唐明古钟及金代牒文等。

在张看来，碑石、古钟中，古钟一项尤为以往金石学者所忽略扬弃；碑石之中，反映佛道勃兴、金代政权通过敕赐名额方式扩充财源、借以控制管理寺观④之"牒文"刻石，则更为历来学者所疏忽轻视。

---

① 张扶万：《里居访碑》（原诗无标题，据诗序命题），见《在山草堂诗录》卷二诗乙（起民国癸丑，终乙未，共64首）。

② 张扶万：《依山寺诗》（有序），见《在山草堂诗录》卷四诗乙（起民国甲子，终庚午，共38首）。

③ 1923年张扶万撰《续修陕西通志稿采访条例》，见《在山草堂文集》。又见1923年6月30日（旧历五月十七日）《在山草堂日记》："昨在芝田处同（郭）蕴生、（吴）敬之、（景）莘农商定修省志目录采访办法。周石笙定预算经费，将来修成书用木板刊行。"

④ 参见本书第六章中"八方风动"。

事实上，张扶万所认为的两种金石学系统中的学术误区，他本人至晚从1914年即开始注意到，他之费力搜集相关资料以为补缺之役，大概也就是从那个时期开始的。该年旧历六月十六日张扶万之《在山草堂日记》所谓"约李仁三拓灵泉观金大定年铁钟铭全文，用纸七张"的记载，为我们的推测提供了支持依据。

1921年后，张扶万对此两种金石学系统中学术误区的认识更趋深刻，对冀望解决此类问题的途径、方法更趋清晰、自信。

类同的感触，流泻在1928年11月12日（旧历十月一日）《在山草堂日记》的一段记述中。文云："宝泉禅（寺）金大定年牒文有耀州富平县，而金史地理志漏列，以致明、清两代修耀州富平志，无富平县名可据，牒文以纠正也。"

沿此思维轨迹，当考古会搜集金石拓本并积极推行碑碣保护①之际，张即提出，如能同时"搜拓陕西唐宋元明古钟"及牒文刻石等项，"派工拓印"，"就其形式文字，编列印行"，② 最终成就《陕西碑刻》《陕西古钟》诸部著述，必能造福后世，为关辅文献增色。

基于上述目的，陕西考古会先后向全省四十余县政府机关发送函件，敦请其转饬有关机关寄送碑石、古钟、牒文拓本，或允准拓印。同时派员赴泾阳、耀县、富县、临潼、蓝田、鄠县、兴平、盩厔、宝鸡、岐山、武功、咸阳、淳化、洛川、潼关、华县、朝邑、韩城、澄城等蕴藏碑石、古钟及牒文刻石资源较多的县区实施椎拓。

图283 进入陕西考古会椎拓序列的临潼广阳镇铁钟。1935年摄

只需翻阅1935年9月至1936年5月《在山草堂日记》，可以目及的有关椎拓之事的记载比比皆是。像宝鸡斗鸡台灵泉寺金大定四年（1164）七月尚书礼部牒文碑等椎拓对象，张扶万甚至数次光临，不断补缺。

如1935年9月18日（旧历八月二十一日）《在山草堂日记》："遣兆禄、德昌赴临（潼）、渭（南）、华（县）、澄（城）、潼关、朝邑拓金元时代寺钟全形，并拓玉泉院游师雄题名大字。"（图283、图284）

1935年10月6日（旧历九月九日）《在山草堂日记》："德昌、兆禄赴泾阳、富平、耀县拓钟文碑版。"

1935年11月20日（旧历十月二十五日）《在山草堂日记》："兆禄昨自蓝田回，只得悟真寺明正统年铁钟拓本三分（份）。"

1935年12月9日（旧历十一月十四日）《在山草堂日记》："振（'兆'字之误）禄送重阳宫金大

图284 曾进入陕西考古会椎拓序列的澄城县金明昌三年（1192）铁钟。原在王带庄社善济院，现藏澄城县博物馆

---

① 参见本书第六章中"八方风动"。
② 容媛：《陕西考古会第三届年会会务报告》，载《燕京学报》1936年第20期，第598页。

安钟、元大德钟、武功姜嫄庙明万历钟、雁塔金明昌崇教院钟（拓本）。"

1936年3月26日（旧历三月四日）《在山草堂日记》："明俊赴朝邑拓王林村宋崇宁年钟文，又拓玉泉院游师雄题名。"

1936年5月9日（旧历闰三月十九日）《在山草堂日记》："张木生①送手拓静明宫②大定年钟文一张，又亲校木塔寺金大定年钟文四张。"

1936年5月14日（旧历闰三月二十四日）《在山草堂日记》："明俊自淳化拓碑回。"

1936年5月18日（旧历闰三月二十八日）《在山草堂日记》："前日明俊回，拓得淳化县大定廿九年钟文一分（份），经幢二，其一书法秀挺，似圭峰碑笔意。"

为尽可能增量搜罗古钟、石刻拓本，张扶万几乎想尽一切办法，工作方式更是无奇不有。

1935年12月15日（旧历十一月二十日），张从一则资料上看到"洛川县南三十里有明正德十五年（1520）敕铸钟一口"的记载后，立即命王兆禄等人往拓。③

1936年1月7日（旧历十二月十三日），张在黄仲良处看到一张古钟照片，接着又获悉肤施城外、韩城城北古寺藏有铁钟的消息，十分欣喜，立即着手派员调查。此日《在山草堂日记》遂称："午间于黄仲良处见日东京研究会印有辽金佛塔照片，内附乾县北街钟楼金时钟一具。又湖北人何君言肤施城外某寺、中部县城内有金时钟各一。仲良言韩城北三十里沓村某寺有金时钟一。"

1936年3月31日（旧历三月九日），开封靳仲云④氏盛情以汽车迎接张扶万游骊山，浴华清池（图285）。张于华清池院中徘徊时偶然发现明正统铁钟，十分快慰，观览摩挲，弥久不愿离去，极欲获得一纸拓本。当日《在山草堂日记》因记："（靳）仲云以汽车来接，游骊山，浴华清（池），于院中得明正统年任姓所铸铁钟一，重五百（斤），字形工整，抚摩久之。下午四时归。"

1937年5月，应徐炳昶邀请，张扶万与中央古物保管委员会西安办事处主任黄仲良前往宝

图285　临潼华清池大门。1935年摄

---

① 张木生（1870—1947），陕西耀县城内南街宅子巷人。早年入三原正谊书院，为关中名儒贺瑞麟（1824—1893）高足。曾参与《续修陕西通志稿》及西安碑林整修工作。后任耀县孔教会长。与邑人侯微（1882—1960）同纂《耀县乡土志》。富藏书，擅金石碑帖椎拓，昭陵六骏立体拓技艺尤称一绝。1918年于右任《题张木生君手拓昭陵石马》："六骏失群图尚在，追怀名迹感无穷。纷披矢石因酣战，摹勒山陵为报功。生系降王关内外，死陪勋出阙西东。传神赖有张公拓，犹似当年照九嵏。"

② 在陕西铜川药王山南庵，为著名道教宫观。创建年代不详，唐时名静应观，宋称静应庙，金称静明观，元称静明宫。现存主要建筑有金殿、元殿、献殿、戏楼、魁星楼等，因历史沿革时期较长，故保留下来的文物众多，其中元殿两侧保存元代《四帝二后朝元图》壁画尤为珍贵。

③ 1935年12月15日（旧历十一月二十日）《在山草堂日记》。

④ 靳仲云（1877—1967），名靳志，字仲云，以字行，号居易斋。河南开封人。清光绪二十九年（1903）进士。后入北京京师大学堂译学馆。1905年赴英、法留学，攻读工业及政治经济学，此期间参加同盟会。1912年归国，任袁世凯总统府秘书兼礼官。1913年至1914年任北洋政府驻荷兰大使馆一等秘书、华盛顿会议代表团秘书，任国民党河南省政府秘书兼代秘书长。善书法，章草尤精。

鸡做考古游览。5月5日参观斗鸡台发掘工地事毕,即"由旭生引导,东行里许,观灵泉寺,后有金大定四年礼部牒文,刻石,在寺后壁上嵌镶,已缺上左一角,宽一尺七寸,长一尺三寸,原文录下,以县志不载此文也"。因是碑"文共二十八行",不特书法娟秀,且有金代寺院"投状纳缗"①,乞求寺额并胪列礼部与尚书户部凤翔府发卖度牒所等一干官员职衔、名讳诸事,颇具历史价值,遂"属(嘱)从人明俊拓数张"。只以此"石旧无护垣,旭生数年前见此,恐为樵牧毁坏,以砖砌其三面,高五尺许",故"拓工仅能容身,拓时甚费时也"。②

看得出,此时张扶万搜索金石拓本的工作已全面展开,倾注的精力亦非常之多。初起的工作目的明晰,显现这一时期陕西考古会陕西省一方的鲜明工作性质。在根基传统金石考据、吻合时代学术诉求、凸显地域文化特质以及遵循省院合作体制等方面,张扶万的确不负众望,做出了应有的贡献。

(二)别样新枝

计划未来《陕西碑刻》《陕西古钟》等部著述的收录范围以及编写体例,张扶万最初设想在参照渭南武树善③《陕西金石志》格式体例基础上,尽量做到数量繁多、种类齐全、录文准确,并尽可能加附原物拓本,以弥补武本散佚较多、录文错讹且不加拓本实物的缺陷。

因此,每当拓印工人外出,张辄殷切期望,提出要求。值拓本回归,张更仔细翻阅,察其字口,勘其优劣,追索源流,确定价值。若遇佳本,即欢欣鼓舞;但逢未达其要求者,则心生遗憾,闷闷不悦。

1935年12月8日(旧历十一月十三日)《在山草堂日记》记:"兆禄拓崇教禅院钟一纸,缺上三格,共八格。金明昌年所铸,旧在乾州武亭县。"1935年11月8日(旧历十月十三日)《在山草堂日记》记:"德昌、兆禄(自耀县)回。持张木生信。拓木塔寺金大定年延昌寺钟文二份,字多剥蚀。又同官看守所金大定年钟一,文字奇古。又灵泉观大定年部牒一碑,工整完好。"1935年11月12日(旧历十月十七日)《在山草堂日记》尚记:"兆禄拓唐郑公先庙碑,有光绪十余年间出土之残石二方,今失其一。此碑康熙年出土,今在民政厅后院。"

1935年11月13日(旧历十月十八日),当接到麟游县县长赵天民函件,谓该"县存唐凌烟功臣李勣、魏征、王珪、侯君集四人残石"。"又县城北兴国寺有金代铁钟一(图286),乡间之寺有明代钟五","以近时土匪发生,拓工不能前往"④时,张更心生忧虑,回函"可否加派军队或俟匪事稍息再去",希

---

① 〔金〕李钧撰大定二十二年(1182)《修大云院记》:"荫城村大云寺者,道通大师之首创也。正隆中自本州千佛院拥锡南来,爱雄山之秀气,慕先师之胜迹,遂有结茅之志。未几,遇国家降卖名额,大师笑曰:'吾雅志遂矣。'以兹诣官,投状纳缗,得赐大云。"见国家图书馆善本金石组编:《辽金元石刻文献全编》(一),北京图书馆出版社2003年版,第183页。

② 壹翁(张扶万):《游宝鸡县鸡峰山记》,原载《陕西教育月刊》1937年第3卷第2期,后收录于杨怡鲁:《张扶万先生专辑》(《富平文史资料》第十七辑),铅印本,1993年,第57—61页。

③ 武树善(1863—1948),陕西渭南人。清末举人。历任景贤书院山长、临汾县知县、第二届国会参议院议员等。纂《陕西金石志》、《关中石刻文字新编》(与毛凤枝合纂)等。

④ 1935年11月13日(旧历十月十八日)《在山草堂日记》。

望"总使不能遗缺才是"。①

在张扶万等人的积极努力下，有关碑石、古钟拓本之收集工作，得到各有关县（市）政府以及社会人士的大力支持，进展神速，成果显著。

如1935年1月9日，耀县政府在回复考古会1934年12月29日来函时称："顷准贵会嘱将本县发现之古碑拓印、检寄二份以资研究等因，准此。查本县于去年以来发现雷香妙、永康等古碑，当以此类古迹其与历史文化颇有关系，实有保存之必要，遂即广为收集，共得二十余种。除姚伯多、张僧妙二种发现最早，已由县第一小学保存外，其他者已将县府之原有厦房稍加修理，妥为保存矣。中有佛像凹凸不平，未能拓印，并以时值隆冬，亦非拓印之时，不能如额全拓寄上，有方雅意，诚觉疚心。兹暂将日前拓存之雷香妙等碑帖计十三种，每种各一份付邮寄上，至请查收，用资研究。如须□份时请候，稍待天气温和再行拓寄可也。"（图287）

区别于耀县地区，陕西考古会在陇县的工作任务主要是"调查宋金元古钟、铁盆、铁炉等类古物"②。时陇县县长程云蓬接到考古会函件，以该县"僻处边陲、毗连甘界，明崇祯末频遭流寇之难，清同治时复迭受回匪之害，所有元、金以前古迹、古物荡然无存，现实无供研讨之物"故，因于1935年12月18日回函，谓"特购寄鄜县龙门洞③古迹照片及开元寺石幢、陀罗尼经拓本各一份，相应函复，即希贵会查收"。

如本书第三章第二部分所述，就社会人士来说，寓居北平的江浙名士邵伯炯闻知陕西考古会收集古碑、古钟等拓本资料之消息，不

图286 进入陕西考古会椎拓序列的麟游县兴国寺金代铁钟。1935年摄

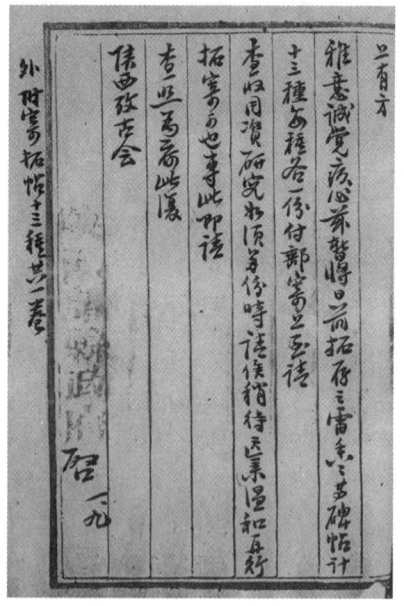

图287 耀县政府回复陕西考古会索要碑拓信札第2页

---

① 李希平：《关中考古杂记》。
② 参见下文陇县县长程云蓬致陕西考古会公函。
③ 龙门洞位于陕甘交界处景福山麓，属陕西省陇县辖境。古名灵仙岩，系全真龙门派祖师丘长春参玄证道之所，金元时达到鼎盛。区间山势险绝，楼阁辉映，为陕甘边界著名胜迹。现为省级文物保护单位，主要文物景点有北极官（无量祖师殿）、清和官（丘祖楼）、神秀阁、豁落府、丘祖洞、丹阳洞、春花洞、混元顶、磨性石等，时代集中在元明清三代。

仅热情邀请因公到北平的张扶万至其寓观览箧中旧藏，且慨允张影印其珍藏的宋刻唐宫城图石刻拓本。

在关中地区，耀县椎拓高手、金石收藏家张木生因与张扶万交厚，间断性地参与了部分碑石、古钟线索的调查活动。其间他或协助王兆禄拓耀县"木塔寺金大定年延昌寺钟文二份""同官看守所金大定年钟一""灵泉观大定年部牒一碑"，[①]或馈赠考古会旧藏关辅碑帖多种，论及酬劳，仅仅只需墨料工钱而已。

对于毗邻陕西的甘肃省辖部分地区，陕西考古会鉴于历史上此一地区与陕西地脉、人缘的文化连带关系，曾有计划地收集该地区相关佛、道教碑石和古钟资料。考虑到这些地区地瘠民贫的具体情况，陕西考古会还集议采取支付经费，委托椎拓的办法，取得了良好的效果。

如庆阳县县长胡抱一[②]即因此致函考古会，宣称："前准大函，嘱代抚拓老子道德经壹卷，准此，经即令饬教育局遵办。"现"查县城佑德观[③]内有八棱碑两幢，系宋景祐四年石刻，与太平兴国时相近，爰拓三份，需工资洋五元一角，理合具文呈赍钧府核转并祈俯赐工资，俾清手续"，"附呈赍老子道德经拓本三卷"，"除指令工资发给并抽存外，相应检奉拓本老子道德经乙卷，计需工资洋壹元柒角。希烦查收，见复为荷"。[④]（图288）

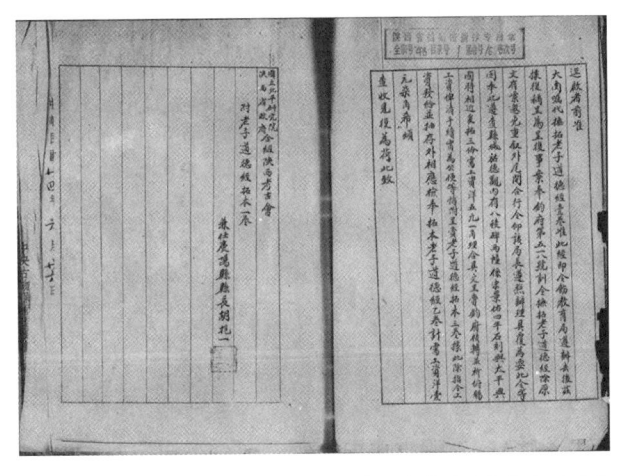

图288 庆阳县县长胡抱一回复陕西考古会有关代椎拓老子《道德经》公函

截至"七七事变"前夕，陕西考古会相继收集的碑石拓本已有400余种，古钟拓本仅关中一地就有39份。

围绕这些拓本资料并顺应新的学术环境，张扶万组织李希平、顾端甫、朱明俊等人，按名称、时代、尺寸、内容、存储地点以及流传变化等规制体例编辑详细目录[⑤]，分别题作《陕西碑刻》与《陕西古钟》。[⑥] 工作甫半之际，张扶万还拟自作序言，并拟采用类似今日文物地图集体例的科学方法，集纳图像，图文并

---

① 1935年11月8日（旧历十月十三日）《在山草堂日记》。
② 胡抱一，1934年任甘肃省庆阳县县长，1935年任甘肃省第三区行政督察专员兼保安司令。
③ 在庆阳城内北街，为宋金时期古建筑群。
④ 庆阳县县长胡抱一致陕西考古会函，具体年月不详，推测可能在1934年年底。
⑤ 如1935年12月31日（旧历十二月六日）《在山草堂日记》："早十一钟，以金石萃编一本交端甫写。石经一本交希平写。梁守谦碑一本交明俊写。精金题名一本交德昌写。高延贵造像……"又1936年7月12日（旧历五月二十四日）《在山草堂日记》："早写信三封后至（考古）会，交希平写钟数目、年代。"
⑥ 容媛：《陕西考古会第三届年会会务报告》，载《燕京学报》1936年第20期，第598页。

重，将"陕西各县金石所在地点用图说，标明金石古迹所在地点，以备考查"①，最后交付百宋书局印行。如钟德昌等人，即受张扶万之命，专门负责碑石文物的考古摄影。1937年8月20日（旧历七月十五日）《在山草堂日记》记："早五钟起，至（考古）会。……嘱德昌往摄西关唐澄空尼寺白石幢。回云此幢折去半截，倒于蒿草中，不能摄影，摄又一幢归。"

应该认为，这种近乎现代科学意味的学术理念，张扶万在其他相关著述中也有不同程度的阐释与应用。

如1936年3月15日写就的《唐长安城金石考自叙》中，张扶万即写道："各器今有存者，摄影以葆其真，无则备列名目，录其文字，一以供考古者之浏览，一以存历史之故实。"

又如1936年7月12日（旧历五月二十四日）之《在山草堂日记》，还有"交希平写钟数目、年代"之记录。

1938年9月28日，张扶万借西北史地学会成立之际，对自己的学术思想诉求再次阐幽发微。语谓："史地以后扩充，用调查绘图、照像、翻译（英日俄）三国文。又设图书馆、博物馆养人才，以四季征文厚给奖金，则人才起矣。"②

按古钟一节之学术属性，历来在金石学体系中被融入"吉金"一类。张扶万立意择选古钟，冀望其单独成为一种专门学术主题之前，尚未见拓开新面的先例，因此，张之此举颇具创新意味，业已标定的《陕西古钟》一名，也不啻成为新旧金石学分野的标志，以及金石学在现代考古学冲撞之下的裂变之物。

将"陕西古钟"列为一种学术主题，固然具有重要学术意义，但在当时社会环境与学术背景条件下，实际推进却有较大难度，"非短时期内所能完成"。况"草册已编妥，考证尚未着手"③，西安事变即骤然爆发。随着杨虎城被迫出洋，邵力子郁郁离陕，陕西省政府人员班底全盘更换，编纂工作旋即受到严重影响。关键时期，幸赖张扶万等人之艰苦努力，且考古会同人亦不惧日机轰炸、经费拮据等种种困难，其内外一体，上下一心，使得此两书的资料收集、编纂与相关研究工作未得中辍而能够继续推进。

翻阅1938年8月10日、15日（旧历七月十五日、二十日）《在山草堂日记》，所谓"至碑林，以昨日所查唐志石拓片交伯宁，嘱另写表。午阅右任昔年所赠魏志石拓片后，查共隋石卅四片，中有极佳者。嘱顾端甫、明俊赴醴泉拓新出造像、佛像"④，以及"赴碑林，检元魏志石，得元谭、元鉴、元珽、穆亮夫妇志石四份，余三种待查"⑤等诸种记载，让我们看到了金石考古征途上一个花甲学者着意出新、坚忍不拔的历史印痕。

---

① 1937年6月20日（旧历五月十二日）《在山草堂日记》。
② 1938年9月28日（旧历八月五日）《在山草堂日记》："下午三钟开史地理事会。到者吴敬之、王复初、张寒杉、李印唐、刘允臣、张溥泉。刘、张二君会中欢迎也。余为言会中成立经过，现在印第二册季刊，须款，溥泉力言赞其事。允臣亦言愿为尽力。余又言史地以后扩充，用调查绘图、照像、翻译（英日俄）三国文。又设图书馆、博物馆养人才，以四季征文厚给奖金，则人才起矣……"
③ 1937年6月20日（旧历五月十二日）《在山草堂日记》。
④ 1938年8月10日（旧历七月十五日）《在山草堂日记》。
⑤ 1938年8月15日（旧历七月二十日）《在山草堂日记》。

（三）流韵在富平

1938年12月，因日机频繁轰炸西安，陕西省政府主席蒋鼎文（铭三）奉国民党中央命令，为保护耆宿大佬的生命安全，明令张氏撤离西安。从此开始至翌年2月，张于避居富平期间，在亲友乡邻的陪同下，仍继续推进此前未竟的调查研究工作，持续对富平圣佛寺（图289）、木塔寺、洪济寺、湫神庙、宝峰寺、雷村等数十处文物遗址存储的金石文物资料进行了较为系统的调查收集，并相继对部分文物进行了不同程度的分析研究。

12月6日，张特意写信通知西安寓所从人朱明俊，"嘱回家带拓碑家伙拓纸"。朱明俊回到董南堡后，张又嘱附其与家人仔细打听富平一带金石文物的存储信息，以便相机进行调查、椎拓。

试看以下《在山草堂日记》之有关记载。

12月1日（旧历十月十日），"早饭后同根枝游木塔寺。寺宇经……（战）乱，毁之无余。有正殿二楹，后来所建。一道人守之，而他出，门键不得入。外有钟室一，而天昏，铸钟之年与姓名不可访。一砖塔在前，不可登。下有石佛，高二寸余，制作甚古，或唐代物，而佛头已无。凭吊寺外，荒废可哀。河溪在前，曲折如环。下视深数丈，南为李家堡，境域幽邃，如在深山大壑，绝远人寰。此富平奇境也"。

12月15日（旧历十月二十四日），张闻富平县城附近中华原有年代经久的对立石雕人像，因欣喜与金石同好"三人步至中华原看二石人"，详细勘查，归董南堡，他还做有专门的调查记录。[①]（图290）

12月18日（旧历十月二十七日），"饭后同根延、恒锡赴洪济寺前田中观寺二大碑。其西一碑，上刻金大定年寺牒，下半埋土中，字不可见；东一碑，前后皆刻佛像而无字。两碑高大，似唐人制作，拟金代寺僧改作寺碑，

图289 富平圣佛寺塔。1928年摄

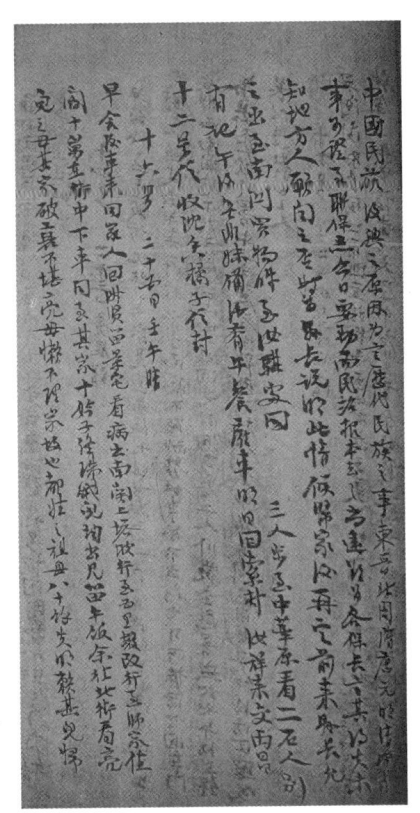

图290 1938年12月15日（旧历十月二十四日）《在山草堂日记》关于调查富平中华原石人之记载

[①] 1938年12月15日（旧历十月二十四日）《在山草堂日记》："至南关买物件。至汝骐处，同（此处日记空未填）三人步至中华原看二石人。别有记。"

当遣人于农作收成后启土考查有无文字"。

12月29日（旧历十一月八日），"早饭后至西砲头大庙。庙祀湫神，大殿三楹，柱头有升斗，元明之旧也。院中有正德二年（1507）钟，可拓其文。钟架北倚古柏交柯处，南以石柱擎，柏赖以存"。

又翌年2月7日（旧历十二月十九日），张扶万携其子邕昌、其孙应荪，专程考察游览了曹村之北的宝峰寺。

按宝峰寺"俗名石孤堆寺，即月窟山也"，为陕西省东北胜迹。（图291）为探究金石，张扶万兴致颇高。当日《在山草堂日记》记"寺后高丘上一古碑耸然独立，命邕儿视之石得主名。余亲观之，额题'宝丰禅院记'。前数行文为风雨剥蚀，有美原县赵□模糊可辨。以下文字明晰，末题明昌四年（1193）云，则金时碑也。

图291　富平月窟山主峰。山顶建有宝峰寺，故名宝峰山

文有戒法师之高行云，为寺僧立也。又云寺中有唐天宝四载（745）大智禅师铭，今寺中无之"。又"寺前南行下坡里许向南石崖錾壁十余丈，中凿石崖，穿木架楼五间，中有石洞，名玄阳洞，洞门石刻一联"。"东一间架铁钟一，命儿辈视之，曰嘉靖年铸。洞口有石盆，面径尺（余），高一尺，周围八棱，刻有花纹，石崖摩石一小方，有字浅漫，首行有富平县通润里数字，当遣工拓之。"

1939年2月8日（旧历十二月二十日），张又乘兴骑驴至雷村，在该村涝池旁发现赫然矗立的"唐经幢，幢顶四面刻佛像"，惜幢顶"弃在地上，观字大半漫灭"，① 因已难考究其具体年月，只得悻悻而别。

至1939年4月，张为考究金石拓本计，期待能将滞留在省城之"张氏墓碑拓片、富平钟文拓片"和"张产碑表（裱）本"② 等拓本（图292）、书籍资料尽数"取之"，以便该项研究工作持续不辍。③

同年10月25日，张扶万偕仆从明俊在富平、耀县毗邻地区进行考古调查，曾于"土桥十字路旁寻（得）残石"，即嘱明俊"拓字一纸"。尽管残石漫漶，字迹"多模糊不可识"，但张仍依稀辨别出"中有天保字"，知其"似北周时造像也"。④

上述调查对象，大致可分为寺庙遗址、牒文碑石、钟磬石雕、经幢造像四类。其中牒文碑石与钟磬石雕两类，应是此前未竟工作主题的延伸与扩展；寺庙遗址与经幢造像两类，则是此一阶段调查新涉猎者。与徐炳昶等人相比，这些调查带有浓郁的访古探幽色彩，调查方式与资料收集的程序、手段，多散漫率意。只是

---

① 1939年2月8日（旧历十二月二十日）《在山草堂日记》。

② 又名苻秦建元四年（368）□产碑、弓产碑、广武将军碑、立界山石祠碑等。原在陕西白水县纵目镇南彭衙村寒崇寺，后湮没，1920年4月重新发现，旋为邑人赵树勋（老九）移至史官村仓颉庙，1972年移入今藏西安碑林博物馆，今立碑林第三室东侧中排。

③ 1939年4月11日（旧历二月二十二日）《在山草堂日记》。

④ 1939年10月25日（旧历九月十三日）《在山草堂日记》。

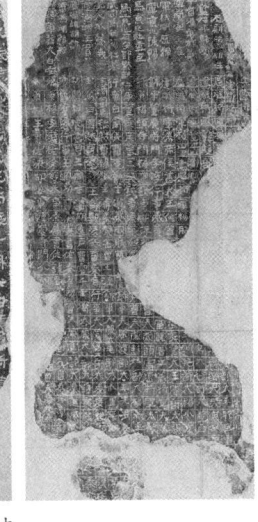

图292 张产碑碑身正、背两面拓本

图293 2011年春季笔者（左一）与沈珂教授（右一）及果园农民（中）在石人前合影

图294 富平中华原石人正面。沈珂摄　　图295 富平中华原石人背面。沈珂摄

张扶万长期受考古会工作环境以及性质的影响，才使得中华原石人、雷村唐代经幢、北周造像等部分调查对象适时进入其调查视野，保证了此一阶段调查的品质与个性，对于以后新学术环境下科学考古调查以及文物信息资源的补充与完善来说，其价值显然是不言而喻的。

其中中华原石人因位处北周孝闵帝元年（557）于中华原所置中华郡故地，故长期以来被疑似作北周之物。但据张扶万调查及西安美院沈珂教授提供的线索，笔者得与沈珂、周晓陆教授等人于2011年春季专程赴石人所在中华原一地进行调查。（图293）知石人具体位置在富平县城关镇谢村村北农民果园内，共两尊，东西相对而立。东侧石人头部被毁，残高1.60米，宽0.55米；西侧石人则相对较完整，高2.40米，宽0.55米。二石人均头戴冠，身着袍，腰束带，双手于胸前，一作执盾状，一作拥彗状。（图294、图295）依造型风格观察，可能属东汉祠庙前具辟邪卫护等性质的石刻门吏一类人物雕像。① 这一推测，与笔者调查时于石人以北附周果园内所发现内麻点外绳纹汉代筒、板瓦等遗物，可互相对应，或许石人之北，当有祠庙一类的建筑。至于其真实内涵，尚有待今后更系统深

① 对于中华原石人，西安美院沈珂教授曾做较为系统、深入的调查，专题调查研究报告即将刊发。

入的调查发掘工作来予以逐步解析。

扩展以上的调查研究，1938年11月张扶万获知毗邻富平的蒲城兴市镇附近出土两方唐代墓志，立即委托熟悉该地地理、人事的李子毅代为查询，在李帮助下，终得如愿以偿。1940年1月9日（旧历十二月一日）《在山草堂日记》因有"李子翼赠蒲城兴市镇旁新出唐墓志二石拓纸"之记载。

摩挲两方新出唐墓志，张扶万点校志文并查阅相关文献资料，做出了初步考证。保存于《在山草堂日记》之中的草稿信息如是显示：

"（两石）一睦州刺史夏侯绚，初补秦王府左一军司马、上骑都尉。贞观元年（627）授宜州土门县令，六年（632）徙河东县令、华州司马。十三年（639）迁朗州刺史。永徽元年（650）改郧州刺史，三年（652）授与王府长史兼黄州长史，未几改巴州，又兼巴州长史，改江州刺史。末行四年（653）改致睦州刺史，五年（654）六十岁葬蒲城县之西北原；一石为侯夫人李氏，以咸亨四年（673）葬。"①

《在山草堂日记》所述夏侯绚墓志，永徽六年（655）刻。全名"大唐故使持节睦州诸军事睦州刺史夏侯府君之墓志铭并序"，撰书者不详。志石今藏陕西蒲城县博物馆碑林，盖佚。青石质，方形，边长56厘米，志文正书，凡36行。卒于咸亨四年的夫人李氏志石全名"大唐故睦州刺史夏侯府君夫人李氏墓志铭"。亦青石质，方形，边长56厘米，志文正书，字体秀雅可掬。按夏侯绚夫妇卒年相差近十八年，墓志形制、质地、尺寸、葬地却完全相同，当为典型"妻从夫葬"规制。

《在山草堂日记》以外，著录另见《隋唐五代墓志汇编》《蒲城县志》《全唐文补遗》《唐代墓志汇编续集》②等，但以时限论，均晚于《在山草堂日记》。其中《蒲城县志》所谓两种墓志出土于1941年的认定，更与《在山草堂日记》所述相抵牾。因此，《在山草堂日记》的嚆矢绍介，其意义固不可小觑。

同样的考证研究示例，尚见张氏就富平永润乡檀山寺藏金正大二年（1225）纥石烈六十二母郡太夫人墓志撰写《金纥石烈六十二母郡太夫人墓志跋》。跋考"纥石烈氏，旧作赫舍里，当金源（'元'字之讹）时与徒单唐扩蒲蔡裴满等为贵族。金史称天子娶后公主下降必择于是"。

又考志文，所谓纥石烈六十二母郡太夫人死后"行止不定，未能归乡"等语，盖因"正大二年时，元兵屡入陕境，京兆、同州、凤翔、延安、绥德、鄜州各处均为残破，而六十二于元光、正大四年（1227）间调迁四州以为官衙传舍。自来衰世，如出一辙。又以敌氛远逼，河北路梗，母榇难归，安殡山寺"。但"六十二事迹不见金史，惟移刺福僧传载兴定二年（1218）十二月宣宗御登贤门，召致仕完颜蒲拉都等十二人访问财政得失，内列原州刺史纥石烈勃吉，以志内元光改元

---

① 1940年1月9日（旧历年十二月一日）《在山草堂日记》。
② 分别参见吴钢主编：《隋唐五代墓志汇编·陕西卷》（第三册），天津古籍出版社1991年版；刘福谦主编：《蒲城县志》，中国人事出版社1993年版，第629页；吴钢主编：《全唐文补遗》（第三辑），三秦出版社1996年版，第355—358页；周绍良、赵超主编：《唐代墓志汇编续集》，上海古籍出版社2001年版，第80—81页。

由原州刺史来耀语推之，疑即六十二"。

张跋中所说的纥石烈氏，为女真部落复姓。其支派衍生，入清易为赫舍里氏。在有金一代，一时名流辈出，频见于《金史》及相关文献著录。如金太祖完颜阿骨打钦宪皇后纥石烈氏（？—1136）、官至金源郡王的一代名将纥石烈志宁（？—1172）、累迁金紫光禄大夫的纥石烈鹤寿（？—1221），以及拥立金宣宗即位而被封为泽王、授中都路和鲁忽土世袭猛安的纥石烈执中（？—1213）等，皆可胪列。而张氏《金纥石烈六十二母郡太夫人墓志跋》考证所怀疑的原州刺史纥石烈勃吉，盖亦系其族类之一矣。

若是，张氏之上述研究成果，不仅在金石学意义上的点校、考证、校补等传统学术一途，即使对探索考证纥石烈氏族群迁徙轨迹与金末元初社会环境以及陕西省区域唐宋金元墓志出土地点、分布规律、组群结构与层级性品质等，亦焕然生采，促人瞩目。

配合碑石墓志的探寻考究，张氏本人有关金代牒文的相关研究亦颇有进步。其瞩目者，首推《金富平宝泉禅院牒文跋》。

按金宝泉禅院牒文碑，前述1928年旧历十月一日《在山草堂日记》已有记述，但最后成文，则在1940年前后。跋称"碑在今（富平）永润乡怀城里大杨村东。牒内列礼部各官令史主事"姓名、官职，可与金史互证。"碑中奉敕牒等字，遒润丰美"，或系金代书法名家王兢、赵秉文所书，亦"致足珍也"。又云，清季中叶"俞正燮《癸巳存稿》①载唐宋时祠部专以寺牒所收济军国之用"，亦可做参照。故金宝泉禅院牒文之碑，即为此背景下之产物。

类同的示例，进入张氏考证视野中的，另有陕西高陵县庄严寺的石刻尚书礼部牒。

按此牒文刻石，《金石萃编》卷一五五跋陕西高陵庄严寺牒有云："大定初年寺观纳钱请赐名额之事，《金史》无考。今所得于陕西省凡十四碑，文称尚书礼部牒，是牒由礼部发也，又称尚书户部差委某州发卖所，是户部设官差委外州发卖牒文也……"

惟张氏认为："弥时富平一县给牒禅寺如洪济（今南午村）、清凉（今窦村）等寺，石刻可考者尚有四五处。"并称，此种缘由，"盖佛寺自唐宋以来，为乡民所崇敬，募赀既易，遂为度支所入，一巨款也"。较之《金石萃编》所记，已有一定突破。

其他相关的新实物资料，伴随《陕西碑刻》《陕西古钟》编纂进程或其他研究背景而挥发衍生的旨在金石考古、金石证史一途之初步研究成果，其后分别收入张氏准备刊行的《在山草堂丛书》《在山草堂文集》等著作，部分成果且先行刊布于世。

公允地讲，这些初步研究成果，虽未彻底冲破传统金石学体系之窠臼，但其

---

① 〔清〕俞正燮（1775—1840）撰，凡15卷。道光十三年（1833）成书，时岁在癸巳，故以此名书。书中收录作者考订经史、诸子、医理、舆地、道佛、方言等成果，有道光二十七年（1847）《连筠簃丛书》本、光绪十年（1884）余杭姚氏重刊本、《皇清经解续编》本、《丛书集成初编》本等。1957年商务印书馆出整理本，后附《补遗》。2003年3月辽宁教育出版社列入《新世纪万有文库·传统文化书系》再次出版。

在新学术背景下积极搜寻新资料，注重新方法的学术意识以及刻意溯源正史的心力、途径与趋于上乘的研究品质，仍值得我们珍视、借鉴。其中注意到富平一县同时散存石刻礼部牒文的现象以及唐宋以来有关佛寺募赀的新形式、新途径、新体制，颇为敏锐。欲窥张氏详细的金石研究成果，可参见本书前附《陕西考古会主要人物传略》"张扶万"条以及杨怡鲁氏所辑《张扶万撰著出版与遗稿书目》[①]等著述。

一切迹象证明，"七七事变"后陕西考古会整体工作虽然表面上陷于停顿，但在新学术背景影响下的考古会金石调查、发现以及研究工作，事实上却一直坚持到考古会无形解体为止。

至其烛光遗韵，实际上已经潺潺惠及后来。因缘相接，当年的活动洞穿了陕西近现代文物考古历史上一条可资宝贵的人文衍传轨迹。如1941年陕西省历史博物馆成立后，继任馆长曹仲谦（图296）受《陕西碑刻》《陕西古钟》两书影响，曾打算接续重作。但以时隔经年，资料分散，曹自觉难度过大，不得不割爱放弃。后改弦更张，集中精力专作《陕西省历史博物馆概况说明书》，虽简明扼要，新意迭出，但深悉陕西省历史博物馆内幕的原西安碑林管理委员会书记员翁维谦仍频频有言，称："此书固不当与前陕西考古会有所联系；然究其体例，察其文脉，却似乎与《陕西碑刻》及《陕西古钟》有所联系。"[②]

图296　曾任陕西省历史博物馆馆长的曹仲谦于西安安居巷家中留影。1946年曹迺峰摄

---

① 杨怡鲁编：《张扶万先生专辑》(《富平文史资料》第十七辑)，铅印本，1993年，第112—115页。
② 引自笔者采访前西安碑林管理会职员翁维谦记录。

第六章
纷繁的文物调查及保护管理工作①

按《国立北平研究院与陕西省政府合组陕西考古会办法》第四条："本会工作暂分调查、发掘、研究三步，其科学的指导之责由国立北平研究院任之，其保护之责由陕西省政府任之"的规定，从1934年2月陕西考古会成立至1937年"七七事变"发生，陕西省政府方面相继展开了一系列纷繁复杂的古物调查、征集与保护管理工作。先后对陇海铁路潼西段、鄅宝段、咸同段，以及渭惠渠等基建工地与其他各地所发现古物进行了调查、征集，相机实施了东岳庙古建维修，草堂寺碑石加固，以及超出陕西省范围的碑石和古钟的调查、拓印与资料整理，撰写了《唐长安城尚宫砖考》《汉忌氏陶器》《唐长安城金石考》《唐长安城金石考目录》《唐代日本人来长安考》《敔器图说》《商周铜器多出于今陕西凤翔岐山宝鸡鄅县扶风各县说》②等一批学术著述。仅碑石调查一项，截至西安事变发生，即发现1300多通③。同时，针对日益严重的私挖、倒卖、损毁古物现象，制订了一些切实可行的古物保护管理办法，并协助有关部门受理了三十余起古物要案，使一大批行将被湮没、损毁的珍贵文物得到征集、保护，私挖倒卖古物的狂潮得以有效遏止，部分地区民众的文物保护意识开始滋生并有所增强……

在纷繁复杂的古物调查、征集、保护与发掘工作中，限于时代背景、时间、人力、经验，以及狭隘的地方保护意识等各种复杂因素的影响，陕西省政府方面的诸种工作方法与应对措施不可避免地存在着漏洞、缺陷与不足。

如初期与西京筹备委员会、陇海路局、渭惠渠兴工处，以及相关县级政府等单位的沟通协调渠道显见不畅，陇海路局一度甚至"对于考古会方面，颇含不信任意"④。古物征集保护工作每陷于被动、浅表，基建工地所出文物仅仅只是随意征集而已，未能产生系统、主动、有计划的抢救性发掘与随工清理意识，故不能做到资料来源尽可能整齐、清楚、科学、规范，对私掘、倒卖、损毁文物现象打击力度往往囿于乡情、亲情、人情而纤弱、滞后或流于形式，部分古物案件

---

① 为叙述方便，本章未包括张扶万等人相关碑石文物之调查、椎拓。有关资料参见本书第五章中"旧学新貌"。

② 除《敔器图说》为梁午峰所作外（未公开发表），此处所引其他著述均为张扶万所为，有关出处及内容参看本书相关章节叙述及注释。

③ 佚名：《陕各县古碑调查共有一千三百余面》，载《西京日报》1936年2月15日第6版。

④ 1934年4月7日《徐旭生陕西考古日记》。

或受而未理，或理而不决，或决而不行。一些文物保护管理办法议而未行，形同虚设。所有这一切，都严重阻碍了陕西省政府方面有关文物调查、征集与保护管理工作的正常开展，造成了一定的负面影响。

受《国立北平研究院与陕西省政府合组陕西考古会办法》第四条规定制约，从1934年2月开始，省院双方分工明确的发掘、保护工作格局虽已基本形成，工作业绩亦自不言说，但因为运行机制条块分割，人为隶属关系迥然有别，也相应带来合组考古会在整体结构与运转效力上的松散与疲沓，使得省院两地之技术、行政所长未能得以充分发挥，优势互补之初衷难如人意，诸多保护管理工作遂不可避免地出现滞后与偏差，实际效果参差不齐……

上述种种，均须从组织结构的松散、社会文物保护意识的淡漠，以及其他一些社会原因中寻找答案。从此一点出发，客观审视陕西省政府将近五年的古物调查、征集、保护与发掘工作，认真总结分析其经验与教训，对于现今文物保护管理工作来说，将不能不有所裨益。

一、聚焦陇海铁路

（一）殊途同归

1934年2月陕西考古会成立之前，陕西全省尚没有一家专门的古物调查、研究以及保护机构。相关古物保护、管理诸事，名义上是由陕西省民政厅以及陕西省教育厅等政府机关声称负责，但具体工作则一概委托陕西省立第一图书馆等相关单位代行。由于经费、人力、环境等多种因素的限制，上述各单位在实际操作过程中难以发挥大的作用，所谓的古物保护管理职能，事实上不能真正得以体现与落实。

1933年，陕西省教育厅厅长周学昌在南京中央政府《古物保存法》《古物保存法施行细则》等相关政令的牵动下，于该年2月省政府第133次会议上提议拟具《陕西古物保管委员会规程》，"经决议交法规审查委员会审查，复经会议通过并函送中央保管委员会查核见复，嗣以中央古物保存会尚未成立"，故该年10月呈奉行政院，但仅获"暂准备案"而已，至于进入实质性操作，尚有一段相当的距离。①

1931年4月，酝酿已久的陇海铁路潼西段工程开始动工修建，同年夏季开始勘测。其后随着西安地位的急骤变化，这段被视为"西北复兴之初步"，"关

图297　1932年修建编号17之陇海铁路潼西段涵洞

---

① 参见1934年4月陕西省政府秘书处呈送主席邵力子函件。

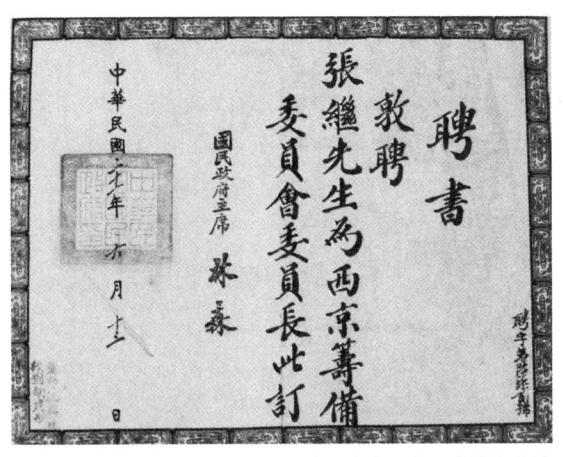

图298 1932年6月13日国民政府任命张继为西京筹备委员会委员长聘书

系于国家民族之前途"①的重要工程（图297），沿线工地如潼关、华阴、渭南等地率多发现古代墓葬以及文化遗址，大量珍贵遗迹与古物随即被揭露出土，因陕西省政府机关忙于公务应酬，尚未设立专门机构负责办理，无暇顾及，以至古物出土，或散佚流失，或遭受破坏，造成了较大的损失。

"一·二八"事变后，日本军国主义者蓄意扩大侵华战事，上海附周遭受日机狂轰滥炸，首都南京亦空袭频频，形势危急。缘此危急，国民党中央政府"为完全自由行使职权，不受暴力胁迫起见"②，被迫移驻洛阳办公，并决定以洛阳为行都，以西安为陪都。乃将西安改名"西京"，同时成立西京筹备委员会，公推张继为委员长（图298），居正、覃振、刘守中、杨虎城、李协、褚民谊、陈璧君、王陆一、何遂、戴愧生、石青阳、黄吉宸、李次温、李敬斋、贺耀组（祖）、邓宝珊、恩克巴图、陈果夫、焦易堂为委员，具体负责陪都西京的各项筹备建设工作。（图299）

西京筹备委员会成立后，鉴于"陕西为自古周、秦、汉、唐以来文化之策源地，具有攸（悠）久之历史"③，"古迹特别繁多"④，"民族之观瞻系焉，文化之根本在焉。诚恐不明此道者任意毁伤，一旦治史学者来此研究，根据既失，其减煞学问之兴趣，磨灭天然之记录，实为最可痛惜之事"⑤。特将"修复古迹，开发交通，提倡西北固有之民

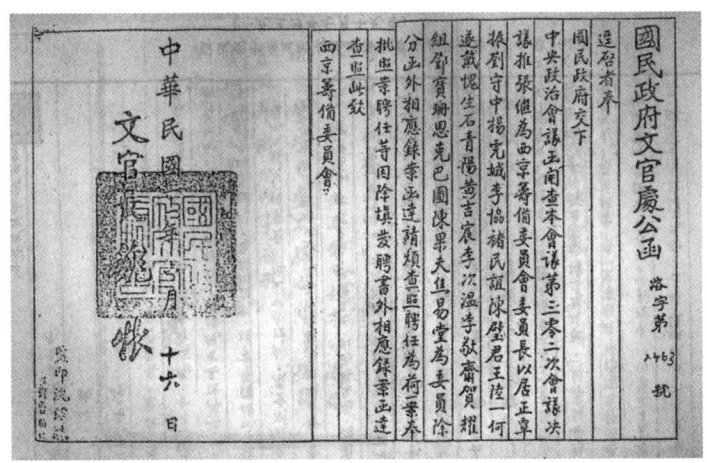

图299 1932年6月16日国民政府文官处致西京筹备委员会关于聘请委员的公函。采自西安市档案局、西安市档案馆编《筹建西京陪都档案史料选辑》

---

① 陇海铁路潼西段工程局编：《陇海铁路潼西段工程纪略》，1935年。
② 1932年1月30日国民政府主席林森、行政院长汪兆铭签名《国民政府移洛办公宣言》，见西安市档案局、西安市档案馆编：《筹建西京陪都档案史料选辑》，西北大学出版社1994年版，第2页。
③ 1932年7月至1933年6月《西京筹备委员会成立周年报告》，见西安市档案局、西安市档案馆编：《筹建西京陪都档案史料选辑》，西北大学出版社1994年版，第157页。
④ 1937年7月至1940年12月《西京筹备委员会抗战以来工作概况》，见西安市档案局、西安市档案馆编：《筹建西京陪都档案史料选辑》，西北大学出版社1994年版，第214页。
⑤ 陈子怡：《西京访古记》（卷一），手稿，稿存西安碑林博物馆资料室。

族精神"作为该会的首要工作。其"目的，在将陕西出土古物，保存于陕西，以全古物历史的意义，并使聚在西京，藉集西北文化之大成"。①

立足此点，西京筹备委员会相继开始了各项文物调查与保护管理工作。于是，陇海铁路西展至陕西沿线工地所相继发现的古代墓葬以及文化遗址，便首先引起该会的重视。

据西京筹备委员会旧藏档案，1933年9月以来，西京筹备委员会曾以"潼西段（铁）路工程已进展至临潼一带。该县为周秦汉唐以来遗址，地下埋藏有关文化之物必多"，特派职员王蕴山常驻临潼，"调查铁路沿途出土古物，冀有所得，籍便保护"。为保证该项工作的顺利进行，该会还多次向陇海铁路工程局致送函件，请该局局长孙谋②"函请查照并饬所属遵照办理"。

站在陇海铁路潼西段工程局立场而言，沿线工地屡屡发现的古物，本来不属于该局正常的工作范围，只因此项工作陕西省当局一度无人声明负责，该局目睹古物流失损毁现状，颇为焦灼，不得已间，方函请铁道部指使处置意见。经铁道部与教育部协商接洽，嘱将发现之古物陆续集结，暂存铁道部所属相关机构，俟后再相继移交教育部。受此种背景影响，陇海铁路潼西段工程局临潼段段长即以"未奉长官之命"为由，而将临潼沿线"出土古物装运郑州"，未能向西京筹备委员会派员移交。

陇海铁路潼西段工程局临潼段之所作所为，西京筹备委员会所委专员王蕴山自不敢专擅，因函报于西京筹备委员会委员长张继，据实以告。西京筹备委员会在接获临潼段段长无意合作，而将"近日掘出古物运往郑州"的报告后，"不胜惊异"。立即致函陇海铁路潼西段工程局、临潼段段长以及临潼县县长，敦请上述各单位"协助办理"；同时专函陇海铁路潼西段工程局孙局长，"请将临潼段运往郑州古物运回，并饬所属以后对于本会调查员推诚合作"。

陇海铁路潼西段工程局孙谋局长接到西京筹备委员会来函，"当荷复允"，但该局临潼段段长因误解西京筹备委员会的用意，恐其将此项古物"占为己有"，而使国有之物流失，故仍将后续出土古物"装运郑州，谓系奉长官之命"。

临潼段段长的执着所为，西京筹备委员会闻之不无焦虑。复再致函陇海铁路潼西段工程局，称临潼段"段长一再将出土古物装运郑州，谓系奉长官之命"，并恳切声明："本会以陕省出土古物存之陕西，庶得保有历史的意义，实为保存文化起见，并非占为己有。"

考虑到铁路工程行将推展至"灞桥以西"，而西京筹备委员会必"仍将派员调查"，又恐其或蹈覆辙，故该会权衡再三，决定再函告陇海铁路潼西段工程局以示通融，同时致函陕西省政府，请其全力配合，且敦促潼西段工程局停止转运，而将所存出土古物"相应移交"。

在西京筹备委员会与陕西省政府的合力督促下，陇海铁路潼西段工程局终于

---

① 参见西京筹备委员会1934年2月28日、3月1日分别致陕西考古会、西京筹备委员会第19号、第20号公函。有关西京筹备委员会与考古会协同保护古物诸事，另参见罗宏才：《西京筹委会与民国时期陕西的文物保护》，载《文博》1998年第3期，第90页。

② 孙谋1933年8月任潼西段工程局（后改西段工程局）局长，1935年2月离任。

做出让步，回电答复愿将出土古物移交西京筹备委员会。西京筹备委员会得电后，随即电请陇海铁路潼西段工程局"逐一移交接收"，并表示"当负责交由西京管理古物机关保存"，"在将陕西古物保存陕西以全古物历史的意义，并使聚在西京，藉集西北文化之大成"（图300）。同时谨遵陕西省政府所嘱，"函陕西省立第一图书馆，本会将调查临潼所得古物送请陈列"。"藉以启发民众保存文化之观念。"①

（二）时势迫使考古会介入

1934年2月，陇海铁路西展至西安东郊十里铺一带，沿线工地频频发现古墓，其中古物甚多。西京筹备委员会为此函告陕西省政府，请其依例发函陇海铁路潼西段工程局请求协助办理，以重古物。为此陕西省政府专门电告陇海铁路潼西段工程局寻求配合，并向西京筹备委员会发出第146号公函，称："查陇海路潼西段工程局，在长安县十里铺附近，发见古墓出土物品"，"除

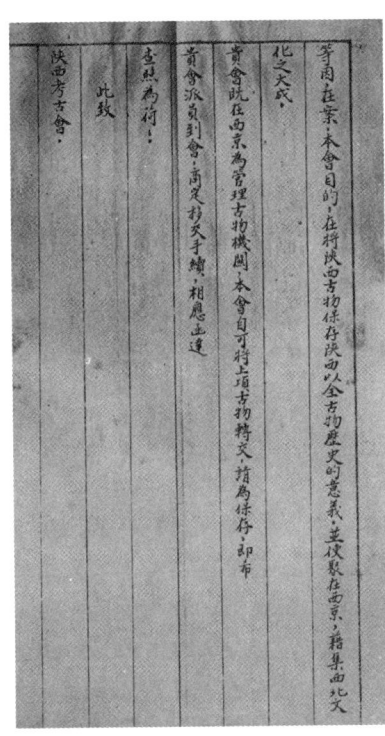

图300　1934西京筹备委员会致陕西考古会第19号公函局部

本府电陇海路局，将是项出土古物，移交贵会保管外……"（图301）

配合西京筹备委员会、陕西省政府与陇海铁路潼西段工程局三家单位的协商移交，长安县县长翁桎②以十里铺地属长安，发现古物，地方政府自不可推脱责任为念，亦同时函报陕西省政府请求处置方式。陕西省政府接到翁桎函报，似未深思此前该府曾与西京筹备委员会、陇海铁路潼西段工程局通融协之经过，只径直面饬翁"前往调查"。翁经调查后"复称：此项古墓发现属实，但据路局负责人员云，铁道部对于筑路时发现之古物，定有章程，本局应明章报部，在未奉部令前，自当保管全责。"直面翁桎的回复报告，陕西省政府这才感到了问题的严重性。耿寿伯语称："陕省境内出土古物，陕省政府竟不能负责，长期以往，必失之主动。"邵力子并认为："此事关系保存文物，而此后类此事件，难免不时发生，似应先定相当办法，商明铁道部以资遵守。兹拟先由本府就此事派员复查确实，再与铁道部或该路局协商办法。"

2月9日，陕西省政府专此于第64次委员会议提出讨论。同日下午1时，耿寿伯亲自督促秘书处撰写函件致达陇海铁路潼西段工程局工务第二段，并于函

---

① 以上引文均见1933年7月至1934年2月《西京筹备委员会工作报告》，见西安市档案局、西安市档案馆编：《筹建西京陪都档案史料选辑》，西北大学出版社1994年版，第167—168页。

② 翁桎（1893—1954），字圣木。浙江泰顺人。早年毕业于浙江监狱专校，后赴日留学。归国后历任甘肃省民政厅主任秘书及青田、长安、嘉兴、遂昌、永嘉、武进等县县长。1933年11月至1937年2月于长安县县长任间，注意推进教育、文化，且监修《咸宁长安两县续志》（宋联奎总纂），颇有政声。1947冬在泰顺县当选第一届国民大会代表。

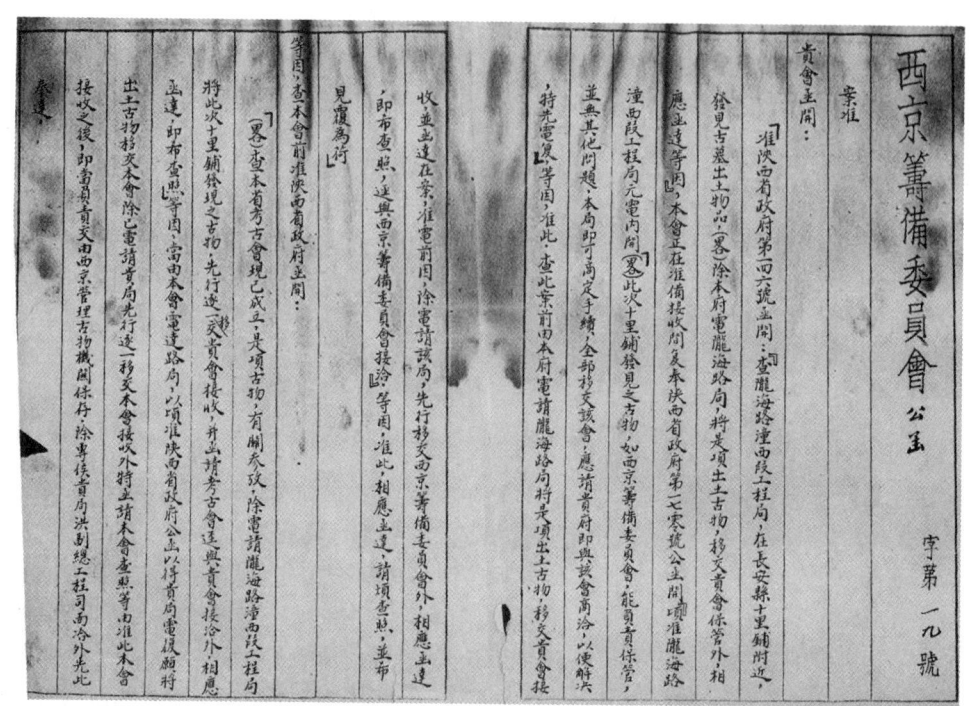

图301　西京筹备委员会致陕西考古会第19号公函显示的陕西省政府致西京筹备委员会第146号公函

件草稿亲笔批示"速缮"字样。函件宣称："关于贵局在长安县十里铺附近发现古物案，本府以事关保存古物，后土工进展，类此情事，难免不时发生。拟就此事派员调查确实，再与贵路局或铁道部协商保管办法，以昭慎重，而免纠纷。兹派本府马秘书会同长安县长前往详查，希赐接洽。"

大约是为防止该段倏忽之间可能将出土古物运往郑州，函件复特别强调："此次发现古物，在未商定办法前，即请贵局妥为保管，并希照准为荷。"①

遵从陕西省政府的指示，翁柽会同省政府秘书马潜，携带这份关于保存古物的加急函件，匆匆赶赴省城二府街陇海铁路潼西段工程局工务第二总段办公处进行协商。负责接待的工务第二总段工程司李俨②因事关重大，未敢轻率，因称该处"奉总局命令，凡发见古物，均须呈送总局。此次十里铺发现古物，亦经分批转送总局保管。省府欲将是项古物留在本省，须向铁道部暨路局会商办理"。

李俨之论，本出于无奈，但却招致马、翁二人的不悦。当日马、翁呈函省府，详述协商经过，并称："察其用意，亦属无他，但总觉其言谈之间未能推诚

---

① 以上引文均见1934年2月9日陕西省政府第64次会议议决案通知所引邵力子提案。
② 李俨（1892—1963），原名禄骥，字乐知。福建闽侯人。1911年入唐山路矿学堂。翌年考入陇海铁路。1915年始致力数学史研究，与美国数学史家史密斯（David Eugene Smith，1860—1944）有密切联系。1921年后历任陇海铁路工程段副段长、段长、总段长、副总工程师。1934年所藏中国算书曾参加陕西省立第一图书馆第一届展览会。1937年加入西北史地学会。1955年进入中国科学院历史研究所，任一级研究员，同年被选为中国科学院哲学社会科学部学部委员。1957年任中国科学院自然科学史研究室主任。1958年被选为第二届全国人大代表。著《中国数学源流考略》《中国算学史》《中国数学大纲》等。

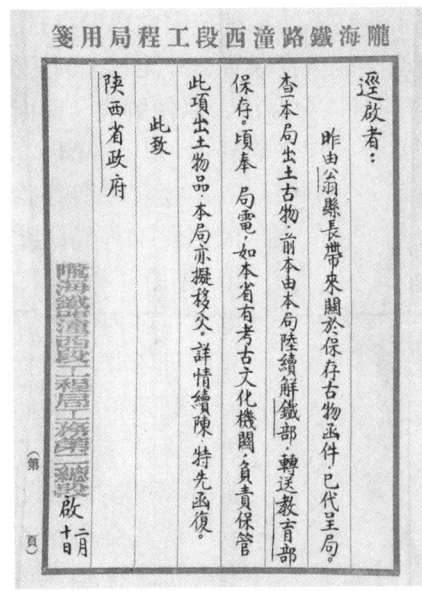

图302　1934年2月10日陇海铁路潼西段工程局工务第二总段致陕西省政府函件

相与。究应如何继续交涉之处，理合签请钧府鉴核。"[1]

马、翁呈函省政府之时，陇海铁路潼西段工程局工务第二总段亦有积极的反应。先是电告陇海铁路潼西段工程局请示机宜，接获潼西段工程局指示后，又迅速在2月10日致函陕西省政府表明态度，称"昨由翁县长带来关于保存古物函件，已代呈局。查本局出土古物，前本由本局陆续解铁部，转送教育部保存。顷奉局电，如本省有考古文化机关，负责保管此项出土物品，本局亦拟移交"（图302）。

2月11日，获悉长安县政府函报的邵力子感到事情重大。考虑到陇海铁路潼西段工程局以及陕西考古会的特殊职能，邵于是决然批示省政府秘书处："电陇海路局，掘得古物请其交考古会保管并函考古会。"

2月12日，当陕西省政府秘书处依邵意旨拟具电报之时，适2月10日发出的陇海铁路潼西段工程局工务第二总段公函至陕西省政府，经办此事者不禁为之欣喜，立即改拟函件，发出致达陇海铁路潼西段工程局的"文电"屯报，宣称："查本省考古会现已成立，是项古物，即请贵局交由该会保管。除函考古会准备接收外，特电奉达，即希查明见复为荷。"

2月13日，陕西省政府秘书处还向陕西考古会致达第148号函件，称："查陇海路潼西段工程局在长安县十里铺附近，发掘古墓出土物品，本府以事关保存古物，当即派秘书马潜会同长安县长持函前往该局工程处接洽，协商保管办法"，"兹准陇海铁路潼西段工程局工务第二总段函开"，"除电请陇海路局将是项出土古物，移交贵会负责保管外，相应函达，即希查照"。（图303）

接获陕西省政府着意拍来的这份"文电"，工务第二总段匆匆在13日回复"元电"。

电文称："文电敬悉，关于挖出古物，铁道部前因与教育部先有接洽，是以前次在临潼发现之陶器等，特移交教育部保管。嗣西京筹备委员会函部

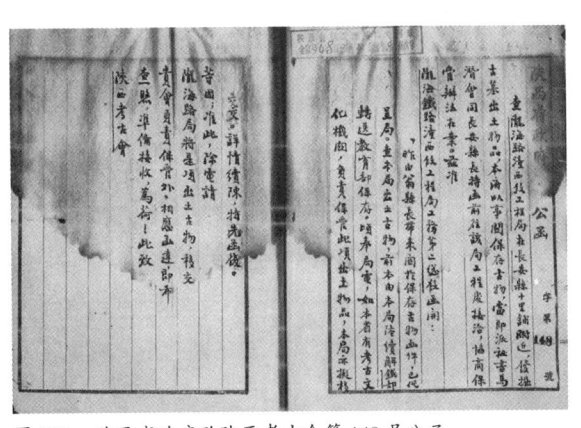

图303　陕西省政府致陕西考古会第148号公函

---

[1] 相关李俨发论资料引用参见1934年2月11日长安县政府致陕西省政府公函。

商请移交本局，随奉部示，饬对于该会，调查古物在不妨工程范围内协助进行，所有此次十里铺发现之古物，如西京筹备委员会，能负责保管，并无其他问题，本局即可商定手续，全部移交该会，应请贵府即与该会商洽，以便解决，除由本局副总工程司洪观涛日内西上勘工，晋省面洽外，特先电复。"（图304）

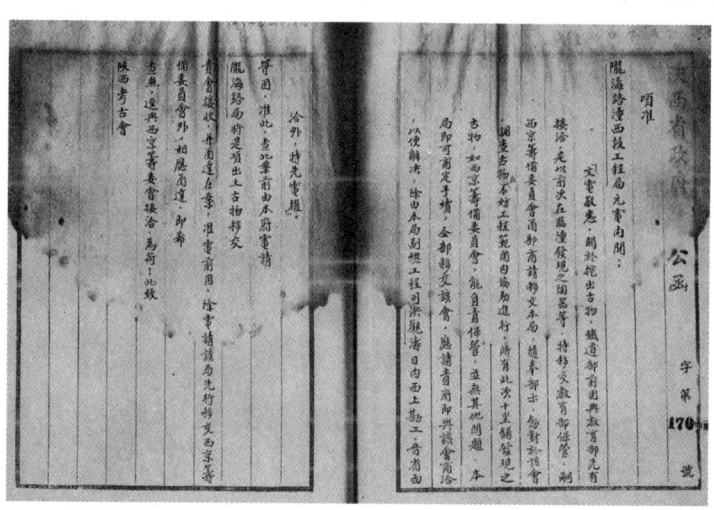

图304　1934年2月17日陕西省政府致陕西考古会第170号公函

接获陇海铁路潼西段工程局阴差阳错的"元电"电文，陕西省政府秘书处不禁哑然失笑。耿寿伯诙谐批语，推转至邵力子鉴核。语云："'文电'请其交本省考古会负责保管，并函该会准备接收在案，'复电'言移交西京筹委会，或系其误认考古会隶属西京筹备委员会，亦未可知。谨检全卷签呈。"与此同时，怀着同样心态的邵力子阅罢"元电"，索性将错就错，批文回复耿寿伯，谓"不妨让其先移交西京筹委会，再由考古会与该会商办"。

在邵力子批文的引导下，陕西省政府特在1934年2月14日委专员面见西京筹备委员会委员长张继，分析利害，商洽合作。

2月15日，邵力子代表陕西省政府向陇海铁路潼西段工程局回复"咸电"，答称："'元电'敬悉。关于接收古物一层，本府业经派员与西京筹备委员会商洽妥贴，请将此次十里铺发现之古物，逐一移交该会保管，贵局所派之副总工程司洪君①来陕，极表欢迎。当面（？）介绍与西京筹委会接洽筹商保管事宜。以后发现古物，仍希照办为要。"

2月17日，陕西省政府再发第170号公函，分别致送西京筹备委员会与陕西考古会。函中除转复陇海铁路潼西段工程局"元电"电文外，还根据上述两单位不同性质分别提出不同要求。

其致西京筹备委员会函称："查本省考古会现已成立，是项古物，有关参考，除电请陇海铁路潼西段工程局，将此次十里铺发现之古物，先行逐一移交贵会接受，并函请考古会迳与贵会接洽。"致陕西考古会函件则称："查此案前由本府电请陇海路局将是项出土古物移交贵会接收，并函达在案，准电前因，除电请该局先行移交西京筹备委员会外，相应函达，即希查照，迳与西京筹委会接洽。"②

---

① 即洪观涛。
② 以上引文均见陕西考古会旧藏档案。

1934年2月1日考古会成立后，徐炳昶动议致函民政厅令将各县古物送会保管。与此同时，西京筹备委员会专门委员、秘书主任龚贤明还曾与张扶万协商，谓："陇海路工程处发见古物甚多"，希望考古会"主持留存陕西，无使散佚，以致失去历史意义"。

基于此，在2月5日考古会召开的第一次会议上，遂由张扶万动议议决通过徐炳昶所提"各县将古物送会保管"案，并请应邀列席会议的龚贤明做"协商移交陇海工程局工程处发见古物报告"，决议"由本会建议省政府通知各工程机关，凡在陕西境内发见古物，应留存本省保管"。①

根据第一次会议决议，考古会专此致函民政厅，"瞩令饬有古物各县，将古物运送保管"②。

与此同时，张扶万、李子毅、王卓亭、寇胜孚、梁午峰还特意联名致函邵力子。声称："陕西为中华民族发祥地，古迹古物所在多有，惜以保存无方，如志书载，散佚不知所在者已不胜举，倘再不亟为设法，将见交通日益便利而遗物亦随之而散佚愈速矣。"并云："现陇海路西展，西兰、咸榆各路亦兴工修筑，古物发现当必更多。"故"在本省有亟成立保管古物行政机关之必要"。

函件且云日人足立喜六《长安史迹考》一书"有昭陵六骏原所在地照片，荒郊破庑，阅之恸心"，感叹"使非外人贩运出境或者至今无人注意"，而"主席莅政，百废待举，文化建设，尤多关怀。年前报载省政府曾拟定陕西省古物保管委员会规程，呈奉行政院备案。卓识早见及此，惟历久未闻组织成立，殊为怅念"，所以"拟请即日实现，俾古迹古物因专管行政机关，为有计划能持久的调查与保管而不致破毁散亡，非特国民观感可赖发扬，将与学术贡献或亦不无小补也"。③

张、李、王、寇、梁的联名函件，未能得到陕西省政府的及时反馈，张扶万不得要领，亦未贸然与西京筹备委员会以及陇海铁路潼西段工程局取得联络。至于"各县将古物送会保管"之事，则由于民政厅坚持须请考古会"指明某县某物，并行饬县运省，庶于法令事实可以兼顾而兴本会研究"④，而考古会又因大局初定，业务生疏，无法详指工作目标，导致所谓"各县将古物送会保管"之事终未开展，遂致西京筹备委员会误解，徐炳昶亦因此对张表示不满。

前文述及，陕西考古会机械稳健的处事格局，突被2月13日陕西省政府第148号函件剧烈冲击。作为当时陕西唯一最具权威的古物保护管理机构，考古会绝不能在古物得失的关键时期，遽尔之间丧失主动而泯没良知。

2月14日，张扶万召集各委员开会集议，检讨此前工作过失，征询下一步处置措施。经激烈讨论，决议致函陕西省政府，公开表明陕西考古会的工作态度。

函件称："陕西为周秦汉唐故都，所在一砖一瓦，多资考证。况沧桑变迁，重大器物之盖藏于地者，偶有出土，非密藏不宣，即盗运外售。历史失研究之

---

① 参见陕西考古会档案。并参见本书第一章中"酝酿期间的考古调查"之相关叙述。
② 1934年2月8日陕西考古会致陕西省民政厅函件。
③ 以上引文均见张扶万等五名陕籍考古会委员致陕西省主席邵力子公函，原件已毁，陕西省档案馆今藏公函草稿。
④ 1934年2月23日陕西省民政厅致陕西考古会第37号公函。

资料，国际贻莫大之耻辱。现值中央注重西北开发建设，如陇海西潼路段，本省汽车修筑道路，以及矿产、水利各工程积极进行之时，古物发现，定为繁夥。倘不亟谋保管之方，难免复有散佚之虞。本会有见及此，爰于第一次会议议决，函请贵政府分别移咨通令以上各工程机关，嗣后遇有古迹、古物发现，应即函报本会协仝采掘，所得古物，由会保管，以备研究，而昭慎重。"①（图305）

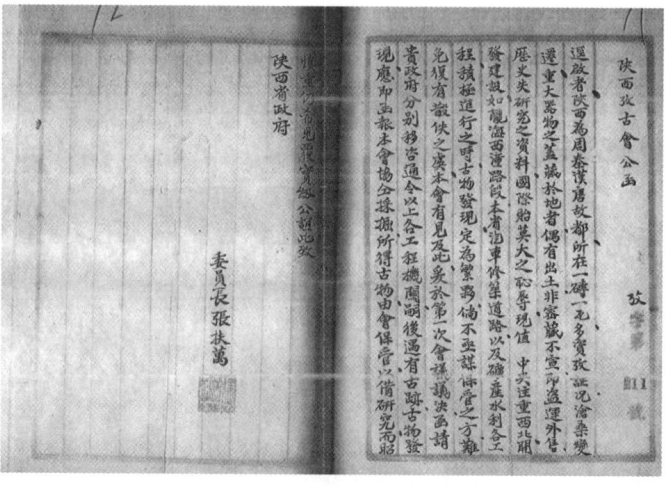

图305　署名张扶万的陕西考古会考字111号公函

（三）微妙的碰撞

等待之中的陕西省政府在紧要关头突接考古会"请战"公函，心中释然自然可想而知。1934年2月17日、18日，陕西省政府于是分别向考古会、陇海

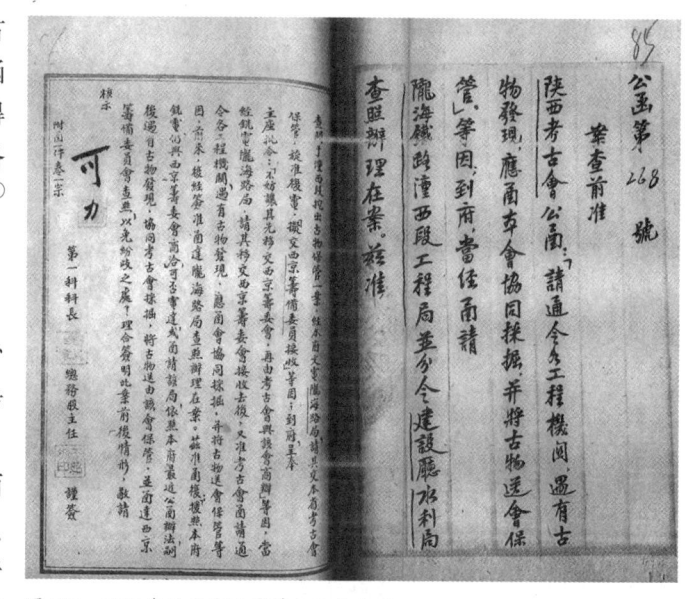

图306　1934年陕西省政府第268号公函

铁路潼西段工程局致达第172号公函，指称"以准陕西考古会函请，分别移咨通令各工程机关，嗣后遇有古物发现，应函本会协同采掘，并将古物送会保管，嘱为照办"。

同时，由陕西省政府发出的第268号公函又称："依照本府最近公函办法，嗣后遇有古物发现，协同考古会采掘，将古物送由该会保管，并函达西京筹备委员会查照，以免分歧之处……"（图306）

锐意进取的陕西考古会接连获悉陕西省政府发出的第172号、第268号公函，如获至宝。而不谙内情的西京筹备委员会与无意之间被卷入移交"混战"之中的陇海铁路潼西段工程局以及工务第二总段，却被陕西省政府折转反复的

---

① 1934年2月15日陕西考古会致陕西省政府第111号公函。

一系列举措遽然闹僵。

2月19日，西京筹备委员会于迷茫之中向陕西考古会发出第19号公函，烦琐申明此次商洽移交十里铺出土古物前因后果，并再三剖白："本会目的，在将陕西古物保存陕西以全古物历史的意义，并使聚在西京，藉集西北文化之大成"；而"贵会既在西京，为管理古物机关，本会自可将上项古物转交，请为保存。即希贵会派员到会，商定移交手续"。

可能担心陇海铁路潼西段工程局与陕西省政府之间另有其他协商的缘故，为试探究竟，心怀疑惑的西京筹备委员会复在其后致电陇海铁路潼西段工程局，声称："顷准陕西省政府公函，以得贵局电复，愿将出土古物，移交本会。除已电请贵局先行逐一移交本会接收外，特函请本会查照。"并云："本会接收外，即当负责交由西京管理古物机关保存，除专候贵局洪副总工程司面洽外，先此奉达。"①

对于考古会来说，此前发生所有有关古物移交一事的周折反复似乎都无必要鉴核查实。我们推测，既然省政府有意将这项出土古物最终移交于考古会，那么，亟须扩充古物藏量的考古会也就乐得省心，惟只能谨遵其命，出面接收了。其所忐忑关心者，或如2月18日陕西省政府第172号函件所谓：以后陇海铁路潼西段工程局能否"通令各工程机关，遇有古物发现"而向考古会据实反映，能否函告考古会"协同采掘，并将古物送会保管"。②

2月20日后，陕西考古会为尽快促成移交事宜，特遵西京筹备委员会第19号公函邀请，除热忱致函外，又派干事李希平前往该会商定移交手续。

作为移交工作的主角，西京筹备委员会在连续获得陕西考古会的接洽外，颇觉欣慰。3月1日，该会特向陕西省政府致送第20号公函，通告："查本会此次派员，随同陇海路工调查，与该路人员共同发现之古物，承电请该局先行移交本会接收，至纫公谊，本会目的，在将陕西出土古物，保存于陕西，以全古物历史的意义，并使聚在西京，藉集西北文化之大成。考古会既在西京，为管理古物机关，本会亟应将是项古物，转交该会保存，昨准考古会来函接洽，已函复请其派员商定手续，即行全数移存，托为保管……"（图307）

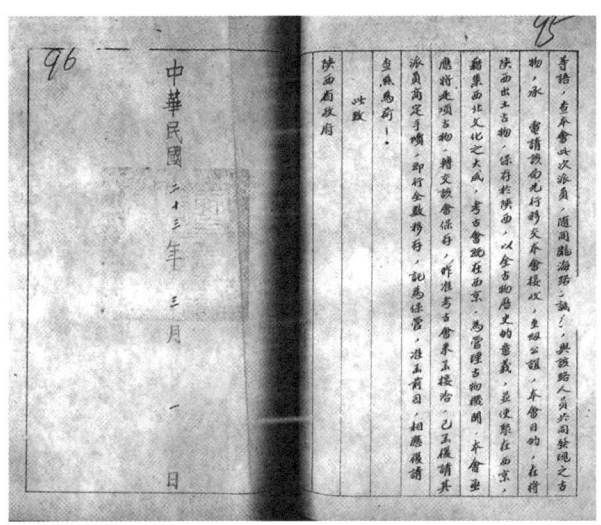

图307　1934年3月1日西京筹备委员会致陕西省政府第20号公函局部

---

① 转引自1934年3月1日西京筹备委员会致陕西省政府第20号公函。
② 所引内容另参见陇海铁路潼西段工程局致陕西省政府第679号公函。

值西京筹备委员会与陕西省政府公函往返、周折反复之际，工务第二总段为保证移交工作的顺利进行，在3月5日发出"微电"，向陇海铁路潼西段工程局请示具体移交要领。旋得该局复电："微电悉。该段前挖出之古物，应检齐开具清单，觅明品质名称，及发现地点，一并移交西京筹委会保管取具正式印收呈局，其贵重之物品，应拍照影片，双方盖印与上，以一份存会，一份呈局备查，仰即遵办具报。"①

工务第二总段与陇海铁路潼西段工程局之间的疏通活动，陕西省政府毫不知晓。3月5日，急切需要得到移交结果的陕西省政府匆匆发送第217号公函予考古会，一面通告半月以来各有关单位的通融协调工作，一面催促移交，"希将接收移交情形见复"。

有趣的是，3月7日陇海铁路潼西段工程局向陕西省政府发出第697号公函，称："案准二月十八日第一七二号公函，以准陕西考古委员会函请分别移咨通令各工程机关，嗣后遇有古物发现，应函本会协同采掘，并将古物送会保管。"又称"查关于路工挖出之古物，前准邵主席上月铣电，略谓业经派员与西京筹备委员会商洽，请移交该会保管……"云云。（图308）

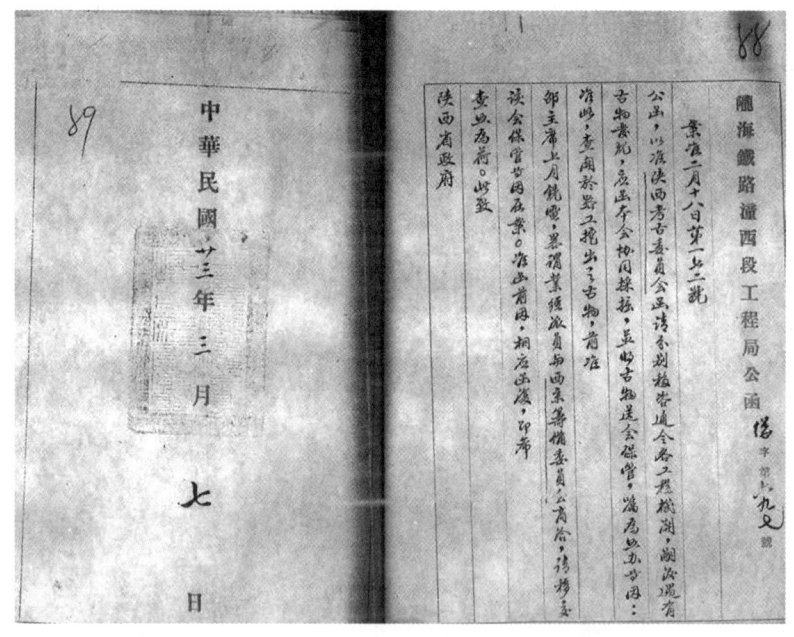

图308　1934年3月7日陇海铁路潼西段工程局致陕西省政府第697号公函

在陕西省政府的重视与催促下，陕西考古会在其后与西京筹备委员会之间还曾有过多次接触，但不知何种缘故，直到3月14日，西京筹备委员会才向考古会发出第30号公函，絮絮重复"微电"复电要旨，并云："所需本会与贵会交收手续，自应依照办理。除已由本会派员摄取影片外，相应函请查照为荷。"

焦急之中的考古会接到西京筹备委员会的第30号公函，始得释然。3月15日，考古会致函西京筹备委员会，称："贵会函达移交古物手续等因，准此。

---

① 参见1934年3月14日西京筹备委员会致陕西考古会第30号公函。

兹本会派李希平前来依照手续办理，相应函达，即希查照为荷。"

至此，绵亘半年的古物移交争议，经多家单位的共同努力，终于得以进入实质性阶段。

1934年3月15日至4月7日，西京筹备委员会、陇海铁路潼西段工程局工务第二总段，以及陕西考古会共同在工务第二总段办公处实施移交。参加此次移交工作的三方代表为：西京筹备委员会专门委员陈子翼、庶务员周少石，陇海铁路潼西段工程局工务第二总段工程司李俨，陕西考古会干事李希平。

尽管如此，陇海铁路潼西段工程局一方对于考古会仍含不信任意。这一微妙意味经分散发酵，结果酿成考古会不得不加派北平研究院一方的何士骥前往合作。4月7日《徐旭生陕西考古日记》所谓："今日陇海路局将其所得古物点交，考古会李君（希平）往，则李段长言必有北平研究院人到方可，盖对于考古会方面，颇含不信任意。乃命乐夫同往。"大概正是当时陇海铁路潼西段工程局微妙心声的明晰凸显。至于同日经办此事的陇海铁路潼西段工程局李俨在特意致达北平研究院李书华一信中絮絮言及"敬启者，大示拜悉。……徐旭生兄已回陕，敝路沿途发见古物已于今日全数二百余件交考古会录存研究。就中最近发见六朝石佛雕刻精绝，不久先生当可见该项影片……"等话语，读者似不难理解当日陇海铁路潼西段工程局错综复杂的矛盾心理。

（四）瑰宝迷离

检视陕西省档案馆藏陇海铁路潼西段工程局西安工程处、西京筹备委员会、陕西考古会关于陇海铁路潼西段工程局西安兴工处出土古物分次移交所形成的相关档案，有移交清册显示，"陇海铁路潼西段工程局西安工程处与西京筹备委员会在米家崖、窑村、西安车站等三处所发现之古物，先经陇海路局移交西京筹备委员会保存。现由西京筹备委员会转交陕西考古会保管。双方代表照清册所开品名、件数点交接收，清楚无误。兹将古物出土地点暨品名、件数分别编号，开列于后"[①]（图309）。为方便读者阅读分析，观综合整理相关档案资料并附加备注制表如下：

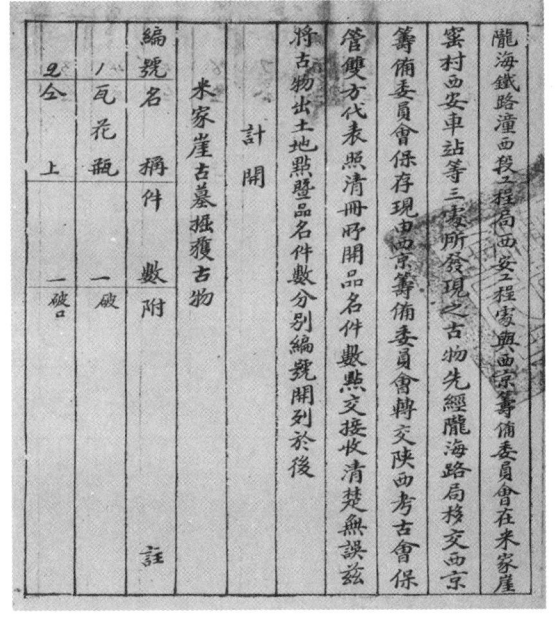

图309 陇海铁路潼西段工程局西安工程处、西京筹备委员会、陕西考古会三方古物移交说明

---

① 三方移交清册原件现藏陕西省档案馆。

表1　陇海铁路潼西段工程局西安兴工处出土古物移交陕西考古会统计表
米家崖古墓掘获古物

编号	名称	件数	附注（保存状况）	备注
1	瓦花瓶	1	破	应为"带纹饰陶钟"
2	瓦花瓶	1	破口	同上
3	瓦花瓶	1	破口	同上
4	瓦罐	1		应为"陶罐"
5	瓦罐	1		同上
6	瓦罐	1		同上
7	瓦罐	1		同上
8	瓦罐	1		同上
9	瓦罐	1		同上
10	瓦罐	1		同上
11	瓦罐	1	微损	同上
12	瓦罐	1		同上
13	瓦罐	1		同上
14	瓦罐	1		同上
15	瓦罐	1		同上
16	瓦罐	1		同上
17	瓦罐	1		同上
18	瓦罐	1		同上
19	瓦罐	1		同上
20	瓦罐	1		同上
21	瓦罐	1		同上
22	瓦罐	1		同上
23	瓦罐	1		同上
24	瓦罐	1		同上
25	瓦罐	1		同上
26	瓦手火炉	1		应为"陶甗"。"瓦手火炉"一说，似难成立
27	瓦炭盆	1	边破	
28	瓦碗	1	口缺	
29	瓦碗	1		
30	瓦碗	1	口缺	
31	瓦杯	1		
32	瓦杯	1		
33	瓦杯	1		
34	瓦杯	1		
35	瓦杯	1	微损	
36	瓦杯	1		
37	瓦杯	1		
38	瓦杯	1	破	
39	瓦杯	1	破	
40	瓦调羹	1		应为"陶勺"
41	瓦调羹	1		同上

续表

编号	名称	件数	附注（保存状况）	备注
42	瓦碟子	1		
43	瓦碟子	1	破	
44	瓦盆（大）	1	边破	应为"陶盆"
45	瓦盆（大）	1	破	同上
46	瓦盆圈	1		
47	瓦盆圈	1		
48	瓦猪	1		疑为汉墓殉葬物品系列，名称应为"陶猪"
49	瓦鸡	1	小破	时代同上。应为"陶鸡"
50	瓦鸡	1		同上
51	瓦鸡	1		同上
52	瓦鸡	1		同上
53	瓦犬	1	脚破一只	应名"陶犬"。保存状况应填写"一足残"
54	瓦犬	1	全破	应为"陶犬"
55	瓦花钵	2	破	或应为"陶钵"
56	护心镜	2	一破	应为"铜镜"
57	制钱	10半		似为"汉半两铜钱"
58	汉瓦	1		
59	汉瓦	1		
60	汉砖	1		
61	汉砖	1		
62	瓦罐	1		
63	护心镜	1		应为"铜镜"
64	上油瓦瓶	1	残	似应为"釉陶瓶"
65	残陶片	27	装箱	
66	零碎陶片	1箱		

窑村 掘获古物

编号	名称	件数	附注	备注
1	方砖	1		
2	瓦罐	1	口破	应为"陶罐"
3	瓦罐	1		应为"陶罐"
4	瓦香炉	1		应为"陶鼎"
5	瓦香炉	1		同上
6	瓦屋	1		应为"陶屋"
7	瓦花瓶	1	口破	应为"陶钟"
8	瓦瓶	1		同上
9	瓦瓶	1		同上
10	瓦瓶	1		同上
11	瓦瓮	1		应为"陶瓮"

西安车站 掘获古物

编号	名称	件数	附注	备注
空白	空白	空白		

表中显示，此次移交含米家崖、窑村、西安车站三处兴工地点掘获古物，但"西安车站"一处却空白未填（图310）。更令人疑惑的是，此前各家争议协商的焦点地域"十里铺"一地，亦悄然匿迹，其因何在？

据李希平回忆，"十里铺以西即属西安车站规划范围，笼统言西安车站，当包含十里铺在内"。

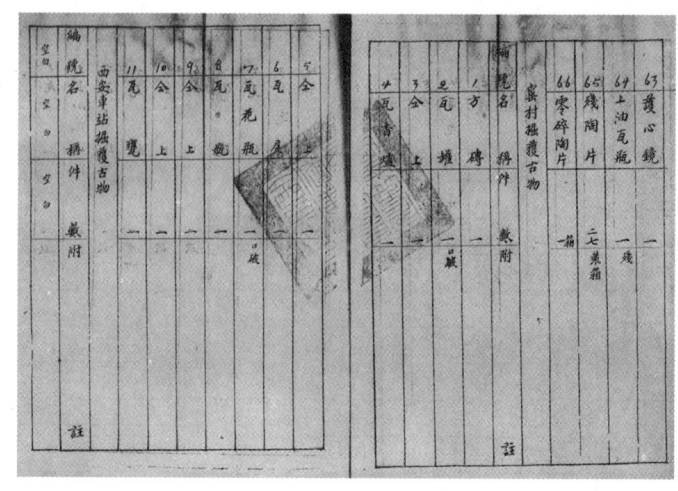

揆以情理，如李希平回忆准确无误的话，此前十里铺所发现古物应包含在这次移交范围之内，但表中显示，包括十里铺在内的出土古物实际并未进入此次填表统计序列。

图310 三方移交西安车站一地空缺未填迹象显示

根据陕西省档案馆藏陕西考古会相关档案，在此之后，陇海铁路潼西段工程局还曾多次向考古会移交西安车站出土古物。又查1934年2月陇海铁路仅仅只是土方工程展至西安，铺设路轨则自该年3月由潼关开始，12月方才推进至西安，其正式通车，更晚至1935年1月1日。表中存在内容缺失的现象，正是当时过渡阶段的微妙产物。

由此推测，从1934年年初至该年4月7日三方移交，陇海铁路潼西段工程局工务第二总段主要土方工程基本是在十里铺至西安车站东西一线区间相继展开。因此，将十里铺纳入广义的西安车站范围内的推测是可以成立的，将广义或狭义西安车站所发现文物未能与上述表格对位，也就不难理解了。换言之，最终移交时，西安车站发现文物没有与上列表格形成对接。

破解迷惑，我们搜索陕西省档案馆藏其他档案并综合相关资料，可知超越上表移交米家崖、窑村、西安车站三地出土古物的详细内容。其中显示，米家崖66件、窑村11件、西安车站125件，总计202件。三地古物均各自成表，编号登记。表分序号、名称、件数、保存现状四类，部分物品尚标有尺寸。依其内容分析，大致年限上可至新石器时代，下可至明清，分作陶器、石雕、玉器、钱币、瓦当、砖刻及杂器等八大类。

以上各表所述，在当时来说，或许还算得上是新颖别致，井然有序，但在今天看来，却不能掩盖其定名模糊、分类含混、缺乏规制等种种弊病。

如铜镜被称作"护心镜"，钱币被称作"制钱"，陶罐被称作"瓦罐"，陶钟被称作"瓦花瓶"，陶鼎被称作"瓦香炉"，陶甗被称作"瓦手火炉"，陶勺被称作"瓦调羹"……属建筑材料的方砖、条砖、筒、板瓦等物，或以长短定名，或以纹饰分类，一概被称作"长方砖""长汉砖""汉砖""花方砖""花砖""花纹砖""连环砖""宽瓦""整瓦"……更有甚者，则弃材质与烧造温度于不顾，定质地疏松之砖名为"瓦砖"。

平心而论，移交表格中文物术语率意杂芜、分类界定混乱含糊，诸种规制自不当获得我们的认同，但在当时学术背景下，移交者一无参考资料，二缺少文物知识，能够做到如此地步，已属不易。尤其是尚能注意到将三地古物各自界分，未敢混淆扰乱，又将破碎陶片标本统一归置，全部装箱，未轻视抛弃。它使后来的研究者能够借此了解三地区各自不同的文物结构与文化内涵，为进一步深入研究创造了前提与基础。

管窥陕西省档案馆藏陕西考古会在西安车站一带所发现的其他古物资料，从序列组合率多陶鼎、陶钫、陶合、陶鸭、陶鸡与绳纹、回纹砖，以及玉石烟嘴、白石顶珠、料簪、料镯、铜扣、牙扇骨等迹象来看，可知这一带的墓葬多为汉魏时期，其下限或可晚至清代。而石雕佛像以及所谓的"琉璃和尚塔座"、黑色瓷器等物，则使人联想到这一地域历史上曾有佛寺以及和尚墓地之存在。至其时代，属佛寺者可能在唐宋金元之间，属和尚墓地者则可能在宋金元时或稍后时期。

纵深探微，属于西安车站出土的125件文物中，其编号为91至93号的三件石刻，依次名称是石佛头、石佛身、石佛臂（图311、图312、图313）。如仅从字面观察，邃然之间很难廓清它们之间的内在联系。但如果检视《陕西考古会第三届年会会务报告》，细读所谓"陇海路展修入陕，不无古物发现，当经派员协同铁路工程人员赴施工区域调查，承工程段李段长乐知及各当事人竭力协助，计发现送交来该会者，有米家崖山上陶器六十余号，窑村出土陶器十一号，西安车站掘获最多，陶器铜器石器共一百九十余号，其中有白石残佛一尊，雕工精妙，尤为不易得之古物"一段阐述，相信一定能够引起人们的关注与思考。

当然，这里所谓的190余号数字概念，为4月7日移交时古物数量以及以后西安车站工地陆续出土古物之总和。也就是说，它完全包括了4月7日移交时的125件古物。

图311 移交中被称为"石佛头"的西安火车站大明宫遗址出土白石佛首

图312 移交中被称为"石佛身"的西安火车站大明宫遗址出土白石立佛像残石

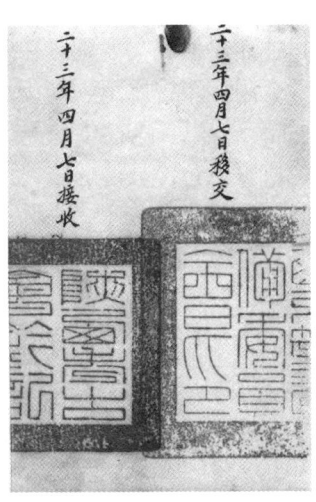
图313 移交中拍摄石佛头、石佛身照片背面题字与钤印

前文说过，遽然之间判断编号为91至93号的三件石刻与《陕西考古会第三届年会会务报告》所云"白石残佛"之间的关系，并非易事。不过尝试查勘张扶万后来写就的《唐长安城金石考·石刻·宫苑石刻》①一节，然后再比较其中题作"大明宫白石立佛像残石"与"大明宫白石坐佛像残石"两件至宝文字记录之关系，则其间渊源自会豁然开朗。

按《唐长安城金石考·石刻·宫苑石刻》一节记载："二石于民廿二年出现西安北门外陇海铁路车站地中，今存省垣考古会。"细勘张氏标示二石形制、尺寸以及所附拓本，对照4月7日三方移交照片，其中之"大明宫白石立佛像残石"正是《陕西考古会第三届年会会务报告》中所谓的"白石残佛"。将该物照片、拓本与今存西安碑林的实物相比较，后者明显缺少"石佛臂"一节，故此可知原物出土时虽已散落，尚可对接，以至出现"石佛身、石佛臂"互相分割、分别登记的现象。而另一件被称作"石佛头"的至宝，亦跃然出现在当日移交的照片序列之中。

由此知悉，编号为91至93号的三件石刻，正是《陕西考古会第三届年会会务报告》中所谓的"白石残佛"与"石佛头"两件至宝。至于张氏文中所记"大明宫白石坐佛像残石"一物，当为4月7日后另外一次移交之物，迄今或亦珍藏于西安碑林之中。

两件弥足珍贵的"白石残佛"与"石佛头"，因张氏著述其后迟迟不能刊布问世，遂使这一重要发现除少数专业人士之外，外界始终无法知其真实内蕴。至其珍贵价值，亦未得到人们的充分认识。

所幸在1934年11月至12月间，著名艺术考古学家滕固②以中央古物保管委员会委员名义与黄仲良同赴安阳、洛阳、西安诸重要地点视察古物保管情形，曾有缘于12月19日参观陕西考古会陈列室，他的《征途访古述记》一文因此较为真实地记述了陕西考古会所藏古物的概况，评介、阐释也显得相对准确与中肯：

"赴陕西考古会，此为陕省府与北平研究会合组者，会内陈列宝鸡县斗鸡台之发掘品，陶器、铜器、兽骨、人骸等件，汉代之物特多，闻其中重要之遗物已运往北平研究矣。近日建筑铁道，自大明宫遗址出土之玉石佛头、佛躯数件，移置会内，审视之下，确为唐代精品。佛躯立像一座，失去头部、足部及两腕，身段苗条，其流畅之衣纹贴附肉体，肌肉凹凸隐显，表出分外之自然与妩媚；就此像所敷之色泽痕迹验之，肉体金色，披肩朱色，裙裾绿色，其妙丽于此，可以想见。佛躯坐像一座，头部与右腕失去，披肩湿贴左体，妍美异常。此两刻技工微妙，世所罕见。"③

---

① 张扶万：《唐长安城金石考》，手稿，未刊，稿存陕西省政协文史办资料室。
② 滕固（1901—1941），字若渠。上海宝山月浦人。早年上海美术专科学校毕业后留学日本，攻读文学和艺术史，获硕士学位。1929年赴德国柏林大学留学，1932年获美术史博士学位。1934年任中央古物保管委员会委员。1938年6月至1940年12月任国立艺专校长兼教务主任。著《唐宋绘画史》《中国美术小史》《征途访古述记》《唯美派的文学》《圆明园欧式宫殿残迹》《死人的叹息》《迷宫》等。
③ 原文称《征途访古述记·视察豫陕古迹记》，收录于沈宁编：《滕固艺术文集》，上海人民美术出版社2003年版，第335页。类同的描述，另见滕固：《唐代艺术的特征》，原载《中央大学文艺丛刊》1935年第2卷第1期，后收录于沈宁编：《滕固艺术文集》，上海人民美术出版社2003年版，第453页、第455页。

对勘滕固所摄照片，白石残坐佛亦赫然在焉。而前在4月7日移交时曾被另列1号的"石佛臂"已与"石佛身"粘接。关乎此一点，其后张扶万撰写《唐长安城金石考》时，所附录"大明宫白石立佛像残石"图像亦与滕固所摄照片相同（图314）。遗憾的是，1943考古会被裁撤移交时，当年粘接成功后的"石佛臂"与"石佛身"再次分离，这使我们迄今难见那块历经坎坷幸运存留的石佛之臂（图315）。

图314 滕固拍摄陕西考古会陈列已经粘接的白石残立佛与白石残坐佛

滕固之后，国立西安临时大学历史系教授陆咏沂、周国亭率该校历史系学生三十余人于1938年2月18日参观了陕西考古会陈列室展览，室中展览的"大明宫立佛像残石"颇受这些专业人士的青睐与赞赏。刊载于《西安临大校刊》第11期、由周国亭撰写的《陕西考古学会参观记》一文因是记道：

图315 张扶万《唐长安城金石考》所附"大明宫白石立佛像残石"图像与今存西安碑林博物馆同一造像现状比较

"本校历史系，因本城陕西考古学会所陈列之古物，在史学上颇占重要价值，乃利用学期试验前空暇，于本月十八日下午二时，由陆咏沂教授率领本系同学三十余人，赴该会参观，余亦偕往。"

或云："其次则为酷似西方服装之半裸体观音（？）石像。质为白石。因其腰细及多部暴露，酷具西方艺术之特征，故知其为西方式。同学有问此式石像何自而来者？陆先生云：'此种形式系由希腊传至印度，再经西域传入吾国'。此观音（？）石像之头，臂双足，虽已无存，但吾国古代石像中之具此西式服装者，现在全国只有两座，另一座在龙门，故此像极可宝贵。闻有人称此像为唐初作品，而陆先生则独以为六朝晚期人所刻。"[①]

作为当时西安最高学府的国立西安临时大学的历史系师生，对"大明宫立佛像残石"之审美经过自然深入细致，审美感受也自然稳健不虚。惟当时境地中，陆咏沂教授"独以为"其为"六朝晚期人所刻"之论断，却未知何以为据。分辨是非，尚须等待我们新的研究成果。

至20世纪80年代，王子云在其出版的《陕西古代石雕刻》一书中，以图文并茂的方式收录此尊造像，定名作"唐菩萨残躯"，誉其为"中国的维纳斯"。

---

① 周国亭：《陕西考古学会参观记》，原载《西安临大校刊》第11期，后收录于西北大学西北联大研究所编：《西北联大史料汇编》，西北大学出版社2012年版，第280页。

受资料的限制以及当时的编辑诉求,王先生不能将这一研究推展到极致。所谓"其雕刻之完美是罕见的。那由左肩披下的一缕纱带,和纱裙褶纹的流畅,如春水荡漾,肌体微妙的起伏,周身线条的韵律感,令人感到这尊雕像残躯中却充满了青春的活力"[①]等描述,浸透了诗意般的审美风华,尚非研究语境。其后各家在涉及此尊造像时,基本均是简单辑录,陈陈相因,其中内蕴,终未廓清。

因此,此类造像发现地点与发现背景的展现,为相关研究提供了珍贵依据,洞开了良好的端绪。从其出土的显赫位置以及本身所具有的精湛艺术价值来看,其已经悄然为我们传递出一种位处帝王都邑、具有皇家品级的佛教艺术模式信息。限于主题与篇幅,有关此类问题的深入探讨,笔者将另择主题予以研究,此处恕不展开讨论。

除却以上各物,在被移交的西安车站出土古物中,还有一件被称为"回回字泥版"的珍贵物品。根据此物内涵与相关信息,可初步推测其可能出于西安车站东侧十里铺附近。但奇怪的是,这件物品当时虽曾出现在移交列表之中,其后各家文物机构以及研究者却未再涉猎,相关著录研究遂成空白。

我们知道,西安东北3公里、十里铺以北不远的秦家街(图316)北侧,历史上曾为元安西王宫城地望所在。依冯承钧译《马可波罗行记·京兆府城》中所谓宫城"周围约五哩"之记载,知十里铺一带在元代可能与安西王府城有一定的渊源关系。1957年,中国科学院考古研究所还曾于安西王宫城遗址发现5块铸有古阿拉伯数字的方形铁块,称其为"幻方"[②],后来被认为是迄今为止我国运用古阿拉伯数字最早的文物材料。究其地望,亦与十里铺以北的秦家街北侧接近。

图316 秦家街一瞥。1934年摄

基于此,如十里铺与元安西王府城地望有一定渊源关系的推测不误,对照此次移交中十里铺出土的"回回字泥版",我们有理由推测它们之间存在着某种必然的联系。只以材料所限,目前尚难以对其做进一步深入研究,因此它的真正内涵、性质,还有赖于以后考古新资料的不断发现。

十里铺以外,米家崖一带所出土的大量新石器时代遗物也足以引起我们的

---

① 王子云:《陕西古代石雕刻》(1),陕西人民美术出版社1985年版,图77(侧面)、图78(正面)后附文字说明。

② 马得志:《西安元代安西王府勘查记》,载《考古》1960年第5期,第20—24页。夏鼐:《元安西王府址和阿拉伯数码幻方》,载《考古》1960年第5期,第24—27页。

重视。

1934年4月20日，天津《大公报》一则报道称："陕西考古会在西安城东北十余里陇海铁路沿线，发现古物之米家崖，考察发现该处为三代以前石器时代之地层，灰层褐色，断定为当时人造饭之遗迹，且证明与民国八年在豫省所掘之地质为同一时代。"据此判定，米家崖一带将是新石器以降古代先民长期活动的文化遗址所在，对于探讨研究西安周围古文化遗址分布规律以及类型特点等有重要的参考价值。其意义、性质在当时曾被各移交单位忽视淡漠，而其后2012年科学出版社出版陕西省考古研究院编著的《西安米家崖——新石器时代遗址2004～2006年考古发掘报告》，虽未能与当年发现相联系，但报告所刊发的大量图片资料（图317、图318），却使我们充分观察到米家崖遗址的内蕴与风采，加深了对当年出土文物的理解与认识。这一点，是要特别感谢为米家崖发掘工作付出辛劳的陕西省考古研究院的同人们。

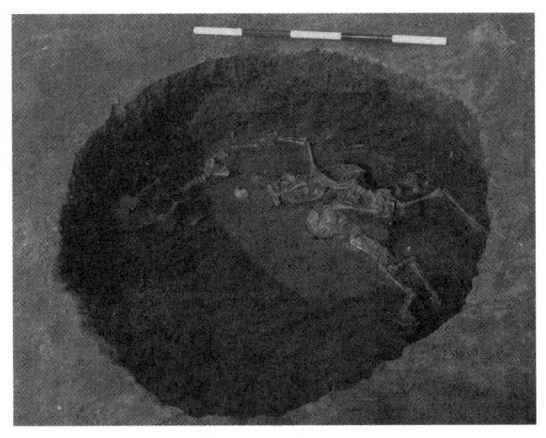

图317　米家崖遗址H237形制与结构。采自《西安米家崖——新石器时代遗址2004~2006年考古发掘报告》彩版一

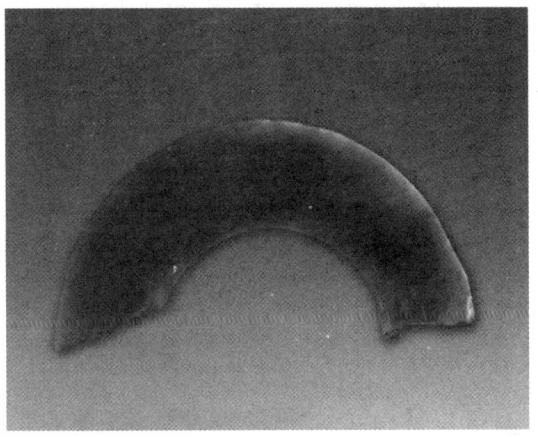

图318　米家崖遗址出土玉环（H152：1）。采自《西安米家崖——新石器时代遗址2004~2006年考古发掘报告》彩版一二

有关这一时期陇海铁路潼西段工程发现古物一事，除了以上各家烦冗琐碎的协商公函、电文之外，当时的《西京日报》等新闻媒体也给予了热切的关注。就西京筹备委员会来说，1933年7月至1934年2月《西京筹备委员会工作报告·调查工作》更有较为详细的统计资料。大致临潼一地的调查，时间起于1933年9月28日，终止于该年12月25日，计得古物有"砖七、瓦三十一、碗二、碟三、鬼灶二、羽觞二、条盘二、坛六、盒一、猪一、残鬲三、残坛二片、汉五铢钱二百一十六、魏五铢钱四十四、梁五铢钱八十六、陈五铢钱一百一十一"；在十里铺以及（西安）北关一地的调查，时间则起于1934年2月1日，终止于该年2月17日，计得古物有"瓶三、坛三、鬼灶二、灶甑一、龙头方盂二、羽觞六、大甬（筒）瓦一、盒一、铜镜一、石器三、古钱十六、大小陶器十三、罐一"。[①]

---

① 西安市档案局、西安市档案馆编：《筹建西京陪都档案史料选辑》，西北大学出版社1994年版，第170页。

检查三家单位联合移交的统计表格，我们不难发现西京筹备委员会统计资料中十里铺一带发现古物之踪迹，但核查临潼一地所发现的古物统计资料，却难以在三家单位联合移交的统计表格中找到迹象。

这一现象说明，临潼一地所发现的古物并未进入三家联合移交工作的序列。换言之，西京筹备委员会在1934年2月1日以前所发现的古物，并未移交于陕西考古会。核查此前西京筹备委员会与陇海路局以及陕西省政府之间的"公文大战"，或已经"函陕西省立第一图书馆"，将"调查临潼所得古物送请陈列"，"藉以启发民众保存文化之观念"，① 也未可知。

尚须说明者，此次移交工作结束之后，陕西考古会缮发第31号公函向陕西省政府以示通报。函件称该会派员于"四月七日会同西京筹委会点交员陈云路、周少石同赴陇海路局，将上项古物检点齐整，暂定品质、名称及发现地点，分米家崖、窑村、西安车站三处，编号缮造清册两份。其中贵重之物品共十二件，亦拍照影片两份，双方盖印于上，一份存本会，一份交西京筹委会"。至于12件贵重物品的名目，公函附页仅列4件，它们是92号石佛身、93号石佛臂、100号回回字泥版、112号琉璃和尚塔座。

这批文物移交至考古会后，部分出现在该会粮道巷本部的陈列室中，抗战中耽于日机轰炸，绝大部分采取了秘密保护措施。惜此后几经移交周折，迄今大多不能窥其流变踪迹。见于著录者，除以上所说诸件外，尚有1948年刊印的《陕西省历史博物馆概况说明书》所载米家崖出土之"绿釉陶瓶"与"素圆壶"。关于此两件器物的渊源行踪，对照当日移交目录，仅可知后者系编号为1、2、3号的"瓦花瓶"以及编号为64号的"上油（釉）瓦瓶"文物之其二。至于它们是否即第31号公函所谓12件珍贵品之中的成员，或者具体可与移交目录中哪一件器物相吻合，限于手头资料，目前还不敢贸然做出最后判断。

我们认为，纷扰丛杂的移交活动虽已经悄然隐去，然而它所留给今人的教训、思考却是长久的、永恒的。

虽然，在长达两月的移交协议中，各有关单位之间难免出现这样那样的矛盾与纠葛，但其主观上的良好愿望却是不谋而合的。当中国考古学以及文物事业艰难起步之时，松散薄弱的政策、法令与简单初阶的工作方法以及相互割裂的单位构架，尽管曾经给人们带来一些不便与烦恼，然而那些忘我工作的人的无私奉献精神以及坚韧不拔的工作态度，早已经将这些多样的不便与烦恼化解冲销，他们的品德、功绩，将永远长存在陕西文物考古发展历史的篇章里。

翻开《陕西考古会第三届年会会务报告》，回味所载"陇海路展修入陕，不无古物发现，当经派员协同铁路工程人员赴施工区域调查，承工程段李段长乐知及各当事人竭力协助，计发现送交来该会者，有米家崖出土陶器六十余号，窑村出土陶器十一号……"的一段话语，对照这一章节烦冗拉杂的行文叙述，我们或许会对那些已经逝去的悠悠往事，增加更多、更深的感触与反思。

---

① 1933年7月至1934年2月《西京筹备委员会工作报告》，西安市档案局、西安市档案馆编：《筹建西京陪都档案史料选辑》，西北大学出版社1994年版，第168页。

二、更进一步

(一) 李俨与张扶万

冗杂繁复的陇海铁路潼西段工程局出土古物酝酿移交之事,给予精通算史的潼西段工程局第二总段段长李俨(图319)强烈的感触。它使李俨对西京筹备委员会以及陕西考古会的工作性质逐步有了较为深刻的了解,同时也更增添了他对故都西安以及这一地区蕴藏丰富的文物资源的钦慕与热爱。

1934年4月12日,李俨因公进城,忽于南门内西侧湘子庙街竟存中学附近发现唐开元六年(718)韦顼墓葬石椁构件,虽散置各处,尚基本完整。

全组石刻除椁盖外,四周椁板共存10块,其上均用极为细密的游丝描技法镌刻花卉、人物。7块系单面刻,3块为双面刻,画面人物以女性为主,主题图像或捧盘持扇,或逗鹰

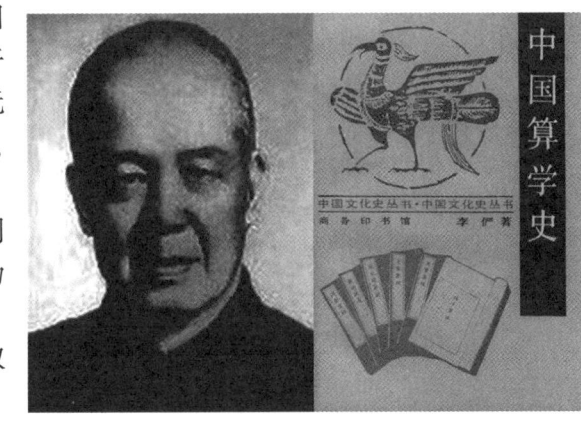

图319 李俨与他的《中国算学史》

玩鸟,或花前戏蝶,风姿绰约。以细腻传神的笔触,浪漫有序地精心描绘了盛唐时期贵族阶层妇女雍容华丽、闲适自信的生活瞬间,极具动感,反映了盛唐雕刻绘画的最高成就。

鉴于陇海铁路潼西段工程局此前与陕西考古会的合作范式,李俨自觉此组石刻应归考古会收藏。旋经详细勘察,李即于4月13日致函张扶万,称:"查西安有唐韦氏夫妇石椁画象(像)石,分存各处,甚望由考古会设法移入会中保存。查该石椁于清末在城南韦曲李王村出土,现村中闻尚有残石一部,其中十二块在湘子庙街竟存中学,韦公墓志在教育局,韦夫人墓志在图书馆。尚请察及是幸。"①

真切地说,李俨函中所谓的"唐韦氏夫妇石椁画象(像)石",对于他本人来说是"如获至宝",但对张扶万来说,却并不尽然。

据笔者调查,该石椁出土经过与相关情事,清末民初之际曾牵引官府,沸传西安。事缘"宣统辛亥(1910—1911)夏、秋间,(西安)城南二十里李王村,居人起土发现石椁一起,视之,有魏国夫人墓志在焉"。尤奇者,"椁上盖一石,则隋时孟宪达碑,其两旁之石,已去两行,以符椁式"。石椁出土后,先为碑林府学巷翰墨堂段仲嘉闻知,即"亲往议价,出银二百七两购得之。旋以土人索钱不遂,言于咸宁令培绎如",竟致酿成官司,堂屈于段,"以石归陈列所"。②辛亥(1911)后,石初在长安劝学所,不久以关中多事,竟致散乱。惟嗜古者与

---

① 李俨函件今藏陕西省档案馆。
② 1919年6月23日(旧历五月二十六日)《在山草堂日记》。

碑帖商以石刻精美，竞相椎拓，拓本始流溢于肆，层出不穷。

至于出土概况以及椎拓拓本诸事，1918年3月24日毛昌杰《君子馆日志》、同年11月6日（旧历十月三日）张扶万《在山草堂日记》，以及稍后不久刊行的宋联奎《苏庵杂记》等著述皆有记述。惟详细内幕非当事人亲于人言，外界即不得而知。值得一提的是，1919年6月23日张扶万因数次会晤翰墨堂主人段仲嘉之机缘，始得获悉当年内蕴。上段所引《在山草堂日记》披露的相关资料，应该是目前我们发现的最具权威的证据。

追随《在山草堂日记》，其后刊行的《陕西金石志》等关辅文献虽有程度不同的记载，但察其要旨，却终未脱离《在山草堂日记》之窠臼。

如是，李俨之报告便不为张所重视。不过以公私情谊起见，张仍回函李俨，称："先生关心国故，可堪钦佩，即嘱李印唐往视。"① 疑惑的是，李印唐始终未能奉命"往视"。而直至1940年，此石亦终未移入考古会。② 待其正式庋藏于西安碑林，则在1941年5月以后，而促成此事的教育部艺术文物考察团团长王子云与西京筹备委员会委员长张继二先生，其功尤不可没。③

惊叹此组石刻图像的艺术成就，后教育部艺术文物考察团团员卢善群据拓本资料，在1942年至1945年基唐代画风与临摹敦煌壁画程式技法，大胆实施缩小设色摹写，凡成十幅，题作《唐代仕女》，其一顶格卢氏有跋："唐石椁线刻石板画，三十年（1941）秋教育部艺术文物考查团发现于长安大湘子庙，今存长安碑林。乙酉岁三十四年（1945）秋以唐画法缩小设色于蜀之璧山文风桥……"

卢氏的这一精心摹写，使原本斑驳模糊的细线石刻图像焕然生姿④，营造出强烈的艺术视觉效果，让我们瞬间窥见盛唐艺术的灿烂风姿，更可以在愉悦的审美体验中经久体味段仲嘉、张扶万、李俨、王子云、卢善群等人的维护阐扬之功。（图320、图321）

这里，李俨的热心致函，虽未能获得多少实际效益，但经过长达数月的古物移交之议，陕西考古会对李俨所主持进行的陇海铁路工程工地之热情与关注，却没有因此稍减。

1934年2月以后，陇海铁路基建工程已展至西安城北，虽路轨未铺，但大规模的土方工程以及西安车站等配套设施工程却已经全面展开。

这一时期，张扶万顾念基建工地可能发现的古物、遗迹，曾数次亲临现场进

---

① 张扶万回复李俨函件曾为李希平收藏，已毁于"文革"时期。
② 李俨所见"唐韦氏夫妇石椁画象（像）石"，即唐韦项夫妇石椁与隋孟宪达碑之合体。其出土、流变概况详见罗宏才：《探寻碑林名碑》，三秦出版社2006年版，第141—164页。
③ 参见1941年5月23日西京筹备委员会西文字第126号公函，见西安市档案局、西安市档案馆编：《筹建西京陪都档案史料》，西北大学出版社1994年版，第220—221页。关于唐韦项夫妇石椁等相关文物的发现，目前学界多重视1941年5月教育部艺术文物考察团王子云的发现，而清末段仲嘉及1934年4月12日李俨与其他的多次发现，则知者甚少。如李惠《简述西安附近出土的隋唐椁、棺线刻画》一文即未悉1934年4月12日李俨之发现，见西安碑林博物馆编：《碑林集刊》（九），陕西人民美术出版社2003年版，第81页。
④ 卢善群摹写韦项夫妇石椁图像概况，参见2005年岭南美术出版社出版罗宏才撰《抗战中的文化责任》以及2011年文物出版社出版罗宏才撰《卢是艺术年谱长编》，详细阐述则见《卢是艺术年谱长编》第136—137页。

行视察。4月23日（旧历三月十日）《在山草堂日记》即因是记道："同印堂（唐）乘车出北门，观陇海铁路工人启土，修西安车站。其地北为唐大明宫前午门之基址，宫城残瓦极多。"

纷繁岁月里，张扶万注意到了陇海铁路基建工地古物保护的重要性，同时也敏锐觉察到，唐大明宫前午门基址将极有可能出土弥足珍贵的古物。只是在当时条件下，考古会还不能认识到抢救清理发掘这一重要遗址的意义（当时也确实无力开展这项时间紧迫、技术要求较高的业务工作），仅仅采取了部分不同程度的保护措施。

图320 唐韦顼墓石棺椁细阴线刻侍女图案复原设色缩本其一。纵99.6厘米，横39.9厘米。卢善群（是）绘。1945年

图321 唐韦顼墓石棺椁细阴线刻侍女图案复原设色缩本其二。纵135厘米，横66厘米。卢善群（是）绘。1943年

据陕西考古会旧藏档案记载，23日视察以后，张扶万曾主持召开考古会在西安各委员会议，决定委派李希平进驻车站工地，专门负责基建工地古物的征集与保护管理，并随之通函潼西段工程局第二总段，请求配合。为便于工作，双方还共同协商，制定调查章程。此后不久，由于徐炳昶的再三要求，李希平被委派至斗鸡台发掘工地，所遗空缺因考古会匆忙疏忽，竟至搁浅，导致车站工地相继出土的大量古物散佚毁坏。

此状呈现后，李俨段长深表担忧。一面派员在各开工处往来巡回，竭力维持，始将部分古物抢救追回；一面致函张扶万，询问该会委派之人。

5月10日，自觉失礼的考古会为挽回损失，匆忙回函第二总段，表示："大札备悉。查前派之李希平因赴斗鸡台工作，以致此间调查有所疏忽。兹准前因，拟定于本月十一日上午由本会委员协同贵处先赴西安车站巡视一次。嗣后仍派专员持本会证章，逐日调查，并希于该员到达随时指导为荷。"

5月11日，考古会各委员协同铁路派员陈某同观工地现场并参观抢救追回的部分古物后，颇为震撼。当日下午，张扶万函告李俨，谓："今日承陈君同往车站，遍观起土所出各物，内中以建筑屋上陶器、兽类为多。虽属残破，以保存不易，故得之足可宝贵。又有破石盆、石柱头皆唐宫之物，与历史极有关系。惟多属笨重，肩抬过于费力，请代雇牛车运回贵局保存，俟移交时所有运费开单由鄙会发还可也。"

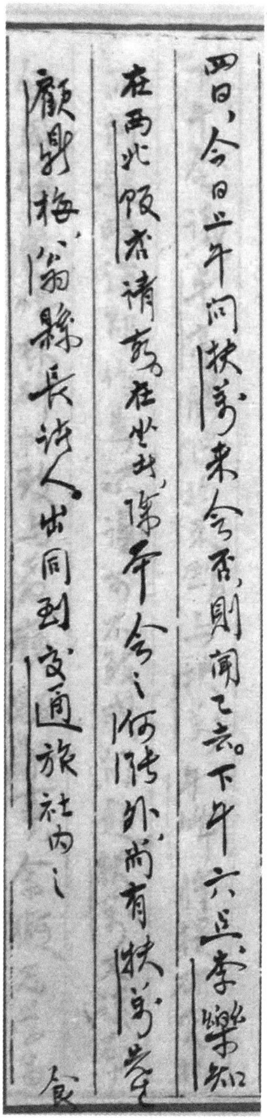

受 5 月 11 日参观车站工地现场以及被抢救征集部分古物的激励，陕西考古会决定增强对车站工地一带遗迹和古物的征集、保护力度。先是派员沿车站工地以西尚未施工区域进行调查，以防将要进行的施工区域所存古物被毁损或流失；其后又确定干事顾端甫为西安车站施工区域专门管理人员，即"赴西安车站调查出土物品"[①]。

为便利工作，考古会还在 5 月 13 日致函潼西段工程局第二总段，谓谨依双方单位前次协商章程为凭，所委调查员顾端甫"将执持本会证章为凭"。

融洽的合作，增进了李俨与张扶万以及考古会的友谊，考古会因此决定聘请李俨等人为顾问。李俨受聘顾问后，认真参加考古会相关指导工作，并给予尽可能的协助，双方往来更为密切。

1934 年 7 月 4 日，李俨为加强潼西段工程局第二总段与陕西考古会以及长安县政府之间的联系，并顺而感谢张扶万等人的支持，特假西北饭店设宴款待。同日《徐旭生陕西考古日记》："下午六点，李乐知在西北饭店请客。在坐（座）者，除本会之何、张外，尚有扶万先生、顾鼎梅、翁县长[②]诸人。出同到交通旅社内之……食冰激凌一杯，不佳。"（图 322）

1935 年 4 月 7 日，李俨特意致信北平研究院李书华，回告其关于铁路局工程处发见文物移交考古会之事的询问。

信件称："大示拜悉。……徐旭生兄已回陕，敝路沿途发见古物已于今日全数二百余件交考古会录存研究。就中最近发见六朝石佛雕刻精绝，不久先生当可见该项影片……"

图 322　1934 年 7 月 4 日《徐旭生陕西考古日记》片段

这里所谓"雕刻精绝"的"六朝石佛"，盖为前节笔者屡屡言及的唐大明宫遗址出土的"白石立佛像残石"等物。

1935 年 6 月 1 日《徐旭生陕西考古日记》又称："今日天气甚热，下午院中达二十九度。然未几猛雨一阵，遂较清凉。会中请各顾问来会指导陈列事宜。止有李乐知一人来。有数新闻记者来。"

同月 10 日，徐炳昶拟将斗鸡台第二次发掘古物一部运回北平，为求取减价车辆，徐曾托李俨代为办理。当日《徐旭生陕西考古日记》故记："又命其（何士骥）寻李乐知，问其能设法办理否。返言，乐知给站长打电话，允运去验视后再定。"

纷繁匆忙的岁月里，渐入佳境的李俨朝气蓬勃，鼎力践行。在与考古会同人围聚保护陕西文物主题的不断交流碰撞中，前代先贤交出了满意的答卷。

[①] 参见 1934 年 5 月 13 日陕西考古会致陇海铁路潼西段工程局第二总段公函。
[②] 翁县长者，即时任长安县县长的翁柽，详见前文注释。

（二）携手第二总段工程处

1934年5月14日，顾端甫奉命进驻车站工地，甫才工作数日，忽遭工程处监工员吴更秀阻挠。顾阐明原因，出示证章，再三辩驳，终无结果。乃于15日向梁午峰、张扶万做出函报。声称：

"窃职奉命调查西安车站区域出土古物，遵于日前持本会公函至该站工程处接洽。据该处谓已通饬所辖监工员知照矣。职亦即前赴该地实际调查并周视开掘情形。该地以东首掘工最深，约丈余之谱；西首所掘仅五尺之浅。经职连日调查，迄今未见发现何项古物。职仍逐日前往，俟后再观若何。惟今早职到该地调查时，有工程处监工员吴更秀阻挠，云奉工程处令，无论何人不得调查等语。职以本会职司考古，理应调查，且曾函该处调查在案，相与辩护，莫由结果。似此情形，诚恐该处前言通饬所属之语，未必实行，或有少数监工人员尚不之知，是以有此纠纷。恳祈钧座饬再函该工程处切实通令，一体知照，俾便调查，而利进行……"（图323）

顾端甫的函报，引起考古会和潼西段工程局第二总段工程处共同的重视。经第二总段派员查实，知该监工并未一概遵照工程处通饬命令，且在已经弄清来人身份的前提下，仍冷漠处置，损害了第二总段工程处的形象，决定将该监工即行撤换，并通函考古会以示致歉。

一次偶然的风波，由于处理及时，措施得当，非但没有引起公私之间的人为隔阂，反而使考古会与第二总段工程处的关系得到了进一步增强。在繁忙的

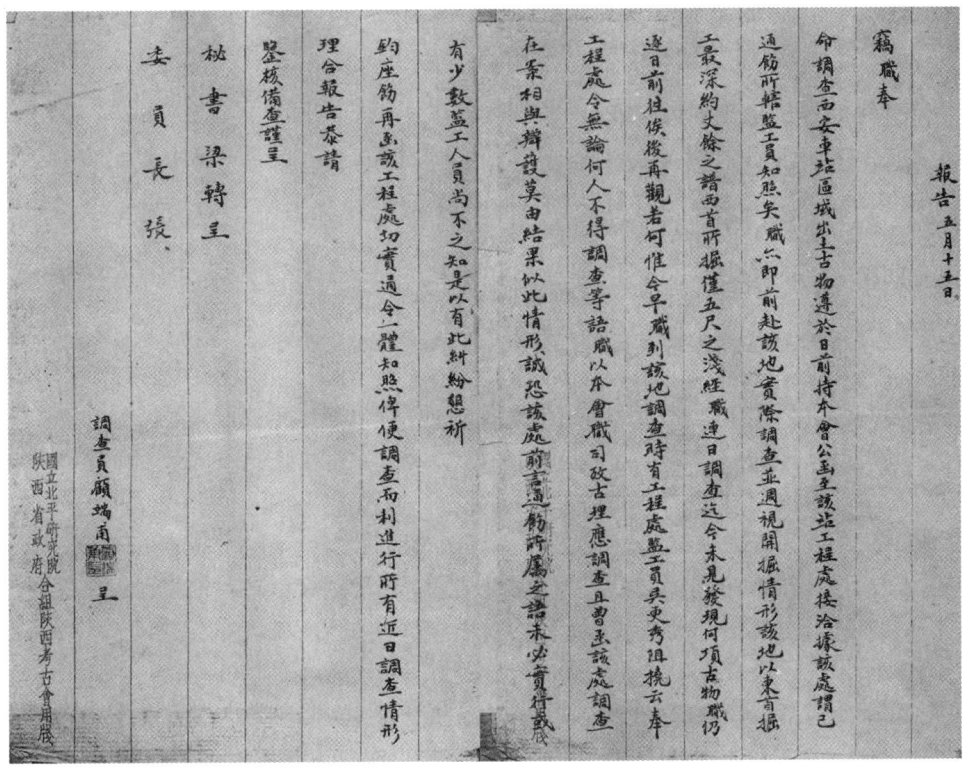

图323　顾端甫关于奉命调查西安车站区域出土古物遭到阻挠向考古会的报告

工作中，李俨段长亲自巡回各处，宣传配合考古会保护古物的重要性，张扶万等考古会同人亦不时前赴车站工地，具体解决现场出现的各类问题。其间详情，陇海铁路潼西段工程局与考古会旧藏档案曾不乏记载，当时的新闻媒体也给予了热切的关注。

该年6月初考古会致达第二总段工程处一则公函宣称："本会委员长本日赴西安车站兴工处游视，行至韩家应、张海林二人住宿处，见有残石龙头三块，系唐代建筑遗物，当时因有便车，即携回收存，除临时给该工人名片转达外，相应函请查照为荷。"而6月11日《陕西国民日报》亦以《梁午峰等赴北关考古》为题发布消息，称："考古会委员梁午峰、秘书李印唐诸人昨日上午十二时，赴北关外西安车站，视察前次发现之唐代遗址及有无古物出土之情事，结果获瓷瓦碎片颇多，其形色甚为古旧云。"

契合考古会前次拟定之工作方案，梁午峰等人在视察西安车站施工现场之同时，还注意在车站以西各段拟施工区域进行调查，曾于汉未央宫故城南马家寨获得汉瓦瓿一件，又在北关外火神庙内发现白石佛像、经幢等物。前者后由张扶万详加考证，撰写成《汉忌氏陶器》一文，发表在《西京金石书画集》第2期。（图324）后者则由于诸物被无知者任意弃置，而经幢等又被村民改作火神庙台阶，因此考古会不得不致函陕西民政厅，称该会"查得长安县城北门外距城五里之地，因建筑村堡城墙掘出白石佛像两座、经幢一个。该村人等现将上项古物移置附近之火神庙院内，而该庙工人又将经幢作为台阶，殊觉可惜"。现"本会为慎重保存古物起见，相应据报"，"请贵厅令饬长安县长协同本会派员将上项古物运回本会，以资保存"云

图324　1934年7月陕西考古会展览该年春季于汉未央宫遗址马家寨发现汉忌氏陶器摄影。刊于1934年5月出版《西京金石书画集》第2期

云。① 在民政厅以及长安县等单位的共同努力下，上项古物在6月10日后运至考古会保存，至其事颠末，《陕西国民日报》有连续跟踪报道。限于篇幅，恕不一一赘述。

经第二总段工程处与考古会的共同努力，截至1934年5月下旬，西安车站相继掘获的各类古物已达"三十余种，凡三百余件"。

6月2日，第二总段工程处致函考古会，谓"本路西安车站各处土工正在进行，第一次所获古物已于前月悉数移交贵会保管"，"近日以来，又在西安车站掘获三十余种，凡三百余件，大都为唐代建筑遗物"，"已分别整理完毕，并编号登记，希派员前来点收为荷"。

---

① 参见1934年6月4日陕西考古会致陕西民政厅公函。

6月4日，考古会因回函第二总段工程处，决定"派本会职员顾端甫特函接收"①。

6月6日，顾端甫受命前往第二总段工程处，协同该处"依照手续妥慎接收"，双方就"陇海路局编就号数点收清楚，并缮造清单两份，双方加盖长方圆印，以一份存本会，一份交陇海路局存查，籍昭慎重"②。

此次移交工作结束后，陕西考古会在6月19日前后分别向陕西省政府、民政厅等单位发函通报。至于其中以及后来迭次发现的至精之品，6月28日的《陕西国民日报》以及张扶万后来编纂的《唐长安城金石考》均有大略的记述。且前者称："陇海潼西段路局，迭次于西安车站发现

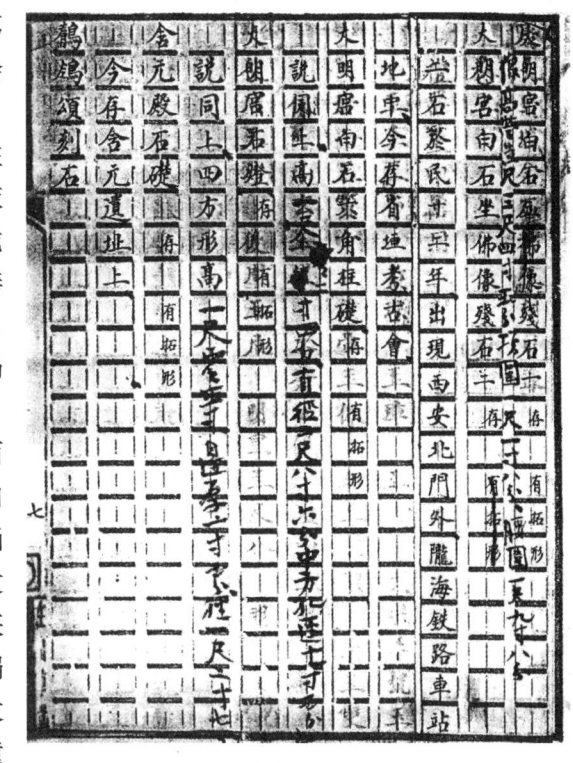

图 325 《唐长安城金石考》卷四局部

古物，日昨又发现石质方柱一座。柱为立方形，长、宽、厚为四寸，雕刻镂花，花纹精细，堪称小巧玲珑，为唐代遗物。但该物为何用途，尚待考证。"后者卷四收录白石、青石柱础各一件，白石石灯一件，白石立佛、坐佛残石各一件，均附加拓本。且称白石立佛、坐佛残石1932年"出现西安北门外陇海铁路车站地中，今存省垣考古会"③，余则为唐大明宫之物。（图325）

（三）车站工地发现与《唐长安城金石考》

如本书第三章一、二部分内容所论，三宫图的发现，促成了张扶万《吕刻唐长安故城图考证》一书的写就。而当《吕刻唐长安故城图考证》即将付梓、火车站工地大明宫遗址又接连出土各类珍贵石刻的时候，张扶万却又从平面概念上的唐长安城考证思维，想象到曾经积淀在这里、承载过唐代文明无数立体、具象的金石古物。

这一契机，促使张扶万努力将传统金石考证与现代考古相对接，期望能在这两者之间找到一个较为合理的节点。

审慎的思考坚定了张扶万的信心，促成了《唐长安城金石考》一书的编纂。经刻苦工作，从1935年5月到1936年3月，在不到一年的时间内，一部分为八卷，

---

① 1934年6月4日陕西考古会致陇海铁路潼西段工程局第二总段公函。
② 1934年6月10日陕西考古会致陕西省政府公函。
③ 张扶万：《唐长安城金石考》，手稿，未刊，稿存陕西省政协文史办资料室。

长达数十万字，附有实物图像及拓形、考释等诸类体例的金石之作即告完成。从中衍生的《唐长安城金石考目录》及自叙，并先期于《秦风周报》《国立北平图书馆馆刊》等报刊连载[①]，获金石考古界的首肯与赞誉。

涉及《唐长安城金石考》一书写作的动机、目的、体例、结构以及手法，在1936年3月25日写就的自叙中，张扶万本人有较为详尽的阐释。

文云："余辑唐长安城图考证，于宫殿、坊里事实多所征引，惟金石一类，不能备列。因别辑金石考八卷，互相发明。写稿既毕，喟然叹曰：唐长安城中，宫

图326 《唐长安城金石考自叙》局部

阙台省，民居寺观，人物骈阗，建筑宏丽，今不可见矣。若乃精神寄托，铭金镂石，宗庙之陈列，街衢之揭示，在当时触目皆是，今则烟消迹灭，零落可数。乃知朝市改革，宝物毁弃，历史之往事皆然。"（图326）

在感慨关中文物历遭破毁，不胜惋惜之际，张扶万广泛征引史实，艰苦爬梳，特于《唐长安城金石考》一书前附加《唐长安城金石考总目》。因张氏总目体例设置过于简陋，诸多信息难以展现，为方便读者阅读起见，在此，尝试依据张氏总目基干，分次搜索附加与之相关的多种元素资料列表统计如下：

表2 《唐长安城金石考总目》种类统计表

序号	类别名称	种类数目	备注
1	礼器吉金	20	
2	乐器吉金	28	
3	仪器吉金	6	
4	符印吉金	43	
5	铁券吉金	22	以上属吉金卷一
6	刀剑吉金	20	
7	镜鉴吉金	13	后有空缺，推测张氏统计尚未完结，究其总数应不止13种

① 张扶万：《唐长安城金石考目录》，载《秦风周报》1936年第11—16期、第22—26期。另见张鹏一：《唐长安城金石考自叙附目录》，载《国立北平图书馆馆刊》1936年第10卷第2期，第1—7页。

续表

序号	类别名称	种类数目	备注
8	器用吉金	21	
9	道观吉金钟类	5	
10	佛寺吉金钟类	16	以上属吉金卷二 张氏《唐长安城金石考总目》显示"佛寺吉金钟"16 种含佛像 13 种，屏风、铜塔各 1 种，但合计总数不符张氏统计，疑有误
11	礼器玉刻	4	
12	符玺袋印		此类数目张氏空而未填，似尚未统计出得数
13	器用玉刻		同上
14	外国贡献玉	4	以上属玉刻卷三
15	宫苑石刻	60	
16	省监台寺石刻	40	
17	家庙石刻	30	
18	道观石刻	13	含道德经石刻口种、道教造像 3 种
19	诗	3	疑为诗赋刻石
20	佛寺石刻像幢	50（？）	以上属石刻卷四。种类数统计后有空缺，推测张氏统计尚未完结，究其总数，应不止 50 种

以上统计，凡 20 类，总计至少 436 种，但未包括上列《唐长安城金石考总目》空缺未填之种类、件数。

择陕西省政协文史办藏张氏《唐长安城金石考总目》原稿与《国立北平图书馆馆刊》1936 年第 10 卷第 2 期刊布张氏《唐长安城金石考自叙附目录》比较，其间颇有差异。

如前者全部内容分"吉金卷一""吉金卷二""玉刻卷三""石刻卷四"，皆按卷分类，分条目排列；后者则只录"吉金"，而不论卷次。至于类型、条目，相互对照，亦均有差异。

如前者"吉金卷一"依次分"礼器吉金""乐器吉金""仪器吉金""符印吉金"4 类；"吉金卷二"依次分"铁券吉金""刀剑吉金""镜鉴吉金""器用吉金""外国贡献吉金器用""道观吉金钟类""佛寺吉金钟类""道佛像塔吉金"8 类。后者一概依次分列"礼器吉金""乐器吉金""仪器吉金""符印吉金""铁券吉金""刀剑吉金""镜鉴吉金""钱货吉金""器用吉金""道观吉金钟类""佛寺吉金钟类""佛像吉金"。虽然总数相同，但后者省去"外国贡献吉金器用"，添加"钱货吉金"，尽管所添"钱货吉金"一类条目遗憾"从略"[①]。

"礼器吉金"类中，前者录 20 种，后者仅以"尊罍爵彝钘洗匜盘勺炉等、隋鼎、太子承乾大铜炉六熟鼎" 3 条目形式刊布。如"含元殿香炉、熏炉三种、提炉、立兽炭炉"诸种，皆空缺不列。"乐器吉金"类中，前者录 27 种，后者则以 17 条目形式刊布。"仪器吉金"类中，前者 6 种显示为"铁侯仪、铜浑仪、铜游仪、铜水运浑天仪、铜漏壶、更点钟"，后者则显示为"铁侯仪、铜浑仪一、铜游仪、铜浑仪二、铜漏壶、更点钟"。至于"符印吉金"一类，前者统计 51 种，后者

---

① 张鹏一：《唐长安城金石考自叙附目录》，载《国立北平图书馆馆刊》1936 年第 10 卷第 2 期，第 5 页。

省为46条目。就诸条目排列次序言,差异则更大。前者首位列"嘉德门内巡鱼符"一种,注释称其"有拓形,下同";后者不惟"嘉德门内巡鱼符"一种不见显示,且前者所谓"有拓形,下同"注释也一概省去。

注视《唐长安城金石考》收揽内容,张扶万继而发论:"以故中国立国五千年,而古物传世不多见,秦汉无论已(矣)。隋唐去今较近,唐长安城古物今存石经百余,多数石刻已不可见。吉金流传,只存景龙一钟。其郊庙礼器尊罍鼎彝镈钟编钟、道观佛寺金像悬钟,自广明之乱,礼器既亡,会昌废佛,朱温迁洛,唐长安城之宝物,与之俱尽;石刻之亡,多在宋初,有此数目,唐城金石之浩劫,不能不归咎于兵火之浩劫,与后人之摧残。"

结合上述总目种类,张扶万对位《唐长安城金石考》一书的体例与结构,决定"今录唐城中金石,分金类为礼器、乐器、仪器、符印、铁券、刀剑、镜鉴、器用、道观钟、佛寺钟、佛像、道像凡十二类。石类为玉刻、石刻。玉刻分礼器、玺印、器用三类;石刻分宫苑、省监台寺、家庙、道观、佛寺五类"。

仅仅只观览自叙发论,不难发现该"考证"除分类一节稍具新意之外,其余大半仍未脱离金石学体系的窠臼。所幸末尾一节怡然出胜,指出"各器今有存者,摄影以葆其真;无则备列名目,录其文字,一以供考古者之浏览,一以存历史之故实"。期望"读者庶晓然一代之兴,非无文物之留贻,无如毁灭争夺者之不知爱惜"。①

图327 《唐长安城金石考》收录唐景云铜钟摄影(左)与立体拓本(右)

受限于这一指导思想的支配,作者尽可能在《唐长安城金石考·吉金》《唐长安城金石考·石刻·宫苑石刻》等章节收录了当时尚可目及的秦铁权、大夏石马、唐景龙观钟(景云钟,图327)、唐仓廪字纹砖、隋玉麟符、唐铜玉鱼符、虎符、

图328 《唐长安城金石考》收录西安火车站大明宫遗址出土八角蔓草覆莲佛座

---

① 皆参见张鹏一:《唐长安城金石考自叙附目录》,载《国立北平图书馆馆刊》1936年第10卷第2期,第1—2页。

铜镜等金石古物,以及民政厅遗址等地发现的三宫图石刻,陇海铁路西安火车站工地发现的大明宫白石立姿菩萨像残石、白石坐佛像残石、菩萨首、八角蔓草覆莲佛座(图328)、石灯、含元殿石螭首、含元殿石础、石莲花顶,[①] 西京图书馆藏慈恩寺立佛、开元寺出土唐白石像、白石力士雕像、西安师范附小所藏光宅寺残造像等珍贵文物。每器均加附尺寸,配以线图、拓影、实物照片,辅以出土地点与发现时间,联翩加缀考释文字,并注意到"当时之吉金,以礼器、乐器暨道观佛寺之钟为最多"[②] 之规律。像大明宫白石坐佛像残石等部分文物,尚有流传变化之大略轨迹[③]。

为相对清晰地观察《唐长安城金石考》一书附加金石图像的大致内蕴,观仍依据政协陕西省委文史资料研究委员会藏《张扶万(鹏一)先生事略专卷唐金石照片拓片集》目录,并分别针对相关条目,结合张氏考论附加笔者考释列表显示:

表3 《唐长安城金石考》(以下表内简称"《金石考》")
附《金石照片拓片集》(以下表内简称"《照拓集》")目录

序号	名称	时代	质地	现藏地点	备注
1	薰炉三器（之一）	唐	铜	不详	引自《西清古鉴》摹绘图。《照拓集》图示名"唐薰炉一"。器盖、器身上下分置,各为一图。 张氏释文:"唐薰炉一。《西清古鉴》炉通盖高四寸,深一寸九分,口径三寸四分,腹围一尺二寸,重二十七两。鎏金。"
2	薰炉三器（之二）	唐	铜	不详	引自《西清古鉴》摹绘图。《照拓集》图示名"唐薰炉二"。 张氏释文:"唐薰炉二。《西清古鉴》炉通盖高三寸三分,深一寸二分,口径二寸四分。腹围七寸六分,重九两有半。"
3	薰炉三器（之三）	唐	铜	不详	引自《西清古鉴》摹绘图。《照拓集》图示名"唐方车薰炉三"。 张氏释文:"唐方车薰炉三。《西清古鉴》炉高一寸八分,深一寸二分,口纵二寸二分,横三寸二分,腹纵一寸六分,横二寸七分,重一十七两,有半。缺盖。"

① 以上名称为笔者据各件文物具体形态重新厘定。按张扶万《唐长安城金石考》,各件分别称:大明宫白石立佛像残石、大明宫白石坐佛像残石、大明宫白石八角柱础、大明宫石灯、含元殿石螭首、含元殿石础。本章"瑰宝迷离"一节即如是照录。
② 张扶万:《唐长安城金石考·吉金》卷一,1936年3月,手稿,未刊,稿存陕西省政协文史办资料室。
③ 《唐长安城金石考·石刻·宫苑石刻》:"大明宫白石坐佛像残石二,存,有拓形。二石于民廿二年出现西安北门外陇海铁路车站地中,今存省垣考古会。"

续表

序号	名称	时代	质地	现藏地点	备注
4	提炉	唐	铜	不详	引自《西清古鉴》摹绘图。《照拓集》图示名"唐提炉一"。 张氏释文："唐提炉一。《西清古鉴》炉高三寸二分，深一寸八分，口径四寸五分，腹围一尺三寸四分，重三十九两。鎏金。四围作细鼻，可系盖。提炉如唐仪卫志所称，执香炉、香盘，分左右以次导引者也。" 《照拓集》图示另有"唐兽鼻炉二"，引自《西清古鉴》摹绘图。 张氏释文："唐兽鼻炉二。《西清古鉴》炉高二寸三分，深一寸七分，口径四寸一分，腹围九寸八分。重一十一两三，足亦提炉类也。" 称"唐兽鼻炉二"，或因系"提炉类"，尾追"唐提炉一"而排名。是则《照拓集》录炉属总数为五。
5	长安官库之秦铁权	秦	铁	不详	全形拓。《金石考》录此条曰"秦铁权"。 "长安官库之秦铁权"所谓，见欧阳修《集古录·秦度量铭》："隋开皇二年，之推与李德林见长安官库中所藏秦铁称权，旁有镌铭二。" 另1929年6月2日（旧历四月二十五日）《在山草堂日记》："……本巷（西安和乐巷）崔翁万春年六十五，去冬于醴泉罗家嘴买得秦时铁权一，系乡人于沟岸启土得之。重三十余斤，有字三十余，以银二元得之。旋有王姓来索钱兴讼，被押半月始释。云有人出价四百元未售，欲得千元。"此物后由张扶万介绍售予于右任，于赠张拓本数纸。《照拓集》或以为其非"长安官库之秦铁权"，故未录。

续表

序号	名称	时代	质地	现藏地点	备注
6	唐嘉德门巡鱼符	唐	铜	瞿中溶《鱼符考》称此符"刘燕庭观察于乙亥年得于西安"。 鲍康《刘氏〈古泉苑目录〉书后》："己亥夏，观察奉讳，道经长安。" 《刘氏〈古泉苑〉序》又称："余以己亥夏谒先生于长安，请观《泉苑菁华》，记小诗于卷尾。" 《古泉汇考》刘喜海按："道光己亥八月二十八日，喜海得是布（第布八百）于长安永和斋。""道光己亥嘉平又得（幼布三百）一品于长安苏姓。"是则此鱼符道光己亥（1839）得于长安。永和斋者，西安回贾苏姓兆年之古董铺也。此鱼符所得，当与苏贾有关。	《照拓集》图示左、右两半拓本。文"嘉德门内巡"。"嘉""德"二字间置"同"字，字体硕大。 张氏图像释文："唐嘉德门巡鱼符。见两罍轩彝器图释。" 张氏《金石考》又引瞿中溶《鱼符考》，称此符"刘燕庭观察于乙亥年得于西安"，且"此符文云嘉德门内巡，其为城门之巡鱼符，无疑矣"。 按鱼符为鱼官吏使用之鱼形符契。一般长约6厘米，宽约2厘米。分左、右两半，中有"同"字形榫卯以相契合。《新唐书·车服志》："随身鱼符者，以明贵贱、应召命；左二右一，左者进内，右者随身。皇太子以玉契召，勘合乃赴；亲王以金，庶官以铜，皆题其位、姓名。" 据此，此鱼符使用者地位当不至皇太子、亲王，应为铜质。
7	蜀州鱼符	唐	铜	不详	《照拓集》图示左、右两半拓本。文"新换蜀州第四"，即蜀州新换第四枚鱼符。 张氏《金石考》录此条名作"新换蜀州鱼符"，与目录名称异。 按此鱼符使用者地位不至皇太子、亲王，应为铜质。

续表

序号	名称	时代	质地	现藏地点	备注
8	胜州传佩鱼符	唐	铜	不详	《照拓集》图示左、右两半拓本。文"胜州传佩"，字体肥腴硕大。顶格"同"字则小字。 张氏《金石考》引瞿中溶《鱼符考》："又所见鱼符，其上同字多阳款，下文多阴款，而此独相反，或时有更易或传佩者其制皆然，则不可知矣。" 按此鱼符使用者地位不至皇太子、亲王，应为铜质。
9	扬州传佩鱼符	唐	铜	不详	《照拓集》图示未见所在；张氏《金石考》亦不录。
10	朗州传佩鱼符	唐	铜	不详	《照拓集》图示左、右两半拓本。鱼符底侧中缝加刻"合同"、文"同朗州传佩"。"同"字顶格，字最大。 张氏《金石考》以为此符形制略同"胜州传佩鱼符"，"而微小，款皆阴文，为异"。 按此鱼符使用者地位不至皇太子、亲王，应为铜质。
11	武后铜龟符	唐	铜	不详	《照拓集》图示有"同"字一面拓本。文"同（上。大字）。文阳门右紫麂第三（下。小字。作三行排列）"。右旁张氏释文："武曌文阳门龟符九字。" 张氏《金石考》引瞿中溶《鱼符考》："武周龟符，真绝无仅有之物也。" 按武周（690—705）改鱼符为龟符，分两半，中有"同"字榫卯。盖唐龟、鱼符底侧中缝每加刻"合同"，以资合符时查验之用。 此鱼符使用者地位不至皇太子、亲王，应为铜质。张氏亦自名作"武后铜龟符"。
12	贞观小印	唐贞观年（627—649）	铜	不详	有印蜕
13	开元小印	唐开元年（713—741）	铜	不详	有印蜕

续表

序号	名称	时代	质地	现藏地点	备注
14	尚书礼部告身之印	唐	铜	不详	《照拓集》显示印文作"尚书礼部告身之印"。 "告身"为授官凭信。又作"官告""官诰"。《新唐书·百官志一》"尚书省吏部"条:"吏部郎中,掌文官阶品、朝集、禄赐,给其告身、假使,一人掌选补流外官。" 《金石考》释文:"见三希堂帖。"另唐白居易有《妻初授邑号告身》诗;唐颜真卿亦有《自书告身帖》。
15	尚书司门印	唐	铜	不详	《照拓集》显示为双行篆书印文"尚书司门之印"。印文结体宽博劲挺,有隶意。 《金石考》录此条则曰:"尚书司门印。" 尚书司门为隋唐官职,掌门关出入之籍及违禁没收与无主之物。属官有司门郎中、员外郎等。 《金石考》释文:"见唐宣宗大中年日本僧唐过所。"但唐代诗人张鼎(876年前后在世)曾任朝议郎行尚书司门员外郎。参见2003年春河南洛阳红山乡曾出土开元二十四年(736)张鼎撰文、徐浩书丹《陈尚仙墓志》。
16	越州都督印	唐	铜	不详	《照拓集》图示双行篆书印文"越州都督府印"。字体宽松舒朗。 越州为隋唐江浙名邑,归越州都督辖制。唐废太子李承乾子李象曾任越州都督一职。
17	武德鉴铭	唐	铜	不详	《照拓集》目录照、拓各一。 《金石考》录《宣和博古图》引无名氏"鉴铭":"武德五年岁次壬午八月十五日甲子扬州总管府造青铜镜一面。充癸未年元正朝贡。其铭曰:'上元启祚,灵鉴飞天,一登仁寿,于万斯年。'" 另《全唐文》卷九百八十八亦录无名氏《唐武德鉴铭》。文同《宣和博古图》引。

续表

序号	名称	时代	质地	现藏地点	备注
18	十二辰鉴	唐	铜	不详	《照拓集》图示有拓影二。顶格张氏释文："唐十二辰鉴。《西清古鉴》此镜径五寸一分,重一十七两有半,背作十二乳,列地支十二字,外轮作八乳,间列鸟兽形花边,素鼻。"
19	秦王鉴	唐	铜	不详	《照拓集》仅有目录,图像未见。
20	景龙观钟	唐景云二年（711）	铜	今藏西安碑林博物馆	景云二年铸,又称"景云钟"。高247厘米,腹围486厘米,口径165厘米,重6吨。《照拓集》录照片、拓片凡三；图像照片分悬挂场景及钟身特写（自钟铭背后摄）两种。
21	景龙观铭	唐景云二年（711）	铜	今藏西安碑林博物馆	铭在景龙观钟身正面下部方形区间内。骈体。为稍参篆、隶之楷书。18行,行17字,空格14字,共292字。唐睿宗李旦撰、书。记景龙观来历与钟之制作缘由、经过并道教教义等。《照拓集》录照片、拓片各一,钟铭照片显示拍照时拓本附着钟铭之上。
22	馆本十七帖	晋（或唐摹本）	纸	不详	此为晋王羲之草书（今草）代表作,以帖首第一行"十七日"三字得名。《照拓集》录拓本。《金石考·玉刻》卷三"馆本十七帖"条："此帖尾有敕字","卷尾有僧权二字"。
23	大明宫立佛像	唐	白石	今藏西安碑林博物馆	1件。立姿菩萨,首、臂、足部均残。着羊肠裙,下腹部围帛,结带于前,带较长。颈饰繁丽,肩部亦披帛,微欹腰,右臂弯部残余构件尚存（今西安碑林博物馆展示时已不存）。《照拓集》录正视照片。《金石考·石刻》记佛像"民廿二年出现西安北门外陇海铁路车站地中,今存省垣考古会"。1949年后移交陕西省历史博物馆（今称西安碑林博物馆）。

续表

序号	名称	时代	质地	现藏地点	备注
24	大明宫坐佛像	唐	白石	今藏西安碑林博物馆	共2件，选其一。《金石考·石刻》记佛像"民廿二年出现西安北门外陇海铁路车站地中，今存省垣考古会"。1949年后移交陕西省历史博物馆（今称西安碑林博物馆）。《照拓集》分别录正视照片。
25	大明宫白石础	唐	青石	今藏西安碑林博物馆	八角形。唐大明宫遗址出土。整体自下而上依次退减，呈须弥座状。顶部近榫卯处雕覆莲一周。其下二周线刻蔓草。《照拓集》录正视照片、拓本各一。
26	大明宫石灯	唐	青石	今藏西安碑林博物馆	唐大明宫遗址出土。《照拓集》录正视照片。
27	含元殿石础	唐	青石	今藏西安碑林博物馆	唐大明宫遗址出土。《照拓集》录侧视照片。1935年5月2日（旧历三月三十日）张扶万《在山草堂日记》载此日同龚贤明、黄仲良、陈子翼等考察唐大明宫故迹，"观含元殿址有大石础一，在荒草中，高约三尺，宽约三尺强，可见柱樑之巨"。后移至西安粮道巷陕西考古会，1949年后移至西安碑林。
28	含元殿石龙首	唐	青石	今藏西安碑林博物馆	《照拓集》录片一。图示"注释"又称："唐含元殿陛石刻螭头。残石今存陕西考古会。"
29	汉故城大夏石马	大夏真兴六年（424）	砂石	今藏西安碑林博物馆	长225厘米，高200厘米。原在西安北汉长安城遗址西查寨村北农田内，1954年6月移入西安碑林。《照拓集》录石马正视照片；石马全形拓及题铭拓本照片。
30	石马题字	大夏真兴六年（424）	青石	大夏石马前两足间石屏镌刻	指大夏石马题字。《照拓集》图示录拓本。拓本显示字体漫漶不清。
31	郎官石柱	唐	青石	原立置于唐长安城尚书省前，后佚	为唐尚书省前各司郎官题名柱，简称"郎官石柱记"。原石久佚，明王世贞有宋拓，传世最可靠者则为张旭（675—750？）真迹。清赵钺、劳格撰《郎官石柱题名考》可资参考。《照拓集》录拓本。

续表

序号	名称	时代	质地	现藏地点	备注
32	御史台精舍碑	唐开元十一年（723）	青石	原在唐监察机构御史台，今在西安碑林	螭首方座。高145厘米，宽65厘米。崔湜撰，梁升卿书，记御史台设置台狱，且置佛寺等事。可资考究唐监察构体与制度。《照拓集》仅录碑正视（缺座）照片。 1935年5月6日（旧历四月四日）张扶万《在山草堂日记》："访葆三于孔会，为言护唐郎官题名柱事。杨凤晴在座。"
33	孝经石台	唐天宝四年（745）	青石	原在太学，后迁西安府学（碑林）	又称"石台孝经"。立置三层石阶上。方形顶盖，盖下浮雕云纹，起翘颇大。碑身高640厘米，四面体，每面宽120厘米。玄宗李隆基作序、注解并书，隶书。太子李亨篆额。 《照拓集》录正视照片。
34	开成石经	唐太和四年（830）	青石	原立于唐长安城务本坊的国子监内，宋时移至府学北墉（今西安碑林）	艾居晦、陈玠等人楷书分写。耗时七年，共114石，228面。刻《诗》《易》《书》《礼》等12部儒家经典。 《照拓集》录开成石经第一碑正视照片、拓本。
35	五经文字	唐大历十一年（776）	青石	国子司业张参奉诏校勘五经文字，书于太学屋壁	后易木版。唐文宗间刻石经。清《后知不足斋丛书》从唐石本覆刻，字大清晰。 《照拓集》录拓本。
36	九经字样	开成二年（837）	青石	原在唐国子监，今藏西安碑林博物馆	开成二年翰林待诏朝议郎、权知沔王友唐玄度撰。玄度奉敕复定石经字体，撰集为《新加九经字样》，与《五经文字》一同刻于石经之末。凡76部，收421字。《唐会要·东都国子监》："其年（太和七年）十二月，敕于国子监讲论堂两廊创立石壁《九经》。" 《照拓集》录拓本。
37	郭敬之庙碑	唐广德二年（764）	青石	今藏西安碑林博物馆	又名"郭氏家庙碑"。全称"有唐故中大夫使持节寿州诸军事寿州刺史上柱国赠太保郭公庙碑铭"。螭首龟趺。高318厘米，宽170厘米。颜真卿撰文并书丹，碑文楷书。 《照拓集》录正视照片。

续表

序号	名称	时代	质地	现藏地点	备注
38	颜家庙碑	唐建中元年（780）	青石	今藏西安碑林博物馆	全称"唐故通议大夫行薛王友柱国赠秘书少监国子祭酒太子少保颜君庙碑铭并序"。螭首方座。高338厘米，宽176厘米。李阳冰篆额，颜真卿撰文并书丹，碑文楷书，记颜氏家族世袭诸事，为颜真卿晚年代表作。《照拓集》录碑身（正、背两面）、碑侧、碑座三种四幅照片。
39	魏文贞公庙碑	唐大中六年（852）	青石，存拓本	原立置于长安昌乐里魏氏家庙，后湮没。清雍正初出土于西安，后碑断石散	又名"魏公先庙碑"。唐崔玙撰文，柳公权书并篆额。《照拓集》录正视照片。
40	张旭草书心经	唐	青石	今藏西安碑林博物馆	唐张旭草书。《照拓集》录石刻照片、拓片。
41	郑万钧草书心经	唐	青石	今藏西安碑林博物馆	驸马都尉（配代国公主）郑万钧草书。《照拓集》录石刻照片、拓片。
42	天际造像		青石	不详	不详《照拓集》图示所指此物为何。
43	玄奘译心经	唐咸亨三年（672）	青石	今藏西安碑林博物馆	即"般若波罗蜜多心经"。与弘福寺集王羲之圣教序碑同时刻石。《照拓集》录拓本。
44	不空译大悲咒幢	不详	青石	不详	《照拓集》图示此物图像。
45	洪福寺经幢	唐	青石	原在长安城内太极宫西宫之修德坊，后不详所在	贞观八年（634）为追荐太穆皇后，建寺于右领军大将军彭国公王君之故宅。中宗神龙元年（705）易名"兴福寺"，后再易名"洪福寺"。洪武二年（1369）迁寺于陕西长安县樊村南神禾原北今址。《照拓集》图示未见此物图像。
46	兴唐寺柳书金刚经	唐长庆四年（824）	青石	原在长安兴唐寺。石已毁，拓本传世	又名"柳公权书金刚经"。柳公权书，强演、邵建和刻石。光绪二十七年（1901）敦煌石室发现柳公权书《金刚经》刻石拓本。横石12石，装成卷帙。《照拓集》录照片两幅。
47	怀素草书千字文	唐			查《照拓集》图示，不详所在。
48	真空寺白石经幢	唐（？）	白石	不详	《照拓集》录正视照片。漫漶严重。

续表

序号	名称	时代	质地	现藏地点	备注
49	咸通年经幢	唐咸通年（860—874）	青石	不详	《照拓集》录正视照片。
50	乾宁年残经幢	唐乾宁年（894—898）	青石	不详	《照拓集》录正视照片。
51	波斯寺宝胜白石缸	清	白色大理石	原在西安崇圣寺，后移至西安广仁寺，今置于该寺讲经堂前	高150厘米，直径140厘米。《照拓集》另有"胡寺白石宝相花石缸"条所谓，名称虽异，实为同一物。日本学者足立喜六《长安史迹研究》称此缸作"崇圣寺境内大理石水盘"①。今西安广仁寺说明牌则命名作"汉白玉莲花缸"，且称其为"乾隆年间留下的一盏巨型佛灯"。《照拓集》录正视特写照片。缸内有乾隆年隶书铭文。知其为乾隆时西安崇圣寺镌刻。石缸弧圆腹部以及口沿、底部具有明显清代前期装饰风格的回纹条带也在传递出同样的时代信息。张氏考释中误作"唐代"②。
52	慈恩寺褚书圣教序碑	唐永徽四年（653）	青石	嵌置慈恩寺塔南面西侧碑洞内	又名"雁塔圣教序及记""大唐三藏圣教序""雁塔圣教序""褚圣教序""慈恩圣教序"等。褚遂良书丹，万文韶刻字。《照拓集》录碑身正视照片。
53	慈恩寺塔石桄画像	唐	青石	刻于慈恩寺塔一层西门门楣	共四处，分别刻于慈恩寺塔一层四门门楣。《照拓集》录四门门楣线刻图案拓本。最佳者西门门楣殿堂图。
54	道因法师碑	唐龙朔三年（663）	青石	今藏西安碑林博物馆	又名"故大德道因法师碑"。全名"大唐故翻经在德益州多宝寺道因法师碑"。螭首龟趺。高320厘米，宽140厘米。唐李俨撰，欧阳询子欧阳通（通师）书，华原县范素、常长寿刻。碑文记道因法师生平业绩等。碑首圭额刻跏趺坐于靠椅之上道因法师像。《照拓集》录道因法师碑碑首、碑侧照片。碑首张氏释文称"道因碑头"。

① ［日］足立喜六：《长安史迹研究》，王双怀、淡懿诚、贾云译，三秦出版社2003年版，第245页。
② 将此物勘定为"唐"，其源早矣。如1914年4月4日（旧历三月九日）《在山草堂日记》："午后同杜荫亭游（西安）西北隅广仁寺，俗名喇嘛寺也。……院中一白石盆，盆口镌隶书，字寸许，雕镂莲花盘屈，制作精工，盖唐物也。"

续表

序号	名称	时代	质地	现藏地点	备注
55	弘福寺集王羲之圣教序碑	唐咸亨三年（672）	青石	今藏西安碑林博物馆	又名"大唐三藏圣教序碑""怀仁集王圣教序碑"等。太宗文皇帝制，弘福寺沙门怀仁集晋右将军王羲之书，文林郎诸葛神力勒石，武骑尉朱静藏镌字。螭首方座。高350厘米，宽100厘米。碑首上部置龛，内横列七佛。碑身文字30行，行80余字不等。载太宗为玄奘法师译经书序等。《照拓集》录该碑碑身正视照片。
56	广智和尚碑	唐建中二年（781）	青石	今藏西安碑林博物馆	即"广智三藏不空和尚碑"。全称"唐太兴善寺故大德大辩正广智三藏和尚碑铭并序"。唐严郢撰，徐浩书。楷书，凡24行，行48字。碑文记印度高僧不空三藏和尚大德业绩。为徐浩逝世前最后墨宝。赵崡《石墨镌华》："今观《不空和尚碑》虽结法老劲，而微少清逸。"《照拓集》录该碑碑身正视照片。
57	大智禅师碑	唐开元二十四年（736）	青石	今藏西安碑林博物馆	又名"义福禅师碑"。高202厘米，宽112厘米。碑阴阳两面有文。碑阳严挺之撰文，史维则隶书并篆额；碑阴文较碑阳文后五年，阳成伯撰文，亦史维则书。此碑书法为清孙承泽倚重，推为"开元第一"。现存西安碑林博物馆。《照拓集》录碑身正视、侧视拓本、大智禅师碑首照片。
58	景教流行中国碑	唐建中二年（781）	青石	明天启三年西安金胜寺出土，1907年入藏西安碑林	僧景净撰，吕秀岩书并题额。高279厘米，宽99厘米。碑文记述唐代景教在中国流行状况。《照拓集》录碑身、碑侧、碑座三种照片及正面碑身拓本。

注：本表按原目录收录凡58种，名称、顺序依《金石照片拓片集》，其他信息综合相关资料并附加考释统计整理。

这样的意匠构造，发端自根基晚清以至民初金石考据学养，且有幸浸淫科学考古热流的晚清举人张扶万氏，旨在契合清代学人王鸣盛所谓"目录之学，学中

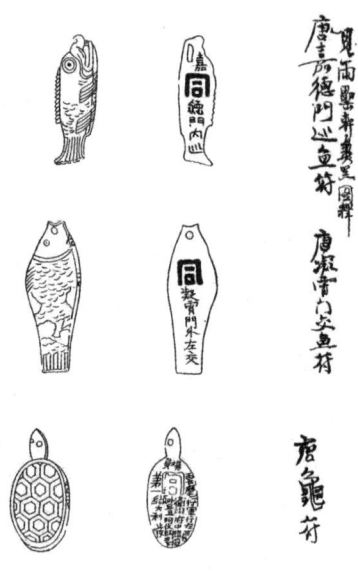

图329 《唐长安城金石考》收录鱼符、龟符拓影示例

第一紧要,必从此问途,方能得其门而入"①之旧学传统,期望后之"读者庶晓然",归结到"一代之兴,非无文物之留贻,无如毁灭争夺者之不知爱惜……"的认识高度,并冀望"此言唐代吉金者所当知也"。②

循此途径,张氏热情参入民政厅遗址等地发现的三宫图石刻、陇海铁路西安火车站工地发现的诸类文物、西京图书馆藏慈恩寺立佛系列、开元寺出土唐白石佛像与白石力士雕像、西安师范附小藏光宅寺残造像等珍贵文物及秦铁权、隋玉麟符、唐代鱼符与龟符、虎符、铜镜等大量实物拓本、摄影及榜题文字,极大地丰富了《唐长安城金石考》一书的内涵,提升了该书的学术价值,增强了该书的可信度与视觉效果(图329)。其中有些条目及信息,还为其后此类器物组群关系的甄别连接、流变轨迹的勾勒梳理、艺术价值的评判分析等,确立了良好的参照标系;一些条目的考释论证,甚至突破了前人的一些研究高度,具有一定的学术水准。

如西京图书馆藏慈恩寺立姿佛像组群系列,为以往所不知。此次钩沉爬梳,集纳排列,使人们得以初见具有皇家气韵的一组立姿佛教造像的艺术风姿(图330)。不管是对探析唐代长安都邑佛教艺术模式内涵,还是对考究部派经典与此组佛教造像之间的对应关系,均具有珍贵的参考研究价值。

又如西安火车站工地出土大明宫含元殿石螭首、石莲花顶等物,《唐长安城金石考·石刻·宫苑石刻》不仅做出"唐宫苑石刻,当以含元殿龙尾道石螭首、石莲花顶,为最富丽"的评价,且援引《雍录》引王仁裕《长安记》所记:"含

图330 慈恩寺造像组群排序(CESZXZQ 1—4)

---

① 〔清〕王鸣盛:《十七史商榷》,广雅书局,清光绪十九年(1893)刻本。
② 张鹏一:《唐长安城金石考自叙附目录》,载《国立北平图书馆刊》1936年第10卷第2期,第2页。

元殿前玉阶三级，第一级可高二丈许，每间引出一石螭头，东西鳞次，一一皆存，犹不倾垫。第二、第三级各高五尺，莲花石顶亦存，阶两面龙尾道，各六七十步，方达第一级。"而联想发论，进而谓"宣政、紫宸两殿，据唐志，殿前各有石螭首，则知太极、兴庆之正殿螭首，当亦然。其他石栏、石陛可以类推"。

此种考论，因为聚焦中国文化最盛时期有唐一代的都邑主题，加之又有实物、文献的相互支持，故其结论能够产生较强的冲击力。其在当时，诚非易事；即在今日，亦有较超前的意义。

由于张氏《唐长安城金石考》一书长期未能刊布，致学界难以将今日散存于西安碑林的诸多大明宫文物予以钩沉确指，继而对接文献实施相关研究。因此，《唐长安城金石考》这一具有填补空白的开山之功，由是便需要引起我们的足够注视。

又如本章"瑰宝迷离"一节述及的大明宫白石立姿菩萨像残石，其"S"状身姿弧线流畅，后被称为"中国的维纳斯"，滕固、王子云等人均有较详细的记述。① 此物出土之时，右臂弯曲处部分断裂，后经粘接，曾长期保存于陕西考古会陈列室，滕固氏等人率先拍摄其粘接状照片，后右臂弯曲段虽再度开裂，但残件部分保存于库房，尚未丢弃。惜1949年移交西安碑林后，右臂弯曲处残件部分竟不翼而飞。因此，迄今的研究者若要追溯此尊造像最初出土之时的姿容，恐须依赖张氏《唐长安城金石考》一书及相关资料了。

再如"隋玉麟符"一条，张于拓影旁加附说明文字，称："吴大澂氏古玉图考云，此佩玉符非发兵符也。隋书樊子盖检校河南内史有治绩，为别造玉麟符，以代铜虎。疑隋制麟符为佩玉，乃当时特赐之符，非制也。唐书隋造玉麟符代铜虎，此相沿之讹耳。"（图331）

按《隋书·樊子盖传》，记子盖其人"字华宗，庐江人也"，官至"检校河南内史"，有治绩。隋炀帝嘉其功，"为公别造玉麟符，以代铜兽"。依据《隋书》等相关文献记载，张氏故有"疑隋制麟符为佩玉，乃当时特赐之符，非制也"之论。此为隋唐麟符、鱼符系列文物的形式、类别、功用、性质等问题的纵深研究，无疑提供了有益的借鉴。

择选"唐玉鱼符"示例，张氏亦于拓影旁加附说明文字，称："吴氏古玉图考云，左武卫将军，见唐姜行本纪文唐。唐铜鱼符传世甚少，惟玉符仅见

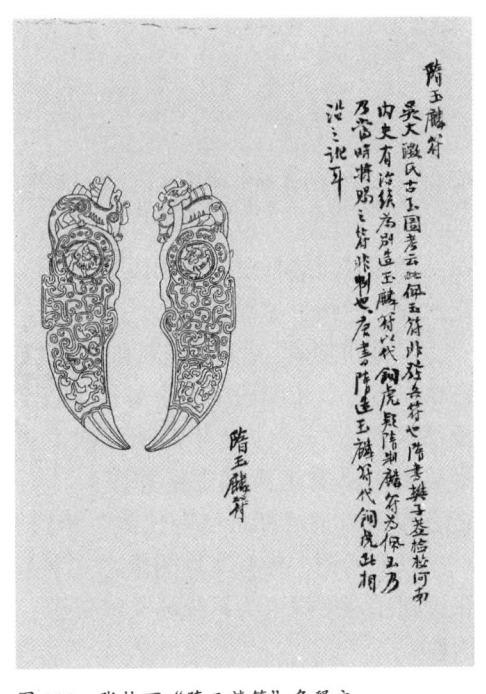

图331 张扶万"隋玉麟符"条释文

---

① 滕固：《征途访古述记·视察豫陕古迹记》，收录于沈宁编：《滕固艺术文集》，上海人民美术出版社2003年版，第335页。滕固参观考古会佛造像是在1934年12月19日，有摄影。

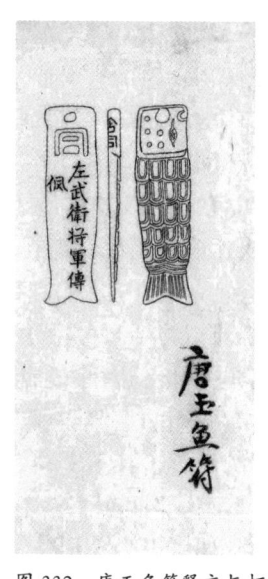
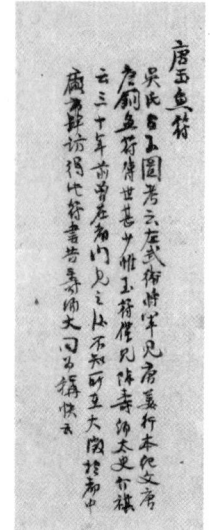

图332 唐玉鱼符释文与拓影

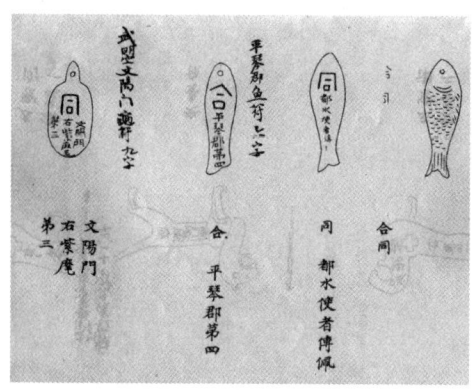

图333 《唐长安城金石考》收录武曌文阳门龟符、平琴郡鱼符、都水使者传佩鱼符拓影

陈寿卿太史介祺云：'三十年前，曾在都门见之，后不知所在。'大澂于都中厂肆访得。此符书昔寿卿丈同为称快云。"

得益于张扶万的考释与著录，这件唐玉鱼符方才得以文图合璧，景象灿然（图332），在在给人以美的视觉享受。同时，发端于北京琉璃厂古玩肆以至陈介祺（寿卿）、吴大澂两位藏界大师眼中、身边的相关流变经历，亦因此得以清晰凸显。

扩展符印吉金系列，《唐长安城金石考》还加附相关传世的符印文物。如"武曌文阳门龟符"，凡九字。上有一宽大之"同"字，下有"文阳门右紫麾第三"小字八；"平琴郡鱼符"，上一宽博大字曰"合"，下有"平琴郡第四"五字；"都水使者传佩"鱼符，其上大字，形与"武曌文阳门龟符"上"同"字类同，其下"都水使者传佩"六字，惟"佩"字缺笔，或已漶泐。各符制作精细，诚一代文物华章。（图333）

"平琴郡"一地，顾祖禹《读史方舆纪要》载："平琴州，汉郁林郡地。唐置平琴州，亦曰平琴郡。领容山等县四。今郁林州北百里有容山废县。"《新唐书·地理志七上》："永淳二年，析党州置平琴州平琴郡，领安仁、怀义、福阳、古符四县。"

"都水使者"者，为掌管陂池灌溉、保守河渠之水官。起源甚早。唐袭隋制，官秩正五品。《旧唐书·李皋传》载李皋（733—792）其人"天宝十一载嗣封，授都水使者"。1998年，陕西西安省射击场唐墓曾发现《大唐都水使者薛君妻故永宁郡君王氏墓志铭并序》，石存陕西省考古研究院，可与《唐长安城金石考》辑录"都水使者传佩"鱼符相对勘。

以上所谓，皆合实物图像之文字考证，至于单纯来自文献记载的实物考释，张氏则注意发掘更为系统的文献资源，以简明扼要的文字描述来尽力探求其真实内核。

如《唐长安城金石考·吉金·道佛像塔吉金》"楚国寺楚哀王等身金铜像（亡）"条记：

"寺塔记楚国寺内有楚哀王等身金铜像，哀王绣袄半袖犹存。唐时长安城内金铜玉石土木各佛像，固繁多不可计算。至唐末屡遭兵祸，大半散失。不待唐亡迁洛也。画墁录云：'僖宗再狩，近毂之民，争入攘宝货，唯幽民取佛，至今民家充满。其工致精采，非今人之作业。'"

窥张氏思维轨辙，此一考释自寺塔记楚国寺内有楚哀王等身金铜像、哀王绣袄半袖之物流失为例，勾勒出唐代长安城内各类佛像、文物数量储备的繁富，以及唐末兵燹所造成的巨大流散情景，以此对应中国文物流变历史与法门寺地宫出土奉真身菩萨绛红罗膺金绣衣物，显然是极好的视角。

又如《唐长安城金石考·吉金·道佛像塔吉金》所载"光宅寺阿育王第四女制铜佛像（亡）"条，可使人联想到大明宫外光宅寺遗址出土的白石立佛像残石等物，以及迁徙流散至西安华塔寺的其他光宅寺七宝台系统佛造像，抛砖引玉之功，可谓大矣。

而《唐长安城金石考·吉金·器用吉金》所录"金瓶""胡瓶""银瓶、银盘、银槛""淮南王献银盌""龟兹献银叵罗"诸物条目，缤纷灿烂，美不胜收，活脱一部唐代金银器的古典文献目录，且尽可能地援引了作者所能目及的最新实物资料以为考论支持。

"银瓶、银盘、银槛"诸条种，张氏补缀援引《中国博物馆协会会报》第1卷第5期所录英国博物院藏中国唐代金银器信息，称"英国博物院有中国唐银碟一只，上刻乾符四年王大夫置造镇献，重二两半分等字"。进而认为，此"碟器与盘同，此器定为唐代物，而款式如此，当时金银器可以探推"。①

"胡瓶"及"赐安禄山金银用品（二）"条，张氏援引傅芸子《正仓院考古记 白川集》一书，将其与该书收录正仓院藏类同的"漆胡瓶"及"尚陈贮弦之'银平脱合子'一，内置残弦"②器物相比较。后者且扩展挥发，指出"平脱本唐代盛行之工艺美术"，其"技法用金银薄片剪成各种文（纹）样，以胶漆粘于器上，再髹漆数重，然后细磨之，现出文（纹）样，遂成"，并"有于金银片上再镂以极细花纹者，即所谓毛雕，尤称工绝"。惋惜赞叹"正仓院所藏金银平脱器物甚多，且多完整之品"。③（图334）

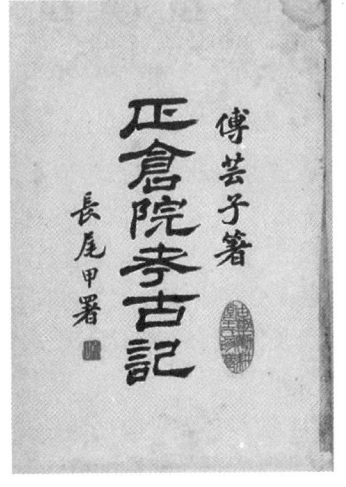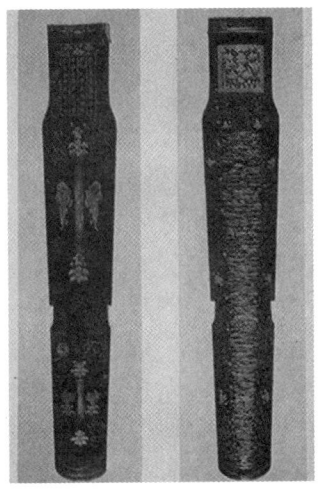

图334　傅芸子《正仓院考古记》与该书涉及的唐金银平文琴

---

① 1936年4月21日（旧历闰三月一日）《在山草堂日记》。
② 傅芸子：《正仓院考古记 白川集》，辽宁教育出版社2000年版，第23—24页、第40页。其中"漆胡瓶"为第40页，"尚陈贮弦之'银平脱合子'一，内置残弦"器物为第23—24页。
③ 张扶万《唐长安城金石考》所引傅芸子《正仓院考古记　白川集》辑录相关史料。

这些阐释与议论，虽尚不能排除简陋、初阶的弊病，但粗略传递出中国学者早期围绕唐代工艺史范畴有意进取的一些基本学术研究信息，对于后之学者来说，显然裨益不小。

同时，这样的连缀考释，因为有了文献、实物的对应，从而使得问题的阐发具有较强的说服力。有意味的是，溯自文献实物双重论证视野的科学方法论，不是发端于留洋归来的学子，而是竭力脱颖于旧式金石考据窠臼的前清举人。惟此一点，便足以使当下的研究者滋生新的学术感受。推想如据此著录，对应愈来愈多的唐代金银器实物来相互校正，纵深考论，相信还将会获得更多的研究成果。

我们通过上述相关条目的择选与剖析，大致洞悉了《唐长安城金石考》的基本内容。虽说作者具体提供的实物资料数量较少，尚不足总目十分之一，略嫌单薄，部分论证还需进一步斟酌推敲，但其毕竟界画了一条有别于传统金石学的学术槛线，就中多种丰富翔实的文献史料与实物图像，大可弥补相关研究的空缺，为而后学界的深入研究，提供了弥足珍贵的资料基础与学术视角。无怪张氏《唐长安城金石考自叙附目录》刊布于《国立北平图书馆馆刊》1936年第10卷第2期时，编者特意附加文字，对其爬梳编纂考究之功大加赞赏，称其"为陕省宿儒，著述极富，尤长金石考据，于学术上贡献甚多，近以长安为中国古代历史上名城，欲追寻根源，以期发扬光大，特著长安城图考证一书，对于历代变迁，阐述详尽"。并阐释此稿刊布颠末，称"惟金石一类，不能毕列，因别辑唐长安城金石考一卷，以互相发明，兹承先生寄来金石考自叙及目录，先为公表，以便学者快睹"。[①] 从此点看，即使存在一些不足，也并不能因此而忽视其基本的学术价值。正本清源，求取主旨，正是此节叙述我们需要特别掌握的基本原则。

需要补缀的是，尽管我们通过初步的梳理与研究，给予了张氏著述较高的评价，但细究其体例、内容，却不能忽视其尚未能完全抛却传统金石学束缚与窠臼，从而存在诸多缺陷与不足的事实。这些缺陷与不足，概括起来大致可以归结为以下八点：

1. 部分文献记载物品与出土实物未能科学界分，导致可能因此造成对整体学术价值的削弱和伤害。如《西清古鉴》所录部分"炉"系列器物，实不能排除伪器之嫌[②]。未加甄别，优劣凑集，虽受限于一时学术背景之掣肘，但却构成永久的遗憾。

2. 金石照片、拓片分别列目，交替出现，无序排列，每每造成视觉上的混乱。如同样内容，稿本显示即有《唐长安城金石拓影》《唐长安城金石照片》《唐长安城金石考拓片目录》等数种出处。

3. 目录顺序既不加编号，又未按具体发展时序线性排列，造成搜检上的困难。另外，多样的初阶聚集，亦不能摆脱冗杂、松散的弊病。如七宝台系列造像数条，因作者未悉其中内蕴，致前后穿插，相互割裂，使原本的血缘纽带关系遭到人为

---

① 张鹏一：《唐长安城金石考自叙附目录》，载《国立北平图书馆馆刊》1936年第10卷第2期，第1页。

② 如容庚查验《西清古鉴》所录，称伪器颇多，几乎占三分之一。参见容庚：《善斋彝器图录　西清彝器拾遗》，中华书局2012年版。

图 335　清广仁寺所藏乾隆年白石缸流变轨迹（左图为置于崇圣寺之白石缸，清末摄；右图为现藏于广仁寺之白石缸）

割裂。

4. 部分条目时代认定出现讹误，流变轨迹不详。如广仁寺藏清乾隆年间雕凿的白石缸（图 335）原在西安西郊崇圣寺，后入西安城内广仁寺，作者将其误作唐代，且未能阐明流变轨迹。

5. 部分条目命名陈旧，且缺乏配合图像之名称注释。考释之中，又率多不加区分说明，造成读者阅读思考上的困惑与迷茫。如"熏炉"系列名实模糊，具体实物难以辨识。石刻、玉刻被笼统称为"玉刻"。慈恩寺塔四面门楣线刻佛教图像，被一概称为"慈恩寺塔石桄画像"。道因法师碑首则称为"道因碑头"。有些条目甚至前后多次异名。如含元殿遗址出土石螭首，分别称"唐含元殿陛石刻螭头""含元殿石龙首"；广仁寺藏刻花石缸，分别称"波斯寺宝胜白石缸""胡寺白石宝相花石缸"。另外，目录名称与照片拓片集释名常常前后抵牾，不相统一。如《吉金》卷一正文之"秦铁权"条，在照片拓片集中则易名为"长安官库之秦铁权"。

6. 部分条目考释范围狭小，未能纵横联系，求取深入。如大明宫遗址出土"大明宫白石立佛像残石"等唐代石刻，即未能充分连接相关文献、实物，廓清源流，使其有序进入唐大明宫外光宅寺武后七宝台佛教文物组群系列。

7. 隋玉麟符、隋虎符、唐凌霄门交鱼符、唐龟符、唐都水使者传佩鱼符、唐平琴郡第四鱼符、唐右领军卫道渠府第五鱼符、唐云麾将军龟符、唐玄秘塔碑首（张氏释为"玄秘塔碑头"）、唐多宝塔碑（又称"大唐西京千福寺多宝佛塔感应碑"）、唐慈恩寺石佛像、唐开元寺出土唐白石像、唐开元寺出土唐白石衣甲残像、唐润州进奉银铤、唐石椁、唐铜菩萨像、唐宝庆寺瓦当[①]等部分实物图像，游离于目录之外，既造成视觉上的混乱，也使一些重要学术信息不能得到迅速、规范的传递。

8. 囿于当时的学术环境、著述体例，以及资料信息传播瓶颈，部分条目资料涉猎与考释范围失之于仄浅。如所引吴氏（大澂）《古玉图考》"左武卫将军传佩玉鱼符"，既已涉及陈介祺氏"三十年前，曾在都门见之，后不知所在"，却

---

① 〔清〕王昶：《金石萃编》（第一册卷四〇），北京市中国书店 1985 年版，"宝庆寺瓦当（二种）"条："文皆五字，曰'长安宝庆寺'。"

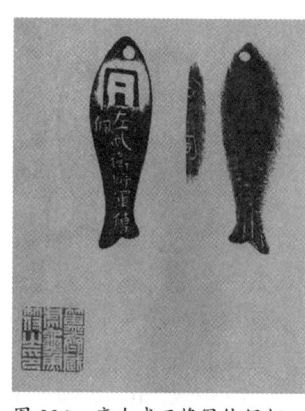 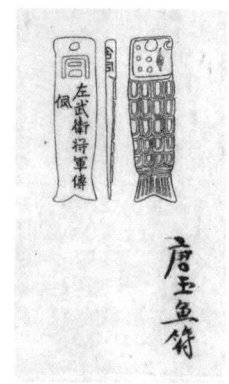

图336 唐左武卫将军传佩铜、玉鱼符之比较

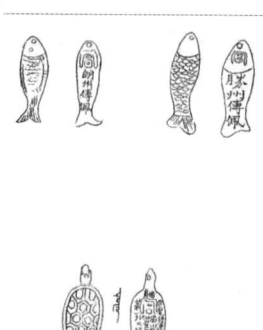 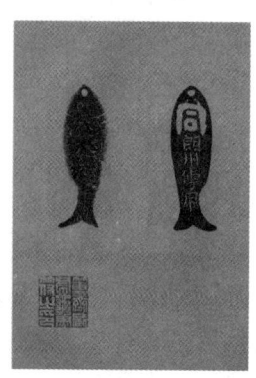

图337 唐朗州传佩鱼符两种拓影对照（左《唐长安城金石考》收录；右陈介祺旧藏）

未能进一步考究，从而与陈介祺所藏"左武卫将军传佩鱼符"①相联系起来（图336）；又表3所引朗州传佩鱼符，未详所在，然查陈介祺氏所藏，实有"朗州传佩鱼符"②可相互印证（图337）。遗憾的是，张氏考论中未能将其予以串联涉猎。

对张氏著述进行这样的评析与检讨，除却批评，我们需要更多地注视其积极、朴实的学术风格。应该认为，它的主体成功，毕竟彰显出当时金石考古研究的最高水平。这表明，出身举人、受过系统金石学熏陶的张扶万，已经有意识地开始扬弃以往落后、刻板的研究范式，拓开了金石考古的新领域，勇敢地向日新月异的现代考古学迈进。

他的努力，使这本著述能以选题新颖、资料翔实、征引细致、图文并茂的崭新姿态，昂然进入我们的视线。虽然其至今尚悄然滞留在陕西省政协文史办公室的库房里，不为众多学人所知，但随着文物考古事业的飞速发展，随着唐代长安历史研究的不断深入，相信终究有一天它会被有识者着意垂青并接踵赋予其新的学术生命。

（四）合作随铁路延伸而推进

上文说过，第二次陇海铁路出土古物移交工作结束不久，第一次斗鸡台发掘也因天气关系，暂行中止。在社会各界热烈要求下，陕西考古会曾在1934年7月9日至10日，在粮道巷考古会本部陈列室举办民政厅、陇海铁路以及斗鸡台发现古物的展览。由于展品丰富，宣传到位，因此吸引了大批市民争相前往参观，以至于不得不动用第四分局的警察来维持秩序。

展览轰动了沉寂已久的古城西安。人们从一件件古朴盎然的出土古物中，依稀获得一些混沌朦胧的远古信息，满足了自己好奇的愿望，同时也对主持这次展览的陕西考古会产生了浓厚的兴趣，提出了许多发人深省的问题。

---

① 国家图书馆金石拓片组编：《国家图书馆藏陈介祺藏古拓本选编·青铜卷》，浙江古籍出版社2008年版，图125页，尺寸：5cm×5cm。

② 国家图书馆金石拓片组编：《国家图书馆藏陈介祺藏古拓本选编·青铜卷》，浙江古籍出版社2008年版，图126页，尺寸：5cm×5cm。

为解释人们的疑难，增强全社会对古物的保护意识以及对考古工作的了解，陕西考古会决定公开登报宣传，以正视听。8月5日《新秦日报》的一则报道，即因此传递下列诸种信息：

"（考古会）对于各项工作均极图推进，尤其对于古物之发现，更极重视。兹据该会某君谈，本会发掘古物，并不在专往某处去开掘，以寻古物。而于摄现眼前之古物，更特别注意。不过普通人切以为从地中所掘出之古物更为珍重。陕省为秦汉故都，据本会金石书画专家何乐夫云，陕省地内，宝藏之古物极多，若未经过开掘之地，凡掘至一丈深者，均皆有古物之发现。无论为瓦器、陶器、铜器，即以次可知陕省地内均有古物之埋藏。近兹陕省建设之际，公私建筑者颇多，但对于古物无相当之常识，虽有挖掘，亦视为废物而遗弃，或转卖他人，致可考古之古物，相转遗失者颇多。故本会除派人不时往兴工之处，检查有无掘出之古物者，设法保护考查外，并对于已出土之古物而遗没者，亦极力设法寻获，务期土内与土外之古物，均得保存妥善。"

据李希平回忆，陕西考古会此次公开的新闻宣传报道，取得了良好的效用，西安市民以及长安、蓝田、临潼、咸阳等郊县农民，纷纷前来考古会送交古物或提供线索。对此，当时的新闻媒体以及张扶万的《在山草堂日记》等典籍文献均有不同程度的记载。不过宣传报道在带来正面效应的同时，也带来了一些负面的结果。譬如，一些古董商就趁机以"保存古物"为名进行私购、私运；一些别有用心的人甚至还假冒考古会派员，声称巡视工地，搜集古物，借机在西安车站一带招摇撞骗，造成了不良的影响。

8月14日，《民众晓报》忽然刊登一则新闻，报道考古会近日从西安车站运去古物多件，并称"近日时有以考古会名义或私人行运古物之事"。进而认为，陕西考古会既为陕省古物学术保存与学术研究机关，一再声称在兴工之处访查古物，倘有发现，将收归公有，妥善保存。足见该会良苦用心之一斑，何以又在西安车站私行运走古物，让人生疑呢？

《民众晓报》这则具有逆反意义的新闻公之于世后，迅速在社会上引起强烈反响，刚刚进入合作轨辙，并决意持续跟进的陇海铁路潼西段工程局工务第二总段首先表示诧异与疑惑。

15日清晨，一纸带有质疑口吻的公函由陇海铁路潼西段工程局发向考古会。函件声称该局"阅报后不胜诧异"，"至其事颠末实际"，固"应请贵会予以说明"。否则"将何以平息议论"，对陇海铁路潼西段工程局与考古会持续合作而言，"恐亦将难免滋生滞碍"。

几乎在同时，丛集于南院门一带的悦雅山行、九鼎斋、和茂永、积古斋、古秀轩等古董商肆亦纷纷聚拢议论，称考古会赝名"公家"，实则私运，未知与盗墓者有何区别？一些古董商甚至认为，前次考古会所不断阐发的一些所谓"保存妥善"语词，难保不是一幕骗人的把戏。①

---

① 笔者采访刘汉基、李长庆等人，刘、李在民国时期均曾在西安南院门摆摊设店（李长庆为古庆轩古玩店经理），经营古玩。

应对责难与质疑，陕西考古会对事件原委进行了调查落实。先是对造成这次风波的直接责任者顾端甫提出批评，接着又委派专员赶赴《民众晓报》剖白解释。

为消除陇海铁路潼西段工程局工务第二总段的误会，18日考古会还致函该段，称："顷准贵处函略开，八月十四日《民众晓报》载有本会由西安车站运去古物数件，并近日时有以考古会名义或私人行运、迁运古物各等语。闻之不胜诧异！本会当即详加查究，后始知该报所载本会运去古物一节，乃系该报社记者据本会调查员报告不晰内情，谬加'运走'字样，偶尔误会登载。曾经派员赴贵处函为解释，嗣后西安车站发现古物仍照前移交手续办理，本会每日派员调查时佩带本会证章为凭。如有不良分子假借本会名义私运古物情事，请贵处认真查究，以重古物。"①

经陕西考古会竭力疏导，《民众晓报》报道风波逐渐得以平息，繁忙紧张的陇海铁路西安车站兴工处古物征集保护工作重新走向正轨。至1934年11月24日、12月19日，陇海铁路潼西段工程局工务第二总段先后两次向陕西考古会移交古物，前者计有"古物数十件"，后者亦有"古砖及古瓶等数十件"②。这使得上述两单位有关西安车站兴工处发现古物之移交活动连前累计共达四次，移交古物总数达400件左右。

1935年1月1日，陇海铁路潼西段工程举行正式通车典礼。该年2月以后，西安宝鸡段（简称"西段"）铁路工程开始兴工，随着大规模路基土方的逐次揭露，抢救征集这一区间出土古物的工作旋即列入陇海铁路西段工程局与陕西考古会的重要议事日程。

4月29日，陇海铁路西段工程局援例发函考古会，酌将郿县附近铁路工地出土古物择日移交，称："本局郿（县）宝（鸡）段工程发现之绳瓦两张，瓦坛四个，系属地方古物，相应函送贵会查收，以资保存，即希掣给收据为荷。"③

由于考古会此一时期忙于西安附近的古物调查征集，无暇派员莅临西段铁路工地，以至在该年6月下旬，负责这一区间铁路工程的第三总段工程司吴必治④不得不再次致函西段工程局，询问大量出土古物究竟如何处置。在西段工程局的通融协调下，该地古物旋在7月1日前后送交考古会。

7月4日，考古会因致函西段工程局，称："案准贵局公函第三七六三号开据第三总段工程司吴必治呈称"，"计送古钱图形九百七十一枚，钟形二百二十四枚，古铜破镜大小十五块，准此。当经本会如数点收妥存"。⑤

1935年8月，陇海铁路西段工程推进至蔡家坡以西。鉴于接收郿县铁路工

---

① 1935年8月18日陇海铁路潼西段工程局工务第二总段及陕西考古会往来公函。
② 参见1934年11月24日陕西省政府致陕西考古会第1472号函件，以及同年12月19日陕西考古会致陕西省政府公函，并第四次接收陇海铁路潼西段工程局工务第二总段移交古物清单。
③ 1935年4月29日陇海铁路西段工程局及陕西考古会往来公函。
④ 吴必治（1899—1990），上海人。1918年入唐山交通大学。1923年赴美留学，入康乃尔大学土木工程研究院。1927年9月获硕士学位后回国，历任上海市工务局技佐、陇海铁路西段工程局第三总段工程司、西北公路工务段长、第36飞机场工程处长等。1948年赴香港马士文建筑公司参加修造九龙大码头。1952年任荆江分洪工程顾问兼北闸工程指挥部副指挥长。1954年被选为辽宁省第一届人大代表。
⑤ 1935年7月4日陇海铁路西段工程局及陕西考古会往来公函。

地出土古物工作出现的纰漏，考古会委派参与斗鸡台考古发掘工作的李希平（图338）就近赶赴该段地域，实施调查。并于9月19日向西段工程局发出第24号公函，敦请协作。

李希平抵达后，积极疏通吴必治，进行了大量的调查工作。针对此前多次发生的私捡古物现象，他促考古会与西段工程局达成"此后但凡鄘宝段兴工各处所见古物，应准该处监工负责检取，一盖归类集结，以便查收"的协议。

此外，李希平还协助吴必治勘测斗鸡台隧道工程，并将在此地调查所获"折毁古剑两节，破铜瓶一个"①移交考古会。同年10月23日，考古会还就接收西段工程局"鄘宝段送来在宝鸡挖出之古物"，

图338 李希平小照

如"破碎铜镜十块，铜圈两个半，剑头四节"等事，特回复西段工程局第5788号公函，称"本会当即如数收讫"，"登记陈列"。②但考古会却未能将这些重要发现及时通告正在进行斗鸡台发掘的徐炳昶。徐等后来得知这些重要发现后，实际工作也无缘将其与废堡区的考古发掘联系起来。此类导源于省院分工的人为界隔，不仅又一次使同一文化区域的出土古物失之交臂，同时也可能导致相关研究视野取向的滞后与研究水准的降低。

自1934年2月至1936年12月，陕西考古会与陇海路局有过长达三年的携手合作，虽其间不乏争议、纠葛，但基本主旨幸获相同。这一合作的效益，使大批珍贵出土文物不致损坏遗失，并为后之学者探讨研究这一地区文物内涵、地域特征等问题提供了依据。

至1941年陕西考古会维持阶段，该路局仍依旧例将宝（鸡）天（水）成（都）同（官）段铁路工程先后发现的大量古物送交考古会。该年6月24日陇海路局致考古会公函因是称：

"查本路前据耀县地方宝天成同段工程呈报筑路挖土，于耀县地方挖出古钱甚多，正面有'半两'二字，背平无文，总数约计一万一千五百枚。又于宝鸡地方挖出古罐九个、磁碗一个、残破古磁碗两个、古研盖一个。先后呈送到局。查陕境出土古物依照向例应送贵会保存，即请派员莅局，会同总务处事务课点验接收。"

可以认为，陇海路局与陕西考古会的长期合作，是陕西文物保护历史上的一个成功范例，其对而后陕西文物保护管理工作有着重要的借鉴意义。择选1936年9月29日陇海铁路西段工程局致送陕西考古会第5376号函件，所谓"深感贵局热心文化，提倡学术之盛意，鄙会不日即当派员前往接收"的短暂话语，凸显

---

① 参见1936年9月29日陇海铁路西段工程局致陕西考古会第5376号函件。
② 参见1936年10月23日陕西考古会致陇海铁路西段工程局公函，收入陕西省档案馆藏《陕西考古会运送古物、发掘文物呈请派人前往研究处理卷》档案，全宗号：48，目录号：1，案卷号：16—1。

了陕西考古会的真实心声。以理揆之，这份公函在精神层面上、事实上已经超出了一般公函程式套语的约束与限制。

三、八方风动

（一）向愚昧宣战

对于陕西考古会来说，1934年无疑是一个极为重要的年份。

这一年里，斗鸡台考古发掘工作已基本走向正轨，波及全省的金石椎拓工作也开始呈现勃勃兴旺的局面，工程浩大的陇海路局基建工地出土古物的征集保护工作，亦取得令人欣喜的成绩……

这些成绩，使陕西考古会主要人物均感自信与欣慰。寇胜孚认为，考古会"大局初定，百废待兴，以微弱机构，拓开局面，已属匪易"，而"年来新岁，如省府有力鼎助，局面或将更为改观"。与寇胜孚的议论相仿佛，梁午峰、李印唐亦向徐炳昶传递信息，称中央研究院与鲁、豫两省的合作固然声势浩大，但实际业绩"恐与传闻不符"；"又闻两省政府古物保护工作举动甚微"，"或云远逊于陕省"。

陕西省方面怡然自满的乐观情绪，使一直不满足现状的徐炳昶颇为忧虑。该年10月，徐在写给张扶万一封信函中说道，"本会各委员对外界情形了解甚少"，对于本会成立之初的既定宗旨也"不甚明晰"。而"年来工作甫刚开始，成绩之外，颇有遗憾"。会中人士"多言成绩，不言失误"，此状"恐与本会日后工作大有窒碍"。

他指出，就基础工作而言，陕西考古会实际上"经年未能开展"，"古物盗掘或损毁事件时有发生，尚无切实应对措施"，至于"调查各县古物"之事，"迄今为止迟滞不决"，"总体表现差强人意"。①

徐氏这一尖锐信函，引起张扶万的关注。由张提议，陕西考古会迭经议论，决议通令全省各县报送古物概况。为保证此项工作不至流于俗套，得力于张扶万、徐炳昶等人的坚持，一部分工作人员还相继被派往有关区县督导检查。翻开1934年12月14日《西京日报》题作《陕省考古会调查各县古物》的一则报道，当年考古会秣马厉兵、勃勃向上的工作概况是显而易见的。

就徐炳昶而言，所谓重视基础工作的设想与步骤，并不仅仅限于各县古物的调查保护。在徐眼里，遏止愚昧无知的人为破坏古物现象，增强全社会的古物保护意识，比起被动性的各县古物调查保护工作，似乎更具有现实意义。

翻阅陕西省档案馆所藏相关档案，早在1933年徐炳昶来陕负责筹设北平研究院西安分会工作期间，西安城内骡马市石匠店铺肆意购买古碑，凿磨为新的恶习就曾让他气愤不已。

在徐眼中，肆意购求古碑凿磨为新，求些许眼前蝇头小利，在普通民众以及

---

① 以上引文均见李希平：《长安考古杂记》。

愚昧工匠眼中，或许认为习以为常。然就破坏民族传统文化一事来说，却是十分残忍可悲的。如不及时禁止，长此以往，古碑之"破毁无时，则文化之破毁极矣"。最紧要者，应立即采取"非常的有力措施"，"杜绝恶习，拓开新风"。

为此，徐炳昶在1934年岁末曾有一函致考古会各委员，极言："古碑之果有关于历史文化与否，实难判断。此类禁止，微论其实难行也。既能实行，不过对于唐宋之古碑少毁几通，至金元以后碑碣均俗人所视，为毫无价值也。殊不知何碑何碣，非吾先民心血之所遗留。试举数例，关于赋税公文告示，金石家之所鄙视，不屑道者也，实在与国计民生关系最深，几无他种金石堪与比拟。修桥修庙之人，各记录最无重要者也，而实足以考验当时之物力，或人民之富力。人民墓志，恒人所视为无聊者也，而足以考见人民之迁移，或人口之繁殖。欲修一邑之民族志，盖除私人家乘及墓碑，几无他物可据矣。"

他主张"故撰择禁止，为事繁难万状，一律禁止，简而易行"。且云："闻近日，有不肖子孙，因盗卖先人之碑碣，致族人涉讼者，不知凡几。"因此"一律禁绝，对于旧道德、新知识，均有需要，且渐断葛藤，政简而便民，希望重加考虑，请吾政府严令禁止"。①

徐炳昶信函公开后，立即在考古会内部产生共鸣。寇胜孚率先发论，认为："此事固关乎民众的古物保护意识，亟须采取非常措施。"接着，王卓亭、梁午峰等亦感慨系言，认为凿磨古碑，"素为陕省恶习，不过久未引起当道注意"，"为今之计，非有大力者主持，不能成其事"。

得各委员一致支持，陕西考古会特在1935年1月6日向陕西省政府发出第43号公函，谓："据委员徐旭生提议禁止毁坏古代碑碣，以重文化一案，嘱即通令遵办。"1月9日，陕西省政府即向考古会回复第87号公函，称："案准贵会第四三号公函"，"准此。除令民政厅通饬所属一体遵照禁止外，相应函复，即希查照为荷"。依据陕西省政府第87号公函，蓄势待发的考古会即在1月10日向长安县政府致送函件，指出："查西安汉唐时著名碑刊及建筑物距今年久，非风雨剥蚀即散佚埋没。本会为搜寻古物籍资保存起见，派员赴各地调查。近据调查员报告，本市骡马市各石匠铺多系无知识分子，往往以廉值购来碑刊等古物，辄加毁灭，殊属非是"，"应请贵府转饬骡马市各石业行禁止毁坏，以保存古物而重历史"。

数日之间，一向关爱地方文化的长安县县长翁柽（图339）连接民政厅、考古会等相关机构公函，未敢轻忽，当即派员赴骡马市石业行，

图339　翁柽小照

---

① 1935年1月6日陕西考古会致陕西省政府第43号公函，相同内容另见该年1月24日《新秦日报》新闻报道。

挨户晓谕，通令禁止，获得积极反响。

短期之内，钰言石厂、孙家刻石铺、郭家刻石铺（图340）等十余家店铺均自愿表示遵守县府法令，抵制毁坏古碑。其中钰言石厂此后还将明许宗鲁母碑、莲花佛座、全碑林鸟瞰图碑等石刻无偿移交县府保存。

睹此情形，在1月14日致达考古会的公函中，长安县政府曾不无欣喜地报称："案准贵会函嘱转知本城骡马市各石匠铺，嗣后如有购来重要古碑刊等物，又贵会查明原价收归，以便保管而资参考等因，除已谕饬各该石匠铺遵照外，相应函复。"

陕西考古会雷厉风行、大力保护古代碑碣的有效举措，博得外界的一致赞扬。旬日之间，《新秦日报》《西京日报》等省垣各报均纷纷在显著位置披露评价。①

图340 西安骡马市刻石翘楚郭家刻石铺作品——蕴真堂刻石

1月17日，《新秦日报》刊登边闻社一则消息报道宣称："徐炳昶建议维护庙宇石碑，使古代文化建设籍以保存，略为信建议考古会，（以）防不测继续破坏。考古会以此事涉及维护古代文化，当即拟文呈请省府核示云。"

1月24日，《新秦日报》又以《考古会请令各县保存古代碑碣并禁止本埠石行毁坏古碑，省府已令民厅通饬遵照》为题发布长篇新闻报道。

语谓："省府消息。省府近据考古会函称，本会因城内骡马市各石匠铺往往以廉值购得古代碑碣，无论与历史文化有无关系，辄被毁灭，殊属非是，曾经致函长安县政府转饬禁止在案。兹据本会委员徐旭生来函提议"，"请吾政府严令禁止"。"查徐委员提议各节，所见极是，关系亦重，除由本会不时派员调查外，相应函达，即希贵政府通令各县，对于古代碑碣尽力保护，一面令饬省会公安局，严禁本埠石业行，嗣后不得毁坏古代何种碑碣，并希告周知，查出惩戒，以重古物等语。除函复外，并令民厅通饬遵照矣。"

（二）省垣内外的碑石保护高潮

积弊已久的骡马市石业行凿磨古碑恶习，经陕西考古会与长安县政府的合力抨击，得到了有效遏制。

为扩大成果，考古会经过周密部署，决定趁势将这项工作推展至西安以外的有关区县。一场旨在调查保护古代碑碣刻石的活动，由是从省垣所在而向全省范围内波及推开。

据《西京日报》报道，截至1936年2月，陕西考古会在全省各县调查所得的古代碑碣刻石已达1300余面。这些碑石资料的内容，按李希平后来的回忆，

---

① 《碑石徐旭生建议维护》，载《西京日报》1935年1月1日第7版。

大体包括调查表格、拓本以及部分照片，少数重要碑石还配写有相应的文字说明资料。[1]

毋庸细说，在大规模的碑石调查保护工作中，每一块碑石的不意发现，都有一段曲折迷离的经过。限于篇幅，此处不能一一具道，谨择省垣西安以及附周有关区县几则工作实例，以飨读者。片言只语，或可管窥当年全省碑石调查保护工作之概貌。

1. 宝鸡灵泉寺金大定四年礼部牒文刻石之围护。

灵泉寺在宝鸡县斗鸡台东里许，寺后壁间嵌有金大定四年礼部牒文刻石。长方形，青石质。长一尺三寸，宽一尺七寸。金大定五年（1165）八月十三日灵泉寺住持沙门怀蕴立石，雷霆书刊，文 28 行。记金大定四年七月令史向升等准凤翔府宝鸡县神泉乡陈仓社住院僧洪渐状告本院自来别无名额，纳钱三百贯乞立灵泉寺名额诸事。以牒文刻石记金代纳赀求牒诸事，颇可洞悉金代牒文制度等事，故向为世人珍视。

灵泉寺名以及金大定四年礼部牒文刻石之发现，颇具戏剧性。据《徐旭生陕西考古日记》，1934 年 4 月 19 日陕西考古会徐炳昶率考古组同人进入斗鸡台发掘工地，25 日晚偕李希平、王忠义、钟德昌往斗鸡台灵泉寺观陕西皮影戏，不意开演前间隙偶于寺后壁间发现嵌镶石刻，即以“手电灯照读大定五年碣，知此地金时名神泉乡陈仓社。此寺则名灵泉寺，今日无此名，问人全无知者”[2]。徐见此石左上角已为人破坏，恐其后再遭人为毁坏，因有意保护。当时因发掘伊始，百事繁忙，至具体围护事，至翌年 5 月方有结果。

1935 年 5 月 13 日《徐旭生陕西考古日记》记其“同子延到灵泉寺，商议移金大定碣事。始议移之于正殿檐下，西墙不坚，拟移之于东墙间。但东墙上有‘乾隆五十七年定言’，下大约关系于庙中地亩事。淡墨模糊，但约略可见。杨焕章来，言此糊涂之字颇有关系，不如从原处砌一小墙，以免儿童进去毁坏。议尚可行，乃允之。乃用发掘所得砖，运去砌墙。中留一段空花，使可望而不可即。写信与受孙县长，请再借伍佰伍拾元”（图 341）。

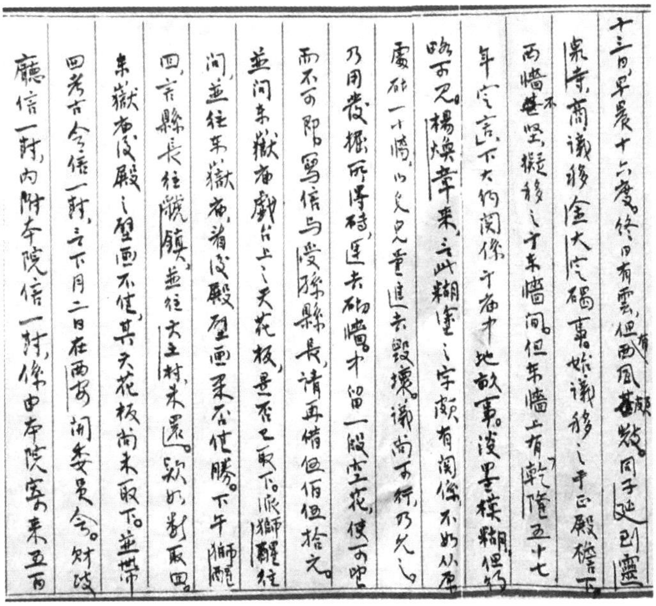
十三日，早晨十六度，终日有云，但西风甚烈。同子延到灵
泉寺，商议移金大定碣事。始议移之于正殿檐下，
西墙甚不坚，拟移之于东墙间。但东墙上有乾隆五十七
年定言，下大约关系于庙中地亩事。淡墨模糊，但约
略可见。杨焕章来，言此糊涂之字颇有关系，不如从原
处砌一小墙，以免儿童进去毁坏。议尚可行，乃允之。
乃用发掘所得砖，运去砌墙，中留一段空花，使可望
而不可即。写信与受孙县长，请再借伍佰伍拾元。
并问东岳庙戏台上之天花板是否已取下。派狮醒往
问，并往东岳庙，看后殿壁画是否可使用。下午狮醒
回，言县长往虢镇，并往大王村，未晨。欲如对取回。
东岳庙后殿之壁画不佳，其天花板尚未取下。并带
回考古会信一封，六月二日在西安开委员会。财政
厅信一封，内附本院信一封，係由本院寄来五百

图 341 1935 年 5 月 13 日《徐旭生陕西考古日记》保护金大定刻石片段

① 参见本书第五章中“旧学新貌”。

② 1934 年 4 月 25 日《徐旭生陕西考古日记》。

相关围护之后金大定年刻石之有关情事，1937年5月张扶万《游宝鸡县鸡峰山记》亦有记载。文称 "观灵泉寺，后有金大定四年礼部牒文，刻石，在寺后壁上嵌镶，已缺上左一角，宽一尺七寸，长一尺三寸，原文录下，以县志不载此文也"。是碑 "文共二十八行"，乃 "属（嘱）从人明俊拓数张，石旧无护垣，旭生数年前见此，恐为樵牧毁坏，以砖砌其三面，高五尺许，拓工仅能容身，拓时甚费时也"。①

2. 西安乾元庵石刻运归考古会经过②。

乾元庵在西安西举院巷，为长安名刹。清光绪初年，西安香苜蓿园出土石龟、石麟等物，旋归乾元庵。民国初年，陕西实业司司长张聚亭（光奎）等人受都督张凤翙（翔初）之命，曾于东大街举办陕西第一次农工展览会。展览会期间，张聚亭以乾元庵旧藏石刻雕工精细为念，令工人移石刻于会，以张声势。惟以事毕之后，竟随意搁置，不复再为追究。

1934年7月，西京筹备委员会调查员夏子欣调查西安名胜古迹概况时，忽于此地发现石刻多件，率皆委弃，乃据实函告张扶万。称："民初张翔初督陕时实业司在东大街开第一次农工展览会，陈列石刻二件，龟一块，疑是隋唐间物，近见此石在本市东门内小差市街六百七十三号住户后园内，风雨剥蚀，殊觉可惜。查此石旧系西举院巷乾元庵内公物，想因展览会结束后未将此石移回，可否设法，敬请鉴核。"

张扶万接函后，嘱顾端甫详加调查。8月31日，顾在调查报告中写道："本市小差市街六百七十三号住户后园原系前公益石厂地址，置有石刻麟、蛟两物③，雕工甚佳，相传系隋唐所制。查此物原是建设厅西边乾元庵旧物，当民元时，实业司假公益石厂地址开农工展览会，以此物颇有展览价值，遂假公益石厂运往陈列。该会闭幕后，此物放弃未与移回原地。其后公益石厂停办，乾元庵亦于民十四、五年为军所毁，而此物亦无人过问，风雨剥削，未免可惜。曾经报告会长，奉谕移归本会保存，经职招商承运（计二石重量九千余斤），由原放地运至本会，及拆筑墙一堵共需洋二十五元，理合将麟、蛟二石来源并所需运费具文呈报，恭请鉴核备案。"

至此事颠末，1936年11月出版的《西京金石书画集》第5期有大略阐述，且择选石龟一件摄影留真并附加考释。（图

图342 乾元庵唐刻石龟。刊于《西京金石书画集》第5期

---

① 壹翁（张扶万）：《游宝鸡县鸡峰山记》，原载《陕西教育月刊》1937年第3卷第2期，后收录于杨怡鲁编：《张扶万先生专辑》（《富平文史资料》第十七辑），铅印本，1993年，第57—61页。

② 乾元庵石刻运至考古会诸事，可参见罗宏才：《一件被湮没遗忘了的石刻艺术珍品》，见西安碑林博物馆编：《碑林集刊》（六），陕西人民美术出版社2000年版。

③ 下文一称 "龟、麟二石"，另一称 "石麟、石龟二像"，皆指相同之物。

342）文谓石龟"身长八尺，高三尺三寸，宽四尺，头高四尺七寸"。其原在位置，"以地考之，在唐掖庭宫南墙附近，系龟、麟二石。按掖庭宫在西内太极宫之西，内侍省之后，嘉猷门之右"，定其为唐宫之物。

龟、麟二石移至考古会后，陈列于考古会本部大门内两侧，成为考古会代表性标志之一。1937年出版的无锡侯鸿鉴《西北漫游记》一书因称1935年5月11日其于"午后往陕西考古委员会参观古物。入门即见石麟、石龟二像"①。此外，1941年2月14日教育部艺术文物考察团秘书何正璜考察陕西考古会日记又称，何士骥此日"特约吾等至陕省考古会中参观"，"至门内有二石兽，一则似龟，长六尺，高四尺，据云为明代（唐代之误）物而格式乃特佳"。②

3. 西安第一师范附属小学石刻之调查保护。

第一师范附属小学在西安书院门街西口路北，校址旧属华塔寺范围。《西北漫游记》称："寺在隋时为宝庆寺，唐时贵妃之姊妹捐金共造此塔，名华塔，遂改名华塔寺。塔高凡七层，其最高层为铜佛，下六层为石佛，均工细绝伦。其形态式样，大小多寡，坐立俯仰，均无同样。四五两层之雕刻，尤为精美云。"③（图343）

图343 西安宝庆寺华塔。1953年摄

复次，或云长安三年（703）嵌置于武则天所建西京光宅寺七宝舍利台上之佛教造像，于寺建圮毁后在有明一代曾将原台面嵌置30余件造像移入长安城南宝庆寺（华塔寺）保存。清雍正元年重修宝庆寺时，有司复将部分浮雕造像嵌入佛殿内壁及塔之外壁。因此，自明代始，光宅寺七宝舍利台易位于宝庆寺各相关载体的此组群造像，遂被称为宝庆寺造像，成为长安城南一处新的名胜古迹。然自清末以来，因外人一再觊觎，有司又不能实际负责，导致此组造像屡屡散佚。最著者，即清末被"日本浪人盗窃数十具"④之事。

查此"日本浪人"者，即早崎梗吉（1874—1956）。光绪十九年（1893），早崎与日本学者岗仓觉三（天心，1862—1913）游历陕西，发现西安宝庆寺佛殿砖壁并华塔所嵌精美绝伦的唐武后光宅寺七宝台佛教造像，艳羡不已，立意攫取。遂威逼利诱主管人士，凡经数年谋取，终在光绪二十八年（1902）前后，将最为

---

① 侯鸿鉴：《西北漫游记》，无锡锡成印刷公司，1937年，第13页。
② 何正璜日记，手稿，未刊，稿存其后裔处。
③ 侯鸿鉴：《西北漫游记》，见中国西北文献丛书编辑委员会编：《西北民俗文献》（第十八卷），兰州古籍书店1990年版，第17页。
④ 侯鸿鉴：《西北漫游记》，无锡锡成印刷公司，1937年，第11页。

精美的25件盗购入手。

这批国宝造像抵达东瀛后，日本朝野为之轰动，富商大贾争相购藏，后19件为细川家族所有，2件为原氏家族所有。另4件辗转流入美国，分别藏于华盛顿费利尔博物馆、波士顿博物馆与旧金山市立亚洲博物馆。

今藏日本的21件珍贵造像，被日本政府列为"重要文化财产"。其中9件被永

宝庆寺佛殿内壁嵌置造像　1902年前拍摄

早崎梗吉　　　　　　现藏于奈良国立博物馆　现藏于东京国立博物馆　现藏于东京国立博物馆

图344　宝庆寺佛殿内壁嵌置造像流变轨迹示意

久陈列在东京国立博物馆东洋馆内，成为日本学界争相研究的热点之一。（图344）

侯鸿鉴《西北漫游记》指出，自日本浪人盗窃佛像事件发生后，又有"美国人曾出万金欲购"塔身佛像。幸主事者立意维护国粹，断然拒绝，"未之允也"，[①]从而使得华塔寺塔身佛像免遭流失。

相关情事，昔张扶万任教关中横渠书院期间，即有所风闻。及大规模碑碣调查保护工作开始之后，张即于1935年3月下令将该校劫后散存的"残造像（图345）、石佛像各一尊，石龙头两个，石莲花盆一个"[②]运回考古会保存。张之举动，得第一师范附属小学校长漆择溥欣赏，漆氏赞誉："华塔寺旧藏碑石，自清季以来屡有散佚，惟自考古会出面保护以来，此弊可以矫矣。"[③]

---

① 侯鸿鉴：《西北漫游记》，无锡锡成印刷公司，1937年，第11页。
② 见陕西省档案馆藏1935年3月陕西考古会等单位相关函件。
③ 引自笔者采访西安名宿刘安国记录。

此次进入考古会保护序列的相关石刻文物，1949年后曾归陕西省历史博物馆，今则为西安碑林博物馆所庋藏矣。

4. 西安唐释梵之宫残碑之发现与征集。

唐释梵之宫残碑原在西安城北曹家巷某佛寺中。碑文述佛教传衍、佛寺沿革、佛教义理诸事，颇为珍贵。

"释梵"指释迦。盖"释"指帝释天，"梵"指梵天。《大唐西域记·三国》故记："梵释窣堵波西北行五十余里，有窣堵波，是释迦如来……""释梵"法力气度，佛教文献记载亦颇为繁多。如南朝梁刘潜《平等寺刹下铭》："释梵夺其身光，日车贬其轮照。"又前蜀贯休《送卢舍人三首》诗之三："君不见释梵诸天寿亿垓，天上人间去复来。""释梵之宫"，则当指释迦居

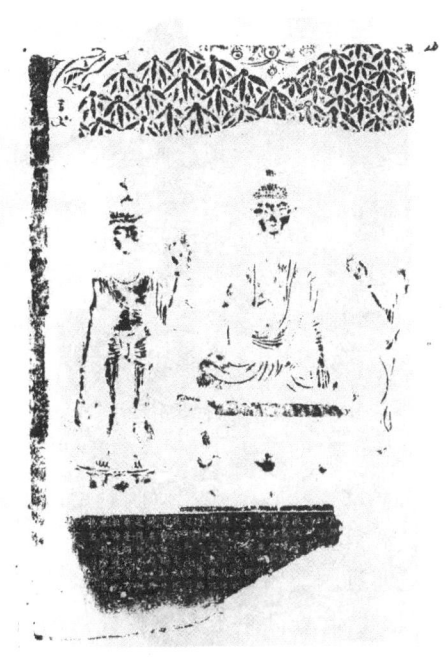

图 345 唐光宅寺残造像

处。嗣法门人编《雨山和尚语录·拈花诸大德请送本师天镜和尚于月来集入塔》："变瓦砾成释梵之宫。"①《希叟和尚广录》卷第二："六龙鞭御。促归释梵之宫。四海遏音。哀慕唐虞之化。" 清代僧呆翁行悦（1619—1684）《列祖提纲录·挂寺额提纲》或谓："笑隐欣禅师挂立寺额示众。金轮天子之敕。帝释梵王之宫。金榜昭回云汉。银钩盘屈蛟龙。朝夕百灵拱护。人天万福攸同。社稷山河巩固。"

辛亥革命后，寺毁。唐释梵之宫残碑被人为折断，弃于道旁乱砖中。1935年4月20日，陕西考古会干事李印唐据市民提供线索，查得此碑，旋函告考古会，拟运回该会保存。25日，考古会鉴于此碑适在教育厅后院，恐移运时多生窒碍，乃致函陕西省教育厅，称："本会干事李印唐调查得曹家巷中间道旁置乱石一堆，内有唐释梵之宫残碑一块并拓印一纸，尚有完整九十余字等情，望派员运回。" 5月6日，教育厅回函允准，称："顷准贵会函开以据干事李印唐报称，称查得本厅后院墙外放置唐释梵之宫残碑一块，拟运送保存，查此项残碑，现置乱石堆内，极有保存之必要，请即派员运回贵会以便保存，而重古物。"

在教育厅协助下，此碑乃于5月10日由考古会委派李印唐、顾端甫运回保存。

5. 西安麦苋巷出土石刻调查保护工作。

麦苋巷在西安回民坊西侧，东邻清陕西巡抚衙门旧址。1935年4月，西京市政工程处在此建筑道路，曾连续发现石碑多通。

4月29日，考古会因是致函陕西省建设厅，谓："顷据本会干事李印唐报告，

---

① 雨山和尚即上思和尚（1630—1688）。字雨山，一字雪悟。泰州人。清初高僧。少时即萌生出家欲望。初依海陵宿师，后住天宁寺，复因广陵绅士之请，回住广陵。著《雨山和尚语录》。能诗。

查得省府西边麦苋巷近因建筑道路，掘出古碑甚多，刻下尤在继续发现中，可否本会即日派员随时检查，以便将来尽数运回会保管，备资研究。本会复查属实，见核与本会委员徐旭生前次提议任何碑碣一律保存，函请省府通知各机关议案相符，相应函达，即请查照，转饬该处督工人知照，以便本会派员运输此地先后掘出古碑运会保存。"又云："再查此处埋没碑碣甚多，本会拟趁此建筑路基时期雇土工若干名如数掘出，俾古物得以永久保存。"①

不待陕西省建设厅有所反应，《西京日报》等报纸即将麦苋巷发现古碑一事披露登载。此事引起邵力子重视，邵指示考古会"妥为保存"。在邵督促下，陕西省政府秘书处于5月1日发函考古会，称："报载麦苋街修筑马路，发现残碑七八块，均系明代遗物等语。查此项古物虽多半残缺，而碑文所载可供考古者之研究。主席谕：应函贵会妥为保存。除分函外，相应函请查明即希会同市政工程处妥为保存，如发现有石块之处，仍希妥慎采掘，以期无遗。"②

考古会接函后，当日即派李希平与陕西省建设厅联络，并"持函赴市政工程处，负责照办，有字残碑即日运回保管，余照来函，继续探掘审查"。5月8日，陕西省建设厅回函宣称："案准大函，以麦苋巷近因建筑道路，掘出古碑甚多，嘱转督工人知照，以便运会保存"，"自应照准，除令西京市政工程处转饬知照外，相应函复，即希查照为荷"。③

依此观察，考古会运回石碑之时间，约在5月10日以后。至于掘碑经过、运碑数目及碑石具体内容，原陕西考古会旧藏档案中却未见显示。

6. 西安西华门、德福巷出土石碑运归考古会经过。

1935年7月4日，西京市政建设委员会于西华门十字开掘地下水道，发现明奔马石刻一方，先告知于西京筹备委员会。西京筹备委员会以考古会职司起见，援旧例训令该会将石刻交付考古会保存，并同时通知考古会派员征集。当日考古会调查员顾端甫将调查情形回复考古会，该会曾函告西京市政建设委员会，"嘱转饬该处督工人员知照，以便转运，而免散佚"④。7月6日，西京市政建设委员会因是回函，称"业已转饬本会下水道工务所知照，即希贵会派人前往搬取"。7月7日，考古会遂派顾端甫等人将该石运回。

明奔马石刻发现之后，西京筹备委员会调查员夏子欣又于该年7月中旬另在德福巷地下水道塌陷处发现明白霖夫妇合葬墓碑一通，先依例报告西京筹备委员会委员长张继。张以事涉部门过多，而此前地下水道工务所又不愿擅将碑石交付考古会，乃函中央古物保管委员会西安办事处予以协调。

中央古物保管委员会西安办事处主任黄仲良（图346）得函，以"本处房舍

---

① 1935年4月29日陕西考古会致陕西省建设厅函。
② 1935年5月1日陕西省政府秘书处致陕西考古会函。
③ 1935年5月8日陕西省建设厅致陕西考古会函。
④ 1935年7月5日陕西考古会致西京市政建设委员会函，原件已佚，此处所引据陕西考古会旧藏档案草稿。

不敷陈列"①为虑，向考古会附图发送第219号公函，具告始末，敦请接收。函件称："案准西京筹委会公函第197号内开：'案据本会调查员夏子欣呈称："为签呈事，本月八日职出外调查古迹，路经德福巷中间三十二号门口，该处下水道陷下一坑，正由下水道工人补修，在坑下发现一碑，经工人扶上置于道旁，逾日下午再往查看时，碑已不见，问其工人，据云'石碑不知去向，请向下水道工程处查问'等情，附绘石碑图样到会。据此，当经交由西京市政建设委员会总务科转交下水道工务所查复，去后兹据该科转来该所函称'查该碑现由工人自存其寄宿处，请转饬迅即派人前来索取为荷'"等情。据此，相应函请贵处迅即派人往取为荷'各等由，附绘原碑图样，准此。惟本处房舍不敷陈列，相应照抄图样，特函贵会派员前往运归保存。"

图346　黄仲良小照

获中央古物保管委员会西安办事处第219号公函，张扶万特于函末批语："即派（顾）端甫持公函向下水道会务所指引藏碑处运回保存。"从文末"二十日"落款看，该碑运归考古会之日，应在7月20日以后。

7. 鄠县草堂寺定慧禅师碑调查保护经过。

草堂寺在西安西南鄠县圭峰山下草堂营村附近，曾以姚秦僧人鸠摩罗什于姚兴逍遥园旧址译经而著名。后为佛教三论宗祖庭，唐时华严宗五祖定慧禅师又曾长期驻锡于此，故而释教渊薮，人文荟萃，存留下大量珍贵文物，尤以鸠摩罗什舍利塔及《唐故圭峰定慧禅师碑》等为著。后者又因柳公权篆额、裴休撰文并书丹而蜚声书坛，为研究华严宗历史及书法艺术之奇葩。（图347）惜在清同治年间回民起义后保护不力，致该碑倾圮，剥蚀较甚。

1933年，徐炳昶在酝酿陕西考古会成立期间，曾至鄠县草堂寺考察。发现该寺"有名之圭峰碑，任其仆断剥蚀于荒烟蔓草间"，乃"经昶给和尚五元，命其倩人运至殿内保存"。

徐并认为，圭峰碑以外，尚有鄠县宋村普护庙隋造像残石、凤翔东湖内唐大中经幢等珍贵古物保护现状亦堪担忧，不容小觑。"前则弃置，无人知晓。""经昶与夏纬英君据碑文寻获。"后则"横卧草间，无人理会"。即所谓"此类情形，至堪叹惋"是也。故"所望邦人君子对于吾民族精神的遗产，珍惜保护，勿使损毁，则中国全体前途，实嘉赖之"。②

---

①　参看下文所引1935年7月12日（此日或有误）中央古物保管委员会西安办事处致陕西考古会第197号公函。

②　徐炳昶、常惠：《陕西调查古迹报告》（国立北平研究院调查报告第三种），载《国立北平研究院院务汇报》1933年第4卷第6期，第16页。

图347 唐故圭峰定慧禅师碑拓本。采自北京保利2011秋季拍卖会古籍文献名家翰墨专场拍卖图录

1935年4月[①]，西京筹备委员会根据调查员夏子欣等所报鄠县草堂寺古物保存不力之事后，函商考古会协同处理。4月10日前后，以上两单位分别致函鄠县县政府，敦请保护。[②]其中考古会函称："贵县草堂寺内旧有圭峰碑，系唐代古物。近闻该碑横卧院中，风雨剥蚀，损毁可虑。用特函请查照，饬该寺主管人迅速设法妥为保管，或饬工葺修（保）护，以资保存，而守古物，并希见复为荷。"

考古会的认真敦请，未能得到地方人士的积极响应。经陕西考古会一再严饬，县长赵葆真又亲临草堂寺费力督促，方告完竣。7月26日，赵葆真乃致函梁午峰，称："奉读来函，敬悉草堂寺圭峰碑。弟前日亲去该寺，购买洋石灰和漆，督同寺僧、工人眼看将散放原碑数片粘对鉴定。因系零碎碑侧、碑阴俱有字文，不便镶嵌壁上，暂竖露立，拟筹款另建一小亭屋作为掩盖，免致风雨剥蚀，牧竖摇撼。"云云。

1935年5月24日，徐炳昶、苏秉琦曾考察圭峰碑的保护状况。

图348 修葺后的唐故圭峰定慧禅师碑。1953年摄

是日《徐旭生陕西考古日记》记："未几（鄠县）县长赵葆真来谈。问以圭峰碑现状，据言碑楼已盖成，且碑四面均有字，现四面均可拓，甚为妥帖，云云。"（图348）

（三）其他文物的调查保护工作

除调查保护碑碣石刻之外，陕西考古会有关其他古物的调查保护工作亦同时逶迤展开，其声势、影响，似不亚于古代碑碣之调查保护。兹择要缕述如下：

1. 西安东岳庙建筑、壁画的调查保护工作。

---

① 陕西考古会对圭峰碑的保护函件，现藏陕西省档案馆，但函件未透析究属何年。依文意与下文《徐旭生陕西考古日记》披露徐炳昶、苏秉琦1935年5月24日对圭峰碑保护状况的调查，推测应在1935年4月之间。姑且存疑。

② 参见1936年4月10日《西京筹备委员会为切实保护草堂古迹致户县政府公函》，见西安市档案局、西安市档案馆编：《筹建西京陪都档案史料选辑》，西北大学出版社1994年版，第181页。

西安东岳庙为祭祀岱宗（泰山）神东岳大帝之所，位于西安东门（长乐门）内北侧昌仁里，始建于北宋政和六年（1116）。

其始建背景，基本应与清学正吴镇《剌史汪公重修东岳庙记》宣扬"迨赵宋祥符，其天子以天书符瑞，思修金泥之踪，而泰岳行祠遂遍海内矣"之说吻合。后经明成化十九年（1483）、明弘治年间（1488—1505）、明万历十年（1582）、清康熙五十四年（1715）、清光绪二十一年（1895）等多次修葺、扩充，规模渐盛。庙前石坊高耸（图349），庙内前（大）、中（二）殿宇巍峨恢宏，左右廊庑古朴对称。其大殿内壁画绘东岳大帝司职图像，主题风格为清康熙五十四年重绘时确定，图像面积巨大，构图繁复，色彩绚丽，堪为一绝。①（图350）后殿（寝殿）壁画，亦规模宏大，绘制精细，具有很高的艺术价值。

著名艺术考古学家滕固氏《征途访古述记》一文称其在1934年12月22日"入（西安）城赴东岳庙，观壁画山水，云为袁江之笔，无从征实。惟东面南首一壁上画二女像，执戈而立，英发妙丽，似为明人之佳制"②

图349　西安东岳庙前石牌坊。1953年摄

图350　西安东岳庙大殿东侧壁画局部。2013年8月15日刘明虎摄

1941年1月12日，教育部艺术文物考察团王子云、何正璜伉俪考察东岳庙壁画时亦给予很高评价。当日何正璜日记并称后殿"二大幅则皆为相类之取材，即以仕女为人物，以楼阁亭台为近景，以远山瀑布流云为远景，中更以甚多之云朵、松枝、疏林、怪石、野花等，布置疏密得宜，远瞻近观，各有风趣"；"而其构图用笔设色，已足令人徘徊流连而不忍去"。且言："出门来，再仔细端详雕刻技术，屋上镇兽为绿瓷所制，尚可观。至门上雕定花纹及壁柱上之浮雕以及檐上下之彩绘，龙首、小兽、角饰等，则皆为艺术产物，精致整肃，自具风格。"

心仪东岳庙壁画的艺术成就，何正璜其后还在同年4月8日、13日连续至

---

① 关于东岳庙壁画内容、时代，参见高明：《西安东岳庙主殿壁画初步研究》，见罗宏才主编：《西部美术考古》，上海大学出版社2008年版，第339—356页。

② 滕固：《征途访古述记》，见沈宁编：《滕固艺术文集》，上海人民美术出版社2003年版，第341页。

东岳庙考察，图以实施临摹。认为"如有耐心及魄力，绝对可成，且成功后将为一相当有趣之成绩"，并冀望："幸天佑我！达到目的！"①

清末以降，东岳庙渐次萧瑟。辛亥之役，东岳庙遭受兵火重创，损失颇巨。入民国，该庙以地处西安通衢要冲，屡为军人、学校、工人占住，致庙建、壁画多有损伤。

1933年6月13日，徐炳昶与常惠等自关中西部考察归省，14日傍晚曾匆匆考察东岳庙，因光线过暗，仅见大殿壁画已绽裂，"块块落地，颇有损坏"。问及住持，知其盖系"前数年城内有火药局爆裂，殿宇震动"②，以致如此。担忧"如不早为修理，不久即可全毁"。③

另依14日《徐旭生陕西考古日记》，知"大殿建筑伟丽"，后殿"中亦有画壁。内现无神像，为一教室，盖校内设有一小学也。庙有弘治碑，言创建于宋政和年间。住持则言创建于隋，重修于宋"。

15日，徐复与常惠赴东岳庙考察，"始得详观壁画"，以"后殿左右壁最佳"。乃由常惠择要摄影。问及住持，据云"闻一画师言，所画为东华帝君梦游泰山云云"。惜"此画因军人钉钉，已有损毁，但尚不至如前殿之块块剥落"。谈及修复所费，"住持言有百余元，即可将剥落者粘补，不至再行剥落。但大殿槅扇已坏，如全换新，则须四五百元"。至"将后殿照毕，时已过午"。④

住持之言，引起徐炳昶注意。后徐闻知东岳庙寝宫又为造纸工人占用，担心胜迹安全，曾敦请陕西省政府有关部门明令保护。同年12月15日，徐炳昶、张孝侯复至新城绥靖公署面见杨虎城主任，请其明令保护，勿驻军队。言毕尚对该庙有所考察。

当日《徐旭生陕西考古日记》有记："天晴。柯莘农来谈。同孝侯出。到新城……请其帮忙允许研究钟楼，鼓楼，各门楼，并驻军队之各庙。并请其保护东岳庙画壁，勿驻军队，均蒙允许。出到东岳庙。寝宫中之造纸者已移出。孝侯谓寝宫脊上之鸱尾，或为宋遗，门前之望柱，亦当在明以前。"（图351）

1936年旧历六月下旬，陕西考古会鉴于西安东岳庙建筑"年久失修，阴雨渗漏，致将壁画冲毁，浮土拥挤凸出，势将脱落"，故报请省政府予以拨款修葺。

此前，张扶万为此事尚专向邵力子请示办法，该年8月5日（旧历六月十九日）《在山草堂日记》因记："早八钟，见邵主席……言东岳庙修壁（画）事……"

该年旧历八月兴工整修期间，为保证工程质量，张还亲往东岳庙进行协调。

10月13日（旧历八月二十八日）《在山草堂日记》记："至东岳庙，观庙东自置地基兴工筑墼。七年前庙修西廊后檐水落于自己地内，曾言须翌日修房即

---

① 参见1941年4月13日何正璜日记。
② 民国初期西安火药局爆炸事，为当时西安发生之大事。1922年6月18日（旧历五月二十三日）《在山草堂日记》："向晚七钟，余在家洗浴，忽东方起剧震之声，黑烟上升，弥满天空。家人惊恐不知何事？顷间丙昌回言，有东街人云军装局火药暴发，街口有兵防御往来，而以后未有他变。"同年6月19日（旧历五月二十四日）《在山草堂日记》又记："早至禁烟局，见窗棂被昨震倒地，实以天热，旧火药局火药暴发，崩毁民房不少。"
③ 1933年6月14日《徐旭生陕西考古日记》。
④ 1933年6月15日《徐旭生陕西考古日记》。

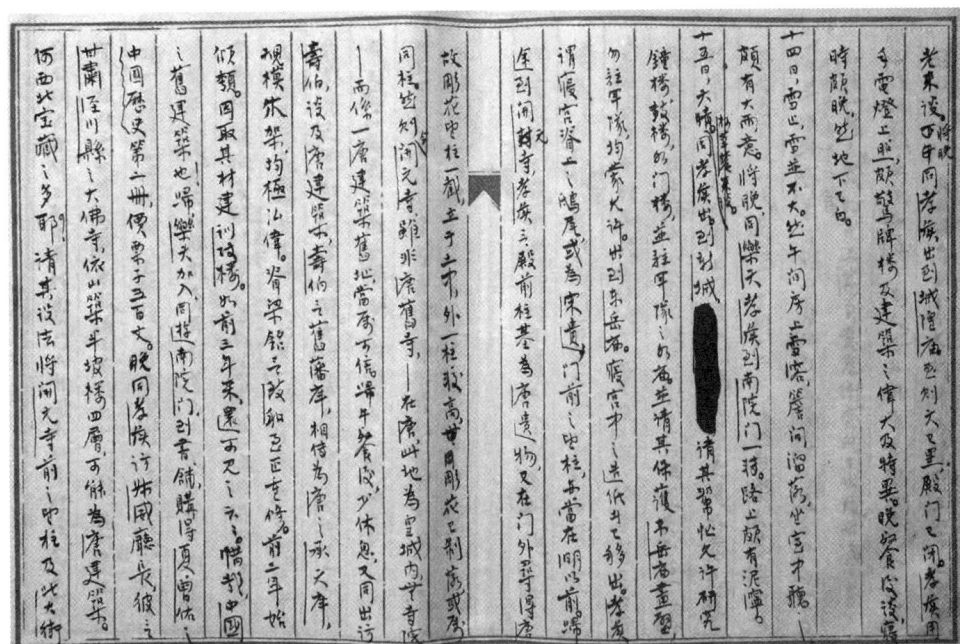

图351 1933年12月15日《徐旭生陕西考古日记》显示吁请杨虎城保护东岳庙壁画等事记载

拆去。今寻焦道士元芳①，申前议，以出门未见。"

在陕西省政府支持下，经陕西考古会持续努力，东岳庙壁画整修一事很快进入实质性阶段。《陕西考古会第三届年会会务报告》披露，此次全部工作"计分两段"，均由考古会负责"招商承包"。其建筑部分于1936年"八月间兴工业经完竣，用洋九百一十九元七角，壁画则由该会工作组白万玉负责修理，估计需洋八百二十七元，现未告藏"。②

依1941年1月12日何正璜日记所谓见后殿"二壁共有大小壁画四幅，已在画前树有密紧之木栏，因恐小学生及游人之有毁于此名物也"之记载，推测这种保护环境的营造，应与当年陕西考古会以及相关单位的积极维护不无关系。

2. 咸阳出土汉代瓦棺调查保护工作。

1935年3月，咸阳县第五区睢晋联保韩家村村民韩改娃在村旁土壕掘土时，发现汉墓一座，其内出土瓦棺一具。

此瓦棺"长仅一公尺，四面均有刻纹，且均极精美。棺之前端，刻一饕餮，即俗谓之兽头。棺之另一端，刻一虎，有猴骑其背上，虎之造型极为生动遒美，雄伟之至，可为汉代浮雕中之代表作"③。（图352、图353）棺之两侧，一刻龙纹，一刻对称双凤。其对称双凤一侧中部，并刻对称之重屋，在对称状重屋之间，再刻相对伫立执戟或拥彗二人。（图354）不管哪一侧，于图像外缘，均以双线区隔，这使得所有图像均巧妙地被固化设计在一定空间之内，呈现出宽博舒朗、飘逸

---

① 焦元芳（？—1942），曾任东岳庙住持。1918年于东岳庙创设私塾班，任教师，1931年私塾班升格道德小学，复任校长。

② 容媛：《陕西考古会第三届年会会务报告》，载《燕京学报》1936年第20期，第597页。

③ 王子云：《汉代陵墓图考》，太白文艺出版社2007年版，第264页。关于瓦棺四面位序设置，王子云亦以饕餮一面为基点（南），定龙纹一侧为左侧（东），余依次类推。

图352 1935年3月咸阳县第五区眭晋联保韩家村汉墓出土瓦棺

图353 1935年3月咸阳县第五区眭晋联保韩家村汉墓出土瓦棺背面猴子驭虎图

图354 1935年3月咸阳县第五区眭晋联保韩家村汉墓出土瓦棺右侧双凤双戟图

流畅的动感。其狭长两侧的图像体量与舒展旋律，更准确地集中传达了这一视觉效果。

循中国汉魏时期图像造型体式主格寓意，虎、猴、龙凤、饕餮以及仙人诸类图像，为长生、升仙、驱邪、祥瑞诸流行时尚的客观反映，龙、虎、凤、玄武当为表示方位之四神指向。饕餮（兽头）又每为整体图像正面视觉之中心基点。按此规律，有龙纹之一侧应为左侧（东侧），有双凤之一侧则为右侧。如是，其后侧固为刻虎、猴一侧。这一推测，与两汉流行的四神位序布置规律，大致是吻合的。其珍贵之历史与艺术价值，自不待说。

消息传开后，西安古董商闻风前往，有出价八十元欲购者，为当地保甲峻拒。该属联保主任以事关古物保存，迅将实情呈报于咸阳县政府，县长沈埍成[1]闻知，"经数度探视照相后，复派士绅已于四月二日运县图书馆"，且发给韩改娃三十元以示清结。[2]

5月2日，沈埍成为考察瓦棺之时代价值，函报陕西省政府，谓："第五区眭晋联保韩家村韩改民（娃）掘土时掘出古代瓦棺一具，确是古物，不知系何时代？无从考查，已饬运至属县图书馆保存，谨将瓦棺按四面摄影四片，函呈鉴核。"[3]

5月6日前后，陕西省政府秘书长耿寿伯致函考古会，请"派人前往考查掘出经过详情"。

5月8日，张扶万应邵力子约，饮于陕西省银行，得观"咸阳新出土瓦棺（拓本），一面兽面；一面兽似虎而尾长屈曲，定明日遣印唐往咸阳查出于何方？有

---

[1] 沈埍成，字紫霓，号紫霓山人、守一居士，又号梅坡。清末举人。早年入泾阳味经书院，为关中名儒刘古愚高足。曾任耀县、咸阳等县县长。精绘事，梅花最肖。曾与张扶万等同门整理刊行先师刘古愚遗文。

[2] 参见1935年5月14日陕西考古会致陕西省政府公函。

[3] 参见1935年5月8日陕西考古会致陕西省政府公函。

无他古器"①。

在陕西省政府与考古会酝酿赴咸阳考察之际，中央古物保管委员会西安办事处主任黄仲良亦致函考古会，定派该处"书记陈伯宁君前往咸阳调查古瓦棺发现情形"，拟与考古会派员"一同前往"。②

5月9日，考古会决定"即派干事李印唐前往调查"，并偕中央古物保管委员会西安办事处书记陈伯宁同往，以探讨其有否发掘之价值。并顺而致函咸阳县长沈堉成，谓"相应函达贵县政府知照，俟该员到时并希照料为荷"③。

5月10日至13日，李印唐与陈伯宁至咸阳，先至该县县立图书馆视察，见"瓦棺陈列图书馆正庭，长四尺，宽一尺二寸，高一尺，厚二寸整。长方形，四面均有花纹。左为夔龙，右中房舍人物，屋外各有鹤一，正面系虎头"。旋至韩家村进行调查，经韩改娃导引，观察瓦棺出土地"确系旧有土壕，四围均属农田，发现地在得壕东岸，距地面仅有尺许，除置瓦棺一部分外，余均纯属黄色生土，而此地又非古代名迹，确无再事发掘之必要"。④

5月13日，李印唐等回到西安，将调查情形据实向考古会汇报，同人乃"审察瓦棺照片，花纹古朴，异常生动"，定为"唐代以前之物"，且认为其"于古代风俗习尚，均属有关"，并欲请省政府转饬咸阳县政府将此物"派人运省保存"⑤。后因咸阳县政府一再婉拒而未成行，但考古会此举却由此引起学术界注意。

1941年2月25日，教育部艺术文物考察团同人在西安考察时，曾有幸目睹瓦棺拓本，深为震撼。当日该团秘书何正璜女士日记记道：

"清晨夏君（夏子欣）来，并携来咸阳某处之拓片四张，均为横幅。一为长条之龙，一为长条之凤，一为一人立于奔虎之背，一为熊首之正面。四张皆精采可贵，龙凤之气宇磅礴，令人心阔志傲，有不可一世之概。而人立虎背之像更佳。虎张吻疾足，一腿之力，虽在模糊之纸上，亦觉有万钧不移之势。较之世界驰名之西洋雕刻'狼'有过之无不及。此种风格，正足以代表汉族之雄伟峻绝，非外人所能及者也。而今为国人所不知，所不惜，所不识，殊为至憾。"（图355）

得力于何正璜女士及团长王子云的重视，此物后被录入《教育部艺术文物考察团西北摄影集选》，何、王撰文称其"分刻龙虎双凤纹，婉曲有力，且极富图案主义"，而"虎自首至尾，无一处不充分表现雄健之力量，每一曲线均令人感觉力之快感。观其昂首疾行之姿态，实觉有万钧不拔之巨力"。⑥

而后，王子云《汉代陵墓图考》一书再次收录此棺，认为"棺之为用，本不在明器之列，惟因其为瓦制，且形制特小，不类盛敛之用，故亦附列于此"。并赞誉其"构图及风格，充沛活跃之生命力，于豪迈中寓有淳厚，于古朴中寓有健

---

① 1935年5月8日（旧历四月六日）《在山草堂日记》。依前后文意，此日张扶万所观者，应为瓦棺拓本。
② 参见1935年5月8日中央古物保管委员会西安办事处主任黄仲良致送陕西考古会委员长张扶万公函。
③ 参见1935年5月9日陕西考古会致咸阳县政府公函。
④ 参见1935年5月14日陕西考古会致陕西省政府公函。
⑤ 参见1935年5月14日陕西考古会致陕西省政府公函。
⑥ 未刊，稿存西北大学博物馆。

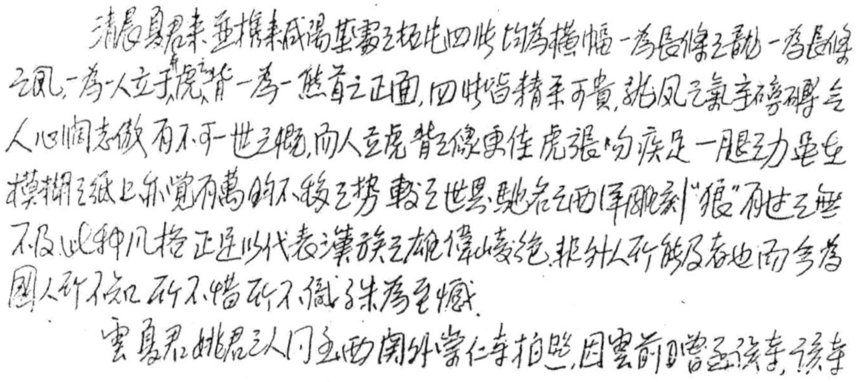

> 清晨裴君来，並携来咸阳墓券之拓片四种，均为榻幅，一为長條之龙，一为長條之凤，一为人立于虎背，一为一駝首之正面，四种皆精采可贵，龙凤之气宇磅礴，令人心胸开豁，有不可一世之概，而人立虎背之像更佳，虎張口疾足，一腿劲足，在模糊之纸上亦觉有万钧不拔之势，藝之世界，馳名之西洋雕刻"狼"亦世之無不及此种风格，正足以代表漢族之魂，偉崚绝，非外人所能及，奈此而今为国人所不知所不惜所不识，殊为至憾。
>
> 雲夏君、姚君三人同至西関外崇仁寺拍照，因雲前贈至該寺，該寺

图355 1941年2月25日何正璜日记片段

美，此成就亦即汉代一切雕刻画之成就，其精神更为一般汉代艺术所特赋之精神，故以之为汉代艺术之殿军焉"。①

3. 宝鸡东岳庙戏楼藻井图案保护工作。

宝鸡县（虢镇）东岳庙戏楼据传创建于宋，明清累加修葺，为陕西省西部重要古代建筑之一。除去大殿建筑宏伟，斗拱富丽之外，戏楼内天花板藻井图案繁丽，新颖别致，神采生动，尤为不可多见之艺术精品。惟自清末以来，其天花板残缺悬露，亟待保护。

1935年4月26日，当陕西考古会第二次斗鸡台考古发掘工作之第八日暨第一次斗鸡台考古发掘正式开工一周年纪念日，徐炳昶宣布暂停发掘，休息一日，借此机会考察何士骥、龚元忠等人前次调查渭水以北文物古迹时所发现的宝鸡县东岳庙建筑，以便制订修复计划。

当日《徐旭生陕西考古日记》："因修理此地东岳庙内有壁画殿，邵主席与念生信令其与余商议办法，乃同子延、念生同进县城，往估工价……下至东岳庙。在殿内看时，狮醒带王玉林、刘海辰同来。考察结果，子延谓需五百元，整理此殿。如将戏台上很好而残缺之天花板取下保存，另换新天花板者，则另需二百几十元。狮醒留此地，替念生照像，吾等先进城，拜受孙县长。谈次，狮醒亦来。东岳庙事决定由受孙县长及念生分函邵主席，报告估价结果，请示办法。"（图356）

同年5月13日，徐炳昶于动议围护灵泉寺金大定碣时，尚挂念东岳庙残缺天花板置换情形。同日《徐旭生陕西考古日记》："写信与受孙县长，请再借伍佰伍拾元。并问东岳庙戏台上之天花板，是否已取下。派狮醒往问，并往东岳庙，看后殿壁画果否佳胜。下午狮醒回，言县长往虢镇，并往天王村，未还。款如数取回。东岳庙后殿之壁画不佳，其天花板尚未取下。"

徐炳昶获此消息，即促宝鸡县受孙县长与陕西考古会协商保护办法并将保护方案投陈陕西省政府，敦请保护。

陕西省政府接函报后，于该年5月20日前后先后复函陕西考古会及宝鸡县

---

① 王子云：《汉代陵墓图考》，太白文艺出版社2007年版，第264页。

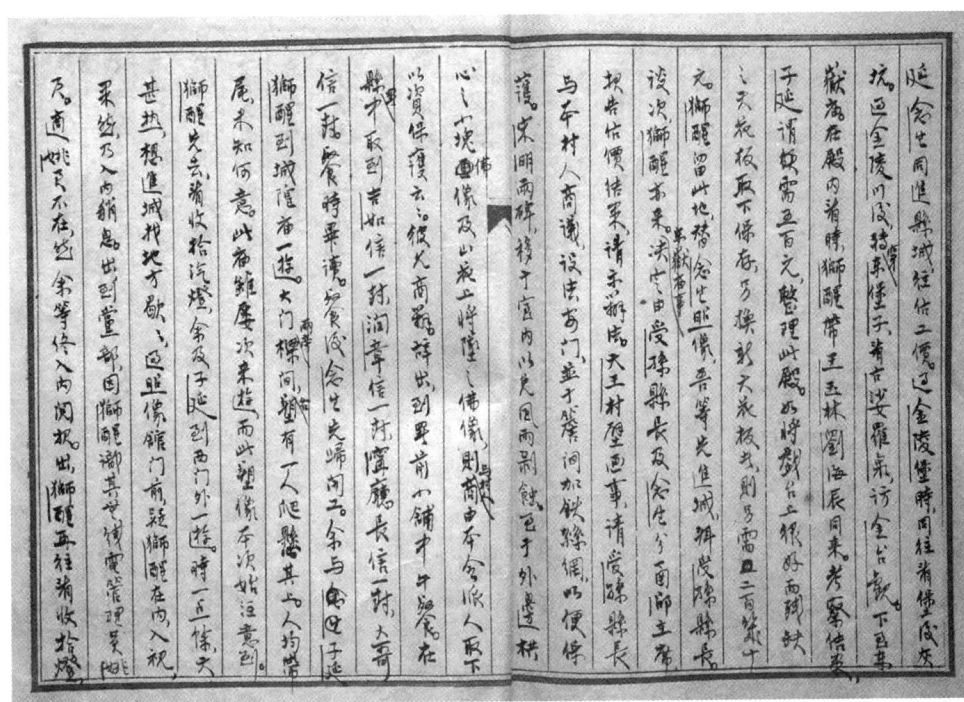

图356　1935年4月26日《徐旭生陕西考古日记》显示保护宝鸡东岳庙戏楼藻井等事记录

政府，同意所请并回复机宜。

内中详情，5月24日《西京日报》记载："陕西省政府近据宝鸡县长呈报，与考古会拟定换取该县东岳庙戏楼天花板办法，当即函建研究会。据该会意见，以该庙天花板为有价值之古物，据调查只有二十余块，若任其悬置，必将损失净尽，殊失保存古物之意，故决定换取保存，并议定办法二项：（一）此二十余块中多有花纹同样者，仍可分为两份，其一份送去省城交学术机关保存陈列，以便全省学术界之欣赏研究；其他一份可由宝鸡县政府交由本地学术机关保存陈列，以便地方人士之欣赏研究。（二）必须将陈列保存机关之名称地点及天花板之数量、花纹样式详细登记于中央古物保管委员会之西安办事处，以免流弊……"

4. 宝鸡天王村庙宇碑石、壁画保护工作。

宝鸡天王村佛寺始建颇早，内碑石、佛像、壁画尤为珍贵。惟以年久失修，门窗破损，栱心、山花佛像摇摇欲坠，宋明碑石又暴露于外，任风雨剥蚀，其状可危，故亟须保护。

1935年4月26日，徐炳昶在考察修理宝鸡东岳庙壁画殿事时，还提出"天王村壁画事，请受孙县长与本村人商议，设法安门，并于檐间加铁丝网，以便保护。宋、明两碑，移于室内以免风雨剥蚀。至于外边栱心之小块佛像及山花上将坠之佛像，则与村人商由本会派人取下以资保护"[①]。以上诸事，皆得受孙县长允准。

同年5月6日，徐炳昶念及天王村庙宇碑石、壁画保护事，特派龚元忠"进

---

① 1935年4月26日《徐旭生陕西考古日记》。

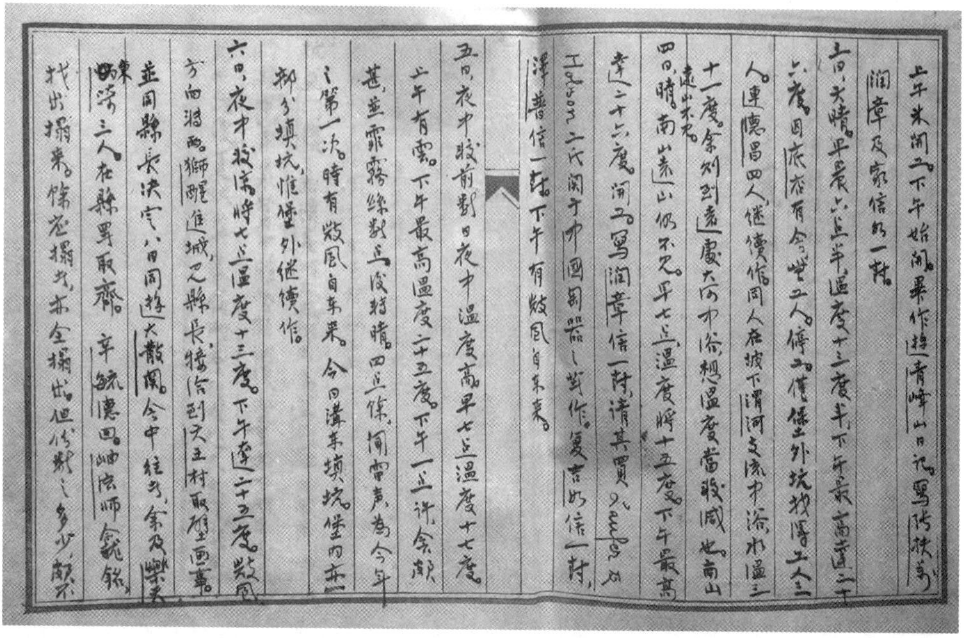

图357　1935年5月6日《徐旭生陕西考古日记》关于天王村取壁画等事之记载

城，见县长，接洽到天王村取壁画事"①（图357）。得益于陕西考古会与宝鸡县政府的通力合作，天王村庙宇碑石、壁画终得妥善保护。

5. 韩城出土铜器及古墓保护工作。

1935年5月，韩城县保卫团于修治寨城时发现商周青铜器窖藏。不久，该县相里堡、陈家巷村民在村外耕地取土时，又相继发现古墓数座。

消息传开后，西安各报纷纷刊载披露。5月27日《西京日报》述及青铜器窖藏一则新闻报道即称："陕西省韩城县之北城门外之高阜，为赳赳寨（图358）环筑，以城垛形势险峻，为县城重要之地，民国以来历经军队驻守，城房破坏无余，近年来为保卫总团派队轮流驻扎，前日总团王团长因陕北匪讯不宁，为严慎城防起见，特饬令该寨所驻队丁修筑寨城，增筑碉楼，该队队长当即督丁做工，乃正在寨之西北城下取土之际，砰然一响，土内忽发现一瓦罐，形甚老古，惜已破烂，不能细考，该队长急严令审慎挖掘，入内尺许，又发现铜器数事，幸都全好，随即抬回团部，计大小五件：（一）铜鼎一件。（二）鼎盖一件。（三）铜锅一件。（四）铜座一件（已断为二）。

图358　陕西韩城县城内大街暨赳赳寨谭法塔之图。1928年3月摄影

---

① 1935年5月6日《徐旭生陕西考古日记》。

（五）有铜顶一个（不详何用）。总团收存此物，对其时代作风尚未研究真确，前日由多方人士参观鉴别，亦莫知其名。幸呼延参议由宜来韩，记者亦往参观，王团长乃供陈几上，见该物内外均古色班驳五彩，霉锈殆满，煞是奇观，遂由呼延参议用自带快镜拍照数片，次日携往省垣以资识者之研考。"

《西京日报》等新闻媒体的报道，引起陕西考古会的重视。6月5日，考古会据此致函陕西省政府秘书处，称："顷据报载，韩城县保卫团因修治寨城发现铜器类大小五件，又载该县东乡距城十里之相里堡、陈家巷村民因取土发现古墓，四面围墙，皆以砖筑，花纹细致等语。查此项古物如果属实，颇有保存、备供研究之必要。相应函达，即请贵府查明转饬韩城县县长，先事勘验，妥为保存，并将实际情况即日报告。"

6月8日，陕西省政府秘书处回函考古会，称已"令饬韩城县县长遵照，并俟呈复至日饬知转达"。

疑惑的是，韩城县的"呈复"始终未至省政府，而事久搁置，考古会亦未深究。

6. 西安万寿寺塔调查保护工作。

万寿寺塔又名"藏经塔"，位于西安城东韩森寨附近，创建于明万历年间，为六角六层楼阁式砖塔。高22.26米，底边长3.05米，塔身已严重倾斜。一层塔檐下部置砖雕斗拱，补间斗拱为一攒，第三层南面辟龛，内嵌"藏经塔"铭。

塔以寺得名。寺始建于唐元和年间（806—820），初名章敬寺，传大历二年（767）内侍鱼朝恩为章敬皇太后而建，故名。而塔亦称为章敬寺塔。

鱼朝恩为章敬皇太后建寺故事，见于《旧唐书·鱼朝恩传》，文谓："大历二年，朝恩献通化门外赐庄为寺，以资章敬太后冥福，仍请以章敬为名，复加兴造，穷极壮丽。以城中材木不足充费，乃奏坏曲江亭馆、华清宫观楼及百司行廨、将相没官宅给其用，土木之役，仅逾万亿。"《唐会要》卷四十八云："章敬寺，通化门外。大历二年七月十九日，内侍鱼朝恩请以城东庄为章敬皇后立为寺。因拆哥舒翰宅，及曲江百司看屋，及观风楼造焉。"清乾隆二十五年重修，易名万寿寺，塔遂呼为"万寿寺塔"。清同治元年（1862）回民起义后，寺建倾圮，惟塔尚好。（图359）

图359 万寿寺全景。1934年摄

1933年5月11日，徐炳昶来此考察。当日《徐旭生陕西考古日记》："（韩森寨）村之东南近处，有一塔，乃前往观。至有一庙，门前题公仓，遂入观。前殿无塑像，仅有挂轴关公像。殿后有乾隆二十五年碑，据此碑现名万寿寺，在唐为章敬寺，有沙门怀恽禅师主持此寺。寺东有塔，高六层，不可登，略如慈恩寺塔而小，上题藏经塔。

遇一黄君，言从前塔旁有碑，现已无存。"①

1935年9月下旬，江阴缪石逸、吴召侠②以塔名"藏经塔"，其下恐有经卷为念，函告陕西省主席邵力子，请求勘验保护。

应缪、吴等人要求，邵乃函告西京筹委会、考古会协同缪石逸、吴召侠诸人前往调查。10月24日（旧历九月二十七日）《在山草堂日记》记道："省府以缪石逸、吴召侠之言，请勘韩森冢附近塔上有古物，即嘱端甫往看如何。"

10月26日、27日，考古会干事顾端甫奉命协同西京筹备委员会秘书主任龚贤明、长安县县长翁桎以及缪石逸、吴召侠等人先后至万寿寺塔进行查勘。

10月28日，顾端甫特函考古会汇报工作经过："窃奉钧座手谕，探访韩森冢内藏经，职当即会同长安县长翁圣木、西京筹委会主任龚贤明，于二十七日早前往。其地有刹名万寿寺，在韩生庄村南。庙宇倾圮，形极荒凉，殿后竖有石碑，载该地本唐章敬寺遗址，至清乾隆间，复立此寺。碑阴并绘有初建寺图，规模宏伟，乃一大兰若也。塔居寺东侧，砖砌而成，共六层，崇约六七丈，题额曰藏经塔。中南向开一小门洞，经设梯造登入内，塔上层实心，下作砖窖，深为踏之半数。职躬自绳槌而下，电炬视察，窖底仍用砖铺，而积径四五尺，遍处寻求，仅有砖块狼籍满地及烧纸灰，并无存在经典，检视纸灰其层颇厚，俱成溃烂。职为彻底观察，并以铲去砖探掘，再无所见。将残砖纸灰携出与翁、龚二君审察。闻该村长云，民十五年（1926）嵩军③掷火塔内，焚烧经典，烟火累日。后二十二年（1933），佛教会曾派人一度入塔取去焚余残经之语。知确损失殆尽。遂将取得残砖纸灰携归，送呈主席检阅矣。所有探访塔内古经情形，理合具文呈复，恭请鉴核备案。"

10月27日（旧历十月一日）《在山草堂日记》更记："端甫今日回，言韩森冢之塔无物可寻，即作罢论。"

29日，考古会依据顾端甫汇报复函邵力子，称："前承主席谈及东关外韩森冢附近有塔，内藏佛经，当同龚贤明、缪石逸、吴召侠诸君同往其地查勘，时以塔身过高，登临不易。于十月二十七日专派本会助理员干事顾端甫同翁县长桎、龚主任贤明再往登塔，勘验究竟有无藏经事实。""旋经该员呈称……""据此相应函复"，云云。

7. 与中央古物保管委员会西安办事处的合作。

接续前述，陕西考古会与中央古物保管委员会西安办事处的合作亦可圈可点。

肇自1934年2月，国民政府鉴于"近年以来，国家保管古物之机关未臻统一，

---

① 1933年5月11日《徐旭生陕西考古日记》。
② 缪石逸即缪延福，字石逸、实贻，以字石逸行。江苏江阴人。清末民初曾两任鄠县知县。光绪三十二年（1906）受陕西学务处委派，以陕西师范学堂庶务长身份与刑部主事周镛赴日本代聘法政教员及采购图书仪器，为拟议成立中的陕西法政学堂准备师资与教学器具。辛亥革命发生时，缪适任鄠县知县，受革命党人影响，积极赞同辛亥革命。吴召侠，号小万木草堂。富收藏，与吴昌硕善。1926年吴昌硕曾为吴召侠作《岁朝清供》图。
③ 指河南军阀刘镇华统率的河南地方军。因官兵多属嵩县周围人，故名镇嵩军。镇嵩军军名，始于1911年民国肇建，各省军队编缩，原秦陇豫复汉东征军东路征讨大都督张钫（伯英）即将陕军中原以王天纵为首的河南绿林义军改编为"镇嵩军"。后该军为刘镇华统率，1926年开进潼关，围困西安，此处所谓"民十五年（1926）嵩军掷火塔内，焚烧经典，烟火累日"，正为此一背景下之事。

以致碑碣建筑，剥蚀坍毁，鼎彝图书，输流海外，采掘出于自由，奸商巧夺牟利，摧残国宝，殊堪痛心。为统筹保管计，故有中央古物保管委员会之设立"①。因于1934年7月12日在南京行政院正式召开中央古物保管委员会成立大会。并依据1933年1月10日行政院决议，聘李济、叶恭绰、黄仲良、傅斯年、朱希祖、蒋复璁、董作宾、滕固、舒楚石、傅汝霖、卢锡荣、马衡、徐炳昶等为该会委员，傅汝霖为该会主席。

中央古物保管委员会成立之后，鉴于西安在中国历史发展过程中的重要历史地位，决议成立中央古物保管委员会西安办事处，同时并据1934年12月《中央古物保管委员会各地办事处暂行组织通则》第一条"酌在各地设立办事处"之规定，将办理古物古迹之调查、古物古迹之保管、古物发掘之监察、有关古物纠纷事件之处理以及"其他有关古物之各种事宜"②等，作为西安办事处类同其他办事处的主要工作任务。

当此之时，熟悉中国历史并具有高度文化责任的黄仲良众望所归，因此成为中央古物保管委员会西安办事处主任的不二人选。

黄仲良到任后，利用其特殊身份，力矫时弊，积极与西京筹备委员会、陕西省政府、陕西考古会等有关单位通力合作，"切要"推进陕省"古迹古物之整理与保护"。首先在1935年5月"开始整理长安城内外一带之古迹古物"。③

睹此情形，陕西考古会抓住时机，通过多种途径与中央古物保管委员会西安办事处疏通联系，大力推进该会的古物征集与保护管理工作。张扶万《在山草堂日记》、张继日记以及保存在南京中国第二历史档案馆与陕西省档案馆等单位的诸多文献资料中，在在留下诸多令人回味的历史印痕。

如1935年5月3日（旧历四月一日）《在山草堂日记》不仅详记此日陕西考古会委员长张扶万与西京筹备委员会秘书主任龚贤明、专门委员陈子翼及中央古物保管委员会西安办事处主任黄仲良等人联袂考察汉长安城遗址、秦阿房宫遗址和汉唐昆明湖遗址等文物古迹盛事，还记诸人"乘车出直城门，至建章宫故址停车，土人以出土花方砖二，瓦当一售于黄（仲良），付纸币一元"（图360）情事。

另如允诺陕西考古会请求，中央古物保管委员会西安办事处还在1935年6月26日致送陕西考古会公函，坦诚愿"将本处在陕西各地采拾及各方送存之零碎古物，拟送交贵会保存，藉便观览"。只以"其中惟有瓦鼎、瓦灶一具及琉璃狮子等项，为耀县校长谭作霖暂寄存之物"。为慎重起见，中央古物保管委员会西安办事处故特提出"将来如本人索取，并盼原物付还并开具清单一纸，随物送

---

① 国立编译馆档案：1934年2月8日《中央古物保管委员会工作纲要》，见中国第二历史档案馆编：《中华民国史档案资料汇编》第五辑第一编文化（二），江苏古籍出版社1994年版，第591页。

② 国民政府内政部档案：1934年12月通过《中央古物保管委员会各地办事处暂行组织通则》，见中国第二历史档案馆编：《中华民国史档案资料汇编》第五辑第一编文化（二），江苏古籍出版社1994年版，第590页。

③ 此段引文均采自1935年5月22日陕西省政府致陕西考古会第630号公函。全函入陕西省档案馆档案《陕西考古会秘书类》，全宗号：48，目录号：1，案卷号：6—2。

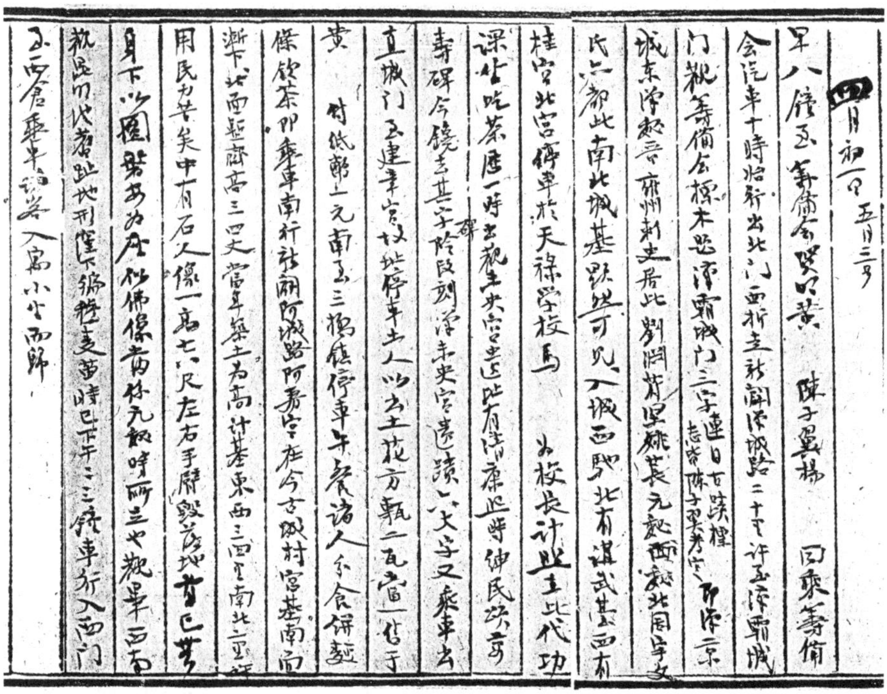

图360 1935年5月3日（旧历四月一日）《在山草堂日记·燕游三记》

达。祈查收为荷"的建议。

感慨中央古物保管委员会西安办事处的盛意，陕西考古会除立即回函表示感谢外，尚委托专人进行了交接事宜。

为洞悉此次移交古物内涵，兹据1935年6月26日致送陕西考古会公函后"附送古物清单一纸"制作统计表样，并适当加以整理、分析。

表4　1935年6月26日中央古物保管委员会西安办事处移交陕西考古会古物统计

序号	名称	数量	来源地	备注
1	汉砖	2	汉长安城建章宫遗址采集	外表饰绳纹
2	汉瓦当	1	汉长安城建章宫遗址采集	原清单未详图像纹样，据汉长安城建章宫遗址历年出土规律，应为文字瓦当
3	汉代琉璃狮子	1	谭作霖送陈列	汉墓出土
4	汉瓦灶	1	谭作霖送陈列	汉墓出土
5	汉瓦鼎	1	谭作霖送陈列	带盖。亦汉墓出土。上述三种同属汉墓出土，亦同为一人收藏，或系同墓出土
6	瓷器残品	15	谭作霖送陈列	出土地不详
7	汉砖残块	2	汉长安城遗址采集	
8	汉瓦残片	4	汉长安城遗址采集	或系汉代板瓦残片

续表

序号	名称	数量	来源地	备注
9	残块	1	西安城北古遗址采集	时代不详
10	陶器残品	1	唐大明宫遗址采集	推测或系唐代之物残片
11	汉瓦残片	6	汉古城采集	不详所指，似亦为汉长安城遗址采集
12	泥塑布头	1	郃阳破庙采集	未详何时代何物

统计显示，这批古物时代主要集中在汉唐两个时期，来源途径则主要指向汉代墓葬出土及汉唐长安城大遗址采拾并征集。只个别古物为该办事处在陕西古代建筑调查工作时采拾。其中汉唐长安城大遗址采拾并征集所获，当系前述1935年5月22日陕西省政府致送陕西考古会第630号公函所谓1935年5月"开始整理长安城内外一带之古迹古物"，"其进行工作共分三部"，含汉唐长安城遗址检查、"古物及保存机关之调查"及"寺塔之调查"等工作背景下所为。而序号1汉砖二、序号2瓦当一皆称汉长安城建章宫遗址采集，还可与前述1935年5月3日（旧历四月一日）张扶万《在山草堂日记》所谓"乘车出直城门，至建章宫故址停车，土人以出土花方砖二，瓦当一售于黄（仲良），付纸币一元"一事联系对照。其在说明中央古物保管委员会西安办事处成立之初的工作业绩同时，也从另一视角阐释了陕西考古会1934年至1935年多方扩大工作范围，积极进取的轨迹。此不惟清晰指示陕西考古会所庋藏古物的另一种源流，对于大数据时代的今天，我们重新进窥陕西旧藏文物资源的多向性源流、轨迹，亦应具有积极意义上的启示与裨益。

查阅陕西省档案馆存储陕西考古会及中央古物保管委员会西安办事处相关档案与其他文献资料，知1937年11月20日陕西考古会还曾依据同年7月27日行政院长蒋中正呈送国民政府关于同意内政部第2414号公函所谓中央古物保管委员会提出"令饬本会西安办事处、驻洛办公处暂停工作，即日结束"[1]的原呈，以及同年10月29日国民政府关于裁撤中央古物保管委员会、其业务由内政部礼俗司兼办的第2179号指令，与中央古物保管委员会西安办事处针对古物书籍文卷物品主题，发生过另一次移交。欲窥此次移交内容，读者可结合本书后附录七统计表所示对照参阅。

不同的是，此次移交的背景，融入了"七七事变"所带来的影响因素，主题内涵则超越此前"古物"所限，附加了书籍文卷诸物的参入。从某种意义来讲，这应是中央古物保管委员会西安办事处的全部家底。区划性质，当时的主事者虽曾特意做出"接收代管"的标示，岂料而后时局不断变化，此前诸方融融合作的基本环境既已不存，"接收代管"的标示也就随之成为一种曾经出现的历史符号，消失在仓促滚动的时代烟云之中了。

8. 渭惠渠工地出土古物的调查保护工作。

1936年2月以后，造福关中西部数十县的渭惠渠工程进入紧张的施工阶段。

---

[1] 国民政府档案：1937年10月29日国民政府关于裁撤中央古物保管委员会、其业务由内政部礼俗司兼办的第2179号指令，见中国第二历史档案馆编：《中华民国史档案资料汇编》第五辑第一编文化（二），江苏古籍出版社1994年版，第605页。

为抢救保护该处工地所发现的古物，陕西考古会一面派顾端甫、李希平等人亲临各施工处进行调查征集（图361），一面致函陕西省政府以及陕西省水利局等单位，请求支持配合。

同年3月2日，陕西省政府特向考古会致送第908号公函，称："案准贵会二十五年二月二十六日第二号公函，送派员查运渭惠渠掘得古物等件名称数目表……自应将原表存案备查。惟渭惠渠工程既正继续进行，当仍有古物陆续发现，仍希贵会与该处工程处商定办法，倘工人掘出大宗古物完好无损，准予酌给奖金。如需要贵会常川派员照看，亦希酌办。所有必要用费，均请报明补发可也。"

受陕西省政府第908号公函鼓舞，陕西考古会在3月5日至10日之间与陕西省水利局等相关单位有频繁接触。虽然主持陕西省水利局以及渭惠渠工程政事的李仪祉此前因康有为"盗经"风波而与张扶万不谐[1]，但在抢救保护渭惠渠工程发现古物一事上，两人的主旨却是不谋而合的。

得李仪祉等人的鼎力支持，经反复酝酿讨论，陕西考古会终于3月23日制定出《陕西考古会前赴渭惠渠兴工处调查发现古物办法》[2]共计八条，并于4月18日送交陕西省政府备案审查。

同年3月24日《大公报》披露："陕西省考古会以渭惠渠所经区域如常兴、绛帐等镇，多属前代胜迹，值兹兴工之际，古物发现，随时皆有，故除派员前往调查外，并拟定调查发现办法八条，业经函商省水利局允，即转示工地各工程人员遵守，俾发现古物，不致损失，或为他人盗买。兹将该处所拟之渭惠渠工程处调查发现古物办法志次……"[3]

5月，中国博物馆协会特意采写《陕西考古会最近拟定渭惠渠发现古物处理法》，刊布于《中国博物馆协会会报》第1卷第5期，第28—29页。

此八条办法，系陕西省有史以来第一个带有法制性质的古物调查保护文件，标志着陕西古物调查与保护工作开始进入一个新的时期。文件援引中央古物保管委员会相关法令措施，对渭惠渠工地发现古物的调查征集权限、调查人的职责、发现古物的处置原则，以及奖惩办法等均有详细规定。

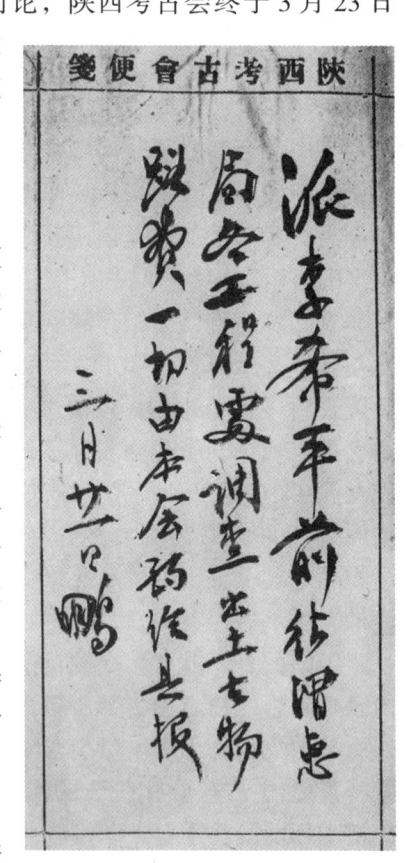

图361　1935年3月21日张扶万委派李希平前往渭惠渠各工程处调查出土古物之手札

---

[1] 所谓康有为"盗经"及张、李结怨诸事，参见罗宏才：《从张鹏一日记看康有为"盗经"风波》，载《文博》1995年第3期，第56—67页。
[2] 《陕西考古会前赴渭惠渠兴工处调查发现古物办法》详见本书后附录六。
[3] 参见《大公报》1936年3月24日新闻报道。

据此八条办法，陕西考古会特派李希平赴武功漆水河、张家岗，扶风绛帐镇，郿县宇家堡、常兴镇等渭惠渠兴工处进行调查征集。

李希平抵达沿线工地后，积极协同渭惠渠工程处，先后于武功漆水河、张家岗、扶风绛帐，郿县常兴镇、王家台等地，抢救征集了主要属于汉代序列的蒜头铜壶、铁锅、陶仓、陶灶、陶罐等大量珍贵文物（图362）。旋由顾端甫经手运回考古会。

至该年6月12日，总计运回古物"一百五十号，约分陶器、铜器、铁器三种，大抵皆为殉葬器物。其中有带彩陶壶、鼎、瓦、仓数件，花纹精细最堪珍贵"[①]。

欣赏陕西考古会的工作成就以及业务水准，中央古物保管委员会西安办事处专此向考古会发出第45号公函，称查阅渭惠渠工程处掘获古物名称件数表册一份，"琳琅满目，而鉴别考订之工，尤属精详备至"。

这些文物后经整理编目，大多陈列在该会粮道巷陈列室内，引起考古学界的密切关注。1936年6月10日（旧历四月二十一日）张扶万《在山草堂日记》如是记道："观渭惠渠出土铜、陶各器。有大铜洗一具，底阴面有一鱼形；铜博山小炉一，高三寸许；陶瓿项有字。"

此外，1948年陕西省历史博物馆馆长曹仲谦撰写《陕西省历史博物馆概况说明书》时，又将渭惠渠工地所出铜洗、陶瓿、陶钟、几何纹秦砖以及彩绘鼎、仓、壶、瓶、钫等10余件至精之品分类收录，辅以精美的摄影以及详细的

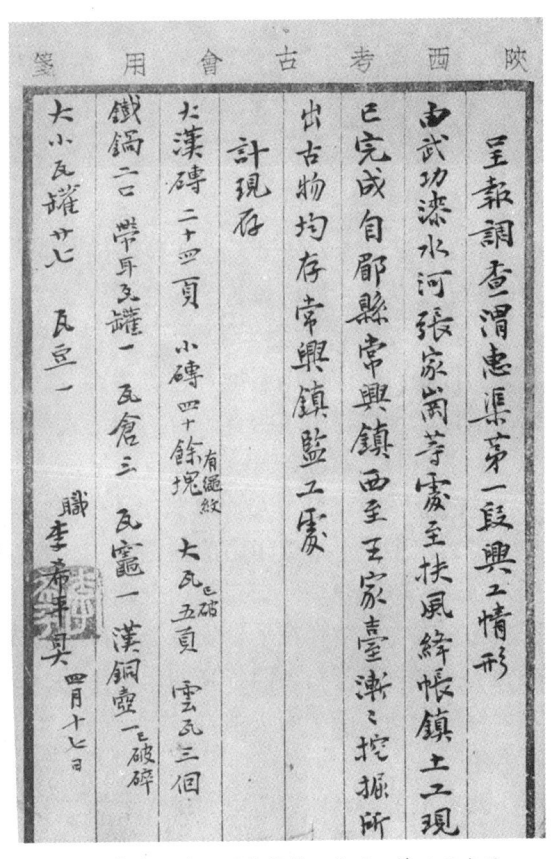

图362　李希平关于渭惠渠第一段兴工情况及发现古物的呈报

说明文字，给予极高的评价。其中"汉铜洗"条目谓"锈色青绿，斑驳陆离，形制大雅，亦颇可观"；"彩色圆壶"条目则称"画分三层，涂以丹砵，界以锯齿纹，中间云彩，两旁兽耳衔环，浑朴庄雅，颇具古意"；"彩色画钫"条目更谓"施彩天然，运笔苍劲，非后人所能及"。

9. 大荔县金塔寺出土古物的调查保护工作。

1936年4月，驻防大荔（图363）的国民党陆军第四十二师某部兵士在县城北门内以东修筑军人子弟学校时，发现大量珍贵古物。

[①] 容媛：《陕西考古会第三届年会会务报告》，载《燕京学报》1936年第20期，第596页。

图363　大荔县城远眺。1928年摄

4月7日，《大公报》遂在显要位置发表新闻，频加鼓噪。事为陕西省政府主席邵力子获悉，即饬考古会前往调查。

4月21日，考古会干事李印唐持函至大荔，会同陆军第四十二师司令部副官处主任张向宸同往出土地点进行考察。后李将考察情况汇报于考古会，考古会据此拟订出土之物由陕西省政府"令饬大荔县政府商同驻军妥为保管"。

4月28日，考古会向陕西省政府呈函汇报，函件云："案查本年4月7日《大公报》载驻军因修筑军人子弟学校，在该城北门内东边兴工时发现石佛碑碣等古物，本会派主任干事李印唐前往调查"，"顷据该员返会面称，职本月二十一日抵大荔县，协同驻军四十二师司令部副官处主任张向宸同往古物发现地方视察，所有已获古物均暂存在平日安置圣教碑小房内罗列，计大小石佛共九尊，其中一高九十一生的系淡石，四各高四十二生的，一高三十九生的，一高三十六生的，雕刻玲珑生动，惟小佛头系青沙石，高二十三生的，仅有其形，眉目经摧残，均不清楚"。

此出土古物之地，历史上佛寺更迭，帝主龙潜，文化资源十分丰厚。

依据目前所显现的文献史料，西魏时此地即有般若寺，大统七年（541）六月隋文帝杨坚生于寺内，时皇姒吕氏从神尼智仙言，托其"将高祖舍于别馆，躬自抚养"[①]。

感念佛法，开皇四年（584）文帝遂大修般若寺，易名大兴国寺[②]。法琳《辨正论》卷三《十代奉佛篇》"七重周垣，百拱相持，龛室高竦，栏宇连袤。金盘捧云表之露，宝铎摇天上之风"等记载，展现了重修后般若寺之盛况。继而帝令四十五州各置大兴国寺，立塔供养。作为本寺的同州武乡县大兴国寺自然更为隆重。现存大荔县文物管理委员隋仁寿元年（601）同州武乡县大兴国寺舍利塔铭

---

① 〔唐〕魏徵等：《隋书》卷一《帝纪》一。
② 〔唐〕释道宣《续高僧传》卷二十六："释道密，姓周氏，相州人。……会仁寿塔兴，铨衡德望，寻下敕诏送舍利于同州大兴国寺。寺即文帝所生之地，其处本基般若尼寺也。"

所谓"仁寿元年岁辛酉十月辛亥朔十五日乙丑,皇帝普为一切法界,幽显生灵,谨于同州武乡县大兴国寺,奉安舍利,敬造灵塔"①,当为有力证据。

毗邻大兴国寺,隋文帝为葬其母神尼,尚另建塔立寺。道光三十年(1850)熊兆麟纂修《大荔县志》故记:"金塔寺为隋文帝建,以葬其养母神尼。塔基崇以砥石,高寻有尺,上作一柱,殿中擎金龙顶,设九重沃金浮图。开皇四年赐额金龙寺。"

因此渊源,沿袭同州大兴国寺旧地的大荔县城北门内以东区域不仅佛教文物资源丰厚,且等级高,规模大。除前述隋仁寿元年同州武乡县大兴国寺舍利塔铭外,另有唐龙朔三年(663)同州圣教序碑等。至于地下佛教文物之不断发现,亦屡尔频仍。除本节之述及,尚有1987年大荔县城关中学修建教学楼时,于距地表2米深土中发现石佛头像等事。

其他情事,4月28日考古会函报陕西省政府引李印唐语又称:"至民国十六年(1927)寺内房屋被麻军兵士任意拆毁,旧有佛像均摧毁埋没殆尽。兹因建筑校基,始得出土,就各佛头状态观察,确系隋唐以前古物,惟无碑记,无从证实。又有宋开宝八年(975)重修舍利塔碑记一座,残碑额一块。碑阴有监察御史李岵著文等字样,惟无书人姓名。墓盖一方,正面篆'舍利塔下之铭'六字,背面正书营造人衔名,石尚完整。此外有白色石棺一具,长三十五生的,宽二十生的。调查出土时棺内尚有康熙制钱数枚,证明确属近代之物,无甚关系。"

从李印唐汇报以及《大荔县志》等文献记载来看,这次发现的大小石佛俱系大兴国寺或金塔寺旧物,舍利塔碑记等则与寺塔地宫有密切关系。

集合相关信息并对照文献记载,知其应具有重要历史、艺术价值。惟因考古会派员缺乏细密考虑,又过分相信驻军一再声称"拟将来学校工事告竣后,依校舍为筑房屋,专作保护古物之用,免得风雨剥蚀,籍供众览"等语,只拟定由陕西省政府"令饬大荔县政府商同驻军妥为保管",②未能将出土各物依例收回,仅以各物照片与部分拓本资料附呈考古会以示清结。而接获考古会呈报的陕西省政府亦未多加深究,竟于5月4日回函考古会,声称:"前准中央古物保管委员会函询到府,当经令饬大荔县长查明具复在案","拟俟该县长呈复到日,再行饬遵"。

(四)波及与影响

综上所述,知陕西考古会此一阶段古物调查保护工作,虽涉及面较广,成绩亦佳,但因事出被动,主旨盲目,故难以摆脱松散浮华之嫌,诸多问题实际上最后并未得到彻底解决。惟从扩大影响,促进全社会古物保护意识之滋生形成等方面来说,却仍有一定积极意义,由此带动的一系列古物征集与调查保护以及相关研究等事宜,便是有力说明。试观以下诸例:

1934年岁末至1935年岁初,在中央古物保管委员会、中央研究院院长蔡元培

---

① 隋仁寿元年同州武乡县大兴国寺舍利塔铭,青石质,方形,高、宽俱50.5厘米,凡10行,满行11字,隶书,石之四角,各凿一方形孔,推测可能为便于装置所凿。

② 以上引文均见1936年4月28日陕西考古会致陕西省政府公函。

以及陕西省政府的重视敦促下①，肤施（今改称"延安"）县政府为保护该县名胜清凉山石窟，曾特意由县长何澄之署名附加清凉山石窟图片于1934年12月分别函报陕西省政府及陕西考古会。

函称："肤施县城东清凉山为尸毗道场……其内石像（图364）丰隆生动，雕刻浑朴，与附近万佛洞石像不同，是否六朝？抑造自六

图364　延安清凉山石窟造像。1908年9月美国探险家罗伯特·斯特林·克拉克（Robert Sterling Clark，1877—1956）拍摄

朝以前，不敢臆定，谨拍照并题缀其嵩，籍供研究"②，希望考古会同人鉴定裁决。

考古会接函后，曾邀请何士骥等人比勘图像，分析研究。认为该石窟造像的主体风格为宋代。虽亦有宋以前雕凿遗韵，但始凿年代却不逾隋唐，下限则可至明代，具有珍贵的历史与艺术价值。乃回函通告，并积极疏通陕西省政府函饬肤施县政府予以保护。

但不知为何，在最终考古会致达县长何澄之信函中，却称"顷准大札并附赠佛像照片一张，除本会珍藏外，足见阁下政余关心古迹、古物。如能妥为保护名胜古物得以久存，尤为欣佩"。"至承询造像时期，……来函未将石质查明，仅就形状花纹臆判，当系北魏初时之物。查北魏初造像，多沙石；熙平、正光时，多黄花石（名曰'谷草王'）；西魏至北周孝武间，多青石与白石。以石质判造像时期，当不大差。希再考之。"

依信函文意，似乎为慎重起见，末尾尚嘱何等"能在此佛像左右搜寻古碑证之"，认为只有这样才会"更属确实"。③

受此事及相关因素影响，其间西京筹备委员会亦曾多次约请考古会勘察西安汉唐故都遗址、佛寺遗址，以及其他名胜古迹，双方共同协商议定保护方案。

1935年9月24日以及次年8月7日，日本东方文化学院教员稻业员一、越后村上与前田真兴等东京学生在报刊上看到有关陕西考古会的介绍资料，曾慕名来陕参观学习。观览中稻业员一、越后村上甚至提出双方能在唐代文化研究上进行合作等事。负责接待的张扶万对此极表赞同，除赠送兴庆宫图、吕刻长安图石

---

① 1935年1月16日《西京日报》称："陕西省政府近准中央古物保管委员会函称，顷准国立中央研究院院长蔡元培函……查肤施清凉山洞石佛，据原函称，刀工秀致，罕与伦比，自应加保护，即希贵政府令饬肤施县政府，一面妥为保管，一面将石佛摄具照片，连同该洞略史及现状说明书，一并呈报本会以凭办理等语，当经令肤施县遵办矣。"

② 参见陕西省档案馆藏《肤施县长何澄之赠邵力子清凉山佛像照片》档案，全宗号：1，目录号：14，案卷号：406。

③ 陕西考古会致肤施县县长何澄之信函，参见陕西省档案馆藏《陕西考古会运送古物、发掘文物呈请派人前往研究处理卷》档案，全宗号：48，目录号：1，案卷号：16—1。

刻拓本外，还惠留联络地址，[①] 冀望以后的合作能付诸实际。

1935年10月，陕西考古会暨西京筹备委员会鉴于西京市西仓内隋代"古槐一株，正干枯朽，余苍皮。高公尺一丈三尺，槐根周围一丈余，名为古槐。相传保护历有年所"。今"久历岁月，而经过历史颇堪记载"，且"隋唐混一区域，唐人文治武功在历史中最为发皇，当时城郭宫室今余含元一丘，慈恩一塔。若夫杏园花木、唐昌玉蕊、兴庆芍药、大明松柏久矣，无一留遗。此槐岿然独为硕果之存，不可谓非得天独厚"，尽可作为隋文帝始建大兴城之史证，具有重要历史价值。乃商议"极力保护"，"同一进行"，"为之树碑保护"。目的在于"庶考古者益增摩挲流（浏）览之兴云尔"。[②]

1936年春季，驻防西安的陆军独立工兵第二团第五营第一连某排排长吴兴隆率部在北关一带构筑地下防御工事时，突发现汉墓一座，掘出陶器8件。

吴以事关古物，责任重大，当即报告于该连连长费清泉，旋由费报告于该团团部，谓："此项陶器近古物，虽非珍贵奇品，但系古代遗留，历经久远，对于考察古史，颇具相当价值，职以是未敢擅自处理，谨呈现以作参考，俾供研究文化状况。"

根据费清泉的报告，陆军独立工兵第二团特致函考古会，声称："该连长对于保护古物，不遗余力，热心公益，殊堪嘉许，其所称各节，亦颇有见解，应予勉励。惟本部散处蜗居，既无间房陈列，后乏考古人才。与其什袭而蕴之，不如公开于人世，缘本共同公好之旨，悉数将该项物品敬赠贵会陈列，俾众浏览，籍作参考。此虽非罕世奇珍，然于热心考古家，对研究历史上尚不无小补。兹特遣差送上，乞勿以视作废砾而见弃为盼。"[③]

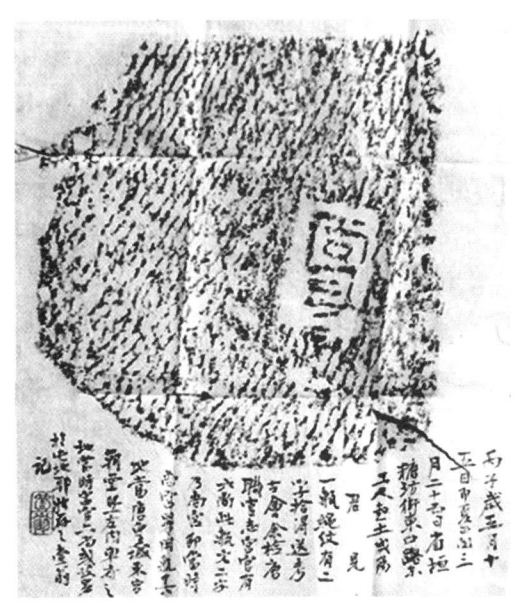

图365 唐"尚宫"残砖拓本。西安某氏藏

同年5月15日，西安城内糖房街东口路东修建女子职业学校，"工人启土，发现旧砖瓦残片"，时咸阳"张君宝珊捡得残砖，有篆文二字"，乃热诚"送考古会检查字文"。

据此，张扶万"再三谛视"残砖篆文，定为"尚宫"二字。继而拓印拓本（图365），遍送友人。且查阅文献，相互印证，撰有《唐长安城尚

---

① 1936年8月7日（旧历六月二十一日）《在山草堂日记》："姚太坚来人，清华文学士贵筑范文之文郎，以谢刚主介绍片来，又日人前田真兴，东京学生，同来陕。即嘱赴考古会参观，赠以吕刻长安图石拓、兴庆宫图。姚太坚住北平香炉头条廿九号，（前田真兴）通讯东京小石川区原町二一番小泽方。"

② 张扶万：《西京市西仓内唐承天街古槐碑》，见《在山草堂文集》，手稿，未刊，稿存陕西省政协文史办。

③ 原件藏陕西省档案馆，未署月日。

宫砖考》一文。认为此砖"阔五寸，厚二寸六分，其长一端残，余长一尺一寸三分"。其"发现地点，在唐代为宫城外（太极宫东南，大明宫西南），与皇城东域光宅坊相出入，或经变迁，砖石迁移，流转无定，意中事也"。

且云："惟西安各处，时有秦汉瓦当砖片出土，而唐代砖瓦殊不多见，即有亦无人重视。"以"此为宫禁中物，与历史事有相关，以故表而出之"。①

值张扶万醉心唐"尚宫砖"研究之际，其子张午中（丙昌）亦于西安西五台下捡到带字唐瓦片一方，因即送交考古会审察。1937年2月11日（旧历一月一日）《在山草堂日记》因是记道："丙昌于西五台下拾得唐瓦片，有'天宝'二字，其地为唐太极宫之址，为唐瓦无疑，而从来未之见，其为宫瓦可知，此宝贵也。"

趁一时兴趣，张扶万还将唐"尚宫砖"实物拓印数本，分"寄杜锡五、（于）右任、（陈）君衍"②等好友分享。不仅如此，他似乎还认为前"砖"后"瓦"恰成双璧，于是又打算专写跋文以做记述。

融融氛围内，关乎文物征集的诸项活动亦如火如荼，次第展开。1936年6月2日（旧历四月十三日）《在山草堂日记》故记："同门巩孝周之世兄和龄昨以铜镜二枚求售，今日送于考古会，以十二元作价。又见一玉夹肘，刻虺形，长约二寸，玉色明润可爱。"同年8月21日（旧历七月五日）《在山草堂日记》又记："（景）莘农言汉中王古董铺新得阳平镇铜器，有柄，字为'春信家作重十两'。嘱访之，即请崔万春去。旋回言未见器，索价百廿元，约买者来看。"

《在山草堂日记》所言之"汉中王古董铺"，为1949年前开设于西安北大街南端的著名古董铺。"汉中王"者，以铺主名"王至（子）善"，且家在汉中故也。

"崔万春"其人，1949年前曾长期从事古玩业，家居西安和乐巷，与张扶万属街坊邻居，亦属金石古物收藏界同好友人。③

又按王至善家在汉中，推测"阳平镇"或为接近汉中、今属宁强的阳平关镇。历史上此地为连接秦、蜀的重要关隘，遗留古物甚多。如笔者推测不误，此地发现柄上刻有"春信家作重十两"的铜器是有可能的。观察器铭，知此器当为私家之物。对照陕西兴平豆马村汉武帝茂陵陪葬区域茂陵一号无名冢一号从葬坑及河北满城汉墓出土"阳信家"系统金属器皿，则可初步感悟此一属于"春信家"系统之铜器器皿之时代、性质与相关问题。

当此之时，作为考古会委员长的张扶万之所以闻讯后立即嘱人访查，且迅速请古董商崔万春出马斡旋，其意盖在迅即征集，勿使遗失。

以上事例说明，1934年2月陕西考古会成立至1936年西安事变发生一段时

---

① 参见张扶万《唐长安城尚宫砖考》一文，其与附图显示张氏题跋"尚官"砖拓本文字颉颃。张氏题跋"张宝珊"名空缺，据《唐长安城尚官砖考》一文补充。按《唐长安城尚官砖考》一文1936年由考古会印行，发表时署名"树叟"；另见《国风》1936年第12期，第30—31页，图一。
② 1936年7月2日（旧历五月十四日）《在山草堂日记》。
③ 本章中"车站工地发现与《唐长安城金石考》"统计表3"长安官库之秦铁权"条引1929年6月2日（旧历四月二十五日）《在山草堂日记》，载崔万春通过张扶万介绍售予于右任醴泉罗家嘴出土秦代铁权一事。

期内，陕西考古会的基本工作方针是积极进取的，所取得的成绩也是有目共睹的。

成绩之其一标识，或可从彼时慕名参观者踊跃热情之态度以为证见。此类示例，姑且不论前述先后提及的1934年12月19日与1935年5月11日及9月24日并1936年6月21日上海滕固、无锡侯鸿鉴、日本东方学院稻粟员一与越后村上、日本东京学生前田真兴等人对考古会陈列室的流连造访，仅只选周国亭氏《陕西考古学会参观记》一文披露1938年2月18日潼关炮战前其与国立西安临时大学历史系教授陆咏沂率学生三十余人的一次观览，即可略见就中端倪。文云：

"本校历史系，因本城陕西考古学会所陈列之古物，在史学上颇占重要价值，乃利用学期试验前空暇，于本月十八日下午二时，由陆咏沂教授率领本系同学三十余人，赴该会参观，余亦偕往。到会后，该会负责人北平研究院研究员何乐夫先生领导，将该会四座陈列室，一一开放。当由何陆二先生将陈列各古物，加以详细之说明，同学等研究学术之兴趣，本极浓厚，于是咸指物质疑问难，二先生则往复解答之。虽因室小物多人满，周旋极感不便，而历二时余，师生均无倦容，其紧张情形，较之在实验室工作中，有过之而无不及。"①

涉及这一阶段工作，1934年12月26日《大公报》有一则报道宣称："陕西省为汉唐历代首都所在，古物遗留，到处可见。自考古会成立后，如长安附近及宝鸡附近等处，古物之搜集及发现，已卓著成绩……"

越过《大公报》的报道，西安名宿刘安国其后所谓"四面出击，八方风动"②的八字评介，似乎更为简略、概括。

这里，我们固然不排除刘氏所论有溢美之嫌，但如将其作为此一阶段陕西文物考古工作整体态势之笼统注解，倒还称得上吻合妥帖。

四、古物要案

前文提及，陕西为周秦汉唐故都之所在，地上地下蕴含着极为丰富的古物资源。"详检清代各家金石著录，周秦铜器，多出土于陕西，历年所获，曷啻数千。"③此类资源，导致历史上曾于陕西省境内发生过无数次骇人听闻的盗掘古墓事件，使大批珍贵古物以及重要古物遗迹遭受摧残与破坏。

迨自20世纪初始以降，随着中国"门户开放"政策的实施以及半殖民地半封建化的逐步深入，随着各帝国主义列强在中国境内频繁、大规模"考察""探险"活动的渐次开展，有关古物盗掘、走私的狂潮亦随之涌起，无数瑰宝开始漂泊海外，流落异邦，造成无法弥补的损失。

---

① 周国亭：《陕西考古学会参观记》，原载《西安临大校刊》第11期，后收录于西北大学西北联大研究所编：《西北联大史料汇编》，西北大学出版社2012年版，第280页。
② 引自笔者采访西安耆宿刘安国（已故）记录。
③ 党晴梵：《西京金石书画学会缘起》，见李克明、邓剑主编：《党晴梵诗文集》第一卷（下），陕西人民教育出版社2007年版，第119页。

在大规模古物盗掘、走私狂潮中，陕西一地首当其冲，遭虐最烈，受害亦最深。1948年曹仲谦《陕西省历史博物馆概况说明书》故谓："关中为周秦汉唐故都，号称金石渊薮。海内博雅君子涉足秦中，无不肆力搜求，以偿嗜古夙愿。以故历来出土古物，旧家所藏彝器，随时流传国内，所在皆有。迩者商贩贾胡复挟重金收购而转徙海外者，不知凡几……"

面对此种状况，陕西考古会于成立之初即痛下决心，力图革除旧弊，期望能够尽快抑制陕西古物被肆意盗掘、盗运的势头，扭转"历史失研究之资料，国际贻莫大之耻辱"①之惨痛局面。故从1934年2月陕西考古会成立至1941年该会解体，在长达八年的时间内，陕西考古会先后参与并受理了大量古物案件，同时花大气力进行了一系列艰苦细致的调查、侦破与处理结案工作。

陕西考古会之上述举措，不仅使大批珍贵古物免于流失与毁坏，而且还极大地震慑了盗掘、走私古物的不法分子，对于其后陕西一地古物法令制度的建立、健全，以及全社会古物保护意识的滋生、增长，起到了至关重要的作用。

为深入了解20世纪三四十年代陕西一地古物盗掘和走私活动的起因、内幕以及表现形式、活动规律、预期结果、危害程度并处置方式，探讨陕西考古会这一时期内有关古物保护管理制度的推行效果、利弊得失，总结教训，启示将来，以有益于现代环境下愈来愈趋向科学、规范的文物保护管理工作，本部分故从当年考古会历史期间所发生大量古物案件中去粗取精，择选示例，分划型式，确定撷取具有代表性的若干示例以飨读者。鉴于文章篇幅以及事涉今人等种种缘故，案例展现时尽量做到吻合案卷，客观公正；一些不利、不尊涉案人员的语词，也尽可能予以扬弃。

（一）武功张子百、张三用掘获古物案

1934年2月，传言武功县大代镇高村西张家村村民张子百、张三用等人在邻居张天升土壕内掘土，掘出瓦罐一个，内装北朝鎏金佛像、菩萨等物数件。二张乃将此物携回家中，商议分配，不意此事被在场村童发现，乃告知于张天升知晓。

张天升闻听此事后，以张子百等在其家土壕内挖出古物为由，登门索物。但张子百却以挖出破烂瓦罐，已经砸碎、抛弃为词，否认出土金铜佛像之事。双方由是言语不合，突起纠葛。

冲突发生后，张天升自谓"恶气难出"，愤而向武功县政府控告，呈请搜缴古物，严惩张子百、张三用等。

武功县政府在接到张天升的控告后，初认为此事系民间纠纷，且证据不足，拒绝受理，致张天升愤懑难抑，张遂转而持瓦罐赶赴西安，径向考古会投诉。

陕西考古会受理此案后，于8月22、25日连向陕西省民政厅致送函件，敦请该厅"转饬武功县政府选派干员就近调查"，"即希查照并案办理"。②

---

① 参见陕西省档案馆藏1934年2月14日陕西考古会张扶万、李子毅、王卓亭、寇胜孚、梁午峰等人联名致陕西省政府主席邵力子函件。

② 1934年8月22日、25日陕西考古会致陕西省民政厅公函。

武功县县长王嗣昌在接获民政厅训令后，曾派县政府职员耿之英前往调查。惟耿受命后赴大代镇附近进行调查，却得出张天升"引六岁小孩为证，妄称张子百，实只挖得瓦罐一件，即丧葬所用，依饭罐也"之结论。王嗣昌据此遂召集原告、被告双方，"堂讯多次"，而"被告张子百坚不承认"，因判决"原告张天升所谈，不经可否"，① 应予销案。

同年10月2日，陕西省民政厅乃依据武功县政府判词径向考古会致送第401号函件，称："据此案前派贵会函嘱到厅，并据张天升呈报前来，当经令饬该县长查明，见复在案。兹据复报，张天升……语涉不经。所据各节，全属子虚，自应免予置喙，除指令外，相应函请贵会声明为荷。"

（二）凤翔薛松龄控王玉庆等私掘古物案

1934年6月18日，凤翔县城附近突降暴雨，该县城隍庙西南居民薛松龄地内大窑南崖被雨冲出大缸一个，内置宋金瓷器数十件以及其他古物。

19日天晴，县城庙巷王东生家门客杨雨亭之女杨喜凤至该处掘土，发现大缸，急回家告知其母看视。其母欲得此物，又恐地出宝物，私下占有或遭神灵降罪，乃至县城城隍庙求签保佑。受城隍庙住持怂恿，杨氏母女遂于20日中午偕同房东王东生之子王玉庆持锸往掘，立将大缸砸破，取出全部古物，计用竹笼覆草遮盖，分作四次运回王宅。

杨氏母女挖掘古物之事，为路过居民韩同顺等人发现，告知薛松龄。薛往王家探视，未料王东生已与杨氏商议，秘密将古物分割收藏，王之妻及杨氏并称所掘大缸、瓷碗等俱已破碎，无物可寻。薛怒而诘问杨氏究竟，杨氏语言含混，致薛更心生疑窦。情急之下，薛即将王东生父子与杨氏母女告上凤翔县政府。

案审之际，被告王东生着绅民胡清炎备办酒席，邀薛赴宴，言"所挖的缸碗，已经挖破，彼伊家小儿弃在伊家井中"，劝薛放弃追究。薛不允，仍坚持上诉。依状纸言，王东生见状恼羞成怒，乃"设谋定计，假设圈套，着杨雨亭之妻杨氏手持剃头刀立即寻死"，逼薛了事。薛无奈之中便赴县政府跪地喊冤，王东生又托同巷"霍明斋持洋十元了事"。薛坚不允准，且又以出土古物之地与居民易子鸿连畔，因连同易子鸿再次将王东生等告上县府。

凤翔县政府在薛松龄多次控告之下，遂将被告王东生等人先行拘押。但不久该县政府在人情关系撮合下，竟将被告完全开释，判决无事。薛闻讯后惊诧不已，偕易子鸿再次催案，迫凤翔县政府开庭受理。时承审段某碍于人情，推脱不得，乃曲折周旋，设词调解，判王东生等付薛"洋三十元"结案。薛"不愿受些许之洋"，认为"在县府呈禀五次，仅讯一次"，毫无结果；而"王东生等乃宦门世家，欺民贫苦无有力量"。"又闻王东生族人助谋云，若到不得已时，将古董献于公家，总不与民给一件"，故愤而控诉于陕西省政府。② （图366、图367）

---

① 1934年10月2日陕西省民政厅致陕西考古会第401公函。
② 参见1935年4月薛松龄呈陕西省政府诉状，原件藏陕西省档案馆。

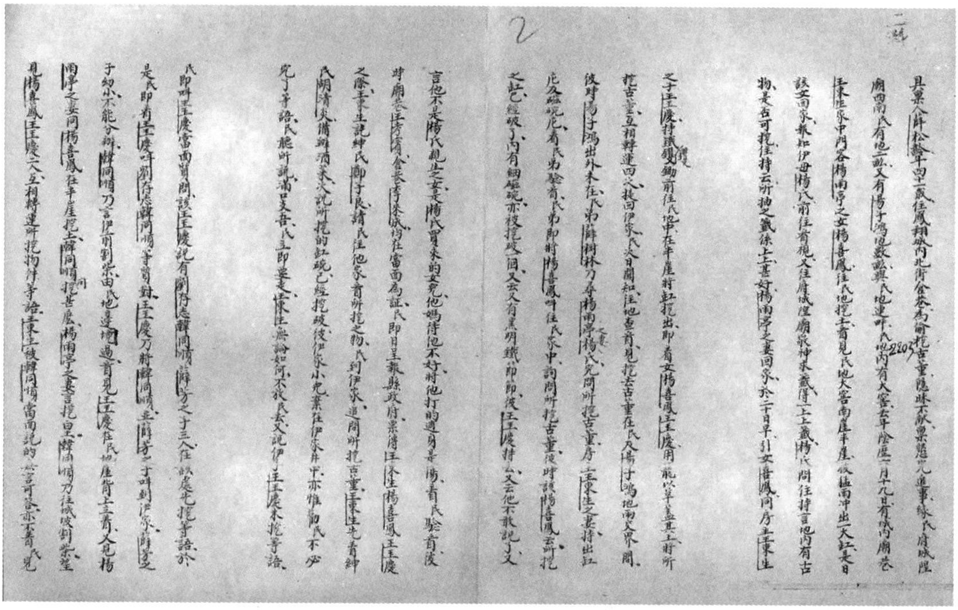

图366　凤翔薛松龄控王东生、杨雨亭之妻等人一案状纸第一页

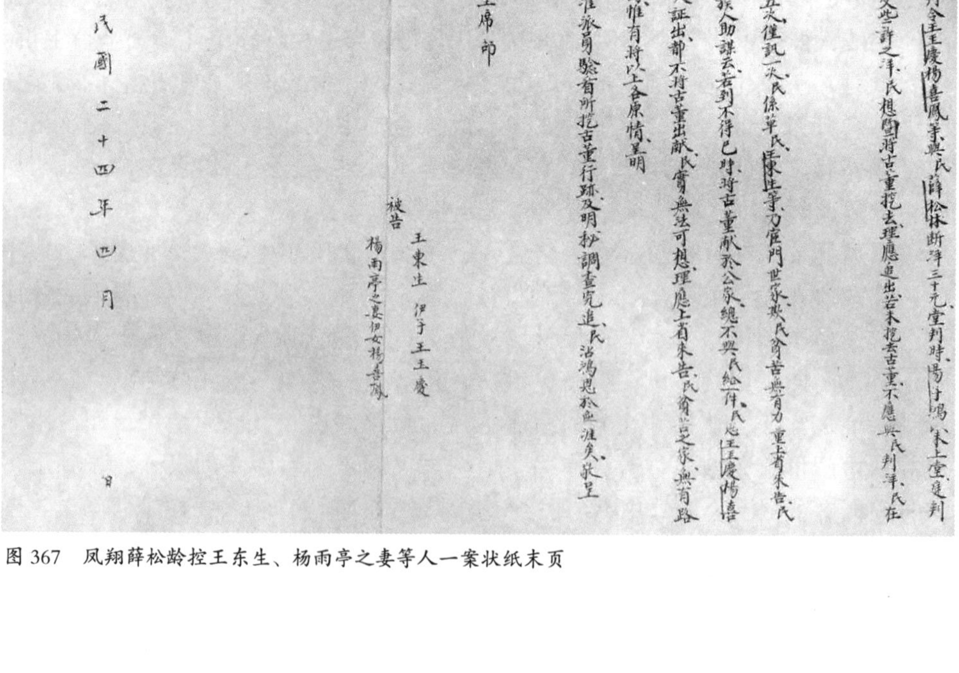

图367　凤翔薛松龄控王东生、杨雨亭之妻等人一案状纸末页

陕西省政府接报后，于 1935 年 4 月 26 日发布第 2289 号训令，责问“何以段承审迳予判给赔偿，即将了案”。饬令该县县长李静慈依据古物保存法第七条“埋藏地下及由地下暴露地面之古物，概归国有”之规定，“详查彻究”，追回古物，勿使流失。与此同时，陕西省政府还致函考古会，训令其委派专员予以配合。且在 5 月 16 日下发批第 501 号训令，重申前令并饬令凤翔县长“将挖出各件，悉数追缴，具复核夺”（图 368）。

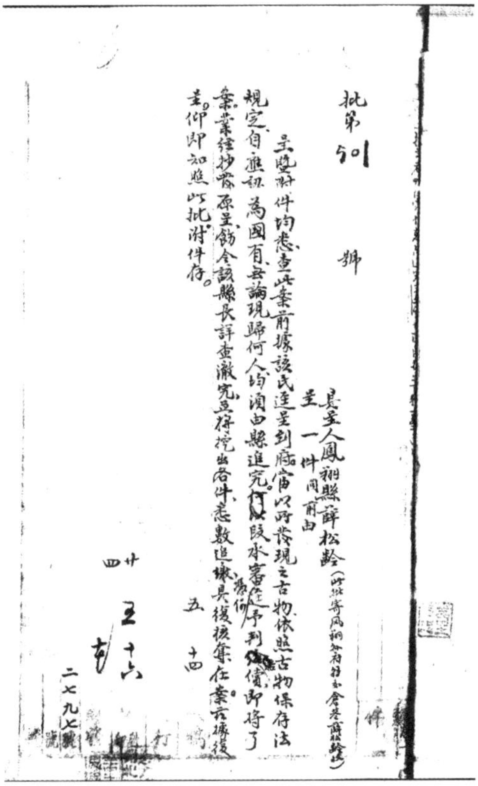
批第501号 办
具呈人凤翔县薛松龄（此批寄凤翔县……薛松龄收）
呈一件 同前由
呈暨附件均悉。查此案前据该民连呈到府，当以所发现之古物，依照古物保存法规定，自应认为国有，无论现归何人，均须由县追究。何以段承审迳予判给赔偿，即将了案。业经抄发原呈，饬令该县长详查彻究，并将挖出各件，悉数追缴，具复核夺在案。兹据复呈，仰即知照。此批。附件存。
五 十四
四廿 王 十六
二七九七

图 368 1935 年 5 月 16 日陕西省政批第 501 号训令

经陕西省政府与考古会的一再严饬，凤翔县政府不得不召集原告、被告双方，重新审理此案。经当堂对质，承审段某乃改判法警将所有出土之物追回，收归公有，并对于私挖和藏匿古物的王东生、王玉庆以及杨氏母女责以严词，课以罚金，遂结案。

（三）西安贾文会控马少甫等私贩古物案

1934 年冬季，兴平县三家庄五邦村村民吴良管、翟墩台赴盩厔县终南镇为人打胡墼（土坯），掘土时突发现窖藏一处，出土鎏金熏炉等金银器共计 12 件。古物炉一盖，四顶，每顶带一个寸许之短柄；六足，每足一端有人面花纹。吴、翟二人获此宝物后，将其秘密带回兴平县三家庄五邦村收藏。

翌年春季，西安回坊古玩商人马少甫、马老四闻讯，先后数次赶赴兴平求购。因吴、翟二人已将鎏金熏炉一件售予终南镇农民路光辉并该镇染坊毛某，另将其余各件继续藏匿，致二马仅以现洋一千七百元之值即将其中两件鎏金熏炉购获，转而经北平古玩商人李竹君拉纤，旋以每件八千余元高价售于北平同益恒古玩店[①]张彬卿、陈鉴塘。路光辉与毛某闻知吴、翟二人售物之价后，遂与西安古玩商贾文会、赵永禄商议售卖。未料事为马少甫知晓，其遂在该年 8 月底抢先赶赴兴平，将路、毛所存鎏金熏炉购获，复欲携往北平求售。

贾文会购物未果，愤不能遏。即于 9 月之初联合赵永禄写状、附图向考古会投诉。（图 369、图 370、图 371）状纸称马少甫等前次购回“镏（鎏）金熏炉二件，遂经常往北平，由平古玩行李竹君经手，售于张彬青（卿）、陈建唐（鉴

① 民国时期北京著名古玩店。1913 年《京师商会众号一览表》记载该店地址在椿树胡同，执事为王玉根，以经营青铜器知名。后执事者易为张彬卿。

图369 贾文会、赵永禄投诉状之一

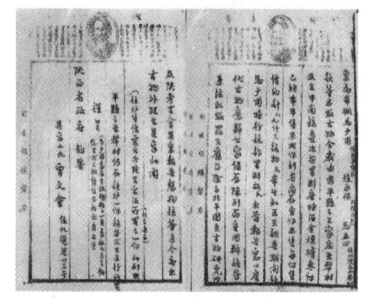

图370 贾文会、赵永禄投诉状之二

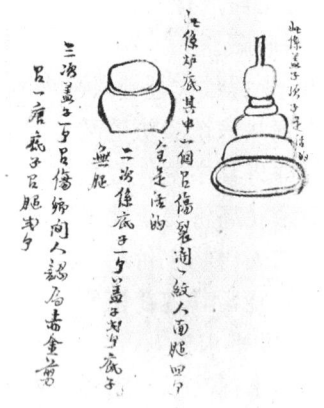

图371 贾文会、赵永禄投诉状之三

塘）。每件售款捌仟余元"。"最近马少甫等复由中（终）南镇民人路光辉及路姓染坊之伙毛某（手中）买到唐时镏（鎏）金熏炉一件，价值较前尤昂。"而"此件民本先知，该马少甫以狡诈手段，暗行买到，仍计带平出售，故民甘愿出首报告"。又云"该马少甫久贩古物，其家有刻存有琉璃棺子一具，长约七尺有余，确系古代之物，迄尚未售。今岁所买之炉，除已售平二件，最后实正预（欲）带平"。且"兴平县之五帮（邦）村，刻尚存有该炉一件，该马少甫仍在进行收买"，故"报告（二马）该等违犯公令私贩古物，恳祈依法惩办，追收古物归公"。

以上各事，贾文会自谓"完全系属实情，倘有虚造，甘愿负咎"。因"恳北平研究院详告矣"。①

陕西考古会接获贾文会诉状，据实向陕西省政府秘书处汇报，请示机宜。9月9日，陕西省政府主席邵力子即在考古会函报上批示："令考古会密查并会同兴平县查复，先阻止出售。"12日、13日，陕西省政府暨民政厅迭以密函形式致送考古会，其中陕西省政府密函称"除密令兴平县县长查复并先阻止其私售外，相应函请查明，派员详细密查为荷"；民政厅密函则称"祈严令交出，归公保存，以重国粹"，并称"此案关（乎）保存古物，除批示外，相应函请贵会查核办理为荷"。

遵从陕西省政府暨民政厅训令，考古会派李印唐于9月14日赶赴兴平，在该县县长段民杰配合下，与法警化装成古玩商人前往五邦村调查。吴、翟二人闻知消息后，即称："去年冬月往盩屋县打胡基，由坑内距地面有二尺深地方，发现古物炉一盖，四顶，每顶带一个寸许之短柄，六个腿。每腿一端有人面花纹，共十二件。""二人偷运回家，作两次卖完，共得大洋壹仟柒百元，二人均分，咸由省来古

---

① 以上引文均见1934年9月贾文会、赵永禄呈陕西考古会控告马少甫、马老四函件，未署具体日期。原件俱存陕西省档案馆。

董客马少甫、马五四买去","家中现在一件无存"。①

陕西考古会据吴、翟之言,再向陕西省政府呈报第50号密函请示处置办法。得陕西省政府第74号公函关于追查"售价最昂之炉,是否现仍存省"(图372)之指示后,遂与民政厅配合,于9月28日分别致函兴平、长安两县政府传贾文会、赵永禄、马少甫、马五四、吴良管、翟墩台等人对质,廓清事情真相。因所购各物已全部售往北平,无法追回,故仅对涉案有关人员提出训诫,酌情处罚,以示结案。

此案涉及出土鎏金熏炉等金银器共计12件,内"古物炉一盖,四顶,每顶带一个寸许之短柄,六个腿。每腿一端有人面花纹",与1985年陕西临潼庆山寺舍利塔基精室出土鎏金六足兽面衔环银熏炉(图373)、1987年陕西扶风法门寺塔地宫出土鎏金卧龟莲花纹五足朵带银熏炉及陕西历史博物馆藏唐五足银熏炉等实物相似,基本同属一种类型。推知12件金银器出土地应为唐代佛塔地宫瘗藏或窖藏,其性质应与佛教供养相关,故对扩展唐代佛教遗物瘗藏或窖藏内涵等有重要历史意义。由唐代佛教文物瘗藏或窖藏存储规律观察,推测其地附近原或有唐代寺院、塔基等其他相关遗迹,似应引起有关部门的重视。

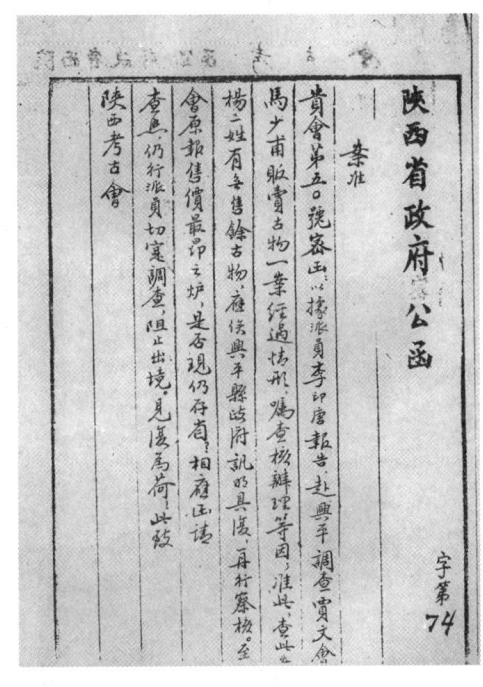

图372 陕西省政府关于追查唐代鎏金熏炉的第74号函件

图373 鎏金六足兽面衔环银熏炉。1985年陕西临潼庆山寺舍利塔基精室出土

(四)河南万纯安携运古物案

万纯安者,字月逸,河南固始人,与张扶万等均为康有为得意门生。1922年至1924年刘镇华主陕期间,其任陕西教育图书社社长、陕西省政府秘书、陕西省政府参议等职。1923年10月,康有为应刘镇华之邀来陕讲学,万以时任陕西省政府秘书一职且系康有为门生,故得以与张扶万以及时任陕西督军署参议的

---

① 1935年9月19日陕西考古会致陕西省政府密函。

纪朗夫①等人共同形成接待康有为的主体。康氏引发卧龙寺"盗经风波"及"石佛风波"②时，他也自然与张扶万、纪朗夫等人类同，成为理所当然的重要知情人。这些渊源、经历，促使万、张、纪彼此引为"同道"，公私情谊，均称不薄。

如1923年7月29日（旧历六月十六日），张扶万曾荐族人之子于万纯安主持的陕西教育图书社学印书排字③；该年9月22日（旧历八月十二日），万纯安又赠张扶万"关学编一部，小学集注一部"④。接着，因康有为将来陕讲学，该年10月29日（旧历九月二十日）早，张又兴致勃勃地"同纯安在督军署餐，（与）李仲三同行坐汽车赴潼关"⑤迎接康有为。及1924年1月6日（旧历十二月一日），康携门人邓刚仲离西安，张、万、纪等自然要不辞辛劳陪康仆仆风尘乘汽车至潼关。翌日将渡黄河之际，康感慨在潼关予万纯安、张扶万、纪朗夫作留别诗，称"腊初万纯安、张扶万、纪朗夫送余至潼关，赋诗别三子"。诗曰："飞车远送潼关道，风急舟孤最黯伤。天许游山同两月，人仍把酒写千行。三峰太华看犹碧，万里黄河情若长。流水桃花犹是浅，江云渭树只相望。"⑥万、张、纪得诗，大为感伤。8日早遂"送师于河干……登舟握别"，迨"舟开望远（方）归"⑦矣。

基于上述缘故，1月15日康回沪浼途中，即致张、万、纪信笺感谢。称"纯安仁兄，扶万、朗夫仁弟如晤。潼关山绕，黄河水流。两月徘徊，一朝执别。汪伦送我，黯然销魂，千里远送，我裹如何"。及念在陕居住两月因"盗经风波"带给诸人之烦扰，康信便云："诸天甚大，后会无穷。天寒欲雪，渭北云树。我瞻西顾，相怨为劳。泐笺言谢，不尽缕缕。"⑧

刘镇华失势后，万纯安黯然离陕回豫。及1935年9月20日前后，万复由豫来陕，张扶万遂于28日邀集万之同乡、时任西京筹备委员会专门委员陈子翼并陕绅吴敬之、梁午峰、李印唐、景莘农等人作陪，在长乐楼为万纯安接风洗尘。但"纯安不至"，接风遂成遗憾。⑨

万纯安喜收藏，昔年在长安时，屡赴古董肆购求古物，箧中古籍版本充盈。1922年8月21日（旧历六月二十九日）张扶万《在山草堂日记》曾记："万

---

① 纪朗夫（1868—1936），又名闻佛，字景福。湖北大冶人。早年就读两湖书院，毕业后任教于湖北方言学堂。后任陕西省督军署参议、曲阜孔子学会《孔子学刊》总编辑等。曾长期师从康有为，从康游。1923年10月19日（旧历九月十日）《在山草堂日记》："武昌纪朗夫来函，言南海师到洛阳，将来陕。朗夫，南海师门人，今在省署为参议。"

② 参见罗宏才：《从张鹏一日记看康有为"盗经"风波》，载《文博》1995年第3期，第56—67页。又1924年2月29日（旧历一月二十五日）《在山草堂日记》："去岁薛定夫以石佛一尊，价洋千元，南海师见之爱甚，商之纯安以赠南海师。当时付四百元，余六百元。余言定夫以后与万参议接洽，余不再干涉。不料欠价至今未清，定夫向余言之，余以前言已说明，何故再纠缠而哓哓不已？允向纯安言之。"

③ 1923年7月29日（旧历六月十六日）《在山草堂日记》。

④ 1923年9月22日（旧历八月十二日）《在山草堂日记》。

⑤ 1923年10月29日（旧历九月二十日）《在山草堂日记》。

⑥ 此诗录入1924年1月7日（旧历十二月二日）《在山草堂日记》。

⑦ 1924年1月8日（旧历十二月三日）《在山草堂日记》。

⑧ 1924年1月28日（旧历十二月二十三日）《在山草堂日记》。

⑨ 事见1935年9月28日（旧历九月一日）《在山草堂日记》。

纯安处见乾隆时泾阳张五典[①]字叙百荷塘诗集十七卷,始乙卯(1795)癸未,终乙酉(1825)庚戌。"

万此次西安之行,除拜会友人外,仍接续前好而依例再至古物市场。未几,即在南院门古董肆购得明代铜龟、鹤各一对,将欲携回河南原籍收藏。不料将出西安北门时,竟被跟踪许久的警局侦探指为盗运古物之人,立将所谓的人证物证一并查获,羁押于陕西省会公安局第四分局。接着,该分局局长又以万此前曾任陕西省政府参议,涉嫌康有为"盗经"之事,此次复来西安,交接考古会张扶万等人,继而盗运珍贵古物,其后必有更大要案。因对万严加审讯,并拟将其所携之物收缴归公。前述9月28日张扶万邀集友人为万纯安洗尘,万竟未至,推测或与警局的干扰有关。

在竭力申辩无效后,万纯安被迫写信请同乡陈子翼代为疏通。陈接信后,赶赴省政府、考古会面见耿寿伯、张扶万,敦请通融,但耿、张却均以事态懵懂而未便表态。

10月7日,情急之中的万纯安不顾回避,径至考古会张扶万宅中求援。当日《在山草堂日记》记:"万纯安来言铜龟鹤被扣留于考古会,请发还。"但张以事涉公务,未敢挟私,乃直对万氏,慨言难以通融,坚持由考古会致函省会公安局,请将上项古物"函送过会,以凭考究"[②],致万误解。

在陕西省政府、考古会以及陕西省会公安局(图374)等单位共同努力下,上述各物遂于10月8日移至考古会进行审查,经薛定夫等专家判定为"明季所造,或为寺庙陈列之物",认为"与历史无甚关系,似无保存之必要",敦请发还。[③]此鉴定结果传至省会公安局后,该局主事者颇疑张扶万素与万纯安有旧,往来亲密,张必挟权暗加袒护,隐瞒古物价值,遂妄加猜测,欲将此事诉诸新闻媒体,外界舆论因纷纷扬扬,不可抑止。

至此,陕西省政府深恐此事错综复杂,牵扯过多,兼之贸然将此物"发还以后,难保无人再生异议","为慎重

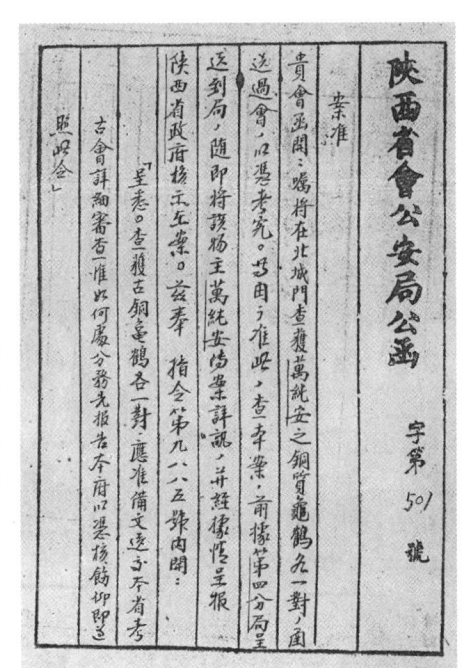

图374 陕西省会公安局关于鉴定西安北城门查获万纯安铜质龟、鹤致陕西考古会第501号公函

---

① 张五典(乾嘉时在世),字叙百,号荷塘。陕西泾阳人。乾隆庚辰(1760)科进士,历官上元、攸县知县。工诗文,擅绘画,山水尤精。有《荷塘诗集》十七卷。富收藏。吴恪《空轩诗话》谓其:"收藏名家如王石谷等之画甚多。"姚鼐《荷塘诗集序》称其:"负刚劲之气,兼治烦之才,虽为一令,廿余年屡经踬起,而志不可抑。今世奇士也。"

② 1935年10月5日陕西省会公安局致陕西考古会第501号公函。

③ 1935年10月(具体日期不详)陕西考古会致陕西省政府第51号公函。

起见",乃再次责成考古会"复请多数专家再事审察"。①考古会受命后,复请薛定夫等人反复会商,仍认为"于历史无关"。为杜绝闲言,又集会商议将新鉴定结果与万纯安铜龟、鹤一并呈报省政府,请其处置。12月13日(旧历十一月十八日)张扶万《在山草堂日记》遂记:"午至考古会,(与)印堂会商,以铜龟、鹤审查致省主席(邵力子),辞会事,并送铜件,令其处置。"

万纯安一案初发时,邵力子并不在西安。为妥便起见,张扶万立意等候邵力子归来处置,俾便通知秘书李印唐拟具公函,如实上报。12月15日(旧历十一月二十日)《在山草堂日记》故记:"印堂拟致省府铜龟稿。昨夜邵主席回来。"及省政府接到考古会函报,往复商议,却无结果。此时外界见此案久无结果,便有多种传言,而小报记者亦趁机鼓噪,声言将披露报端。张扶万见状,深恐事态复杂,久等无益。又兼万纯安不断致函张扶万,敦请缩小传播范围,尽快结案。考古会再次函报省政府,敦请从速结案。同时建议省政府将原物"发还原主",至此事颠末,亦"不必披露报纸",小题大做。

受种种复杂因素的影响,考古会此后尚与万纯安等有多次书信疏通。至12月21日,陕西省政府乃有致送考古会第1809号公函,同意该会鉴定结果并准予其"查照转饬万纯安具领为荷"②。但因万纯安此前在陕长久滞留,难见结果,已负气回归宜阳,故由李印唐按万纯安回信原意,"代复万纯安信取铜件"③,万则将具领之事一概委托西安利秦煤厂经理刘宝九办理④。刘宝九受委后,顾虑重重,一再耽搁。乃由"印堂代致万纯安信,取铜件"⑤。直至1936年2月21日,刘宝九方才在考古会一再敦促下,代领结案(图375)。2月21日(旧历一月二十九日)《在山草堂日记》因记:"万纯安之铜龟、鹤由利秦煤公司持纯安信具领。"

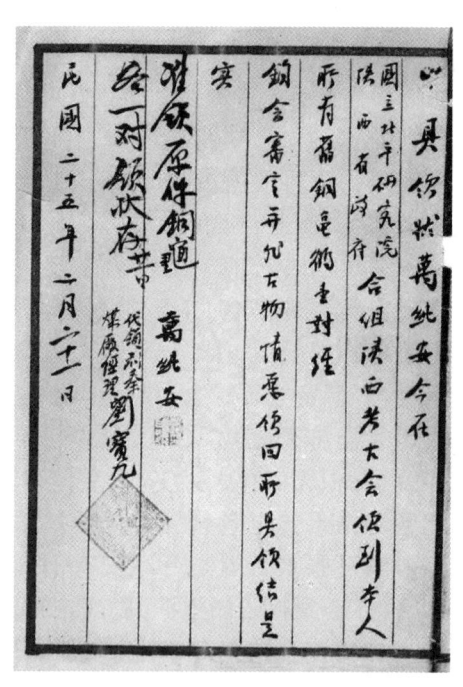

图375 1936年2月21日万纯安、刘宝九领取铜质龟、鹤之具领状

(五)长安余鼎新、杨天禄控张银等私藏古物案

1935年11月28日,长安县南乡黄良镇北仁村余鼎新因常年舌耕在外,无力耕作,乃着所雇伙计杨天禄请本村村民张银在其家地中取土打胡墼。未料张、

---

① 1935年11月(具体日期不详)陕西省政府致陕西考古会第1526号公函。
② 1935年12月21日陕西省政府致陕西考古会第1809号公函。
③ 1935年12月27日(旧历十二月二日)《在山草堂日记》。
④ 1936年2月11日万纯安致张扶万信函。
⑤ 1936年1月27日(旧历一月四日)《在山草堂日记》。

杨二人掘土时忽发现"玉炉一座、玉尺两件、玉璧两件、玉刀两件"。按余鼎新诉状，谓"张银等见物起意，隐匿不言，私将等物计（寄）于本村马瑞生家。而瑞生父子一见知为珍品，即与杨天禄许洋三十元，使勿外言"①。12月初，杨至马家讨洋，马瑞生父子与张银否认有许洋之事，双方因此大起争执。争执中发生肢体冲突，杨力衰被打，乃将此情告于余鼎新，余大怒，于12月4日写状向陕西考古会控告，敦请搜缴古物，为民做主。（图376）

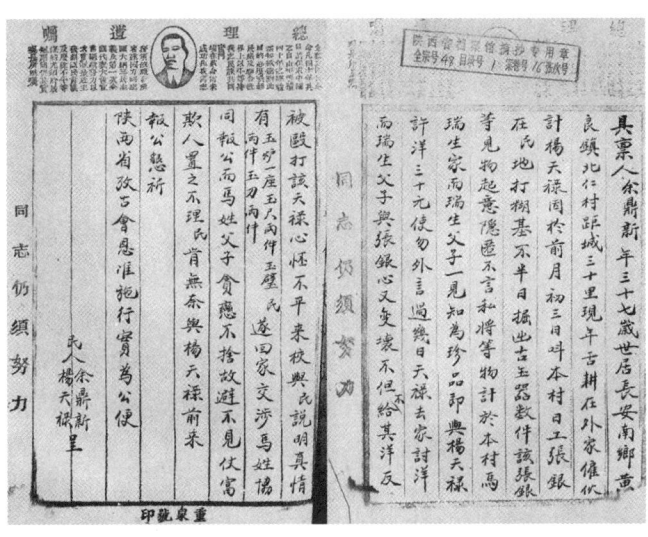

图376 余鼎新、杨天禄控诉状

考古会接状，派干事李印唐协同长安县政府职员夏振镜前往黄良镇北仁村明秘调查。查得古物出土地在"北仁村南距约二百米"，"四面均属平坦麦田，出土物距地面仅有尺许，至发生古物就一般舆论与余鼎新案称各节多属实情"。"惟马瑞生闻余鼎新报告官府后，于旧历十一月初五日请本村官人陈生德、李振吉、张振古等当面将古物交还张寅（银），并未通知杨天禄，且仅交出玉璧、玉尺、玉刀等，较原案所称数目尚短少玉炉一个"，今"张寅（银）携古物避匿不面"，村人均言"张寅（银）行动由马瑞生父子指示"。②

据此，考古会认为，所出之物当为周秦时代，"玉尺两支"在"学术上、度量衡关系上至重"，"故必追出方安"。③因于12月7日呈函向陕西省政府汇报，请"派警传余鼎新、马瑞生、张银、杨天禄等到案质讯"。

12月9日，陕西省政府发布第7884号训令，令长安县县长翁柽"即便密速传提马瑞生（等）到案质讯，勒令缴出原匿玉尺等件，并将经过详情具覆核办"。

12月26日，长安县政府受命开庭审理此案（图377），原告、被告各执其词，互不相让。在长安县政府承审与考古会陪审人员的严词批驳下，张银等同意将玉璧、玉尺、玉刀等物缴还公有，余玉炉一个则未缴出。此日开庭，"谕令马瑞生、杨天禄等取保听候"，等待再审。惟休庭之后，原告、被告各自寻找关系缓颊，致第二次开庭审讯玉炉案事终未成为现实。

---

① 1935年12月4日余鼎新呈陕西考古会诉状。
② 1935年12月7日陕西考古会致长安县政府公函。
③ 1935年12月9日陕西省政府秘书景莘农批示。

延至1937年2月，继任县长韩兆鹗[1]曾致函考古会，称此案"迨后再未集讯，以致案悬至今，尚未清结，鄙任接事后，复因军政各务繁忙，未及清理"，但只将"翁前任办理此案情形备文函复"。[2]

（六）长安翁某、孙谟贩卖古物案

1936年3月，长安县北乡翁家庄翁某在村北麦田凿井时发现汉墓一座，曾私下发掘。仓促间不慎将钟、鼎、仓、灶、井、壶、瓶、炉等多件陶器打碎，所获完好者仅有铜鼎、铜壶两件，精美异常。

翁某得物后，始觅人购物，事为本村在西安城中收卖破烂之孙谟闻知，孙欲牟利，表示可代寻买主。

孙谟自翁某手中接获两件铜器，将其藏于梁府街38号寄寓房内，托北大街文柳堂古玩店经理某氏代为销售。文

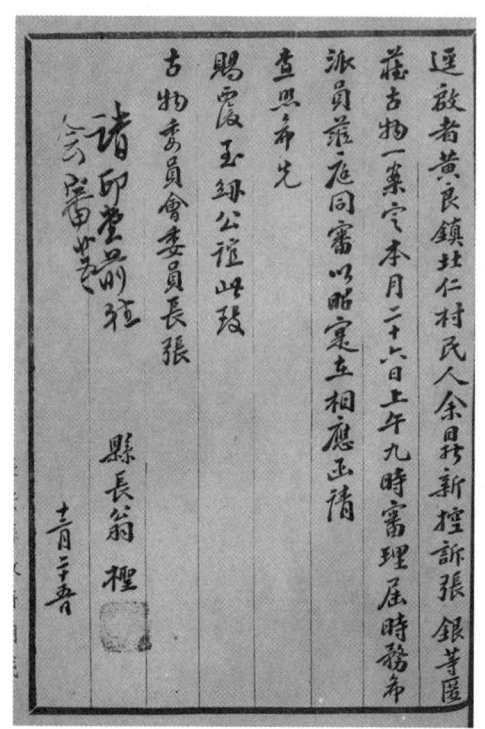

图377 长安县县长翁桎关于余鼎新等控诉案开庭审理一事致张扶万手札

柳堂经理至孙谟房中看货后，乃将古物携至店内，写信告知与其有密切业务往来的上海广东路古玩市场古玩商某氏，请其速来西安购物。（图378）

上海古玩商得信后，因西安方面军事紧张，久久不能成行。此时翁某久等不耐，多次催促孙谟。孙至文柳堂探问，文柳堂据告实情，孙疑其已将古物售出，借故推托，因与该店经理发生口角，引起省会警察局侦缉队耿敬轩之注意。耿将此事向侦缉队第四分队队长刘光汉汇报，刘甚喜，欲抓"大鱼"。乃与耿敬轩化装成便衣，秘密跟踪孙谟，弄清其身份住址，当夜即派员至梁府街38号将孙拘押，严加审讯，迫使孙至文柳堂找出两件铜器，并逼迫该店经理缴纳罚金。

文柳堂经理遭此损失，颇为恼火，遂向考古会报告，希望该会能处罚孙谟并从侦缉队处收回古物，以正国法。

考古会获悉消息后，派干事顾端甫前往调查。第四分队原想独审此案，从中渔利，今见考古会插手，即向总队队长邓昌霖汇报，请示处置方式。邓昌霖见状，于10月13日将此案呈报于省会警察局。10月21日，省会警察局致函考古会，提请鉴定古物价值。10月25日，考古会因是回函，称："移交之古铜瓶、

---

[1] 韩兆鹗（1891—1970），字卓儒。陕西鄠县人。1916年考入北京高等师范学校，曾参加五四运动，被推为北京学生联合会交际干事，以学生代表身份出席环球中国学生会。1920年10月与魏野畴、杨钟健等创办《秦钟》月刊。1921年毕业回陕，历任绥德、米脂、安康、南郑、长安等县县长。1949年后，历任陕西省人民委员会副省长、第一至三届省政协常委、第二届民盟中央常委、第一届省民盟主任委员等。

[2] 1937年2月21日长安县政府致陕西考古会第65号公函。

图 378　西安北大街翁某案件发生地环境显示。约摄于 1935 年后

古铜鼎俱系汉代之物，在历史上有重大价值。依据中央古物保管委员会所发古物保存法相关条例，敦请依法严惩该犯，以重国粹。"

据陕西考古会鉴定意见，省会警察局乃将孙谟移交于长安县地方法院，请依法判刑。长安县地方法院接受此案后，重新调查，认定原案显有夸大其词之说，犹豫不决。荏苒之间，适逢西安事变发生，其后主事者不谙详情，将孙无罪释放，原案亦不了了之。

（七）西安"伤兵友"[①]滋扰兴隆巷考古发掘案

1936 年 4 月初，西安兴隆巷东首居民任阁臣家中起土盖房，无意发现古墓一座。事为西京筹备委员会调查员夏子欣闻知，即告该会委员长张继知晓。

4 月 8 日，张继指示该会秘书长龚贤明致函考古会，"请设法办理"。考古会接函后，"以职责攸关"，即"派助理干事顾端甫察看后，决定自本月十一日开始发掘，仍由顾助理干事督工以明究竟"。彼时在场者，尚有西京筹备委员会派员夏子欣。"旋因第一日工作之际，围观人众，妨碍发掘进行，专函请西安省会公安局即饬就近公安分局派公安生二名，藉维秩序。讵料本日下午四时许，突有军人残废教养院军人十余名强进发掘范围地内拥挤，致碍工作。经该员劝其退后，不惟不听，反喊声用砖石瓦块任意乱抛，工人内多负伤，顾干事腰部受伤较重"，迫使发掘工作不得不"半途中辍"。

事件发生后，考古会立即向陕西省政府发函报告，详述事情真相，慨谓："似此目无法纪，若不从严惩办，考古前途殊多障碍。"声言"除本会负伤人员即为医治外，所有军人残废院军人殴打本会发掘职员等情，相应函达，即希贵府

[①] 按残废军人教养院人员多属"伤兵"，因其作战负伤致残，成立之初，社会各界均施以爱心，称之为"伤兵友"。

查酌办理",并希望"贵府转饬公安局即派武装警士前往弹压,俾便继续工作"。①

陕西省政府接到考古会的函报,立即训令省会公安局抽派武装警士前往弹压,并指示广仁医院收治伤员,以期痊愈。同时还训令军政部残废军人教养院,迅即查明肇事军人,训诫约束,严加处理。

省会公安局与广仁医院等单位接到省政府训令,均相继赶赴现场,履行职责。时军政部残废军人教养院院长袁吉安接函后回函省政府,谓"考古会当在兴隆巷发掘古墓时,军人、民人拥入地内参观者均多,所称残废军人,大抵以衣红十字服装者,即指为本院残废军人"。并云:"现驻西安各医院伤兵服装,概由中央发给,与本院残废军人所衣之服装无异,所资以识别者,仅符号之不同。是日在地内肇事军人,未据声明认明符号及姓名,是否他院伤兵,殊难悬断。"②

袁吉安所谓,致考古会同人不满。张扶万尤称,兴隆巷冲突,盖因残废军人教养院对属下往日约束不力③所致,今次隐忍,必致肇事者更为浮嚣,何益于世?故力主严办。在考古会强烈要求下,陕西省政府不得已再发函件,训令残废军人教养院严肃查处,不得推诿。袁查明事件原委,深感歉仄,乃坦诚代表残废军人教养院收回成命,提出道歉。

具有讽刺意味的是,对于此一事件,西安某报记者竟无视事实,混淆黑白,妄称起因"当由考古会声明负责,亦必须由考古会公开出面向军人残废教养院致谦"。

更离奇者,获悉事端发生而姗姗来迟的省会公安局于事端平息后还闪烁其词地报告省政府,谓兴隆巷冲突,已"饬派服务员陈子良前往,会同考古会以和平方法处息矣"④。

以上情状,陕西省政府似并未做进一步调查了解,惟一再督促考古会速将发掘概况呈报。5月28日,考古会向陕西省政府发出第8号公函,称:"发掘兴隆巷古墓,自本年四月十一日起至十七日止,中间因事延滞,实在工作只有三日,所有工作经过及掘获古物,已经整理就绪,理合缮造报告一册,附需费清单一纸,呈请检阅。"函件末云,所有开支俱由顾端甫"经手支付工资洋十二元六角;药费资洋五元,共一十七元陆角"。

接获考古会之扼要呈报,陕西省政府秘书处颇有微词。5月30日,陕西省政府回复第968号公函,指责原报告书"仅叙述发掘经过,至发掘所得各物,自必已存会研究,但来函并未述及"。"又,该墓身现若何处理,亦未有说明。"至发掘招致之"伤兵友"滋事案件及受伤人员之药费报销问题,却遗漏不提。

位处劣势的考古会无奈,乃于6月9日回复第10号公函,称:"查发掘所得各物,现均妥存会内,备资研究。至该墓身周围,均系砖砌。因此物无甚

---

① 以上引文均见1936年4月12日陕西考古会致陕西省政府公函。
② 1936年4月(具体日期不详)军政部驻陕残废军人教养院致陕西省政府第301号公函。
③ 残废军人教养院地址在西安东县门街,其成员往日缺乏约束,屡屡惹是生非,给驻地附近居民造成很大的烦恼。王子安《残废军人教养院》一文称:"该院对残废军人管理不严,这些人经常出外闹事。附近军民'敬鬼神而远之',把该院叫做'乒乓队'。"见中国人民政治协商会议西安市碑林区委员会文史资料委员会编:《碑林文史资料》(第四辑),内部发行,1989年,第114页。
④ 1936年4月(具体日期不详)陕西省会公安局致陕西省政府公函。

关系，仅取回墓砖一块存在，藉供考求。其余之砖由本会派员商同西京筹委会监工人夏子欣同面尽数嘱由该原地主任阁臣管有。兹准函复，即希查照为荷。"至于"伤兵友"滋事案件及受伤人员之药费报销问题，一时竟无人顾及。

（八）西安刘永安私掘古物案

1936年8月，西安城内北大街曹家巷居民刘永安整治水道，雇工人李存喜在其家偏院挖掘渗井，突然发现砖券汉墓一座，刘乃将大门关闭，着李存喜纵横挖掘，用工两日，共计掘出云纹瓦当、五铢钱以及仓、瓶、罐、灶等陶器数十件。

刘永安掘取古物时，嘱李存喜不得外传。未知其家小孩好奇，出门讲于左右邻居，引起妇女小孩多人围观，纷传其家掘出金银宝物，或言共有数百件之多。

消息传开后，陕西省会公安局第四分局局长李聘儒自觉事关古物保护，责任重大，因派辖区警长萧德海前往调查。8月18日，萧以查户籍为名，进入刘家，巧言打听，弄清原委，将调查情况据实汇报于李聘儒。8月19日，李派萧德海率警察至刘家搜查，诘问藏物之地。值审问之间，考古会、教育厅两单位亦闻讯派员前来，三方通力合作，促刘永安交出"鬼仓叁个（一破）、壶瓶壹个、小瓦罐叁个、鬼灶壹、瓦筒壹、五珠（铢）铜钱十八个等"。其后，"三处调查人将上项古物各自登记后，古物及院主、土工由北署公安局负责带去鞫讯"。①（图379）

刘永安、李存喜被带至第四分局后，局长李聘儒疑其另有藏匿，故亲自审问，严词逼迫，而刘永安始终坚称再无别物。李复"严诘工人李存喜，所供与刘永安略同。并称当取古物时，尚有妇女小孩多人在场眼见"，因此"绝不敢掩饰"，且甘愿"代刘姓受过"。②

李聘儒见刘、李一词，无懈可击，乃据此向陕西省会公安局局长魏炳文呈函汇报。该年9月，陕西省民政厅根据省会公安局函

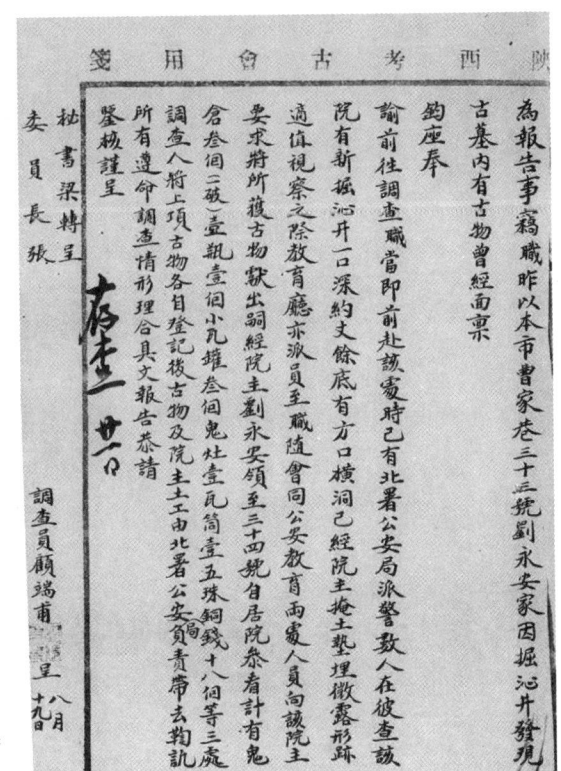

图379 顾端甫呈陕西考古会调查西安曹家巷33号刘永安掘井发现古物的报告

---

① 1936年8月19日顾端甫呈陕西考古会函件。
② 1936年9月（具体日期不详）陕西省民政厅致陕西考古会第338号公函。

报，特向考古会致送第 338 号函件，谓：“刘永安雇工李存喜因掘沁坑，无意挖出古物陶器等件，既已将古物交出，无隐匿情事。除已将该刘永安、李存喜从宽开释，免予究惩外，案存陶器九件、古铜钱十八个（多系破烂），拟送古物保存会，以资保存。”（图 380）

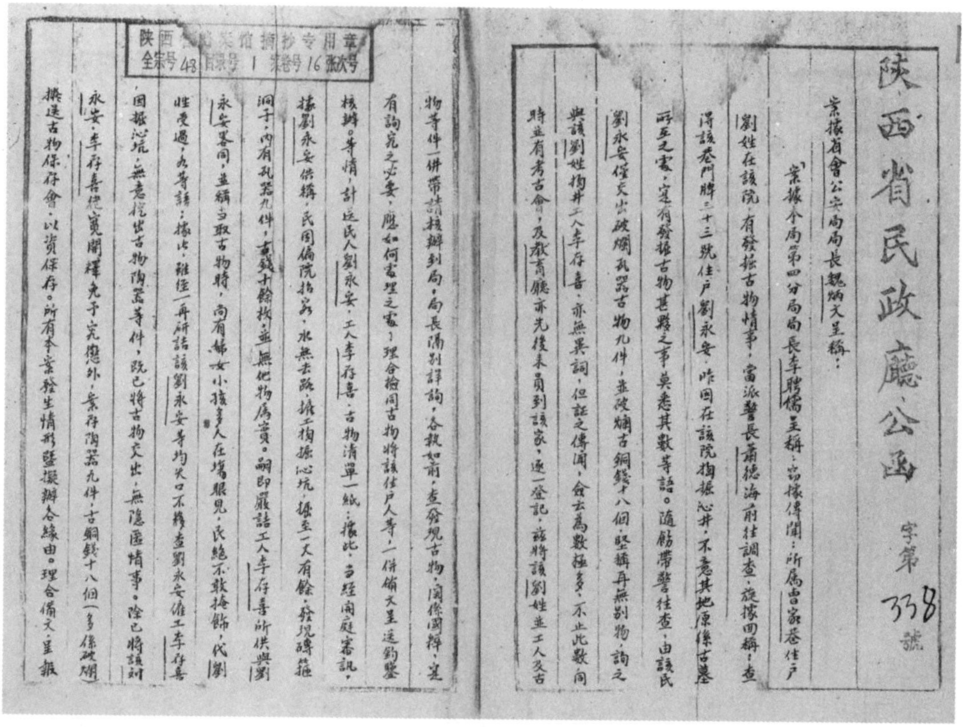

陕西省民政厅公函 字第338号

案据省会公安局局长魏炳文呈称：

「案据本局第四分局局长李聘儒呈称：窃据传闻：所属曹家巷住户刘姓在该院，有发掘古物情事，当派警长萧德海前往调查，旋据回称：查得该巷门牌三十三号住户刘永安，昨因在该院掏掘沁井，不意其地原系古墓所在之处，遂有发掘古物甚夥之事，莫悉其数等语。随饬带警往查，由该民刘永安仅交出破烂瓦器古物九件，并破烂古铜钱十八个，坚称再无别物，询之与该刘姓掏井工人李存喜，亦无异词，但证之传闻，佥云为数极多，不止此数，向时并有考古会，及教育厅亦先后来员到该家，逐一登记，兹将该刘姓并工人及古物等件一并带请核办到局，局长隔别详询，各执如前，查发现古物，关系国粹，寔有詢究之必要，应如何处理之处？理合检同古物将该住户人等一并备文呈送钧鉴核办。」等情，计送民人刘永安，工人李存喜，古物清单一纸；据此，当经开庭審讯，据刘永安供称，民因偏院低窪，水无去路，雇工掏掘沁坑，掘至一丈有余，发现砖箍洞子，内有瓦器九件，古钱十余枚，并无他物属实。嗣即严詰工人李存喜所供，与刘永安略同，并称当取古物时，尚有妇女小孩多人在场眼见，民绝不敢掩饰，代刘姓受过，各等语；据此，虽经一再研詰，该刘永安等均矢口不移。查刘永安雇工李存喜，因掘沁坑，无意挖出古物陶器等件，既已将古物交出，无隐匿情事。除已将该刘永安、李存喜从宽开释，免予究惩外，案存陶器九件，古铜钱十八个（多系破烂），拟送古物保存会，以资保存。所有本案发生情形暨拟办各缘由。理合备文，呈报

陕西省档案馆摘抄专用章 全宗号 48 目录号 1 案卷号 16 张次号

图 380　陕西省民政厅关于处理西安曹家巷 33 号刘永安掘井发现古物一案致陕西考古会第 338 号函件片段

（九）耀县佛道造像碑捐赠归公案

耀县为汉祋祤县故地，北魏以降，又长期为北地郡及泥阳县治之所在，其间匈奴、鲜卑、氐、羌等部族民众与汉族民众相互杂居、相互融合，崇佛敬道，发愿造像活动热烈，故而积淀并传留了大量极具特色的佛道造像碑石，漆水河流域尤为繁密。

乾嘉以来，随着金石考据之学的翩然勃起，这些造像碑石愈来愈受到人们的青睐与重视。自陕西考古会成立以来，“如长安附近及宝鸡等处，古物之搜集及发现，已卓著成绩，所发现各种古物，尤以魏碑为最多，且最有价值”。

1934 年 12 月 26 日《大公报》遂称：“近耀县地方又发现大批魏碑，对于历史文化，关系甚巨。除以前陆续发现有三宝造像、吴氏造像、魏苟造像、梁洪相、张僧妙、姚伯多等三十余种，刻在距城四十余里之柏树塬，发现张安世北碑一座，距城三十余里之雷明香造像碑（图 381）一座，潦池之雷柳造像一座，共六七座，多系珍品，极为书家及考古家所重视。闻张家坡、桐花嘴、七里坡等处，亦均有魏碑发现，近该县地方人士正继续发掘。上述已发现之大批魏碑，实于文化

图381　北周天和六年（571）雷明香造像碑拓本

关系至巨云。"①

《大公报》所谓的"地方人士"，指耀县保安大队副队长雷天一②。雷早年入三原宏道学堂，与于右任、张钫等人素称莫逆，受于、张影响，钟爱魏碑，亦擅书法。曾任陕西讨逆军营长等职。其在掌握耀县地方武装之后，遂在县境内频频进行金石碑版搜集。

适1933年7月山洪暴发，漆、沮二河冲出10余座造像碑，雷闻讯后出动兵力，悉数获得，转运至县城文庙旁，委专人经管。文献故云此组造像"颇精美，均陈于文庙之旁，有本地人雷天一君负责经管"③。不久又在县境西北柳林镇河中发掘八九座，始具一定规模。

1934年11月，为宣扬耀县碑石，雷天一特意向中央古物保管委员会西安办事处赠送造像拓本全份。

1936年10月，雷天一又致函耀县县政府，称："耀县古称北地郡，为我国古代文化最丰富之区，故六朝隋唐造像碑碣甚夥，而于历史文化艺术上之关系至深且巨，曩昔无人经理，以致荒郊毁弃，风雨剥蚀，良深痛惜。天一素性爱好古物、古迹，凡关金石图书碑版，有于历史文化艺术科学上之关系者，莫

---

① 引自《大公报》1934年12月26日新闻报道。类同报道亦见《西京日报》1934年12月22日《耀县大批魏碑》一则新闻。"魏苟造像"一释为"魏茍造像"，"柏树力原"一释为"柏树垣"。

② 雷天一（1900—1937），名叽，字天一，以字行。陕西耀县稠桑乡小王咀村人。早年入三原宏道学堂。后任民国耀县保卫大队副队长。曾搜集捐献北朝造像等碑石60余通，创耀县碑林。西安事变后为驻耀县许权中旅设计射杀。

③《中央古物保管委员会西安办事处工作报告》（1934年11月），见中国第二历史档案馆：《中华民国史档案资料汇编》第五辑第一编文化（二），江苏古籍出版社1994年版，第596页。

不潜心研究，酷嗜异常。民十四年，天一防守耀县时，游于古庙、古墓，目睹此项碑碣甚夥，率多抛弃旷野，彼时即有心搜集保存。正拟着手办理间，适奉令他往，未能如愿，深以为憾。迨至二十二年返归耀县后，暇时即亲往郊野，跋山涉水，日事搜求。及至本年七月，适逢山洪暴发，于漆、沮二河中，冲出十余座，并由柳林镇河中发掘八九座，及天一祖先家藏之十九座，运集一处，经四年之久，零星搜集，共计六十余种。现已将全部碑碣，运入民众公园，以资永远保存，而供社会人士研究，并愿将家藏古碑十九种，及发掘古碑四十种，捐赠归公……"①（图382、图383）

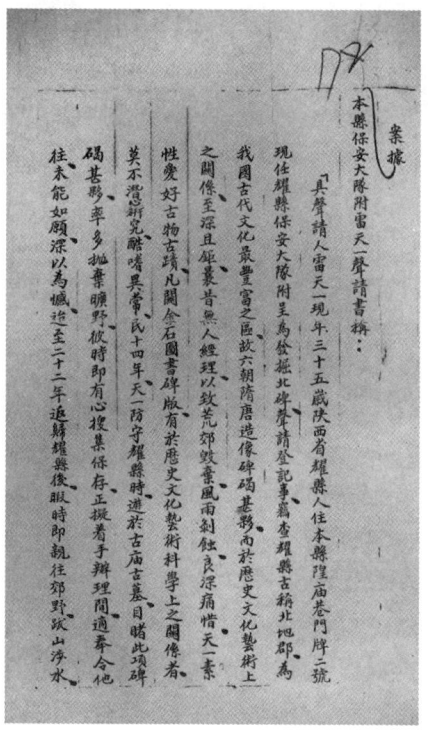

图382 显示雷天一致耀县县政府函件信息文件之一

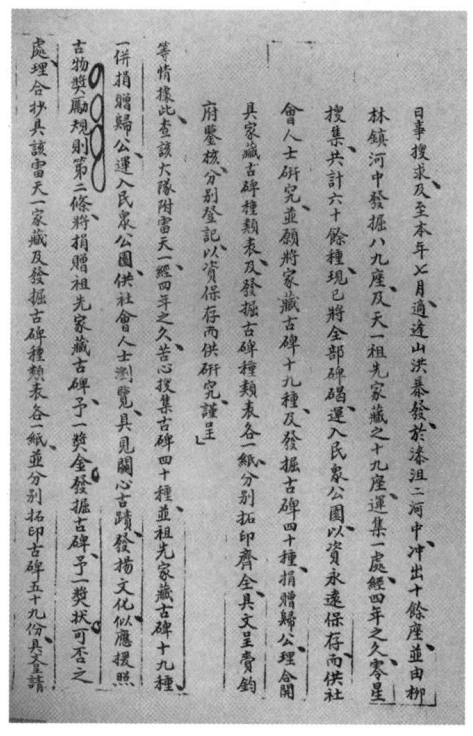

图383 显示雷天一致耀县县政府函件信息文件之二

耀县县长张际春接到雷天一致函后，未敢擅专，于10月26日附加各碑目录、拓本呈函陕西省政府主席邵力子，称："该大队附雷天一经四年之久，苦心搜集古碑四十种，并祖先家藏古碑十九种一并捐赠归公"，"具见关心古迹，发扬文化，似应援照古物奖励规则第二条，将捐赠祖先家藏古碑，予以奖金；发掘古碑，予以奖状……"

耀县县长张际春的公函，得到陕西省政府主席邵力子的重视。11月11日，邵亲自签发第2024号公函致送南京中央古物保管委员会。

11月下旬，中央古物保管委员会致函陕西省政府，称："此案业经提交本会第十八次常务会议决议，依照古物奖励规则第三条第二项之规定，提交下次

---

① 1936年10月26日耀县县政府致陕西省政府公函。

全体委员会议核定……", "惟查所送各拓片与表列名称核对，尚缺少唐经幢、唐千佛碑、六朝造像（坐）、六朝造像（立）、王氏造像共七种。并希贵省政府转饬该县查明具复……"①（图384）

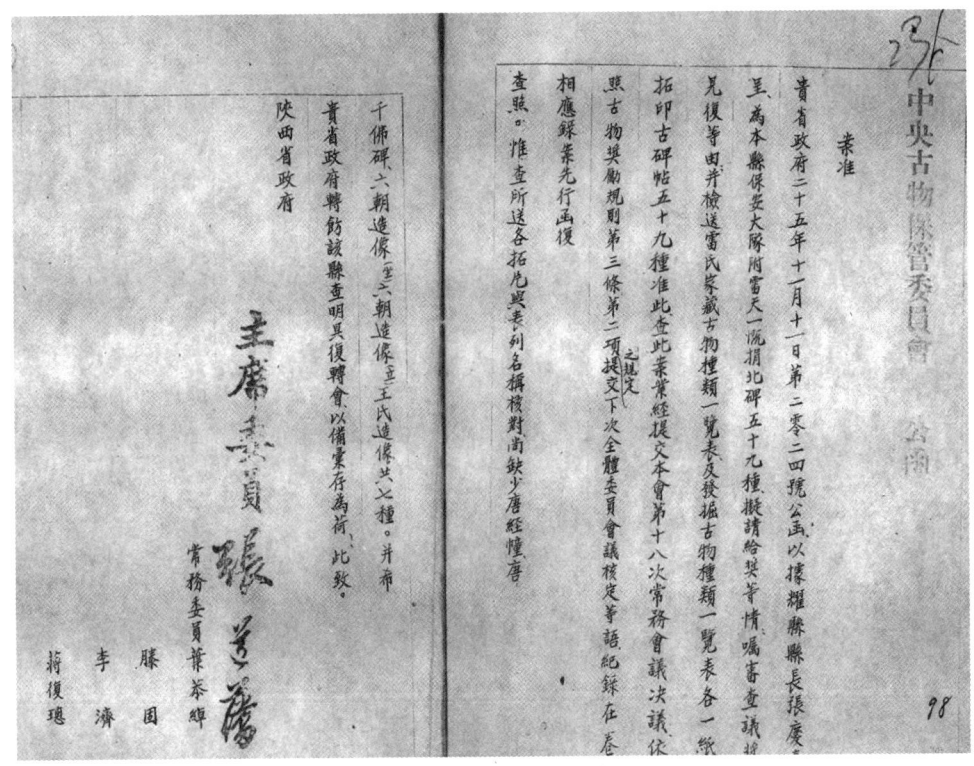

图384　中央古物保管委员会关于嘉奖雷天一诸事致陕西省政府公函

中央古物保管委员会公函到陕后，陕西省政府立即致函耀县县政府，请即转告雷天一，捐赠古碑事已经中央古物保管委员会第18次常务会议议决，"至奖励一事，不日即核定办妥"，请雷速将短缺拓本搜齐寄上。

雷天一获悉南京方面消息后，十分快慰，积极和雇拓工赶制拓本，以补空缺。不意此时西安事变猝然发生，驻守耀县之第十七路军独立旅旅长许权中（1894—1943）在中共地下党策划下，欲相机起义，配合红军南下。因耀县地处通往陕北要道，雷又执掌地方武装大权，此前曾多次与北上中共人员发生冲突，故许旅起义前决计除雷，遂于岁末除夕日②，假邀雷天一赴宴，突于酒席宴间出枪，将雷追逐于后庭墙下拘捕，旋射杀。

---

① 1936年11月（具体日期不详）中央古物保管委员会致陕西省政府第98号公函。
② 按《陕西耀县大香山志》："雷某，名吼，耀县人。聪明多智，恃才傲物。任耀县保卫团团长时，倡修城内街道，尽拆各巷口之庙。白衣阁观音堂诸庙宇，向来每年六月十九，民间礼拜观音会，从此息矣。雷某未研释典，斥佛徒为迷信，无敢正者。民国二十二年（1937年之误）腊月除夕，忽被某军袭击而毙，身受七伤，停尸西街眼光菩萨庙中。百姓皆说拆七庙而身受七疮，此庙若拆，死无停尸处矣。聪明至误至此，悲夫！志此非以彰其恶，冀作后鉴耳。"引自张木生题签，张木生、侯雄观编：《陕西耀县大香山志》，耀县念佛会铅印本，1943年，第22—23页。

当中共地下党酝酿耀县起义之时，南京中央古物保管委员会经再次会议，决定褒奖雷天一，特发勋章以资纪念。及闻雷天一身死，无不惊骇。此时正值西安碑林整修，张扶万便积极建议陕西省政府致函耀县县政府，酌将雷生前所捐赠之物附入碑林。

陕西省政府根据考古会建议，于1937年6月初向耀县县政府发送公函，谓："耀县前保安大队副雷天一生前雷氏家藏古碑五十种业经捐赠归公。雷氏死后，无人负责管理，深悉弃毁可惜，应由该县政府将命将此碑碣全部刻日运交碑林，以便整理保管，垂诸永久。"

消息传至耀县，舆论大哗。绅民刘景三、王良丞、安明斋等不愿碑石离开耀县，立即发起组织耀县碑林保管委员会，声言护碑。

同月中旬，刘景三、王良丞、安明斋五十余人联名致函耀县县长冯景异，语称："雷天一捐赠家藏古碑归公一事，全属欺诈虚妄。雷氏家中实无一块碑碣，所称五十余种，除学校寺院及公共庙宇等处所有者强行运集外，尚有私人家庙暨似宅数世保存遗传之北碑最占多数。当时汇集一处组设碑林，先是雷氏强敚之时，群情反对，众恚沸腾。盖恐汇集一处之易招强力者注意，或遭强敚、偷盗及无知民之损坏，反不如分藏各处较为机密稳妥，极易保存也。惟以慑雷氏权势之煊赫，行为之横暴，武力之迫压，莫可奈何。而雷氏亦以众怒难犯，强敚拂情之不安于心，曾再三向各碑主誓担负完全保存责任。""不意雷氏生前胆大欺妄，竟敢强撄全县公有私有之碑碣，为己所有，欺蒙上宪，诈称捐公。揆其用意，无非贾（沽）名希宠，冀奖牟利。"今"雷氏死后，由本县绅民组织一碑林保管委员会整理保管负责"，"乃忽奉令前因，饬由县府速将此项碑碣运交西安碑林"，"闻令之下，群情沸哗"。"谨按此项碑碣乃周秦汉唐之遗迹，尤以六朝北魏之造像碑占最多数。耀县在古代为近（京）畿区域，而古迹之流传至今者，他无可称，仅此碑碣经幢而已。绅民等亦深悉此项古迹关系地方之掌故至为重要，关系于国家民族之文化艺术更为密切，以是爱护珍宝之情，较之他人尤为殷切。今兹碑林保管委员会即为合法组织，无虑散弃之毁损。令饬运省，似觉不必。况每碑重逾数千斤，搬运当易言哉。盖此项古物在西安固属公有，在耀县亦为公有。而耀县距西安仅百余里异地，犹一处也。况西安碑林罗列万有，以之加之，不啻沧海之一粟，最易为人忽略；若存置耀县，则固卓卓昭昭，易引人之注视也。且耀县地处山陬，欲有籍予袭传全国之魏碑以溯既往而迪来兹者甚急。"

又云："咸阳之故都而盛称于世，临潼以温泉而轰传于国，龙门以佛像魏碑驰名于南北。耀县无所长，仅此魏碑数十种，或可步龙门之前辙，卜国人之一注，则影响于文化之启迪，地方之繁荣，固不重且大耶。"因故"转呈上宪，俯察下情，体恤民意，停止运碑命令。更乞省诸宪重视都市文化，仍勿忘地方乡村文化"。①

耀县县长冯景异接获刘景三等人函件，深知关系重大，故不敢托词隐晦，

---

① 1937年6月（具体日期不详）耀县县政府致陕西省政府公函。

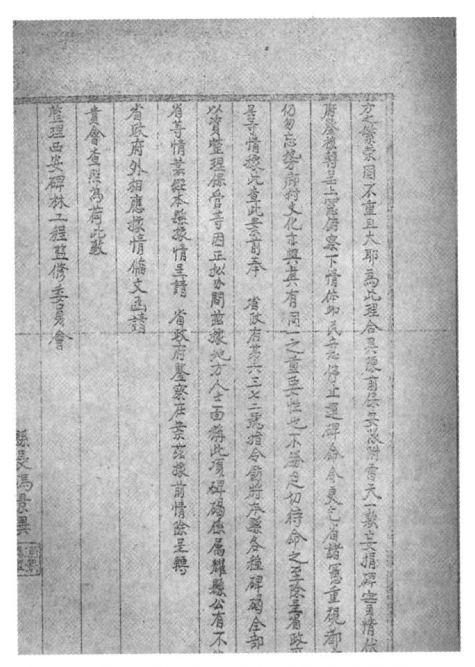
图385 耀县县长冯景异关于耀县绅民反对移动碑石致西安碑林工程监修委员会信函

图386 耀县小碑林一隅。1941年4月20日教育部艺术文物考察团姚继勋摄

乃直将函件转送省政府与西安碑林。(图385)省政府暨西安碑林获悉耀县绅民百计阻止搬运碑石消息,频生反感。仍于7月7日训令耀县县政府"不得籍词设障,速将碑石运至西安"。并回函碑林监修委员会及考古会,称:"业经指令该县仍照本府原议,将此项魏碑全数运省在案。"

刘景三等人获悉省政府态度强硬,意气更盛。集会合议,势不能止。表示:"倘省府官员不恤下情,一意孤行,民等将结队赴省请愿,不达目的,绝不罢休。"①

当省、县双方各执己见,剑拔弩张之时,侵华日军突然扩大战事,重炮轰击陕西东大门潼关县城,西安城垣亦空袭频频,形势危急。紧急时刻,省垣各机关纷纷准备迁徙,西安碑林等古物聚集之地,也匆忙奉令实施迁徙埋藏。混乱之中,原本急如星火的耀县碑石迁移之事旋即突然降温,无人过问。延至数月,随着日寇侵华战事的不断扩大,此事竟逐渐悄然平息。

虽然如此,得雷天一生前之竭力经营,庋藏碑石极富的耀县小碑林却因是名传海内。1941年4月20日,教育部艺术文物考察团慕名至此考察(图386),该团秘书何正璜对小碑林所藏造像碑石有很高的评价。

何正璜日记称:"早点后,由耀县教育科段科长招待吾人参观耀县碑林。现计收有碑石及造像共五十七种,尽为六朝时之石刻字画及雕刻,具有一种唐代即已失去之古偒率朴之趣味。其在纯艺术评价上,似在西安碑林之上,可谓艺林之精华。"

且云:"此小碑林之来历,则称各碑原在城南广元寺内,时久湮没。漆水

---

① 引自笔者采访刘安国等人记录。

山洪暴发，将碑暴露沙上，爱好者即分别收集。二十一年①保安大队副雷天一氏集各散于民间之碑，尽收为公有，筑室以聚之于此，因成此林。"

（十）斗鸡台考古工地肇事案

1937年6月20日，第三次斗鸡台考古发掘因天热停工。为保护已发掘揭露之西周车马坑与其他工地物资，徐炳昶决定雇工张振东及此前参与考古发掘的戴家湾村农民戴福德、戴八劳、戴锡（均曾任发掘监工）等人持枪看守，以防不测。

戴八劳其人，与考古会关系尤为密切。除参与斗鸡台三次考古发掘外，此前尚参加考古会数次专题调查，1935年2月18日何士骥《陕西考古会工作报告》即有他的颇多记载："（1935年）二月十二日……至下午三时，狮醒回镇，骥与代八老至秦穆公女及箫史所居之凤女台……""二月十三日……骥与代八老等至距太子沟六七里之老王沟，自沟顶而下，不见丝毫古陶，瓦片等。至沟跟一堡子旁，始采得红陶器片（多带刻纹等）及绳纹瓦片等而返。""二月十五日……至下午三时，狮醒回寓休息，骥与代八老及李队长所派团丁一名，再向东延山坡而行，觅得一红瓦罐，（但不甚细致）似今之花盆然。""二月十六日……骥遂骑马与代八老，团丁一人往访，至则见一堡子，形式颇老。"②

依状词，知6月28日深夜张振东等依例巡查车马坑，未料至夜半3时许，忽从贾村塬奔来五六十人，各携刀枪棍棒，径入戴福德家，将其家所藏考古会来复式快枪一支收缴，又将考古会寄存于此的木箱数口抛入院中，肆意敲砸。继而又将戴家男妇十余口逼于墙角，肆行殴打。紧急之中，戴家湾村保长杨万盛闻讯敲钟，集该村丁壮近百人携械前来，与贾村塬来人展开械斗。至黎明时分，来人渐有不支，为首胡有有、王有太被缚，余众夺路而逃。

事后检点现场，知考古会来复枪一支被劫，藏物箱柜多所破碎，狼藉满地。总计受伤者十余人，其中以张振东、戴八劳、戴锡、戴万祥、戴容等人伤势严重。

29日，杨万盛、戴八劳、戴锡、戴福德等集众商议，决定立即向宝鸡县政府、陕西考古会发出火急诉状。

其致陕西考古会函件称："昨晚下三钟，突由北原窜来股匪五六十人，快枪少数，其余多持刀棍，迳向监工家内抢劫，并将监工戴八劳、戴福德、戴锡及路工一人打受重伤，将从前计（寄）放之箱挖开，劫去古物甚多。现在惟有详情未能清楚。""至于损失多寡，随后查清呈报。"（图387、图388）

但致宝鸡县政府函件却称："兹有陕西考古会斗鸡台工作现因天热暂行停工，所有已掘之地窖一所，惟防乡民窃挖，临走时即派监工看守并令每晚雇丁带来复枪坐夜。突于昨晚下三钟突来匪徒五六十人，除有少数快枪外，其余多持刀棍。到后即先将地窖之枪收去，并开枪将监工戴八劳并路工打负重伤。又向监工家内将考古会计（寄）存之箱子及监工家内箱柜完全打开，抢去物件颇

---

① 据1936年10月雷天一致耀县县政府函件，当为1933年之误。
② 何士骥：《陕西考古会工作报告》，载《国立北平研究院院务汇报》1935年第6卷第1期，第82—83页。"代八老"为"戴八劳"之误，以下同。

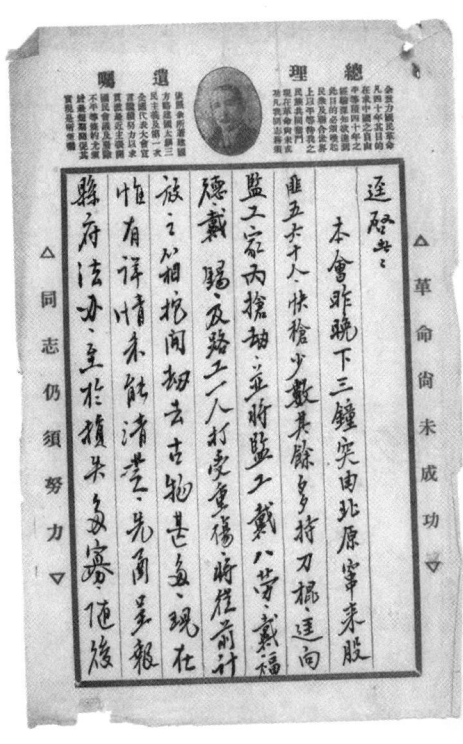 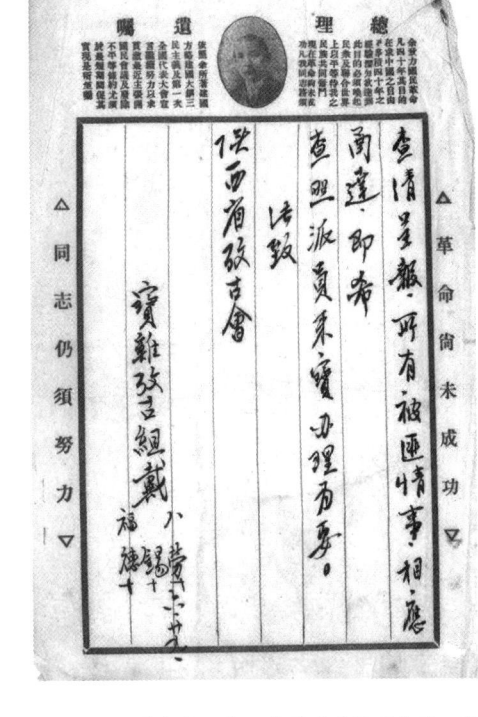

图387 宝鸡考古组戴八劳等关于被匪抢劫一案禀陕西考古会原状之一　　图388 宝鸡考古组戴八劳等关于被匪抢劫一案禀陕西考古会原状之二

多。正抢劫间,被当地保甲闻讯,即集合追击,该匪始行散去。被捕匪徒二名,现在失事地点,由保甲看守并现在正由保甲长查勘损失。而乡间民力薄弱,若迳向县送,深恐途中又生大变,故先函报钧府即派团队提解来县并查勘考古会被匪情形,以便函达考古会,无任急迫待命之至。"函末附记:"谨呈计开匪徒二名,现在戴家湾。匪徒七九子弹五粒。"

7月1日,接获函报之陕西考古会立即委派干事李印唐协同何士骥赴戴家湾"调查被劫情形并视察受伤人等",同时呈函民政厅,请"转饬宝鸡县政府迅速认真缉捕(罪犯),以免远飏"①。7月4日,民政厅回函考古会,谓"已令县认真缉捕,务使人赃并获。并随时妥为防护,不得再任出事外"。

与此同时,宝鸡县政府已受命将胡有有、王有太提解到县,严词审讯。

胡、王声称,其二人均为贾村塬大韩村人,且言"前因媒聘,定王爱中之妹为妻,彩礼已送过,喜日又定,将要接人,未料王爱中暗受戴家湾戴福德钱财,又将其妹许给戴福德之子,民气愤不过,与他打官司,过了几堂,尚未结案",忽闻"王爱中把他妹暗中竟与戴福德往送到家内成婚,登时火冒三丈",因此"叫同邻人王有太前往戴家质问"。"不料戴福德在外喊叫有土匪的话,把他村内叫来多人,把民合(和)王有太捆绑殴打,赖民是土匪。"而所谓持枪劫物之事,胡、王更矢口否认,谓其"只去两人,为打听女人,并不是为抢人去,拿枪刀

---

① 1937年7月1日陕西考古会致陕西省民政厅公函。

子弹能作何用？实为戴福德由他家内拿出与民种赃，又把他家存考古会箱子两口，内装东西，抛弃院内，诬赖是民们抢的"。①

发案双方的不同说法，促使宝鸡县政府会同考古会派员进行了艰苦的调查工作，同人克服重重阻力，查明此案起因实为抢婚，并非"被匪"。但案发之时事涉考古会寄放诸物以及留守监工，已造成一定损失。为此，宝鸡县政府在陕西省政府及考古会的督促协同下，于该年8月做出判决，将胡有有、王有太监禁数日，责其赔偿考古会受伤监工医药费用等。而戴福德等虽系考古会监工，护宝有责，但借此事件，有夸大其词之过。姑念其俱系乡民，皆提出训斥，以示警诫……

（十一）醴泉瑞云庵、保安寺石佛调查保护案

1938年7月23日，醴泉县（图389）县长侯石年②致函陕西省政府，称："醴泉为陕西要区，唐昭陵所在之地，故唐时石佛碑碣，常有发现，第以年代湮远，坍塌剥落，民间既不知注意，公家亦未有妥善保存办法，以致损毁湮没，殊违中央明令保存古物之要，并且抗战事起，倭寇每陷一地，常注意古物之掠夺，是古物之在非常时期中如何保管，尤为必要。兹县府与地方人士合议，除将城乡各镇经已发现重大不能搬运之古物，令饬该管联保加意保护外，

图389 醴泉县城北门。1928年摄

---

① 1937年7月（具体日期不详）宝鸡县政府呈报陕西省政府公函。
② 侯石年，湖南大庸（今属张家界市）人。幼随父侯昌铨在武陵（今常德）读书。1924年毕业于上海复旦大学法律系。曾任国民党中央党部总干事、陕西省政府秘书以及郿县、醴泉、旬邑、榆林、神木等县县长。善书法篆刻，富收藏。篆刻尤佳，代表作有《总理遗嘱》《三民主义印谱》等。事迹见中国人民政治协商会议湖南省大庸市委员会文史委员资料研究会编：《金石家侯石年》，见《大庸文史资料》（第四辑），第59—60页。

其关能于搬运之古物类，切拟移置于县立民众教育馆之古物陈列室内，以资保存，而昭慎重，如县城内保安寺有唐代完整之石佛二座，曾于某年经人盗卖数十元，后经追回，现仍在原处。"

又言："县城内西北街瑞云庵废址最近经人发掘小石佛四座、浮雕造像一座，背面镌有阴雕花纹及开元七年（719）润（闰）七月字样，确为有价值之唐时造像"，故拟连同各乡镇陆续发现之古物一并运至民众教育馆之古物陈列室保存，因恐运物之际，将生阻碍，故请省政府出函训令，以便起运。

陕西省政府接函之后，即向考古会致送第0185号函件，请"备查详情"，以便定夺。

8月13日，考古会干事顾端甫受命偕拓工朱明俊前往醴泉，果遭该县民众强烈抵制。

此事内蕴，8月27日顾端甫呈报张扶万函件如是有云：

"尊于八月十三日率领拓工朱明俊前往（醴泉），查县城内西北街旧有瑞云庵一所，庙宇现已全圮，仅余废址，居民掘地发现小型坐石佛像三尊，石质雕工极粗劣，无何价值，其一头断，下残，身高英尺一尺零八，宽七寸；其二高一尺三寸上，宽九寸四；其三高一尺零四，宽七寸六。又浮雕白石造像一方，背面镌有阴文及开元润（闰）七月竖塔等字样，是唐代塔上之物，殊足珍贵。石高一尺八，宽一尺八，厚三寸五，正面轴心高一尺七，宽一尺二寸三。闻此物出土后曾被私人盗卖，嗣经县长勒令归公，责成保甲长负责保管。职至时，该保甲长庸愚无识，恐外人携去，竟匿物搪塞，县长威迫劝导，费时数日，约以拓印毕仍予发还，始将该石送呈县府，纠纷遂得解决。"

考古会派员走后，醴泉县城西北街保甲长如约至县政府索物，遭县政府主事者拒绝。不久侯将离任，又有其欲携物归里之说。

消息传开后，醴泉绅士便多生疑惑。或云侯此前借词汇集古物，另有他谋；或云侯擅长书法篆刻，嗜好收藏，见唐白石造像后留恋难舍，恐有异心。在屡次索物不果之际，该县绅士王文哲等集议协商，一面写状呈递陕西省政府，"控告该县县长侯石年贪污"[1]情事，请求追回古物，以正国法；一面酌派专员赴省拜见同乡名流阎志宵，请其出面索取造像。在阎志宵等相关人士的努力下，此唐白石造像最后得以留存醴泉[2]。

公允而言，醴泉绅士在当时环境下，以乡土情怀佑护造像不得出境，固在情理之中。但侯石年以保护古物计，深恐此等造像一旦滞留醴泉，日久或恐流失而促其归省保存，在今天看来，亦未尝不是一种卓识。

纵观以上案例，虽头绪纷杂，扑朔迷离，但去芜存精，稍事总结，则大致可分作"异地私掘""挟势强夺""私自贩卖""模糊保护"四种类型。

四种类型中，要以"异地私掘"一类为最多，表现方式也最为丰富。该类案

---

[1] 陕西省档案馆藏《陕西省府关于醴泉人王文哲控告该县县长侯石年贪污案调查处理》（1938年7月—1939年7月），全宗号：1，目录号：9，案卷号：123。

[2] 引自笔者采访阎振维记录，阎早年毕业于西北大学历史系，后供职于昭陵博物馆，已退休。

例的大量出现，应与当时的社会性质以及管理体制有绝大关系，为这一时期古物要案的显著特色。除此以外，利用古物保护之名而进行假公济私、报复肇事、巧取豪夺或模糊保护等形形色色案例的频繁涌现，亦为这一时期古物要案的特色之一，究其内蕴，其往往使所发之案云诡波谲、真伪莫辨，为案情侦破以及古物保护工作增加了一定难度。

不能回避的是，不管哪一种案例，都反映了当时社会体制的落后，凸显当时社会背景下古物保护法令制度的淡漠以及全社会古物保护意识的薄弱。这一实质，是民国时期古物保护管理工作的盲肠与羁绊，它决定陕西考古会所着意参与的古物要案处理工作，最终只能陷于受而难理、理而不清、清而不决的无奈结局。

第七章
抗战中文物移藏及艰难维持

1937年"七七事变"后，日本侵略军在相继占领华北、晋中、鲁、豫等地后，又将战火延烧至晋南以至毗邻陕西的黄河沿岸。西部门户潼关城隘随之遭受日寇大炮肆虐轰击。弹痕累累，故都西安亦旋即陷于日寇飞机的频繁空袭中，一夕之间，惊恐迭生。

在残酷的战争面前，绵亘三年之久的斗鸡台发掘不得不宣布暂行中止。主要工作人员被迫相继撤退西南、陕南，保存于考古会内的大量珍贵文物于是随时面临侵略战火的觊觎、吞噬，工作秩序已趋于紊乱。

为对抗日本侵略军的疯狂进攻，确保文物安全，在艰苦的环境下，陕西考古会留守人员与故都西安的其他相关机构同人一起，受南京中央古物保管委员会、西京筹备委员会，以及陕西省政府等相关机构的部署指挥，勇敢地担负起粮道巷本部千余件文物的移藏保护任务，并秘密对其实施了周密稳妥的转移埋藏。[①]

与此同时，如张扶万等一些特别人物群体，还适时对西安碑林等单位珍藏的汉熹平石经残石、石台孝经等珍贵文物进行了切实有效的保护、管理。这样的举措，使上述文物得以在日后日寇飞机的频繁轰炸中，最大限度地避免了战争的威胁与创伤，基本完好地传留下来。

不惟如此，负责留守西安的考古会部分人员在张扶万等人领导下，尚克服经费停发、力量分割、日机轰炸、交通阻塞等重重困难，在尽可能的情况下，坚持在关中一线部分地区实施不定期的文物调查、碑石椎拓与相关保护、研究工作。

另外，辗转来陕的顾颉刚还在西安东关小坡实施小型考古发掘，避居陕南的何士骥又相机对汉水流域等地区的文物遗迹实施了调查发掘，迁徙云南的徐炳昶、苏秉琦等人，则开始了艰苦紧张的资料整理与研究工作……[②]

毋庸置疑，上述一切工作的坚持和开展，靠的是强烈的民族自信心与责任感，凭借的是坚忍的毅力与无私的奉献精神及诚挚的道义承诺。正是这些弥足珍贵的动力、精神与民族品性，方才促使陕西考古会复再艰难维持四年之久，从而保证

---

① 罗宏才：《抗战中陕西考古会及西安碑林部分文物移藏始末》，见西安碑林博物馆编：《碑林集刊》（二），陕西师范大学出版社1994年版，第15—27页。罗宏才：《抗战中陕西考古会及西安碑林部分文物移藏始末补述》，见西安碑林博物馆编：《碑林集刊》（三），陕西人民美术出版社1995年版，第22—35页。

② 参见本书第四章中"第二次斗鸡台发掘及成绩、意义"。

陕西文物考古发展历史能够薪火不灭，得以在中国文物考古史的经典坐标构体内，长留下不可磨灭的印痕。

一、移藏活动始末

（一）移藏背景

1937年"七七事变"发生后，全面抗战随之爆发。同年7月，北平沦陷。9月、10月，河北首府保定以及通往山西的天险要道娘子关亦相继失陷。在"三个月灭亡中国"①的梦呓声中，日本侵略军长驱南下、西进，战火迅速在鲁、豫、皖、晋诸省千里原野蔓延燃烧。有着数千年文明历史的陕西大地，旋即暴露在日本军队的侵略视线之中，故都西安上空，猖獗骚扰的日军飞机已频繁出现。

面对日本侵略军的猖狂进攻，中国政府以及人民展开了英勇无畏的保卫战争。在战火面前，为了确保中华民族的优秀文化遗产不致被日寇铁蹄所践踏蹂躏，国民党中央政府、教育部、中央古物保管委员会，以及相关省、市的地方政府都相继做出迁徙移藏精华古物、古籍以及善本图书等文化遗产的决定。暂居重庆的监察院院长于右任、西京筹备委员会委员长张继等一大批国民党元老，有感故宫博物院等单位大规模迁徙古物珍宝活动的实施，更频繁以南京、重庆、郑州、洛阳等地突遭日寇侵略轰炸的惨痛教训为例，不断电、函陕西有关当局，敦请其未雨绸缪，

图390　张继（中立者）等视察兴平汉武帝茂陵留影。1934年西京筹备委员会摄

迅速制定移藏保护陕省文物的切实方案。其中张继一纸来电尤称："南京古物现已遗失无存，关中古物应早加意保护。"②（图390）

大敌当前的时候，陕西省政府于该年11月、12月及翌年1月，相继发出一系列移藏保存文物的紧急训令。1938年2月以至3月初，西京筹备委员会、中央古物保管委员会西安办事处以及陕西考古会、西安碑林管理委员会、陕西省图书馆等相关单位连续数次召开紧急会议，安排部署上述各单位所属古物的移藏保护工作。

就上述各单位而言，要以陕西考古会与西安碑林保存文物最多，移藏任务也最为繁重。依据1936年11月通过的《陕西考古会第三届年会会务报告》之记载，知"该会二年来由发掘调查购买捐赠所得古物，总计九百八十余号"③，尚不包

---

① 张宏志：《平型关大捷与日本的十月方略之受挫》，载《人文杂志》1993年第4期，第83页。
② 1943年陕西考古会致陕西省教育厅函件。
③ 容媛编：《陕西考古会第三届年会会务报告》，载《燕京学报》1936年第20期，第597页。

括陆续运平的300余件文物。而实际上至1937年"七七事变"发生，仅该会西安一地所存储的文物总数已达千余件，至于尚未登记造册的文物标本与古籍善本图书等物，以及中央古物保管委员会西安办事处主任黄仲良寄存于此的"文卷、工作品、古物等项"①，还复不少。

千余件文物之中，最为瞩目者当数斗鸡台发掘所得墓葬资料，民政厅发掘所得宋刻唐大明兴庆两宫图残石，西安火车站等地相继出土发现的北朝石佛、唐代经幢、残菩萨雕像（断臂维纳斯），以及张扶万受委为于右任无偿保管的熹平石经残石等物。如是规模与较高品质的文物群体，故使其与西安其他单位所藏珍贵文物一起，被中央古物保管委员会、西京筹备委员会、陕西省政府等相关单位列为重点移藏保护对象。

图391　滕固小照

对于这批文物，相关机构以及有识之士都曾投以热切的关注与期待。1934年12月19日，中央古物保管委员会委员滕固（图391）、黄仲良等人受命视察陕西文物保护管理工作，仅仅只观览了陕西考古会除去运北平重要文物之外而常规展览的部分文物，即流连忘返，惊叹不已。因是滕固氏在其后写就的《征途访古述记·渭水古陵墓》②一文中有详细记载与很高评价。

图392　陕西省图书馆庋藏碛沙藏经法苑珠林一部写真。1953年摄

同步滕固、黄仲良等人之评介，张扶万亦有卓绝之认识。1938年8月16日（旧历七月二十一日）张扶万《在山草堂日记》记："……西安古物最常者，唐开成石经；颜、欧、虞、褚、柳公各碑，景龙观钟、昭陵石骏；考古会保存石佛、瓦器；图书馆碛沙佛经（图392）其最著也。"

上述千余件文物，当时全部陈列、保存于考古会粮道巷本部之中。《陕西考古会第三届年会会务报告》谓其"分部陈列三室，以供阅览，其重号或无学术意义者，则置储藏室"③。

关于陈列文物的现状与大致内蕴，无锡侯鸿鉴在其《西北漫游记》（图393）一书中披露1935年5月11日考察所见云：

"午后往陕西考古委员会参观古物。入门即见石麟、石龟二像。入陈列第一室，大都为宝鸡斗鸡台发掘之物。瓦器有瓶、罐、鼎、盆、家具、蒸锅（底有五孔）、仓、筒、壶、敦之属，均为汉物。铜器有镜花、方胜、钉练、甲片、甲扣、鼎、彝、钱币之类。陶器有黄油（釉）瓦鼎、无油（釉）瓦鬲。拓片有中箭、骨

---

① 1938年7月27日陕西省政府致陕西考古会电报。
② 参见滕固：《征途访古述记》，见沈宁编：《滕固艺术文集》，人民美术出版社2003年版，第334页。关于滕固氏详细记载与评价，参见本书第六章中"瑰宝迷离"。
③ 容媛：《陕西考古会第三届年会会务报告》，载《燕京学报》1936年第20期，第597页。

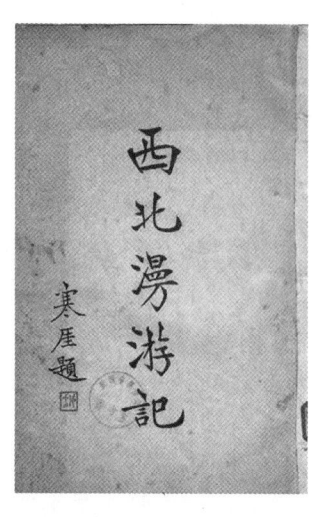

图393 侯鸿鉴著《西北漫游记》。西安碑林博物馆图书室藏

图394 陕西考古会保存的大明宫出土石螭兽。1934年摄

髂。砖类有秦砖二，一长方形，一磬折形。其余为窑村发掘所得，如带彩陶瓶、瓦鸡、瓦囷、瓦仓、瓦匙、瓶罐之属。其为西安车站发掘所得。石佛两尊，为最古。身体虽残阙，然白石甚洁白可爱。又有回文字泥版。大瓦罐、石屋（方形无顶）、石佛头数个。室之中，有一瓦器。其状如瓶、瓮等属。底则圆而不能立定者，以两绳系其两耳，悬于木架，虽无标签说明，余疑其为欹器类也。室之右陈列者，多为宝鸡县斗鸡台开掘之物。有白石残物一尊，带花纹之方砖数块，其余瓶罐之属，多瓦缶类。第二室陈列品，石刻佛像、螭首（图394）、货布、箭簇、铜环、铜器、铁器、石珠、珍珠，宋元明清之瓷片，唐之手印砖、天下太平砖、骨器、帽花，六朝之瓦当、筒瓦，三代之石器、瓦鬲腿，宝鸡之斗鸡台所掘得之仰韶期仰朝①陶片，最为名贵。至于魏之陶象、陶马，虽数见不鲜，而此间所陈者，似较为名贵，盖式样与花纹及泥色，均有特征耳。"

涉及第三室陈列之物，侯氏另云："第三室陈列品，手纹砖、瓦当、陶瓷碎片、八棱石柱、花砖等甚多。吴道子绘观音石刻为最珍。其尤可珍者，唐兴庆宫图断碑，内有长庆殿、龙堂、龙池、沉香亭、勤政务本楼、金花落、南薰殿、丽苑门、兴庆殿、大同殿等。南北三尺，东西二尺……""又有石刻大明宫图、黄河图及经幢三，均可宝贵者。"②

当然，侯氏所记仅为1935年5月11日以前考古会藏物概况。至于"七七事变"发生前考古会千余件文物的保存现状，张扶万则用"鄙屋藏珍宝，风雨待飘摇"③一诗相描述，盖以其陈列之屋陈旧简陋，时有风雨侵蚀之虞。

及故宫博物院文物移藏之事见于报载，张扶万忧虑时局，顾念考古会所藏文物处境，特赋《阅报纸见新历七月故宫古物南迁》④一诗寄怀。诗云："遍数燕云十六州，渝关烽火照城楼。大弓宝玉连朝走，巷议街谈自此休。"认为"周养

---

① 仰韶文化"韶"字之误。
② 以上所引均1935年5月11日侯鸿鉴考察所记，见侯鸿鉴：《西北漫游记》，无锡锡成印刷公司，1937年，第13—14页。
③ 采访刘安国记录。此诗未收入张扶万《在山草堂诗录》。
④ 张扶万：《在山草堂诗录》卷六诗乙（起辛未八月，终甲戌七月）。

安以阻止（古物）南迁被捕"①，自此"巷议街谈"遂绝，提醒人们从中汲取教训，继而发出"虎猛莫教藜藿采，雁鸣只为稻粱谋。金人辞汉前朝事，铅泪垂看易水流"这样催人深思的感慨。

携带如此复杂的时代情绪，张在大敌当前之际，多次向陕西省政府等相关单位提出报告，敦请拨款重修，但均以经费无着而致中辍。张因此大为不满，慨谓："现在和平时期政府尚如此轻视古物，倘遇天灾人祸或倭寇入侵，天知道这些古物究竟该做如何处置？"②

当陕西省政府紧急动员西安各有关单位从速制订古物移藏保护计划之时，张再次将房屋陈旧、难避战火等现状如实函报，请指示具体处置办法。1938年3月6日致送陕西省政府的一则公函称：

"案查本会自民国二十三年（1934）二月成立，迄今已经四载，所有集存古物登记数目共计一千余件。虽云多数残砖破瓦，然于古代文化艺术上均有籍资参考研究之须要。近因倭寇飞机来西安骚扰，诚恐所存古物万一遭受轰炸或震毁，殊觉可惜。因特函达，即请贵政府酌夺。"③

或许是考虑到省政府耽于政务，一再拖延考古会多次请求的缘故，张还特意在公函之末置词进迫，追问当事者："究应如何保存？或城外有否可藏之处？即希见复为荷。"

3月6日公函发出后，张扶万恐省政府或再延滞，因在当日午后前往省政府面见主席孙蔚如。适孙外出，接待张之省政府秘书处某人不耐呈报，哓哓生怨。先言政府日理万机，诸事纷忙，无暇顾及移藏之事。继而又言如何处置，省政府一方自有计划，岂须下属机构评头品足。

省政府秘书处某人的无理答复，致张不悦。张找省政府某机关主事者欲做说明，未料此君麻木不仁，借词搪塞。张遂恼怒，面责其"膺占要座，竟尔颟顸"。指斥："古之云士大夫空谈误国，余始'悟（误）'也。"经众人力劝，张才罢休。

张回寓后，余怒未消。适何士骥前来，张向何讲方才之事，喟叹："非常之时，省府某君竟如此漠然戏弄国是，叫人心寒。"忧虑"如形式一旦骤变"，恐"强敌压境，各僚无计，将贻误大事"，致其时"瑰宝盖皆为敌座之物，吾侪皆为待烹之羊"……④

---

① 周养安为"周养庵（1886—1945）"之误。"养庵"者，张扶万友人，前有注释曾提及。其为近代著名书画家、收藏家及北洋政府系统官员周肇祥号，嵩灵其字，又号无畏，别号退翁，室名宝觚楼。浙江绍兴人。清末举人。曾先后肄业于京师大学堂、法政学校。历任奉天警务局总办、奉天劝业道、盐运史、警务局督办兼屯垦局局长、北洋政府京师警察总监及山东盐运使、代理湖南省省长、湖南省财政厅厅长、奉天葫芦岛商埠督办、清史馆提调、临时参政院参政、古物陈列所所长等职。著有《琉璃厂杂记》《宝觚楼金石目》《宝觚楼杂记》《重修画史汇传》《画林劝鉴录》《退翁墨录》等。1933年1月古物陈列所所长任间，适日军侵占山海关，平津危急，故宫博物院理事会为防止古物为敌所劫、所毁，决定择选精品南迁。此举遭周养庵等人反对，认为古物南迁会动摇人心，亦恐"一散不可复合"，从而发起成立北平市民众保护古物协会，自任主席，通电全国反对，并决以武力抗阻，导致北平市法警将其秘密逮捕，南迁古物遂在2月6日出京，10日后周被释放。此"周养安以阻止（古物）南迁被捕"背景。

② 采访翁维谦记录。
③ 1937年3月6日陕西考古会致陕西省政府函件。
④ 采访刘安国记录。

当陕西省政府一再拖延犹豫之际,令张扶万等人扼腕忧虑之事果然很快发生。

3月7日,日军突然侵占黄河要塞风陵渡,其精锐师团亦旋即集结于晋南一线,拟分五路渡黄河攻入陕西。同日以至8日,日军又在风陵渡架设重炮,以

图395 潼关东门及黄河形势。隔黄河北望隐约可见山西芮城风陵渡。20世纪30年代摄

猛烈炮火隔河轰击陕西东大门潼关城隘(图395),图谋一举摧毁我潼关前线防御工事而扫清其前进障碍。

关键时刻,潼关守军国民党中央军第十六师竟麻痹大意,松懈布防,遂使日军炮火击中潼关城墙及防御工事,导致城内房屋大部倒塌,烟尘火焰弥漫上空,百姓商旅惊恐逃亡,所有街巷空无一人。①

(二)移藏始末

潼关战讯传至西安,国民党陕西省政府暨西安市各党政机关开始出现混乱,纷纷准备西迁或南徙,大多数机构实际上已陷入瘫痪状态。

3月8日,张扶万紧急集会商议对策。会上张与寇胜孚、王卓亭、梁午峰等人一起,对考古会部分工作人员耽于日军炮火,仓促欲弃古物南逃的轻率举动进行了严厉的训斥。为应付突然事变,张决定先发三月薪费,以"安置考古会各员役"②。顾忌到形势突变后可能引起的混乱,张甚至约法三章,命令所属在政府迁徙命令未下之前,所有人员必须坚持到会视事,倘有怯懦退缩,伺机先逃之事,盖从严惩处,决不姑息。

3月9日后,日机三十余架分四次肆虐西安,"炸声四五起","声震古城"。时城南牛头寺一带我军飞机仓促升空应战,竟被"击落一架","驾员"负伤,飞机坠落,一时人心惊恐,谣言朋兴。

非常时刻内,陕西省主席孙蔚如(图396)匆于11日午后赶至张扶万寓所,以省政府名义"送二百法币",言省政府与各机关将有西迁凤翔之议,请张立即转移安全地带,被张谢绝。③

孙刚走后,友人冯仲翔转交张同乡刘允丞书信一封。张阅刘信,知刘极力主张考古会须随省政府一并迁移。

图396 孙蔚如将军戎装照

---

① 郭润宇:《陕西民国战争史》(上册),三秦出版社1992年版,第266页。
② 1938年3月9日(旧历二月八日)《在山草堂日记》。
③ 以上引文均见1938年3月11日(旧历二月十日)《在山草堂日记》。

惟因未接省政府明令，张对其言表示疑惑，乃将省政府欲西迁凤翔之事告冯，征询处置办法。

冯以张与刘允丞私交颇深，而刘又身兼要职，为孙看重，劝张抓住时机，即刻写函呈报孙、刘，拟随省政府将考古会古物西迁凤翔，以防不测。

冯之想法，与刘信中所言不谋而合，故颇得张之赞同。因张此前不久又曾任西北史地学会理事长一职，而冯又接踵续补为该会理事，所以冯复建议张，若考古会迁徙一旦成行，还可将西北史地学会一并附入考古会迁徙行列，同赴国难。

在冯的鼓动下，张于是不再犹豫，即刻决定于3月11日写函呈送孙、刘①，缕述迁徙古物之事的来龙去脉。

在致送刘允丞一函中，张扶万热诚感谢他近年来关心国故，鼎力支持考古会以及西北史地学会工作的拳拳盛意。对刘所谓近岁考古会以及西北史地学会之设，是皆秦中俊彦、关学后镇之奖掖，张引发感慨，絮絮有谓："西北自宋以后，学术趋于一途，日演日狭。清初大儒崛起，气象一新。二曲、雪木②艰苦卓绝，守约有余，而博大不足；天生才气横绝，颇称开拓（图397），惜巍刻甫辍，上疏告归，而闭门终老，不得与竹垞、西河③比肩于东南，此关学衰微一大关键也。"

不仅如此，张还发论："关学如斯，故乾嘉以后，汉学大兴，关陇作者，寂寂无闻。以至清末，事事落后。中间虽有咸阳大师④，激励后生，不惜发

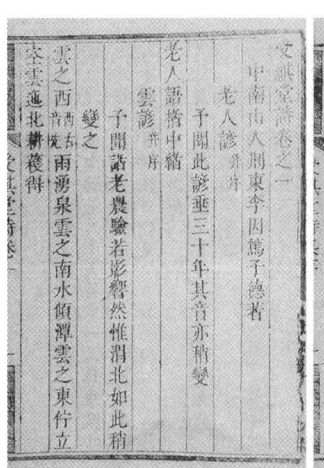

图397 李天生代表著述之一《受祺堂诗集》局部

---

① 分别参见1938年3月11日（旧历二月十日）、3月15日（旧历二月十四日）《在山草堂日记》。其中3月11日（旧历二月十日）《在山草堂日记》记："又为（刘）允臣一信，（孙）蔚如一（信），言考古会移凤翔，仲祥议也。"关于张扶万致刘允丞函件全文，则录入1938年3月15日（旧历二月十四日）《在山草堂日记》。

② "二曲"为清初著名思想家李颙（1627—1705）别号。李颙为陕西盩厔人，又号中孚。终生不事科举，尝讲学于陕西关中书院、常州延陵书院。康熙十八年（1679）被荐举博学鸿词科，称病得免。康熙皇帝西巡陕西，赐书"操志高洁"。晚年居陕西富平讲学，倡"明道救世"，主张学者"文武兼资"，裨益于世。著《四书反身录》《二曲集》等。"雪木"者，清初著名思想家李柏（1630—1700）别号。其系陕西郿县人，终生不仕，潜心学问，精《小学》研究，著《槲叶集》4卷。"二曲"与关学"雪木"以及下文所说的"天生"（即李因笃，1632—1692，清初著名思想家，著《诗说》《春秋说》等）共同信奉宋陕西关学大儒张载（横渠）学说，同为关学传人，时人号曰"关中三李"，在关中一带颇负盛名。

③ 竹垞，朱彝尊（1629—1709）号，秀水（今浙江嘉兴市）人。西河，毛奇龄（1623—1716）号，萧山城厢镇人。二人皆明末清初东南著名学者。

④ 这里指清末陕西关学大师刘光蕡（1843—1903），张扶万师，字焕堂，号古愚。咸阳天阁村人。光绪乙亥（1875）举人，学宗姚江，奉行教育救国，为关学后镇。屡任味经、崇实、烟霞等书院山长，推崇新学，在关中桃李满门，影响深远，弟子颇盛。

难违俗，然积习已深，收效遂微。"

涉及刘信称道考古会历年有成、功播三秦之论，张虚心回复："阁下奋起，海内稍知西北尚有人士，此地方幸事也。"惟"鹏（一）闭门读书，老死无成，虽志抗古人，而功逊时贤。乃承不弃衰朽，过事推崇"。

至于刘信力邀请其出省讲学之说，张则以身负考古会重任，不能如约前往而抱憾谢绝。但谓"华下讲学，极所心许"，"而时事逼人，未知税驾何时"。继而笔锋婉转，直抒胸臆，称"因思西北史地学会，与陕西考古会，均近今学术所关，拟以时局之故，迁移凤翔。以华下讲席，移住东湖。惟此间运输部署，均须经费，请函催蔚如主席，极力设法。如能有成，感谢何极。"至于迁徙文物所需经费之具体数目，以张之言，"大约其数约二千元以内"，而详细情形，则由"仲翔另函详陈"。

致送孙蔚如信函中，张还声称："目前时事关系公函省府请保存考古会古物尚未奉复，继念省府政务匆忙，恐一时无从设法，因思省垣机关有移转文件于宝鸡县之事，考古会各物内有关于历史价值者，似不可不保存。拟顺铁路西移凤翔以便保存。再去年设西北史地学会原因，西北多年无研究学术团体，由各方提倡以期进行，先仍继续工作，虽事分公私，而关于文化则一。拟一并迁移。而同县刘允丞先生于此事亦极端赞成"，故"将来函附呈，请予垂察"。并谓："以上情事将来运输安置诸费请我公特多设法，俾文化事业得以保存。兹先陈明，余俟会晤详谈可也。"

两函发出，刘允丞首先出函回复，称"闻知兄将追随省府，携省中古物西移凤翔"，"弟固极表赞成"。"惟以弟近日多事，未便脱身，见孙之事，稍有迟延。"表示"一俟公务稍有空懈，弟必亲谒孙公"，"决不使兄焦灼之中，有所失望"。可惜的是，致孙公之函抵达省政府后，因经办者耽于公务，竟忘记予以转达。

除与陕西省政府方面相关要人的紧急碰撞之外，就古物迁移保存诸事，以张扶万为首的陕西考古会尚与西京筹备委员会等有关单位有过密切接触，但似乎并未获得实质性的效果。3月16日（旧历二月十五日）《在山草堂日记》如是有记："龚贤明来，以张溥泉电报保存西京古迹文物为言，特至财厅商运费事。余因往见，并言可再商之续式甫。差人往财厅，门者云已出门，因不往。"

当张、刘、龚等人频繁往返，磋商连连之际，潼关守军二十八师董钊部加强防务，调重炮与日军隔河激战，迫敌炮兵转移阵地，使军情有所缓和。

消息传至西安，慷慨襄助张扶万之刘允丞立即改变措施，催促孙蔚如放弃前议，改弦更张，就近移藏考古会等有关单位所藏古物。

彼时，孙蔚如从刘允丞处已获悉张扶万致函省政府内情，乃召秘书处负责人问话。当他得知张扶万3月6日前来省政府受阻之事后，大为不悦。

在孙严令下，省政府秘书处始着手讨论处置办法，并于19日以省政府名义向考古会发出民字第577号公函。宣称："案准贵会二十七年（1938）三月七日第五号公函，为本会储存古物，请酌量设法保存等因。正办理间，复准本月十日函同前因。查上项古物，均属繁重，运输非易。兹将本府在城南掘妥窑洞，拨付

图398 拟迁徙考古会古物于此的西安城南曲江池一带环境。1923年摄

两个,用资移封。相应函复,即希查照,派员来府,迳与事务股接洽。"

尽管张扶万对省政府秘书处前次会晤时的无理态度尚存芥蒂,但当第577号公函发来之际,张仍催促顾端甫从速前往省政府事务股接洽交涉。但顾随事务股负责人赶赴西安城南曲江池(图398)一带查勘拨交考古会使用之两孔窑洞,见其地处旷野,毫无遮挡,深虑日后一旦时事有变,倏忽间损毁佚散古物之祸,则较不迁徙出城甚于数倍,遂委婉其词,借口须将此事汇报于张委员长扶万先生而未敢贸然接受。

考古会得到顾端甫报告后,曾与教育厅再三集议,权衡得失,最后决议放弃移藏古物于城南窑洞之举。在张扶万倡议下,该会委员复经认真讨论,商定酌在考古会院内挖掘大坑,就近埋藏所存珍贵古物,其余零星无重大价值者,则一概登记装箱,存储于考古会库房之内。以上各事,3月24日考古会送呈陕西省政府的第6号公函中曾有详细说明。文云:

"案准贵府民字第577号公函内开为本会函请保存古物一案,嘱移城外窑洞等因。准此。当即派职员顾端甫赴事务股接洽。旋据该员回称,城南窑洞地址均在旷野,如将古物移置此种窑洞,事后未派员驻守,诸感困难。如果仅以泥封,时延日久,殊多可虑。诚恐散佚,较不迁徙更甚。本会为妥慎计,拟将古物中择其最有关系者一概埋藏,本会其余砖瓦零星物件,装置木箱,妥为藏储,似较安全。相应函复,即请查照为荷。"

3月24日考古会公函发出之后,张扶万尚恐省政府不解其意,心生误会。因在25日、26日连续两次赶赴省政府面见孙蔚如陈说利害。

虽然省政府有关部门对考古会"出尔反尔"之举颇生反感,但在孙蔚如等人一再劝说下,仍在3月29日回函考古会,案准其3月24日公函全部要求。函称:"贵会二十七年(1938)三月二十四日第六号公函拟将古物择其最存关系者埋藏本会地下,其余零星物件装箱移置暗室,似较城南窑洞安全等因。准此所拟尚妥,除备查外,相应复请查照。"

遵照陕西省政府3月29日公函指示,考古会立即开始稳妥严密的古物移藏活动。当日移藏概况,1943年考古会致送教育厅一则公函称:"七七事变,复准张溥泉先生来电云:'南京古物现已遗失无存,关中古物应早加意保护。'旋因警报频发,并在贵厅开会讨论保管办法时,因物体笨重,转移困难,故会长张扶万先生饬本会主要职员监督密藏三丈深之地下。"[①] 1938年6月12日,陕西省政府致送考古会密电又称:"请限六月十日迁徙。"[②] 据此看来,有关移藏的

---

① 1943年陕西考古会致陕西省教育厅函件。月、日不详。
② 电文原稿今藏陕西省档案馆。

具体时间当在4月以后，7月之前。

考究具体移藏细节，因考古会旧存档案尚未发现直接可靠的文献资料，故征之于熟悉此事内幕的李莲生，李引其父（李希平）所言谓："考古会移藏古物之事系由张扶万主持，当时雇工在考古会院内秘密开掘大坑，计将会中如斗鸡台发掘所得的铜器、民政厅发掘所得的宋刻唐兴庆大明太极三宫图残石以及西安车站所发现的石幢、石佛等数百余件珍贵古物全部按类排放，然后再复土填实，大致前后花费了十余天的时间。"两相结合，大体可以勾画出昔日移藏的基本脉络。

1938年8月以后，日寇加快侵略步伐，西安空袭进入最惨烈阶段。8月5日"十一钟十五分警报发连，紧急警报数分钟。西北东来轰炸机卅八架，在西关飞机场投炸弹，损伤未知"①。8月6日"敌侦察机及轰炸机三十八架"复来西安肆虐，"于十一时五十分分四批由东北、西北、西南三方面侵入本市上空，高度达三千余公尺"。旋"在西郊外及东郊外仓皇投弹百余枚，内有烧夷弹（即燃烧弹）十余枚"。②一时炸声连发，哭声四起。

9月28日，日机轰炸昆明，死伤百余人。11月4日，日机二十六架又轰炸汉中，损失惨重。严重局势下，陕西省政府暨教育厅曾有"开会商定古物危急保存方法"，希望对考古会、西安碑林、陕西省图书馆等处已经掩埋的文物实施新的措施，但急切之中，"尚未决定主意"。③

1939年3月14日，日机编队再炸西安，炽烈的炮弹倾泻于西门、桥梓口、洒金桥、开元寺（图399）、鼓楼北、西华门、端履门一带，整个西安陷于一片火海之中。轰炸造成西安空袭以来最大的一次灾难。在炮火之中，考古会楼房不幸被炸，虽"所有物件因在别室储藏，幸未波及"，但斗鸡台"一、二次两次发掘品之大半，亦不幸因陕西考古会房屋曾被日机轰炸倒塌，残破凌乱，势所难免"④。

空袭结束后，考古会留守人员立即采取抢救措施，并即刻致函报告远在富平的张扶万。

图399　曾遭受日机轰炸的西安开元寺。1952年摄

张闻讯惊愕，深为会中人、物安全担忧。为竭力对抗而后可能出现的更加疯狂的空袭，张指示各留守人员，务须严守埋藏存储古物之地秘密，以防城内间谍⑤侦知实情，造成重大损失。

---

① 1938年8月5日（旧历七月十日）《在山草堂日记》。
② 参见《西京日报》1938年8月6日报道。
③ 1938年11月9日（旧历九月十八日）《在山草堂日记》："曹仲谦、李印堂来言，教厅开会商定古物危急保存方法，尚未决定主意。"
④ 苏秉琦：《斗鸡台沟东区墓葬》。
⑤ 抗战中西安敌特间谍颇为猖獗。1937年9月，前南京政府审计部部长茹欲立自南京寓所致陕西家人书信称："士安（茹欲立子）书云，省中发现汉奸机关，至五十余起，并有日人。此时遇有日人，当以敌视之，如有军事行动，即当枪杀之，以绝后患，何能听其存在耶？可知陕中对于抗敌，尚有认识不清之点。"茹遂初主编：《茹欲立书法选集》，人民美术出版社2007年版，第204页。

在张严令下，负责留守的何士骥等人谨遵其言，始终未将古物藏地透露出去。及1941年2月14日教育部西北艺术文物考察团来访，"询及考古会所藏之物"，何只云"因战乱关系泥封于地"，而不云所藏何处。致该团同人唯见"秦汉碎片无数"，而埋藏古物终"不可得见"。依何之言，"本拟呈请省府将古物列出供人观览，但不知何时有警报，万一被炸，则本人实不能负其全责"①。

二、汉石情结

（一）君子之诺重千金

1938年5月，张扶万受委兼任碑林管理委员会主任。如上节言，8月以降，西安空袭进入最惨烈阶段。紧急时刻，西京筹备委员会秘书长龚贤明于8月16日从重庆飞回西安约见张扶万，并转达张继指示，问候张氏平安，且极惦念"保全西安古物，言山河与文化古物，当等量齐观。山河虽失，而文化各物保存，犹可鼓励民族精神。若无文化，则山河黯然，精神无托，等于野蛮也"。闻及张继之言，张扶万颇有感触，其谓"此公别具见解，惜无术以行其言，为可难耳"②。因此他认为西安古物如唐开成石经、颜欧虞褚柳公各碑、景龙观钟、昭陵石骏（图400）并考古会保存石佛瓦器、图书馆碛沙藏经等，均极珍贵，需要采取紧急保护措施。但在张看来，问题似乎不在于保存意义的讨论，而在于具体保护措施的落实。

图400 珍藏于陕西省图书馆内的昭陵六骏之一什伐赤。1923年摄

随着局势进一步恶化，同年9月11日陕西省政府主席蒋鼎文案准中央古物保管委员会古字第8号公函，急向陕西省图书馆、陕西考古会、西安碑林管理委员会等单位发出民字第03977号训令，查问："省立图书馆、考古会及西北科学考察团所藏古物及文献品甚多，值兹非常时期，如何统筹保管？是否移运适宜地点？"

稍前时候，为保证西安诸高年耆老的安全，西京筹备委员会委员长张继还接连自重庆电函西安当局，嘱"致候（西安）诸高年属意安全之地，勿受危险，日飞机不免肆虐西安也。又嘱西安古物保全事"③，促其尽快采取疏散、保护措施。

时张扶万虽接到省政府疏散通知并在家人的催促下做好了归里的准备，但顾念考古会以及西安碑林古物安全，仍一再犹豫不忍撤离。

11月初，日机编队再次疯狂轰炸西安。危难之时，陕西省政府主席蒋鼎文（图401）连接重庆国民政府严令，耻于"晋敌南侵，河防日急，天空肆虐，茶

---

① 何正璜：《西北考察日记》，手稿，未刊，稿存其后裔处。
② 以上引文均见1938年8月16日（旧历七月二十一日）《在山草堂日记》。
③ 1938年8月18日（旧历七月二十三日）《在山草堂日记》。

毒生灵"①之紧迫形势，复于11月15日再次召集西安大佬，敦促伊等疏散外县，勿再延滞。

此日《在山草堂日记》："省府蒋主席来束，约本日下午四时在六谷庄三号寓等叙。……四时赴蒋铭三主席之约，至其寓，则秘书长李子光（'志刚'之误）在焉。继则王幼农、宋菊隖（坞）、寇胜浮（孚）、张翔初、李虎臣、马凌甫、康寄尧，有一人不识。谈

图401　1941年1月31日蒋鼎文（中排穿长衫者）与教育部艺术文物考察团全体人员于陕西省政府大楼前合影

疏散事，主席言略阳县地方可移居，无军事之虞。……如诸君以为然，由政府备汽车输送住地，当由县政府为之寻觅，省城战事不能免……"

11月16日10时，敌机十架轰炸西安北关火车站一带，"炸同家巷房数十间，死人不少，火车炸毁四车"。11月18日，敌机十三架再炸西安，"投弹三四十响"，城东南炸死陕西省各县联保主任训练班学员"约四五十人"，"状甚惨"。又"开通巷炸三四家，死亦十余人"。②

11月28日晨，敌机又轰炸西安陕西省政府驻地附近西仓、大小皮院、红府街、马神庙街等处，损失惨重。张扶万西仓寓所"东院芭蕉下飞投一弹，炸倒过厅东一间，厢房二间"，皆其"书籍所在矣"。③幸未伤人。

蒋鼎文与家人的反复催促劝告以及愈演愈烈的空袭，迫张决定携眷离省迁移。迁移方向，为富平县董南堡。这一决定，不仅因为董南堡为张故里，人、地两脉俱全，更重要者，则是此地接近北山沟壑，地形复杂，便于周旋。在敌机肆虐，我方处于被动防护之势时，选择此地

图402　于右任委托张扶万收藏之汉熹平石经残拓本。

---

①　宋联奎：《南行日记》卷一序，1938年12月2日，手稿，未刊，稿存其子宋寿昌处。以下相同注释除特殊需要外，一般只注释某年月某日《南行日记》。
②　此段引文分别见1938年11月16日、18日、19日（旧历九月二十五日、二十七日、二十八日）《在山草堂日记》。
③　1938年11月28日（旧历十月七日）《在山草堂日记》。

似乎更具现实安全意义。

临行之际，张将会中公事逐次安排，首先想到需要转移者，即为此前于右任特意委托他刻意保管的熹平石经残石（图402）。

以事关本节叙述主题，且以叙述主题所涉及的熹平石经流转历史坎坷曲折，其所融涵集纳的相关信息资料又交叉繁复，颇见歧义。因此有必要在展开本节叙述讨论之前，针对熹平石经的生成背景、流传变化、收藏研究以及重要收藏行为人于右任氏在特殊时期嘱托张扶万代管重责诸事缘起、经过等，先做一梳理、归纳与大略说明。

按此熹平石经残石，系于右任在南京监察院院长任间自洛阳古董商手中所购，为于氏平生收藏之"稀世奇珍"①。因刊刻于东汉熹平年间，故名"熹平石经"。又因为系隶书一种书体刻就，故又称"一字石经""一体石经"，通称盖曰"汉经"。

熹平石经的出现，源于东汉熹平四年（175）汉灵帝准蔡邕与"五官中郎将堂谿典，光禄大夫杨赐，谏议大夫马日䃅，议郎张训、韩说，太史令单飏等，奏求正定《六经》文字"②于太学刊石之背景。

马衡《汉石经集存原序》剖析认为："汉朝博士的传经，各依家法，章句互有异同，并且口凭口授，辗转传写。年深月久，就不免发生流弊了。到东汉末年，'经籍去圣久远，文字多谬，俗儒穿凿，疑误后学'；'诸博士试甲乙科，争第高下，更相告言，至有行贿，定兰台漆书经字，以合其私文者'。于是有正定文字，刻石太学之举。"③

熹平石经内容，包括《鲁诗》《尚书》《周易》《春秋》《公羊传》《仪礼》《论语》七种经文。由蔡邕用八分书（隶书）书体书写，继而由陈兴等著名石工镌刻上石，历时九年，至光和六年（183）竣工，凡两面刻碑46通，骈罗相接，立置于洛阳开阳门外太学前东侧。

作为中国最早石刻官定儒学经本，"熹平石经"的刊刻竖立，应是中国文化史上一次极为重要的事件。从此，长期以来凭借手抄流传，谬误百出的中国书籍流通现状得到

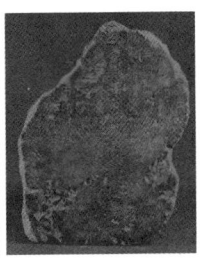

图403　1957年西安青年路出土曹魏正始石经残石。一面刻《尚书·梓材》篇；一面刻《春秋·文公元年二年》篇。今藏西安碑林博物馆

图404　1923年日本同文书院考察团考察西安碑林开成石经。1923年日本同文书院加定氏摄

---

① 摘自1938年曹仲谦撰《鸳鸯七志斋记》，墨书纸本，原件藏西安碑林博物馆。
② 〔北魏〕郦道元：《水经注·穀水》，浙江古籍出版社2001年版，第266页。
③ 马衡：《马衡讲金石学》，凤凰出版社2010年版，第145页。

了质的改观与量的飞跃。而全国各地的文人学者,也有了一个共同遵守、互相监督、校正错讹、统一规范的标准"经学"范本。这样的刻石,不惟书体娟秀,且标尺最高等级,融汇一代人文史迹,自然具有珍贵价值。故"及碑始立,其观视及摹写者,车乘日千余辆,填塞街陌"。"于是后儒晚学,咸取正焉。"①

受"熹平石经"的影响,以后的各代帝王纷纷效仿,接连出现了踵接"熹平石经"的曹魏正始石经(图403)、唐开成石经(图404)、五代后蜀广政石经、北宋嘉祐石经、南宋绍兴石经、清乾隆石经等七次刊刻太学石经活动。

可悲的是,距"熹平石经"正式刊刻不到七年,中原地区即引发了波及全国的"董卓之乱"。汉献帝初平元年(190),疯狂的叛军攻入洛阳,举火焚烧宫阙殿阁,劫难旋即降临太学、石经。

永嘉五年(311),前赵刘聪、王弥再破洛阳,纵兵烧掠,太学石经为之破碎,多有湮没。北魏初年,冯熙、堂伯夫相继出任洛阳刺史,为侈建浮屠精舍,竟将尚可目及、已经毁损的太学石经再行剖析,作为台基。其"所存者,委于榛莽,道俗随意取之"②。

东魏孝静帝武定四年(546),大丞相、都督中外军事、渤海王高欢怀阴劫掠洛阳残余石经移往邺都(今河北临漳),舟船至河阳(今河南孟州),遇黄河岸崩,致经石"遂没于水。其得至邺者,不盈太半"③。

所余残石,在周大象元年(579)自邺都运至洛阳、隋开皇六年(586)自洛阳运至长安两次迁徙中,或失之于路途,

图405 丙子年小除夕张石圆题名东汉熹平石经拓本

图406 罗振玉六经堪藏熹平石经残石拓本

---

① 〔南朝·宋〕范晔:《后汉书·蔡邕列传》,中华书局1965年版,第1990页。
② 河南省文物局编:《河南碑志叙录·熹平石经》,中州古籍出版社1992年版,第11页。
③ 〔唐〕长孙无忌:《隋书·经籍志》,中华书局1985年版,第33页。

或改易为柱础。等到唐贞观初年秘书监主事魏徵辑录收聚，所存不过十之二三。及武周换祚，古调重弹，又别出心裁地转移残余奔往洛阳，其间辗转流徙，散失惨重。

唐代，石经残石始渐现人间，士人目之为鸿宝。至宋，洛阳有人掘获残石，致引士大夫争相购求。及近代 1922 年冬开始，以牟利为目的的盗掘之风弥漫洛阳，“每岁农隙，(洛人)竞相掊掘贩鬻。二十年来所出不穷”[①]。石经残石发现数量之多尤为前代所不及，导引市场价值飙升，收藏、研究之风亦空前高涨。(图 405)

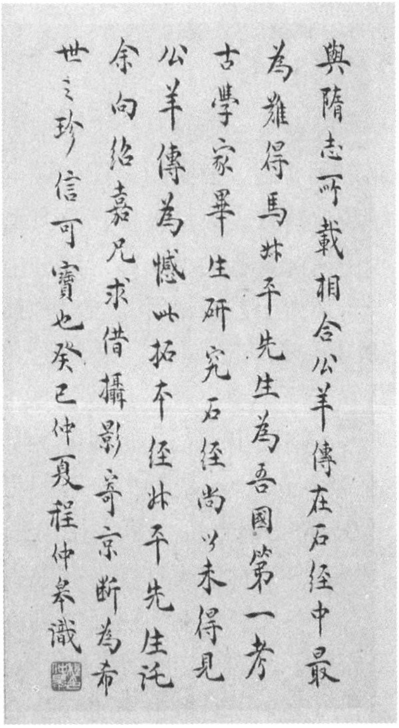

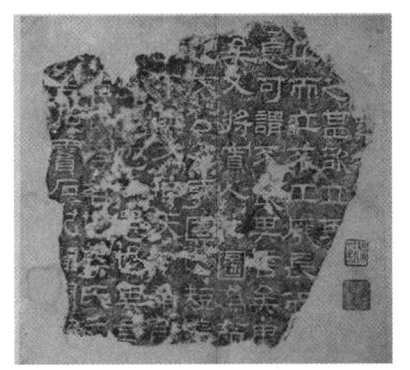

图 407　西安翰墨堂段仲嘉藏熹平石经《公羊传》残石拓本

如罗振玉藏有一石，珍爱异常，曾于拓本一侧落款署名，题识“六经堪藏石”(图 406)。又西安翰墨堂段仲嘉藏有《公羊传》残石拓本(图 407)，向为“石经中最难得”者。一时求购者岔集，张继、党晴梵、程仲皋等金石名流纷纷题识。“毕生研究石经”之鄞县马衡“尚以未得见公羊传为憾”，故托程仲皋向段氏嫡嗣段绍嘉“求借摄影寄京，断为稀世之珍”。[②](图 408)

與隋志所載相合公羊傳在石經中最
為難得馬叔平先生為吾國第一考
古學家畢生研究石經尚以未得見
公羊傳為憾此拓本經叔平先生託
余向紹嘉兄求借攝影寄京斷為希
世之珍信可寶也癸巳仲夏程仲皋識

图 408　西安翰墨堂段仲嘉藏熹平石经《公羊传》残石拓本册页程仲皋题跋

《语石　语石异同评》记：“而洛下沉霾之石尚多。宋初洛阳开地御史台前，得石经十余版。其后洛人时时掊地得之，分藏张焘诸人家。欧赵所著录，洪氏等所翻刻是也……民国之初，辛壬癸甲间，洛阳金村镇汉太学旧址[③]地中所出残石中，杂汉石经不少。吴兴徐森玉鸿宝、鄞马叔平衡游洛见之，识为石经。随时购归分藏之，拓以传世。于是洛人始知为石经。”[④]

王壮弘《增补校碑随笔》又记：“自一九二二年于洛阳太学旧址发现汉刻石经残石以来，后十余年络续有所出土，先后合计得残石一百数十余石，曾分别为

① 〔清〕叶昌炽撰，柯昌泗评：《语石　语石异同评》，陈公柔、张明善点校，中华书局 1994 年版，第 185 页。

② 参见癸巳年（1953）西安程仲皋为段翰墨堂庋藏《公羊传》残石拓本题跋。

③ 太学旧址地在今河南洛阳偃师市佃庄镇太学村。参见陆泰龙：《东汉熹平石经残石》，载《历史文物》（台北历史博物馆馆刊）2009 年第 20 卷第 8 期，第 54—59 页。

④ 〔清〕叶昌炽撰，柯昌泗评：《语石　语石异同评》，陈公柔、张明善点校，中华书局 1994 年版，第 185 页。

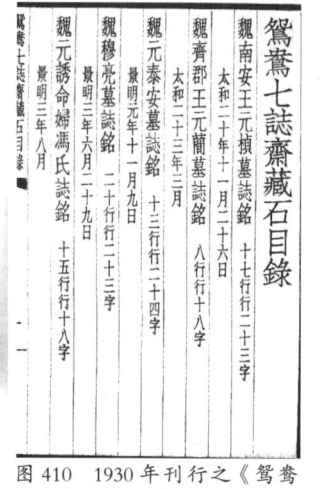

图409　归于右任收藏之《周易·下经》残石两面刻拓本　　图410　1930年刊行之《鸳鸯七志斋藏石目录》　　图411　于右任"鸳鸯七志斋藏石"题耑

吴兴徐森玉，鄞县马叔平，萍乡文素松，武进陶兰泉，关中于右任，西充白坚，北京图书馆以及潢川吴氏，胶县柯氏，江夏黄氏，闽县陈氏所得。以白坚所收之品最为精致，数量最多，但其藏品后全数泊海东去归日本书道博物馆。天津方氏收伪刻百余石大小不等，部分也售诸日本。"①

其为于右任得者，居诸种残石之最。编为于氏自南京运陕全部碑石古物之第18号。残高33厘米，宽56厘米，两面刻《周易·下经》中《家人》至《小过》共"二十六卦"及《周易》中《系辞下》《文言》《说卦》三篇，存字494个。

《洛阳出土石刻时地记》载："其最大经石为民国十四年大郊北里许所出《周易》经石。上半段初出，石归张定业，十九年十二月归江西文素松。其下半段为十八年冬出土，亦大郊人掘出，石初归金村王道中，先以拓本与三原于右任先生。廿年春，于自陕回京过洛道中，为运致南京。"②

于右任世谊毛焕明回忆则称，汉石经残石连同320多方魏、北齐、北周及隋墓志系于氏"1924年由洛阳一位古董商手里买到的，该商人经手搜购这些古墓志，是替盗运中国珍贵古物的日籍商贩干的。于先生得知此事，立即托人找到该商人晓以爱国大义，使其转卖给先生，才得以保存了这些珍品"③。

至张彦生《善本碑帖录》又记："此周易石经大块残石初出土拓本，石未分开，多淡墨拓，下段石归于右任氏，拓本日乾面十行日字中稍损泐，上下二石合拓本日字完好。"④（图409）

于得熹平石经残石后，颇为珍重，多事椎拓，以赠友人。他又将其与历年所

---

①〔清〕方若著，王壮弘增补：《增补校碑随笔》，上海书画出版社1981年版，第110页。
②郭培育、郭培智主编：《洛阳出土石刻时地记》，大象出版社2005年版，第4页。
③毛焕明：《于右任先生和我家》，见中国人民政治协商会议陕西省委员会、咸阳市委员会、三原县委员会文史资料委员会编：《于右任先生》，陕西人民出版社1991年版，第181页。按毛焕明祖父毛班香为于右任塾师，父为于右任同学，故友世谊。
④张彦生：《善本碑帖录》，中华书局1984年版，第31页。

获北魏、隋代等石刻合集，得318种387石①，以就中有北魏元斑及其妻穆玉容、穆亮及其妻尉太妃、元诱及其妻冯氏和薛伯徽、元遥及其妻梁氏、元谭及其妻司马氏、赫连子悦及其妻闾炫等七对夫妇墓志领衔，故颜其斋曰"鸳鸯七志斋"②，其藏石别称"鸳鸯七志斋藏石"。1930年于氏特刊印《鸳鸯七志斋藏石目录》（图410）以飨士林，且特别撰文述其始末（图411）。

对于这批凝结着诸多心血的石刻艺术精品，于氏为避不测，曾分数地珍藏，后乃捐赠西安碑林。《说文月刊》载于氏《鸳鸯七志斋藏石》序因称："往余积年藏石四百余方，而南北迁徙，每有散佚，二十四年（1935）春，始聚而赠之西安碑林。"

前以于右任1930年12月19日自南京来西安，翌日晚6时，张扶万故赴菊花园于氏居处造访。于以张与己均系关学大儒刘古愚门生，彼此之间同有金石之好，乃对张言明其最初心结，称"生平精力收得隋以前墓志二（三）百余方，（时）存三处，一三原；一西安；一孙中山墓。可共之国人"③。

张、于既然同有金石之好，且相互引为知己，数十年来故辄相伴购藏鉴赏，诗赋题跋往还，佳话自是不绝。光绪癸未、辛亥间（1883—1911），张作《送于右任南行》④诗，中有"羯来长安地，摩挲但瓴甓"等句，道其原委。1931年春，张受陕西省主席杨虎城委托赴南京为陕西灾民寻求赈款，得久居江南，复以民国十三四年得于西安之明末清初富平大儒李天生《受祺堂诗遗稿》示于，于惊为鸿宝，"怂恿付印"⑤，且欣然赞同张氏请学衡派大师丹徒柳诒徵为《受祺堂诗遗稿》题签。（图412）

该年6月，于氏应张请求，作《李天生手写诗稿跋》，跋谓："（天生）其诗出现于世，又入先生同里之人手，文字隐显，精神契合，因怂恿付印，以发潜光然。"1934年秋，于在"三原书肆得端节天启时会试朱卷三册，出以见示"于张，张"惊喜以为可增端节三百年纪念之资"，亦欣喜题跋抒怀并"怂恿藏于省垣图书馆"⑥。张、于交情如此，于之所言，张自然是赞同认可的。

图412　张扶万整理《受祺堂诗遗稿》。柳诒徵题签

---

① 于氏藏石数目说法不一，或云300余方，或云400余方，此处同赵力光之说。参见赵力光：《〈鸳鸯七志斋〉藏石概论》，见赵力光编：《鸳鸯七志斋藏石》，三秦出版社1995年版，第4页。

② "鸳鸯七志斋"得名缘由亦说法不一（参见赵力光编：《鸳鸯七志斋藏石》），此处同毛焕明说，参见毛焕明《于右任先生和我家》一文。

③ 1930年12月19日（旧历十月三十日）《在山草堂日记》。

④ 张扶万：《在山草堂诗录》卷一诗甲（起光绪癸未，终光绪辛亥，共78首）。

⑤ 张扶万：《李天生手写诗稿跋》（二），附于《受祺堂诗集》前。跋一即为于右任《李天生手写诗稿跋》，铅印本，1931年。

⑥ 张扶万：《明天启壬戌科泾阳王端节公会试朱卷跋》，载《国立北平图书馆馆刊》1934年第8卷第6期，第17页。"端节"事迹，依张扶万《明天启壬戌科泾阳王端节公会试朱卷跋》："端节王姓，名徵，字良甫，号葵心，晚年号了一道人。陕西泾阳人。万历二十二年甲午科举人。天启二年壬戌科进士，官至山东按察司佥事。以崇祯十七年，李自成陷北京，庄烈帝崩，不食七日而死。里人谥曰端节。"

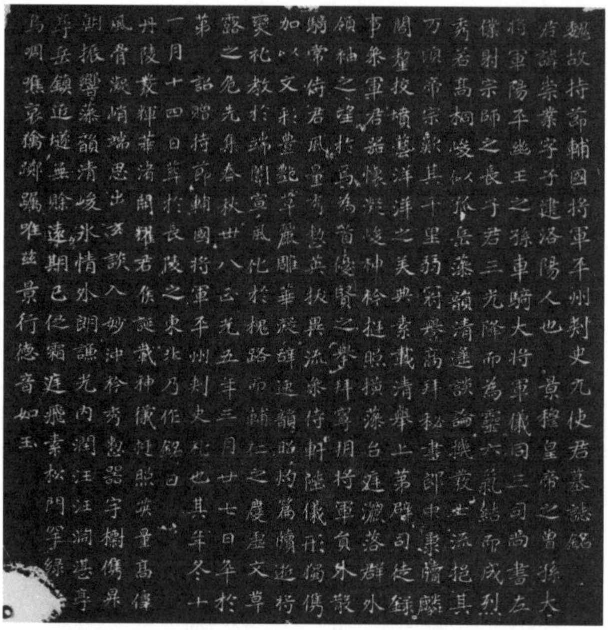

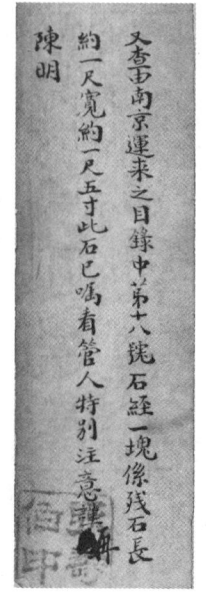

图413 鸳鸯七志斋藏石系列之北魏正光五年（524）元崇业墓志

图414 耿寿伯关于防护汉石经残石之说明

缘此，自1931年3月17日始，张扶万以陕西赈务事赴南京，直于江南盘桓居住"及半载，一切由右任供应"①。是年端午节，于又送张银圆百枚以为节礼。②6月7日，张与友人程伯葭应于右任邀请至其宅，有幸"在右任处观所藏魏隋墓志、熹平易经残石"③。6月17日，于以张嗜好金石，特遣外甥周伯敏送张己"藏志石拓片九份，计十张"④。至7月，张仍居南京。28日11时更见"右任，询魏墓志，得九种。又熹平易经残石拓片二张，并用赴北平川赀"⑤。

种种情谊，致张动容。同年7月28日张在《在山草堂日记》中便由衷称于氏"厚意可感，而临别赠言，有不能不为说明者"。且谓其与于"交情既挚，不可以常情为应酬也"。值此"将别，不可不以心腹之言相告"。

连缀以上原委，复再上溯至1924年，张即获"洛阳何宇奇寄来魏三体石经二份，内左传四张、书六张。又左传小石一方拓纸、北魏临安王元容墓志、城阳康王元森麹墓志（正始四年卒）"⑥。1929年，张还为西安翰墨堂段仲嘉所藏熹平石经藏石拓本题跋。⑦因此，熹平易经残石及魏隋墓志之珍贵价值，张是深悉不疑的。故当1935年4月3日于右任践前约自南京、洛阳等地将鸳鸯七志斋藏石（图413）移运西安文庙，准备捐赠西安碑林而特别致电邵力子嘱张扶万妥加

---

① 1931年7月28日（旧历六月十四日）《在山草堂日记》："此次来游，时及半载，一切由右任供应。"
② 1931年6月18日（旧历五月三日）《在山草堂日记》："右任送银百元，（端）午节用也。"
③ 1931年6月7日（旧历四月二十二日）《在山草堂日记》。
④ 1931年6月17日（旧历五月二日）《在山草堂日记》。
⑤ 1931年7月28日（旧历六月十四日）《在山草堂日记》。
⑥ 1924年2月9日（旧历一月五日）《在山草堂日记》。
⑦ 1929年5月7日（旧历三月二十八日）《在山草堂日记》："段仲嘉以拓片熹平石（经）二张求为跋文。一僖十年至十六年；一成八年至十五年。共一百二十七字。"

保存①之际，张即慨然应允，决意维护。

4月17日陕西省政府致陕西考古会函件遂称：

"迳启者：监察院于院长在南京、洛阳两地所藏石碑，现已运抵西安，暂存文庙内。除令饬教育厅接受外，相应照抄清单一份送请查收，并希随时照料。其中石经一块，在历史上价值较为重大，应送请贵会张扶万先生特别妥存，刻已饬教育厅迳送矣。"

为保证于氏所藏熹平石经残石的绝对安全，邵力子又特别嘱托省政府秘书长耿寿伯与张扶万具体协商庋藏举措。一纸署名耿寿伯、以小楷书就"已嘱看管人特别注意"的郑重承诺（图414），透析出当年转藏之事的谨严与肃然。也就是在这一时刻之后，张扶万即勇敢承担起于氏所藏熹平石经残石的保护之责，成为不可替代的特别监护人。

（二）痴心旨在残石

张扶万既受委承担熹平石经残石保护职责，为残石安全及弘扬风采起见，初曾置于考古会陈列室中，任人观览，引起社会各界的关注。

1938年2月18日下午2时，国立西安临时大学陆咏沂、周国亭教授率本系同学三十余人赴该会参观，亦对熹平石经残石赞赏不已。周国亭在后来写就的《陕西考古学会参观记》一文中述其流转渊源与珍贵价值，称"陈列室中之最为宝贵者，为蔡邕书之汉石经，此系《易经》一石，两面刻字，乃今监察院长于右任先生交该会张委员长扶万代为保存者"。并记陆咏沂教授所云，谓："吾国现存之汉石经，以此为大，故最可宝贵，愿诸君细心切实观察之。"②

按当日计划，拟将"于院长右任收藏汉石经一方，晋魏唐墓志石四百方"全部嵌置于碑林新建"第八室楼房"保存。③（图415）

因此，张扶万固已做好将汉石经移交碑林之准备，1938年2月18日考古会致陕西省政府函件且坚称"本省碑林房屋修理完竣，前送来之汉石经应归碑林保存"。但因当时碑林监修委员会即将撤销，事实上已无法负责，这导致该会未能采纳考古会意见，径出函致陕西教育厅，称"本会结束在即，请将汉石经另行设法保存"。惟因教育厅未将实际情况及时告张，忽又出函请张保存，致张误会，此事遂致再生波折。

延至5月，经陕西省方面最后请示于右任，于仍坚持请张保存，张因此同意出名接受。当时决定将汉石经残石转交考古会，但关于石经最终归属碑林，还是归属考古会等实际问题并未得到彻底解决，这就为而后迁徙经费、保管时间等问题埋下伏笔与隐患。

---

① 参见1936年4月15日陕西省政府秘书长耿寿伯、第一科科长于绍桐受命接受清点于氏捐赠碑石后送陕西省政府呈文，呈文上方邵力子亲笔批示："石经特别交考古会张扶万先生保存。"原件藏陕西省档案馆。

② 周国亭：《陕西考古学会参观记》，原载《西安临大校刊》第11期，后收录于西北大学西北联大研究所编：《西北联大史料汇编》，西北大学出版社2012年版，第280—281页。

③ 此段引文来自张扶万1938年撰《重修西安碑林记》，原件藏西安碑林资料室。吴江杨天骥曾据张扶万1938年撰《重修西安碑林记》书丹，准备上石镌刻，后以战事紧张等缘故而中辍。

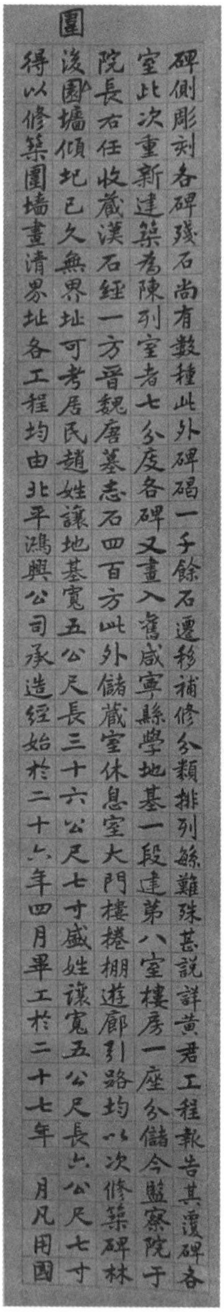

同年5月29日（旧历五月一日）《在山草堂日记》因是郁郁有记："午后五时至碑林，以于氏藏石事多未妥，仍取汉石经存考古会，再商办法。"

不管怎样，张既受委保管石经残石，每遇空袭，便辄为其安全担心。值1938年5月张受委兼任碑林管理委员会主任，6月初于右任又急电陕西省政府并教育厅等单位，转嘱张扶万等迅即采取汉石经残石保护措施[①]，于是便有遵令将其与于右任捐赠碑林其他鸳鸯七志斋藏石同时埋藏之事。7月17日（旧历六月二十日）《在山草堂日记》遂记："工人藏右任熹平石经残石于（碑林）东院中。"[②]

须要补缀的是，当考古会与碑林监修委员会往复商议石经残石究竟该归何处之时，坊间忽有于氏藏石多有伪品传言。议论中，自然未将汉石经残石排除在外。

对于于氏藏石多有伪品之传言，此间张扶万虽深悉洛阳碑贾伪造之手段[③]，但以汉石经并非伪造，闻言仅一笑置之。值碑林所拓汉石经残石拓本接连遭受市场冷落，友人薛定夫等金石专家又亲来碑林，耿耿言外间传说于氏某石全伪，某石半伪之际，张这才感觉到问题的严重性。他正欲写信告诉远在重庆的于右任，不意于右任突在8月2日从重庆飞来西安。张大约是想将此事委婉告于，以免于氏被动难堪。但于、张见面后的另一番谈话环境，却使张未能达到目的。

此一情形，8月2日（旧历七月七日）《在山草堂日记》有翔实记载：

"十二钟后，于右任乘飞机回西安来访。言生平所收晋魏墓志今存碑林，得其所矣。（惟）藏书有数十箱，尚无安置处。余将请其运回西安。"

8月2日之谈话既然未得要领，张便将希望寄予翌日。岂料此日西安各界轮番簇拥于氏，宴饮不断，致张依然败兴。3日（旧历七月八日）《在山草堂日记》记道："九钟至碑林，访右任，已出门。至美记番菜馆，教厅派人为右任招待来宾。十二钟右任来，客到者九十余，不及谈话而散。"未几，又闻于氏离西安赴三原省亲。

接连遭遇尴尬、错位，张灰心决定处理他务。首要者，便是考究于氏藏石，

图415 张扶万撰文、杨天骥书丹《重修西安碑林记》局部

[①] 1938年6月6日（旧历五月九日）《在山草堂日记》："李（中字空缺）亭来访，转周伯敏言，碑林经费追加，向省府说可以照办。又出于右任电保管汉石经事。余以伯敏意何如？即办可也。"

[②] 1938年7月17日（旧历六月二十日）《在山草堂日记》。

[③] 参见郭玉堂：《伪造石刻录》，曾见赵振华：《近代洛阳复刻伪造的墓志及其恶劣影响》，见西安碑林博物馆编：《碑林集刊》（十四），陕西人民美术出版社2009年版，第243—254页。另参见郭培育、郭培智主编：《洛阳出土石刻时地记》，大象出版社2005年版，第4页。

图416 鸳鸯七志斋藏石系列之隋开皇二十年（600）马穉墓志

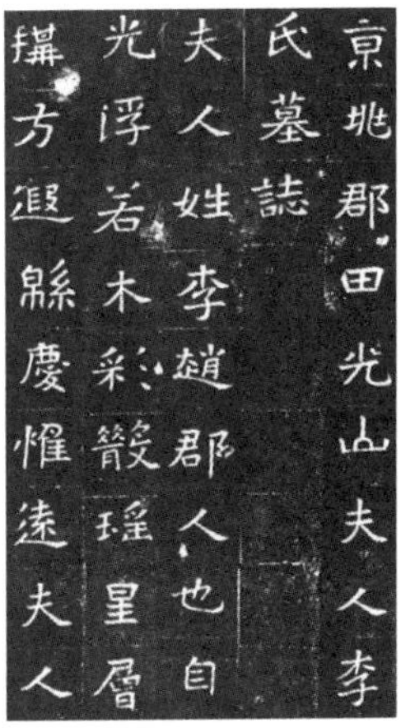

图417 鸳鸯七志斋藏石系列之隋大业八年（612）京兆郡田光山夫人李氏墓志局部

以察其真赝。

4日（旧历七月九日）《在山草堂日记》因记："定送右任西北史地学会名誉理事长聘，俟回西安时再送。"

5日（旧历七月十日）《在山草堂日记》又记："七钟至碑林，嘱预备写碑文格字纸。"未料"十一钟十五分警报发连"，城中秩序一时大乱。

延至7日（旧历七月十二日），张还"嘱（陈）伯宁检魏墓志拓片送一份来寓，为之鉴别整理也"。

8日（旧历七月十三日）早，张仍"检晋魏墓志□①种于右任所藏捐于碑林者也"。及午时"至考古会中探问右任，今日（仍）未到"。

9日（旧历七月十四日），张继续在寓所"检周齐隋唐志石"，发现"隋志石有佳者"（图416、图417）。

10日（旧历七月十五日），张"早至碑林，以昨日所查唐志石拓片交（陈）伯宁，嘱另写表"②。依当日《在山草堂日记》"午阅右任昔年所赠魏志石拓片，后查共隋石卅四片，中有极佳者"之记载，推知张扶万之举，大约是想比较右任捐赠碑林志石拓片与前述1931年其在南京于右任寓所获赠志石拓片的异同，进而寻求解决问题的途径。乃不意此次翻阅，竟接踵获得"隋志石有佳者"之信息。

或许是于右任已经获悉坊间的传言，11日（旧历七月十六日）的碑林内部俊才齐集，拉开了考究于氏捐赠碑林志石真赝的戏剧性一幕。此日《在山草堂日记》如是记道：

---

① 张扶万此日"检晋魏墓志"到底多少种，《在山草堂日记》空而未填。
② 以上引文分别见1938年8月7日、8日、9日、10日（旧历七月十二日、十三日、十四日、十五日）四日《在山草堂日记》。

"早六钟，以昨约右任来碑林，即前往。届时黄仲良、党松年先来，右任后至。同来者蔡罍臣、张文生、刘孚如等。遍观各室其鸳鸯七志斋藏石七，不知其五所云伪造之志石，亦不能指出。以西北史地学会出刊物须款告之，允为帮助。又以聘为名誉理事长书送之。"

衍传数日的鸳鸯七志斋藏石真伪之辩，在诸多金石鉴赏大家的共同集议下，以"不能指出"何者为伪的最终结论而告结案，但一向严谨的张扶万却并未就此松懈而罢手。至15日，核查鸳鸯七志斋藏石真伪的工作还在进行。此日（旧历七月二十日）《在山草堂日记》因记："赴碑林，检元魏志石，得元谭、元鉴、元珽、穆亮夫妇志石四份，余三种待查。"

比勘此前诸日张扶万遍阅拓本，敏锐发现"隋志石有佳者"以及不懈核查鸳鸯七志斋藏石真伪等信息，我们有理由相信在诸位大家鉴赏得出结果的同时，亦为张扶万精湛金石鉴赏水准与谨严学术态度而叫绝。翻阅马文彦所谓熹平石经残石"由上海运到陕西，交富平张扶万，请其加以鉴定，认为确系东汉文物，蔡邕所书"[①]诸语，我们对当年鸳鸯七志斋藏石真伪之辩的内蕴根底，无疑有更深的理解。

尽管如是，有关鸳鸯七志斋藏石真伪的争论仍未能随之消失。至1944年，张继等人仍就此事提出质疑。该年4月19日之《张溥泉日记》特记："访亮工，谈汉石经集，以右任所藏尚多疑问。"

及张因"省城战事不能免"[②]，其受陕西省政府及家人催促、劝告，将归故里富平躲避敌机轰炸之际，仍将移运石经残石作为首选要事。依张意旨，此举盖在不负老友于右任及诸多志士寄予保护之责的拳拳厚望。

意外的是，因早前张扶万即有意将汉石经残石运归富平，于是就预先将残石秘密置于碑林东院大楼[③]自己办公室内，未料消息走漏，随而发生职员陈某与拓字匠合作夜间偷拓之事。

8月23日（旧历七月二十八日）《在山草堂日记》记："午间有陈某，前开除之工役，韦曲人，报陈某前次偷拓汉石经十三份……"

8月29日（旧历闰七月五日）《在山草堂日记》又记："今日有人报前次陈某以余将移汉石经，夜间觅拓工二人，于夜十二钟后入屋，拓得十余纸，令三人在

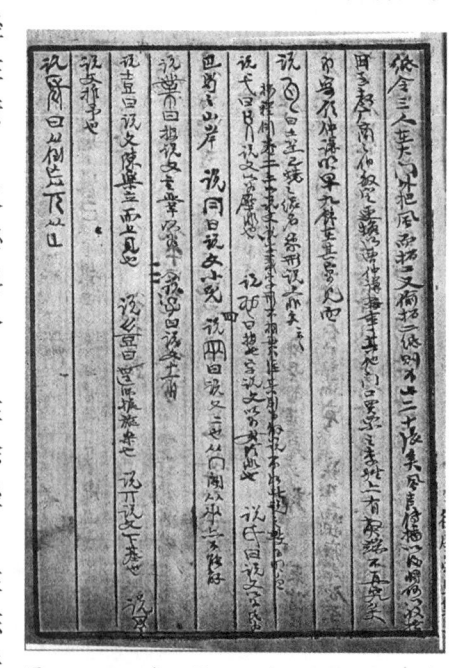

图418　1938年8月29日（旧历闰七月五日）《在山草堂日记》片段

---

① 马文彦口述，郭叔蕃整理：《碑林熹平石经残石与北魏墓志运西安之经过》，见陕西省博物馆碑林研究室编：《西安碑林研究文稿汇编》（一），铅印本，1982年，第24页。

② 1938年11月15日（旧历九月二十四日）《在山草堂日记》。

③ 该建筑面阔五间，俗呼"五间楼"。

大门外把风，而拓工又偷拓二纸，则不止二十张矣。"（图418）

获此消息，张扶万深为忧虑，立即采取果断措施。同日《在山草堂日记》另记："（移汉石经）风声传播，以后将何以收拾？因至教厅商之（周）伯敏，定更换，以曹仲谦接事。其他（碑林）门口卖票之李姓，上有弊端，不再究矣。即写信仲谦明早九钟在其寓见面。"

图419　富平县城城垣远眺。1928年摄

寄希望石经残石能够免除不虞，张扶万显然加快了迁徙的进程。9月23日，他以石经即将迁徙出碑林，此后若欲拓印此石拓本，恐一时难以着手。因将此前由他保管的"汉石经五分（份）交曹仲谦"①。接着，他又频繁会晤西安友人，征求迁徙之具体策略……

战时转运，困难重重。张苦于财力、人力以及敌机肆虐，遂一再延滞，荏苒之间，已至1939年岁末。后经多方筹措，始获款项二百元，乃得购物装运。至移运之日，又遭误车之厄。后再经辗转曲折，始将残石运回富平。

关于张扶万转运石经回归富平（图419）迭受窘迫、辗转往复诸事，1940年2月15日、16日、17日（旧历一月八日、九日、十日）《在山草堂日记》曾连续记有：

"定明日出城回家。……至长安商会见张玉山，言将归，筹借二百元。玉山立允，取二百元面交，允归后即兑还。命明俊买线麻三斤，付三元；石经片石木匣一个，付黎师十元；麻绳六条，一元。"

"甫明即起，明俊唤大车押行李，家人六，芸、邕儿、葆女从。经合、周福②送至车站，行李搬运未及买票而车西开矣。仍坐原车归，付来往费六元，搬运行李八角。"

"未明即起，如昨日至车站，王让娃在，马武婿之用人，李玉贞指挥……"，耗时半日，乃得行。

连日日记透露，当日赶制装运熹平石经残石木匣之木匠师傅姓黎，搬运送行者则有明俊、周福、王让娃、李玉贞等人，究其身份，多为富平县董南堡村乡人。

在董南堡，张扶万经审慎筹划，秘密将熹平石经残石吊挂自己家中窨井内。为安全起见，他特意召集家人，提出约法三章：一不准随意开启井盖；二不准走漏消息；三不准小孩、闲人随意靠近井边。这样的戒律，一直维持到1943年张氏逝世为止。

张扶万逝世之前，曾"嘱咐其子张午中加意保管"③。不久，全国性内战爆发，时局混乱，兼之常有古玩碑帖商人来张家索购骚扰，为石经残石安全计，张之长子张午中遂向于右任三原故友张文生写信，谓此残石其家已无力保管，请他转告

---

① 1938年9月23日（旧历闰七月三十）《在山草堂日记》。
② 周福为陕西考古会工友。
③ 梁思法：《于右任的印鉴》，见中国人民政治协商会议陕西省委员会、咸阳市委员会、三原县委员会文史资料委员会编：《于右任先生》，陕西人民出版社1991年版，第177页。

于先生设法移至安全之地。张文生将此信交付于之外甥周伯敏，周又将此事告诉远在南京的于右任。于闻讯后慨言："老友已经尽力维护了，于公、于私，我都欠张家一份人情。"

遵照于右任吩咐，张文生派三原民治小学教员潘建民乘马车至富平，从窨井中取出石经残石，秘密运回三原民治小学。后以消息不慎传出，前来民治小学参观石刻者过多，张文生等唯恐发生意外，乃又秘密就近转运到三原于右任之侄于期家中保存。

以上周折，应是曹仲谦《鸳鸯七志斋记》所谓"旋移三原"之论的主要来由。

图420 于右任夫人高仲林（前坐者）与女儿于芝秀在西安书院门家中留影

1949年后，西北文化部文物处根据碑林旧藏档案了解到熹平石经残石运往富平的线索，曾派人至富平董南堡、三原民治小学等地调查，并写信向张文生了解情况。此间适于右任夫人高仲林女士从西安寓所（图420）回到三原，偶见看家者擅将残石用来围护养狗，十分生气。即与张文生商议向西北军政委员会委员兼文教委员会主任委员杨明轩写信，希望能将此石捐赠西安碑林与鸳鸯七志斋藏石团聚，以期不负于右任此前关爱桑梓的一片初衷。

杨明轩将高仲林女士信函转送西北文化部文物处处长赵望云（图421），赵望云对张扶万等人数十年间力保石经残石的感人事迹十分赞赏，即派刘自犊等人赶往三原，取回石经残石，旋移交西安碑林。

据刘自犊等人回忆，从三原运回西安的时间大致是1952年的春季，移交西安碑林的时间则大致在石刻运到西安的一个月之后。①

图421 赵望云小照

三、艰难的维持

（一）希望与渺茫

前揭一、二、三章部分叙述中，我们曾多次了解到考古会因经费拮据而不意发生的种种窘迫与无谓争执。客观地说，这种窘迫与争执不仅只是来自北平研究院一方或者是陕西省政府一方。揆以实际，骤而成就的省院合作基础，机械、滞缓的省、县预借款运行机制，相对弱小的北平研究院学术地位，以及捉襟见肘的陕西省财政概况……均不可逆转地将省院双方共同带入此种窘境。

---

① 罗宏才：《抗战中陕西考古会及西安碑林部分文物移藏始末》，见西安碑林博物馆编：《碑林集刊》（二），陕西师范大学出版社1994年版，第15—27页。又见罗宏才：《抗战中陕西考古会及西安碑林部分文物移藏始末补述》，见西安碑林博物馆编：《碑林集刊》（三），陕西人民美术出版社1995年版，第22—35页。

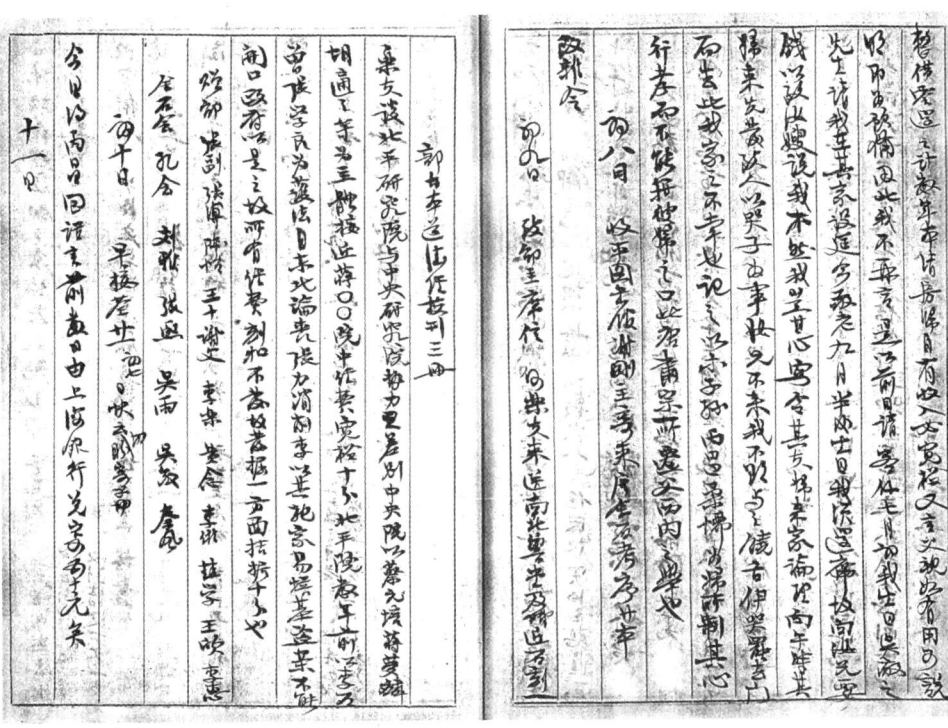

图 422　1936 年 10 月 23 日（旧历九月九日）《在山草堂日记》

面对徐炳昶、寇胜孚为经费问题屡屡发生的争执，原来对北平研究院寄以极大希望的张扶万逐渐产生了困惑与疑虑。

1936 年 10 月，省院双方为经费分担问题再次发生分歧与争执。时主持公务的李印唐复向张扶万报告，谓考古会账面经费即将用罄，职员薪水辄有拖欠，李希平已以卖画为生，马浚笃（敬庵）一家更有断炊之虑……

张得李印唐报告，心颇焦灼。他为此曾向省政府言之，但终无圆满结果。不耐张言的耿寿伯甚至认为，省院合作，省政府已尽最大努力，北平研究院也不能只做隔岸观火之人。况依山东、河南两省成例，省政府亦无一概包揽之道理，他提醒张此事以后不必再找省政府，凡事可径与北平研究院驻陕分会负责人徐炳昶直接联系。

张得耿言，颇感恼火。他特地约徐相谈，徐亦满脸不悦。抱怨北平研究院经费确已拮据万分，实无力应付陕西省方面屡屡分外要求。而各省之间，情况有异，又岂能照猫画虎，盲目比拟。

迷茫之间，张只得去找与自己私交颇深的何士骥了解内情，追问："初省院合作时既已援引中研院山东、河南合作先例，何以在经费分担一事中贵院竟辄与鲁、豫两省截然有别？"

在张扶万追问下，何士骥不得不讲出其中蹊跷。直言："北平研究院与中央研究院势力之差别。中央院以蔡元培、蒋梦麟、胡适之等为主体，接近蒋□□[1]，院中经费宽裕十分。北平院数年前以李石曾、张学良为护法，自东北沦丧，

---

[1] 依文意及实际情况，此处应指蒋中正（介石）。

张力消削，李以其亲家易培基盗案①不能开口，政府以是之故，所有经费刻扣不发，故发掘一方面拮据十分也。"②（图422）

张扶万获悉真情，如梦初醒，对徐炳昶等人的艰难处境深表同情。为解决问题症结，张专此在11月11日致函邵力子，剖白心迹："查本会自二十三年二月成立以来，在会人员惟担任历作所得古物登记、保管暨陇海路、渭惠渠发现各物一并保管登记。此外派雇员、拓工随时在省垣内外访拓碑刻、钟文为考古资料。以无专门人才，未能研究出版。似此事务简单，等于虚设。本人意见以为宜归并文化机关代为办理，与研究院工作并无妨碍。特为说明，请公同讨论。"③（图423）

大概考虑发送函件的方式还不足以引起邵力子的注意，因此在函件发出后的第三天，张又借徐炳昶、李石曾、顾颉刚等人将来西安参加第三届考古会年会之机，专此面见邵力子以做催促。

11月14日（旧历十月一日）《在山草堂日记》如是记道："……饭后至考古会，知徐旭生等昨晚车未到，乐夫、邵主席均空行一回。今日午后至省府见邵主席，言本人此番开会意见，不如（将考古会）归并他处，以无专门人才，又无事业费，形同虚设。"不意邵对张之建议未置可否，"意在延长办理"。张坚持未果，只好将希望寄托于徐炳昶等人，"候开会同众决议"。④

令张扶万感到失望的是，不待第三届年会召开，在11月16日考古会于南京酒楼举办的招待徐炳昶等人的宴会上，无论是徐炳昶还是李石曾，都对张提出的所谓"归并"办法表示坚决反对。李石曾认为"此事断不能行，必招致新的麻烦"；徐炳昶则告诫张扶万，如考古会一旦与教育厅合并，恐此后"宁日甚少"，

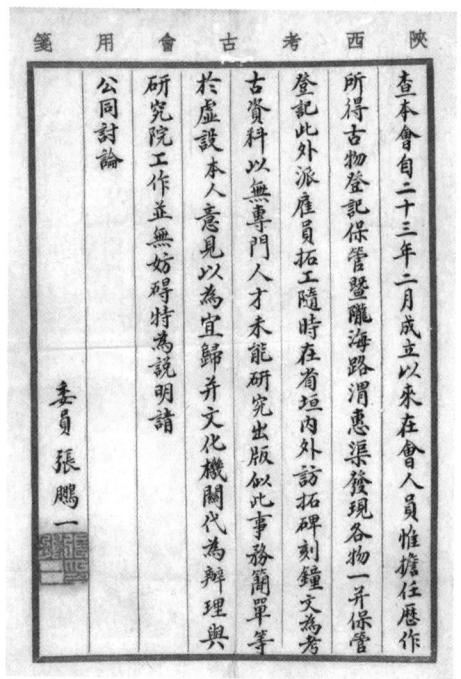

图423 张扶万要求将陕西考古会归并文化机关代为管理的公函原件

---

① 易培基（1880—1937），湖南善化（今长沙市）人。毕业于湖南方言学堂，曾留学日本，入同盟会，参加武昌起义。民国定鼎后任民国副总统黎元洪秘书。1925年故宫博物院成立，任首任院长。与李石曾为儿女亲家。1929年春，为保证故宫文物经费，部分理事提出处理院内与文物无关建议并拟定章则，呈报南京行政院。根据行政院指示，1931年，故宫博物院聘请平津各界名流成立临时监察委员会负责此事。旋依次处理药材、食品与绸缎皮货。为鼓励多销，定有优惠价，因其婿李玄伯多买优惠价皮货，从而授人以柄，导致所谓的"易培基盗宝案"发生。此案其后迭经人为操纵，折转反复，易培基之所谓"罪名"亦与日俱增，后易含恨逝去。1949年后经有关知情者调查核实，此案遂真相大白。

② 1936年10月23日（旧历九月九日）《在山草堂日记》。

③ 1936年11月11日张扶万致邵力子函，其草稿见同年11月10日（旧历九月二十七日）《在山草堂日记》，但与正式函件相较，改动较大，此处从正式函件，并请参见附图。

④ 1936年11月14日（旧历十月一日）《在山草堂日记》。

而北平研究院的斗鸡台发掘也将从此"多设阻碍",举步维艰。①

为调整张扶万情绪,李石曾表示张所著《唐长安城金石考》一书印刷经费由北平研究院承担②,并愿以局外之人身份与邵力子晤谈,促其划拨款项,以解考古会燃眉之急。

希望"归并"既成泡影,期望拨款又抱憾不得结果,迷茫之中,张扶万只能听之任之,艰难维持。延至11月中旬,考古会账面经费已全部告罄,所有职员薪水被迫停发。即便是张扶万本人,也因借贷考古会款项逾期而屡被催迫,尴尬异常。而周隆季此后因生计窘迫,不能解脱,竟吞服鸦片自杀,经抢救无效死亡。③

凡此种种,均使考古会同人心中罩上一层淡淡的阴影。11月19日(旧历十月六日)《在山草堂日记》故黯然记道:"……考古会以经费用完,催前借之银,受窘两次矣。"依张之计,似乎还寄希望用"归催东院房客押租"的方法来解决困境。然而他一旦回归寓所,却又不得不面对"龚姓押租将一月未付,转催(武)权吾,无以应之"的现实。

窘境中,张扶万又一次想到隐退。他权衡再三,仍决定写函禀告邵力子,以天寒年老、诸事难成为辞,请邵体恤实情。邵接张函,即作函挽留,称:"奉读大函,敬悉一切。考古会工作,匪仅保存古物且关系学术研究。溯自成立以来,端赖硕画周详,成绩斐然,至深钦佩。仍希继续主持,以竟全功。况近来会务亦不繁忙,若以天寒畏冷,亦可间日一往,稍节贤劳也。"④

欣喜的是,当张扶万遭遇窘境、写函告退之际,何士骥却不意带来一个令人振奋的消息。依何之言,有名陆仲安⑤者,为著名中医,人脉极广,与中央以及陕西省大员多所往来,并与陕西省政府秘书长耿寿伯私交不薄,目下适来西安,慨言可面谕耿及省政府要员,代为考古会筹措经费,且愿为"李石曾经(?)手中法庚款"⑥,实为不可多见之人,力促张扶万抓住时机。

在何的劝说下,加上邵力子的真诚挽留,张扶万终于再次决定放弃辞职,重返考古会。他将希望寄托于陆仲安,认为由陆出面游说耿寿伯及宁升三等重要人物,或许将有新的转机。

---

① 引自笔者采访刘安国记录。
② 1936年11月22日(旧历十月九日)《在山草堂日记》:"……午后应李(石曾)、徐(炳昶)诸君在会宴饮,定明日(李)润章、(顾)颉刚北返。散宴后定由研究院印唐长安城金石考,稿成后迳寄。"
③ 周隆季自杀事,1938年7月2日陕西考古会致徐炳昶信函(草稿):"迳启者:顷据本会调查员顾端甫报告,七月一日晚十钟许,贵会留守周隆季吞服鸦片,临时被钟德昌知觉,报告来会,职即往观,躬带本会勤务朱明俊、王兆禄连同德昌送周隆季至省会医院救治。一面派人报告伊家族。讵料服药周效,已于二日黎明时绝气。若后一切事宜,概由伊兄周珉料理……"该信函(草稿)藏陕西省档案馆。
④ 1936年12月邵力子致张扶万函。
⑤ 陆仲安(1882—1949),医病善用黄芪,有"陆黄芪"之誉。早年在北京等地行医,为胡适、孙中山等人医过病。胡适1921年3月30日为林琴南送陆仲安绘画作《题陆仲安秋室研经图》。胡适在1954年4月12日《复余序洋》信中说:"陆仲安是一位颇读古医方的中医,我同他颇相熟。曾见他治愈朋友的急性肾脏炎,药方中用黄芪四两,党参三两,白术八钱。"1934年5月19日《蔡元培日记》:"土曜　晴。五时,中西疗养院茶会。是院本由石曾发起,由法国郎培尔医生主持,并约中医陆仲安共诊,故名中西疗养院。郎氏近因病回国,该院由宋梧生等接办,陆氏仍留院。"后者见王世儒编:《蔡元培日记》(下),北京大学出版社2010年版,第380页。
⑥ 1936年12月8日(旧历十月二十五日)《在山草堂日记》。

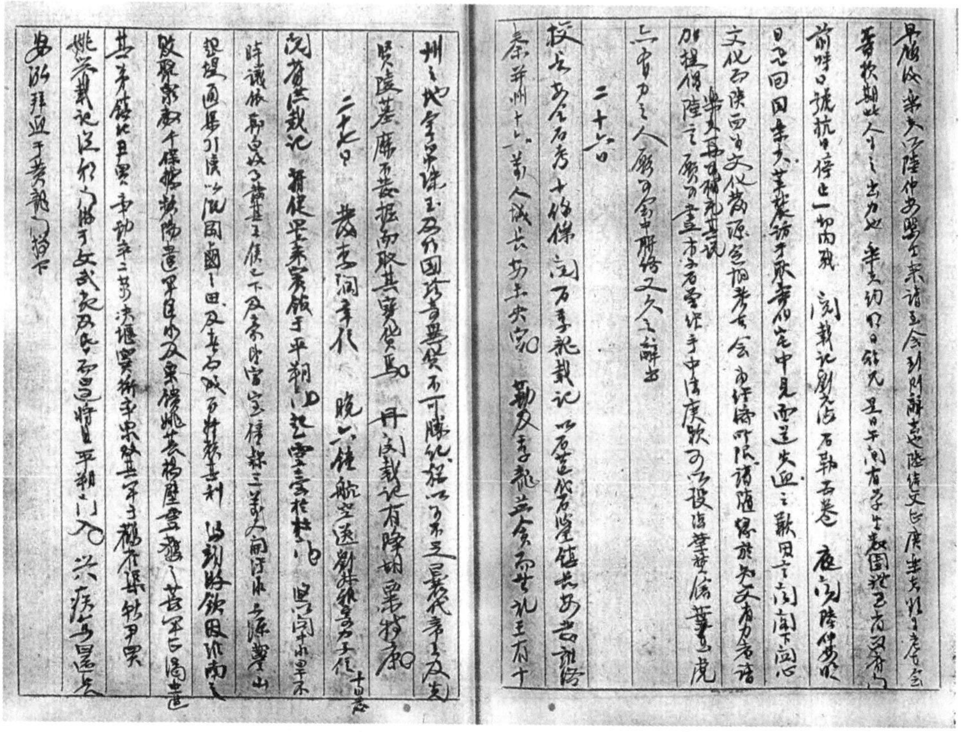

图 424　1936 年 12 月 8 日（旧历十月二十五日）《在山草堂日记》片段

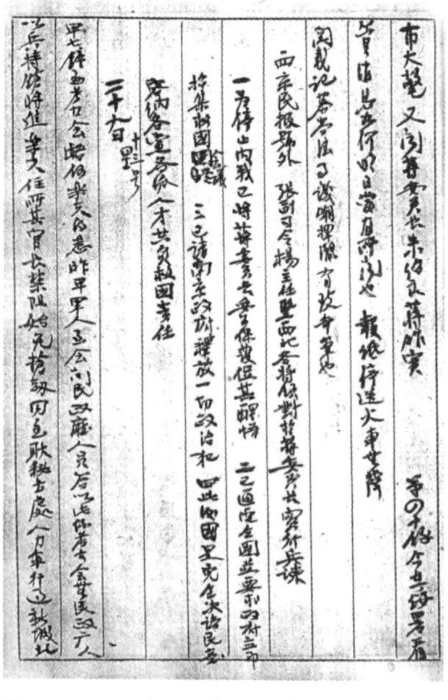

以后各事，12 月 8 日（旧历十月二十五日）的《在山草堂日记》曾如是记道："早饭后乐夫以陆仲安医生来请至会，到则辞去也。陆结交正广，乐夫欲为考古会筹款，期此人为之出力也。乐夫约明日往见。"

又云："夜闻陆仲安明日飞回，同乐夫、莘农访于耿寿伯宅中见面，道失迎之歉。因言闻阁下关心文化，而陕西为文化发源，今办考古会，为经济所限，请随缘于知交有力者请加提倡。乐夫再为补充其说。陆言愿为尽（力？）李石曾经（？）手中法庚款可以设法。叶楚伧、叶玉（誉）虎亦有力之人，愿为会中联络。又久之，辞出。"（图 424）

此次会晤耿寿伯的态度，当日《在山草堂日记》未见具体记载。不过根据其后几日《在山草堂日记》记载以及李希平等人之回忆，当

图 425　1936 年 12 月 13 日（旧历十月三十日）《在山草堂日记》片段

时耿、陆似已对张、何有所许诺，并曾为筹款之事与宁升三等人过往相商。

就在张、何、陆、景联袂会晤耿寿伯后的第四日，西安事变骤然发生。城中秩序纷乱，谣言四起。而此时张、何为达到筹款目的，已不顾个人安危，分途踽踽在全城戒严中冒险寻找耿、陆，打探消息。

当时情形，12月13日（旧历十月三十日）《在山草堂日记》有记："早七钟，至考古会，晤何乐夫，得悉昨早军人至会，问民政厅人员，答以此系考古会，无民政厅人，以兵持枪将进乐夫住所，其官长禁阻，始免抢劫……"（图425）

纷乱之中，张偕何"同至耿秘书处，人力车行过新城北，兵荷枪禁通行。折由北边路至耿宅，门僮言耿同陆大夫昨在宁升三宅未回，因同至西仓宁宅，问门者，言耿、陆又他出已（矣）。即同乐夫至寓中，留早餐"。

可以肯定，张、何二人在纷乱之中，终究未能与刻意躲避骤然事变的耿、陆谋面。及张晚夕阅《西北文化日报》，知耿已于当日被张、杨免职[①]，方始大悟。

即便如此，张、何对耿、陆的希望仍未完全放弃。十日后，当何士骥即将离西安看望家小之际，又亲自出面往访耿、陆下落。因耿去职后不愿见人，陆又避乱回归上海，致张、何、耿、陆之间再次失之交臂。

以上情形，当日张扶万似乎仍处懵懂之中，其《在山草堂日记》依旧耿耿记道："乐夫又顺道访耿寿伯，至其家，通刺后久之，言已出门，深悔此举之无谓。然得陆仲安已飞沪，又为之一慰。"[②]

（二）只有香如故

通观上节所述，相信读者对西安事变前后陕西考古会经费状况有了一个大致的了解。它启示我们反思这一组织在艰难处境下坚韧维持的目的、动机，并进而期望能够纵深探究其熠熠放光的精神内核。

寄希望探究问题实质，我们通过对陕西省档案馆考古会旧存档案资料所进行的翻阅与查实，惊异地发现：即便是在步履艰难的处境下，该会相关人员仍竭力进行了大量艰苦细致的古物调查以及保护、研究与出版刊行工作。

溯自西安事变以后，陕西省政府改组，出身关学体系、一向支持文化事业的杜斌丞[③]被任命为省政府秘书长。翌年2月，孙蔚如接任陕

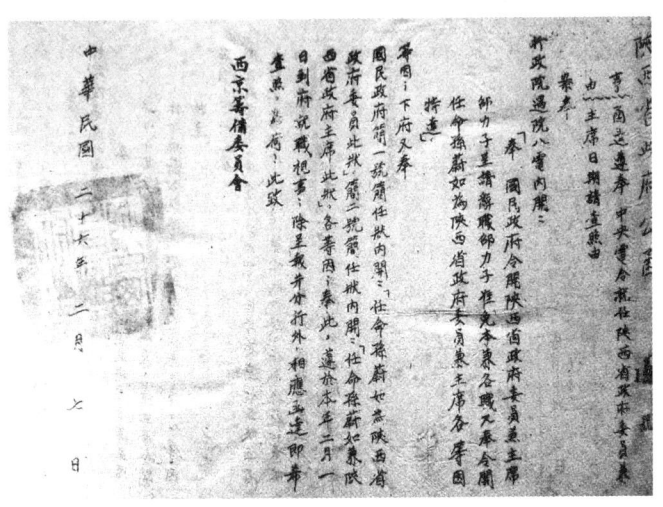

图426　1937年2月国民政府任命孙蔚如接任陕西省政府主席的相关记录

---

① 1936年12月13日（旧历十月三十日）《在山草堂日记》。
② 1936年12月23日（旧历十一月十日）《在山草堂日记》。
③ 杜斌丞（1888—1947），原名丕功，字斌丞，自署秉诚，以字行。陕西米脂人。1907年入三原宏道高等学堂。1913年入北京高等师范学校史地部学习。毕业后，任榆林、延安等地中学校长。西安事变后任陕西省政府秘书长。1945年任民盟西北总部主任委员。因长期致力革命，1947年3月被胡宗南逮捕入狱，10月7日在西安被杀。

西省政府主席（图 426），杜又得续任省政府秘书长。一时云开雾散，陕西省政坛又出现了久违的清明景象。张扶万目睹时局变幻，瞻念困难之中的陕西考古会，腾起了新的希望。

6 月 6 日，为尽快整理编印近年来陕西考古发现之物，张特意面见杜斌丞，请其襄助。同日（旧历四月二十八日）《在山草堂日记》记：“为省府秘书长杜斌丞言考古会编印近年考古各物，须费三千元，请省府代筹拨付。已允其请。”

1937 年 5 月以至 10 月，西北史地学会、禹贡分会、西北论衡分会、烽火报等诸多学术机构与报纸杂志纷纷在西安设立。这些在新形势下于抗战大后方快速设立的机构与报刊，饱含爱国知识分子群体在敌寇入侵、民族危难之际冀望竭力保存民族文化薪火的赤子情怀，发散出特殊历史时期故都西安集中展现的一股清新、活泼的学术、新闻气息。

其中的重要主持者如张扶万、徐炳昶、顾颉刚、黄仲良、陈子翼等人，或曾是陕西考古会黄金时期的重要负责人，或曾是陕西考古会主体运行时期如西京筹备委员会、中央古物保管委员会西安办事处等重要合作单位的学术骨干与重要主事者。社团中坚、学术同道以及共同文化责任等种种因缘与精神旨趣，促使他们在新的历史时期与新的社会环境下义无反顾地再次聚集，分向去实现共同认定的伟大目标。

诸如“敌人要毁灭我们的历史，我们自己得要努力保存”[①]，“以通俗的文字宣传抗战，激发各阶层民众的救亡意识”，“以虔诚的态度考察抗战阵容中各方面的姿态”[②]一类的“卷头语”与“发刊词”，成为他们发自心底的共同心声。像《读史记周秦本纪秦灭西戎为中国开拓西北边疆之先》（张鹏一）、《中国西北之植物地理》（刘慎谔）、《西汉通西域路线之变迁》（黄文弼）、《中华民族黄帝子孙一耶二耶》（陈子怡）[③]等类的大量学术成果，则集中展现了抗战初期艰苦环境中大后方西安地区优秀文化学人群体的最强学术品质。

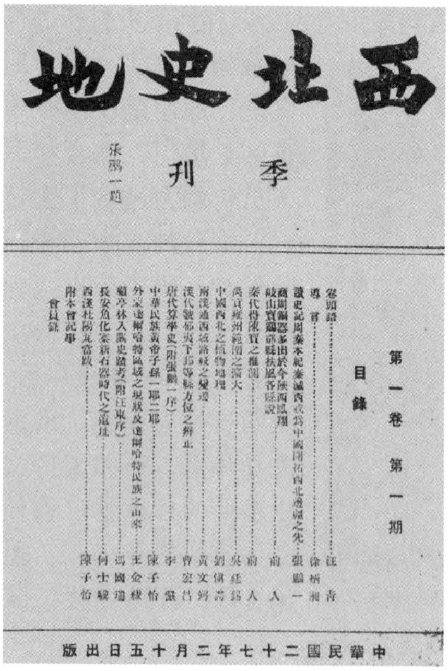
西北史地
季刊
張鵬一題
第一卷第一期
目錄
卷頭語……汪青
專著……徐炳昶
讀史記周秦本紀秦滅西戎爲中國開拓西北邊疆之先……張鵬一
商周銅器多出於今陝西鳳翔岐山寶雞郿縣扶風各縣説……前人
秦代得陳寶之推測……前人
禹貢雍州範圍之擴大……吳廷錫
中國西北之植物地理……劉慎諤
兩漢通西域路綫之變遷……黃文弼
漢代褒斜與下邽等縣方位之辨正……曹宏昌
唐代算學史（附張鵬一序）……李儼
中華民族黃帝子孫一耶二耶……陳子怡
外蒙達爾哈特區域之現狀及達爾哈特民族之由來……王金紱
顧亭林入關史蹟考（附汪東序）……馮國瑞
長安魚化寨新石器時代之遺址……何士驥
西漢杜陽瓦當跋……陳子怡
附本會記事
會員錄
中華民國二十七年二月十五日出版

图 427　由张鹏一题耑的《西北史地》1938 年第 1 卷第 1 期封面

历史档案与文献资料表明，这些令人欣喜的文化现象，曾得到张扶万等人的积极维护与热情扶持。以粮道巷陕西考古会驻地为中心紧密围聚的学术机构区群，一时成为抗战初期西安地区一道亮丽的学术风景线，缘起前清督粮道署驻地的“粮道巷”，也俨

① 西北史地学会主编：《西北史地》季刊 1938 年创刊号，卷头语。
② 《烽火》旬刊（1937 年 10 月 15 日创刊）发刊词。
③ 参见西北史地学会主编：《西北史地》季刊 1938 年创刊号。

然成为名副其实的抗战"学术巷"。

于经费拮据、困难重重之际,张扶万凭借自己的身份地位,为上述单位之筹备设立与工作开展积极排忧解难,其间禹贡分会之筹备处即设考古会,西北史地学会会刊刊名又由张亲自题写(图427),很多会议活动也多在考古会举行。

同年6月20日(旧历五月十二日)《在山草堂日记》因记:"是日早由后宰门寓至考古会,十钟白宝瑾君来,余约印唐、乐夫与之相见,说明暂以考古会为禹贡分会筹备处,俟廿二号由昨推举之五人①议定办法,白君留章程数种,约以后再通消息。"

又9月8日(旧历八月四日)《在山草堂日记》:"史地学会定今日午前十一钟在曲江春聚餐。送知单五十余人,到者只十二三人。……定每月一日、十五日三时至五时在考古会茶话,以示接洽。"

不惟如是,在敌寇迫近、消息闭塞之时,张扶万以身任西北史地学会理事长职事,仍通过多种方式联络英杰,冀望以此延续陕西考古会余脉,推进学事,启发西北文化。

如1939年12月13日,张曾致函流亡三原的山西大学代校长徐士瑚②(图428),拟请其"为史地学会名誉理事"③。信中说:

"鹏鄙处边域,壮岁无闻,老学益难。自北平研究院分所来西安,始与北方硕学相接。卢沟战起,院学迁移,嘤鸣含莘,友声相求,遂为西北史地学会之设,诸君谬相推评,而绵力有限,鼓进为难。今闻先生硕学,于西北史地颇蒙赞许,不揣冒昧,曾备函附上章程、史地季刊,托乐夫转交,谅具同好必出,启发西北文化与世界,学子共相周旋,祈望时局转机,宏开讲舍,使鹏得以奉袂堆襟,时聆教益。"

图428 徐士瑚小照

或以前述6月6日张、杜二人所谈并未涉及具体操作细节,致其事终未能进入省政府财政拨款程序,以故延滞。及至6月16日穆济波④送来刊载张氏撰述《游宝鸡县鸡峰山记》一文之《陕西教育月刊》第3卷第2期,张之前次拟印考古会诸物向省政府请款之事遂被勾起,张于是决定再找省政府秘书长杜斌丞予以通融。同日《在山草堂日记》故记:"穆济波来信,送宝鸡游记卅册,并照像铜版一封。

---

① 1937年6月19日(旧历五月十一日)《在山草堂日记》:"下午六时周伯敏邀饮大酒楼。座中有禹贡学会派来白君宝瑾接洽,在西安设禹贡分会、西北论衡分会事。席散后,伯敏介绍白君于座中诸君,推余与伯敏、梁午峰、李瘦枝(不知其人)。余推王复初,凡五人,于廿二号开西北史地学会后再商代办禹贡分会事。"

② 徐士瑚(1907—2002),字仙洲,号云生。山西五台人。1925年入北京清华学堂。1931年6月毕业后赴英、德留学,入伦敦爱丁堡大学学习拉丁文、英国文学,1933年获硕士学位。1938年归国后任山西大学英文系教授兼系主任、文学院院长、教务长、代理院长。1946年6月至1949年7月任国立山西大学校长。1950年任北方交通大学教授。译著有《契诃夫》《莫里哀》《莎士比亚的戏剧》等。

③ 1939年12月13日(旧历十一月三日)《在山草堂日记》。此句与下文致徐士瑚信函俱录入1939年12月13日(旧历十一月三日)《在山草堂日记》。

④ 穆济波(1895—1978),四川合江人。曾任《新蜀报》《陕西教育月刊》等编辑,东南大学附中教师。1937年加入西北史地学会。1956年任四川省图书馆副馆长。

为会中请款印刷事，见杜斌丞，云须造预算设计册。"

窥《在山草堂日记》所记，杜斌丞虽然一再允准张扶万的请求，刘安国又言张扶万在其后确也拟定了"预算设计册"，只以当时陕西省政府财政拮据，事实上难以尽快、尽数拨付，延至1938年秋杜之省政府秘书长一职被解除，此事终于无奈告寝。

还是在1938年年初，陕西考古会在获得"军事委员会委员长西安行营派遣副官杨宗耀等来宝（鸡）雇集民工挖掘窑洞"，掘获"小瓦缸五个，黑釉陶器一个"，旋"依古物保存法第七条规定"① 呈报宝鸡县政府等消息后，为保证出土器物不致流失，得陕西省政府民字88函件的支持，曾积极疏通有关部门，促成宝鸡县县长钱范宇派专员杨邦栋将出土器物装置木箱移送考古会保存。

"七七事变"发生之前，顾颉刚（图429）为躲避日人纠缠，自北平出走，经天津转乘美国轮船至青岛，辗转月余，历经风险，终赴西安。

同年9月5日（旧历八月一日）《在山草堂日记》因记："顾颉刚事前出北平，徐旭生不知所在。伊等至天津乘美国轮至青岛，上岸日人检查甚严，带有杂志、报章，悉投之海，免查出有意外之险也。其狼狈可想。"

前之第四章相关篇幅述及，斗鸡台发掘被迫中止后，徐炳昶率钟德昌离开西安南下城固，继而辗转于1939年到达昆明，在远离市区的络索坡寻觅到所谓的"适然居"寓斋。他延续此前的经久思考，一面积极支持苏秉琦整理斗鸡台考古发掘资料，一面"立意拿我国古史上的传说材料与以通盘的整理"②。经艰苦爬梳，于1943年完成他的经典著述——《中国古史的传说时代》③。

图429 禹贡学会理事长办公室工作中的顾颉刚。1937年"七七事变"前摄

由于针对性地直击此前关于古史传说研究所存在的核心问题，且能够按"等次"④ 睿智分解相关史料文献，并大胆联系新出土实物资料实施综合评判，因此徐氏本人的这一研究独上高楼，具有极强的说服力，"为我国古史传说时代的研究，创立了一个新体系"⑤。

其间，徐炳昶尚与友人郭宝钧围绕中国青铜器艺术研究主题有过热烈的讨论，

---

① 此段引文参见1938年1月13日陕西省政府致送陕西考古会民字第88号公函，全函收入陕西省档案馆藏《陕西考古会运送古物、发掘文物呈请派人前往研究处理卷》档案，全宗号：48；目录号：1；案卷号：16—1。

② 徐旭生：《中国古史的传说时代》（增订本），文物出版社1985年版，第3页。

③ 徐炳昶《中国古史的传说时代》一书1943年由中国文化服务社印行，其后经多次修改，又先后在1985年、2003年经文物出版社、广西师范大学出版社再版。

④ 徐旭生：《中国古史的传说时代》（增订本），文物出版社1985年版，第33页。

⑤ 黄石林：《徐旭生传略》，见《中国现代社会科学家传略》（第三辑），山西人民出版社1983年版，第379页。

"拟以科介切末,生旦丑末演奏,为探讨仪礼过程"。且认为此举"是亦研究'古代艺术'之艺术也"。① 这里,乡音之中的学术探讨,不啻一场实验艺术考古之幽默尝试。

1945年6月15日,应挚友连定一之请,徐炳昶还欣然为其尊人连雅堂② 先生所著《台湾通史》书序,飞扬发挥他对中国古史衍传递嬗煌煌轨迹的新知感悟,以之寄托于连雅堂先生"积数十年之力"的心血杰作,图以彰显"中华民族所创造之文化为世界巨大文化之一",并殷殷念及"台湾与我闽疆一苇可通",指出"清末,日本人窃据(台湾),以数十年之力即欲攫为己有。其施政也又徒暴力以压,迫切以求,四五十年中未尝念及土著之应有选举权与否。及迫于丧失,始思开放一小部分不平等之应得以为钩饵,所施极狭,所愿奇奢,多见其不知量也"之实质,期望"葆吾所长,勉吾所短,以绵续吾先民之丰功伟烈于无穷也"。

显然,连接本书第一章述及连定一与徐炳昶在西安期间的相会、同游记忆,十二年后昆明远郊络索坡适然居寓斋中徐炳昶的一篇精洁序文,相信读者不难感受到一缕清幽可人的学人交往情谊。

但至西安后,顾颉刚却立即投入相关研究工作,得间还在西安东关外小土坡实施小型考古发掘。

1937年10月,中央古物保管委员会西安办事处主任黄仲良以日机轰炸、将避陕南之故,特函陕西省政府代行保管该处所藏古物及工作物品。陕西省政府为此在28日向教育厅致发第8584号训令,请由该厅"代管"。为此教育厅在11月7日回复第10824号函件,称:"惟以古物关系古代文化,鉴别保管,责任綦重。值兹国难严重,经费紧缩之际,即拟添派专员,专司其事,力有弗逮。伏查本省考古会为本省考藏古物之主管机关,拟请转饬该会接收代管。"

陕西省政府接到教育厅函报,回函照准,训令教育厅立即转饬考古会依令执行。惟当该会据此提出经费问题之时,却被陕西省政府11月11日第14291号指令借"国难"之词拒绝。语谓:"国难严重,省库支绌,无法筹增薪给。"

张扶万获此详情,即向教育厅回复第29号公函,指称:值此国难之际,本会自应体恤国情,以尽其责。即使省政府不拨分文,本会亦决无怨言,当派"干事顾端甫协同教育厅职员张立言、马导源共同前往接收",决不推辞。

同年11月9日、15日,为尽快掌握关中西部以及陕南地区的古迹古物分布资料,以应对随时变化的抗战局势,陕西考古会还派孙文青等"赴南郑、城固清理汉张骞墓室旁石刻,作照相、椎拓等工作","并赴汉水流域一带调查古迹"。"又派职员赵纯等赴渭水流域西岸咸阳、鄠县、兴平、盩屋、武功、扶风、郿(县)、岐(山)、凤翔、宝鸡等县调查古迹"。③

1938年年初,随着西安空袭加剧,各有关机构谨遵省政府命令相继疏散,

---

① 郭宝钧:《由铜器研究所见到之古代艺术——第三次全国美术展览会特约论文》,载《文史杂志》1944年第3卷第3—4期,第20页。
② 即连定一之父连横(1878—1936),字武公,号雅堂,又号剑花,著名历史学家。
③ 参见1937年11月9日、15日陕西省政府、陕西省教育厅、陕西考古会等单位致关中西部及陕南部分县县长及专员公函。

陕西考古会亦立即采取了积极应对措施，3月初决定"安置考古会各员役三个月薪费"，张扶万自己亦因生计紧迫，"借会中存款二百元"。①

这样的措施，在其他机构也许会立即生效，但当各地发现古物需要紧急处置之时，往日的疏散决定对考古会来说，似乎便完全失去了效力。

还是在1938年年初，陕西考古会在获得"军事委员会委员长西安行营派遣副官杨宗耀等来宝（鸡）雇集民工挖掘窑洞"，掘获"小瓦缸五个，黑釉陶器一个"，旋"依古物保存法第七条规定"②呈报宝鸡县政府等消息后，为保证出土器物不致流失，得陕西省政府民字第88号函件的支持，曾积极疏通有关部门，促成宝鸡县县长钱范宇派专员杨邦栋将出土器物装置木箱移送考古会保存。

1939年3月初，岐山县京当村（图430）附近发现西周窖藏一处，出土鼎、壶、簋、尊、爵等数十件青铜器。消息传开后，北平、上海、西安等地古玩商闻风前往收购，当地有力者亦窥伺垂涎，图谋不轨。

消息传至考古会，李印唐即于该月9日向尚在富平乡间的张扶万

图430 陕西岐山京当村远望。1945年摄

写函汇报，称："顷闻岐山县属某地发现大宗铜器，就传说数目很多。内有三尺高刻有字鼎，其余多祭器。类与古代文化关系甚重，不速追究，散佚可惜！"请张"即日函蒋主席令饬岐山县县长彻查，送省保存"，并请"面饬陇海路局对此路行密留心检查，以免外运"。

张接函报后，于11日致函陕西省政府主席蒋鼎文，称："顷接考古会李印唐来函，知岐山县属某地近来发现大宗铜器，疑系西周铜器窖藏。"并称："此地旧属西周王畿之地，今出此重器，必与古代文化关系甚重，例应查究，以防散佚。"敦请蒋"速发手令，饬命岐山县县长彻查，送省保存。再函陇海路局各有关路段留心检查，以免致有外运情事"。

1941年春季以降，陇海铁路西展天水，北上同（官）、耀（县），沿线工地率多发现大批陶器、瓷器、钱币等古物。负责该路施工者依据陇海路局此前与考古会多次合作旧例，曾先后多次呈报考古会请予接收。

在人员奇缺、经费无着的尴尬处境下，陕西考古会仍想方设法完成了此项工作任务。累计在该年六七月间，该会先后接收了耀县药王山附近秦汉墓葬所出大量陶器与"一万一千五百枚"半两、五铢钱币以及宝鸡附近所出"古罐九个、瓷碗一个、残破古瓷碗两个、古砚盖一个"等相关古物。③

---

① 1938年3月9日（旧历二月八日）《在山草堂日记》。
② 此段引文参见1938年1月13日陕西省政府致陕西考古会民字第88号公函，全函收入陕西省档案馆藏《陕西考古会运送古物、发掘文物呈请派人前往研究处理卷》档案，全宗号：48；目录号：1；案卷号：16—1。
③ 参见本书第六章中"更进一步"之相关叙述。

前在1937年5月第三次斗鸡台发掘以天热停工之际，何士骥鉴于"西北多年无研究学术团体"①，考古会成立以来历年工作皆忙于田野调查以及发掘，恰好缺少纵深研究这一重要环节，力促张扶万领衔成立西北史地学会，"以研究西北史地学术、发扬民族文化为旨趣"，以文献资料与田野调查资料相比较互证为切入点，重振源远流长之关学雄威。

接受何士骥倡议，酝酿之中的西北史地学会经积极筹备，于1937年6月10日在西安正式成立。会议公推张扶万为理事长，黄仲良为工作主任，何士骥为秘书长，李印唐为干事，张扶万、谢文卿、徐炳昶、梁午峰、党晴梵、吴敬之、张寒杉、黄仲良、王复初九人为理事（后增补刘允丞、冯仲翔为理事）。究其成员结构，考古会同人几乎占去一半以上。其组织核心除黄仲良一人之外，竟全是考古会的班底。涉及该会在其后所开展的基本工作，也实际上是原考古会研究工作的继续与深入。

西北史地学会成立伊始，会员迅速发展至五十余人。同人决定创办《西北史地》季刊，并拟随时开展"研究、编辑、采访（调查、发掘等在内）、测绘、摄影、出版、发行"②等工作。与此同时，该会还积极配合禹贡学会以及西北论衡社在陕西设立分会，开展工作。可惜的是，由于此后日机的疯狂轰炸，西北史地学会的所有工作不得不暂行中止，其《西北史地》季刊亦仅出第1卷第1期即告结束。

于积极筹办西北史地学会之同时，何士骥依据第三次斗鸡台发掘被迫结束后，北平研究院曾与陕西省政府进行协商，"由双方委员开会讨论因宝鸡斗鸡台发掘工作未竣，运回古物尚未整理，可暂留一员保管，同时并将研究院器物亦交本会保管"的决定，奉命留守西安，专司保管研究院器物并相机进行斗鸡台发掘报告的编写。当徐炳昶率钟德昌离开西安南下城固后，何将北平研究院"数年发掘运回各物，分包记号，排列大庭，整理工作开始之际"，却频频遭遇"敌机不时骚扰"③，致其不得不暂时中止此项工作。

当1938年2月18日周国亭等人参观陕西考古会时，徐炳昶已经离开西安，辗转东向。面对"种类繁多，不可胜举"的考古会藏物，作为徐炳昶高足的周国亭睹物思人，留下了动情的笔墨：

"闻此会乃北平研究院历史研究所所长吾师徐旭生先生多年心力之所经营，且陈列品大部分皆系其亲手发掘或搜集者，今先生虽旋故乡（南阳），吾人睹物怀师，不禁敬慕焉！"④

1938年日军炮击潼关后，陕西抗战局势日趋严重。原来欲坚守西安，矢志进行考古研究的何士骥被迫携眷离开西安，辗转宝鸡⑤，南下汉中。同年3月19

---

① 1938年3月15日（旧历二月十四日）《在山草堂日记》。
② 西北史地学会：《西北史地》1938年第1卷第1期。
③ 1943年陕西考古会致陕西省教育厅函。
④ 周国亭：《陕西考古学会参观记》，原载《西安临大校刊》第11期，后收录于西北大学西北联大研究所编：《西北联大史料汇编》，西北大学出版社2012年版，第280页。
⑤ 1938年3月17日（旧历二月十六日）《在山草堂日记》："何乐夫之夫人、儿女以汽车拥挤，小儿难以前往，仍在宝鸡居住，今日乐夫得信前往矣。"

日他赴汉中送眷离开西安之际，颇不愿就此离开供职数年之考古会以及钟爱的考古工作，忍痛向钦佩尊重的张扶万依依话别，嘱托公干，互道心结。

当日《在山草堂日记》称："何乐夫赴汉中送眷并就临时大学教员职。往送别，殷殷以时局稍定仍望回西安任考古事，并以西北史地学会秘书事嘱际儿代办，学会图章四颗、文稿均交存余。去冬借乐夫四十元，今送还，坚不肯受，其情可感。乐夫以眷属屡次迁移，去夏由归德来西安，秋间又迁南阳，旋又由南阳来西安，今及往汉中，其妇有幼子女四口，小者在抱，往来耗费如此，而假贷于余，知贫窭也。奉余以师礼，友人中之恭而有礼者也。"①（图431）其后，何又屡屡表示以师礼事张，从张"游，终身为西北史地学会事业"②。

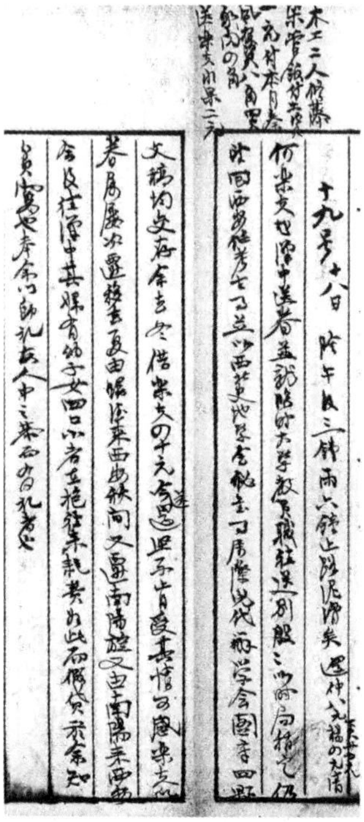

何士骥的表示并非虚套。在后来避居陕南、执教西北联大之时，即便时局动荡，生活艰辛，他仍笃志践约。

图431　1938年3月19日（旧历二月十八日）《在山草堂日记》

其间，何欲治甲骨金文，曾写快信嘱张扶万转"钟德昌代买甲骨学一册"③。1938年2月，何士骥于《西北史地》季刊发表《长安城外鱼化寨新石器时代之遗址》一文。5月至7月，何士骥又积极参与西北联大历史系对城固蔡伦墓、张骞墓的调查、发掘。曾与周国亭联名撰写《发掘张骞墓前石刻报告书》④。这些包含着何士骥以及西北联大许寿裳、黎锦熙、徐诵明、李蒸、陆懋德等教授心血的调查发掘成果后易名《修理张骞墓工作报告》在《说文月刊·西北文化专号》上公开发表⑤后，在当时国内史学界与考古学界引起一定反响。

不仅如此，何士骥还与流寓陕南的宋联奎、黄仲良、马雅堂、高元白等文化名流朝夕往来，研讨金石，赋诗唱和，寄望时局早定，重启斗鸡台考古发掘诸事。

如1942年2月27日，何士骥持城固所得花纹砖多种，偕马雅堂谒见宋联奎求教。当日《南行日记》故称："（马）雅堂偕何乐夫来，何为考古家，出示所

---

① 1938年3月19日（旧历二月十八日）《在山草堂日记》。
② 1939年12月13日（旧历十一月三日）《在山草堂日记》："乐夫来信，愿从我游，终身为西北史地学会事业。"
③ 1938年6月16日（旧历五月十九日）《在山草堂日记》。
④ 何士骥、周国亭：《发掘张骞墓前石刻报告书》，载《西北联大校刊》1938年第1期。此次发掘所获，西北联大1939年《博望侯墓道古物校内展览记》："于是乃由李季谷、何乐夫、周节常、刘延芳诸先生及同学阎应清、鲍延忱、马寿山等将该项古物分类编号，于本月十三、十四两日下午在本系考古室……陈列展览……陈列品类，有印范、五铢钱、汉砖、带耳破陶罐、铁钉、细铜丝、碎铜片、陶器片、瓷片瓦片、砖块、漆皮带土、朱红带土、人工石、天然石、牙、骨、螺壳等。"另记："此外尚有拓片照片等，均亦分类加以说明。"收录于西北大学西北联大研究所编：《西北联大史料汇编》，西北大学出版社2012年版，第287页。
⑤ 参见《说文月刊》1943年第3卷第10期，渝版，第四号《西北文化专号》。

拓城固所得花纹砖多种，谈甚洽。"

因此次会晤何士骥谈及其藏汉砖、陶器等物，颇有情趣，同年3月7日即有宋联奎、马雅堂相约回访何士骥之事。当日宋联奎《南行日记》记："（马）雅堂来，同访何乐夫处谈，观汉砖瓦器等古物，内有破碎玉简，有字如钟鼎文。出河南温县土中，似三代物……"

雅集之余，何士骥尚应西北联大历史系及部分友朋邀请讲解斗鸡台发掘概况，其间他对昔年未竟考古事业充满留恋、惋惜之情。不禁唏嘘："上年在宝鸡城外十五里祀鸡台发掘一小部分，露出古城遗址，土基宽厚，似是秦城。因其上有一汉坟，发现有女环佩及五铢钱之类，疑汉时尚不知其下有城，故断为秦城无疑。特以工巨费绌，仅掘至数尺即止。今因抗战停工，仍以土掩藏之。俟后再继续搜索耳……"（图432）

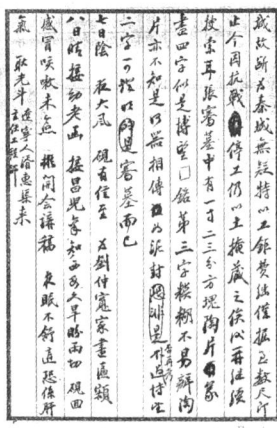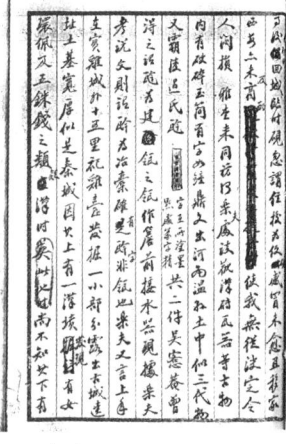

图432　1942年3月7日《南行日记》片段

1943年2月2日，何士骥与宋联奎等人又在黄仲良处"观史文忠公（可法）遗墨家信手卷"[①]以及其在新疆、甘肃等地考察所获汉魏木简等物。

或许此次观赏对何士骥有所刺激，当年7月4日，何便邀宋联奎、高元白等人，在其寓所共同鉴赏南郑西门外龙岗寺遗址采集的"旧石器及陶片"与石斧等物。[②]（图433、图434）

受宋、高等人的赞赏激励，何士骥后来还打算溯汉水东进考察古文化遗迹，

图433　龙岗寺遗址远景（东南—西北），采自陕西省考古研究所《龙岗寺——新石器时代遗址发掘报告》（文物出版社1990年版），图版一（Ⅰ）：1

图434　龙岗寺遗址采集石斧。采自陕西省考古研究所：《龙岗寺——新石器时代遗址发掘报告》（文物出版社1990年版），图版三九（XXXIX）：2

---

① 1943年2月2日《南行日记》。依《南行日记》记载，史文忠公（可法）遗墨家信手卷有乾隆御题及彭元瑞（1731—1803）、于敏中（1714—1779）、刘墉（1719—1804）等多人题跋。

② 1943年7月4日《南行日记》。

旋因日机轰炸猖獗而中止。

毫无疑问，何士骥在避居陕南期间所做的大量调查、发掘工作是弥足重要的。其中龙岗寺石器时代遗址的发现尤为瞩目，它填补了这一时期汉水流域石器时代考古历史的一页空白，应该具有重要的学术价值与历史意义。1959年至1983年，陕西省社会科学院考古研究所汉水队、陕西省考古研究所汉水考古队先后数次对该遗址进行调查、发掘，成绩卓著，但追溯其上源，均应与20世纪40年代何士骥的调查发现联系起来。其中陕西省考古研究所汉水考古队调查认定在龙岗寺寺院西侧约10米之外有一处旧石器时代遗址，屡有旧石器时代文化遗物和动物化石出土 的结论，① 更与何士骥的调查发现直接对位。

应该说，在陕南的几年岁月里，何士骥任教西北联大，生活还是相对稳定的，但他却无时不挂念趋向维持的考古会以及暂行中止的西北史地学会，期望大功未竟的斗鸡台发掘有朝一日能够重新开始，而将那些尚未搞清的迹象，"俟后再继续搜索耳"②。

1940年，经张扶万等人推荐，何士骥出任陕西政治学院国文教授，同年9月经徐炳昶同意，被聘为陕西考古会代理工作主任。得间仍兼考古会留守保管一职，坚持进行斗鸡台部分发掘资料的整理工作。

两年之后，闻知史语所与中央博物院筹备处、中国地理研究所以及北京大学文科研究所联合组成西北科学考察团消息后，何士骥又风尘仆仆赶至甘肃兰州，参加该团组织的调查发掘工作。

在兰州附近，他坚持进行考古调查与发掘。先后发现十里店、曹家咀等新石器时代遗址，并对十里店遗址③曹家咀遗址进行试掘，获取大量弥足珍贵的第一手资料。继而连续发表《十里店新发现的墩军碑》、《金文汇编索引》、《西北考古纪略》④、《中国文化起源于西北》⑤等论文。

何士骥的出色表现，获学术界一致认可。徐炳昶致函称他"留守西安，日逢敌机骚扰，仍致力学术，令人钦佩"⑥。及至获知何士骥已"贫困不堪"的处境后，立即寄"二万元"以解燃眉之急。⑦1941年2月14日，教育部西北艺术文物考察团团长王子云、秘书何正璜等人曾专门拜会何士骥，更对其在艰苦环境下矢志

---

① 参见陕西省社会科学院考古研究所汉水队：《陕西汉中专区考古调查简报》，载《考古》1962年第6期，第298—304页。陕西省考古研究所汉水考古队：《陕西南郑龙岗寺发现的旧石器》，载《考古与文物》1985年第6期，第1—12页。陕西省考古研究所汉水考古队：《陕西南郑龙岗寺新出土的旧石器和动物化石》，载《史前研究》1986年第3—4期合刊，第46—56页、第142页。按1959年至1983年陕西省社会科学院考古研究所汉水队、陕西省考古研究所汉水考古队先后数次对南郑龙岗寺遗址所进行的调查、发掘，除上述出处外，另见陕西省考古研究所：《龙岗寺——新石器时代遗址发掘报告》，文物出版社1990年版，第1—4页。关于龙岗寺遗址时代的确定，本书依据《南行日记》记载，笼统将其定为"石器时代"。

② 1942年3月7日《南行日记》。

③ 夏鼐、吴良才：《兰州附近的史前遗存》，载《中国考古学报》1951年第5册。

④ 何士骥：《西北考古纪略》，载《读书通讯》1942年第52期。

⑤ 何士骥：《中国文化起源于西北》，载《新西北》1944年第7卷第12期，第3—6页。

⑥ 采访李莲生记录。

⑦ 徐炳昶获知何士骥"贫困不堪"处境立即寄款事，参见1945年2月8日、9日徐炳昶日记。其2月8日日记："接乐夫信一封，彼已穷困不堪。"又2月9日日记："寄乐夫二万元。"

不渝的敬业精神赞叹不已。语谓：

“何乐夫先生乃西京筹委会龚君所介绍者，持片后何君欣然出迎，白发之老教授也。而精神健朗，犹如年轻人。曾任职城固西北联大，现任政治学院国文教授，新旧书籍几占其时（室）之半，而床上被薄褥单，一切陈设俱无。除桌椅笔墨而外，所属于其私人者，仅一半黑面巾与半瓶黑人牙膏而已。衣着亦极俭朴，一灰布棉衣，一黑棉鞋。是房中并无茶杯、火盆、烟匣之类。如此情景，令人颇肃敬

下午雲、姚君、科三人再同去政治學院訪何樂夫先生，乃西京籌委會龔
君所介紹者。持片後何君欣然出迎，鬢白之老教授也，而精神健朗，猶如年
輕人。曾任職城固西北聯大，現任政治學院國文教授。新舊書籍幾佔其時
之半，而床上被薄褥單，一切陳設俱無，除桌椅筆墨而外，所屬于其私人者僅
一半黑面巾與半瓶黑人牙膏而已。衣着亦極儉樸，一灰布棉衣，一黑棉鞋。是
房中並無茶杯、火盆、煙匣之類。如此生活情景，令人頗肅敬，且甚感慨。富
賈碩儒，享受未免過于懸殊。學士清寒，千古為之一歎。

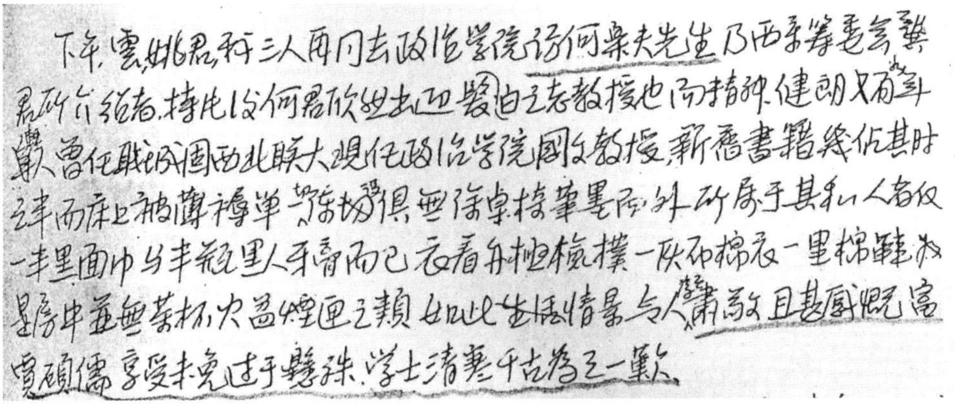

图 435　1941 年 2 月 14 日何正璜陕西考察日记片段

且甚感慨。富贾硕儒，享受未免过于悬殊；学士清寒，千古为之一叹！”（图 435）

相较何士骥等人，“以省垣警报频来”而受陕西省政府一再催促不得已“暂回鄙里，息影乡间”[①]的张扶万，在极端困苦的环境下，仍时刻挂念陕西考古会暨西安碑林所藏古物之安全状况与相关维持事项，并竭力进行了一系列考古调查和金石研究工作。一段时间内，他甚至想辑录整理陕西考古会调查发掘所获之历代玺印资料（图 436）。

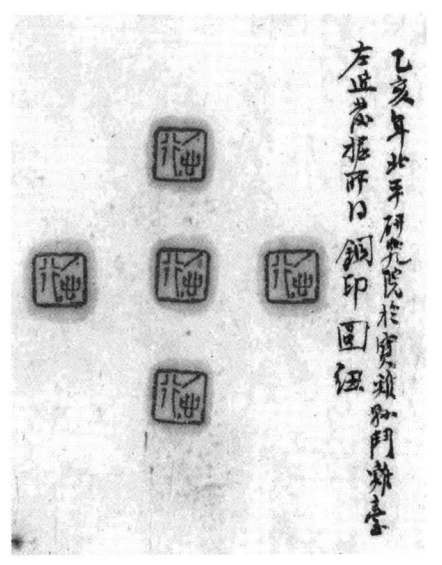

图 436　张扶万归乡后期望整理的 1935 年斗鸡台发掘所获玺印拓本

张扶万大约没有想到，即便他始终注意矢志维护人格品性，赤诚如此，流言攻讦，仍不免骚然飞来。先是省垣有人讥讪大敌当前，张曾命职员徐春发“先归安置”，彼即有“潜逃”[②]乡间之嫌；接着，教育厅及碑林管理委员会还有人仍用他名章进行报销，但如何报销，却并未事先与他沟通。更有甚者，且还有攻讦张凭借职权，多方延滞迁移汉熹平石经残石时间并有意加大所耗费用，似有他图等事。

① 参见 1939 年 12 月 13 日张扶万致山西大学校长徐士瑚信笺及同日《在山草堂日记》。
② 1938 年 11 月 15 日（旧历九月二十四日）《在山草堂日记》。

种种污秽，致张愤懑。

1939年1月26日，张愤然致函碑林管理委员会干事曹仲谦，指出："闻我走后，会中有讥讪我之言，我实不解其故？"又云，"如有不合之处，请明以告我，我当敬受也"。且谓，责徐春发，"何异责我也"。

他斥责讥讪者"何不相谅之甚"。同日又致代行碑林管理委员会主任事之陕西省教育厅厅长周伯敏信函一纸，愤愤言："适因敌机肆虐，铭三主席面谈疏散，意甚诚挚。而鹏一又以家人劝避乡间，只得出省"，何以有人攻讦曰"潜逃"。且谓，"至其中如何报销，并未通知我"，何指为一意推脱阻碍。他力戒周氏"碑林事须留心访查，如有不合（之人），即行撤换，不可以我之故稍事姑息也，并望以我言告之"。①

"萧条冬风高，吹我冠上霜。"② 艰难岁月里，包括张扶万在内所有散处于全国各地的陕西考古会人员都没有想到，两年之后，一个令他们更为失望、更为困惑的悲哀结局，正裹挟酝酿，不期来到。

（三）在最后的日子里

1943年，陕西省政府在未充分征求各方意见的前提下，突然发布"三十二年度岁出概算裁并及折减办法"，径自决定裁撤考古会，并将所有留守人员、古物以及办公用品一概归并西安碑林管理委员会。

函至考古会，负责留守的李印唐等人不胜愤慨，立即回函据理力争。函中指出："值此抗战时期，岁出少一分开支，抗战既增一分力量。本会被并西安碑林管理委员会，理应遵行，但其中困难有三，不得不分别言之。"

又云："查本会成立系由北平研究院与陕西省政府共同组织，其中大纲发掘事务由研究院担任，保管事项归省府方面负责。以故二十七年停止工作时，由双方委员开会讨论，因宝鸡斗鸡台发掘工作未竣，运回古物尚未整理，可暂留一员保管，同时并将研究院器物亦交本会保管。现研究院主任徐旭生先生远住昆明，此外尚有中央古物保管会古物、书籍，准省政府公函交由本会代管在案。兹将本会裁并碑林管委会，可否将上两机关先后移交、代管各项物品同时并交？抑另存一处？一难也。"

再称："查保管各物，其中如石刻佛像与我国历史文化艺术关系至要且系不易得之古物，七七事变，复准张溥泉先生来电云：'南京古物现已遗失无存，关中古物应早加意保护。'旋因警报频发……因物体笨重，转移困难，故会长张扶万先生饬本会主要职员监督密藏三丈深之地下，骤尔裁并，如将深藏各物尽数取出，应糜款项无论矣。难免不因此散佚或有损毁，殊觉可惜。若仍密藏原处，不惟交代手续弗清，负保管人难卸其责，且今之世局万一人事变更，亦属可虑，二

---

① 1939年1月26日张扶万致曹仲谦、周伯敏信笺录入同日（旧历十二月七日）《在山草堂日记》；张信谈及时任陕西省主席蒋鼎文召集西安耆老"面谈疏散，意甚诚挚"诸事，则录入1938年11月15日（旧历九月二十四日）《在山草堂日记》，详见本书第七章中"君子之诺重千金"的相关论述。

② 〔宋〕王安石：《寄二弟时往临川》，见〔宋〕王安石著，〔宋〕李壁笺注，高克勤点校：《王荆文公诗笺注》，上海古籍出版社2010年版，第88页。

难也。"

函件强调:"数年发掘运回各物,分包记号,排列大庭,整理工作开始之际,敌机不时滋扰,以致整理专员何乐夫先生远避城固。若将各物收拾错杂,号码紊乱,将来重新整理,即难着手,三难也。"

且谓:"更有言者,查本会保管员止有一员,工友亦仅一名。每月开支共法币壹百七十元,面粉一袋半,专属补助工友生活,此外再无分文开支。公家虽云动支浩繁,当不至在此区区小数也。而况古物多属笨重体质,移交后不另择地保存,结果等于抛弃。若设法迁移,一时转运费足敷该保管员和工友二人两年开支之需。此属实在情形。兹准前因,相应将本会及移交困难情形详细函陈,希转陈主席设法匀支上项(每月壹百七十元)经费,俾该保管员继续照常按月支领,以重古物。如果有碍全案,本会一处不能独异,请转碑林管委会接收时连同研究院

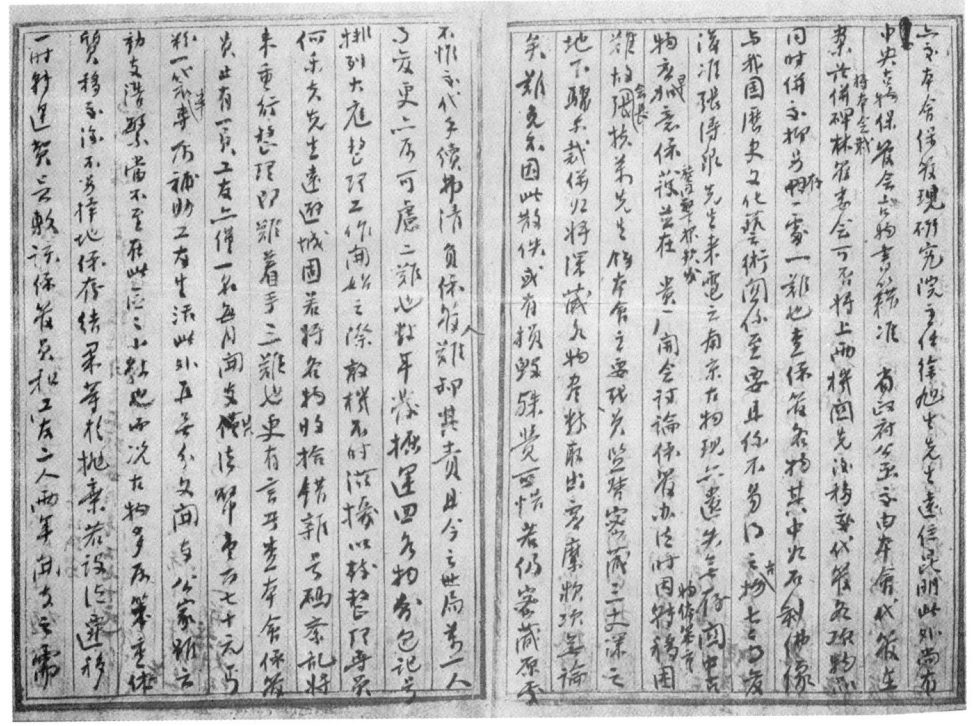

图437 1943年陕西考古会致陕西省政府反对裁减归并西安碑林管理委员会公函

及中央古物保管会移交古物一并接收。"[①](图437)

可悲的是,考古会的满纸恳切陈言,并未能引起教育厅以及省政府的切实重视。数日之后,陕西省政府仍频发训令,命令考古会等相关单位照准执行,不得延宕。在错误思想的指导下,绵亘十年之久的陕西考古会终于在一片混乱之中宣告结束。

据翁维谦回忆,"除发掘之物外,其余各物一概被错杂陈放。其中斗鸡台发

---

① 以上引文均见1943年陕西考古会致陕西省政府函件。

掘资料已箱破物散，无法辨认。最可恨者，竟然还有利用移交之机偷梁换柱、中饱私囊之人"。①

尤堪一提者，前在1934年4月7日后被考古会粘接完好的大明宫白石残立佛，由于移交之中粗率处置，致"石佛臂"与"石佛身"再次分离。这造成我们迄今每每对视这尊领袖盛唐皇家模式、精美绝伦的绝佳艺术品时的永远遗憾。

我们痛心记忆光绪1902年前后，居陕日本教习早崎梗吉通过不正当途径，轻易获取西安宝庆寺所存至少25件唐光宅寺系列珍贵造像的那段屈辱历史，心中常常泛起一种难言的酸楚。

从那时开始到1934年2月北平研究院与陕西省政府合组陕西考古会成立，是张扶万、徐炳昶等人的竭诚努力，才使得或者皮藏于西京图书馆，或者皮藏于陕西考古会，历经劫难、伤痕累累的唐光宅寺残余造像有幸经过张扶万的勘察、题识，最终昂首融入张氏《唐长安城金石考》一书所苦心集结、缤纷灿然的条目序列。

催人扼腕的是，正是1943年这次仓促、错误的合并裁撤，在导致考古会机构遽然撤销，存物系统一片混乱的同时，也使得曾经躲过一次次劫难，伤痕初愈的唐光宅寺残余造像资料再遭风霜，寂然湮没，更使得已经跃然连接，有可能会从此健康生长的一条长达千余年的文物流转链条弦音渺茫，再度开裂……

直至现在，数尊曾经张扶万勘察、题识的唐光宅寺残造像仍旧寂然独处，翘首新生。很少有人知道它们的身世，也

早崎梗吉盗买唐光宅寺造像前拍摄的西安宝庆寺华塔

早崎梗吉盗买唐光宅寺造像前宝庆寺大殿嵌置唐光宅寺造像状况

张扶万小照（1867—1943）

曾存西京图书馆的唐光宅寺残造像

今存西安碑林的原西京图书馆唐光宅寺残造像

图438　唐光宅寺残造像系列流转状况示例

---

① 引自采访原碑林管理委员会干事翁维谦先生记录，翁言交接时有人趁混乱之机窃取公物。关于斗鸡台资料错乱之事，1944年9月4日陕西省教育厅致陕西省政府第5757号公函称："案据历史博物馆馆长康耀民呈报考古会前因房舍被炸，墙垣倒塌，所存古物箱因年久破坏甚多，古物间有堆集于地者，亟待清理，恳请添置木箱，筑墙隔离，以便保管情事。""业经派员先勘查属实，除饬该馆利用旧材料添造木箱装置，并先筑墙隔离，以便管理外"，"恳请钧府派员会同本厅派员强往考古会彻底清查造具清册存查，以昭慎重"。

没有人能将它们与已经逝去的陕西考古会以及遥远、繁丽的盛唐风华相联系起来。（图438）

查阅1948年曹仲谦《陕西省历史博物馆概况说明书》所录"汉铜器五种"第四种题名为"釜"一条说明，谓此物系"三十三年接受考古会物"，"高一公寸一分，口径二公寸五分，底略缩，两旁兽耳带环，惜残缺不全"。知1943年考古会归并西安碑林管理委员会后，1944年再归并于陕西省历史博物馆。① 同时归并者，尚有陕西考古会参与调查征集的陇海铁路及渭惠渠兴工处等地发现的文物。但两次归并中，有关前陕西考古会所有人员情况、器材、物品、书籍等其他资料，究竟连续处于一种怎样的社会状态？迄今究竟散存在哪些地方？八十年来，它们到底呈现了怎样坎坷多变的递传轨迹？由于索引资料的匮乏，这一切我们一时很难着手予以廓清……

更催人思考的是，当此前考古会被裁并的消息传至富平董南堡时，据说已经病入膏肓、不省人事的张扶万突然睁大眼睛，高高举起右手，费力地向西挥去，嘴里嚅动着含混不清的语言。②

西边是什么？是西安？宝鸡？还是遥远的极乐世界？在这里，昏迷状态下的张扶万最终没有留下清晰的语言，他的满腹心事与临终遗憾到底为何，一切都尽可由感兴趣的人想象猜测了。

数日之后（1943年8月19日），由教育部艺术文物考察团与西京筹备委员会联合组就的关中汉唐陵墓考察队进至距富平庄里镇较近的唐懿宗简陵实施田野考察。为工作之便，同人曾期望至距庄里镇7里的董家庄访问因病家居的张扶万，盖"因前曾闻知其有关于唐陵之调查文字记载，拟借阅参考"矣。③

但此时已经病危的张扶万闻讯后只有叹息，只有遗憾。他实际上已无力应对考察队的真诚访问，但内心深处，他又是颇想挺身会晤来自远方的同道客人，再一次邀游他为之奋斗终生的金石艺苑。尽管担任联络的西京筹备委员会调查员夏子欣与地方乡长梁某尽力请求，尽管久仰他学术盛名的王子云、何正璜、卢善群等人环立门外，翘首期盼，然最终"无从得见"，都只能"深以为憾"了。（图439、图440）

一个多月后，这位博学敦厚、饱经沧桑的"关中淹博士"，终于走完自己横跨两个时代的艰难人生，撒手西去，终年七十七岁④。弥留之际，他所殷殷挂念者，还是那个融注了他十年心血的陕西考古会，以及为老友于右任无偿保管长达八年的汉熹平石经残石（图440）。

"罗识旧闻补正史，搜求遗籍阐幽光。先生自有千秋在，何事从人说公

---

① 如《华北新闻》1945年2月15日第4版《陕建博物馆 刻正觅址积极着手中》一文称："[市讯]陕西教育厅，为发扬古（固）有文化起见，客岁曾就西京碑林管理委员会，考古会及孔庙看管人员……组设陕西省立历史博物馆，惟以经费有限，致未能着手进行。"

② 据杨怡鲁口述回忆。

③ 考察队求见张扶万时间与此段及下段所引文献，皆参见何正璜：《西京筹备委员会、教育部艺术文物考察团合作考察关中汉唐陵墓》（第一期工作报告），手稿，稿存何正璜后裔处。

④ 依杨怡鲁编：《张扶万年谱》，张扶万卒于1943年10月16日，参见杨怡鲁编：《张扶万先生专辑》（《富平文史资料》第十七辑），铅印本，1993年，第110页。

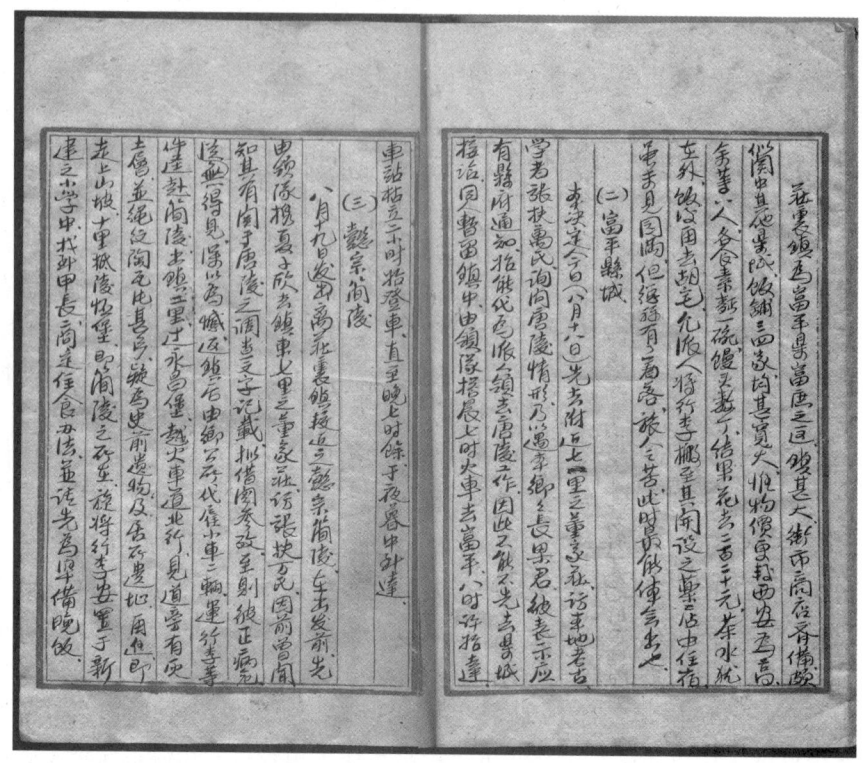

图 439 《西京筹备委员会、教育部艺术文物考察团合作考察关中汉唐陵墓》(第一期工作报告) 手稿

图 440 度藏熹平石经残石(右起第一石)的西安碑林第三室一隅环境

图441 抗战胜利后北平研究院史学研究所人员在怀仁堂西四所旧地合影。摄于1947—1948年。前排左二苏秉琦、左三徐炳昶、左四顾颉刚。资料为徐炳昶后裔徐桂伦提供

羊。"①

一个老人去世了,一个在中国文物考古史上占有举足轻重地位,曾经轰轰烈烈的陕西考古会也随之消失。

接续余脉,当抗战胜利消息传至徐炳昶、苏秉琦等人避居的昆明北郊黑龙潭驻地时,同人"皆大兴奋"②。他们迫不及待地返回北平,紧张开始后续的一系列工作。这包括1946年10月28日徐炳昶"同(苏)秉琦乘汽车访(沈)兼士,商历史博物馆"与秘密寄存北平研究院内的"本院古物启封事",以及同年10月30日徐炳昶"与(苏)秉琦商议接收古物事"③等等(图441、图442)。

尽管其后的各种困扰纷至沓来,尽管翌年11月19日又遭逢北平研究院间壁延庆楼失火,火势

图442 1948年苏秉琦于北京怀仁堂西四所北平研究院史学研究所办公室留影。资料为苏秉琦哲嗣苏恺之提供

---

① 佚名:《悼张扶万先生》,载《陕西文献》,1945年。参见杨怡鲁编:《张扶万先生专辑》(《富平文史资料》第十七辑),铅印本,1993年,第21页。

② 1945年8月11日徐炳昶日记:"仍晴雨不定。早餐后将至总办事处代阅公事,至村外公路上,遇一院中同人(未知姓名),言据朝报号外,日本已无条件投降!大喜。适忘带一物,仍返寓取物,告同人,皆大喜。同人出告驻村军士,则彼等夜中已闻广播,今日放假矣。再往总办事处,途中遇盛标,亦谈及此事。至则同人皆大兴奋。"

③ 分别参见1946年10月28日、30日徐炳昶日记。

波及历史研究所中"稿件、拓片及一小部分贵重书籍"①……

应该认为，复原后的北平研究院历史研究所，面对前在陕西考古会期间所相继获得的大量珍贵实物资料与诸多研究计划，复再遭遇时局动荡、经费支绌、人员不敷等一系列困难……

新中国刚刚成立，徐炳昶即建议组建调查、发掘队各一，奔赴山、陕、甘、青、宁等地开展考古调查发掘工作，以续当年北平研究院的宏伟计划。并设想由孙文青、何士骥负责组就发掘队，赴斗鸡台继续此前未竟的考古发掘……②

1950年12月6日，苏秉琦再致时任中国科学院考古研究所所长的郑振铎（西谛）信札，建议"存放在西安的斗鸡台标本，能运回北京的，再整理一下然后再成组的交给博物馆"③。遗憾的是，这样的语素，迥别于从前越过陕西考古会史的主体范畴，独立在一个新的时代语境里了。

收束议论，追昔抚今，我们在本著即将结束的时节，最想告诉读者的是，一个艰难而又伟大的机构，以及勠力拱卫它的所有先驱志士，到底为当时的社会做了些什么，展望将来，我们究竟又能从他们那里汲取、感悟到什么。

真切地说，翻飞的历史已经进入前所未有的国际化、信息化以及科学化的时代，欢快享受时代节奏的后来的人们，也随之进入一个必须为社会担负责任的时期。

准乎此，我们是否能够清醒反省，那些以往的缥缈历史究竟给我们留下了怎样的财富与启迪，而必须接续承担一定社会历史责任的后来的人们，究竟又能够为遥远将来静静期待着的新一页人文历史，刻意尽力去做出怎样的付出与回报？

---

① 参见1947年11月19日徐炳昶日记。
② 参见1949年11月28日苏秉琦致王振铎（天木，1911—1992）信札。原件藏苏秉琦哲嗣苏恺之处，披露于即将由三联出版社出版苏恺之著《我的父亲苏秉琦》一书。
③ 原件藏苏秉琦哲嗣苏恺之处，披露于即将由三联出版社出版苏恺之著《我的父亲苏秉琦》一书。

附录：陕西考古会重要文件选录

附录一：国立北平研究院与陕西省政府合组陕西考古会经过

考我国文化昌盛，昉于周秦。但年湮代远，仅求之文字记载，鲁鱼亥豕固足传讹；存文弃物，亦难证实。是欲研求历史，非考之于遗址古迹，其道末由。而陕省乃周秦故都所在，其间古迹古物星罗棋布。急宜及时发掘搜集，为有系统之整理。本院有鉴于斯，爰与陕西省政府有合组陕西考古会之议。遂于二十二年二月间派本院史学研究会编辑徐炳昶，助理员常惠赴陕实地调查历史遗迹，从事考古工作。其范围在搜求周秦初期文化材料。是时复经教育部转电陕西省政府兼令该省教育厅协助进行。并由本院函商陕省府拨借民政厅房舍，以资办公。嗣与该省府协商，仿照中央研究院与河南山东两省政府合组河南山东古迹研究会办法，由北平研究院与陕省府合组陕西考古会。其工作暂分为调查发掘研究三步。其科学指导之责，由北平研究院任之。其保护之责，由陕省府任之。工作费用，则暂由北平研究院担任。上年十一月间，经本院与陕省府双方决议考古会办法八条。由本院与陕省府各聘委员五人组织斯会。至本年二月一日陕西考古会在西安开成立会。当即依据合组办法，着手进行发掘工作。暂订以宝鸡县为试办区。因该区为秦民族发祥地，有首先整理之必要。现徐炳昶，何乐夫，张嘉懿等已在宝鸡县开始实地工作矣。此为陕西考古会成立缘起以迄实行工作之经过情形也。关于该会组织之往来文电章则等分录如左。至于发掘工作另有报告。

（一）公函陕西省政府

迳启者：

查贵省历史遗迹皆具有研究之价值，西安附近材料尤多，本院史学研究会关于史学及考古工作有前往贵省实地研究藉资考证之必要。

兹派史学研究会编辑徐炳昶、助理员李至广前往筹备。

务希赐予接洽，详为指导，并请于西安城内拨借房舍一所以备应用。将来该研究会前往实地工作时并希予以协助，以利进行。至深感祷，相应函达，统祈查照办理为荷。

此致

陕西省政府

中华民国二十二年二月三日

（二）陕西省政府公函

陕西省政府公函　　　　　　　　　　　　　　　　　　字第一三二号
　　迳复者：
　　顷准贵院函开史学研究会现拟派员来陕实地工作，嘱予接洽并拨借房舍一所，以备应用等由。
　　准此自应照办，除俟徐、李二君到时商酌办理外，相应函复，即希查照。
　　此致
　　国立北平研究院

　　　　　　　　　　　　　　　　　　　　　　　　　中华民国二十二年二月七日

（三）公函陕西教育厅

　　迳启者：
　　查陕西历史遗迹皆具有研究之价值，西安附近材料尤多，本院史学研究会关于史学考古及发掘等工作有实地研究藉资考证之必要。
　　兹派史学研究会会员兼编辑徐炳昶、助理员常惠前往筹备。
　　务希贵厅予以协助，接洽一切，并盼设法拨借房舍备用，以利进行。至深感纫，相应函达，即请查照为荷。
　　此致
　　陕西省教育厅

　　　　　　　　　　　　　　　　　　　　　　　　　中华民国二十二年二月十八日

（四）公函教育部

　　敬启者：
　　本院史学研究会拟定派该会编辑徐炳昶等到陕西实地研究历史遗迹及从事考古工作。现徐君偕助理员常惠赴陕先行调查，并筹备一切事关学术研究。恳由钧部电陕西省政府，并令该省教育厅协助进行，至深感荷。
　　此致
　　教育部

　　　　　　　　　　　　　　　　　　　　　　　　　中华民国二十二年二月二十八日

（五）教育部公函

教育部公函　　　　　　　　　　　　　　　　　　　　字第一九二九号

迳启者：

顷准贵院总字第二六号公函，以派徐炳昶等赴陕从事考古工作，请电该省政府并令该省教育厅协助进行等由。除分别电令办理外。相应函达，即希查照为荷。

此致

国立北平研究院

朱家骅

中华民国二十二年三月七日

（六）陕西考古会报告成立日期

陕西考古会公函　　　　　　　　　　　　　　　　　　　　字第一号

迳启者：

本会业于二月一日奉陕西省政府函招集开会成立，当即推举张扶万为委员长，徐旭生为工作主任，梁午峰为秘书。并启用新刊篆文钤记，文曰："陕西考古会钤记"。除分函陕西省政府外，相应函报。即希查照为荷。

此致

国立北平研究院

委员长张扶万

中华民国二十三年二月七日

（七）呈教育部

案查本院史学研究会于上年二月间，派编辑徐炳昶偕助理员常惠前赴陕西实地研究历史遗迹及从事考古工作。先从调查入手，其主要目的，在搜求周秦两民族初期之历史材料。

业经函请钧部电陕西省政府并请令饬该省教育厅协助进行。旋奉函复："已分别电令办理"在案。嗣由本院与陕西省政府协商，仿照《中央研究院与河南山东两省政府合组河南山东古迹研究会办法》，由北平研究院与陕省府合组陕西考古会。其工作暂分为调查，发掘，研究三步。其科学指导之责，由北平研究院任之，其保护之责，由陕省府任之。工作费用则暂由北平研究院担任。上年十一月间，经本院与陕省府双方决议考古会办法八条，由本院与陕省府各聘委员五人，组织斯会，至本年二月一日，陕西考古会在西安开成立会，当即依据合组办法着手进行。发掘工作暂订以宝鸡县为试办区，因该区为秦民族发祥地，有首先整理之必要，并非发掘坟墓。现徐炳昶等已到宝鸡县实地工作，在未赴宝鸡县以前，曾于西安城内民政厅院中掘得唐太极官图残石及唐兴庆官图残石，当经抚拓印存，以备参考。理合将成立陕西考古会及现在工作经过情形，并检同合组陕西考古会办法，唐兴庆宫太极宫拓片，暨陕西古迹调查报告一并随文呈请鉴核！

  谨呈
教育部
  附合组陕西考古会办法一份 拓片两份计 张
  陕西古迹调查报告一册

国立北平研究院院长李煜瀛
中华民国二十三年五月十七日

（八）教育部令

教育部指令   教字第六一五〇号
  令国立北平研究院
  呈一件报告，陕西考古会成立及现在工作情形暨附件，请鉴核由。呈件均悉。附件准予存查。此令。

部长王世杰
中华民国二十三年五月二十六日

附录二：陕西考古会成立会会议记录

  地 址：陕西省政府会议室
  时 间：二十三年二月一日下午二时
  出席者：王卓亭 寇遐 徐炳昶 张鹏一 李书华 翁文灏 梁午峰
  列席者：胡毓威 耿寿伯 景莘农
  临时主席：胡毓威
  记 录：景颐三
  如仪开会

（甲）报告事项

1. 主席报告本会成立经过案（从略）。

2. 徐委员炳昶报告本会办法案（见考古会办法）。

（乙）讨论事项

1. 根据本会办法第三条之规定，应公举委员长一人，工作主任一人，秘书一人，请即由委员互选案。

议决：互选张委员鹏一为委员长，徐委员炳昶为工作主任，梁委员午峰为秘书。

2. 本会会址案。

议决：以民政厅后院北平研究院史学研究会西安分会会址为会址。

3. 本会内部组织法应如何拟定案。

议决：推徐委员炳昶、梁委员午峰、景秘书莘农负责起草提交下次会议。

4. 本年度上半年工作计划案。

议决：进行初步发掘工作。

5. 发掘地点案。

议决：先就过去考查情形，发掘宝鸡县斗鸡台一带。

6. 发掘开始时期案。

议决：俟春日解冻后即开始。

7. 发掘以前应办手续案。

议决：由本会先期请求陕西省政府转知当地民众。

8. 对于被掘地方之地主损失应如何偿付案。

议决：或租或买随时决定，其标准须就时价从优。

9. 发掘计划审查案。

议决：于发掘前拟定提交委员会审定后执行。

10. 发掘所获物品如何保管案。

议决：在研究期间由本会保管，研究明了后请求陕西省政府指定专管机关或设立博物馆以资保存而供阅览。但遇有特殊物品发现，即在研究期间亦得请陕西省政府指定专员保管。

11. 发掘时期拟请陕西省教育机关加派专家协助案。

议决：请求陕西省政府转知教育厅派员协助。

12. 本会经费案。

议决：初期经费暂由北平研究院史学研究会就本会经费内撙节部，以供应用，嗣后拟请陕西省政府酌予补助。

13. 下次会议日期及地点案。

议决：本月五日下午三时即在本会举行。

附录三：陕西考古会第一次会议记录

地址——本会

时间——二月五日下午三时

出席者：寇遐　王健　寇代表　李书华　张鹏一　徐炳昶　翁文灏　梁午峰　龚贤明　列席

主席——张扶万

记录——梁午峰

（甲）报告事项

1. 梁秘书报告刊就本会篆文钤记一颗，文曰："陕西考古会钤记"，又条章一颗，文曰："国立北平研究院陕西省政府合组陕西考古会"，请审核案。

议决：通过。

（乙）讨论事项

1. 本会与陕西省政府及北平研究院去公文时用呈抑用函请公决案。

议决：用函。

2. 陕西考古会办法内载"本会工作费用暂由北平研究院担任"，会内经费是否包括在内，应用如何手续确定，请公决案。

议决：由本会拟定预算，分函国立北平研究院及陕西省政府核发。

3. 拟定本会办事细则三十二条，请核议案。

议决：修正通过（改三十二条为二十四条）。

4. 草拟本会经费预算，请核议案。

议决：夫马费应空列，由研究院或省政府酌定外余修正通过。

（丙）临时动议

1. 徐委员动议，本会应函民政厅今有古物各县将古物送会保管案。

决议：照办。

2. 徐委员动议，据闻当颜勤礼碑发见时，下面仍有石质，可否发掘考查，请公决案。

议决：试掘。

3. 主席动议，西京筹备委员会龚贤明先生报告："陇海路工程处发见古物甚多，希望本会主持留存陕西，无使散佚，以致失去历史意义。"应如何处理，请公决案。

议决：由本会建议省政府通知各工程机关，凡在陕西境内发见古物，应留存本省保管。

附录四：国立北平研究院与陕西省政府合组陕西考古会办法

（1933年11月7日北平研究院拟订，1934年2月1日考古会成立大会议决通过委员会议通过）

一、兹经国立北平研究院之提议，由国立北平研究院与陕西省政府各聘委员二人至五人组织陕西考古会。

二、国立北平研究院所聘委员由国立北平研究院史学研究会推荐之；陕西省政府所聘委员由陕西省政府教育厅推荐之。

三、本会设委员长一人，工作主任一人，秘书一人，由委员互选之。

四、本会工作暂分调查、发掘、研究三步，其科学的指导之责由国立北平研究院任之，其保护之责由陕西省政府任之。

五、本会会址设于长安，并于发掘处设立办事处。

六、本会工作费用暂由国立北平研究院独任之。将来得由国立北平研究院、陕西省政府分任之。

七、发掘所得古物均存置本会内，以便研究。惟因研究之方便，得由本会通过，提出一部份在他处研究，但须于一定期内交还本会。

八、发掘工作暂以宝鸡县为试办区。

附录五：陕西考古会办事细则

（1934年2月5日考古会委员会议通过）

第一章　组织

一、本会依照国立北平研究院暨陕西省政府合组陕西考古会办法，设委员四人至十人组织之。

二、本会设委员长一人，工作主任一人，秘书一人，由委员互选之。

三、本会委员长负执行本会决议、处理本会常务及代表本会对外一切责任。

四、本会工作主任根据本会决议，商承委员长主理调查、发掘、研究等事项。

五、本会秘书商承委员长主理本会文书、会计、庶务及古物保管等事项。

六、本会设干事一人至三人，襄助工作主任、秘书办理本会一切事务。

七、本会于必要时得酌用雇员。

八、本会得聘请国内外与考古有关系之学者为本会名誉顾问。

第二章　会议

九、本会常会每半年一次，于必要时得开临时会，俱由委员长召集之。

十、本会开会时以委员长为主席，委员长因事不能出席时，得委托其他委员代理之。

十一、本会会议以过半数委员之出席为法定人数。

十二、本会会议以出席委员过半数之同意表决之。可否同数，取决于主席。

十三、本会委员因事不能出席时，得用书面委托其他委员代表之，但一委员只许代表一人。

十四、本会决议须分别报告国立北平研究院及陕西省政府。

第三章　工作及保管

十五、本会工作主任可随时躬亲或派员前赴陕西各处调查古迹古物。

十六、本会工作主任如认为某处有发掘之须要时，得拟具意见书报告本会。

十七、本会工作主任之发掘意见书须具备右列各项：

甲、发掘处所。

乙、发掘理由。

丙、发掘计划。

丁、发掘准备。

戊、其他。

十八、本会每于发掘前，得函请陕西教育厅派员协助。

十九、本会发掘所得古物，须由工作主任协同教育厅派员逐件登记三份。除报存本会一份外，并转送国立北平研究院及陕西省政府各一份。

二十、本会古物在研究期间，由本会保管之。

二十一、本会古物如需要送往他处研究时，须事前提出本会会议通过。

二十二、本会古物于研究终了时，应请陕西省政府指定处所或设立历史博物馆陈列之。

二十三、本会研究成绩，得以刊物发表之。

二十四、本细则如有未尽事宜，得随时提出本会会议增修之。

附录六：陕西考古会前赴渭惠渠兴工处调查发现古物办法
（1936 年 3 月 23 日公布施行）

第一条　本办法依据陕西省政府第九零八零八号公函，由陕西省考古会会商陕西省水利局拟订之。

第二条　渭惠渠兴工处得由考古会派员随时调查有无古物发现。

第三条　渭惠渠兴工处如有古物发现，应由发现人随即报告监工员，会同考古会派员妥为处理，运省保管。

第四条　考古会派员商同监工员对报告者按发现古物之价值及数量酌量给奖。其奖金由考古会负担。

第五条　发现古物如为特别珍贵品并得由考古会商同水利局函请省政府从优给参与发现人等以资鼓励。

第六条　如发现古物隐匿不报者，经察觉后依古物保存法以私行发掘论罪……古玩商以金钱诱惑工人私行购买，经发觉者与隐匿不报者同科。

第七条　考古会派员赴兴工处调查以佩戴证章为凭。

第八条　本办法自函送陕西省政府备案之日施行。

附录七：陕西考古会接收代管

中央古物保管委员会西安办事处古物书籍文卷物品总目
（据 1937 年 11 月 20 日造表资料按类型列二表统计）

表1　古物

序号	名称	数量	特征	现状	备注
001	陶瓮	四件		内一件破	
002	陶博山炉	一件		无盖	
003	陶温器	二件		内一件微缺	
004	圆形陶盘	一件		破	
005	陶桶形把杯	一件		破	
006	陶碟	二件		一残	
007	陶流杯	二件			
008	陶勺	三件		内一件微伤	
009	陶方形盘	一件		破	
010	铜镜	一件			

续表

序号	名称	数量	特征	现状	备注
011	铜五铢钱	一枚			共十九件，由潼关吊桥古墓发现
012	白石坐佛像	一座		断三截	
013	白石韦陀像	一座		断三截	
014	青石佛头	一个			
015	石像残块	六件			共十件，由西安开元寺发现
016	塔佛砖	二件	有字		
017	塔佛砖	一件		碎	
018	紫泥佛砖	一件	背有文	碎	
019	虎头残砖	一件			
020	塔佛砖残块	六件			
021	铁斧头	一件			
022	塔佛砖	三件		内一件碎	共十五件，由终南山裴公洞发现
023	唐李公夫人墓志	一石			由西安西乡发现
024	琉璃博山炉	一件			
025	琉璃灯台	一件			
026	汉砖瓦残块	九件			
027	铜器残片及古钱	九件			以上系陆续收集

表2 图书

序号	名称	数量	现状	备注
001	同官县志	六册		"同官"今易为"铜川"
002	郃阳县志	四册		"郃阳"今作"合阳"
003	蒲城县志	四册		
004	朝邑县志	一册		"朝邑县"今并入大荔县
005	韩城县志	七册		
006	岐山县志	四册		
007	兴平县志	六册		
008	武功县志	一册		
009	长安志	一函	残缺	共四册

附录八：陕西考古会会务报告

（《新北辰》1936年第2卷第12期）

陕西省为我国文化发祥之地，周秦汉唐，均建都于此，地下埋没之古代文物，不知凡几，陕省政府乃于二十三年与国立北平研究院合组陕西考古会，历年来先后发掘西安及宝鸡斗鸡台各处，所获良多，对我国古代之文化颇多发见，该会特于本月十六日在西安举行第三届年会，除在陕各委员均出席外，北平研究院委员李书华，徐炳昶等均到陕与会，邵力子亦列席会议，决议定明春继续发掘斗鸡台，并通过该会会务报告，关于年来发掘之成绩报告尤详，凡在各处所发掘之结果，均有记录，关系西北古代文化殊巨。兹特录其报告如下：本会自民国二十三年组织成立，光阴荏苒，迄今行将三载，在此数年中，本会会务在研究方面，由工作组徐主任主持，关于事务方面，因人力财力两感缺之，惟在可能范围内，勉尽棉薄，兹值召开大会，特将经过情形，撮要报告如下：

（甲）调查事项

一，调查陇海铁路出土古物：陕西为周秦汉唐历代建都之地，史迹遗留，乃极丰富，本会成立后，辄感研究材料缺乏，陇海路展修入陕，难免不无古物发现，当经派员协同铁路工程人员赴施工区域调查，承工程李段长乐知及各当事人竭力协助，计发现送交来会者，有米家崖出土陶器六十余号，窑村出土陶器十一号，西安车站掘获最多陶器铜器石器共一百九十余号，其中有白石残佛一尊，雕工精妙，尤为不易得之古物，最近该路在斗鸡台附近兴工，本会以该地系历史名迹，复派员前往调查，计得出土古物有铜钫铜镜古泉等十余号。

二，调查渭惠渠出土古物：本年郿县渭渠动工所经区域如常兴绛帐等地，多属前代胜迹，省政府邵主席函嘱本会派员前往调查，经函商陕西水利局厘订发现古物办法八条，依照实行，调查所获古物，历次运回者共计一百五十号，约分陶器铜器铁器三种，大抵皆为殉葬器物，其中有带彩陶壶鼎瓦仓数件，花纹精细，最堪珍贵。

（乙）发掘事项

本会斗鸡台发掘工作，由工作组徐主任率领人员负责进行，所得古物一部分，运往北平研究，一部分存放本会，至研究结果，现正从事整理，此外莲湖公园及兴龙巷发现已盗古墓，由本会派员整理编有报告，兹在将经过略述于后：

一，莲湖公园发掘：二十四年一月，本埠莲湖公园北湖北岸发现古砖壁一段，该地在唐代为承天门之嘉德门，因疑系宫墙遗址，有关唐代宫城考证，经开会议决，派罗懋德负责发掘，九日结束，查系古墓，且已被盗，在学术上无大关系，根据葬物五铢钱，鉴定其时代为汉灵帝以后墓，计检得古物二十五号，可作再究参考。

二，兴龙巷发掘：本年四月西京筹备委员会函告本会，城内兴龙巷东发现古砖，当经派员查勘后，从事发掘，以明究竟，计工作五日，考得该处有殉葬物，且形凌乱，及间有人骨之情形，可断为汉墓，已经盗发，墓室形态及殉葬器物，大致与普通汉墓无异，但所获泉货有小五铢钱，乃东晋时铸，则其时代当在晋后，然全部葬物未能尽睹，殊不能为详确之判定，出土古物，有含玉蝉破，（陶）器古泉等共十八号。

（丙）整理事项

一，古物之整理：本会二年来由发掘调查购买捐赠所得古物，纵计九百八十余号，分部陈列三室，以供阅览，其重号或无学术意义者，则置储藏室，其日常整理工作如下，一，清查全部古物，二，施行总登记，三，修补破烂陈列品，四，鉴定陈列品之名称，五，黏贴标笺。

二，修理东岳庙壁画：西安东岳庙殿内绘有古代壁（画），因房屋年久失修，阴雨渗漏，致将壁画冲毁，浮土拥挤凸出，势将脱落，本会准省政府公函估计修理工作，分两段，关于修葺房屋，招商承包，八月间兴工，业经完竣，用洋九百一十九元七角，壁画则由本会工作组白万玉负责修理，估计需洋八百二十七元，现未告（葳）。

（丁）拓印事项

一，拓印碑刻：陕西历代碑刻文字，从无专书，本会拟搜集周秦汉唐以逮，明清石刻文字，印成巨帙，然此项工作，非短时期所可葳事，拟先由拓碑着手，年来从事准备赴各地拓印，计已得四百余种。

二，拓印寺庙古钟：寺庙古钟文字所载当时宗教风俗，官秩名称，在历史文化上，颇可作为参证资料，此类记载，殊无专书，本会有鉴于此，搜拓陕西唐宋元明古钟，拟就其形式文字，编列印行，特派工拓印，已得关中各县（三）十九份。

（戊）编撰陕西金石一览

本省金石之多，为他省所不及，而时代变迁，散佚甚夥，著录文书，多不完备，本会拟先就有关金石之载籍及省府州县各志所记载之金石器物，编录名称，然后分雪派员，或委托当地士绅，驰赴所在实地考证，记录其实在情形，期成陕西较完较精确之金者目录，以供历史家之参考，但非短时期内所能完成，草册已经编妥，考证尚未着手，未便付印。

参考文献

一、主要著述

[1] 叶瀚. 河南陕西造象丛录. 晚学庐丛稿本.

[2] 罗振玉. 隋唐兵符图录. 国学丛刊石印本，1911.

[3] 罗振玉. 历代符牌图录. 叴古丛编影印本，1914；1916.

[4] 瞿中溶. 集古虎符鱼符考. 百一庐金石丛书本，1921.

[5] 张凤. 考古学. 上海：国立暨南大学文学院，1930.

[6] 滨田耕作. 考古学通论. 俞剑华，译. 上海：商务印书馆，1931.

[7] 吴理. 考古发掘方法论. 胡肇椿，译. 上海：商务印书馆，1935.

[8] 足立喜六. 长安史迹考. 杨炼，译. 上海：商务印书馆，1935.

[9] 陈子怡. 西京访古丛稿. 西安：西京筹备委员会，1935.

[10] 梁启超. 饮冰室合集. 上海：中华书局，1936.

[11] 孟德鲁斯. 考古学研究法. 郑师许，胡肇椿，译. 上海：世界书局，1936.

[12] 董作宾，胡厚宣. 甲骨年表. 上海：商务印书馆，1937.

[13] 蒙特留斯. 先史考古学方法论. 滕固，译. 上海：商务印书馆，1937.

[14] 郭玉堂. 洛阳出土石刻时地记. 洛阳：大华书报供应社，1941.

[15] 陕西革命先烈褒恤委员会. 西北革命史征稿. 西安：西安书局，1949.

[16] 苏秉琦. 斗鸡台沟东区墓葬图说. 北京：中国科学院，1954.

[17] 顾颉刚. 古史辨. 上海：上海古籍出版社，1982.

[18] 苏秉琦. 苏秉琦考古学论述选集. 北京：文物出版社，1984.

[19] 徐旭生. 中国古史的传说时代. 北京：文物出版社，1985.

[20] 吴福章. 西安事变亲历记. 北京：中国文史出版社，1986.

[21] 格林·丹尼尔. 考古学一百五十年. 黄其煦，译. 北京：文物出版社，1987.

[22] 陕西省图书馆《馆史》组. 陕西省图书馆馆史. 西安：陕西人民教育出版社，1989.

[23] 郭润宇. 陕西民国战争史. 西安：三秦出版社，1992.

[24] 西安市地方志馆，西安市档案馆. 西安通览. 西安：陕西人民出版社，1993.

[25] 西安市档案局，西安市档案馆. 筹建西京陪都档案史料选辑. 西安：西北大学出版社，1994.

[26] 梁启超. 中国近三百年学术史. 北京：东方出版社，1996.
[27] 陈星灿. 中国史前考古学史研究：1895—1949. 北京：生活·读书·新知三联书店，1997.
[28] 顾潮. 顾颉刚先生与史语所//杜正胜，王泛森. 新学术之路：中央研究院历史语言研究所七十周年纪念文集. 台北："中央研究院"历史语言研究所，1998.
[29] 宿白. 苏秉琦先生纪念集. 北京：科学出版社，2000.
[30] 桑兵. 晚清民国的国学研究. 上海：上海古籍出版社，2001.
[31] 欧阳哲生. 傅斯年全集. 长沙：湖南教育出版社，2003.
[32] 王忱. 高尚者的墓志铭：首批中国科学家大西北考察实录：1927—1935. 北京：中国文联出版社，2005.
[33] 卫聚贤. 中国考古学史. 北京：团结出版社，2005.
[34] 陈星灿. 20世纪中国考古学史研究论丛. 北京：文物出版社，2009.
[35] 西北大学西北联大研究所. 西北联大史料汇编. 西安：西北大学出版社，2012.
[36] 罗念生，罗念生全集：第10卷［M］，上海：上海人民出版社，2016.

二、主要论述

[1] 刘师培. 论考古学莫备于金石. 国粹学报，1907（35）.
[2] 梁启超. 中国考古学之过去及将来. 晨报副镌，1926（61）.
[3] 滨田耕作. 考古学通论. 历史博物馆，译. 历史博物馆丛刊，1926，1（1）；1926，1（2）；1927，1（3）.
[4] Flinders Petrie W M. 考古学上的证据. 刘朝阳，译. 国立第一中山大学语言历史学研究所周刊，1928，2（18）.
[5] 李石曾. 史学研究会第一次全体会议记录：1930.1.7. 国立北平研究院院务汇报，1930，1（1）.
[6] 傅斯年，讲. 王培棠，笔记. 考古学的新方法. 史学，1930（1）.
[7] 胡肇椿. 考古学研究热潮中现在考古学者应取之态度与方法. 考古学杂志，1932（1）.
[8] 国立北平研究院史学研究会. 陕西省大小碑林目录. 国立北平研究院院务汇报，1933，4（1）；1933，4（2）；1933，4（3）.
[9] 徐旭生. 教育与其他：西安通信之二. 独立评论，1933（54）.
[10] 郑师许. 一年来之中国考古学. 中华月报，1934（1）.

[11] 李济. 中国考古学之过去与将来. 东方杂志, 1934（7）.

[12] 容媛. 陕西考古会之工作进行与戴院长之反对发掘古墓. 燕京学报, 1934（15）.

[13] 北平研究院. 本院与陕西省政府合组陕西考古会经过. 国立北平研究院院务汇报, 1934, 5（4）.

[14] 郑师许. 十年来之中国考古学. 大夏, 1934（5）.

[15] 葛定华. 考古学之辅助科学与研究方法. 河南大学学报（社会科学版）, 1934（1）.

[16] 斯石鹿. 考古学研究法. 艺风, 1934（12）.

[17] 中国博物馆协会. 陕西考古会调查古代碑碣. 中国博物馆协会会报, 1935（1）.

[18] 刘节. 考古学社之使命. 考古社刊, 1935（2）.

[19] 容媛. 陕西考古会近况. 燕京学报, 1935（17）.

[20] 容媛. 陕西考古会第三届年会会务报告. 燕京学报, 1936（20）.

[21] 张鹏一. 唐长安城金石考自叙附目录. 国立北平图书馆馆刊, 1936, 10（2）.

[22] 中国博物馆协会. 陕西考古会将在丰镐附近发掘. 中国博物馆协会会报, 1936, 1（4）.

[23] 中国博物馆协会. 陕西考古会最近拟定渭惠渠发现古物处理法. 中国博物馆协会会报, 1936, 1（5）.

[24] 燕京大学历史学系史学消息编辑委员会（史学消息社）. 史学消息, 1936-1937.

[25] 史学界消息. 考文学会杂报, 1937（1）；1937（2）.

[26] 李鉴昭. 考古与搜访. 河南博物馆馆刊, 1937（9）.

[27] 张鹏一. 商周铜器多出于今陕西凤翔岐山宝鸡郿县扶风各县说. 西北史地, 1938（1）.

[28] 周国亭. 陕西考古学会参观记. 西安临大校刊, 1938（11）.

[29] 国内·史学界消息. 史学年报, 1940（2）.

[30] 何士骥. 近四十年来国人治学的新途径. 读书通讯, 1941（19）.

[31] 陆懋德. 汉中区的史前文化. 说文月刊, 1943（11）.

[32] 徐炳昶, 苏秉琦. 试论传说材料的整理与传说时代的研究. 史学集刊, 1947（5）.

[33] "中央研究院"傅故所长纪念筹备委员会. 傅所长纪念特刊. 台北："中央研究院"历史语言研究所, 1951.

[34] 石璋如. 关中考古调查报告. 历史语言研究所集刊, 1956（27）.

[35] 王自成, 刘玉桂, 周仓银. 邵力子在陕西史料略述. 民国档案, 1985（2）.

[36] 徐炳昶. 自传. 河南文史资料, 1985（14）.

[37] 吴丰培. 记1935—37年的北平研究院史学研究会. 北京社会科学, 1986（2）.

[38] 路远. 1937—1938年整修碑林始末. 文博, 1987（5）.

［39］张利华，高建. 北平研究院的组织、管理及其成就：1929～1949. 科学学研究，1989（4）.
［40］詹望. 民国时期碑林沿革史述略//西安碑林博物馆. 碑林集刊：二. 西安：陕西师范大学出版社，1994.
［41］罗宏才. 抗战中陕西考古会及西安碑林部分文物移藏始末//西安碑林博物馆. 碑林集刊：二. 西安：陕西师范大学出版社，1994.
［42］罗宏才. 抗战中陕西考古会及西安碑林部分文物移藏始末补述//西安碑林博物馆. 碑林集刊：三. 西安：陕西人民美术出版社，1995.
［43］罗宏才. 民国时期陕西考古会成立之缘起与大致经过. 考古与文物，1998（3）.
［44］罗宏才. 西京筹委会与民国时期陕西的文物保护. 文博，1998（3）.
［45］罗宏才. 戴季陶挑起的一场考古学大论战. 文博，1998（5）.
［46］尚季芳. 国民政府时期的西北考察家及其著作述评. 中国边疆史地研究，2003（3）.
［47］胡逢祥. 现代中国史学专业机构的建制与运作. 史林，2007（3）.
［48］刁娅君. 北平研究院史学研究所的二十年. 文史杂志，2007（3）.
［49］徐玲. 民国时期考古学界的新与旧. 历史教学（高校版），2009（1）.
［50］曹菁菁. 新发现石璋如未刊书稿. 文津学志，2010（3）
［51］陈洪波. 蒙特柳斯考古类型学思想在中国的译介. 考古，2011（1）.

三、报纸资料

［1］省委昨宴考古、儒学两会人. 新秦日报，1934-02-03.
［2］翁文灏、李书华等昨日返省，并往泾惠渠参观. 新秦日报，1934-02-05.
［3］陕考古会掘获古物. 内政消息，1934（4）.
［4］戴季陶发自西安的通电. 大公报，1934-04-13.
［5］谈戴氏来电. 时事新报，1934-04-15.
［6］陕西考古会掘出三代瓦器. 中央日报，1934-05-03.
［7］斗鸡台又获大批古物. 陕西国民日报，1934-06-01.
［8］斗鸡台古物续有发现，开掘工作月内可毕. 陕西国民日报，1934-06-12.
［9］考古会首届年会决请全体委员来陕参加. 西京日报，1934-11-25.
［10］考古会年会恐难实现. 西京日报，1934-11-28.
［11］考古会征集材料. 西京日报，1934-12-01.
［12］斗鸡台发掘出陶器均系周秦遗物. 西京日报，1934-12-03.
［13］考古会即开始调查本市文物. 西京日报，1934-12-05.

[14] 斗鸡台古物迩来续有发现. 西京日报, 1934-12-08.
[15] 斗鸡台掘出古物极有历史价值. 西京日报, 1934-12-09.
[16] 考古会分组研究有关历史之文物. 西京日报, 1934-12-12.
[17] 陕省考古会调查各县古物. 西京日报, 1934-12-14.
[18] 耀县大批魏碑. 西京日报, 1934-12-22.
[19] 宝鸡附近地藏古物时有发现. 西京日报, 1934-12-23.
[20] 宝鸡斗鸡台将暂停止发掘. 西京日报, 1934-12-30.
[21] 碑石徐旭生建议维护. 西京日报, 1935-01-01.
[22] 两年来之考古发掘事业及其贡献. 申报, 1935-01-11.
[23] 徐炳昶在陕考古发掘古物甚多. 北平晨报, 1935-01-17.
[24] 陕省考古会决扩大二期发掘工作. 西京日报, 1935-01-18.
[25] 发掘斗鸡台未竟工作考古会决继续完成. 西京日报, 1935-02-21.
[26] 陕省考古会调查队已在渭北调查竣事. 西京日报, 1935-02-26.
[27] 莲湖公园发掘始末考古会罗懋德之报告. 西京日报, 1935-02-28; 1935-03-01; 1935-03-02.
[28] 考古会发掘斗鸡台. 西京日报, 1935-03-03.
[29] 徐旭生今赴宝鸡继续发掘斗鸡台. 西京日报, 1935-03-04.
[30] 斗鸡台又发现古代彩色陶器. 西京日报, 1935-03-13.
[31] 天暖冰解陕省考古会拟短期内开始发掘古物. 西京日报, 1936-02-04.
[32] 陕各县古碑调查共有一千三百余面. 西京日报, 1936-02-15.
[33] 渭惠渠沿线发掘古物考古会派人运回. 西京日报, 1936-02-25.
[34] 徐旭生清明前来陕继续发掘古物. 西京日报, 1936-02-28.
[35] 留陕古物决不移动. 西京日报, 1936-02-29.
[36] 凤宝一带三代以上古迹陕西考古会派员调查. 西京日报, 1936-09-16.

四、调查发掘报告

[1] 中央研究院历史语言研究所. 安阳发掘报告. 北京: 中央研究院历史语言研究所, 1929-1933.
[2] 傅斯年. 本所发掘安阳殷墟之经过. 安阳发掘报告, 1930(2).
[3] 徐炳昶, 常惠. 陕西调查古迹报告. 国立北平研究院院务汇报, 1933, 4(6).
[4] 何士骥. 唐大明兴庆及太极宫图残石发掘报告. 国立北平研究院院务汇报, 1934, 5(4).

［5］何士骥. 陕西考古会工作报告. 国立北平研究院院务汇报, 1935, 6 (1).
［6］北平研究院. 北平研究院史学研究会工作报告. 国立北平研究院出版部, 1935, 6 (5).
［7］中国博物馆协会. 陕西大荔最近发现隋唐古物. 中国博物馆协会会报, 1936 (4).
［8］佚名. 陕西省古碑调查. 科学, 1936 (5).
［9］徐炳昶. 陕西最近发现之新石器时代遗址. 国立北平研究院院务汇报, 1936, 7 (6).
［10］北平研究院. 北平研究院史学研究会工作报告. 国立北平研究院出版部, 1936, 7 (5).
［11］北平研究院. 北平研究院史学会历史考古计划. 科学, 1937, 21 (5).
［12］何士骥. 长安城外鱼化寨新石器时代之遗址. 西北史地, 1938, 1 (1).
［13］何士骥. 西北考古纪略. 读书通讯, 1942 (52).
［14］苏秉琦. 斗鸡台沟东区墓葬编后记. 史学集刊, 1947 (5).
［15］苏秉琦. 斗鸡台沟东区墓葬. 北平: 北平研究院史学研究所, 1948.
［16］夏鼐, 吴良才. 兰州附近的史前遗存. 中国考古学报, 1951 (5).

五、词典

［1］夏鼐. 中国大百科全书·考古学. 北京: 中国大百科全书出版社, 1986.
［2］徐友春. 民国人物大辞典. 石家庄: 河北人民出版社, 1991.
［3］袁明仁, 李登弟, 山岗, 等. 三秦历史文化辞典. 西安: 陕西人民教育出版社, 1992.
［4］李正德. 陕西著述志: 前1066—1911. 西安: 三秦出版社, 1996.
［5］张永禄. 明清西安词典. 西安: 陕西人民出版社, 1999.

六、年谱、年表

［1］张鹏一. 刘古愚年谱. ［1939, 手稿, 未刊, 共1卷, 稿存陕西省政协文史办资料室］.
［2］杨怡鲁. 张扶万先生年谱//杨怡鲁. 张扶万先生专辑. 铅印本. 1993.
［3］陈万卿. 荥阳先贤年谱二种. 郑州: 大象出版社, 2006.
［4］贝琪. 民国以来史学年表. 考文学会杂志, 1937 (1): 1-16.

七、日记、游记、考察记、自述等

[1] 张鹏一. 在山草堂日记. ［1914—1943, 手稿, 未刊, 共37册, 稿存陕西省政协文史办资料室］.

[2] 色伽兰. 中国西部考古记. 冯承钧, 译. 上海: 商务印书馆, 1930.

[3] 徐炳昶. 徐旭生陕西考古日记: 1933—1935. ［手稿, 未刊］.

[4] 李希平. 长安考古杂记. ［1935—1938, 手稿, 未刊, 共2册, 已佚］.

[5] 滕固. 征途访古述记. 上海: 商务印书馆, 1936.

[6] 苏秉琦. 斗鸡台考古见闻录. 国立北平研究院院务汇报, 1936, 7（2）.

[7] 壹翁. 游宝鸡县鸡峰山记. 陕西教育月刊, 1937, 3（2）.

[8] 李书华. 陕游日记. 禹贡, 1937, 7（1/2/3）.

[9] 侯鸿鉴. 西北漫游记. 无锡: 无锡锡成印刷公司, 1937.

[10] 毛昌杰. 君子馆日记. 铅印本, 1938.

[11] 宋联奎. 南行日记. ［1939—1942, 手稿, 未刊, 共5卷, 稿存宋联奎之子宋寿昌处］.

[12] 何正璜. 西北考察日记. ［1941, 手稿, 共1册, 稿存其后裔处］.

[13] 张溥泉. 张溥泉日记. 台北: 文海出版社, 1985.

[14] 徐炳昶. 徐旭生西游日记//周谷城. 民国丛书: 第2编: 87. 上海: 上海书店出版社, 1990.

[15] 李书华. 李书华自述. 长沙: 湖南教育出版社, 2009.

八、档案

[1] 国立北平研究院抗战及复员期间工作概况. 档号: J004-001-01792. 起始时间: 1947-01-01. 终止时间: 1947-12-31. 北京市档案馆藏.

[2] 国立北平研究院、陕西省政府合组陕西考古会档案. 编制单位: 国立北平研究院、陕西省政府合组陕西考古会. 全宗号: 48. 档期: 1. 案卷号: 1—39. 陕西省档案馆藏.

[3] 民国西安碑林档案. 陕西省档案馆藏.

[4] 国立北平研究院档案. 全宗号: 394. 中国第二历史档案馆藏.

[5] 民国教育部档案. 中国第二历史档案馆藏.

[6] 省建设厅为参谋本部国防设计委员会派员调查陇海铁路货运情形及陇海西潼段文物发现保管训令. 编制单位: 西安市政工程处. 全宗号: 05. 目录号: 1.

案卷号：0097．案卷时间：1934-01-01，1934-03-01．西安市档案馆藏．

[7] 省政府建设厅省考古会本处为保护革命公园门前石刊古建筑图麦苋街发现明代遗碑九府街发现唐宫等文物．编制单位：西安市政工程处．全宗号：05．目录号：1．案卷号：0315．案卷时间：1934-01-01，1937-01-01．西安市档案馆藏．

[8] 本会一九四二年文物组工作计划保护文物古籍及工作日记等函件．编制单位：西京筹备委员会．全宗号：02．目录号：1．案卷号：0524．案卷时间：1942-01-01．

九、内部资料

[1] 张扶万．在山草堂诗录．［1883—1934，手稿，未刊，共2册，稿存陕西省政协文史办资料室］．

[2] 孙德俦．陕西图书馆所管碑林碑目表：1卷．图书社本，1914．

[3] 于右任．鸳鸯七志斋藏石目录．铅印本，1930．

[4] 武树善．陕西金石志∥续修陕西通志稿．铅字本，1934．

[5] 张知道．西京碑林．西安：陕西省第一图书馆，1935．

[6] 张扶万．唐长安城金石考．［1936，手稿，未刊，共8卷，稿存陕西省政协文史办资料室］．

[7] 张鹏一．吕刻唐长安故城图考证．［1936，手稿，未刊，共9卷，稿存陕西省政协文史办资料室］．

[8] 何士骥，刘厚滋．南北响堂寺及其附近石刻目录．北京：北平研究院，1936．

[9] 西京金石书画学会．西京金石书画集．1934（1）—1936（5）．西安：西京金石书画学会，1934—1936．

[10] 张扶万．在山草堂文集．［1937—1940，手稿，未刊，共2册，稿存陕西省政协文史办资料室］．

[11] 张鹏一．唐金石拓本集：照片．［1937，未刊，共2册，稿存陕西省政协文史办资料室］．

[12] 西安碑林管理委员会．西安碑林管理委员会碑石目录．［1938，抄本，稿存西安碑林博物馆］．

[13] 石璋如．古墓发现与发掘·陕西宝鸡斗鸡台．［1941，手稿，未刊，稿存国家图书馆古籍馆］．

[14] 曹仲谦．西安碑林藏石目录．［1946，手稿，稿存西安曹仲谦后裔处］．

[15] 曹仲谦．陕西省历史博物馆概况说明书．［1948，手稿，稿存西安曹氏后裔处］．

［16］陕西省历史博物馆. 陕西省历史博物馆概况及藏品照片册：西安庐真照相馆拍摄. 铅印本, 1948.

［17］单演义. 鲁迅在西安. 铅印本. 西安：西北大学鲁迅研究室资料组, 1978.

［18］周伯敏. 我所知道的于右任//政协上海市文史资料工作委员会. 文史资料选辑：1980年第6辑. 上海：上海人民出版社, 1981.

［19］马文彦, 口述. 郭叔蕃, 整理. 碑林《熹平石经》残石与北魏墓志运西安之经过//陕西省博物馆碑林研究室. 西安碑林研究文稿汇编：一. 铅印本, 1982.

十、外文文献

（一）英文文献

［1］Mechaelis A.Die Archaeologisichen Entdekungen Des Neunzehate Handuets Leipzig, 1905.

［2］Flinders Petrie W M.Methods and Aims in Archaeology. London：Macmillan, 1905.

［3］Dechelette J.Manuel D'Acheologie Prehistorique Celtique Et Gallo-Romain. Paris, 1908.

［4］De MorganJ.Les Recherches Archeologique, Leur Buts Et Leur procedes. Paris, 1906.

［5］Roepp F. Archaologie, Sammuing Goecsehen, 1911.

［6］Deonnd W .L'Archeologie, Le valeur, Les methodes. Paris, 1912.

［7］Boni G.Metoodo'nell Espolazioni Archeologiche. Roma, 1913.

［8］Aoebury Lord. Prehistoric Times. London, 1913.

［9］de voisins G, SgalenV, Lartigue J.Premier Expose des Resultats Archeologiques. obtenus Dans La Chine Occidentale Par la Mssion. Journal Asiatique. Paris, 1915.

［10］Hentze C, Les Influences Etrangeres Dans le Monument de Houo K'iu-Ping. Artibus Asiae, 1926（1）.

［11］D'Ardenne H. La Sculpture Chinoise. Paris, 1931.

［12］Gluck H. Die Entwicklungsgeschichtliche Stellung des Grabmales des Hou Kiu-Ping. Zur Frage nach der Einheit der Asiatischen Kunst. Artibus Asiae, 1927（1）.

［13］Osvald Sirén. L'art chinois classique. Paris, 1926.

［14］Bishop C. Notes on the Tombs of Ho Ch'u-ping. Artibus Asiae, 1928（1）.

［15］Ferguson J C. Tomb of Ho Ch'ü-Ping. Artibus Asiae, 1928–1929（4）.

［16］Andersson G. Children of the Yellow Earth: Studies in Prehistoric China. New York: Macmillan Company, 1934.

［17］Les lècentsprogrès de l'archeologic en China par Herrless Glessae Creel. Revue des Arts Asiatioues, 1935, 9（2）: 96-106.

（二）日文文献

［1］水野清一. 前漢代に於ける墓飾石彫の一群に就いて：霍去病の墳墓. 東方學報，1933（3）.

［2］足立喜六. 長安史蹟の研究. 東京：東洋文庫，1933（昭和八年）.

［3］梅原末治. 枢禁の考古學的考察. 京都：東方文化學院京都研究所，1933（昭和八年）.

［4］桑原隲藏. 長安の青龍寺の遺址に就いて//桑原隲藏全集：第2卷. 東京：岩波書店，1968.

［5］愛宕元. 隋唐長安城の都市計画上での中軸線に関する一試論. 唐代史研究，2000（3）：4-18.

［6］福田美穂，淺川滋男. 含元殿と麟德殿：唐長安城宮殿の構造と影响. 建筑杂志，2002（117）：45-47.

后记

这本书的起因、经过与拉杂数事，我在绪论中已絮絮涉及了不少，不过在三校校稿最后完结之际，我仍然觉得还有几句心里的话需要诉说。

说到这本书的撰写与出版，九十一岁高龄的著名考古学家石兴邦先生在书前序言中有许多热情洋溢的评价。猜想这些评价一半出自石先生"乡党情怀"激发下的率真心胸，一半则是出于他对后学小子的爱护、提携与鼓励。作为有幸进入考古学界的一名普通工作者，面对先生的教诲与帮助，除却幸运、感激与惶恐、兴奋，更多的感触，是教我懂得如何掂量辛劳付出后的一瞬快悦和履行职业责任之际的自豪与自尊。

携带这些复杂的感受，我在抚摸新书，决意继续推进尚未完结的研究进程的同时，首先须要表达的是对陕西师范大学出版总社社长刘东风先生的感谢。设想没有他的真诚提携，这本书稿恐怕仍旧会静静躺在经久尘封的书箧之中。

借用石先生在书前序言中真诚高颂的"慧眼卓识"定语，我想这个定语大概并不一定适用于我，而是适用比我这本拙作优秀许多的其他著述。尽管如此，作为有幸被刘东风先生"慧眼"看中行列之中的忝列者，值此拙作正式出版之际，面对刘先生甘做伯乐，追求品质的人格气度，自然应有不同于旁人的更深感动。

谈及幸运，我想其次须要真诚感谢的是这本书的策划编辑侯海英女史与出版总社文史编辑室的田丹编辑。从书稿阅读、定稿到排版、制图与校改、出版，在诸多烦琐的专业环节中，她们都付出了令人感动的辛劳。特别需要感谢的是策划编辑海英女史，依靠科班出身坚固扎实的学养基础，她提出了许多具有一定学术意义的修改意见，这实际上已经远远超出了策划编辑的工作范畴……

出于共同的文化责任与学术道义，陕西省文物局局长赵荣先生、陕西省考古研究院院长王炜林先生、宝鸡市文物旅游局局长任周方先生、陕西省社会科学院研究员张应超先生、南京大学文化与自然遗产研究所陆侃先生等在拙著最后付梓之前，均慷慨热诚校阅，提出了不少宝贵意见，片言只语，实难以表达对他们真诚支持的感谢。

需要重申的是，这本拙稿虽经一再修改，但因个人力薄才疏以及引用资料多为前辈学者未刊日记、杂记手稿及档案文献，辨识不易，其间谬误当在所难免。另外，由于诸多历史原因的限制，部分引用图像资料一时尚难以廓清其真正的摄影者与制作者，致使他们的劳动成果以及艺术成就不能一一对位认可，以昭世人。每思至此，不禁惴惴。求取真实、客观，尚冀望以后更加深入地爬梳与考究。

作为这本拙著刻意记述的主要人物之一，著名考古学家苏秉琦先生曾是我三十年前在西北大学考古专业求学期间的校外老师，他的一节图文并茂的西周考古专题课讲授，至今仍深深印在我的脑海之中。遥忆1986年春季霏霏细雨时，我因参加国家文物局在杭州召开的文物地图集会议，与先生不期相遇在楼外楼饭店，倏忽之间，很多的求教问学话语中，唯独没有涉及已经远逝的陕西考古会。

纷飞光华的时节里，窗外的春花又一次灿然怒放。再过几天时间，将是陕西考古史上首次大规模田野考古发掘暨斗鸡台考古发掘八十周年的纪念日。当此佳日，但愿这本小小的拙著，能够弥补那个长埋在我们心里绵久的遗憾……

2014年3月16日于上海大学宝山校区

再版后记

拙著《陕西考古会史》初版时，我在后记中谈到当时的一些感触，并就有关问题向读者做了说明。值拙著经过增订、修改后再度出版时，我想新的后记应当有新的说明与新的感触。

得力于同道、师友以及陕西师范大学出版总社与社会各界的支持，拙著在初版后获得了意想不到的好评，因此便有了再版的机遇。珍视这个机遇，我在倾听赞誉的同时，更多的是注意收集来自不同方面的建议与批评。于是，增订、修改的工作诉求遂而萌生，聚焦处理的主要问题，也基本围绕来自不同方面的建议与批评次第展开，部分章节因此进行了不同程度的充实与润饰，还相应调换、植入了不少尚未刊布的新图版。

如第一章增加了20世纪二三十年代徐旭生先生与著名学人的合影图片；第三章楔入了关乎考古论战一节新发现的史料；第四章添补了苏秉琦斗鸡台考古日记片段与工作汇报及相关图版；第六章完整补充了陕西考古会与中央古物保管委员会西安办事处之间合作一节；全书末尾，尚对陕西考古会部分余绪进行了补充与润饰……总计新增补的文字数量接近两万，图版近30幅。

相较初版拙著，这应是不小的增益。当然，伴随增益，我自觉又一次接受了心灵的洗涤与精神层面上的愉悦工作享受。

感谢徐旭生、苏秉琦两先生等前贤后裔的热忱帮助，增订、修改中获得了他们提供的诸多尚未刊布的珍贵历史旧照与文献资料。特别是徐旭生先生后裔徐桂伦先生提供的徐旭生先生留学法国小照与20世纪二三十年代徐旭生先生与胡适、顾颉刚、马衡、钱玄同、李玄伯、沈兼士、陈垣、黄仲良、董作宾等著名学人在北京的合影，以及1933年年初徐旭生先生赴陕联系考古工作期间和杨虎城、周学昌、吴敬之、寇遐等陕省政要、耆宿的合影。苏秉琦先生后裔苏恺之先生提供的徐旭生致苏秉琦信函与苏秉琦斗鸡台考古笔记、考古调查报告，以及相关历史旧照和考古调查资料，吉光片羽，堪为珍贵。它们为增订、补充工作增色不少。

特别需要感谢的是著名历史学家张岂之先生的热情序言。作为大家，先生是我20世纪70年代末至80年代初在西北大学历史系求学时期的恩师，他的渊博学识以及含蓄睿智的授课方式曾给我留下深刻的印象。当年我多次忐忑向先生求教时，先生并未因我是一介小小学子而稍有推却；三十年后我冒昧再向先生索序时，先生更立即抛却繁忙工作而欣然执笔。他在序言中的精微剖述与真知灼见，仿佛使我又回到西大求学时期的课堂，就中对我的鼓励、提携以及当年我向他求学情景的回忆，更让我受宠若惊，感慨不已。

作为一个普通的研究者，完成这本拙著，我只是大略尽到了自己应尽的责任，尽管如此，相关部门与同道、师友仍给予我很多的赞誉与支持。2014年4月26日于宝鸡召开的斗鸡台发掘八十周年纪念会上诸多同道、师友的讲话发言，至今犹萦绕耳畔，振聋发聩。它促使我从中汲取更大的力量，在新的学术研究中，刻苦践行，勠力去实现自己的梦想。

学道耕耘，求真务实精神限定下的探索追求将永无止境。坦率地说，尽管增订、修改过程中付出了很多的劳动与努力，但囿于学养与水平，最终呈现给读者的增订本《陕西考古会史》，仍难免存在谬误与阙疑。志忐之际，谨真诚祈望读者能不吝赐予批评和指正。

接续初版编辑、校对工作，增订再版工作中陕西师范大学出版总社侯海英、胡杨等女士、先生一如从前再次付出了很多的辛劳，使我必须要在后记中提出真诚的感谢。另外，我在上海大学美术学院任教岗位上的许多硕士、博士也为增订本出版再次付出了辛劳。其中博士生黄剑波、龚晨、刘明虎、茹溪以及硕士生于蒙群、郑辉、杜柯楠等人出力尤多，更使我不能不借此机会向他们表示由衷的感谢。

需要说明的是，初版与再版拙著封面题字原型，均来自当年陕西考古会的特制公函，对照陕西考古会旧存档案，推测其应系陕西考古会主任干事李印唐先生的手笔，而提供这件特制公函资料者，则是西安碑林博物馆研究员陈根远先生。作为同道学友，根远对我这本拙著的写作，给予了很多的帮助，初版发行时，他曾真诚寄语"苦心孤诣之作"，但我却未在前言、后记中表达对他的谢意，借此机遇，希望他能够接受我最后迟到的致谢！

罗宏才
甲午深秋于沪上陋室